中華博物通考

總主編 張述錚

朝制卷

本卷主編
周玉山

上海交通大學出版社

圖書在版編目（CIP）數據

中華博物通考. 朝制卷 / 張述錚總主編 ; 周玉山本
卷主編. —上海 : 上海交通大學出版社, 2024.1
　ISBN 978-7-313-24687-5

　Ⅰ.①中… Ⅱ.①張… ②周… Ⅲ.①百科全書—中
國—現代②政治制度史—中國—古代 Ⅳ.①Z227
②D691.2

　中國國家版本館CIP數據核字(2023)第238063號

特約編審：王興康

責任編輯：王化文

裝幀設計：姜　明

中華博物通考·朝制卷

總　主　編：張述錚
本卷主編：周玉山
出版發行：上海交通大學出版社　　　　　　地　　址：上海市番禺路951號
郵政編碼：200030　　　　　　　　　　　　電　　話：021-64071208
印　　製：蘇州市越洋印刷有限公司　　　　經　　銷：全國新華書店
開　　本：890mm×1240mm　1 / 16　　　印　　張：24
字　　數：505千字
版　　次：2024年1月第1版　　　　　　　　印　　次：2024年1月第1次印刷
書　　號：ISBN 978-7-313-24687-5
定　　價：278.00元

《中華博物通考》學術顧問

導　論

——縱論中華博物學的沉淪與重建

引　言

　　在中國當代，西方博物學影響至巨，自鴉片戰争以來，屈指已歷百載。何謂"西方博物學"？"西方博物學"是以研究動植物、礦物等自然物爲主體的學科，但不包含社會領域的社會生活，至19世紀後期已完成學術使命，成爲一種保護大自然的公益活動，但國人却一直承襲至今。中華久有自家的博物學，已久被忘却，無人問津，這一狀況實是令人不安。前日偶見《故宫裏的博物學》問世，精裝三册，喜出望外，以爲我中華博物學終得重生，展卷之後始知，該書是依據清乾隆時期皇室的藏書《清宫獸譜》《清宫鳥譜》《清宫海錯圖》（"海錯"多指海中錯雜的魚鱉蝦蟹之類）繪製而成，其中一些并非實有，乃是神話傳説之物。其內容提要稱"是專爲孩子打造的中華文化通識讀本"，而對博物院內琳琅滿目的海量藏品則隻字未提。這就是説，博物院雖有海量藏品，却與故宫裏的博物學毫不相干，或曰并不屬於博物學的研究範圍。此書的編纂者是我國的著名專家，未料我國這些著名專家所認定的博物學仍是西方的博物學。此書得以《故宫裏的博物學》的名義出版，又證我國的出版界對於此一命題的認同，竟然不知我中華久有自家的博物學。此書如若改稱《故宫裏的皇室動物圖譜》，則名正言順，十分精彩，不失爲一部别具情趣的兒童讀物，但原書名却無意間形成一種誤導，孩子們可能會據此認定：唯有鳥獸蟲魚之類才是中華文化中的大學問，故而稱之爲“博物學”，最終會在其幼小心靈裏留下西方博物學的深深印記。

何以出現這般狀況？因爲許多國人對於傳統的中華博物及中華博物學，實在是太過陌生！那麼，何謂“博物”？本文指稱的“博物”，是指隸屬或關涉我中華文化的一切可見或可感知之物體物品。何謂“中華博物學”？“中華博物學”的研究主體是除却自然界諸物之外，更關涉了中國社會的各個方面各個領域，進而關涉了我中華民族的生息繁衍，關涉了作爲文明古國的盛衰起落，足可爲當代或後世提供必要的藉鑒，是我國獨有、無可替代的學術體系。故而重建中華博物學，具有歷史的、現實的多方面實用價值。我中華博物學起源久遠，至遲已有兩千年歷史，祇是初始没有“博物學”之名而已。時至明代，始見“博物之學”一詞。如明楊士奇《東里續集》卷一八評述宋陸佃《埤雅》曰：“此書於博物之學蓋有助焉。”此一“博物之學”，可視爲“中華博物學”的最早稱謂。又，《四庫全書總目提要》卷一三六評清陳元龍《格致鏡原》曰：“〔此書〕分三十類：曰乾象，曰坤輿，曰身體，曰冠服，曰宮室，曰飲食，曰布帛，曰舟車，曰朝制，曰珍寶，曰文具，曰武備，曰禮器，曰樂器，曰耕織器物，曰日用器物，曰居處器物，曰香奩器物，曰燕賞器物，曰玩戲器物，曰穀，曰蔬，曰木，曰草，曰花，曰果，曰鳥，曰獸，曰水族，曰昆蟲，皆博物之學。”此即古籍述及的“中華博物學”最爲明確、最爲全面的定義。重建的博物學於“身體”之外，另增《函籍》《珍奇》《科技》等，可以更全面地融匯古今。在擴展了傳統博物學天地之外，又致力於探索浩浩博物的淵源、流變，以及同物異名與同名異物的研究，致力於物、名之間的生衍關係的考辨。“博物學”本無須冠以“中華”或“中國”字樣，在當代爲區別於西方的“博物學”，遂定名爲“中華博物學”，或曰“中華古典博物學”。“中華博物學”，國人本當最爲熟悉，事實却是大出所料，近世此學已成了過眼雲烟，少有問津者，西方博物學反而風靡於中國。何以形成如此狀況？何以如此本末倒置？這就不能不從噩夢般的中國近代史談起。

一、喪權辱國尋自保，走投無路求西化

清王朝自鴉片戰爭喪權辱國之後，面對列强的進逼，毫無氣節，連連退讓，其後又遭

甲午戰爭之慘敗，走投無路，於是由所謂"師夷之長技"，轉而向日本求取西化的捷徑，以便苟延殘喘。日本自 19 世紀始，城鄉不斷發生市民、農民暴動，國内一片混亂。1854 年 3 月，又在美國鐵艦火炮脅迫之下，簽訂《神奈川條約》。四年後再度被迫與美國簽訂通商條約。繼此以往，荷、俄、英、法，相繼入侵，條約不斷，同百年前的中國一樣，徹底淪爲半封建半殖民地社會，當權的幕府聲威喪盡。1868 年 1 月，天皇睦仁（即明治天皇）下達《王政復古大號令》，廢除幕府制度，但值得注意的是仍然堅守"大和精神"，并未全部廢除自家原有傳統。同年 10 月，改元明治，此後的一系列變革措施，即稱之爲"明治維新"。維新之後，否定了"近習華夏"，衝決了"東亞文化圈"，上自天皇，下至黎民，勠力同心，在"富國强兵、置産興業"的前提之下，遠法泰西，大力引入嶄新的科學技術，從而迅速崛起，廢除了與列强的一切不平等條約，成爲令人矚目的世界强國之一。可見"明治維新"之前，日本内憂外患的遭遇，與當時的中國非常相似。在此民族存亡的關鍵時刻，中國維新派代表人物不失時機，遠渡東洋，以日本爲鏡鑒，在引進其先進科技的同時，也引進了日本人按照英文 natural history 的語意翻譯成的漢語"博物學"，雖并不準確，但因出於頂禮膜拜，已無暇顧及。況且，自甲午戰爭至民國前期，日源語詞已成爲漢語外來語詞庫中的魁首，遠超英法俄諸語，且無任何外來語痕迹，最難識別。如"民主""科學""法律""政府""美感""浪漫""藝術界""思想界""無神論""現代化"等，不勝枚舉。國人曾試圖自創新詞，但敗多勝少，祇能望洋興嘆。究其原因，并非民智的高下，也并非語種的優劣，實則是國力强弱的較量，國强則國威，國威則必擁有强勢文化，而强勢文化勢必涌入弱國，面對强勢文化，弱國豈有話語權？西方的"博物學"進入中國，遒勁而又自然。

那麼，西方博物學源於何時何地？又經歷了怎樣的發展變化？答曰：西方博物學發端於古希臘亞里士多德（公元前 384—前 322）《動物志》之類著述，又經古羅馬老普林尼（公元 23—79）的《自然史》，輾轉傳至歐洲各國。其所謂博物除却動植物外，更有天文、地理、人體諸類。這是西方的文化背景與知識譜系，西人習以爲常，喜聞樂見。在歐洲文藝復興和美洲地理大發現之後，見到别樣的動物、植物以及礦物，博物學得到長足發展。至 19 世紀前半期，博物學形成了動物學、植物學和礦物學三大體系，達於鼎盛。至 19 世紀後期，動物學、植物學獨立出來，成爲生物學，礦物學則擴展爲地質學，博物學已被架空。至 20 世紀，博物學已不再屬於什麼科學研究，而完全變成一種生態與環境探索，以供民衆休閑安居的社會活動。其時，除却發端於亞里士多德的“博物學”之外，也有後起的“文化博物學”（Cultural Museology），這是一門非主流的綜合性學科，旨在研究人類一切文化遺產，試圖展示并解釋歷史的傳承與發展，但在題材視野、表達主旨等方面與中華傳統博物學仍甚有差异。面對此類非主流論説，當年的譯者或視而不見，或有意摒弃，其志在振興我中華。

在尋求救國的路途中，仁人志士們目睹了西方先進文化，身感心受，嚮往久之。“試航東西洋一游，見彼之物質文明，莊嚴燦爛，而回首宗邦，黯然無色，已足明興衰存亡之由，長此以往，何堪設想？”（吴冰心《博物學雜誌》發刊詞，1914 年 1 月，第 1 ~ 4 頁），此時仁人志士們滿腔熱血，一心救國。但如何救國，却茫茫然，如墮五里霧中。這一救國之路從表象上觀察似乎一切皆以日本爲鏡鑒，實則迥别於“明治維新”之路，未能把握“富國强兵、置産興業”之首要方嚮，而當年的執政者却衹顧個人權勢的得失，亦無此遠大志嚮。仁人志士們雖振臂疾呼，含泪吶喊，衹飄摇於上層精英之間，因一度失去民族自信、文化自信，而不知所措，矛頭直指孔子及千載儒學，進而直指傳統文化。五四運動前夜，北京大學著名教授錢玄同即正告國人“欲驅除一般人之幼稚的野蠻的頑固的思想”，就必須要“廢孔學”，必須要“廢漢文”（錢玄同《中國今後的文字問題》，載 1918 年 4 月 15 日《新青年》第 4 卷第 4 號）。翌年，五四運動爆發，仁人志士們高舉“德謨克拉西”（民主）、“賽因斯”（科學）兩面大旗，掀起反帝反封建的狂濤巨瀾，成爲中國近現代史上的偉大里程碑，中國人民自此視野大開。這兩面大旗指明了國家强弱成敗的方嚮。但與此同時，仁人志士們又毫不猶豫，全力以赴，要堅決“打倒孔家店”。於是，孔子及其儒家學説成了國弱民窮的替罪羊！接踵而至的就是對於漢字及其代表的漢文化的徹底否定。偉大革命思想家魯迅也一直抨擊傳統觀念、傳統體制，1936 年 10 月，在他逝世前夕《病中答救亡情報訪員》一文中，竟然斷言：“漢字不滅，中國必亡！”而新文化運動的主要人物之一胡適更是語出驚人：“我們必須承認我們自己百事不如人，不但物質機械上不如人，不但政治制度不如人，并且道德不如人，知識不如人，文學不如人，音樂不如人，藝術不如人，身體不如人。”中華民族是“又愚又懶的民族”，是“一分像人，九分像鬼的不長進民族”（胡適《介紹我自己的思想》，1930 年 12 月亞東圖書館初版《胡適文選》自序）。這是五四運動前後一代精英們的實見實感，本意在於革故鼎新，但這些通盤否定傳統文化的主張，不啻是在緊要歷史關頭的一次群情失控，是中國文化史中的一次失智！在這樣的歷史背景、這樣的歷史氣勢之下，接受西方"博物學"就成了必然，有誰會顧及古老的傳統博物學？

　　在引進西方博物學之後，國人紛予效法，試圖建立所謂中華自家的博物學，於是圍繞植物學、動物學兩大方面遍搜古今，窮盡群書，着眼於有關動植物之類典籍的縱橫搜求，但這并非我中華的博物全貌，也并非我中華博物學，況且在中華古典博物學中，也罕見西方礦物學之類著作，可見，試圖以西方的博物學體系，另建中華古典博物學，實在是削足適履、邯鄲學步。自 1902 年始，晚清推行學制改革，先後頒布了"壬寅學制""癸卯學制"。1905 年，根據《奏定學堂章程》，已將西方博物學納入中學的課程設置。其課程分爲植物、動物、礦物、人體生理學四種，分四年講授。1912 年中華民國成立後，江浙等地出現過博物學會和期刊，稍後武昌高等師範學校設立了博物學系，出版過《博物學雜誌》，主要研究動物學、植物學及人體生理學，隨後又將博物學系改稱生物學系，《博物學雜誌》也相應改稱《生物學雜誌》，重走了西方的老路。北京高等師範學校也有類似經歷，甚爲盲目而混亂。至 30 年代，發現西方博物學自 20 世紀始，已轉型爲生態與環境探索，國人因再無興趣，對西方博物學的大規模推廣、學習在中國遂告停止，但因影响至深，其餘風猶存。

二、中華典籍浩如海，博物古學何處覓？

　　應當指出，中國古代典籍所載之草木、鳥獸、蟲魚之類，亦有別於西方，除却其自身屬性特徵外，又常常被人格化，或表親近，或加贊賞，體現了另一種精神情愫。如動物龜、鶴，寓意長壽（其後，龜又派生了貶義）；豺、狼、烏鴉、猫頭鷹，或表殘忍，或表不祥；其他如十二生肖，亦各有象徵，各有寓意。而那些無血肉、無情感的植物，同樣也被賦予人文色彩。如漢班固《白虎通·崩薨》載："《春秋含文嘉》曰：天子墳高三仞，樹以松；諸侯半之，樹以柏；大夫八尺，樹以欒；士四尺，樹以槐；庶人無墳，樹以楊、柳。"足見在我國古老的典制禮俗中，松、柏、欒、槐、楊、柳，已被賦予了不同的屬性，被分爲五等，楊、柳最爲低賤；就連如何埋葬也分爲五等，嚴於區別，從墳高三仞到無墳，成爲天子到庶人的埋葬標志。實則墳墓分爲等級，早在公元前 3300 年至公元前 2300 年的良渚古城遺址已經發現。這些浩浩博物，廣泛涉及了古老民族和古老國度的典制與禮俗，我國學人也難盡知，西方的博物學又當如何表述？

可見西方博物學絕難取代中華古典博物學，中華古典博物學的研究範圍，遠超西方博物學，或可說中華古典博物學大可包容西方博物學。如今，這一命題漸引起國內一些有識之士、專家學者的關注。那麼，中華古典博物學究竟發端於何時何地？有無相對成型的體系？如何重建？答曰：若就人類辨物創器而言，上古即已有之，環宇盡同。若僅就我中華文獻記載而言，有的學者認爲當發端於《周易》，因爲"易道廣大，無所不包"（《四庫全書總目提要》卷九），或認爲發端於《書・禹貢》，因爲此書廣載九州山河、人民與物產。《周易》《禹貢》當然可以視爲中華博物學的源頭。而作爲中華博物學體系的領銜專著，則普遍認爲始於晋代張華《博物志》。而論者則認爲，中華博物學成爲一門相對獨立的學科體系，當始於秦漢間唐蒙的《博物記》，此書南北朝以來屢見引用，張華《博物志》不過是續作而已。對此，前人久有論述。如《四庫全書總目提要》卷一四二曰："劉昭《續漢志》注《律曆志》引《博物記》一條，《輿服志》引《博物記》一條，《五行志》引《博物記》二條，《郡國志》引《博物記》二十九條……今觀裴松之《三國志》注（《魏志・太祖紀》《文帝紀》《吳志・孫賁傳》等）引《博物志》四條，又於《魏志・凉茂傳》中引《博物記》一條，灼然二書，更無疑義。"再如宋周密《齊東野語・野婆》曰："《後漢・郡國志》引《博物記》曰：'日南出野女，群行不見夫，其狀軋且白，裸袒無衣襦。'得非此乎？《博物記》當是秦漢間古書，張茂先（張華，字茂先）蓋取其名而爲《志》也。"再如明楊慎《丹鉛總錄》卷一一："漢有《博物記》，非張華《博物志》也，周公謹云不知誰著。考《後漢書》注，始知《博物記》爲唐蒙作。"如前所述，此書南北朝典籍中多有引用，如僅在南朝梁劉昭《續漢志》注中，《博物記》之名即先後出現了三十三次之多。據有關古籍記載，其內包括了律曆、五行、郡國、山川、人物、輿服、禮俗等，盡皆實有所指，無一虛幻。故在明代有關前代典籍分類中，已將唐蒙《博物記》與三國魏張揖《古今字詁》、晋吕静《韻集》、南朝梁阮孝緒《古今文詁》、唐顏元孫《干禄字書》、宋洪适《隸釋》等字書、韵書并列（見明顧起元《說略》卷一五），足見其學術地位之高，而張華《博物志》則未被錄入。

至西晋已還，佛道二教廣泛流傳，神仙方士之說大興，於是張華又衍《博物記》爲《博物志》，其書內容劇增，自卷一至卷六，記載山川地理、歷史人物、草木蟲魚，這些當是紀要考訂之屬，合乎本文指稱的名副其實的博物學系統。此外，又力仿《山海經》的體例，旨在記載异物、妙境、奇人、靈怪，以及殊俗、瑣聞等，諸多素材語式，亦幾與《山海經》盡同，若"羽民國，民有翼，飛不遠……去九嶷四萬三千里"云云，并非"浩博實物"，已近於"志怪"小説。張華自序稱其書旨在"博物之士覽而鑒焉"，張序指稱的"博物之士"，義同前引《左傳》之"博物君子"，其"博物"是指"博通諸種事物"，虛虛實實，紛紛紜紜，無所不包。此類記述，正合世風，因而《博物志》大行其道，《博物記》則漸被冷落，南北朝之後已失傳，其殘章斷簡偶見於他書，可輯佚者甚微。後世輾轉相引，又常與《博物志》混同。《博物志》至宋代亦失傳，今本十卷爲采摭佚文、剽掇他書而成，真僞雜糅，亦非原作。其後又有唐人林登《續博物志》十卷，緊接《博物志》之後，更拓其虛幻内容，以記神異故事爲主，多是叙述性文字，其條目篇幅較長，宋代之後也已亡佚。再後宋人李石又有同名《續博物志》十卷，其自序稱："次第仿華書，一事續一事。"實則并不盡然，華書首設"地理"，李書改增爲"天象"，其他内容，間有與華書重複者，所續多是後世雜籍，宋世逸聞。此書雖有舛亂附會之弊，仍不失爲一部難得的繼補之作。李書之後，又有明人游潛《博物志補》三卷，仍係補張華之《志》，旨趣體例略如李石之《續志》，但頗散漫，時補時闕，猥雜冗濫。李、游一續一補，盡皆因仍張《志》，繼其孑遺。以上諸書之所謂"博物"，一脉相承，注重珍稀之物而外，多以臚列奇事异聞爲主旨，同"浩博實物"的考釋頗有差异。游潛稍後，明董斯張之《廣博物志》五十卷問世，始一改舊例，設有二十二類，下列子目一百六十七種，所載博物始於上古，達於隋末，不再因仍張《志》而爲之續補，已是擴而廣之，另闢山林，重在追溯事物起源，其中包括職官、人倫、高逸、方技、典制，等等。其後，清人陳逢衡著有《續博物志疏證》十卷、《續博物志補遺》一卷，對李石《續志》逐條研究探索，并又加入新增條目，成爲最系統、最深入的《續》説。其後，徐壽基又著有《續廣博物志》十六卷，繼董《志》餘緒，於隋代之後，逐一相繼，直至明清，頗似李石之續張華。但《廣志》《續廣志》之類，仍非以專考釋"浩博實物"爲主旨。我國第一部以"博物"命名而研究實物的專著，當爲明末谷應泰之《博物要覽》。該書十六卷，惜所涉亦不過碑版、書畫、銅器、窑器、瑪瑙、珊瑚、珠玉、奇石等玩賞之器物，皆係作者隨所見聞，摭録成帙；所列未廣，其中碑版書畫，尤爲簡陋，難稱浩博，其影響遠不及前述諸《志》，但所創之寫實體例，則非同尋常。而最具權威者，當是明末黄道周所著《博物典彙》，該書共二十卷，所涉博物，始自遠古，達於當朝，上自天文地理，下至草木蟲魚，盡予囊括，并以其所在時代最新的觀點、視野，對歷代博物著述進行了彙總研究。如卷一關於"天文"之考釋，下設"渾天""七曜"，"七曜"下又設"日""月""五星"，再後又有"經星圖""緯星圖""二十八宿"。又如卷七關於"后妃"，下設"宮闈内外之分""宮闈預政之誡"，緊隨其後的即教育"儲貳"之法，等等，甚爲周嚴。

以上諸書就是以"博物"命名的博物學專著。在晚清之前，代代相繼，發展有序，并時有新的建樹。

與這些博物學專著相并行，相匹配，另有以"事"或"事物"命名，旨在探索事物起源的博物學專著。初始之作爲北魏劉懋《物祖》十五卷，稍後有隋謝昊《物始》十卷，是對《物祖》的一次重大補正。《物始》之後，有唐劉孝孫等《事始》三卷，又有五代馮鑑《續事始》十卷，是對《事始》的全面擴展與開拓。《續事始》之後，另有宋高承《事物紀原》十卷，此書分五十五個類目，上自"天地生植"，中經"樂舞聲歌""輿駕羽衛""冠冕首飾""酒醴飲食"，直至"草木花果""蟲魚禽獸"，較《物祖》《物始》尤爲完備，遂成博物學的百代經典。接踵而來者有明王三聘《古今事物考》八卷，效法《紀原》之體，自古至今，上至天文地理，下至昆蟲草木，中有朝制禮儀、民生器用、宮室舟車，力求完備，較之他書尤得要領，類居目列，條理分明，重在古今考釋，一事一物，莫不求源溯始，考核精審。此書載錄服飾資料尤爲豐富，如卷一有上古禮制之種種服式，非常全面，卷六所載後世之巾冠、衣、佩、帶、襪、履舄、僧衣、頭飾、妝飾、軍服等百餘種，考證多引原書原文，確然有據，甚爲難得。就全書而言，略顯單薄。明徐炬又有《古今事物原始》三十卷，此書仿高承《紀原》之體，又參《事物考》之章法，以考釋制度器物爲主，古今上下，盡考其淵源，更有所得，凡日月星辰、山川草木，亦必確究其淵源流變，但此與天地共生之浩浩博物，四百餘年前的一介書生，豈可臆測而妄斷？爲此而輾轉援引，頗顯紛亂。且鳥獸花草之起首，或加偶語一聯，或加律詩二句，而後逐一闡釋，實乃蛇足。其書雖有此瑕疵，却不掩大成。與王、徐同代的還有羅頎《物原》二卷（《四庫》本作一卷），羅氏以《紀原》不能黜妄崇真，故更訂爲十八門，列二百九十三條，條條錘實。如，刻漏、雨傘、錫子（用於連合破裂器物的兩腳釘）、酒、豆腐之類的由來，多有創見。惜違《紀原》明記出典之體，又背《事物考》之道，凡有考釋，則溷集衆説爲一。如，烏孫公主作琵琶，張華作苔紙，皆茫然不知所本。不過章法雖有差失，未臻完美，但其功業甚巨，《物原》成爲一部研究記述我國先民發明創造的專著。時至清代，陳元龍又撰

《格致鏡原》一百卷。何謂"格致鏡原"？意即格物致知，以求其本原。此書的子目多達一千七百餘種，明代以前天地間萬事萬物盡予羅致，一事一物，必究其原委，詳其名號，廣博而精審，終成中華古典博物學的巔峰之作。

以上兩大系列專著，自秦漢以來，連續兩千載，一脉相承，這并非十三經、二十六史之類的敕編敕修，無人號令，無人支持，完全出自一種無形的力量，出自文化大國、中華文脉自惜自愛的傳承精神，從而構成浩大的博物學體系。在我國學術研究史中，在我國圖書編纂史中，乃至於世界文化史中，當屬大纛獨立，舉世無雙！本當如江河之奔，生生不息，終因清廷喪權辱國、全盤西化而戛然中斷。

三、博物古學歷磨難，科技起落何可悲！

回顧我國漫長的文化史可知，中華博物學是在傳統的"重道輕器"等陳腐觀念桎梏下，以强大的民族自覺精神、民族意志爲推動力，砥礪前行，千載相繼，方成獨立體系，因而愈加難得，愈加可貴。

"重道輕器"觀念是如何出現的？何謂"道器"？兩者究竟是何關係？《周易·繫辭上》曰："形而上者謂之道，形而下者謂之器。"何謂"道"？所謂道乃"先天地生"，無形無象、無聲無色、無始無終、無可名狀，爲"萬物之所然也，萬理之所稽也"（見《韓非子·解老》），是指形成宇宙萬物之本原，是形成一切事理的依據與根由。何謂"器"？器即宇宙間實有的萬物，包括一切科技發明，至巨至大，至細至微，充斥天地間，而盡皆不虛，或有實物可見，或有形體可指。器即博物，博物即器。"道器關係"本是一種有形無形、可見與不可見的生衍關係，并無高下之分，但在傳統文化中却另有解釋。如《周禮·考工記序》曰："坐而論道，謂之王公；作而行之，謂之士大夫；審曲面埶，以飭五材，以辨民器，謂之百工。"又曰："智者創物，巧者述之，守之世，謂之百工。百工之事，皆聖人之作也。"此文突顯了"道"對於"器"的指導與規範地位。"坐而論道"，可以無所不論，民生、朝政、國運、天下事，當然亦在所論之中。"道"實則是指整體人世間的一種法則、一種定律，或說是我古老的中華民族所創造的另一種學說。所謂"論道者"，古代通常理解爲"王公"或"聖人"，實則是代指一代哲人。《考工記序》却將論道與製器兩者截然分開，明確地予以區別，貶低萬衆的創造力，旨在維護專制統治，從而確定人們的身份地位。坐而論道者貴爲王公，親身製器者屬末流之百工（"審曲面埶，以飭五材、以辨民器"，謂觀察金、木、皮、玉、土之曲直、性狀，據以製造民人所需之器物）。《考工記序》所記雖名爲"考工"，實則是周代禮制、官制之反映，對芸芸衆生而言，這種等級關係之誘惑力超乎尋常，絕難抵禦，先民樂於遵從，樂於接受，故而崇敬王公，崇敬聖人，百代不休。因而在中國古代，科學技術大受其創。

"重道輕器"的陳腐觀念，在中國古代影響廣遠，"器"必須在"道"的限定之下進行，不得隨意製作，不得超常發揮，"道"漸演化爲統治者實施專政的得力手段。"坐而論道"，似乎奧妙無盡。魏晋時期，藉儒入道，張揚"玄之又玄"，乃至於魏晋人不解魏晋文章，本朝人爲本朝人作注，史稱"玄學"。兩宋由論道轉而談理，一代理學宗師應運而生，闡理思辨，超乎想象，就連虛幻縹緲的天宫，亦可談得妙理聯翩，後世道家竟繪出著名的《天宫圖》來。事越千載，五四運動時期，那些新文化運動主將們聯手痛搗"孔家店"，却不攻玄理，"論道""崇道""樂道""惜道"，滾滾而來，遂成千古"道"統，已經背離《易》《老》的本義。出於這樣的觀念，如何會看重"形而下"的博物與博物學？

那麼，古代先民又是如何看待與博物學密切相關的科學技術？《書・泰誓下》載，殷紂王曾作"奇技淫巧，以悦婦人"，爲百代不齒，萬世唾駡。何謂"奇技淫巧"？唐人孔穎達釋之曰："奇技謂奇異技能，淫巧謂過度工巧……技據人身，巧指器物。"所謂"奇技淫巧"，今大底可釋爲超常的創造發明，或可直釋爲科學技術。論者認爲，"百代不齒，萬世唾駡"者并不在於"奇技淫巧"這一超常的創造發明，而在於紂王奢靡無度，用以取悦婦人的種種罪孽。至於紂王是否奢靡無度，"以悦婦人"，今學界另有考證。紂王當時之所以能稱雄天下，正是由於其科技的先進，軍事的强大，其失敗在於大拓疆土，窮兵黷武，導致内外哀怨，決戰之際又遭際叛亂。所謂"以悦婦人"之妲己，祇是戰敗國的一種"貢品"而已，對於年過半百的老人并無多大"媚力"。關於殷商及妲己的史料，最早見於戰國時期成書的《國語・晋語一》，前後僅有二十七字，并無"酒池肉林""炮烙之刑"之類記載，後世史書所謂紂王對妲己的種種寵愛，實是一種演繹，意在宣揚"紅顔禍水"之説（此説最早亦源於前書。"紅顔禍水"，實當稱之爲"紅顔薄命"）。在中國古代推崇"紅顔禍水"論，進而排斥"奇技淫巧"，從而否定了科技的力量，否定了科技强弱與國家强弱的關係。時至周代，對於這種"奇技淫巧"，已有明確的法律限定："作淫聲、異服、奇技、奇器以疑衆，殺！"（見《禮記・王制》）這也就是説，要杜絶一切新奇的創造發明，連同歌聲、服飾也不得超乎常規，否則即犯殺罪！此文自漢代始，多有注疏，今擇其一二，以見其要。"淫聲"者，如春秋戰國時鄭、衛常有男女私會，謳歌相引，被斥爲淫靡之聲；"奇技"者，如年輕的公輸班曾"請以機窆"，即以起重機落葬棺木，因違反當時人力牽挽的埋葬禮節，被視爲不恭。一言以蔽之，凡有違禮制的新奇科技、新奇藝術，皆被視爲疑惑民衆，必判以重罪。這就是所謂"維護禮制"，其要害就是維護統治者的統治地位，故而衣食住行所需器物的質材及數量，無不在尊卑貴賤的等級制約之中。如規定平民不得衣錦綉，不得鼎食，商人、藝人不得乘車馬，就連權貴們娛樂時選定舞蹈的行列亦不可違制，違制即意味着不軌，意味着僭越。杜絶"奇技淫巧"，始自商周，直至明清而未衰。我國著名的四大發明，千載流傳，未料却如同國寶大熊猫一樣，竟由後世西方科學家代爲發現，實在可悲！四大發明、大熊猫之類，或因史籍隱冷，疏於查閱，或因地處山野，難以發現，姑可不論，但其他很多非常具體的發明創造，雖有群書連續記載，也常被無視，或竟予扼殺。如漢代即有超常的"女布"，因出自未嫁少女之手而得名（見《後漢書·王符傳》），南北朝時已久負盛名，稱"女子布"（見南朝宋盛弘之《荆州記》）。宋代又稱"女兒布"，被贊爲"布帛之品……其尤細者也"（見宋羅濬《寶慶四明志·郡志四》）。其後歷代製作，不斷創新，及至明清終於出現空前的妙品"女兒葛"。"女兒葛"爲細葛布的一種，其物纖細如蟬翼紗，又如傳説中的"蛟女絹"，僅重三四兩，捲其一端，整匹女兒葛便可出入筆管之中，精美絶倫，明代弘治之後曾發現於四川鄰水縣，但却被斷然禁止。明皇甫録《下陴記談》卷上："女兒葛，出鄰水縣，極纖細，必五越月而後成，不減所謂蟬紗、魚子纈之類，蓋十縑之力也。予以爲淫巧，下令禁止，無敢作者。"對此美妙的"女兒葛"，時任順慶府知府的皇甫録，并没給予必要的支持、鼓勵，反而謹遵古訓，以杜絶"奇技淫巧"爲己任，堅決下達禁令，并引以爲榮。皇甫録乃弘治九年（1496）進士，爲官清正，面對"奇技淫巧"也如此"果斷"！此後清代康熙年間，"女兒葛"再現於廣東增城縣一帶，其具體情狀，清屈大均《廣東新語·貨語·葛布》中有翔實描述，但其遭遇同樣可悲，今"女兒葛"終於銷聲匿迹。在中國古代，類似的遭遇，又何止"女兒葛"？杜絶"奇技淫巧"之風，一脉相承，何可悲也。

　　但縱觀我華夏全部歷史可知，一些所謂的"奇技淫巧"之類，雖屢遭統治者的禁弃，實則是禁而難止，况統治者自身對禁令也時或難以遵從，歷代帝王皇室之衣食住行，幾乎無一不恣意追求舒適美好，爲了貪圖享樂，就不得不重視科技，就不得不啓用科技。如

"被中香爐"（爐內置有炭火、香料，可隨意旋轉以取暖，香氣繚繞不絕。發明於漢代）、"長信宮燈"（燈內裝有虹管，可防空氣污染。亦發明於漢代）的誕生，即明證。歷代王朝所禁絕的多是認定可能危及社稷之類的"奇技淫巧"，并未禁止那些有利於民生的重大發明，也沒有壓抑摧殘黎民百姓的靈智（歷史中偶有以愚民爲國策者，祇是偶或所見的特例而已）。帝王們爲維護其統治地位，以求長治久安，在"重道輕器"的同時，也極重天文、曆算、農桑、醫藥等領域的研究，凡善於治國的當權者，爲謀求其國勢得以强盛，則必定大力倡導科技，《後漢書·和熹鄧皇后紀》所載即爲顯例。和熹皇后鄧綏（公元81—121），深諳治國之道，兼通天文、算數。永元十四年（102），漢和帝死後，東漢面臨種種滅頂之災，鄧綏先後擁立漢殤帝和漢安帝，以"女君"之名親政長達十六年，克服了有史以來最嚴重的十年天災，剿滅海盜，平定西羌，收服嶺南三十六個民族，將九真郡外的蠻夷夜郎等納入版圖，恢復東漢對西域的羈縻，征服南匈奴、鮮卑、烏桓等，平息了内憂外患，使危機四伏的東漢王朝轉危爲安。正是在這期間，鄧綏大力發展科技，勉勵蔡倫改進造紙術，任用張衡研製渾天儀、地動儀等儀器，并製造了中尚方弩機，這一可以連續發射的弩機，其射程與命中率令時人驚嘆，成爲當時世界上最具殺傷力的先進武器（此外，鄧綏又破除男女授受不親的陳腐觀念，創辦了史上最早的男女同校學堂，并通過支持文字校正與字詞研究，推動了世界第一部字典《説文解字》問世）。這就爲傳統的博物研究提供了巨大的空間，因而先後出現了今人所謂的"四大發明"之類。實際上何止是"四大發明"？天文、曆算等領域的發明創造，可略而不論。鄧綏之前，魯班曾"請以機窆"的起重機，出現於春秋時期，早於西方七百餘年。徐州東洞山西漢墓出土的青銅透光鏡，歐洲和日本人稱其爲"魔鏡"，當一束光綫照射鏡面而投影在牆壁上時，牆上的光亮圈内就出現了銅鏡背面的美麗圖案和吉祥銘文。這一"透光鏡"比日本"魔鏡"早出現一千六百餘年，而歐洲的學者直到19世紀纔開始發現，大爲驚奇，經全力研究，得出自由曲面光學效應理論，將其廣泛運用於宇宙探索中。今日，國人已能夠恢復這一失傳兩千餘載的原始工藝，千古瑰寶終得重放异彩！鄧綏之後，又創造了"噴水魚洗"，亦甚奇妙，令人大開眼界。東漢已有"雙魚洗"之名（見明梅鼎祚《東漢文紀》卷三二引《雙魚洗銘》），未知當時是否可以噴水。"噴水魚洗"形似現今的臉盆。盆内多刻雙魚或四魚，盆的上沿兩側有一對提耳，提耳的設置，不祇是爲了便於提動，同時又具有另外一個功用，即當手掌撫摩時，盆内還能噴射出兩尺高的水柱，水面形成一片浪花，同時會發出樂曲般的聲響，十分神奇。今可確知，"噴水魚洗"興起於唐宋之間（見宋王明清《揮塵前録》卷三、宋何薳《春渚紀聞》卷九），當是皇家或貴族所用盥洗用具。魚洗能夠噴水，其道理何在？美國、日本的物理學家曾用各種現代科學儀器反復檢測查看，試圖找出其導熱、傳感及噴射發音的構造原理，雖經全力研究，但仍難得以完整的解釋，也難以再現其效果。面對中國古代科技創造的這一奇迹，現代科學遭遇了空前挑戰，祇能"望盆興嘆"。

中華民族，中華博物學，就是在這樣複雜多變的背景之下跌宕起伏，生存發展，在晚清之前，兩千餘年來，從未停止前進的步伐，這又成爲中華民族的民族性與中華博物學的一大特點。

四、西化流弊何時休，誰解古老博物學？

自晚清以還，中華博物學沉淪百年之久，本當早已復蘇，時至今日，幸逢盛世，正益修典，又何以總是步履維艱？豈料經由西學東漸之後，在我國國內一些學人認定科學決定一切，無與倫比，日積月纍，漸漸形成了一種偏激觀念——"唯科學主義"，即以所謂是否合於科學，來判定萬事萬物的是非曲直，科學擁有了絕對的話語權。"唯科學主義"通常表現爲三種態度：一、否認物質之外的非物質。凡難以認知的物質，則稱之爲"暗物質"。這一"暗"字用得非常巧妙，"暗"，難見也！於是"暗物質"取代了"非物質"；二、否認科學之外的其他發現。凡是遇到無從解釋的難題，面對別家探索的結論，一律斥爲"僞科學"。三、否認科學範圍以外的其他一切生產力，唯有科學可以帶動社會發展，萬事萬物必須以科學爲推手。

何謂"科學"？中國古代本有一種認識論的命題，稱之爲"格致"，意謂"格物致知"，指深究事物原理以求得知識，從而認識各種客觀現象，掌握其變化規律。這種哲學我國先秦諸子久已有之，雖已歷千載百代，但却未得應有的重視，終被西方科學所取代。自16世紀始，歐洲由於文藝復興，掙脫了天主教會的長期禁錮，轉向於對大自然的實用性的探索，其代表作即哥白尼的"日心說"與伽利略天文望遠鏡的發明，同時出現牛頓的力學，這是西方的第一次科技革命。這一時期已有"科學"其實，尚無後世"科學"之名，起始定名爲英語 science 一詞，源於拉丁文，本意謂人世間的各種學問，隸屬於古希臘的哲學思想，是一種對於宇宙間萬事萬物的生衍關係的一種想象、一種臆解，原本無甚稀奇，此時已反響於歐洲，得以廣泛流傳。至 18 世紀，新興的資産階級取得政權，爲推行資本主義，又大力發展科學，西方科學已處於世界領先地位。時至 19 世紀 60 年代後期及 20 世紀初，歐洲發生了以電力、化學及鋼鐵爲新興産業的第二次科技革命，英語 science 一詞迅速擴展於北美和亞洲。日本明治維新時期，赴歐留學的日本學者將 science 譯成 "科學"，學界認爲是藉用了中國科舉制度中 "分科之學" 的 "科學" 一詞，如同將英文 natural history 的語意翻譯成漢語 "博物學" 一樣，也并不準確，中國的變法派訪日時，對之頂禮膜拜，欣然接受，自家固有的 "格致" 一詞，如同國學中的其他語詞一樣被弃而不用，"科學" 一詞因得以廣泛流傳。"科學" 當如何定義？今日之 "科學" 包括了自然科學、社會科學、思維科學以及交叉科學。除却嚴謹的形式邏輯系統之外，本是一種具體的以實踐爲手段的實證之學。實踐與實證的結果，日積月纍，就形成了人類關於自然、社會和思維的認知體系，成爲人類評斷事物是非真僞的依據。但科學不可能將浩渺無盡的宇宙及宇宙間的萬事萬物盡皆予以實踐、實證，能够實踐、實證者甚微，因而科學總是在不斷地探索，不斷地補正，不斷地自我完善之中，其所能研究的領域與功能實在有限。當代科學可以在指甲似的晶片上，一次性地裝載五百億電晶體，可以將重達六噸以上的太空船射向太空，并按照既定指令進行各種探索，但却不能造出一粒原始的細胞來，因爲這原始細胞結構的複雜神秘，所藴含的奇妙智慧，人類雖竭盡全力，却至今無法破解。細胞來自何處？是如何形成的？科學完全失去了話語權！造不出一粒原始的細胞，造一片樹葉尤無可能，造一棵大樹更是幻想，遑論萬千物種，足證 "科學" 并非萬能的唯一學問。況且，"暗物質" 之外，至少在中國哲學體系中尚有 "非物質"。何謂 "非物質"？"非物質" 是與 "物質" 相對而言，區别於 "暗物質" 的另一種存在，正如前文所述，它 "無形無象、無聲無色、無始無終、無可名狀"，在中國古代稱之爲 "道"。"道" 可以不遵循因果關係，可以無中生有，爲 "萬物之所然也，萬理之所稽也"，可以解釋萬物的由來，可以解釋宇宙的形成。今以天體學的的視野略加分析，亦可見 "唯科學主義" 的是非。人類賴以生存的地球，其直徑約爲 12 742 公里，是太陽系中的第三顆小行星。太陽系的直徑約爲 2 光年，太陽是銀河系中數千億恒星之一，銀河系的直徑約爲 10 萬光年，包括 1 千億至 4 千億顆恒星，而宇宙中有一千至兩千億銀河系，宇宙有 930 億光年。一光年約等於 9.46 萬億公里。地球在宇宙中祇是一粒微塵，如此渺小的地球人能創造出破解一切的偉大科學，那是癡人説夢！中華先賢面對諸多奧妙，面對諸多不可思議的現象，提出這一 "無可名狀" 之 "道"，當然并非憑空想象，自有其觀測與推理的依據，這顯然不同於源自西方的科學，或曰是西方科學所包容不了的。先賢提出的"無可名狀"的"道"，已超越物質的範圍，或曰"道"絕非"暗物質"所能替代的。這一"無可名狀"的"道"，在當今的別樣的時空維度中已得到初步驗證（在這非物質的維度中滿富玄機）。論者提出這一古老學説，旨在證明"唯科學主義"排斥其他一切學説，過分張揚，不足稱道，絕無否定或輕忽科學之意。百年前西學東漸，尤其是西方科學的傳入，乃是我中華民族思維與實踐領域的空前創獲，是實踐與思維領域的一座嶄新的燈塔，如今已是家喻户曉，人人稱贊，任誰也不會否認科學的偉大，但却不能與偏激的"唯科學主義"混同。後世"科學"一詞，又常常與"技術"連稱爲"科學技術"，簡稱"科技"。何謂"技術"？"技術"一詞來源於希臘文"techs"，通常指個人的技能或技藝，是人類利用現有實物形成新事物，或改變原有事物屬性、功能的方法，或可簡言之曰發明創造。科學技術不同於科學，也不同於技術，也不是科學與技術的簡單相加。科學技術是科學與技術的有機結合體系，既是人類認識世界和改造世界的成果或產物，又是人類認識世界和改造世界最有力的工具或手段，兩者實難分割。某些技術本身可能祇是一種技法，而高深技術的背後則必定是科學。

　　出於上述"唯科學主義"偏激觀念，重建中華博物學就遭致了質疑或否定，如有學者認爲，中國古代祇有技術而没有科學，哪有什麼中華博物學？中華博物學被看作"前科學時代的粗糙的知識和技能的雜燴"，是一種"非科學性思考"，没有什麼科學價值，當然也就没有重建的必要，因爲西方博物學久已存在，無可替代。中國古代當真"祇有技術而没有科學"麼？前文已論及"科學"與"技術"很難分割，在中國古代不祇有"技術"，同樣也有"科學"。回眸世界之歷史長河，僅就中西方的興替發展脈絡略作比較，就可以看到以下史實：當我中華處於夏禹已劃定九州、建有天下之際，西方社會多處於尚未開化的蠻荒歲月；當我中華已處於春秋戰國鋼鐵文化興起之際，整個西方尚處於引進古羅馬文明的青銅器時代；當我宋代以百萬册的印數印刷書籍之際，中世紀的西方仍然憑藉修士們成年纍月在羊皮卷上抄寫複製；著名的火藥、指南針等其他重大發明姑且不論，單就中國歷朝歷代任何一件發明創造而言，之於西方社會也毫不遜色，直至清代中葉，中國的科技一直處於世界領先地位。英國科學家李約瑟主編的七卷巨著《中國科學技術史》，即認爲西方古代科學技術85%以上皆源於中國。這是西方人自發的没有任何背景、没有任何色彩的論斷，甚爲客觀，迄今未見异議。此外又有學者指出，中華傳統博物學不祇擁有科技，又超越了科技的範疇，它是"關於物象（外部事物）以及人與物的關係的整體認知、研究範式與心智體驗的集合"，"這種傳統根本無法用科學去理解和統攝"，中華古典博物學"給我們提供的'非科學性思考'，恰恰是它的價值所在"（余欣《中國博物學傳統的重建》，載《中國圖書評論》，2013 年第 10 期，第 45 ～ 53 頁）。這無疑是對"唯科學主義"最有力的批駁！是的，本書極重"科技"研究，又不拘泥於"科技"，同樣重視"非科學性思考"。

中華古典博物學的研究主體是"博物"，是"博物史"，通過對"博物""博物史"的探索，而展現的是人，是人的生存、生活的具體狀況，是人的直觀發展史。中華傳統博物學構成了物我同類、天人合一的博大的獨立知識體系，是理解和詮釋世界的另一視野，這種視野中的諸多"非科學性思考"的博物，科學無法全面解讀，但却是真真切切的客觀存在。所謂傳統博物學是"前科學時代的粗糙的知識和技能的雜燴"，是"非科學性思考"的評價，甚是武斷，祇不過是一種不自覺的"唯科學主義"觀念而已。另將"科學"與"技術"分割開來，強調什麽"科學"與否，這一提法本身就不太"科學"。對此，本書前文已論及，無須複述。我國作爲一個古老國度，在其漫長的生衍過程中，理所當然地包容了"粗糙的知識和技能"。這一狀況世界所有古國盡有經歷，并非中國獨有。"粗糙的知識"的表述似乎也并不恰當，"知識"可有高下深淺之分，未聞有粗糙細緻之別。這所謂"粗糙"，大約是指"成熟"與否，實際上中華傳統博物學所涉之"知識和技能"，并非那麽"粗糙"，常常是合於"科學"的，有些則是非常的"科學"。英國科學家李約瑟等認定古代中國涌現了諸多"黑科技"。何謂"黑科技"？這是當前國際間盛行的術語，即意想不到的超越科技之科技，可見學界也是將"科學"與"技術"連體而稱，而并非稱"黑科學"。認定中國古代"祇有技術而没有科學"，傳統博物學是"前科學時代的粗糙的知識和技能的雜燴"之説，頗有些"粗糙"，準確地説頗有些膚淺！這位學者將傳統博物學統稱爲"前科學時代"的產物，亦是一種妄斷，也頗有些隨心所欲！何謂"前科學時代"？"前科學時代"是指形成科學之前人們僅憑五官而形成的一種感知，這種感知在原始社會時有所見，但也并非全部如此，如鑽木取火、天氣預測、曆法的訂立、灸砭的運用等，皆超越了一般的感知，已經形成了各自相對獨立的科學。看來這位學者并不怎麽瞭解中國古代科技史，并不太瞭解自家的傳統文化，實屬自誤而誤人。

中華博物學的形成及發展歷程，與西方顯然不同。西方博物學萌生於上古哲人的學説，其後則以自然科學爲研究主體，遍及整個歐洲，全面進入國民的生活領域。在這樣的文化背景之下，西方日益强大，直接影響和推動了社會的發展，因而步入世界前列。我中華悠悠數千載，所涉博物，形形色色，浩浩蕩蕩，逐漸形成了中華獨有的博物學體系，但面臨的背景却非常複雜，與西方比較是另一番天地，那就是貫穿數千載的"重道輕器"觀念與排斥"奇技淫巧"之國風，這一觀念、這一國風，其表現形式就是重文輕理，且愈演愈烈。如中國久遠的科舉制度，應試士子們本可"上談禮樂祖姬孔，下議制度輕儷玄"（見明高啓《送貢士會試京師》詩），縱論古今國事，是非得失，而朝廷則可藉此擇取英才，因而國家得以强盛。時至明代後期，舉國推行的科舉制度竟然定型爲千篇一律的八股文，泯滅了朝廷取才之道，一代宗師顧炎武稱八股之禍勝似"焚書坑儒"（見《日知錄·擬題》）。清代後期爲維護其獨裁統治，手段尤爲專橫强硬，又向以"天朝"自居，哪裏會重視什麽西方的"科學技術"？"科學技術"的落伍最終導致文明古國一敗塗地，這也就是"李約瑟難題"的答案！"科學"之所以成爲"科學"，是因爲其出自實踐、實證，實踐、實證是科學的生命。實踐、實證又必須以物質爲基礎，這正與我中華博物學以浩浩博物爲研究主體相合！但中華博物學，或曰博物研究，始終被置於正統的國學之外，這一觀念與國風，極大地制約了中華博物學的發展。制約的結果如何？可以毫不誇張地説，直接阻礙了中國古代社會的歷史進程。

五、中華博物知多少，皓首難解千古謎

　　中華博物如繁星麗天，難以勝計，其中有諸多別樣博物，可稱之爲"黑科技"者，令人百思不得其解。如八十餘年前四川廣漢西北發現的三星堆古蜀文化遺址，距今約四千八百年至三千年左右，所在範圍非常遼闊，遠超典籍記載的成都平原一帶，此後不斷探索，不斷有新的發現，成爲 20 世紀人類最偉大的考古發現之一。該遺址內三種不同面貌而又連續發展的三期考古學文化，以規模壯闊的商代古城和高度發達的青銅文明爲代表的二期文化最具特點。二期文化中青銅器具占據主導地位，極爲神奇。衆多的青銅人頭象、青銅面具，千姿百態。還有舉世罕見的青銅神樹，該樹有八棵，最高者近 4 米，共分三層，樹枝上栖息有九隻神鳥，應是我國古籍所載"九日居下枝"的體現；斷裂的頂部，當有"一日居上枝"的另一神鳥，寓意九隻之外，另一隻正在高空當班。青銅樹三層

九鳥，與《山海經・海外東經》中所載"扶桑""若木""九日居下枝，一日居上枝"正同。上古時代，先民認爲天上的太陽是由飛鳥所背負，可知九隻神鳥即代表了九個太陽。其《南經》又曰："有木，其狀如牛，引之有皮，若纓、黄蛇。其葉如羅，其實如欒，其木若蓲，其名曰建木。"何謂"建木"？先民認爲"建木"具有通天本能，傳說中伏羲、黄帝等盡皆憑藉"建木"來往神界與人間。由《山海經》的記載可知，這神奇物又來源於傳統文化，大量青銅文化明顯地受到夏商文明、長江中游文明及陝南文明的影響。那些金器、玉器等禮器更鮮明地展現出華夏中土固有的民族色彩。如此浩大盛壯，如此神奇，這一古蜀國究竟是怎樣形成的？又是怎樣突然消失的？詩人李白在《蜀道難》中曾有絶代一問："蠶叢及魚鳧，開國何茫然？"意謂蠶叢與魚鳧兩位先帝，是在什麼時代開創了古蜀國？何以如此茫茫然令人難解？今論者續其問曰："開國何茫然，失國又何年？開失兩難知，千古一謎團。"三星堆的發掘并非全貌，僅占遺址總面積的千分之一左右，只是古蜀文化的小小一角而已，更有浩瀚的未知數，國人面臨的將是另一個陌生的驚人世界。中華民族襟懷如海，廣納百川，中外文化相容并包，故而博大精深。這些百思不得其解的神奇之物，向無答案，確屬於所謂"非科學性思考"，當代專家學者亦爲之拍案。"唯科學主義"面臨這些"黑科技"的挑戰，當然也絶難詮釋。以下再就已見出土，或久已傳世之實物爲例。上世紀80年代，臨潼始皇陵西側出土了兩乘銅車馬，其物距今已有兩千二百餘年，造型之豪華精美，被譽爲世界"青銅之冠"，姑且不論。兩輛車的車傘，厚度僅0.1 ~ 0.4厘米，一號車古稱"立車"或"戎車"，傘面爲1.12平方米，二號車傘面爲2.23平方米，而且皆用渾鑄法一次性鑄出，整體呈穹隆形，均勻而輕薄，這一鑄法迄今亦是絶技，無法超越。而更絶的是一號立車的大傘，看似遮風擋雨所用，實則充滿玄機，此傘的傘座和手柄皆爲自鎖式封閉結構，既可以鎖死，又可以打開，同時可以靈活旋轉180度，隨太陽的方位變化而變化，亦可取下插入野外，遮烈日，擋風雨，賞心隨意。令人尤爲稱奇的是，打開傘柄處的雙環插銷，傘柄與傘蓋可各獨立，傘柄就成了一把尖鋭的矛，傘蓋就成了盾，可攻可守。這一0.1 ~ 0.4厘米厚的盾，其抗擊力又遠勝今人的製造技術，令今人望塵莫及，故國際友人贊之爲罕見的"黑科技"。此外分存於西安與鎮江東西兩方的北宋石刻《禹迹圖》，尤爲奇異。此圖參閲了唐賈耽《海内華夷圖》，并非單純地反映宋代行政區劃及華夷之間的關係，而是上溯至《禹貢》中的山川、河流、州郡分布，下至北宋當世，已將經典與現實融爲一體。此圖長方約1平方米，宋朝行政區劃即達三百八十個之多，五個大湖，七十座山峰，更有蜿蜒數千里的長江、黃河等江川八十餘條；不祇是中原的地域，尚有與之接壤的大理、吐蕃、西夏、遼等區域，這些區域的山野江河亦有精準的繪製。作爲北宋時代的製圖人，即使能够遍踏域内、域外，也絶難僅憑一己的目力俯瞰全景。此圖由五千一百一十個小方格組成，每一小方格皆爲一百平方公里，所有城市、山野江河的大小距離，盡包容在這些格子裏，全部可以明確無誤地測算出來，其比例尺與今世幾無差異。如此細密精準，必須具有衛星定位之類的高科技纔能繪製出來，九百年前的宋人是憑藉什麽儀器完成的？此一《禹迹圖》較之秦陵銅車馬，更超乎想象，詭异神奇，故而英國學者李約瑟評之爲“世界上最神秘、最杰出的地圖”，美國國家圖書館將一幅19世紀據西安圖打製的拓本作爲館藏珍品。中國古代“黑科技”，又何止臨潼銅車馬與《禹迹圖》？

除却上述文獻記載與出土及傳世之物外，另一些則是實見於中華大地的奇特自然景觀，這些百思不得其解的神奇之物，散處天南海北，自古迄今，向無答案，亦屬於所謂“非科學性思考”，當代專家學者亦爲之拍案。“唯科學主義”面臨這些“黑科技”的挑戰，當然也絶難詮釋。我中華大地這些神奇之物，在當世尤應引起重視，國人必須迎接“超科技時代”的到來。如“應潮井”，地處南京市東紫金山南麓定林寺前。此井雖遠在深山之間，却與五公里外的長江江潮相應，江水漲則井水升，江水退則井水降，同處其他諸井皆無此現象。唐宋以來，已有典籍記載，如《江南通志·輿地志·江寧府》引唐段成式《酉陽雜俎》：“蔣山有應潮井，在半山之間，俗傳云與江潮相應，嘗有破船朽板自井中出。”《景定建康志·山川志三·井泉》：“應潮井在蔣山頭陁寺山頂第一峰佛殿後。《蔣山塔記》云：‘梁大同元年，後閣舍人石興造山峰佛殿，殿後有一井，其泉與江潮盈縮增减相應。’”何以如此，自發現以來，已歷千載，迄今無解。以上的奇特之物，多有記載，名揚天下，而另一些奇物，却久遭冷落，默默無聞。如“靈通石”，亦稱“神石”“報警石”，俗稱“猪叫石”。該石位於太行大峽谷林縣境内高家臺輝伏巖村。石體方正，紫紅色，裸露於地面約4立方米，高寬各3米，厚2米，象是一頭體積龐大的卧猪，且能發聲如猪叫。傳聞每逢大事（包括自然灾害、重大變革等）來臨之前，常常“鳴叫”不止，大事大叫數十天，小事則小叫數日，聲音忽高忽低，一次可叫百餘聲，百米之内清晰可聞。但其叫聲祇能現場聆聽，不可録音。何以如此怪异？同樣不得而知！中華博物浩浩洋洋，漫漫無涯，可謂無奇不有，作爲博物之學，亦必全力探究，這也正是中華博物學承担的使命。

六、中華博物學的研究範圍與狀況，新建學科的指嚮與體式如何？

中國當代尚未建立博物學會，也沒有相應的報刊，人們熟知的則是博物院館，而博物院館的職責在於收藏、研究并展出傳世的博物，面對日月星辰、萬物繁衍以及先民生息起居等數千年的古籍記載（包括失傳之物），豈能勝任？中華博物全方位研究的歷史使命衹能由新興的博物學承擔。古老中華，悠悠五千載，博物浩茫，疑難連篇，實難解讀，而新興的博物學却不容迴避，必須做出回答。

本書指稱的博物，包括那些自然物，但并不限於對其形體、屬性的研究，體現了博物古學固有的格致觀念，且常常懷有濃厚的人文情結，可謂奧妙無窮，這又迥別於西方博物學。

如"天宇"，當做何解釋？在中國傳統文化中是與"宇宙"并存的稱謂，重在强調可見的天體和所有星際空間。前已述及，天體直徑可達930億光年以上，實際上可能遠超想象。這就出現了絕世難題：究竟何謂天體？天體何來？戰國詩人屈原在其《天問》篇中，曾連連問天："上下未形，何由考之？""馮翼惟象，何以識之？""明明闇闇，惟時何爲？"千古之問，何人何時可以作答？天宇研究在古代即甚冷僻，被稱爲"絕學"。中國是天宇觀測探索最爲細密的文明古國之一，天象觀測歷史也最爲悠遠，殷墟甲骨、《書》《易》諸經，盡有記載，而歷代正史又設有天文、曆律之類專志，皇家設有司天監之類專職機構，憑此"觀天象、測天意"，以決國策。於是，天文之學遂成諸學之首。天宇研究的主體是天空中的各種現象，這些現象又以各種星體的位置、明暗、形狀等的變化爲主，稱之爲星象。星象極其繁複，難以辨識。於是，在天空位置相對穩定的恒星就成爲必要的定位標志。在人們目力所及的範圍內，恒星數以千計，簡單命名仍不便查找和定位，我華夏先民又將天空劃分爲若干層級的區域，將漫天看似雜亂無章的恒星位置相近者予以組合并命名，這些組合的星群稱之爲星宿。古人視天上諸星如人間職官，有大小、尊卑之分，故又稱星官，因而就有了三垣二十八宿，成爲古天宇學最重要理論依據，這一理論西方天文學絕難取代。

再如古代類書中指稱的"蟲豸"，當代辭書亦少有確解。何謂"蟲豸"？舉凡當今動物學中的昆蟲綱、蛛形綱、多足綱，以及爬行動物中的綫形動物、扁形動物、環節動物、軟體動物中形體微小者，皆爲蟲豸之屬。蟲豸形雖微小，然其生存之久、種類之繁、分布之廣、形態之多、數量之巨，從生物、生態、應用、文化等角度，其意義和價值都大异於其他各類動物，或説是其他各類動物所不能比擬的。蟲豸之屬，既能飛於空，亦能游於水，既能潛於土，亦能藏於山，形態萬千，且各具靈性，情趣互异，故古代典籍遍見記叙，不僅常載於詩文，且多見筆記、小説中。先民又常憑藉其築穴或搬遷之類活動，以預測氣象變化或靈异别端，同樣展現了一幅具體生動的蟲文化畫卷，既有學術價值，又充滿趣味性。自《詩》始，就出現了咏蟲詩，其後歷代從蝶舞蟬鳴、蟻行蛇爬中得到靈感者代不乏人，或以蟲言志，或以蟲抒懷，或以蟲爲比，或以蟲爲興，甚至直以蟲名入於詞牌、曲牌，如僅蝴蝶就有"蝴蝶兒""玉蝴蝶""粉蝶兒""蝶戀花""撲蝴蝶""撲粉蝶"等名類。唐歐陽詢《藝文類聚》收集有關蟬、蠅、蚊、蝶、螢、叩頭蟲、蛾、蜂、蟋蟀、尺蠖、螳、蝗等蟲類的詩、賦、贊等數量浩繁，後世仿其體例者甚多，如《事物紀原》《五雜俎》《淵鑑類函》《古今圖書集成·禽蟲典》等，洋洋大觀。不僅詩詞歌賦，在成語、俗語中，言及蟲豸者，亦不可勝數，如莊周夢蝶、螓首蛾眉、金蟬脱殻、螳螂捕蟬、螳臂當車、蚍蜉撼樹、作繭自縛、飛蛾撲火（詞牌名爲"撲燈蛾"）等；不僅見諸歷代詩文，今世辭章以蟲爲喻者，仍沿襲不衰，如以蝸喻居、以蝶喻舞、以蟬翼喻輕薄、以蛇蠍喻狠毒等，比比皆是，不勝枚舉。

本博物學所指稱博物又包括了人類社會生活的各方面、領域，自史前達於清末民初，有的則可直達近現代，至巨至微，錯綜複雜。而對於某一具體實物，必須從其初始形態、初始用途的探討入手，而後追逐其發展演變過程，這樣纔能有縱橫全面的認定，從而作出相應的結論，這正是新興博物學的使命之一。今僅就我中華民族時有關涉者予以考釋。今日，國人對於古代社會生活實在太過陌生，現當代權威工具書所收録的諸多重要的常見詞目，常常不知其由來，遭致誤導。如"祭壇"一詞，《漢語大詞典·示部》釋文曰：

> 祭壇：供祭禮或宗教祈禱用的臺。劉大傑《中國文學發展史》第一章三："無論藝術哲學都得屈服於宗教意識之下，在祭壇下面得着其發展生命了。"艾青《吹號者》詩："今日的原野呵，已用展向無限去的暗緑的苗草，給我們布置成莊嚴的祭壇了。"亦指上壇祭祀。侯寶林《改行》："趕上皇上齋戒忌辰，或是皇上出來祭壇，你都得歇工（下略）。"

以上引用的三個書證全部是現代漢語，檢索此條的讀者可能會認定"祭壇"乃無淵源的新興詞，與古漢語無關。豈不知《晋書·禮志下》《舊唐書·禮儀志三》《明史·崔亮傳》

諸書皆有"祭壇"一詞，又皆爲正史，并不冷僻。《漢語大詞典》爲證實"祭壇"一詞的存在，廣予網羅，頗費思索，連同侯寶林的相聲也用作重要書證。侯氏雖被贊爲現代語言大師，但此處的"祭壇"，并非"供祭禮或宗教祈禱用的臺"，"祭"與"壇"爲動賓語結構，并非名詞，不足爲據。還應指出，"祭壇"作爲人們祭祀或祈禱所用實體的臺，早在史前即已出現，初始之時不過是壘土爲臺罷了。

此外，直接關涉華夏文化傳播形式的諸多博物更是大异於西方。如"文具"初稱"書具"，其稱漢代大儒鄭玄在《禮記·曲禮上》注中已見行用。千載之後，宋人陶穀《清異錄·文用》中始用"文具"一詞。文具泛指用於書寫繪畫的案頭用具及與之相應的輔助用具。國人憑藉這些文具，創造了最具特色的筆墨文化、筆墨藝術，憑藉這些文具得以描述華夏五千載的燦爛歷史。中華傳統文具究有多少？國人最爲熟悉的莫過於"文房四寶"，實際又何止"文房四寶"？另有十八種文房用具，定名爲"十八學士"，宋代林洪曾仿唐韓愈《毛穎傳》作《文房職方圖贊》（簡稱《文房圖贊》，即逐一作圖爲之贊）。實際上遠超十八種，如筆筒、筆插、筆揀、筆洗、墨水匣、墨床、水注、水承、水牌、硯滴、硯屏、印盒、帖架、鎮紙、裁刀、鉛槧、算袋、照袋、書床、筆擱、高閣，等等，已達三十種之多。

"文房四寶""十八學士"之類中華獨具的傳統文化，今國人熟知者已不甚多，西方博物又何從涉及？何可包容？

七、新興博物學的表述特點，其古今考辨的啓迪價值

當代新興博物學所展現的是中華博物本身的生衍變化以及其同物异名、同名异物等，其主旨之一在於探尋我古老的中華民族的真實歷史面貌，温故知新，從而更加熱爱我們偉大的中華文明。

偉大的中華民族，在歷史上產生過許多杰出的思想觀念，比如，我中華民族風行百代的正統觀念是"君爲輕，民爲本，社稷次之"（見《孟子·盡心下》），這就是強調人民高於君王，高於社稷（猶"國家"），人民高於一切！古老的中華正統對人民如此愛護，如此尊崇，在當今世界也堪稱難得。縱觀朝代更迭的全部歷史可知，每朝每代總有其興起及消亡的過程，有盛必有衰。在這部《通考》中，常有實例可證，如有關商代都城"商邑"的

記載，就頗具代表性。試看，《詩·商頌·殷武》："商邑翼翼，四方之極。"鄭玄箋："極，中也。商邑之禮俗翼翼然……乃四方之中正也。"孔穎達疏："言商王之都邑翼翼然，皆能禮讓恭敬，誠可法則，乃爲四方之中正也。"《詩》文謂商都富饒繁華，禮俗興盛，足可爲全國各地的學習楷模。"禮俗"在上古的地位如何？《周禮·天官·大宰》曰："以八則治都鄙：一曰祭祀，以馭其神……六曰禮俗，以馭其民。"這是說周代統治者以禮俗馭其民，如同以祭祀馭鬼神一樣，未敢輕忽怠慢，禮俗之地位絕不可等閑視之。古訓曰："倉廩實而知禮節，衣食足而知榮辱。"（見《史記·管晏列傳》）此處的"禮節"是禮俗的核心內容，可見禮俗源於"倉廩實"。"倉廩實"展現的是國富民强，而國富民强，必重禮俗，禮俗展現了國家的面貌。早在三千年前的商代，已如此重視禮俗。"商邑翼翼"所反映的是上古時期商都全盛時期的繁華昌明，其後歷代亦多有可以稱道的興盛時期，如"漢武盛世""文景盛世"、唐"貞觀盛世""開元盛世"、宋"嘉祐盛世"、明"永宣盛世"、清"康乾盛世"等，其中更有"夜不閉户，路不拾遺"的佳話。盛世總是多於亂世，或曰溫飽時代總是多於飢寒歲月。唐代興盛時期，君臣上下已萌生了甚爲隨和的禮儀狀態，不喜三拜九叩之制，宋元還出現了"衣食父母"之類敬詞（見宋祝穆《古今事物類聚別集》卷二〇、元關漢卿《竇娥冤》第二折），這正體現了"王者以民爲天，民以食爲天"（見《漢書·酈食其傳》）的傳統觀念。中國歷史上的黎民百姓并非一直生活在水深火熱之中，在漫長的歲月中也常有溫飽寧静的生活，因而涌現了諸多忠心報國的詩詞。如"但使龍城飛將在，不教胡馬度陰山"（唐王昌齡《出塞二首》之一）；"忘身辭鳳闕，報國取龍庭"（王維《送趙都督赴代州得青字》）；"僵卧孤村不自哀，尚思爲國戍輪臺"（宋陸游《十一月四日風雨大作》）；"奇謀報國，可憐無用，塵昏白羽"（宋朱敦儒《水龍吟·放船千里凌波去》）。

久已沉淪的傳統博物學今得重建，可藉以知曉我中華兒女擁有的是何樣偉大而可愛的祖國！偉大而可愛的祖國，江山壯麗，蘭心大智，光前裕後，莘莘學子尤當珍惜，尤當自豪！回眸古典博物學的沉淪又可確知，鴉片戰爭給中華民族帶來的是空前的傷害，不祇是漢唐氣度蕩然無存，國勢極度衰微，最爲可怕的是傷害了民族自信，爲害甚烈。傷害了民族自信，則必會輕視或否定傳統文化，百代信守的忠義觀念、仁義之道，必消失殆盡，代之而來的則是少廉寡恥，爾虞我詐，以崇洋媚外爲榮，這一狀况久有持續，對青少年的影響尤甚，怎不令人痛心！時至當代，正全力弘揚中華優秀傳統文化，全力推行科技創新，踔厲奮發，重振國風，這又怎不令人慶幸！

　　新興博物學在展現中華博物本身的生衍變化進而展現古代真切的社會生活之外，又展現了一種獨具中華風采的文化體系。如常見語詞"揚州瘦馬"，其來歷如何？祇因元馬致遠《天净沙·秋思》中有"西風古道瘦馬"之句。自 2008 年山西呂梁市興縣康寧鎮紅峪村發現元代壁畫墓以來，其中的一首《西江月》小令："瘦藤高樹昏鴉，小橋流水人家，古道西風瘦馬，夕陽西下，已獨不在天涯。"在學界引發了關於《天净沙·秋思》的爭論熱議。由《西江月》小令聯想元代的另一版本："瘦藤老樹昏鴉，遠山流水人家，古道西風瘦馬，夕陽西下，斷腸人去天涯。"於是有學人又認爲此一"瘦馬"當指"揚州藝妓"，意謂形單影隻的青樓女子思念遠赴天涯的情郎——"斷腸人"，但這小令中的"瘦馬"之前，何以要冠以"古道西風"四字？則不得而知。通行本狀寫天涯游子的冷落凄凉情景，堪稱千古絕唱，無可置疑。那麼何以稱藝妓爲"瘦馬"？"瘦馬"一詞，初見於唐白居易《有感》詩三首之二："莫養瘦馬駒，莫教小妓女。後事在目前，不信君看取。馬肥快行走，妓長能歌舞。三年五年間，已聞換一主。"金董解元《西廂記諸宮調》中的《仙吕·賞花時》又載："落日平林噪晚鴉，風袖翩翩吹瘦馬。"此處的"瘦馬"無疑確指藝妓。稱妓女爲人人可騎的馬，後世又稱之爲"馬子"，是一種侮辱性的比擬。何以稱"瘦"？在中國古代常以"瘦"爲美，"瘦"本指腰肢纖細，故漢民歌曰："楚王好細腰，宮中多餓死。""細腰"强調的是苗條美麗。"好細腰"之舉，在南方尤甚，揚州的西湖所以稱之爲"瘦西湖"，不祇是因其狹長緊連京杭大運河，實則是因湖邊楊柳依依，芳草萋萋，又有荷花池、釣魚臺、五亭、二十四橋，美不勝收，較之杭州西湖有一種別樣的美麗。國人何以推崇揚州？《禹貢》劃定九州之中就有揚州，今之揚州已有兩千五百餘年的歷史。其主城區位於長江下游北岸，可追溯至公元前 486 年。春秋時期，吳王夫差在此開鑿了世界最早的運河——邗溝，建立邗城，孕育了唯一與邗溝同齡的運河城；因水網密布，氣候温潤，公元前 319 年，楚懷王熊槐在此建立廣陵城（今揚州仍沿稱"廣陵"），遂成爲中華歷史名城之一。此後歷經魏晋等朝代多次重修，至隋文帝開皇九年（589），廣陵改稱揚州。揚州除却政治地位顯赫之外，又是美女輩出之地，歷史上曾有漢趙飛燕、唐上官婉兒及南唐風流帝王李煜先後兩任皇后周薔、周薇，號稱"四大美女"。隋煬帝楊廣又在此開鑿大運河，貫通全京都洛陽旁連涿郡，藉此運河三卜揚州，尋歡作樂。時至唐代，揚州更是江河交匯，四海通達，成爲全國性的交通要衝，故有"故人西辭黄鶴樓，煙花三月下揚州。孤帆遠影碧空盡，唯見長江天際流"的著名詩篇（唐李白《黃鶴樓送孟浩然之廣陵》，今之揚州已遠離長江）。揚州在唐代是除却長安之外的最爲繁華的大都會，商旅雲聚，青樓大興，成爲文壇才士、豪門公子醉生夢死之地。唐王建《夜看揚州市》詩贊曰："夜市千燈照碧雲，高樓紅袖客紛紛。"詩人杜牧《遺懷》更有名作："落魄江湖載酒行，楚腰纖細掌中輕。十年一覺揚州夢，贏得青樓薄幸名。"此"楚腰纖細掌中輕"之用典，即直涉楚靈王好細腰與趙飛燕的所謂"掌中舞"兩事。杜牧憑藉豪放而婉約的詩作，贏得百世贊頌，此詩實是一種自嘲、以書懷才不遇之作，却曾遭致史家"放浪薄情"的詬病。大唐之揚州，確是令人嚮往，令人心醉，故而詩人張祜有"人生只合揚州死"（見其所作《縱游淮南》）之感嘆。元代再度大修的京杭大運河弃洛陽直達北京，揚州之地位愈加顯赫。總之，世界這一最古最長的大運河歷代修建，始終離不開揚州。時至明清，揚州經濟依然十分繁盛，仍是達官貴人喜於擇居之地，兩淮鹽商亦集聚於此，富甲一方，由此振興了園林業、餐飲業，娱樂中的色情業也應運而生，養"瘦馬"就是其中的一種，一些投機者低價買進窮苦人家的美麗苗條幼女，令其學習言行禮儀、歌舞繪畫及其他媚人技能技巧，而後以高價賣至青樓或權貴豪門，大發其財。除却"揚州瘦馬"之外，又催生了著名的"揚州八怪"，文化藝術色彩愈加分明。

"揚州瘦馬"本是一種當被摒弃的陋習，不足爲訓，但這一陋習所反映出的却是關聯揚州的一種別樣的文化，反映了揚州古今社會的經濟發展與變化，這當然也是西方博物學替代不了的。

結　語

綜上所述可知，中華博物學是學術研究中的另一方天地，無可替代，必須重建，且勢在必行。如何重建？如何展現我中華博物獨有的神貌？答曰：中華博物絕非僅指博物館的收藏物，必須是全方位的，無論是宫廷裏，無論是山野間，無論是人工物，無論是天然品，無論是社會中，無論是自然界裏，皆應廣予收錄考釋。考釋的主旨，乃探索我中華浩浩博物的淵源、流變。此一博物學甚重"物"的形體、屬性及其淵源流變，同時又關注其得名由來，重視兩者間的生衍關係。通常而言（非通常情况當作別論），在人類社會中有其物必當有其名，有其名亦必有其物。此外，更有同物异名，或同名异物之別。探究"物"本體的淵源流變并釐清名物關係，這就是中國古典博物學的使命，這也正是最爲嚴密的格物致知，也正是最爲嚴肅的科學體系。但中國古典博物學，又必須體現《博物記》以還的國學傳統，必須體現博大的天人視野及民胞物與情懷，有助於我中華的再度振起，乃至於世界的安寧和諧。而那些神怪虛無之物，則不得納入新的博物學中，祇能作爲附錄以備考。如何具體裁定，如何通盤布局，并非易事，遠超想象。因我中華民族是喜愛并嚮往神話的古老民族，又常常憑藉豐富的想象對某種博物作出判斷與解讀，判斷與解讀的結果，除却導致無稽的荒誕之外，又時或引發別樣的思考，常出乎人們的所料，具有別樣的價值。如水族中的"比目魚"，亦稱"王餘魚""兩鯫""拖沙魚""鞋底魚""板魚""箬葉"，俗稱"偏口魚"，爲鰈形目魚類之古稱。成魚身體扁平而闊，兩眼移於頭的另一端，習慣於側卧，朝上的一面有顏色鮮明的眼睛，朝下一面似無眼睛，先民誤以爲祇有一眼，必須相互比并而行。此一判斷與解讀，始自漢代《爾雅·釋地》："東方有比目魚焉，不比不行。"郭璞注："狀似牛脾……一眼，兩片相合乃得行。今水中所在有之，江東又稱爲王餘魚。"事過千載，直至明代李時珍《本草綱目》問世，盡皆認定比目魚僅有一隻眼，出行必須各藉他魚另一眼（見《本草綱目·鱗四·比目魚》）。傳統詩文中用比目魚以比喻形影不離的情侶或好友，先民爭相傳頌，百代不休，直至 1917 年徐珂的《清稗類鈔》問世，始知比目魚兩眼皆可用，不必兩兩并游（《清稗類鈔·動物篇》）。古人憑藉想象，又認爲尚有與比目魚相對應的"比翼鳥"，見於《爾雅·釋地》："南方有比翼鳥焉，不比不飛。"這一"比翼鳥"，僅一目一翼，須雌雄并翼飛行，如同比目魚一樣，亦用以比喻形影不離的情侶或好友。"比目魚""比翼鳥"之類虛幻者外，後世又派生了所謂"連理枝"，著名詩作有唐白居易《長恨歌》曰："在天願爲比翼鳥，在地願爲連理枝。"何謂"連理枝"？"連理枝"是指自然界中罕見的偶然形成的枝和幹連爲一體的樹木。"連理枝"之外，又出現了"并蒂蓮"之類。"并蒂蓮"亦稱"并頭蓮""合歡蓮"等，是指一莖生兩花，花各有蒂，蒂在花莖上連在一起的蓮花。這種"連理枝""并蒂蓮"，難以納入下述的世界通行的階元系統，也難依照林奈創立的雙名命名法命名，但却又是一種不可忽視的實物，是大自然所形成的另一種奇妙的實物。此一"并蒂蓮"如同"比目魚""連理枝"一樣，亦用以喻情侶或好友，同樣廣見於傳統詩文。歲月悠悠，始於遠古，達於近世，先民對於我中華博物的無限想象以及與之并行的細密觀察探索，令人嘆爲觀止，凡天地生靈、袞袞萬物，無所不及，超乎想象，從而構成了一幅文明古國的壯闊燦爛畫卷。

　　這當是歷經百年沉淪、今得復蘇的我國傳統的博物學，這當是重建的嶄新的全方位的中華博物學。

　　中華博物學除却遵循發揚傳統的名物學、訓詁學、考據學及近世的考古學之外，也廣泛汲取了當代天文、地理、生物、礦物、農學、醫學、藥學諸學的既有成就，其中動植物的本名依照世界通行的階元系統，分爲界、門、綱、目、科、屬、種七類。又依照瑞典卡爾·馮·林奈（瑞文Carl von Linné）創立的雙名命名法命名。"連理枝""并蒂蓮""比目魚""比翼鳥"之屬旁及龍、鳳、麒麟、貔貅等傳説之物，則作爲附録，劃歸相應的動物或植物卷中。這樣的研究章法，這樣的分類與標注，避免了傳統分類及形狀描述的訛誤或不確定性，即可與國際接軌。綜合古今中外，論者認爲《中華博物通考》的研究主體，可劃歸三十六大類，依次排列如下：

　　《天宇》《氣象》《地輿》《木果》《穀蔬》《花卉》《獸畜》《禽鳥》《水族》《蟲豸》《國法》《朝制》《武備》《教育》《禮俗》《宗教》《農耕》《漁獵》《紡織》《醫藥》《科技》《冠服》《香奩》《飲食》《居處》《城關》《交通》《日用》《資産》《珍奇》《貨幣》《巧藝》《雕繪》《樂舞》《文具》《函籍》。

　　存史啓智，以文育人，乃我中華千載國風。新時代習近平總書記甚重民族自信、文化自信，極力倡導"舊邦新命"，明確指出要"盛世修文"，怎不令人振奮，令人鼓舞！今日，我輩老少三代前後聯手、辛苦三十餘載、三千餘萬言的皇皇巨著——《中華博物通考》欣幸面世，并得到國家出版基金資助。這就昭示了沉淪百載的中華傳統博物學終得復蘇，這就是重建的全新中華博物學。"舊邦新命""盛世修文"，重建博物學，旨在賡續中華文脉，發揚優秀傳統文化，汲取生生不息的精神力量，再現偉大民族的深邃智慧，展我生平志，圓我強國夢！

張述錚

乙丑夾仲首書於山東師範大學映月亭

甲辰南吕增補於歷下龍泉山莊東籬齋

總　説

——漫議重建中華博物學的歷史意義與現實價值

緣　起

　　《中華博物通考》（下稱《通考》）是一部通代史論性的華夏物態文化專著，係"九五""十五""十四五"國家重點出版物專項規劃項目，并得到 2020 年度國家出版基金資助。全書共三十六卷，另有附錄一卷，其中有許多卷又分上下或上中下，計有五十餘冊，逾三千萬字。《通考》的編纂，擬稿於 1990 年夏，展開於 1992 年春，迄今已歷三十餘載，初始定名爲《中華博物源流大典》，原分三十二門類（即三十二卷）。此後，歷經斟酌修補，終成今日規模。三十餘載矣，清苦繁難，步履維艱，而大江南北，海峽兩岸，衆多學人，三代相繼，千里聯手，任勞任怨，無一退縮，何也？因本書關涉了古老國度學術發展的重大命題，足可爲當今社會所藉鑒，作者們深知自家承擔的是何樣的重任，未敢輕忽，未敢怠慢。

　　何謂中華物態文化？中華物態文化的研究主體就是中華浩博實物。其歷史若何？就文字記載而言，中華物態文化史應上溯於傳說中的三皇五帝時期，隸屬於原始社會。"三皇五帝"究竟爲何人，我國史家多有不同見解，大抵有三說：一曰"人間君主說"，"三皇"分別指天皇、地皇、人皇，"五帝"分別指炎帝烈山氏、黄帝有熊氏、顓頊高陽氏、帝堯陶唐氏和帝舜有虞氏；二曰"開創天下説"，三皇分別指有巢氏、燧人氏、伏羲氏，"五帝"分別指炎帝烈山氏、黄帝有熊氏、顓頊高陽氏、帝堯陶唐氏和帝舜有虞氏；三曰"道治德化説"，認爲"三皇以道治，五帝以德治"，"三皇"是遠古三位有道的君主，分別指太昊伏羲氏、炎帝神農氏及黄帝軒轅氏，五帝則是少昊金天氏、顓頊高陽氏、帝嚳高辛氏、帝堯陶唐氏和帝舜有虞氏。有關三皇五帝的組合方式，典籍記載亦不盡相同，大抵有四種，在此不予臚列。"三皇五帝"所處時間如何劃定，學界通常認爲有巢、燧人、伏羲屬於舊石器時代，有巢、燧人爲早期，伏羲爲晚期，其餘皆屬新石器時代，炎帝、黄帝、少昊、顓頊等大致同時，屬仰韶文化後期和龍山文化早期。"三皇五帝"後期，已萌生并逐步邁進文明史時代。

　　中華文明史，國際上通常認定爲三千七百年（主要以文字的誕生與城邑的出現等爲標志），國人則認定爲逾五千年，今又有九千年乃至萬年之説。後者可以上溯至新石器時代，如隸屬裴李崗文化的河南省舞陽縣賈湖村出土了上千粒碳化稻米，約有九千年歷史，是世界最早的栽培粳稻種子。經鑒定其中百分之八十以上不同於野生稻，近似現代栽培稻種，可證其時已孕育了農耕文化。其中發現的含有稻米、山楂、葡萄、蜂蜜的古啤酒也有九千年以上的歷史，可證其時已掌握了釀造術。賈湖又先後出土了幾十支骨笛，也有七千八百年至九千年的歷史，其中保存最爲完整者，可奏出六聲音階的樂曲，反映了九千年前，中華民族已具有相當高度的生産力與創造力、具有相當高度的文化藝術水準與審美情趣。有美酒品嘗，有音樂欣賞，彼時已知今人所稱道的"享受生活"，當非原始人所能爲。賈湖遺址的發現并非偶然，近來上山文化晚期浙江義烏橋頭遺址，除却出土了古啤酒之外，又發現諸多彩陶，彩陶上還繪有伏羲氏族所創立的八卦圖紋飾，故而國人認爲這一時期中華文明已開始形成，至少連續了九千載。中華文明的久遠，當爲世界四大文明古國之首，徹底否定了中華文明西來之説。九千載之説雖非定論，却已引起舉世關注。此外，江西省上饒市萬年縣大源鄉仙人洞遺址發現的古陶器則産生於一萬九千至兩萬年前，又遠超前述的出土物的製作時間。雖有部分學界人士認爲仙人洞遺址隸屬於舊石器遺址，并未進入文明時代，但其也足可證中華博物史的久遠。

一、何謂“博物”與《中華博物通考》？《通考》的要義與章法何在？

何謂“博物”？“博物”一詞，首見於《左傳·昭公元年》：“晋侯聞子產之言，曰：‘博物君子也。’”其他典籍也時有記載，如《漢書·楚元王傳贊》：“自孔子後，綴文之士衆也，唯孟軻、孫況、董仲舒、司馬遷、劉向、揚雄此數公者，皆博物洽聞，通達古今。”《周書·蘇綽傳》：“太祖與公卿往昆明池觀魚，行至城西漢故倉地，顧問左右莫有知者。或曰：‘蘇綽博物多通，請問之。’”以上“博物”指博通諸種事物，一般釋爲“知識淵博”。此外，《三國志·魏書·國淵傳》：“《二京賦》博物之書也，世人忽略，少有其師可求。”唐釋玄奘《大唐西域記·摩臘婆國》：“昔此邑中有婆邏門，生知博物，學冠時彥，内外典籍，究極幽微，曆數玄文，若視諸掌。”明王禕《司馬相如解客難》：“借曰多識博物，賦頌所託，勸百而風一。”這些典籍所載之“博物”，即可釋爲今義之“浩博實物”。這一浩博實物，任一博物館盡皆無法全部收藏。本《通考》指稱的“博物”既可以是天然的，也可以是人工的；既可以是静態的，也可以是動態的；既可以是斷代的，也可以是歷時的，是古今并存，巨細俱備，時空縱橫，浩浩蕩蕩，但必須是我中華獨有，或是中土化的。研究這浩蕩博物的淵源流變以及同物异名或同名异物之著述即《博物通考》，而爲與西方博物學相區别，故稱之爲《中華博物通考》。

在中國古代久有《皇覽》《北堂書鈔》等類書、《儒學警語》《四庫全書》等叢書以及《爾雅》《説文》等辭書，所涉甚廣，却皆非傳統博物典籍。本書草創之際，唯有《中國學術百科全書》《中華百科全書》《中國大百科全書》之類風行於世，這類百科全書亦皆非博物學專著。專題博物學著作甚爲罕見，僅有今人印嘉祥《物源百科辭書》，俞松年、毛大倫《生活名物史話》，抒鳴、鋭鏵《世界萬物之由來》等幾種，多者收詞約三千條，少者僅一百八十餘款，或洋洋灑灑，或鳳毛麟角，各有千秋，難能可貴。《物源百科辭書》譽稱“我國第一部物源工具書”（見該書序），此書中外兼蓄，虚實并存，堪稱廣博，惜略顯雜蕪。本《通考》則另闢蹊徑，别有建樹，可稱之爲當代第一部“中華古典博物學”。

《通考》甚重對先賢靈智的追踪與考釋。中華民族是滿富慧心的偉大民族，極善觀察探索，即使一些不足挂齒的微末之物也未忽視，且載於典籍，十分翔實生動。如對常見的鳥類飛行方式即有以下描述：鳥學飛曰翎，頻頻試飛曰習，振翅高飛曰翥，向上直飛曰翀，張翼扶摇上飛曰羿，鳥舒緩而飛、不高不疾曰翔、曰翩，快速飛行曰奰，水上飛行曰猓，高飛曰翰，輕飛曰翾，振羽飛行曰翻，等等，不一而足。如此細密的觀察探隱，堪稱世界之最，令人嘆服！而關於禽鳥分類學，在中國古代也有獨到見解。明代李時珍所著《本草綱目》已建立了階梯生態分類系統，將禽鳥劃分爲水禽、原禽、林禽、山禽等生態類別，具有劃時代意義。這一生態分類法較瑞典生物學家林奈的《自然系統》（第十版）中的分類要早一百六十餘年，充分展示了我國古代鳥類分類學的輝煌成就，駁正了中國傳統生物學一貫陳腐落後的舊有觀念。此外，那些目力難及、浩瀚的天體，也盡在先民的觀察探索之中，如關於南天極附近的星象，遠在漢代即有記載。漢武帝元鼎六年（公元前 111），滅南越國，置日南九郡事，《漢書》及顏注、酈道元《水經注》有關 "日南" 的定名中皆有詳述，而西方於 15 世紀始有發現，晚中國一千四百餘年。再如，關於太陽黑子，在我國漢代亦有記載，《漢書・五行志》載："日黑居仄，大如彈丸。" 其後《晋書・天文志中》亦載："日中有黑子、黑氣、黑雲。" 而西方於 17 世紀始有發現，晚於中國一千六百餘年。惜自清朝入關之後，對於中原民族，對於漢民族長期排斥壓抑，致使靈智難展，尤其是中後期以來的專制國策，遭致國弱民窮，導致久有的科技一蹶不振，於是在列强的視野下，中華民族變成了一個愚昧的 "劣等" 民族。受此影響，一些居留國外或留學國外的學人，亦曾自卑自弃，本書《導論》曾引胡適的評語：中華民族是 "又愚又懶的民族"，是 "一分像人，九分像鬼的不長進民族"（見胡適《介紹我自己的思想》，1930年 12 月亞東圖書館初版《胡適文選》自序》）。本《通考》有關民族靈智的追踪考索，巨細無遺，成爲另一大特點。

　　《通考》遵從以下學術體系：宗法樸學，不尚空論，既重典籍記載，亦重實物（包括傳世與出土文物）考察，除却既有博物類專著自身外，今將博物研究所涉文獻歸納爲十大系統：一曰史志系統，即史書中與紀傳體并列，所設相對獨立的諸志。如《禮樂志》《刑法志》《藝文志》《輿服志》等，頗便檢用。二曰政書類書系統。重在掌握典制的沿革，廣求佚書异文。三曰考證系統。如《古今注》《中華古今注》《敬齋古今黈》等，其書數量無多，見重實物，頗重考辨。四曰博古系統。如《刀劍録》《過眼雲煙録》《水雲録》《墨林快事》等，這些可視爲博物研究散在的子書，各有側重，雖常具玩賞性，却足資藉鑒。五曰本草系統。其書草木蟲魚、水土金石，羅致廣博，雖爲藥用，已似百科全書。六曰注疏系統。爲古代典籍的詮釋與發揮。如《易》王弼注、《詩》毛亨傳、《史記》裴駰集解、《老子》魏源本義、《楚辭》王夫之通釋、《三國志》裴松之注、《水經》酈道元注、《世說新語》

劉孝標注等。七曰雅學系統、許學系統，或直稱之爲訓詁系統，其主體就是名物研究，後世稱爲 "名物學"。八曰异名辨析系統。已成爲名物學的獨立體系。如《事物异名》《事物异名録》等，旨在同物异名辨析。九曰説部系統。包括了古代筆記、小説、話本、雜劇之類被正統學者輕視的讀物，這是正統文化之外，隱逸文化、民間文化的淵藪，一些世俗的衣、食、住、行之類日常器物，多藉此得見生動描述。十曰文物考古系統，這是博物研究中至爲重要的最具震撼力的另一方天地，因爲這是以歷代實物遺存爲依據的，足可印證文獻的真僞、糾正其失誤，多有創獲。

二、《通考》内容究如何，今世當作何解讀？

《通考》内容極爲豐富，所涉範圍極廣，古今上下，時空縱横，實難詳盡論説，今略予概括，主要可分兩大方面，一爲自然諸物，二爲社科諸物，兹逐一分述如下：

（一）自然諸物：包括了天地生殖及人力之外的一切實體、實物，浩博無涯，可謂應有盡有。

如 "太陽" "月亮"，在我中華凡是太空中的發光體（包括反射光體）皆被稱爲 "星"，因此漢語在吸納現代天文學時，承襲了這一習慣，將 "太陽" 這類自身發光的等離子物體命名爲恒星。《天宇卷》研究的主體就是天空中的各種星象。星象就是指各種星體的位置、明暗、形狀等的變化。星象極其繁複，難以辨識。於是，在天空中位置相對穩定的恒星就成爲必要的定位標志。在人們目力所及的範圍内，恒星數以千計，先民將漫天看似雜亂無章的恒星位置相近者予以組合并命名，這些組合的星群稱之爲星宿，因而就有了三垣二十八宿之説。在远古難以對宇宙進行深入探索的時代，先民未能建立起完整的天體概念，也不知彼此的運動關係，僅憑藉直感認知，將所見的最强發光體——"太陽" 本能地給予更多的關注，作出不同於西方的别樣解釋。視太陽爲天神，太陽的出没也被演繹成天神駕車巡游，而夸父追日、后羿射日等典故，則承載了諸多遠古信息。先民依據太陽的陰陽屬性、形體形象、光熱情况、時序變化、神話傳説及俗稱俗語等特點，賦予了諸多别名和异稱，其數量達一百九十餘種，如 "陽精" "丙火" "赤輪" "扶桑" "東君" "摩泥珠" 等，可見先民對太陽是何等的尊崇。對人們習見的 "月亮"，《天宇卷》同樣考釋了其异名别稱及其得名由來。今知月亮异名别稱竟達二百二十餘種，較之 "太陽" 所收尤爲宏富。如

"太陰""玉鏡""嬋娟""姮娥""顧兔""桂影""玉蟾蜍""清涼宮"，等等。而關於"月亮"的所見所想，所涉傳聞佳話，連綿不絶，超乎所料。掩卷沉思，無盡感慨！中華民族是一個明潔温婉、追求自由、嚮往和平、極具夢想的偉大民族。愛月、咏月、賞月、拜月，深情綿綿，與月亮別有一番不解之緣！饒有趣味者，爲東君太陽神驅使六龍馭車的羲和，如同爲太陰元君駕車的望舒一樣，竟也是一位女子，可見先民對於女性的信賴與尊崇。何以如此？是母系社會的遺風流韵麽？不得而知！足證《通考》探討"博物"的意義并不衹在"博物"自身，而是關乎"博物"所承載的傳統文化。

再如古代出現的"雪""雹"之類，國人多認定與今世無多大差异，實則不然。《氣象卷》收有"天山雪""陰山雪""燕山雪""嵩山雪""塞北雪""南秦雪""秦淮雪""廬山雪""嶺南雪""犬吠雪"（偏遠的南方之雪。因犬見而驚吠，故稱），等等，這些雪域不衹在長城内外，又達於大江南北，可謂遍及全國各地，令人眼界大開。這些雪域的出現，又并非遠古間事，所見文字記載盡在南北朝之後，而"嶺南雪"竟見於明清時期，致使今人難以置信。若就人們對雪的愛惡而言，有"瑞雪""喜雪""灾雪""惡雪"；若就雪的屬性而言，有"乾雪""濕雪""霧雪""雷雪"；若就降雪時間長短而言，有"連旬雪""連二旬雪""連三旬雪""連四旬雪"；若就雪的危害而言，有"致人凍死雪""致人相食雪"等，不一而足。此外，雪另有色彩之别，本卷收有"紅雪""緑雪""褐雪""黑雪"諸文，何以出現紅、緑、褐、黑等顏色？這是由於大地上各類各色耐寒的藻類植物被捲入高空，與雪片相遇，從而形成不同色彩。對此，先民已有細微觀察，生動描述，但未究其成因。1892 年冬，意大利曾有漫天黑雪飄落，經國際氣象學家研究測定，此一現象乃是高空中億萬針尖樣小蟲，在飛翔時與雪片粘連所致。這與藻類植物被捲入高空，導致顏色的變幻同理。或問，今世何以不見彩色之雪？因往昔大地之藻類及針尖樣小蟲，由於生態環境的破壞而消失殆盡。就氣象學而言，古代出現彩雪，是正常中的不正常，現代衹有白雪，則是不正常中的正常。本卷中有關雹的考釋，同樣頗具情趣，十分精彩。依雹的顏色有"白色雹""赤色雹""黑色雹""赤黑色雹"，依形狀有"杵狀雹""馬頭狀雹""車輪狀雹""有柄多角雹"，依長度有"長徑尺雹""長尺八雹"，依重量有"重四五斤雹""重十餘斤雹"，依危害則有"傷禾折木雹""擊殺鳥雀雹""擊殺獐鹿雹""擊死牛馬雹""壞屋殺人雹"等，這些記載并非出自戲曲小説，而是全部源於史書或方志，時間地點十分明確，毋庸置疑。古今氣象何以如此不同？何以如此反常？衹嘆中國古代的科研體系多注重對現象的觀察，而不求其成因，袛是將以上現象置於史志之中，予以記載而已。本《通考》對中華"博物"的考辨，不袛是展現了大自然的原貌、大自然的古今變幻，而且也提供了社會的更迭興替和民生的禍福起落等諸多耐人尋味的思考。

另如，《水族卷》中收有棘皮動物"海參"，其物在當代國人心目中，是難得的美味佳餚和滋補珍品。《水族卷》還原其本真面貌，明確指出海參爲海洋動物中的棘皮動物門，海參綱之統稱，而後依據古代典籍，考證其物及得名由來：三國吳沈瑩《臨海水土異物志》："土肉，正黑，如小兒臂大，中有腹，無口目……炙食。"其時貶稱"土肉"，袛是"炙食"而已。既貶稱爲"土"，又止用於燒烤而食，此即其初始的"身份""地位"，實是無足稱道。直至明代謝肇淛《五雜俎·物部一》中，始見較高評價，并稱其爲"海參"："海參，遼東海濱有之，一名海男子。其狀如男子勢然，淡菜之對也。其性溫補，足敵人參，故名海參。""男子勢"，舊注曰"男根"，因海參形如男性生殖器，俗名"海男子"，正與形如女性生殖器的淡菜（又稱"海牝""東海夫人"，即厚殼貽貝）相對應。此一形似"男根"之物，何以又被重視起來？國人對食療養生素有"以形補形"的觀念，如"芹菜象筋骼，吃了骨頭硬；核桃象大腦，吃了思維靈"之類，而因海參似男根，故認定其有補腎壯陽的功能，這就是"足敵人參"的主要根據之一。謝氏在贊其"足敵人參"的同時，又特別標示了其不雅的綽號"海男子"，則又從另一側面反映了明代對於海參仍非那麼珍視，故而在其當代權威的醫典《本草綱目》中未予記載。"海參"在清朝的國宴"滿漢全席"中始露頭角，漸得青睞。本卷作者在還其本真面貌的過程中，又十分自然地釐清了海參自三國之後的異名別稱。如，"土肉""海男子"之後，又有"蚖""沙噀""戚車""龜魚""刺參""光參""海鼠""海瓜""海瓜皮""白參""牛腎""水參""春皮""伏皮"諸稱，"蚖"字之外，其他十三個異名別稱，古今辭書無一收錄，唯一收錄的"蚖"字，又含混不清。而"海參"喻稱"海瓜"，則爲英文 sea cucumber 的中文義譯，較中文之喻稱"海男子"似有異曲同工之妙，又可證西人對海參也并不那麼重視。

全書三十六卷，卷卷不同。本書設有《珍奇卷》，別具研究價值。如"孕子石"，發現於江蘇省溧陽市蘇溧地區。此石呈灰黄色，質地堅硬，其外表平凡無奇，但當人們把石頭敲開時，裏面會滾出許多圓形石彈子，直徑 21 厘米左右，和母石相較，顏色稍淺，但成分一致。因石中另包小石，好似母石生下的子石，故稱"孕子石"。這種"石頭孕子"史志無載，首次發現，地質學家們同樣百思而不得其解，袛能"望石興嘆"。再如"預報天旱井"，位於廣西全州縣内，每年大旱來臨前二十天，水井會流出渾水，長達兩天之久，附近村民見狀，便知大旱將臨，便提前做好抗旱準備。此外，該井每二十四小時漲潮六次，每次約漲五十分鐘，水量約增加兩倍。此井如同"孕子石"一樣，史志無載，首次發現，對此井的奇特現象有關專家同樣百思不得其解，也衹能"望井興嘆"。

（二）社科諸物：自然物外，中華博物中的社科諸物漫布於社會生活之中，其形成發展、古今變化，尤爲多彩，展現了一種別樣的國情特徵和民族靈智。

如《國法卷》，何謂"國法"？國法係指國家之法紀、法規。國法其詞作爲漢語語詞起源甚爲久遠，先秦典籍《周禮·秋官·朝士》中即已出現，"國法"之"法"字作"灋"，其文曰："凡民同貨財者，令以國灋行之，犯令者刑罰之。"同書《地官·泉府》中又有另詞"國服"，其文曰："凡民之貸者，與其有司辨而授之，以國服爲之息。"此"國服"言民間貿易必須服從國法，故稱"國服"。作爲語詞，"國法""國服"互爲匹配。國法爲人而設，國服隨法而施，有其法必有其服，有法無服，則法罔立，有服無法，舉世罔聞。今"國法"一詞存而未改，"國服"則罕見使用。就世界範圍而言，中國的國法自成體系，具有國體特色與民族精神，故西方學者稱之爲"中華法系"或"東方法系"。本《國法卷》即以"中華法系"爲中心論題，全面考釋，以現其固有特色與精神。中華法系如同世界諸文明古國法系一樣，源於宗教，興於禮俗，而最終成爲法律，遂具有指令性、强制性。中華法系一經形成，即迥异於西方，因其從不以"永恒不變的人人平等的行爲準則"自詡，也没有立法依據的總體理論闡釋，而是明確標示法律應維護帝王及權貴的利益。在中國古代，從没出現過如古希臘或古羅馬的所謂絶對公正的"自然法"，毋須在"自然法"指導下制定"實在法"。中國古代的全部法律皆爲正在施行的"實在法"，但却有不可撼動的權威理論——"君權天授"説支撑。"天"，在先民心目中是無可比擬的最神秘、最巨大的力量。"天"，莊重而仁慈，嚴厲而公正，無所不察，無所不能。上自聖賢哲人，下至黎民百姓，少有不"敬天意"、不"畏天命"者，帝王既稱"天子"，且設有皇皇國法，條文森然，何人敢於反叛？天下黔首，非處垂死之地，絶不揭竿而起，妄與"天"鬥！故而在中國古代，帝王擁有最高立法權與司法權，享有無盡的威嚴與尊貴。今知西周時又强化了宗族關係，即血緣關係。血緣關係又分爲近親、遠親、异姓之親等。血緣關係成爲一切社會關係的核心，由血緣關係擴而廣之，又有師生、朋友及當體恤的其他人等關係。由血緣關係又進而强化了尊卑關係，即君臣關係、臣民關係，這些關係較之血緣關係更爲細密，爲此而設有"八辟"之法，規定帝王之親朋、故舊、近臣等八種人，可以享有減免刑罰之特權。漢代改稱"八議"，三國魏正式載入法典。其後，歷代常有沿襲。這一血緣關係在我國可謂根深蒂固，直至今世而未衰。爲維護這尊卑關係，西周之法典又設有《九刑》，以"不忠"爲首罪。另有《八刑》以"不孝"爲首罪。"忠"，指忠君，"孝"指孝敬父母，兩者難以分割。《九刑》《八刑》雖爲時過境遷之古法，但其倡導的"忠孝"，已成爲中華民族的一種處世觀念，一種道德規範。作爲個人若輕忽"忠孝"，則必極端自私，害及民衆；作爲執政者若輕忽"忠孝"，則必妄行無忌，危及國家。今世早已摒弃愚忠愚孝之舉，但仍然繼承并發揚了"忠孝"的傳統。"忠"不再是"忠君"，而是忠於祖國，忠於人民，或是忠於信守的理想；"孝"謂善事父母，直承百代，迄今不衰。"忠孝"是人們發自心底的感恩之情，唯知感恩，始有報恩，人間纔有真情往還，纔有心靈交融。佛家箴言警語曰"上報四重恩，下濟三途苦"（見《大乘本生心地觀經》），"四重恩"指父母恩、師長恩、國土恩、衆生恩（衆生包括動植物等一切生靈）。我國傳統忠孝文化中又融入了佛家的這一經典旨意，可謂相得益彰。"忠孝"乃我文明古國屹立不敗的根基，絕不可視之爲"封建觀念"。縱觀我中華信史可知，舉凡國家昌盛時代，必是忠孝振興歲月，古今如一，堪稱鐵律。國家可敬又可愛，所激起的正是人們的家國情懷！"忠孝"這一處世觀念，這一道德規範，直涉人際關係，直涉國家命運，成爲我中華獨有、舉世無雙的文化傳統。

中國之國法，并非僅靠威懾之力，更有"禮治"之宣導，而關乎禮治的宣導今人常常忽略。前已述及中華法系如同世界諸文明古國法系一樣，源於宗教，興於禮俗，由禮俗演進爲禮治，禮治早於刑法之前已經萌生。自商周始，《湯刑》《吕刑》（按，《湯刑》《吕刑》之"刑"當釋爲"法"）相繼問世，尤重"禮治"，何謂"禮治"？"禮治"指遵守禮儀道德與社會規範，破除"禮不下庶人"的舊制，將仁義禮智信作爲基本的行爲規範，《孟子·公孫丑上》曰："辭讓之心，禮之端也。""辭讓"指謙和之道，尊重他人，由"禮讓"而漸發展爲"禮制"。至西周時，"禮治"已成定制。這一立法思想備受推崇。夏商以來，三千餘載，王朝更替，如同百戲，雖脚色各异，却多高揚禮制之大旗，以期社會和諧，民生安樂。不瞭解中國之禮治，也就難以瞭解中華法制史，就難以瞭解中國文化史。此後"禮治"配以"刑治"，相輔相成，久行不衰。"禮刑相輔"何以行使？答曰：升平之世，統治者無不强調禮制之作用，藉此以示仁政；若逢亂世，則用重典，施酷刑（下將述及），軟硬兩手交替使用。這就組成了一張巨大的不可錯亂、不可逾越的法律之網，這就是中華民族百代信守的國家法制的核心，這就是中華民族有史以來建國治國之道。這一"禮刑相輔"的治國之道，迥別與西方，爲我中華所獨有，在漫長而多樣的世界法制史中居於前沿地位。

在我古老國度中，國家既已形成，於是又具有了不同尋常的歷史意義與價值觀。自先秦以來，"國家"一詞意味着莊嚴與信賴。在國人心目中，"國"與"家"難以分割，直與身家性命連爲一體，故"報效國家"爲中華民族的最高志節，而"國破家亡"則爲全民族的最大不幸。三十年前本人曾是《漢語大詞典》主要執筆者之一，撰寫"國家"條文時，已注意了先民曾把皇帝直稱爲"國家"。如《東觀漢紀・祭遵傳》："國家知將軍不易，亦不遺力。"《晋書・陶侃傳》："國家年小，不出胸懷。"稱皇帝爲"國家"，以皇帝爲國家的代表或國家的象徵，較之稱皇帝爲天子，更具親切感，更具號召力。中國歷史上的一些明君仁主也多以維護國家法制爲最高宗旨，秦皇、漢武皆曾憑藉堅定地立法與執法而國勢強盛，得以稱雄天下，這對始於西周的"八辟"之法，無疑是一大突破。本書《國法卷》第一章概論論及隋唐五代立法思想時，有以下論述：據《隋書・王誼傳》及文帝相關諸子傳載，文帝楊堅少時同王誼爲摯友，長而將第五女嫁王誼之子，相處極歡，後王誼被控"大逆不道，罪當死"，文帝遂下詔"禁暴除惡"，"賜死於家"。《隋書・文四子傳》又載，文帝三子秦王楊俊，少而英武，曾總管四十四州軍事，頗有令名，文帝甚爲愛惜，獎勵有加。後楊俊漸奢侈，違制度，出錢求息，窮治宮室，文帝免其官。左武衞將軍劉升、重臣楊素，先後力諫曰："秦王非有他過，但費官物、營廨舍而已。"文帝答曰："法不可違！"劉、楊又先後諫曰："秦王之過，不應至此，願陛下詳之。"文帝答曰："我是五兒之父，若如公意，何不別制天子兒律？"文帝四子、五子皆因違法，被廢爲庶民，文帝處置毫不猶豫，毫不留情。隋文帝身爲人君，以萬乘之尊，率先力行，實踐了"王子犯法，與民同罪"的古訓。在位期間，創建"開皇之治"，人丁大增，百業昌盛，國人視文帝爲真龍天子，少數民族則尊稱其爲聖人可汗。《國法卷》主編對歷史上身爲人君的這種舉措，有"忍割親朋私情，立法爲公"的簡要評論。這一評論對於中國這種以宗族故交爲關係網的大國而論，正是切中要害。此後，唐太宗李世民、玄宗李隆基、憲宗李純等君王皆有類似之舉，終成輝煌盛世。時至明代，面對一片混亂腐敗的吏治，明太祖朱元璋更設有"炮烙""剝皮"之類酷刑嚴法，懲治的貪官污吏達十五萬之衆，即使自家的親朋故舊，也毫不留情。如進士出身的駙馬，朱元璋的愛婿歐陽倫只因販茶違法，就直接判以死刑，儘管安慶公主及儲君朱允炆苦苦哀求，也絕不饒恕。據《明史·循吏傳序》載：“〔官吏〕一時受令畏法，潔己愛民，以當上指……民人安樂、吏治澄清者百餘年。”其時，士子們甘願謀求他職，而不敢輕率爲官，而諸多官員却學會了種田或捕魚，呈現了古今難得一見的別樣的政治生態。明太祖的這類嚴酷法令雖是過當，却勝於放縱，故而明朝一度成爲世界經濟大國、經濟强國。中國歷史上的諸多建國之名君仁主，執法雖未若隋文帝之果决，未若明太祖之嚴酷，但無一不重視國家安危。這些建國名君仁主“上以社稷爲重，下以蒼生在念”（見《舊唐書·桓彦範傳》），故而贏得臣民的擁戴。今之世人多以爲帝王之所以成爲帝王，盡皆爲皇室一己之私利，祇貪圖自家的享榮華富貴而已，實則并非盡皆如此。歷代君王既已建國，亦必全力保國，并垂範後世，以求長治久安。品讀本書《國法卷》，可藉以瞭解我國固有的國情狀況，瞭解我國歷史中的明君仁主如何治理國家，其方策何在，今世仍有藉鑒價值。縱觀我國漫長的歷史進程，有的連續數代，稱爲盛世；有的衰而復起，稱爲中興；有的則二世而亡，如曇花一現。一切取决於先主與後主是否一脉相繼，一切取决於執法是否穩定。要而言之：嚴守國法，則國家興盛，嚴守國法，則社會祥和，此乃舉世不二之又一鐵律。

《國法卷》雖以國法爲研究主體，却力求超越法律研究自身，力求探索法律背後的正反驅動力量，其旨義更加廣遠。因而本卷又區別於常見的法律專著。

另如《巧藝卷》，在《通考》全書中未占多大分量，但在日常社會生活中却有無可替代的獨特地位，藉此大可飽覽先民的生活境遇和精神世界。何謂“巧藝”？古代文獻中無此定義。所謂“巧藝”，專指巧智與技藝性的娛樂及各種健身活動，同時展現了與之相應的家國關係。中華民族的“巧藝”別具特色，所涉内容十分廣泛，除却一般游戲活動外，又包涵了棋類、牌類、養生、武術、四季休閑、宴飲娛樂、動物馴化等等。細閱本卷所載，常爲古人之智巧所折服。如西漢東方朔“射覆”之奇妙，今已成千古佳話。據《漢書·東方朔傳》載，漢武帝嘗覆守宫（即壁虎）於杯盂之下，令衆方士百般揣度，各顯其能，并無一言中的者，而東方朔却可輕易解密，有如神算，令滿座驚呼。何謂“射覆”？“射覆”爲古代猜測覆物的游戲。射，揣度；覆，覆蓋。“射覆”之戲，至明清始衰，其間頗多高手。這些高手似乎出於特異功能，是古人勝於今人麽？當作何解釋？學界認爲這些高手多善《易》學，故而超乎常人，但今世精於《易》學者并非罕見，却未見有如東方朔者，何也？難以作答，且可不論，但古代對動物的馴化，又何以特別精彩，令今人嘆服？

著名的唐代象舞、馬舞，久負盛名，這些大動物似通人性，故可不論，而那些似乎笨拙的小動物，如"烏龜疊塔""蛤蟆説法"之類的馴養，也常常勝過今人，足可展現先民的巧智，"'疊塔''説法'，固教習之功，但其質性蠢蠢，非他禽鳥可比，誠難矣哉！"（見明陶宗儀《輟耕録·禽戲》）古人終將蠢蠢之蟲馴化得如此聰明可愛，藉此可見古人之扎實沉着，心智之專一，少有後世浮躁之風。目前，國人甚喜馴養，寵物遍地，却未見馴出如同上述的"疊塔"之烏龜與"説法"之蛤蟆，今之馬戲或雜技團體，爲現代專業機構，也未見絶技面世。

《巧藝卷》的條目詮釋，大有建樹，絶不因襲他人成説，明確關聯了具體事物形成的歷史淵源與社會背景。如"踏青"，《漢語大詞典》引用了唐代的書證，并稱其爲"清明節前後，郊野游覽的習俗"。本卷則明確指出，"踏青"是由遠古的"春戲"演變而來。西周時曾爲禮制。漢代已有"人日郊外踏青"之俗，同時指出"踏青"還有"游春"的別稱。《漢語大詞典》與本卷的釋文内容差異如此之大，實出常人之所料。何謂"春戲"？所有辭書皆未收録。本卷有翔實考證，兹録如下：

> 春戲：古代民間春季娛樂活動。以繁衍後代和期盼農作物豐收爲目的的男女歡會活動。始於原始社會末期，西周時仍很流行。《周禮·地官·司徒》："中春之月，令會男女。於是時也，奔者不禁。若無故而不用令者，罰之。司男女之無夫家者而會之。"《墨子·明鬼篇》："燕之有祖，當齊之社稷。宋之有桑林，楚之雲夢也，此男女之所屬而觀也。"《詩·鄭風·溱洧》："溱與洧，瀏其清矣。士與女，殷其盈矣。女曰：'觀乎？'士曰：'既且。''且往觀乎！洧之外，洵訏且樂。'維士與女，伊其將謔，贈之以芍藥。"《楚辭·九歌·少司命》："秋蘭兮麋蕪，羅生兮堂下。緑葉兮素枝，芳菲菲兮襲予。夫人兮自有美子，蓀何以兮愁苦？"戰國以後逐漸演變爲單純的春游活動"踏青"。

《巧藝卷》精心地援引了以上經典，可證在中國上古時期男女歡會非常自然，而且是具有相當規模的群體性活動。此舉在中國遠古時代已有所見，青海大通縣上孫家寨出土的舞蹈紋彩陶盆，已展現了男女携手共舞的親密生動場景，那是馬家窑文化的代表，距今已有五千年歷史，但必須明確，這并非蒙昧時期的亂性之舉。這是一種男女交往的公開宣示。前述《周禮·地官·司徒》曰："中春之月，令會男女……司男女無夫之家者而會之。"其要點是"男女無夫之家者"。這是明確的法律規定，故而作者的篇首語曰："以繁衍後代和期盼農作物豐收爲目的。"這就撥正了後世對於中國古代奴隸社會或封建社會有關男女關係的一些偏頗見解，可證本卷之"巧藝"非同一般的娛樂，所展現的是中華先民多方位的生活狀態。

三、博物研究遭質疑，古老科技又誰知？

《通考》所涉博物盡有所據，無一虛指，如繁星麗天，構成了浩大的博物學體系，千載一脉，本當生生不息，如瀑布之直下，但却似大河之九曲，時有峽谷，時有險灘，終因清廷喪權辱國、全盤西化而戛然中斷，故而迥異於西方。由於西方科技的巨大影響，致使一些學人缺少文化自信，多認爲中國古老的博物學，無甚價值。豈知我中華民族從不乏才俊、精英，從不乏偉大的發明，很多祇是不知其名而已。如《淮南子・泰族訓》："欲知遠近而不能，教之以金目則快射。"漢代高誘注曰："金目，深目。所以望遠近射準也。"何謂"金目"？據高注可知，就是深目。"深目"之"深"，謂深遠也（又說稱"金目"爲黄金之目，用以喻其貴重，恐非是）。"金目"當是現代望遠鏡或眼鏡之類的始祖。"金目"其物，在古代萬千典籍中僅見於《淮南子》一書，别無他載。因屬古代統治者杜絶的"奇技淫巧"，又甚難製作，故此物宫廷不傳，民間絶踪，遂成奇品。上世紀80年代，揚州邗江縣東漢廣陵王劉荆墓中出土一枚凸透鏡，此鏡之鏡片直徑1.3厘米，鑲嵌在用黄金精製而成的小圓環内，視物可放大四五倍，此鏡至遲亦有兩千餘年的歷史。廣陵墓之外，安徽亳州曹操宗族墓等處，亦有出土。是否就是"金目"已難考證。作爲眼鏡其物，發展到宋代，始有明確的文字記載，其時稱之爲"靉靆"（見明方以智《通雅・器用・雜用諸器》引宋趙希鵠《洞天清録》）。今日學者皆將眼鏡視爲西方舶來品，一説來自阿拉伯，又説來自英國，如猜謎語，不一而足；西方的眼鏡實則是由中國傳入的，如若説是西方自家發明，也晚於中國千年之久。

"金目"其物的出現絶非偶然，《墨子》中的《經下》《經説下》已有關於光的直綫傳播、反射、折射、小孔成象、凹凸透鏡成象等連續的科學論述，這一原理的提出，必當有各式透體器物，如鏡片之類爲實驗依據，這類器物的名稱曰何今已不得而知，但製造出金目一類望遠物，是情理之中的必然結果。據上述《經下》《經説下》記載可知，早在戰國時期，先賢已有光學研究的成就，與後世西方光學原理盡同。在中國漫長的古代日常生活

中，隨時可見新奇的創造發明，這類創造發明所展現的正是中國獨有的科學。《導論》中
所述"被中香爐""長信宮燈"之外，更有"博山爐"（一種形似傳說中神山"博山"的香
爐，當香料在爐內點燃時，烟霧通過鏤空的山體宛然飄出，形成群山蒙蒙、衆獸浮動的奇
妙景象，約發明於漢代）、"走馬燈"（一種竹木扎成的傳統佳節所用風車狀燈具，外貼人
馬等圖案，藉燈內點燃蠟燭的熱力引發空氣對流，輪軸上的人馬圖案隨之旋轉，投身於燈
屏上，形成人馬不斷追逐、物換景移的壯觀情景，約發明於隋唐時期）之類。古老中華何
止是"四大發明"？此外，約七千年前，在天災人禍、形勢多變的時代背景之下，先民爲
預測未來，指導行爲方嚮，始創有易學，形成於商周之際，今列爲十三經之首，稱爲《周
易》，這是今世的科學不能完全解釋的另一門"科學"，其功用不斷地爲當世諸多領域所驗
證，在我華夏、乃至歐美，研究者甚衆，本《通考》對此雖有涉及，而未立專論。

　　那麼，在近現代，國人又是如何對待古代的"奇技奇器"的呢？著名的古代"四大
發明"，今已家喻户曉，婦幼皆知，但却如同可愛的國寶大熊猫一樣，乃是西方學者代爲
發現。我仁人志士，爲喚醒"東方睡獅"，藉此"四大發明"，竭力張揚，以振奮民族精
神。這"四大發明"影響非凡，但在中國傳統文化中亦無重要地位，其中"火藥"見載於
唐孫思邈《丹經》，"指南針""印刷術"同見載於宋沈括《夢溪筆談》，皆非要籍鴻篇，唯
造紙術見於正史，全文亦僅七十一字，緊要文字祇有可憐的四十三字（見《後漢書・宦者
傳・蔡倫》）。而這"四大發明"中有兩大發明，不知爲何人所爲。

　　在古老中國的歷史長河中，更有另一種科學技術，當今學界稱之爲"黑科技"（意謂
超越當今之科技，出於人類的想象之外。按，稱之爲"超科技"，似更易理解，更準確），
那就是現代科學技術望塵莫及、無法破解的那些千古之謎。如徐州市龜山西漢楚襄王墓北
壁的西邊墙上，非常清晰地顯示一真人大小的影子，酷似一位老者，身着漢服，峨冠博
帶，面東而立，作揖手迎客之狀。人們稱其爲"楚王迎賓圖"。最初考古人員發掘清理棺
室時，并無壁影。自從設立了旅游區正式開放後，壁影纔逐漸地顯現出來，仿佛是楚王的
魂魄顯靈，親自出來歡迎來此參觀的游人一樣。楚襄王名劉注，是西漢第六代楚王，死後
葬於此。劉注墓還有五謎，今擇其三：一、工程精度之謎。龜山漢墓南甬道長 55.665 米，
北甬道長爲 55.784 米，沿中綫開鑿，最大偏差僅爲 5 毫米，精度達 1/10000；兩甬道相距
19 米，夾角 20 秒，誤差爲 1/16000，其平行度誤差之小，大約需要從徐州一直延伸到西
安纔能使兩甬道相交。按當時的技術水準，這樣的墓道是何人如何修建的？二、崖洞墓開

鑿之謎。龜山漢墓爲典型的崖洞墓，其墓室和墓道總面積達到 700 多平方米，容積達 2600 多立方米，幾乎掏空了整個山體。勘察發現，劉注墓原棺室的室頂正對着龜山的最高處，劉注府庫中的擎天石柱也正位於南北甬道的中軸綫上。龜山漢墓的工程人員是利用什麽樣的勘探技術掌握龜山的山體石質和結構？三、防盜塞石之謎。南甬道由 26 塊塞石堵塞，分上下兩層，每塊重達六至七噸，兩層塞石接縫非常嚴密，一枚硬幣也難以塞入。漢墓的甬道處於龜山的半山腰，當時生産力低下，人們是用什麽方法把這些龐大的塞石運來并嵌進甬道的？今皆不得而知。

斷言"中國古代衹有技術而没有科學"者，對中國歷史的瞭解實在是太過膚淺，并不瞭解在中國古代不衹有科技，而且竟然有超越科學技術的"黑科技"。

四、當世灾難甚可懼，人間正道何處覓？

在《通考》的編纂過程中，常遇到的重要命題，那就是以上論及的"科技"。今之"科技"，在中國上古曾被混稱爲"奇技奇器"，直至清廷覆亡，迄未得到應有的重視，導致國勢衰微，外寇侵略，民不聊生。這正是西方視之爲愚昧落後，敢於長驅直入，爲所欲爲的原因。因而一個國家、一個民族，要立於不敗之地，必須擁有自家的科技！世人當如何評定"科技"？如何面對"科技"？本書《導論》已有"道器論"，今《總說》以此"道器論"爲據，就現代人類面臨的種種危機，論釋如下：

何謂"道器"？所謂"道"是指形成宇宙萬物之原本，是形成一切事理的依據與根由。何謂"器"？"器"即宇宙間實有的萬物，包括一切科技，一切發明，至巨至大，至細至微，充斥天地間，而盡皆不虚。科技衍生於器，驗證於器，多以器爲載體，是推進或毁壞人類社會的一種無窮力量，故而又必須在人間正道的制約之下。此即本書道器并重之緣由，或可視爲天下之通理也。英國自 18 世紀第一次工業革命以來，其科學技術得以高速而全方位地發展，引起西方乃至全世界的密切關注與重視，影響廣遠。這一時期，英帝國統治者睥睨全球，居高臨下，自我膨脹，發表了"生存競争，勝者執政"等一系列宏論；托馬斯·馬爾薩斯的《人口論》亦應時而起，其核心理論是："貧富强弱，難以避免。承認現實，存在即合理。"甚而提出"必須控制人口的大量增長，而戰争、饑荒、瘟疫是最後抑制人口增長的必要手段"（這一理論在以儒學爲主體的傳統文化中被視爲離經叛道，滅絕人性，而在清廷走投無路全面西化之後，國人亦有崇信者，直至20年代初猶見其餘緒）。在這樣的時代背景下，查爾斯·達爾文所著《物種起源》得以衝破基督教的束縛，順利出版，暢行無阻。該書除却大量引用我國典籍《齊民要術》《天工開物》與《本草綱目》之外，還鄭重表明受到馬爾薩斯《人口論》的啓示和影響。《物種起源》的問世，形成了著名的進化理論："物競天擇、優勝劣汰，弱肉强食，適者生存。"（近世對其學説已有諸多評論，此略）進化學説在人們的社會生活中留下了深刻的印迹，在世界範圍内引起巨大反響，當時英國及其他列强利用了自然界"生存法則"的進化理論，將其推行於對外擴張的殖民戰争中，打破了世界原有生態格局，在巨大的聲威之下，暢行無阻，遍及天下。縱觀人類的發展史，尤其是近世以來的發展史可知，科技的高下決定了國家的强弱，以强凌弱，已成定勢，在高科技强國的聲威之下，無盡的搜羅，無盡的采伐，無盡的探測實驗（包括核試驗），自然資源和自然環境漸遭破壞，各種弊端漸次顯露。時至20世紀中後期，以原子能、電子電腦、信息技術、空間技術等發明和應用爲標志、第三次科技革命的到來，學界稱之爲"科技革命的紅燈時刻"，其勢如風馳電掣，所向披靡，人類社會發生了翻天覆地的變化，時至21世紀，又凸顯了另一灾難，即瘟疫肆虐，病毒猖獗，危及整個人類。這一系列禍患緣何而生？天灾之外，罪魁爲人。何也？世間萬種生靈，習性歸一，盡皆順從於大自然，但求自身生息而已，别無他求，而作爲"萬物之靈"的人類，在茹毛飲血，跨越耕獵時代之後，却欲壑難填，毫無節制！爲追求享樂、滿足一己之貪婪，塗炭萬種生靈，任你山中野外，任你江面海底，任你晝藏夜出，任你天飛地走，皆得作我盤中佳餚。閑暇之日，又喜魚竿獵槍，目睹异類掙扎慘死，以爲暢快，以爲樂趣，若爲一己之喜慶，更可"磨刀霍霍向猪羊"，視之爲正常！"萬物之靈"的人類，永無休止，地表搜刮之外，還有地下的搜索挖掘，如世界著名的南非姆波尼格金礦，雖其開采僅起始於百年前，憑藉當代最先進的科技，挖掘深度已超4000米（我國的招遠金礦，北宋真宗年間已進行開采，至今深度不過2000米左右），現有370千米軌道，用以運送巨大的設備與成噸重的礦石，而每次開采都必須用兩千多公斤的炸藥爆破，可謂地動山摇！金礦之外，又有銀礦、鐵礦、銅礦、煤礦、水晶礦（如墨西哥的奈咯水晶洞，俗稱"神仙水晶礦"，其中一根重達50噸，挖出者一夜暴富），種種礦藏數以萬計。此外尚有對石油、純净水，乃至無形的天然氣等的無盡索取，山林破壞，大地沙化，水污染、大氣污染、核污染，地球已是百孔千瘡，而挖掘索取，仍未甘休，愈演愈烈，故今之地球信息科學已經發現地球性能的變异以及由此帶來可怕的全球性灾難。今日世界，各國執政者憑仗高科技，多是從一國、一族或一己之私利出發，或結邦，或聯盟，争强鬥勝，互不相顧，國際關係日趨惡化，人類時刻面臨可怕的威脅，面臨毁滅性的核戰争。凡此種種，怎不令人憂慮，令人悲痛？故而有學者宣稱："科技確實偉大，也確實可怕。一旦失控，後患無窮。"又稱："人類擁有了科技，必警惕成爲科技的奴隸。"此語并非危言聳聽，應是當世的警鐘，因爲人類面對强大的科技，常常難以自控，這是科技發展必然的結果。而作爲"萬物之靈"的人類，具有高智慧，能够擁有高科技，確乎超越了萬物，居於萬物主宰的地位，而執政者一旦擁有失控的權力，肆意孤行，其最終結局必將是自戕自毁，必將與萬物同歸於盡。一言以蔽之，毁滅世界的罪魁禍首是人類自己，而并非他類。

面對這多變的現實與可怕的未來，面對這全球性的灾難，中外科學家作了不懈努力，而收效甚微。1988 年 1 月，七十五位諾貝爾獲獎者及世界著名學者齊聚巴黎，探討了 21 世紀科學的發展與人類面臨的種種難題，提出了應對方略。在隆重的新聞發布會上，瑞典物理學家漢內斯·阿爾文發表了鄭重的演説："如果人類要在 21 世紀生存下去，必須回頭到兩千五百年前去汲取孔子的智慧。"（見 1988 年 1 月 24 日澳大利亞《堪培拉時報》原文——《諾貝爾獎獲得者説要汲取孔子的智慧》）這是何等驚人的預見，又是何等嚴正的警示！這七十五位諾貝爾獲獎者没有一位是我華夏同胞，他們對孔子的認知與崇敬，非常客觀，非常深刻，超乎我們的想象。這種高屋建瓴式的睿智呼籲，振聾發聵，可惜并没有警醒世人，也没有引起足够多的各國領導人的重視。

人類爲了自救，不能不從人類自身發展史中尋求答案。在人類發展史中，不乏偉大的聖人，孔子是少有的没有被神化、起於底層的聖人（今有稱其爲"草根聖人"者），他生於春秋末期，幼年失父，家境貧寒，又正值天下分裂，戰亂不斷，在這樣的不幸世道裏，孔子及其弟子大力宣導"克己復禮"，這是人類歷史上最切實際的空前壯舉。何謂"禮"？《説文·示部》曰："禮，履也。所以事神致福也。"禮本來是上古祭祀鬼神和先祖的儀式。史稱文、武、成王、周公據禮"以設制度"，此即"周禮"。"周禮"的内容極爲廣泛，舉凡國家的政治、經濟、軍事、行政、法律、宗教、教育、倫理、習俗、行爲規範，以及吉、凶、軍、賓、嘉五類禮儀制度，均被納入禮的範疇。周禮在當時社會中的地位與指導作用，《禮記·曲禮》中有明確記載："分争辯訟，非禮不决；君臣上下、父子兄弟，非禮不定；宦學事師，非禮不親；班朝治軍、涖官行法，非禮威嚴不行。"當然也維護了"君臣朝廷尊卑貴賤之序，下及黎庶車輿衣服宮室飲食嫁娶喪祭之分"（見《史記·禮書》），這符合於那個時代的階級統治背景。孔子提出"克己復禮"，期望世人克服一己之私欲，以應有的禮儀禮節規範自己的言行，建立一個理想的中庸和諧社會，這已跨越了歷史局限。孔子的核心思想是"敬天愛人"，何謂"敬天"？孔子強調"巍巍乎唯天爲大"（見《論語·泰伯》），又曰："天何言哉？四時行焉，百物生焉，天何言哉！"（見《論語·陽貨》）孔子所言之"天"，并非指主宰人類命運的上蒼或上帝，并非是孔子的迷信，因"子不語怪力亂神"（見《論語·述而》）。孔子認爲四季變化、百物生長，皆有自己的運行規律，人類應謹慎遵從，應當敬畏，不得違背。孔子指稱的"天"，實則指他所認知的宇宙。此即孔子的天人觀、宇宙觀。"巍巍乎唯天爲大"，在此昊天之下，人是何樣的微弱，面臨小小的細菌、病毒，即可淒淒然成片倒下。何謂"愛人"？孔子推行"仁義之道"，何謂"仁"？子曰："仁者，愛人！"（《論語·顏淵》）即人人相親、相愛。又曰："己所不欲，勿施於人。"意即重正義，絕不損人利己。何謂"義"？"義"指公正的道理、正直的行爲。子曰："不義而富且貴，於我如浮雲。"（見《論語·述而》）這就是孔子的道德觀與道德規範，當作爲今世處理人與自然、人與社會的規範與行動指南。其弟子又提出"親親而仁民，仁民而愛物"（見《孟子·盡心上》），漢代大儒又有"天人之際，合而爲一"的主張（董仲舒在《春秋繁露·深察名號》中，爲維護皇權的需要而建立了皇權天授的觀念），這種主張已遠遠超越了維護皇權的需要，成爲了一種可貴的哲理。時至宋代，大儒張載再度發揚孟子"親親而仁民，仁民而愛物"的襟怀，又有"民吾同胞，物吾與也"（見其所著《西銘》）之名言箴語，即將天下所有的人皆當作同胞，世間萬物盡視爲同類，最終形成了著名的另一宏大的儒學系統，其主旨則是"天人合一"論。何謂"天人合一"？"天人合一"有兩層意義：一曰天人一致，天是一大宇宙，人則如同一小宇宙，也就是說人類同天體各有獨立而相似之處；二是天人相應，這是說人與天體在本質上是相通的，是相互相連的。因此，一切人事應順乎自然規律，從而達到人與自然的和諧。達到人與自然的和諧統一，當作爲今世處理人與自然、人與社會的明確規範與行動指南。這是真正的"人間正道"，唯有遵循這一"人間正道"，人際關係纔能融洽，社會纔能和諧，天下纔能太平。

　　古老中國在形成"孔子智慧"之前，早已重視人與自然的關係。約在七千年前，我中華先祖已能够通過對於蟲鳥之類的物候觀察，熟練地確定天氣、季節的變幻，相當完美地適應了生產、生活、繁衍發展的需求，這一遠古的測算應變之舉，處於世界領先地位。約

四千年前，夏禹之時，已建有令今人嚮往的廣袤的綠野濕地。如《書·禹貢》即記載了
"雷夏""大野""彭蠡""震澤""菏澤""孟豬""豬野""雲夢"諸澤的形成及其利用情
況，如其中指出："淮海惟揚州，彭蠡既豬（瀦），陽鳥攸居；三江既入，震澤厎定。篠簜
既敷，厥草惟夭，厥木惟喬……厥貢惟金三品，瑤琨篠簜，齒革羽毛，惟木。"這是説揚
州有彭蠡、震澤兩方綠野濕地，適合於鴻雁類禽鳥居住，適合於篠竹（箭竹）、簜竹（大
竹）生長，青草繁茂，樹木高大，向君主進貢物品有金銀銅等三品，又有瑤琨美玉、箭
竹、大竹以及象齒皮革與孔雀、翡翠等禽鳥羽毛。所謂"大禹治水"，并非衹是被動的抗
災自救，實則是大治山川，廣理田野，調整人與大自然的關係，使之相得益彰。《逸周
書·大聚解》又載，夏禹之時"且以并農力，執成男女之功，夫然則有生不失其宜，萬物
不失其性，人不失其事，天不失其時……放此爲人，此謂正德"，此即所謂夏禹"劃定九
州"之功業所在。其中"放此爲人，此謂正德"的論定，已蘊含了後世儒家初始的"天人
合一"的觀念。西周初期，已設定掌管國土資源的官職"虞衡"，掌山澤者謂"虞"，掌川
林者稱"衡"（見《周禮·天官·太宰》及賈疏）。後世民衆，繼往開來，對於保護生態環
境，保護大自然，采取了各種措施，又設有專司觀察氣象、觀察環境的機構，并有方士之
類的"巫祝史與望氣者"，多管道、多方位進行探測研究，從而防患於未然。《墨子·號令
篇》（一説此篇非墨子所作，乃是研究墨學者取以益其書）曰："巫祝史與望氣者，必以善
言告民，以請（讀爲'情'）上報守（一説即太守），上守獨知其請（情）。無［巫］與望
氣，妄爲不善言，驚恐民，斷弗赦。"這裏明確地指出，由"巫祝史與望氣者"負責預告
各種災情，但不得驚恐民衆，否則即處以重刑，絕不饒恕。愛惜生態，保護自然，這是何
樣的遠見卓識，這又是何樣的撫民情懷！

　　是的，自夏禹以來，先民對於大自然、對於與蒼生，有一種別樣的愛惜、保護之舉
措，防範措施非常細密，非常全面而嚴厲。《逸周書·大聚解》有以下記載：夏禹時期設
定禁令，大力保護山林、川澤，春季不准帶斧頭上山砍伐初生的林木；夏季不准用漁網撈
取幼小的魚鱉，此即世界最早的環境保護法。《韓非子·內儲説上》又載：殷商時期，在
街道上揚弃垃圾，必斬斷其手。西周時又有更爲具體規定：如，何時可以狩獵，何時禁止
狩獵，何樣的動物可以獵殺，何樣的動物禁止獵殺；何時可以捕魚，何時禁止捕魚，何樣
的魚可以捕取，何樣的魚禁止捕取，皆有明文規定，甚而連網眼的大小也依季節不同而嚴
予區別。并特別强調：不准搗毀鳥巢，不准殺死剛學飛的幼鳥和剛出生的幼獸。春耕季節

不准大興土木。《禮記・月令》又載："毋變天之道，毋絕地之理，毋亂人之紀。"這一"毋變""毋絕""毋亂"之結語，更是展現了後世儒家宣導并嚮往的"天人合一"説。至春秋戰國之際，法律法規的範圍更加全面，特別嚴厲。這一時期已經注意到有關礦山的開發利用，若發現了藏有金銀銅鐵的礦山，立即封禁，"有動封山者，罪死而不赦。有犯令者，左足入，左足斷，右足入，右足斷"（見《管子・地數》）。古人認爲輕罪重罰，最易執行，也最見成效，勝過重罪重罰。這些古老的嚴厲法令，雖是殘酷，實際却是一聲斷喝，讓人止步於犯罪之前，因而犯罪者甚微。這就最大限度地保護了大自然，同時也最大限度地保護了人類自己。而早在西周建立前夕，又曾頒布了令人欽敬的《伐崇令》："文王欲伐崇，先宣言曰……令毋殺人，毋壞室，毋填井，毋伐樹木，毋動六畜，有不如令者，死無赦！崇人聞之，因請降。"（見漢劉向《説苑・指武》）這是指在殘酷的血火較量中，對於敵方人民、財産及生靈的愛惜與保護。我中華上古時期這一《伐崇令》，是世界戰争史中的奇迹，是人類應永恒遵守的法則！當今世界日趨文明，闊步前進，而戰争却日趨野蠻，屠殺對方不擇手段，實是可怖可悲！我華夏先祖所展現的這些大智慧、大慈悲，爲後世留下了賴以繁衍生息的楚山漢水，留下了令人神往的華夏聖地，我國遂成爲幸存至今、世界唯一的文明古國。

五、筆墨革命難預料？卅載成書又何易？

《通考》選題因國内罕見，無所藉鑒，期望成爲經典性的學術專著，難度之大，出乎想象，初創伊始，即邀前輩學者南京大學老校長匡亞明先生主其事。這期間微信尚未興起，寧濟千里，諸多不便，盛岱仁、康戰燕伉儷滿腔熱情，聯絡於匡老與筆者之間，得到先生的熱情鼓勵與全力支持，每逢疑難，必親予答復，但表示難做具體工作，在經濟方面也難以爲力。因爲先生於擔任國家古籍整理領導小組組長之外，又全面主持南京大學中國思想家研究中心的工作，正在編纂《中國思想家評傳》，百卷書稿須親自逐一審定，難堪重任。筆者初赴南大之日，老人家親自接待，就餐時當場現金付款，没有讓服務員公款記賬，筆者深受感動，終生難以忘懷。此後在匡老激勵之下，筆者全力以赴，進而邀得數百作者并肩携手，全面合作，并納入國家"九五"重點出版規劃中。1996 年 12 月，匡老驟然病逝，筆者悲痛不已，孤身隻影，砥礪前行，本書再度確定爲國家"十五"重點出版規劃項目，并將初名更爲今名。那時，作者們盡皆恪守傳統著述方式，憑藏書以考釋，藉筆墨以達志。盛暑寒冬，孜孜矻矻，無敢逸豫。爲尋一詞，急切切，一目十行，翻盡千頁而難得；爲求善本，又常千里奔波，因限定手抄，不得複印，纍日難歸！諸君任勞任怨，潛心典籍，閲書，運筆，晝夜伏案，恂恂然若千年古儒。至上世紀末，一些年輕作者已擁有個人電腦，各種信息，數以億計，中文要籍，一覽無餘，天下藏書，“千頃齋”“萬卷樓”之屬，皆可盡納其中，無須跋涉遠求。搜集檢索，衹需“指點”，瞬息可得；形成文章，亦衹需“指點”，頃刻可就。在這世紀之交，面臨書寫載體的轉換，老一輩學人步入了一個陌生的电脑世界，遭遇了空前的挑戰。當代作家余秋雨在其名篇《筆墨祭》中有如下陳述：“五四新文化運動就遇到過一場載體的轉換，即以白話文代替文言文；這場轉換還有一種更本源性的物質基礎，即以‘鋼筆文化’代替‘毛筆文化’。”由“毛筆文化”向“鋼筆文化”的轉換，經歷了漫長的數千載，而今日再由“鋼筆文化”向“電腦文化”轉換，卻僅僅是二十年左右，其所彰顯的是科學技術的力量、“奇技奇器”的力量。作家所謂的“筆墨”，係指毛筆與烟膠之墨，《筆墨祭》衹在祭五四運動之前的“毛筆文化”。今日當將毛筆文化與鋼筆文化并祭，乃最徹底的“筆墨祭”。面對這世紀性的“筆耕文化”向“電腦文化”的轉換，面對這徹底的“筆墨祭”，老一輩學人沒有觀望，沒有退縮，同青年作者一道，毅然決然，全力以赴，終於跟上了時代的步伐！筆者爲我老一輩學人驕傲！回眸曩日，步履維艱，隨同筆墨轉型，書稿也隨之經歷了大修改、大增補，其繁雜艱辛，實難言喻。天地逆旅，百代過客，如夢如幻，三十餘年來，那些老一輩學人全部白了頭，卻無暇“含飴弄孫”，又在指導後代參與其事。那些“知天命”之年的碩博生導師們皆已年過花甲，卻偏喜“舞文弄墨”，又在尋覓指導下一代弟子同步前進。如此前啓後追，無怨無悔，這是何樣的襟懷？憶昔乾嘉學派，人才輩出，時有“高郵王父子，棲霞郝夫婦”投入之佳話，今《通考》團隊，於父子合作、夫婦合作之外，更有舉家投入者，四方學人，全力以赴。但蒼天無情，繼匡老之後，另有幾位同仁亦撒手人寰。上海那位《天宇卷》主編年富力强，卻在貧病交加、孩子的驚呼聲中，英年早逝。筆者的另一位老友爲追求舊稿的完美，於深夜手握鼠標闃然永訣，此前他的夫人曾勸其好好休息，答說“我沒有那麽多時間”！可謂鞠躬盡瘁，死而後已，這又是何樣的壯志，思之怎能不令人心酸！這就是我的同仁，令我驕傲的同仁！

　　自 2012 年之後，因面臨多種意外的形勢變化，筆者連同本書回歸原所在單位山東師範大學，于是增加了第一位副總主編——文學院副院長、古籍整理研究所所長韓品玉，解決了編務與財力方面的諸多困難，改變了多年來的孤苦狀況。時至 2017 年春，爲盡快出版、選定新的出版社，又增加了天津人民出版社總編輯、南開大學客座教授陳益民，中國職工教育研究院常務副院長、全國職工教育首席專家俞陽，臺北大學人文學院東西哲學與詮釋學研究中心主任賴賢宗教授三位爲副總主編，於是形成了現今的編纂委員會。

在全書編纂過程中，編纂委員會和學術顧問，以及分卷正副主編、主要作者所在單位計有：中國國家博物館、中國國家圖書館、中央文史研究館、中國佛教圖書文物館、全國總工會、中聯口述歷史研究中心、河北省文物與古建築保護研究院、河北省文物考古研究院、河北閱讀傳媒有限責任公司、北京大學、浙江大學、南京大學、南京師範大學、東北師範大學、鄭州大學、河北大學、河北師範大學、河北醫科大學、廈門大學、佛山大學、山東大學、中國海洋大學、山東師範大學、曲阜師範大學、山東中醫藥大學、濟南大學、山東財經大學、山東體育學院、山東藝術學院、山東工藝美術學院、山東省社會科學院、山東博物館、山東省圖書館、山東省自然資源廳、山東省林業保護和發展服務中心、濟南市園林和林業綠化局、濟南市神通寺、聊城市護國隆興寺、臺北大學、臺灣成功大學、臺灣大同大學、臺北中國文化大學、臺灣中華倫理教育學會，以及澳大利亞國立伊迪斯科文大學等，在此表示由衷的謝忱！

本書出版方——上海交通大學領導以及上海交通大學出版社領導，高瞻遠矚，認定《通考》的編纂出版，不祇是可推動古籍整理、考古研究的成果轉化，在傳承歷史智慧，弘揚中華文明，增強民族凝聚力和認同感，彰顯民族文化自信等各個方面具有重要意義。出版方在組織京滬兩地專家學者審校文字的同時，又付出時間精力，投入了相當的資金，增補了不少插圖，這些插圖多來自古籍，如《考工記解》《考工記圖解》《考工記圖説》《考古圖》《續考古圖》《西清古鑑》《西清續鑑》《毛詩名物圖説》《河工器具圖説》等等，藉此亦可見出版方打造《通考》這一精品工程的決心。而山東師範大學各級領導同樣十分重視，社科處高景海處長一再告知筆者：“需要辦什麼事情，儘管吩咐。”諸多問題常迎刃而解，可謂足智善斷。筆者所屬文學院孫書文院長更親行親爲，給予了全面支持，多方關懷，令筆者備感親切，深受鼓舞，壯心未老，必酬千里之志。此前，著名出版家和龔先生早已對本書作出權威鑑定，并建議出三十二卷改爲三十六卷。本書在學術界漂游了三十餘載終得面世，并引起學界的關注。今有國人贊之曰：《通考》是中華優秀傳統文化創造性轉化、創新性發展的優异成果，是一部具有極高人文價值的通代史論性的華夏物態文化專著，凝聚了中華民族的深層記憶，積澱了民族精神和傳統文化的精髓。又有國際友人贊之曰：《通考》如同古老中國一樣，是世界唯一一部記述連續數千載生機盎然的人類生活史。國內外的評論祇是就本書的總體面貌而言，但細予探究，缺憾甚爲明顯，因本書起步於三十餘年前，三十餘年以來，學術界有諸多新的研究成果未得汲取，田野考古又多有新的發現，國內外的各類典藏空前豐富，且檢索方式空前便捷，而本書作者年齡與身體狀況又各自不同，多已是古稀之年，或已作古，或已難執筆，交稿又有先後之別，故而三十六卷未能統一步伐與時俱進，所涉名物，其語源、釋文難能確切，一些舊有地名或相關數據，亦未及修改，而有些同物异名又未及增補。這就不能不有所抱憾，實難稱完美！以上，就是本書編纂團隊的基本面貌，也是本書學術成就的得失狀況。

　　筆者無盡感慨，卅載一瞬渾似夢，襟懷未展，鬢髮盡斑，萬端心緒何曾了？長卷浩浩，古奧繁難，有幾多知音翻閱？何處求慰藉？人道是紅袖祇搵英雄泪！歲月無情，韶光易逝，幾位分卷主編未見班師，已倏而永別，何人知曉老夫悲苦心情？今藉本書的面世，聊以告慰匡老前輩暨謝世的同仁在天之靈！

張述錚

丙子中呂初稿於山東師範大學映月亭
甲辰南呂增補於歷下龍泉山莊東籬齋

凡　例

一、本書係通代史性的中華物態文化學術專著，旨在對構成中華博物的名物進行考釋。全書三十六卷，另有附錄一卷。各卷之基本體例：第一章爲概論，其後據内容設章，章下分節，爲研究考釋文字，其下分列考釋詞目。

二、本書所涉博物，分兩種類型：一曰“同物异名”，二曰“同名异物”。前者如“女墻”，隨從而來者有“女垣”“女堞”“女脾”“城堞”“城雉”“陴堞”等，盡皆爲“女墻”的同物异名；後者如“衽”，其右上分別角標有阿拉伯數字，分別作“衽¹”（指衣襟）、“衽²”（指衣服胸前交領部分）、“衽³”（指衣服兩旁掩裳際處）、“衽⁴”（指衣袖）、“衽⁵”（指下裳）等，皆爲“衽”的同名异物。

三、各卷詞目分主條、次條、附條三種。次條、附條的詞頭字型較主條小，并用【　】括起。主條對其得名由來、産生年代、形制體貌、歷史演進做全面考釋，然後列舉古代文獻或實物爲證，并對疑難加以考辨，或列舉諸家之説；次條往往僅用作簡要交代，補主條不足，申説相佐；附條一般祇用作説明，格式如即“××”、同“××”、通“××”、“××”之單稱、“××”之省稱，等等。

四、各卷名物，或見諸文獻記載，或見諸傳世實物，循名責實，依物稽名，於其本稱、別稱、單稱、省稱，務求詳備，代稱、雅稱、謔稱、俗稱、譯稱，旁搜博采。因中華博物的形成、演化有自身規律，實難做人爲的斷代分割。如“朝制”之類名物，隨同帝王的興起而興起，隨同帝王的消亡而消亡，因而其下限達於辛亥革命；"禮俗"之類名物起源於上古，其流緒直達今世；而"冠服"之類名物，有的則起源甚晚，如"中山裝"之類。故各卷收詞時限一般上起史前，下迄清末民初，有的則可達現當代。

五、各卷考釋條目中的文獻書證一般以時代先後爲序；關乎名物之最早的書證，或揭示其淵源成因之書證，尤爲本書所重，必多方鈎索羅致；二十五史除却《史記》《漢書》外，其他諸史皆非同朝人編纂，其書證行用時間則以書名所標時代爲準；引書以古籍爲主，探其語源，逐其流變，間或有近現代書證爲後起之語源者，亦予扼要采用。所引典籍文獻名按學術界的傳統標法。如《詩》不作《詩經》，《書》不作《尚書》，《說文》不作《說文解字》等；若作者自家行文爲了强調或區別於他書，亦可稱《詩經》《尚書》《說文解字》等。文獻卷次用中文小寫數字：不用"千""百""十"，如卷三三一，不作卷三百三十一；"十"作〇，如卷四〇，不作卷四十。

六、本書使用繁體字。根據1992年7月7日新聞出版署、國家語言文字工作委員會發布的《出版物漢字使用規定》第七條第三款、2001年1月1日施行的《中華人民共和國通用語言文字法》第二章第十七條第五款之規定，本書作爲大量引徵古籍文獻的考釋性學術專著，既重視博物的源流演變，又重視對同物異名、同名異物的考辨，故所有考釋條目之詞頭及文獻引文，保留典籍原有用字，包括異體字，除明顯錯別字（必要時括注正字訂誤）之外，一仍其舊。其中作者自家釋文，則用正體，不用異體，但關涉次條、附條等異體字詞頭等，仍予保留。繁體字、異體字的確定，以《規範字與繁體字、異體字對照表》（國發〔2013〕23號附件一）及《通用規範漢字字典》爲依據。

七、行文叙述中的數字一律采用漢字小寫，但標示公元紀年及現代度量衡單位時，用阿拉伯數字。如"三十六計"，不作"36計"；"36米"，不作"三十六米"。

八、各卷對所收考釋詞條設音序索引，附於卷末，以便檢索。

目　録

序　言

　　《中華博物通考》(下稱《通考》)是一部通代史論性的華夏物態文化專著,係"十四五"國家重點出版物出版專項規劃項目,并得到 2020 年度國家出版基金資助。全書共三十六卷,另有附錄一卷,達三千萬字,《朝制卷》即其中的一卷。

　　何謂"朝制"? 指中國古代的王權和皇權制度,以及兩種制度下的政務、禮法、職官和行政管理等規制。簡言之,即朝廷制度。"朝制"作爲語詞,源於漢代。《後漢書·曹襃傳論》:"漢初天下創定,朝制無文,叔孫通頗採經禮,參酌秦法,雖適物觀時,有救崩敝,然先王之容典蓋多闕矣。"中國早在公元前兩千多年的虞夏時代,便已形成了初始的國家,有了初始的朝制,建立了以世襲王權爲特色的政權中樞,設置百官,分掌政務、軍事、户籍、財貨、賦税、車馬交通,乃至於天文曆法等。中華民族具有五千多年的文明發展史,也具有四千多年的國家與政權管理的歷史。歷代統治者建立、發展并最終完善了政權管理制度。由於中華民族立國悠久,百代相連,脉絡有序,因而形成了制度嚴密、特色鮮明、沿革清晰、職能完備的國家政權管理體制。

　　縱觀我國古代政權管理的發展歷史,可以分爲兩大階段:一爲王權時代,即夏、商、周這三個奴隸制時代的王朝時期。這是中國古代政權管理制度的初創和成型時期。二爲皇權時代,始於秦始皇,形成皇權至上、等級森嚴的封建專制主義,以中央集權管理體制爲主要特色。這是中國古代皇權管理制度的發展和完善時期。

王權時代政權管理體制，以西周爲例，凸顯了四大特點：

其一，以世襲制、分封制、宗法制和天命論維係起來的王權專制制度更加鞏固。王具有上帝元子和民之父母的雙重身份，掌握治國理民的權力。王通過誓、誥、命、訓、令等方式來行使權力、傳達命令，以朝會的方式召集貴族和諸侯來議決大事、申明王的意圖，通過掌握軍隊來加强王權。用來保證王權統治秩序的主要手段是宗法制度、世襲制度和分封制度。通過奴隸主貴族的血緣關係和繼統秩序確立統治階層的名分和等級，自王以至諸侯國君、卿大夫，皆由嫡長子世襲。王自稱天子，是天下的共主和大宗，諸侯爲小宗；諸侯在其封國內是大宗，卿大夫是小宗。宗法特權與政治特權相輔相成，緊密結合，相互補充，構成了政權管理的金字塔。王處於權力金字塔的最頂端，凡屬國家大事，皆由王命決定。

其二，規度森嚴的禮制成了調整周代政權管理關係的重要一環。禮本來是上古人們祭祀鬼神和先祖的儀式。《説文·示部》：“禮，履也。所以事神致福也。”後逐漸成爲調整社會關係、確認等級秩序、指導政權管理的準則。史稱文、武、成王、周公據禮“以設制度”。周禮的内容極爲廣泛。舉凡國家的政治、經濟、軍事、行政、法律、社會生活、宗教、教育、倫理、習俗，國家的典章制度、行爲規範，以及吉、凶、軍、賓、嘉五類禮儀制度，均被納入禮的範疇。關於禮在確立尊卑等級制度、指導政權管理中的作用，《禮記·曲禮》中有明確記載：“分争辨訟，非禮不決；君臣上下、父子兄弟，非禮不定；宦學事師，非禮不親；班朝治軍、涖官行法，非禮威嚴不行。”因此，廣義上的禮制，已不僅僅限於規定“君臣、朝廷、尊卑、貴賤之序”及“黎庶、車輿、衣服、宫室、飲食、嫁娶、喪祭之分”，而貫穿於政務活動制度、職官制度和行政管理制度的方方面面。

其三，政府機構的劃分更加明細，官員的責權職掌更加明確。周代政府各部門之間已經有了詳細的分工，分別管理政治、經濟、軍事、司法、文化等領域，各自平行，互不隸屬。《周禮》將中央政府機構按職責劃分爲天官、地官、春官、夏官、秋官、冬官六個部門。天官冢宰主管朝廷及宫中事務，地官司徒主管分封土地和處理民事，春官宗伯主管祭祀和禮儀活動，夏官司馬主管軍隊和戰事，秋官司寇主管訴訟和刑法，冬官司空主管手工業及其工匠。在這六個部門之下，各分設幾十個屬官，形成一個龐大的官僚體系。每種官職都詳細規定屬員種類和人數、職責範圍、辦事許可權、服飾待遇等，爲後世行政管理的規範化和制度化打下了基礎。

其四，政權管理的方法走向系統化和規範化。在《周禮》天官的叙官中，將其治國思想概括爲"六典""八法""八則""八柄""八統""九職""九賦""九式""九貢""九兩"等十大法則。以"六典"佐王治邦國，以"八法"治官府，以"八則"治都鄙，以"八柄"詔王馭群臣，以"八統"詔王馭萬民，以"九職"任萬民，以"九賦"斂財賄，以"九式"均節財用，以"九貢"致邦國之用，以"九兩"繫邦國之民。

中華信史泱泱四千餘載，歷經夏、商、周、秦、漢，直達明、清，雖同稱朝制，却代有不同，紛繁雜衆，故史界有學子曰"一部朝制，半部天書"，此言當不爲過。豈料這"半部天書"却在本卷作者筆下變得瞭然易讀，且十分生動，饒有趣味。

作者將全卷分爲八章，以《概論》統領全卷，下設各章節囊括了朝廷、府署、瑞信符契、節信榮傳、牌符票證、詔誥章奏、儀仗徽幟等，構成了古老朝制的軀體，周全、嚴謹而明瞭。繁難複雜的中華百代朝制，在作者筆下，躍然紙上，"半部天書"，迎刃而解，若無洞察國史的功底，絕難勝任。

作者切中要旨，着力收錄并考釋了歷代統治者在管理國家政權、從事各項政務活動中使用的名目繁多的各種實體、實物。這些實體、實物從名稱、外形規制，到使用範圍、使用權限，都有嚴格的界定，從而成爲統治階級運轉政權機器、行使權力、確定尊卑等級的有形工具；這些實體、實物與政權管理制度、行使制度的人一起，構成了歷代政權機器中相互依存、不可或缺的三個基本要素。本卷作者甚重考據，長於名物訓詁之學，將朝制所有浩博的實體、實物，依其屬性、用途分爲五大類：

其一爲廷署辦公場所之類。如廷署之"廷"，指朝廷，乃君王接受朝見及處理政務之處。自上古始，朝廷具有至高無上的權威，故置於寢宮之南，獨爲一區。朝廷又有內朝、外朝之分；內朝又有治朝、燕朝之別。作爲泛稱之"朝廷"，又可單稱爲"朝"，或單稱爲"廷"或"庭"，同時又有"王庭""帝廷""天府""天朝""天庭"諸別名、尊稱。其中又關涉"帝扃""朱闕""玉墀""金階"等建築實體。這些建築實體并非等閑之物，其誇張的稱謂，充分體現了王室的尊嚴。廷署之"署"，指府署，爲歷代中央及地方官吏聽政治事之所。中華民族歷史悠久，朝代更迭頻繁，機構設置與職官名稱或同或異，故府署名稱與職司功能亦有同有異。據《周禮·冬官·考工記》載，周代宮城依前朝後寢之制規劃而成。應門爲正朝（治朝）朝門，路門爲路寢（正寢）之門，亦爲朝區、寢區之分區界綫。路門外爲朝，內爲寢宮。應門之內，路門之外，爲三公、九卿治事之所。因在王之朝區之内，故亦稱爲朝。縱觀歷代機構設置，九卿所居多謂之"寺"，百官所居多謂之"府"。除寺、府之外，又有"署""官署""廨""公廨"諸稱。以上多爲泛指。又有專稱者，如自秦漢始又有稱"臺"者，自南北朝始另有稱"省"者。前者如尚書稱"中臺"，御史稱"憲臺"，謁者稱"外臺"，合稱"三臺"；後者如掌擬政事之"中書省"（宋改稱"政事堂"），掌受詔令、駁正違失之"門下省"，執行政務之"尚書省"，合稱"三省"。隋唐時又有"部""院"之稱，亦爲中央機構。宋元之後又有變化。元《經世大典・官府》稱："國家設官分職，則各有聽政之所。故上自省、臺、院、部，下而府、司、寺、監，以及乎外郡有司，雖室宇之崇卑不等，然其聽政之設施，與夫史胥之案牘，咸具其所，而上下之等辨矣。"此外，宮闕或官署門前又有攔阻車馬通行的警戒物，稱爲"桎桓""攙柴""攔黨"，或"拒馬权子"，以一木貫之，兩木互穿，以成四角。宮闕用紅色塗之，官署用黑色塗之，以示區別。以上所列爲廷署及其連帶物。

　　其二爲官員貴族用於標示其貴賤等級身份的實物之類。這類實物多見於官員貴族的冠服、佩飾、日常用品和授受的賞賜、俸祿等。該類實物通常被視作區別統治階層等級身份的物化標志，其標示等級身份的表徵作用重於其在政事活動中的具體功用，故對其形制、材質、稱謂、數量、使用物件皆嚴加限定，不得混淆、僭越。這類標示身份等級的實物在禮法制度盛行的周代即已廣泛行用。見於《周禮》記述者，有玉器之"六瑞"，自天子至諸侯共分爲六個爵秩等級，"以等邦國"，即以此建立諸侯邦國之間的等級關係，同時作爲朝會和邦國交往的信物。"六瑞"的稱謂、用料、尺寸、形迹、紋飾，禮書中均有詳細的記述：天子執鎮圭，長一尺二寸，以四鎮之山爲琢飾；公執桓圭，長九寸，兩面各琢二棱；侯執信圭，長七寸，以人形爲琢飾；伯執躬圭，長七寸，以人形爲琢飾；子執穀璧，男執蒲璧，璧徑皆五寸。再如"組綬"，先秦爲拴繫瑞玉之絲帶。按周代禮制，天子、公侯、世子、大夫、士皆得佩玉；名分不同，所佩之玉亦不同，不同等級的佩玉，配有不同顏色的綬帶。《禮記・玉藻》："天子佩白玉而玄組綬，諸侯佩山玄玉而朱組綬，大夫佩水蒼玉而純組綬，世子佩瑜玉而綦組綬，士佩瓀玫而縕組綬。"秦漢以後，綬用以拴繫官印，色彩有赤、紫、綠、青、黑、黄、纁朱等。其織絲之制，先合單紡爲一系，四系爲一扶，五扶爲一首，以顏色不同、首之多少、綬之長短區分佩用者的等級。上者有"赤綬""紫綬"，下者有"尺組""黄綬"。如東漢太子、諸侯王赤綬，公侯將軍紫綬，九卿青綬，諸侯國貴人、相國綠綬，千石、六百石黑綬，四百石、三百石、二百石黃綬。又如"牙牌"，見於宋代以後，爲朝廷授予官員證明其身份級别的憑證；象牙製作，上刻官員官職及標識，文武大臣出入朝堂時須佩戴。明代牙牌又細分爲五類，有爵位者曰勳，駙馬都尉曰親，文官曰文，武官曰武，教坊司曰樂。又有"宣牌"，行於宋元，銅製或木製，用於朝内外各級帶印官員證明官職身份。其他官服配飾，包括冠、服、帶、笏、飾等，以及官員薪俸，各代皆有典則，依官階的不同而有别。

此類實物是區分官員、貴族等級的一種明顯可見的符號。我國封建時代，此類實物大量存在，反映了集權專制下等級森嚴的社會現象。從另一方面來説，通過它們，對歷代官員隊伍規範化管理，有利於穩定統治階層的内部秩序。

其三爲各級官員在政務活動中使用的、承載着某種職權功能的實物。與前述名物依官位而設者不同的是，此類實物爲官員行使某種職權的信物、憑證，或雖非信物，其規格、制度卻帶有某種職權的烙印，從事某種政務活動的官員祇有借助此類信物，并使用具有某種職權特徵的實物，纔能完整有效地行使相應的權力，是統治階層各種職權的物化標志。職權憑證類實物是我國歷代政權管理制度中重要的一環。上古時代，這些實物伴隨着國家和政權的產生而產生，主要包括璽印、符契、瑞信、旌節、棨傳、牌符、票證等。其中出現較早的是璽印，商代已有實物可考。今人黄濬《鄴中片羽》著録了三枚安陽殷墟出土的銅印，爲商代已出現銅製印璽的佐證。《後漢書·祭祀志》載："至於三王（指夏商周），俗化彫文，詐僞漸興，始有璽印，以檢姦萌。"西周以後，璽印開始普遍行用。春秋戰國時期，璽印已經成爲官民通用的憑信之物，通稱"璽節""印璽"。《周禮·地官·司市》："凡通貨賄，以璽節出入之。"《管子·君臣上》："又有符節、印璽、典法、策籍以相揆也，此明公道而滅姦僞之術也。"秦漢以後，爲區别貴賤、等級，印璽始分爲帝王專用之璽和官民所用之印，其中璽多以玉製成，爲皇權至高無上的象徵。秦漢時期有傳國璽，又有皇帝之璽、皇帝行璽、皇帝信璽、天子之璽、天子行璽、天子信璽，通稱"乘輿六璽"。各璽在皇帝的政事活動中均有不同的功用。唐以後又增製"神璽""受命璽"，合前者通稱"八璽"。唐以後"璽"又稱"寶"。宋增製"定命寶"，合前"八寶"共稱"九寶"，又别製鎮國神寶、大宋受命中興之寶等玉璽。明初御寶已達十七枚，嘉靖以後又增至二十四枚，清代更達三十五枚之多。各級官吏所用之印，通稱官印。官職高低不同，印材、印制亦有差別。材質有金、銀、銅、木、犀角等，多爲方形，形制小於帝璽。漢以後官印有"章"與"印"之分。將軍所用稱"章"，列侯、丞相、太后、前後左右將軍及下級官員所用皆稱"印"；低級官員僅用方印之半，謂"半通印"。隋唐以後，官印花樣趨多，下級辦事官吏之印稱"朱記"；加蓋於官員委任文書之上的印稱"告身印"；蓋於文書合縫的長方形印章稱"條印"；宰相政事堂的專用印信稱"堂印"。明清以後，更有關防、圖記、條記諸名目。私印尤爲繁複多樣，此不贅述。

上述璽印連同組綬、印綬依體例規定，一并移入本書《文具卷》，以避重複。

其他政務活動中習用常見實物，如"符"（古代統治者用於軍政要務的一種必須兩兩相合之憑信物）、"節"（古代朝聘及出使他國所持的一種憑信之物）、"榮傳"（朝廷發給行人的通行憑證，官民通用）、"牌"（中國古代官員及官府辦事人員使用的一種憑證）等，不再逐一分述。

其四爲朝廷及各級官員政務活動中形成的各種實物，一般不具備職權憑證的特徵。主要指各類政府公文和檔案，包括帝王的詔誥，百官的章奏，官府的文移告示，簿籍檔案、徵收賦稅後形成的票據等，不再逐一分述。

其五爲君王及官員在政務活動中使用的各種用具，分君王用具和百官用具。君王用具，包括皇帝舉行典禮、朝會所使用的陳設用具，皇帝的日常起居用具；百官用具，指官員在辦公場所使用的器具，一般都有較嚴格的規定，不再舉證。

朝制是帝王時代的產物，日居月諸，悠悠數千載。通過以上五類實體實物，櫽栝了歷代朝制生衍變化，揭櫫要義，別開生面。這五類實體、實物，是朝制具體、常見、繁難的用具，也是解讀朝制的重要門籥。古代朝制，在現代文明社會中仍有種種踪迹，并非過眼雲烟，僅用於賞析，而是頗有研究價值，故不惜篇幅，詳述於此。

作者在有關條目考釋中，挑戰了當代權威辭書，或補其不足，或糾其謬誤。僅選擇以下幾例，以資比較：

一、圍子

《辭源·口部》失於收錄，所收義項與此無關。

《漢語大詞典·口部》："圍子：帝王幸巡時的儀衛。宋周密《武林舊事·四孟駕出》：'親從方圍子，兩行各一百四十人……'"（下略）

《朝制卷·儀仗徽幟説·儀仗考》："圍子：亦稱'響節'。古代帝王幸巡時駐地的儀仗。削竹膠合爲竿，塗以金色，首貫銅錢諸物，觸動則響，借以示警。宋即有之。"（書證略）下設附條："響節：即'圍子'。此稱明代已行用。見該文。"

按，《漢語大詞典》（下稱《漢大》）誤將執掌圍子的人混爲圍子，不知"圍子"非人，乃是響節。

二、立仗馬

《辭源·立部》失於收録，衹收"立仗"，釋爲："立仗：儀仗。帝王的儀仗，分立於皇宫諸門及殿廷。唐王建《王司馬集》八《宫詞》之十一："樓前立仗看宣敕，萬歲聲長再拜齊。"宋蘇軾《分類東坡詩》十一《戲書李伯時畫御馬好頭赤》："豈如廐馬好頭赤，立仗歸來卧斜日。"（下略）

《漢大·立部》已收録，釋爲："立仗馬：作儀仗的馬隊。《新唐書·百官志》二：'飛龍廐日以八馬列宫門之外，號南衙立仗馬，仗下，乃退。'"

《朝制卷·儀仗徽幟説·儀仗考》："立仗馬：亦稱'仗馬'。古代帝王之儀仗馬隊。常用於朝會、祀典、出巡等。漢時長樂宫朝儀曾陳騎於庭，唐武后萬歲通天元年（696）置仗内六間，亦號六廐，即飛龍、祥麟、鳳苑、鵷鸞、吉良、六群。飛龍廐每日列八馬於宫門之外，稱南衙立仗馬。宋以御馬十匹分左右陳於門外，元大朝會則設仗馬於内仗南，明制以馬六匹分左右陳於文武樓南，東西相嚮。清皇帝大駕鹵簿、法駕鹵簿均用御馬十匹，遇慶典朝賀，則陳之於階下，列甬道東西兩側。"（書證略）下設附條："仗馬：即立仗馬。此稱宋代已行用。見該文。"

按，《辭源》書證二所引蘇軾詩中的"立仗"分明是廐中的卧馬，編纂者却望文生訓，指馬爲人，令人喟嘆。《漢大》之釋義太過簡略，且不知早在唐代之前，西漢時已有立仗馬，而歷代之設置又不盡相同，失於考證。

三、官牒

《辭源·宀部》："官牒：官爵名録。《後漢書》六三《李固傳》：'至於表舉薦達，例皆門徒；及所辟召，靡非先舊。或富室財賂，或子壻婚屬，其列在官牒者，凡四十九人。'"

《漢大·宀部》："官牒：記載官吏，爵禄之簿籍。《後漢書·李固傳》：'至於表舉薦達，例皆門徒；及所辟召，靡非先舊。或富室財賂，或子壻婚屬，其列在官牒者，凡四十九人。'南朝宋鮑照《謝秣陵令表》：'臣負鍤下農，執羈末皁，情有局塗，志無遠立，遭命逢天，得汙官牒。'"

《朝制卷·文告簿籍説·簿籍考》："官牒：記載官吏姓名、爵禄之簿籍。漢已用之，後世因之。初稱'宦籍'。《史記·蒙恬列傳》：'高有大罪，秦王令蒙毅法治之。毅不敢阿法，當高罪死，除其宦籍。帝以高之敦於事也，赦之，復其官爵。'後多稱'官牒''宦牒'。《後漢書·李固傳》：'至於表舉薦達，例皆門徒；及所辟召，靡非先舊。或富室財賂，或子壻婚屬，其列在官牒者，凡四十九人。'南朝宋鮑照《謝秣陵令表》：'臣負鍤下農，執羈末皁，情有局塗，志無遠立，遭命逢天，得汙官牒。'唐李商隱《爲舍人絳郡公上李相公啓》：'自隨宦牒，遽添恩榮，位至圭符，寵當金紫。'宋陸游《將之榮州取道青城》詩：'自笑年年隨宦牒，不如處處得閑行。'明宋濂《陶府君墓誌銘跋尾》：'陶氏一門父兄子弟，其不墜詩書之業，往往自奮如此，宦牒之蟬聯，以蓋其權輿哉。'參見本書《函籍卷·簿籍説·名籍考》'宦籍'文。"正文之末，列出"官牒"的別稱，宦籍、宦牒、朝籍、禄籍、仕版，自先秦至明代依次排列。

按，《漢大》之内容釋文遠勝《辭源》，而《朝制卷》又勝《漢大》。作者不僅探得"官牒"久遠的初稱，又尋得其後世的種種異名，并提供了"官牒"的研究信息——參見《函籍卷·簿籍説·名籍考》"宦籍"文，堪稱詳備。

序者徵引《辭源》《漢大》逐一對照，可證《朝制卷》作者飽覽衆典，廣采博取，但絶不固守舊説，盲從權威，而確有突破和建樹。其考證，其論斷，字字有據。朝制之立題成書，當屬前沿之作。

本卷主編周玉山君早年就讀於山東大學，乃歷史系的高才生。20世紀90年代，筆者與其初識於山東省圖書館古籍部。其時周君已有才子之譽，經史子集多有涉獵，尤喜《易經》，筆者遂邀其出任《中國古代名物大典·占相類》主編。當其時，占相之學國内罕有問津者，難度甚大，而周君却游刃有餘，提前交稿。於是，《中國古代名物大典》付梓後，筆者復邀其出任《中華博物通考·朝制卷》主編。未出所料，周君又在中國物態文化學苑之古代朝制研究領域中，獨當一面，大有成就。

世紀之交，周君作爲該館的負責人之一，政務倥傯，常携書稿於公差旅途中。當發現本卷中《璽印組綬説》與《文具卷》牴牾時，遂於百忙之中重新編審，而後"割讓"予

《文具卷》，使之得以完璧。當《中華博物通考》全書急需增補插圖時，周君又全力采集，鼎力支持，并親赴山東師大演示古籍剪裁修補技法，包括所謂"魔術手"的運用，十分辛勞。

歲月匆匆，我與周君相識已歷三十餘載，時得相助相佐。昔神交多於面會，迄今未得以杯盞相敬。今借此一序，略表惓惓之情懷。

張述銘

太歲強圉作鄂榴月上浣於山東師範大學映月亭初稿
太歲上章困敦葭月中浣於歷下龍泉山莊東籬齋定稿

第一章　概　論

第一節　朝制名義考

朝制，指中國古代的王權和皇權制度，以及王權和皇權制度揆度下的政務活動制度、禮法制度、職官制度和行政管理制度等。

"朝"即朝堂、朝廷，是君主接受朝見和處理政事的地方。如《史記·蕭相國世家》："賜帶劍履上殿，入朝不趨。"也指以君主爲首的中央統治機構，如"朝綱""朝典""朝政"等。"朝制"一詞，源於漢代。《後漢書·曹襃傳論》："漢初天下創定，朝制無文，叔孫通頗採經禮，參酌秦法，雖適物觀時，有救崩敝，然先王之容典蓋多闕矣。"叔孫通所定之"朝制"，《史記》本稱"朝儀"，所謂"與臣弟子共起朝儀"（《史記·劉敬叔孫通列傳》)，實指朝堂君臣活動的規制和儀式。此"朝儀"之源頭，可上溯至周代。如《周禮·夏官·司士》："正朝儀之位，辨其貴賤之等。"祇是漢代之朝儀更加嚴密而已。其後叔孫通又主持制定了宗廟儀法、職官儀法等，與前述朝制是有所區別的。可見，漢代的"朝制"基本上等同於"朝儀"，指朝堂活動的儀制。

六朝以後，"朝制"的含義已有所擴展。《南齊書·褚淵傳》："今以近侍禁旅，進昇中候，乘平隨牒，取此非叨。濟、河昔所履牧，鎮軍秩不逾本，詳校階序，愧在未優，就加冲損，特虧朝制。"此處的"朝制"，應指朝廷的選官、任官制度。《周書·令狐整傳》："固之遷也，其部曲多願留爲整左右，整諭以朝制，弗之許也，流涕而去。""朝制"在此處含義更加寬泛，可以指朝廷的法令、行政管理制度或職官制度。唐宋以後，"朝制"已爲通用辭彙，爲封建政權各項禮法行政制度體系的通稱。如宋王得臣《麈史》將所記朝廷典故、耆舊逸聞分爲四十四門，"朝制"爲其中之一；宋元以後的一些類書也有"朝制"類目，如《格致鏡原》是清代一部全面彙述博物源流的著作，"朝制"爲其所設大類之一。

本卷指稱之朝制，縱貫上古至明清以來的歷史，從而反映了其發展與淵源流變，側重點在於浩博而具體的名物訓詁，展現的是客觀生動的中華物態文化，而非抽象空泛的理論闡述。

第二節　歷代朝制考

顯而易見，要瞭解本卷中各種名物的來龍去脉，首先必須搞清歷代政權的禮法行政管理制度産生、發展和演變的基本脉絡。

中華民族具有五千多年的文明發展史，也具有四千多年的國家與政權管理的歷史。歷代統治者建立、發展并完善了政權管理制度。由於中華民族立國歷史悠久，朝政制度傳承脉絡清晰，因而形成了制度嚴密、特色鮮明、沿革清晰、職能完備的中國古代國家政權管理體制。

縱觀我國古代政權管理的發展歷史，可以分爲兩個階段：一爲王權時代，即夏、商、周，是我國奴隸制時代的三個代表性王朝，是中國古代政權管理制度的初創和成型時期。二爲皇權時代，以皇權至上、等級森嚴的封建專制主義中央集權爲政權管理體制的主要特色，是中國古代政權管理制度的發展和完善時期。

早在公元前兩千多年的虞夏時代，便形成了國家，建立了以世襲王權爲特色的政權中樞，設置百官，分掌庶政、軍事、賦稅、訴訟、車馬、天象曆法、檔案等各項事務。商代的奴隸制政權管理體制繼承了夏代而有所發展，故云"殷因於夏禮，所損益可知也"。首先是官制更加完善，所謂"殷正百辟"，職能劃分更細緻。行政機關有中央與地方之分，有執掌政務的"司寇""司徒""司空""小籍臣""賓"等，有執掌祭祀與教化的"卜""巫""史"等，有王室内侍官"冢宰""小臣"等，有"百姓""里君"等地方行政管理機關。其次是公文體制已見雛形，并初步建立了國家檔案的管理制度，故周人云："惟殷先人，有册有典。"（《書·多士》）在商代，公文的主要形式是商王向臣民發布的各種"誥""誓""命"等，通稱"王命"，它們既是公文，也是法律文書。此外尚有政務活動記録文書，主要用於貞卜、征伐、祭祀，出土的甲骨刻辭即明證。公文的起草與檔案的管理基本掌握在史官手中，他們是當時文字知識的壟斷者，負責製作君王的策命文書，記録國家政事活動，管理保存各種文字檔案，尤其是對作爲重要政務文書的甲骨刻辭，已實行集中存放并進行有序管理。

周代是我國古代奴隸制政權發展的頂峰，國家政權的管理也走向制度化和法律化。周代政權管理制度集中體現在《周禮》一書中。《周禮》原稱《周官》《周官經》，是中國古代一部具有行政管理法典性質的著作，一般認爲其產生於戰國時代。儘管它有戰國時人的理想化成分，不一定完全符合周代政權管理體制由簡約到完善逐步發展的史實，但還是我們瞭解周代政權管理體制的基本資料。

周代政權管理體制主要表現出以下幾個特點：

其一是以世襲制、分封制、宗法制和天命論維繫起來的王權專制制度更加鞏固。周代王亦稱天子，"天子作民父母，以爲天下王"（《書·洪範》）。王具有上帝元子和民之父母的雙重身份，掌握治國理民的權力。王通過誓、誥、命、訓、令等方式來行使權力、傳達命令，以朝會的方式召集貴族和諸侯來議決大事、申明王的意圖，通過掌握軍隊來加强王權。周代用來保證王權統治秩序的主要手段是宗法制度、世襲制度和分封制度。通過奴隸主貴族的血緣關係和繼統秩序來確立不同統治階層的名分和貴賤等級，自王以至諸侯國君、卿大夫，都由嫡長子世襲。周王自稱天子，是天下的共主和大宗，諸侯爲小宗；諸侯在其封國内是大宗，卿大夫是小宗。宗法特權與政治特權相輔相成，緊密結合，相互補充，構成了周代政權管理的金字塔。周王處於權力金字塔的最頂端，凡屬國家大事都由王命決定，所謂"禮樂征伐自天子出"，因而周朝的政權管理制度也是圍繞着王權而展開的。

其二是規度森嚴的禮制成了調整周代政權管理關係的重要一環。禮本來是上古人祭祀鬼神和先祖的儀式。《説文·示部》："禮，履也。所以事神致福也。"後逐漸成爲調整社會關係、確認等級秩序、指導政權管理的準則。史稱文、武、成王、周公據禮"以設制度"。周禮的內容極爲廣泛，包括一切典章制度以及社會生活中的婚喪禮儀、朝聘、燕享、祭祀之禮節。舉凡國家的政治、經濟、軍事、行政、法律、社會生活、宗教、教育、倫理、習俗，國家的典章制度、行爲規範，以及吉、凶、軍、賓、嘉五類禮儀制度，均被納入禮的範疇。關於禮在確立尊卑等級制度、指導政權管理中的作用，《禮記·曲禮》云："分爭辨訟，非禮不決，君臣上下、父子兄弟，非禮不定，宦學事師，非禮不親，班朝治軍、莅官行法，非禮威嚴不行。"因此，廣義上的禮制，已不僅僅限於規定"君臣、朝廷、尊卑、貴賤之序"及"黎庶、車輿、衣服、宮室、飲食、嫁娶、喪祭之分"，而是貫穿於政務活動制度、職官制度和行政管理制度的方方面面。

其三是政府機構的劃分更加明細，官員的責權職掌更加明確。周代政府各部門之間已經有了較爲詳細的分工，分別管理政治、經濟、軍事、司法、文化等領域，各自平行，互不隸屬。《周禮》將中央政府機構按職責劃分爲天官、地官、春官、夏官、秋官、冬官六個部門。天官冢宰主管朝廷及宮中事務，地官司徒主管分封土地和處理民事，春官宗伯主管祭祀和禮儀活動，夏官司馬主管軍隊和戰事，秋官司寇主管訴訟和刑法，冬官司空主管手工業及其工匠。在這六個部門之下，各分設幾十個屬官，形成一個龐大的官僚體系。每種官職都詳細規定屬員種類和人數、職責範圍、辦事許可權、官員服飾待遇等，爲後世行政管理的規範化和制度化打下了良好的基礎。

其四是政權管理的方法走向系統化和規範化。在《周禮·天官·叙官》中，將其治國思想概括爲"六典""八法""八則""八柄""八統""九職""九賦""九式""九貢""九兩"等十大法則。以"六典"佐王治邦國，以"八法"治官府，以"八則"治都鄙，以"八柄"詔王馭群臣，以"八統"詔王馭萬民，以"九職"任萬民，以"九賦"斂財賄，以"九式"均節財用，以"九貢"致邦國之用，以"九兩"繫邦國之民。本書也列舉了衆多用於政事活動的官員專用的名物，如六瑞、六器、六摯、六彝、九旗等，并規定不同等級官員貴族所擁有的佩執使用權限。如對於六瑞，規定"王執鎮圭，公執桓圭，侯執信圭，伯執躬圭，子執穀璧，男執蒲璧"；對於六摯，規定"孤執皮帛，卿執羔，大夫執雁，士執雉，庶人執鶩，工商執雞"；對於禮儀所用車旗衣服數量，規定"上公九命爲伯，其國家、宮室、車旗、衣服、禮儀，皆以九爲節；侯伯七命，其國家、宮室、車旗、衣服、禮儀，皆以七爲節；子男五命，其國家、宮室、車旗、衣服、禮儀，皆以五爲節"；等等。

這些專用的名物，實際成了古代政權體系中標明等級身份尊卑、不同特權待遇的物化標志，它們促進了古代政權管理體制規範化和制度化的進程。

戰國以後，王室式微，禮樂崩壞，建立在宗法禮教基礎上的奴隸制政權管理體制逐步瓦解，代之而起的是新興的地主階級政權。秦兼并六國，建立了統一的封建專制主義中央集權的國家，在繼承前代政權管理積極内容的基礎上，確立了以高度的皇帝專制爲中心，以官僚機構爲支柱，以郡縣制爲基層統治網絡的政權體制。

自戰國秦漢直到清末的兩千餘年間爲封建專制中央集權的時代，其權力體系的核心爲至高無上的皇權，封建官僚制度進一步完善，政權的管理與運作進一步規範化和制度化，具體包括以下内容：

其一爲皇帝制度。由秦始皇創立，法三皇五帝之名，自稱皇帝，擁有至高無上的權力，“天下之事無大小皆決於上”（《史記·秦始皇本紀》）。至漢代，有關皇帝的諸項稱謂進一步明確，天子正號曰皇帝，自稱曰朕，臣民稱其爲陛下，其言稱制詔，史官記事稱上，等等。皇帝下達的命令有專門的稱謂，秦規定皇帝的命爲“制”，令爲“詔”。漢代分爲四類，曰策書，曰制書，曰詔書，曰戒書。唐以後詔令種類及用途又有進一步的細化和調整。皇帝行使權力的憑證是璽、符、節，處理政事的主要方式是上朝聽政。實行皇權世襲及太子預立制度，有等級森嚴的后妃制度，畸形發展的后宫内侍（宦官）制度。皇帝的服色儀仗及日常用品都有嚴格的規定，一般人不得僭越。

其二爲卿相制度。卿、相是朝廷設立的、協助皇帝處理繁雜行政事務的高級官員。丞相作爲封建國家最高的行政長官，在行政事務管理中起着樞紐作用，下統百官，上對皇帝負責。秦代大權集中於皇帝，朝廷設立左右丞相，受命於皇帝，處理政事，主持朝議，綜理官員考課，薦舉和委任官員，執掌封駁和諫争。漢初沿承秦制，丞相擁有較大的權力。漢武帝爲削弱相權，設立中書令、侍中、給事中等職位，由内侍、近臣充任，草擬詔旨，與聞國政，國家的行政管理權逐漸由相府向宫廷轉移，宦官專權由此肇始。因此自漢代開始，中央權力機關有了内朝和外朝的劃分。内朝是皇帝直接控制的宫廷機構，有草擬詔旨及參與決策國家機務的權力，臣工奏章可以繞開丞相而直達皇帝。以丞相爲首的政府機構構成外朝，逐漸成爲政令的執行者。内朝官員權重而位輕，易於控制，而不受制於外朝，也有效地調和了皇權與相權之間的矛盾。

唐代的最高行政管理機關是三省，即尚書省、中書省、門下省。尚書省是全國最高的行政事務管理機關，其長官爲尚書令和左右僕射。中書省原是宫廷内侍負責處理皇帝文書的機構，後參與軍國要事的決策，審理公文及諸臣奏章，代替皇帝起草詔令，其長官爲中書令。門下省長官爲侍中，負責審查詔令、簽署奏章、審閱上行文書。中書省草擬的詔令文書，祇有經過侍中簽署認可，方可生效，如認爲不合適，可以封駁奏還。唐代丞相的職權實際由三省共同行使，三省既有分工又有合作，職權劃分明確，相互牽制，從而强化了皇帝的權力地位。隨着專制主義中央集權的進一步强化，至高無上的皇權與日益膨脹的相權之間的矛盾越來越尖銳。明洪武年間，裁撤中書省，廢除丞相，由皇帝直接管理國家政事，同時設立内閣，作爲皇帝處理政事的秘書機構，其權力限於協助皇帝起草詔旨、票擬公文奏章，不統領政府機構，不參與政令的施行，其長官爲内閣大學士。内閣的出現是皇權高度發展的產物，皇帝身邊的秘書近臣，亦漸漸參與機務，凌駕群臣，無宰相之名，而有宰相之實。同時，明代爭奪丞相廢除後權力真空的，除了内閣外，還有比内閣更貼近皇帝的宦官内侍，造成了歷史上空前嚴重的宦官專權。

卿是丞相之下政府各機關部門的行政長官。秦代中央政府設九卿，包括：奉常，掌宗廟禮儀；郎中令，掌皇帝侍衛；衛尉，掌宫廷警衛；太僕，掌宫廷及國家馬政；廷尉，掌司法；典客，掌外交及民族事務；宗正，掌皇族事務；治粟内史，掌穀貨財税；少府，掌皇室需用。九卿分管不同部門的政務，上對丞相負責。唐代三省下設吏、户、禮、兵、刑、工六部，爲國家的主要行政管理機關。每部下設四司，此外尚有九寺、五監的中央辦事機構以及完備的監察機構。這些管理機關有明確的職責劃分和隸屬關係。唐以後中央政府機關的設置基本沿襲此制。

其三爲地方行政管理制度由分封制改爲郡縣制。分封制是周代管理地方疆域的主要制度，對於維護奴隸主貴族統治的穩定曾起到積極的作用。但是世襲的舊貴族勢力對地方政權的長期把持，弱化了中央政權對地方的控制，形成了地方割據，阻礙了封建專制集權制度的推行。至戰國時期開始在地方政權中推行郡縣制，至秦完成了地方行政管理系統由邦國制向郡縣制的改造，“海内爲郡縣，法令由一統”（《史記・秦始皇本紀》）。郡設郡守、郡尉、監御史，握有治民、軍事、賞罰的職權，執行皇帝的政令。郡下設縣，有縣令，掌治民理訟、徵收賦税、勸善禁奸等事務；有縣丞，協助縣令執掌司法；有縣尉，負責治安。郡縣制是封建專制中央政體的重要組成部分，秦以後地方行政管理體制雖有所變化，但都是在郡縣制的基礎上進行的。漢初郡國、分封兩種制度并行，漢武帝時爲加强中央對地方的控制，將全國分爲十三個刺史部，按《禹貢》州名命名，故又稱十三州。中央向各部派出刺史作爲常駐監察官，刺史根據漢武帝手定的六條法規對部内所屬郡國進行監督。此時州僅作爲監察區，而非正式的行政區域。東漢末年後，州成爲郡以上的一級行政區域，最高行政長官爲刺史。至隋唐以前，地方行政管理基本上爲州、郡、縣三級制，唐代裁撤郡級建制，州之上增設道，初爲十道，爲監察區，唐開元後增爲十五道，并成爲州以上的一級行政區。宋代改道爲路，爲路、州（府）、縣三級制。元代將全國劃分爲十一個行中書省，構成行省、路、州（府）、縣四級制。明清基本上爲省、州（府）、縣三級制。

其四爲封建官僚制度的確立與完善。奴隸制時代的權力階層由少數的世襲貴族組成。戰國秦漢以後，隨着封建君主專制制度的建立，封建官僚管理體制也相應完善，主要包括以下内容：

（一）官員的選拔與任免制度。戰國諸侯紛争中誕生的新興地主階級政權，在建立自己的官僚機構時首先廢除了舊有的世卿制度，打破了奴隸制“唯親唯貴”的命官原則，實行流官制。其官員上自丞相將軍，下至郡邑小吏，皆由君主因才授官，隨意任免，既非世襲，也不享受貴族的特權，官員不稱職或有過錯，可隨時罷免或懲處。其選拔官員的方式有論軍功大小、他人薦舉、游説自薦、從門客侍從中選拔，等等。秦代對官員的選任進一步法制化，出土秦簡中有《置吏律》，對除官及遣官有明確的規定：“除吏、尉，已除之，乃令視事及遣之，所不當除而敢先見事，及相聽以遣之，以律論之。”還規定官員所任不善，薦舉人須負連帶責任。漢代官僚隊伍迅速膨脹，選拔官吏的途徑也多種多樣，有察舉、徵辟、貢舉、特召、郎選、射策、對策等，其中察舉賢良方正、舉孝廉茂才和徵辟是常用的選官方式。選拔的人才有的須先經過射策、對策考試，後委任職務。致仕制度在漢代也開始推行，規定官員年滿七十，例應致仕，二千石以上官員，給予原俸禄的三分之一作爲退休俸禄，政績優長者皇帝另有賞賜。官員致仕制度自此以後延續了下來。曹魏廢察舉，改行九品中正制，“唯才是舉”。州郡縣均設中正官，掌握本地官員人才的評舉，按照德、才、門第等標準，將人才分爲九品，從而確定官員品級，按品授官。東晉以後，九品中正制走向没落，成爲門閥士族謀取政治利益的工具。隋代開始實行科舉制，官員的選任都要進行嚴格的考試。唐代科舉制已臻完善，分常科、制科兩類。常科包括明經、進士、秀才、俊士等五十餘科，每年舉行，并經過州縣、省試兩級考試；制科爲非常設科目，由皇帝臨時頒詔確定。宋代科舉正式增加殿試，每三年一次，由皇帝親自主持，分作五等三甲，其中一甲前三名始稱狀元、榜眼、探花。明清科舉考試多承宋制而更加嚴密，分鄉試、會試、殿試三級，考試内容走向以八股文爲標志的形式化。唐以後與科舉制度相呼應，在官員選任上同時實行銓選制，即對於在科舉考試取得出身資格的人和捐納入官的人，正式聘任前必須進行銓選複試，達到要求方能授官。此外，歷代尚有恩蔭得官和捐納得官的制度，不再詳述。

（二）官員的考課與升黜制度。考課亦稱考績，始見於《書·堯典》："三載考績，三考黜陟幽明。"周代的考課見於《周禮·天官冢宰·大宰》，規定歲末"令百官府各正其治，受其會，聽其致事，而詔王廢置，三歲則大計群吏之治而誅賞之"。所謂"大計群吏之治"依内容又分爲六計，即廉善、廉能、廉敬、廉正、廉法、廉辨。戰國時期各諸侯國封建政權對任職地方官員進行考課與上計。考課與上計以賦税、刑獄爲重點，地方官每年要向中央呈報預算，年終稽查實徵數目，優者升，劣者免。漢代考課，已有成法，稱《上計律》。一般每年一小考，三年一大考，朝廷與地方郡國逐級進行。凡地方官員的施政情況，如本地户口、錢糧收支、漕運水利、盜賊訴訟、教育選舉，整理成賬簿，歲末派員上報中央，稱"計簿"或"計籍"，朝廷據以進行官員政績的考核。考核采用公開評議的形式，逐級彙總，由縣而郡，由郡而朝廷，最後由丞相上奏天子。漢代以考課作爲對官員賞罰升貶的依據，賞有增秩、升遷、賜爵，罰有降禄、貶職、免官，違法者依律治罪。漢代考課官吏一切以政績定賞罰，反對論資排輩，在一定程度上實現了獎優罰劣，保證了官僚隊伍的品質。隋唐時期官員考課制度更加完善，具體分爲計課與考課兩部分。計課即按日月纍計官員的功過，一般由朝内各部及地方行政長官主持；考課則根據法定的標準和程式，對官員定期進行政績考核，根據考核的結果進行賞罰。唐代考課法有兩種，針對流内官，規定"四善二十七最"的標準，考核結果分爲上、中、下共九等，分別進行賞罰。針對流外官，有"四等法"，即分爲上、中、下、下下四等，又輔以記分制，兩者結合以考定優劣，凡爲中上者加官晋級，中中者守其本職，中下者將被撤職或遭受懲處。宋以後考課制度進一步完善。宋有《京官考課法》《州縣官考課法》《監司考課法》《元豐考課令》《守令課》《縣令課》等六種。明代的考課分考滿與考察兩種，前者爲官員的常規考績，分稱職、平常、不稱職三等；後者分京察、外察，各有八法，用於監察官員過失，決定處罰措施。清代考課分京察、大計兩項，分別用於考察京官與地方官。

（三）官員的品級和俸禄制度。官階的建立，源於周代。周代有九命之别，九命爲最高階，一命最低。漢代以禄秩作官階的層次，禄秩單位以石計算，從萬石到百石、斗食，共分二十多個階次。魏晉時代，官始分九品，以九品官人法作九級劃分，上上品、一品爲最高品。南朝定十八班，同九品并用。北魏將每品分正、從，自第四品起，正、從品再各分作上、下二階，將官級共定爲九品三十階。隋唐到明清時又恢復九品制，每品分正、從，正式定制爲九品十八階。凡在九品内的統稱"流内"，不入品者稱"流外"。

章服佩飾是官員的品級標志之一，各代禮法均有明確的規定。每個品官的章服必依典而製，依階而別，不得僭越，包括冠、服、帶、綬、笏、飾六個部分。漢代自上而下有萬石，金印紫綬；中二千石、真二千石、二千石、比二千石，銀印青綬；千石、八百石、六百石，銅印黑綬；四百石、三百石、二百石，銅印黄綬。唐代以後，其制更加完善。如唐代一品至三品服紫，戴三梁冠，佩魚袋，用象笏，繫金玉帶；四品、五品服緋，戴二梁冠，繫金帶，佩魚袋，用象笏；六品、七品服緑，戴一梁冠，繫銀帶，用竹木笏；八品、九品服青，戴一梁冠，繫鍮石帶。宋代一品至四品均服紫，繫玉帶（四品爲金帶），佩金魚袋，冠式爲一品七梁，二品六梁，三品、四品五梁；五品、六品服緋，繫金塗銀帶，佩銀魚袋，分別爲五梁冠、四梁冠；七品至九品服緑，三梁冠（九品爲二梁冠），佩黑銀及犀角帶。明代一品至四品冠式同宋代，均服緋袍；五品至七品服青袍；八品、九品服緑袍，其他配飾方等有差。

俸禄是朝廷支付給官員的報酬。在以分封制和世襲制爲特色的奴隸制時代，權力階層的物質待遇取自其世襲的領地，上自公、侯，下至士大夫，皆有自己的封地或采邑，其封地内收入除上繳王室或國君的部分，盡皆歸己，嚴格説尚不能稱爲俸禄。封建官僚制度建立以後，官員改爲任免制和流官制，與朝廷形成雇傭關係，他們大多不像世襲貴族那樣有自己的封地，祇是從國家領取一定的糧食作爲俸禄，由此出現真正意義上的薪俸。由於官職有上下之分，俸禄也有高低之别。秦代的官俸以石爲單位，按月發給。漢代以全年俸禄的約數劃定官俸的等級，丞相萬石，九卿中二千石，郡太守二千石，等等。

魏晉以後，行九品之制，品級不同，俸禄亦有差異。其俸禄除糧食外，亦逐漸發給布帛、錢、田地等，但仍多以石爲計算單位。如南朝一品秩萬石，二品、三品中二千石，四品、五品二千石等。隋代京官正一品九百石，從一品八百石，最低從八品五十石。唐代官俸有糧食、土地、貨幣三種，如禄米自正一品七百石至從九品三十石，俸錢自一品八千至九品一千零五十，官員俸田稱"職分田"，自正一品十二頃，至正九品二頃等。宋元明清時期，官員俸禄逐漸過渡到以銀錢爲主，以禄米、布匹、土田爲次，數量多寡各不相同。

如清代自正、從一品俸銀一百八十兩，禄米九十石，至從九品俸銀三十一點五兩，禄米十五點七五石。

第三節　朝制名物考

《朝制卷》所收録的名物，是指歷代統治者在管理國家政權、從事各項政務活動的過程中所使用的名目繁多的各種實物。這些實物從名稱、外形規制，到使用範圍、使用權限，都有較爲嚴格的界定，從而成爲統治階級運轉政權機器、行使權力、確定尊卑等級的有形工具。它與政權管理制度、行使制度的人一起構成了歷代政權機器中相互依存、不可或缺的基本要素。

概而言之，朝制類名物依其用途，約分五類。

其一爲廷署之類場所。廷署之"廷"，指朝廷，乃君王接受朝見及處理政務之處。自上古始，朝廷具有至高無上的權威，故置於寢宮之南，獨爲一區。朝廷又有内朝、外朝之分，内朝又有治朝、燕朝之别。作爲泛稱之"朝廷"，又可單稱爲"朝"，或單稱爲"廷"或"庭"，同時又有"王庭""帝廷""天府""天朝""天庭"諸别名、尊稱。其中又關涉"帝扃""朱闕""玉墀""金階"等建築實體，這些建築實體并非等閑之物，其誇張的稱謂，充分體現了皇家的尊嚴。廷署之"署"，指府署，爲歷代中央及地方官吏聽政治事之所。中華民族歷史悠久，朝代更迭頻繁，機構設置與職官名稱或同或異，故府署名稱與職司功能亦有同有異。據《周禮·考工記》載，周代宫城依前朝後寢之制規劃而成。應門爲正朝（治朝）朝門，路門爲路寢（正寢）之門，亦爲朝區、寢區之分區界綫，路門外爲朝，内爲寢宫。應門之内、路門之外爲三公、九卿治事之所。因在王之朝區内，故亦稱爲朝。縱觀歷代機構設置，九卿所居多謂之"寺"，百官所居多謂之"府"。除寺、府之外，又有"署""官署""廨""公廨"諸稱。以上多爲泛指。又有專稱者，如自秦漢始有稱"臺"者，自南北朝始有稱"省"者。前者如尚書稱"中臺"，御史稱"憲臺"，謁者稱"外臺"，合稱"三臺"；後者如掌擬政事之"中書省"（宋改稱"政事堂"），掌受詔令、駁正違失之"門下省"，執行政務之"尚書省"，合稱"三省"。隋唐時又有"部""院"之稱，亦爲中央機構。宋元之後又有變化。因而元《經世大典·官府》稱："國家設官分職，則各有聽政之所。故上自省、臺、部、院，下而府、司、寺、監，以及乎外郡有司，雖室宇之崇卑不等，然其聽政之設施，與夫史胥之案牘，咸具其所，而上下之等辨矣。"此外宫闕或官署門前又有攔阻車馬通行的警戒物，稱爲"桓楅""攔衆""攔黨"或"拒馬杈子"，以一木貫之，兩木互穿，以成四角。宫闕用紅色塗之，官署用黑色塗之，以示區别。以上所列爲廷署及其連帶物。

其二爲官員貴族用於標示其貴賤等級身份的實物。多見於官員貴族的冠服、佩飾、日常用品和授受的賞賜、俸禄等。該類實物通常被視作區别統治階層等級身份的物化標志，其標示等級身份的表徵作用重於其在政事活動中的具體功用，故對其形制、材質、稱謂、數量、使用物件皆嚴加限定，不得混淆僭越。

這種標示身份等級的實物在禮法制度盛行的周代即已廣泛行用。見於《周禮》記述的，有玉器之"六瑞"，自天子至諸侯共分爲六個不同的爵秩等級，"以等邦國"，即以此建立諸侯邦國之間的等級關係，同時作爲朝會和邦國交往的信物。"六瑞"的稱謂、用料、尺寸、形迹、紋飾，禮書中均有詳細的記述：天子執鎮圭，長一尺二寸，以四鎮之山爲瑑飾；公執桓圭，長九寸，兩面各瑑二棱；侯執信圭，長七寸，以人形爲瑑飾；伯執躬圭，長七寸，以人形爲瑑飾；子執穀璧，男執蒲璧，璧徑皆五寸。

組綬，先秦爲拴繫瑞玉之絲帶。按周代禮制，天子、公侯、世子、大夫、士皆得佩玉，名分不同，所佩之玉亦不同，不同等級的佩玉有不同顔色的綬帶。《禮記·玉藻》："天子佩白玉而玄組綬，公侯佩山玄玉而朱組綬，大夫佩水蒼玉而純組綬，世子佩瑜玉而綦組綬，士佩瓀玟而緼組綬。"秦漢以後，綬用以拴繫官印。色彩有赤、紫、綠、青、黑、黃、繡朱等。其織絲之制，先合單紡爲一系，四系爲一扶，五扶爲一首，以顔色不同、首之多少、綬之長短區分佩用者的等級，上者有"赤綬""紫綬"，下者有"尺組""黃綬"。如東漢太子、諸侯王赤綬，公侯、將軍紫綬，九卿青綬，諸侯國貴人、相國綠綬，千石、六百石黑綬，四百石、三百石、二百石黃綬。

牙牌，見於宋代以後，爲朝廷授予官員證明其身份級别的憑證。象牙製作，上刻官員官職及標識，文武大臣出入朝堂時須佩戴。明代牙牌又細分爲五類，有爵位者曰勳，駙馬都尉曰親，文官曰文，武官曰武，教坊司曰樂。又有宣牌，行於宋元，銅製或木製，用於朝内外各級帶印官員，用以證明其官職身份。

其他官服配飾，包括冠、服、帶、笏、飾等，以及官員薪俸，各代皆有典則，依官階的不同而有別。

　　此類名物實質上是區分官員、貴族貴賤等級的實物符號。我國封建時代此類實物大量存在，反映了集權專制下等級森嚴的社會現實。從另一方面來説，它對歷代官員隊伍的規範化管理，對穩定統治階層的内部秩序，也起到了一些積極的作用。

　　其三爲各級官員在政務活動中使用的、承載着某種職權功能的實物。與前述名物依官位而設者不同的是，此類實物皆依職位、職別而設，其重要性在於其爲官員行使某種職權的信物、憑證，或雖非信物，但其規格制度帶有某種職權的烙印；從事某種政務活動的官員祇有借助此類信物，并使用具有某種職權特徵的實物，纔能完整有效地行使相應的權力，是統治階層各種職權的物化標志。

　　職權憑證類名物是我國歷代政權管理制度中重要的一環。上古時代，它伴隨着國家和政權的産生而産生，主要包括璽印、符契、瑞信、旌節、棨傳、牌符、票證等。其中出現較早的是璽印，商代已有實物可考。黃濬《鄴中片羽》著録了三枚安陽殷墟出土的銅印，爲商代已出現銅質印璽的佐證。《後漢書・祭祀志》云："至於三王（指夏商周——作者注），俗化彫文，詐僞漸興，始有印璽，以檢姦萌。"西周以後，璽印已經開始普遍行用，春秋戰國時期，已經成爲官民通用的憑信之物，通稱"璽節""印璽"。《周禮・地官・司市》："凡通貨賄，以璽節出入之。"《管子・君臣上》："又有符節、印璽、典法、策籍以相揆也，此明公道而滅姦僞之術也。"秦漢以後，爲區別貴賤等級，印璽始分爲帝王專用之璽和官民所用之印，其中璽多以玉製成，爲皇權至高無上的象徵。秦漢時期有傳國璽，又有皇帝行璽、皇帝之璽、皇帝信璽、天子行璽、天子之璽、天子信璽，通稱"乘輿六璽"，各璽在皇帝的政事活動中均有不同的功用。晋以後又增製神璽，合前者通稱"八璽"。唐製受命璽，以代替失傳之傳國璽。唐以後"璽"又稱"寶"。宋增製定命寶，合前"八寶"共稱"九寶"，又别製鎮國神寶、大宋受命中興之寶等玉璽。明初御寶已達十七枚，嘉靖以後又增至二十四枚。清代更達三十五枚之多。

　　各級官吏所用之印，通稱"官印"。官職高低不同，印材、印制亦有差别。材質多爲金、銀、銅、木、犀角等，多爲方形，形制小於帝璽。漢以後官印有"章"與"印"之分，將軍所用稱"章"，列侯、丞相、太后、前後左右將軍及下級官員所用皆稱"印"；低級官員用方印之半，謂"半通印"。隋唐以後，官印花樣趨多，卜級辦事官吏之印稱"朱記"，加蓋於官員委任文書之上的印稱"告身印"，蓋於文書合縫的長方形印章稱"條印"，宰相政事堂的專用印信稱"堂印"。明清以後，更有關防、圖記、條記諸名目。

以上璽印連同組綬、印綬依體例規定，一并移入本書《文具卷》，以避重複。

符是古代統治者用於軍政要務的一種憑信之物。其形剖分爲二，合則渾然一體，契合無間。多以竹、木、金屬、玉石製成，半留朝廷，半頒與執事官吏。不同的符有不同的用途，專符專用，合則有效，分則無效。符之使用，始於先秦。春秋時期即有用符的記載。《孫子·九地》："夷關折符，無通其使。"《周禮·地官·掌節》："門關用符節。"可見符（或稱符節）最初多用作出入關隘門禁的證驗憑信。戰國時期，符始見用於軍國要務，徵調軍隊必用兵符，是故有信陵君竊符救趙之事。出土的戰國兵符，皆作伏虎之狀，銅製，後世兵符多仿其形，通稱虎符。漢魏六朝時期，除銅虎符外，尚有竹使符，製以竹箭之形，用於地方徵調事宜。尋常之事，合符即可施行；緊要之事，則詔敕與符契并發。隋唐以後，多用魚符，有木魚符、銅魚符，其中地方官員所用者用於發兵徵調、任免州郡長官；朝內官員所用隨身魚符，爲標明身份及出入内廷的憑證；門禁用符，包括交魚符、巡魚符、開門符、閉門符等；用於郵傳驛遞的有傳信符。符的使用，使朝廷能够有效地控制軍政大權，對政令的有效施行起到了强化和保障作用。同時在專制主義中央集權的背景下，符契的使用對地方官員的權力、行爲起到了有效的制衡作用。

節是古代朝聘及出使他國所持的一種憑信之物。節賦予使者代表國家的權力，責任重大。早在周代，節即得到廣泛應用，春秋戰國時期，諸侯邦國間朝聘交往頻繁。節的種類及用節制度也較複雜。見於《周禮》記載的有六節，即虎節、人節、龍節、旌節、符節、璽節。秦漢至六朝，多沿襲周人"旌節"之制，形制漸趨一致，以竹竿製成，頂飾有旄尾，爲使者出使外邦專用。凡使者受命出使，則持節前往，使歸則持節復命。唐宋時期，旌節的形制、用途有較大變化，旌與節相分離，旌以專賞，節以專罰，成爲皇帝授予節度使等重要軍政官員行使權力的信物。宋以後，此制漸廢。

棨傳是朝廷發給行人的通行憑證，官民通用。凡遠行他鄉者、負販貨賄者皆須携傳以行，以備關卡驗證。其中傳多用於關卡津驛，多見於先秦；棨多用於城門宮禁，多見於秦漢以後。傳爲木製，上書驗證文字，使用時以木板封之，加蓋印章，稱爲"封傳"。棨是漢至魏晉南北朝間行用的一種木製通行證件，刻木爲二，合符爲信，功用與傳相近，後人棨、傳并稱，泛指通行證件。隋唐以後，一般民眾使用的通行證件尚有"過所""行牒""繻"。宋元以後，通用的通行證件有"契繻""文引""路引"等，專用的通行證件有

"鹽引""邊引"等。

牌是中國古代官員及官府辦事人員使用的一種憑證，始見於隋唐，廣泛應用於宋元明清。種類繁多，質地各異，有金、銀、銅、牙、竹、木之分，外形則有圓、方、扁之別。其中屬於頒發給官員及辦事人員賦予其某種辦事許可權的，有唐宋時期用於驛遞的"走馬銀牌"；元代向封疆大吏及欽差頒發使其擁有專斷許可權的"旗牌"，士兵巡夜用的"腰牌"；明代"月寶金牌""守衛金牌""走馬符牌""通行馬牌""火牌"等功用不同的牌符；清代的"王命旗牌"等。屬於傳達詔令、文書、信件的專用牌符有宋代的"檄牌""傳信牌"，元代的"海東青圓牌"。牌往往與官印結合使用，作爲取用官印的憑證，"牌出印入，印出牌入"。

職權憑證類名物除上述金屬、石質、木質等載體的外，隋唐以後，隨着紙的廣泛應用，紙質的契券票證大行其道。其中屬於一般憑證文書的有"公驗""公執""公憑""文憑""公據""公引""公符""批帖"；屬於身份憑證的有"照牒""憑由""度牒""文解""邊牒"等；屬於辦事憑證，用於官員差旅的有唐宋的"公券""驛券""樞密院券"和元代的"鋪馬聖旨""鋪馬劄子"；有領取俸祿的"俸帖"；士卒就役的補助憑證"券給"；免除丁役之憑證"免丁由子"；拘捕、懲罰犯人的憑證"籤"；用於執業資格的"執照""引票""交引""鹽鈔""根窩""運照""牙帖"等。

其四爲朝廷及各級官員的政務活動中形成的各種名物，一般不具備職權憑證的特徵。主要指各類政府公文和檔案，包括帝王的詔誥，百官的章奏，官府的文移告示、簿籍檔案、徵收賦稅後形成的票據，等等。

詔誥是皇帝向下屬臣民發布文告的通稱，在專制主義中央集權時代具有最高的法律效力。詔誥肇始於奴隸社會的夏商周時期，通稱"王命"。《書》中的典、謨、訓、誥、誓、命，是詔誥的最初形式。秦代以後，封建專制主義中央集權制度確立，詔誥制度趨於完善。秦分"制""詔"兩種，漢以後種類趨繁，包括制書、詔書、策書、敕書數種，宋元時期又增加了"敕榜""誥命""宣命""敕牒"等，明清時期有"敕諭""諭旨""上諭""諭單""廷寄"諸名目。

章奏是臣下呈送給皇帝的文書的總稱。作爲一種公文體制，發端於春秋戰國，成於秦。先秦稱"書""上書"，秦改稱"奏""議"。漢代分章、奏、表、議四種，又有用於密奏的"封事"、用於疏通意見的"上疏"等體裁。唐代尚書省的行上文書有六種：表、狀、牘、啓、辭、牒。另唐人奏事，表、狀之外，慣用"牓子"，宋人沿之，改稱"劄子"。明代有"奏本""揭帖""票擬"之名目。清代則多用奏摺。

簿籍泛指歷代官府記録户口、錢糧賦税、田土以及與政務有關的其他資料的檔案。其中户籍册稱"版簿""版籍""名數"，官員册籍稱"官牒""仕版""朝籍""班簿"，地方官上報的土地錢糧册籍稱"計籍"，等等。

其五爲君王及官員在政務活動中使用的各種用具。分君王用具和百官用具。君王用具包括皇帝舉行典禮、朝會時的陳設用具、皇帝的日常起居用具；百官用具指官員在辦公場所使用的器具，一般都有較爲嚴格的規定。

第二章　廷署説

第一節　朝廷考

《穀梁傳・桓公九年》："諸侯相見曰朝。"《吕氏春秋・求人》："昔者堯朝許由於沛澤之中。"《正字通・月部》："同類往見曰朝。"清趙翼《陔餘叢考》卷二二："古時凡詣人皆曰朝。""朝"爲見、訪之義，亦專指卑見尊、臣見君。《爾雅・釋言》："陪，朝也。"邢昺疏："臣見君曰朝。"古代諸侯每年按四時朝覲天子，春曰朝，夏曰宗，秋曰覲，冬曰遇。《周禮・春官・大宗伯》云："以賓禮親邦國，春見曰朝，夏見曰宗，秋見曰覲，冬見曰遇。"鄭玄注："六服之内，四方以時分來，或朝春，或宗夏，或覲秋，或遇冬。名殊禮異，更遞而遍。朝，猶朝也，欲其來之早。宗，尊也，欲其尊王。覲之言勤也，欲其勤王之事。遇，偶也，欲其若不期而俱至。"《禮記・曲禮下》："在官言官，在府言府，在庫言庫，在朝言朝。"鄭玄注："朝謂君臣謀政事之處也。"《説文・廴部》："廷，朝中也。"段玉裁注："朝中者，中於朝也。"朱駿聲通訓定聲："古外朝、治朝、燕朝皆不屋，君立于門中，臣立于廷中，故雨霑服失容則廢朝……《廣雅・釋詁三》：'廷，平也。'《釋名・釋宮室》：'廷，停也，人所停集之處也。'按以定釋廷。《風俗通》：'廷，正也。'言縣廷、郡廷、朝廷皆取平均正直也。"故廷乃天子聚臣下以論政之廣平場所。以其廣平,便於活動,故從廴。又以壬音逞,有挺立意。廷乃方正之地,亦臣下挺立之處,故從壬聲。《周禮·考工記·匠人》所謂"市朝一夫","朝"即廷,每朝一夫之地,即指廷之規模爲方一百步。《論語·鄉黨》:"其在宗廟朝廷,便便言,唯謹爾。"邢昺疏:"朝廷,布政之所。"由此可知,朝廷乃君王接受朝見及處理政務之所。朝是王權的象徵,故周代匠人營國,將朝布置在宮城中軸綫上的中央方位。以"擇中立朝"來表達"王者至尊",顯示王權之尊嚴,體現周代"尊尊"的禮制觀念。因朝廷獨具特有之權威,故置於寢宮之南,成爲一區。朝有內朝、外朝之分,內朝又有治朝、燕朝之別。王有三朝,外朝一,內朝二。《周禮·秋官·朝士》:"朝士掌建邦外朝之法。"鄭玄注:"周天子、諸侯皆有三朝,外朝一,內朝二。內朝之在路門內者或謂之燕朝。"賈公彥疏:"天子外朝一者,即朝士所掌者是也。內朝二者,司士所掌正朝,太僕所掌路寢朝是二也。"三朝均爲王行使最高權力的場所,雖同在一區,然各朝功能有別,其位置亦异。

外朝居三朝之首,設於皋門內、應門外。治朝,亦稱正朝;燕朝,亦稱路寢朝或路寢廷。對外朝而言,此二朝總稱內朝,爲王日常之朝,位於宮城之中。周代文獻對三朝的功能及位置均有詳細記載。《周禮·秋官·小司寇》載曰:"小司寇之職,掌外朝之政,以致萬民而詢焉。一曰詢國危,二曰詢國遷,三曰詢立君。"鄭玄注:"外朝,朝在雉門之外者也。國危,謂有兵寇之難。國遷,謂徙都改邑也。立君,謂無冢適選於庶也。"可知外朝的第一個功能是舉行"三詢",第二個功能是公布法令。《周禮·天官·大宰》:"正月之吉,始和,布治于邦國都鄙,乃縣治象之法于象魏,使萬民觀治象,挾日而斂之。"又《周禮·地官·大司徒》:"乃縣教象之法于象魏。"又《周禮·夏官·大司馬》:"乃縣政象之法于象魏。"又《周禮·秋官·大司寇》:"乃縣刑象之法于象魏。"可見王之治令、教令、政令、刑令均懸挂在外朝應門門闕之上,使民觀之。第三個功能是斷獄訟。因外朝是處理訴訟之所,故於朝門左置嘉石(文石),右置肺石(赤石),作爲標志。《周禮·天官·大宰》:"王眡治朝。"賈公彥疏:"但外朝是斷疑獄之朝。"又《周禮·秋官·朝士》:"朝士掌建邦外朝之法……左嘉石、平罷民焉;右肺石,達窮民焉。"第四個功能是舉行大典。以其與宗廟相毗連,故凡於太廟舉行的大典,如獻俘等,均聯繫外朝。以其主要功能大多直接與國人有關,故將其置於宮城之外,類似宮前廣場,以便國人活動。

治朝乃三朝之第二朝,爲內朝之一,主要功能有二。其一爲王日常朝臣治事之處。《周

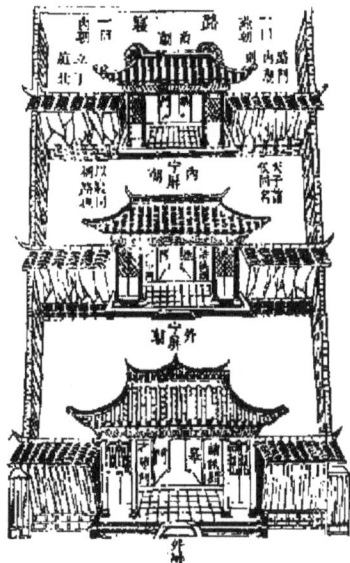

朝　廷
（清吳之英《儀禮奭固禮器圖》）

禮·天官·宰夫》："宰夫之職掌治朝之法，以正王及三公、六卿、大夫、群吏之位，掌其禁令。"鄭玄注："治朝在路門之外，其位司士掌焉。"賈公彥疏："此云治朝是常治事之朝，故知是路門外夏官司士所掌者，知察其不如儀者。"又《周禮·夏官·司士》云："正朝儀之位，辨其貴賤之等。王南鄉，三公北面東上，孤東面北上，卿大夫西面北上。"鄭玄注："此王日視朝事於路門外之位。"又《周禮·天官·大宰》曰："王眡治朝，則贊聽治。"鄭玄注："治朝在路門外，群臣治事之朝。王視之，則助王平斷。"據治朝此項功能，故將其置於應門內、路門外。《禮記·玉藻》云："朝服，以日視朝於內朝。朝，辨色始入。君日出而視之，退適路寢聽政。"

鄭玄注："此內朝，路寢門外之正朝也。"此言治朝與燕朝（路寢朝）之使用關係，兩者均為王日常治事之所。其二為舉行賓射之處。《周禮·春官·大宗伯》："以賓射之禮親故舊朋友。"又《周禮·夏官·小臣》："小祭祀、賓客、饗食、賓射掌事，如大僕之法。"鄭玄注："賓射，與諸侯來朝者射。"可知周代有賓射之禮。《儀禮·鄉射禮》："唯君有射于國中。"賈公彥疏："天子賓射在朝，亦在國。"《周禮》之"射人"職司射事，與"宰夫""司士"同掌治朝之法。由此可見，賓射常在治朝舉行。

　　燕朝與治朝同為內朝之一，其位置與路寢毗連，實為路寢之廷，故設於路門內。其功能有五：一曰舉行冊命，二曰接見群臣，三曰與臣及宗族議事，四曰與群臣燕飲，五曰舉行燕射。《周禮·夏官·太僕》曰："太僕掌正王之服位，出入王之大命，掌諸侯之復逆。"鄭玄注："出大命，王之教也；入大命，群臣所奏行……鄭司農云：'復謂奏事也，逆謂受下奏。'"賈公彥疏："云出大命王之教也者，一日萬機，有其出者，皆是王之教也。云入大命群臣奏行者，謂群臣奉行王命，報奏者皆是也。"又曰："王燕飲，則相其法。王射，則贊弓矢。王眡燕朝，則正位，掌擯相。"鄭玄注："燕朝，朝於路寢之庭。王圖宗人之嘉事則燕朝。"賈公彥疏："此燕飲謂與諸侯燕。若公，三燕；侯伯，再燕；子男一燕之等，或與群臣燕之等，皆是其法……〔王射〕此謂大射……以其路寢安燕之處，則謂之燕朝；以其與賓客饗食在廟，燕在寢也，但為賓客及臣下，燕時亦有朝。"位於宮城內的治朝、燕朝與路寢實爲一個整體，爲王日常行政及禮賓活動場所。

北京明清故宮即按前朝後寢之古制規劃建造。乾清門即古代之路門。門内三大殿即"朝"，門内各宫爲"寢"。乾清宫即古之路寢（或正寢，亦稱大寢）。所謂三朝，午門外爲"外朝"，太和門内太和殿之廷爲"治朝"，乾清門内乾清宫之廷爲燕朝。參閲賀業鉅《考工記營國制度研究》（中國建築出版社 1985 年版）。

朝廷

亦作"朝庭"。君王接受朝見及處理政務之處。《論語·鄉黨》："其在宗廟、朝廷，便便言，唯謹爾。"邢昺疏："朝廷，布政之所。"《周禮·地官·保氏》："乃教之六儀……三曰朝廷之容。"《管子·權修》："朝廷不肅，貴賤不明。"《淮南子·主術訓》："是故朝廷蕪而無迹，田野辟而無草。"《後漢書·皇后紀下·靈思何皇后》："并州牧董卓被徵，將兵入洛陽，陵虐朝廷。"清王士禎《池北偶談·談藝二·阿房宫賦》："先帝爲咸陽朝廷小，故營阿房爲堂室。"

【朝庭】

同"朝廷"。此體先秦時期已行用。見該文。

【朝】[1]

"朝廷"之單稱。《詩·齊風·鷄鳴》："鷄既鳴矣，朝既盈矣。"孔穎達疏："朝盈，謂群臣辨色始入，滿於朝上。"《孟子·公孫丑下》："昔者有王命，有采薪之憂，不能造朝。今病小愈，趨造於朝，我不識能至否乎。"漢孔融《薦禰衡表》："使衡立朝，必有可觀。"明李清《三垣筆記》上："受職後，國計民生兵馬錢糧四項絶不侃侃直言，而今日一疏，色衣穿朝；明日一疏，御街走馬；後日一疏，護日不敬。"

【廷】

亦作"庭"。"朝廷"之單稱。君王受朝理政之處。《莊子·漁父》："廷無忠臣，國家昏亂。"《楚辭·大招》："室家盈廷，爵禄盛只。"王逸注：盈廷，"盈滿朝廷"。《史記·廉頗藺相如列傳》："秦王齋五日後，乃設九賓禮於廷，引趙使者藺相如。"唐韓愈《請上尊號表》："不謀於廷，不戰於野，坐收冀部，旋定幽都。"

【庭】[1]

同"廷"。晋桓温《薦譙元彦表》："杜門絶迹，不面偏庭。"唐陳子昂《諫政理書》："陛下若不以臣微而廢其言，乞以臣此章與三公九卿賢士大夫議之於庭。"

【王庭】

亦作"王廷"。即朝廷。《書·盤庚中》："其有衆咸造，勿褻在王庭。"《周易·夬》："揚于王庭。"孔穎達疏："王庭，是百官所在之處。"《戰國策·趙策四》："使下臣奉其幣物，三至王廷。"《漢書·王莽傳中》："拜爵王庭，謝恩私門者，禄去公室，政從亡矣。"《三國志·魏書·毛玠傳》："昔王叔陳生争正王廷。"唐李白《虞城縣令李公去思頌碑》："納忠王庭，名鏤鐘鼎。"清吴偉業《吴門遇劉雪舫》詩："新樂初受封，搢笏登王廷。"

【王廷】

同"王庭"。此體先秦時期已行用,見該文。

【帝廷】

亦作"帝庭"。即朝廷。《書·金縢》:"乃命于帝庭,敷佑四方。"《史記·孝武本紀》:"鼎宜見於祖禰,藏於帝廷,以合明應。"漢班昭《大雀賦》:"翔萬里而來游,集帝庭而止息。"南朝梁劉勰《文心雕龍·章表》:"俞往欽哉之授,並陳辭帝廷,匪假書翰。"宋蘇轍《賀張宣徽知青州啓》:"伏審入覲帝廷,榮加使秩,遂解南籥,作鎮東藩。"亦稱"皇庭"。《魏書·常景傳》:"雖結珮皇庭,焉得而榮之?"南朝宋王韶之《燕射歌辭·宋四厢樂歌·食舉歌》:"萬方畢來賀,華裔充皇庭。"

【帝庭】

同"帝廷"。此體先秦時期已行用。見該文。

【皇庭】

即帝廷。此稱南北朝時期已行用。見該文。

【天府】

"朝廷"之尊稱。古亦指掌藏祖廟寶器的地方,參見《周禮·春官·天府》。《隸釋·漢平都侯相蔣君碑》:"輸力王室,以篤臣節。功列天府,令問不已。"漢馬融《廣成頌》:"亦方將刊禁臺之秘藏,發天府之官常。"唐皎然《峴山送裴秀才赴舉》詩:"天府登名後,迴看楚水清。"

【天朝】

"朝廷"之尊稱。晉袁宏《後漢紀·桓帝紀下》:"天朝政事,一更其手,權傾天下,寵逼人主。"《晉書·鄭默傳》:"宮臣皆受命天朝,不得同之藩國。"明高明《琵琶記·一門旌獎》:"今日天朝牛丞相,親賫詔書,到此開讀。"

【天庭】

亦作"天廷"。亦稱"天室"。"朝廷"之尊稱。《汲冢周書·度邑解》:"過於河宛,瞻於伊洛,無遠天室。"《後漢書·天文志》:永和六年,"梁氏又專權於天廷中"。晉左思《蜀都賦》:"幽思絢道德,摛藻揲天庭。"南朝陳徐陵《太極殿銘》:"況復皇寢,宜昭國經,方流典訓,永樹天庭。"唐沈佺期《奉和洛陽玩雪應制》:"灑瑞天庭裏,驚春御苑中。"《西游記》第六八回:"〔三藏〕直至端門外,煩奏事官轉達天廷,欲倒驗關文。"《封神演義》第六回:"敢勞丞相將此本轉達天庭。"章炳麟《訄書·分鎮匡謬》:"斯吾附庸之國也,交會約言在是,天室弗與知。"

【天廷】

同"天庭"。此體南北朝時期已行用。見該文。

【天室】

即天庭。此稱晉代已行用。見該文。

【庭廟】

亦稱"庭闕"。即朝廷。《宋書·禮志五》:"夫宗社疑文,庭廟闕典,或上降制書,下協朝議,何乃鉉府佐屬裳黻,稍改白虎之詔,斷宣室之疇咨乎?"《南齊書·庾杲之傳》:"仰違庭闕,伏枕鯁戀。"唐李白《答高山人兼呈權顧二侯》詩:"彷徨庭闕下,嘆息光陰逝。"

【庭闕】

即庭廟。此稱南北朝時期已行用。見該文。

【朝冶】

即朝廷。元王伯成《貶夜郎》第四折:"大唐家朝冶裏龍蛇不辨,禁幃中共猪狗同眠。"元狄君厚《介子推》第一折:"晉獻公爲君,朝冶裏信皇妃驪姬國舅呂用公所譖，貶東君太子申生重耳於藿地爲民。"《前漢書平話》卷下："小人賣馬得錢，律科中取應求事。既大使用馬，只與小人朝冶中保得一處安身。"

【天扉】

亦稱"天扃"。帝王皇宮之門。借指朝廷。唐韓愈《送區弘南歸》詩："業成志樹來頎頎，我當爲子言天扉。"宋石介《上轉運明刑部書》："足踏天扉，手攀帝階。"宋李綱《初食金橘》詩："厥包憶昔貢宮闕，瀟湘遠物來天扃。"明吾丘瑞《運甓記·太真絕裾》："賢主遭兇，忠魂幽憤，腑肺憂縈。欲叩天扃，快恔九京賫恨。"

【天扃】

即天扉。此稱宋代已行用。見該文。

【天階】

亦作"天墀"。亦稱"天陛"。帝王宮殿之臺階。借指朝廷。漢張衡《東京賦》："登聖皇于天階，章漢祚之有秩。"唐韋應物《賈常侍林亭燕集》詩："高賢侍天陛，迹顯心獨幽。"唐岑參《至大梁却寄匡城主人》詩："無由謁天階，却欲歸滄浪。"唐《捉季布變文》："季布得官而謝勅，拜舞天墀喜氣新。"宋王庭珪《贈胡紹立》詩："此去飛騰對天陛，不應顛頓困書生。"明張鳳翼《紅拂記·華夷一統》："聽歌謳歡騰萬方，天階拜祝霞觴。"

【天墀】

同"天階"。此體隋唐五代時期已行用。見該文。

【天陛】

即天階。此稱唐代已行用。見該文。

王朝

猶朝廷。《漢書·韋賢傳》："王朝肅清，唯俊之庭。"宋陸游《董桃行》詩："危難繼作如崩濤，王朝荒穢誰復薅。"田北湖《論文章源流》："而此史者，記事與言之憑藉；異夫三代屬於王朝公廷，一氏一人之典要。"

朝堂

漢代正朝左右官議政之處。亦泛指朝廷。《周禮·考工記·匠人》"九卿朝焉"漢鄭玄注："如今朝堂諸曹治事處。"賈公彦疏："鄭據漢法，朝堂諸曹治事處，謂正朝之左右爲廬舍者也。"《後漢書·明帝紀》："夏五月戊子，公卿百官以帝威德懷遠，祥物顯應，乃並集朝堂，奉觴上壽。"唐鄭綮《開天傳信記》："上爲皇孫時……嘗於朝堂叱武攸暨曰：'朝堂我家朝堂，汝得恣蜂蠆而狼顧耶？'"元成廷珪《戚戚行》詩："朝堂羽書昨日下，帥府然燈點軍籍。"

朝省

猶朝廷。《漢書·劉向傳》："遠絕宗室之任，不令得給事朝省，恐其與己分權。"《舊五代史·唐書·莊宗紀七》："被甲胄者何嘗充給，趨朝省者轉困支持，州閭之貨殖全疏，天地之灾祥屢應。"明李贄《初潭集·君臣·畏慎相》："孔光沐日歸休，終日燕語，不及朝省政事。"

朝闕

亦稱"朝闥""朝苑"。猶朝廷。《後漢書·梁冀傳》："宜崇賢善，以補朝闕。"南朝宋范曄《樂游應詔》詩："崇盛歸朝闕，虛寂在川岑。"南唐李煜《改元天祐赦文》："朝闥方新，更佇謀猷之力。"宋范仲淹《祭同年滕待制文》："自登朝闥，翕然風聲。言動兩宮，上嘉其誠。"宋王操《上李昉相公》詩："朝苑優游數十春，文章敵手更無人。"《明史·楊爵傳》："今異言異服列於朝苑，金紫赤紱賞及方外。"

【朝闥】

即朝闕。此稱五代時期已行用。見該文。

【朝苑】

即朝闕。此稱宋代已行用。見該文。

朝宁

猶朝廷。宁，指古代宮殿之門屏之間，爲皇帝視朝站立的地方。宋樓鑰《起居舍人陳傅良起居郎》："庶幾朝宁之間，猶見儀刑之舊。"明張居正《謝賜敕諭并銀記疏》："念臣頃以微情，上干高聽，仰蒙矜憫，特賜允俞。犬馬之忠，既少伸于朝宁；烏鳥之願，兼追盡于家園。"《明史·詹仰庇傳》："利填私家，過歸朝宁。"清龔自珍《對策》："俊彦集於朝宁，而西陲特簡爪牙。"

朝市

猶朝廷。晋陶潛《讀〈山海經〉》詩之十二："巖巖顯朝市，帝者慎用才。"北齊顏之推《顏氏家訓·勉學》："及離亂之後，朝市遷革，銓衡選舉，非復曩者之親。"王利器集解："朝市，猶言朝廷。"南朝梁沈約《細言應令》詩："蝸角列州縣，毫端建朝市。"

廊廟

本指殿下之屋與太廟，因軍國大計必謀於廊廟之所，故多指朝廷。《國語·越語下》："謀之廊廟，失之中原，其可乎？王姑勿許也。"《後漢書·申屠剛傳》："廊廟之計，既不豫定，動軍發衆，又不深料。"李賢注："廊，殿下屋也；廟，太廟也。國事必先謀於廊廟之所也。"宋葉適《資政殿學士參政樞密楊公墓誌銘》："夫同在廊廟，徒晚覺於十年之後。"明陳汝元

《金蓮記·構釁》："既食朝廷之禄，敢忘廊廟之憂。"

【廊肆】

即廊廟。《文選·顏延之〈車駕幸京口侍游蒜山作〉詩》："空食疲廊肆，反稅事巖耕。"李善注："廊，巖廊。朝廷所在也。"李周翰注："言己素餐疲倦於廊廟之列。"

正衙

唐宋時皇帝正式朝會及聽政之所。唐白居易《紫毫筆》詩："臣有奸邪正衙奏，君有動言直筆書。"《舊唐書·地理志一》："明堂之西有武成殿，即正衙聽政之所也。"宋司馬光《涑水記聞》卷八："丹鳳之內曰含光殿，每至大朝會則御之。次曰宣政殿，謂之正衙，朔望大册拜則御之。次曰紫宸殿，謂之上閣，亦曰內衙，奇日視朝則御之。"《資治通鑑·後唐明宗天成元年》："丁巳，初令百官正衙常朝外，五日一赴內殿起居。"宋沈括《夢溪補筆談·故事》："自國初以來，未嘗御正衙視朝。百官辭見，必先過正衙，正衙既不御，但望殿兩拜而出，别日却赴內朝。"《續資治通鑑·宋太宗淳化二年》："今之文德殿，即唐之宣政殿也，在周爲中朝，在漢爲前殿，在唐爲正衙。"

大堂

帝王主持政事、宣明政教之所。《淮南子·俶真訓》："立太平者處大堂。"高誘注："大堂，明堂，所以告朔行令也。"《隋書·真臘傳》："城中有一大堂，是王聽政之所。"

公庭

朝廷，朝堂。《詩·邶風·簡兮》："碩人俣俣，公庭萬舞。"《韓非子·揚權》："爲人君者，數披其木，毋使木枝扶疏；木枝扶疏，將

塞公閭，私門將實，公庭將虛，主將壅圍。"《梁書·褚向傳》："向（褚向）風儀端麗，眉目如點，每公庭就列，爲衆所瞻望焉。"清曾國藩《金陵楚水師昭忠祠記》："甚者，如九洑洲之役，攻剿三四日，凋耗二千人。唱凱於公庭，飲泣於私舍。"

公朝

古代高級官吏在朝廷的治事之所。亦借指朝廷。《莊子·達生》："當是時也，無公朝，其巧專而外骨消。"成玄英疏："既無意於公私，豈有懷於朝廷哉。"《南齊書·武帝紀》："並可擬則公朝，方櫺供設，合卺之禮無虧，寧儉之義斯在。"唐張九齡《故河南少尹竇府君墓碑銘》："增華鄉族，見重公朝，四國于蕃，四方于宣，龍旂承祀，六轡耳耳。"《宣和遺事》前集："仰覿公朝除王安石爲相者……欲望聖慈允臣所奏，將王安石新命寢罷。"

帝扃

亦稱"帝門"。猶言皇帝宮闕。亦借指朝廷。扃，門户。《魏書·常景傳》："雖縻爵帝扃，焉得而寧之？雖結珮皇庭，焉得而榮之？"宋蘇舜欽《高山別鄰幾》詩："帝門急豪英，濟物無自子。"

【帝門】

即帝扃。此稱宋代已行用。見該文。

朱闕

宮殿前紅色雙柱。亦借指朝廷。漢崔駰《達旨》："攀臺階，闚紫闥。據高軒，望朱闕。"舊題漢東方朔《十洲記》："臣故韜隱逸而赴王庭，藏養生而侍朱闕。"南朝齊王融《拜秘書丞謝表》："欽至道而出青皋，捨布衣而望朱闕。"唐陳子昂《宿空舲峽青樹村浦》詩："虛聞事朱闕，結綬驚華軒。"宋林逋《送長吉上人》詩："青山買未暇，朱闕去隨緣。"

軒墀

本爲殿堂前之臺階。亦借指朝廷。北周庾信《代人乞致仕表》："謂臣等經侍軒墀，子孫尚延保護。"《舊唐書·宣宗本紀》："爲政之始，思厚儒風，軒墀近臣，蓋備顧問，如其不知人疾苦，何以膺朕眷求？"《新唐書·賈耽傳》："臣幼切磋於師友，長趨侍於軒墀。"宋李綱《乞罷尚書左僕射第三表》："豈進退去就之敢輕，蓋規矩準繩之難合，軒墀將遠，涕淚交零！"

玉階

亦作"玉堦"。亦稱"玉陛"。皇宮內用玉石砌成的臺階。亦借指朝廷。《文選·張衡〈思玄賦〉》："勔自強而不息兮，蹈玉階之嶢崢。"李善注："玉階，天子階也。言我雖欲去，猶戀玉階不思去。"晉葛洪《抱朴子·漢過》："禾黍生於廟堂，榛蕪秀乎玉階。"南朝梁鮑子卿《咏玉堦》詩："玉堦已誇麗，復得臨紫微。"唐岑參《和賈至舍人早朝大明宮》詩："金鑼曉鐘開萬户，玉階仙仗擁千官。"唐王昌齡《夏月花萼樓酺宴應制》詩："玉陛分朝列，文章發聖聰。"《西游記》第一五回："到一國土，宮室壯麗，金階玉陛，文武班齊。"明陳汝元《金蓮記·射策》："玉陛舒奇抱。看瑣尾啼饑衆紛擾，惟改柱張絃，掄才訪道。"明文徵明《丁巳元日》詩："萬炬列星仙杖外，千官鳴珮玉階前。"清陳夢雷《秋興》詩之八："紫誥恩榮辭玉陛，彩衣秋好舞牙檣。"

【玉堦】

同"玉階"。此體南北朝時期已行用。見該文。

【玉陛】

即玉階。此稱唐代已行用。見該文。

【玉墀】

即玉階。漢劉徹《落葉哀蟬曲》："羅袂兮無聲，玉墀兮塵生。"南朝宋顏延之《宋文皇帝元皇后哀策文》："灑零玉墀，雨泗丹掖。"唐王維《扶南曲歌詞》之四："拂曙朝前殿，玉墀多珮聲。"元佚名《醉寫赤壁賦》第二折："身近玉墀新錦綉，手調金鼎舊鹽梅。"清袁枚《隨園詩話》卷一："沈椒園御史云：'金閨才子愛袁絲，年少承恩出玉墀。'"

【玉除】

即玉階。唐白居易《答馬侍御見贈》詩："謬入金門侍玉除，煩君問我意何如？"宋楊億《受詔修書述懷感事三十韵》："紬繹資金匱，規模出玉除。"

【丹陛】

宮殿的臺階。亦借指朝廷。《隋書·薛道衡傳》："趨事紫宸，驅馳丹陛。"《舊五代史·符存審傳》："射鈎斬袪之人，孰不奉觴丹陛，獨予壅隔，豈非命哉！"宋陸游《三山杜門作歌》之二："小臣疏賤亦何取，即日趨召登丹陛。"

【金階】

亦作"金堦"。帝王宮殿的臺階。亦借指朝廷。唐盧照鄰《益州至真觀主黎君碑》："玉扃將墜，金階無主。"唐李遠《贈殷山人》詩："誰能將此妙，一爲奏金階。"《醒世恒言·陳孝基陳留認舅》："讀書個個望公卿，幾人能向金堦走？"《封神演義》第九八回："貪望高官特地來，玉符金節獻金堦。"清洪昇《長生殿·剿寇》："把軍書忙裁，忙裁，捷奏報金堦，捷奏報金堦。"

【金堦】

同"金階"。此體明代已行用。見該文。

丹樞

借指朝廷。樞，門軸或承軸之臼。喻指天子之位。唐王勃《乾元殿頌》："神謀備預，嚴七萃於丹樞；邃略防微，肅千廬於紫衞。"

軒宁

殿前檐下平臺與殿上屏門之間。爲古代群臣朝見君主之處。故亦借指朝廷。宋李綱《建炎行》："時危敢尸禄，抗疏願引去。涕泗對冕旒，非不戀軒宁。"

前殿

亦稱"前朝"。正殿。爲天子聽政治事之所。《史記·秦始皇本紀》："乃營作朝宮渭南上林苑中。先作前殿阿房。"《文選·揚雄〈甘泉賦〉》："前殿崔巍兮，和氏玲瓏。"李善注："前殿，正殿也。諸宮皆有之。《漢書》曰：'未央宮立前殿。'"唐王維《扶南曲歌詞》之四："拂曙朝前殿，玉墀多珮聲。"趙殿成箋注："漢時長樂、未央、建章、甘泉諸宮皆有前殿，即正殿也。"《玉海·宮室·殿》："周曰路寢，漢曰前殿。"《續資治通鑑·宋太宗淳化二年》："今之文德殿，即唐之宣政殿也，在周爲中朝，在漢爲前殿，在唐爲正衙。"

【前朝】

即前殿。此稱漢代已行用。見該文。

大庭

亦作"大廷"。外朝之廷。後亦泛指朝廷。《逸周書·大匡》："王乃召冢卿、三老、三吏、大夫百執事之人，朝于大庭。"朱右曾校釋："庭當爲廷。大廷，外朝之廷，在庫門內、雉門外。"《韓非子·解老》："故議於大庭而後言則立，權議之士知之矣。"唐黄滔《祭右省李常侍洵》："爲大廷之領袖，定千古之風流。"宋洪邁《夷堅支志·景·餘干縣樓牌》："是時趙子直家居縣市，赴省試，已而大廷唱名爲第一。"章炳麟《代議然否論》："故令貪夫盈於朝列，饕餮貢於大庭，猶曰美政文明，斯則戾矣。"

【大廷】

同"大庭"。此體唐代已行用。見該文。

三朝

古制，天子三朝：外朝、治朝、燕朝。朝是王權的象徵，由於它所特有之尊嚴，按禮制規劃秩序要求，故置於寢宫之南，成爲獨立而完整的一區。此朝區又因各朝之功能不同，位置亦異，致有外朝、内朝之別。外朝居三朝之首，設在皋門内、庫門外。治朝與燕朝爲王日

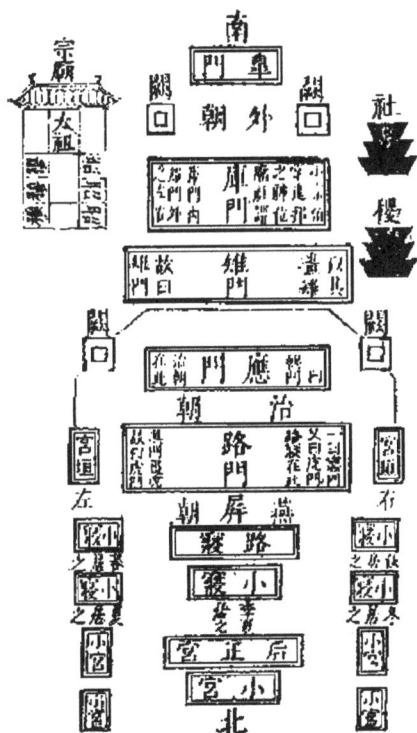

三　朝
（宋楊甲等《六經圖》）

常活動之朝，位於宫城中。此兩朝對外朝而言，又總稱内朝。外朝所舉行的活動大多直接與國人有關，爲方便國人，故設於宫城之外。治朝乃王視政治事與賓射之所，燕朝爲王之聽政、議事、燕飲、燕射之所，故皆設於宫城之中。《周禮·秋官·朝士》"朝士掌建邦外朝之法"漢鄭玄注云："周天子諸侯，皆有三朝。外朝一，内朝二。"清劉獻廷《廣陽雜記》卷一："周之時有三朝：庫門之外爲外朝，詢大事在焉；路門之外爲治朝，日視朝在焉；路門之内曰内朝，亦曰燕朝。"各朝之規模，《周禮·考工記·匠人》載有"市朝一夫"之説，即每朝占一"夫"之地，其規模爲方一百步。這個"朝"字指的是廷，即廷之净面積爲一"夫"，朝門不含其中。就内朝而論，朝的規模取決於朝儀與射儀。在《周禮·秋官·大行人》中載有上公朝位賓主之間九十步，侯伯七十步，子男五十步的規定。這段條文雖係指諸侯朝王，王以禮相迎的朝位，但亦可作爲參考。至於射儀所需場地大小，則視侯道的距離而定。賓射行於治朝，燕射行於燕朝。《儀禮·大射》："司馬命量人量侯道，與所設乏以貍步（貍步，周制六尺）。大侯九十，參（參，讀爲"糝"。糝，雜也，指雜侯）七十，干（干，讀爲"豻"。豻，指豻侯）五十，設乏（乏，射禮唱靶者用以避箭之器，形似屏風）各去其侯西十，北十。"至於燕射，據《周禮·考工記·梓人》記載，侯道祇有五十弓，即五十步。由此可見，從朝儀或射儀衡量，朝方一百步之規模均適用。外朝性質雖不同，但一"夫"之地亦可適應其功能要求。三朝之制，歷代沿用。後代建置，具體細節雖或有不同，但總的體制并無顯著變

異。明代北京宮廷即按前朝後寢之制而建。現在故宮之乾清門，實即古代之路門。門外三大殿是"朝"，門內各宮是"寢"。至於宮廷區的諸門諸朝，則采用五門三朝之制：五門即天安門、端門、午門、太和門與乾清門；三朝即午門外爲"外朝"，太和門內太和殿之廷爲"治朝"，乾清門內乾清宮之廷爲"燕朝"。

外朝

天子、諸侯舉行獻俘等大典或直接聽取、處理臣民事務之場所。周制，天子三朝：外朝、治朝、燕朝。外朝居三朝之首，布置在宮城之外，設在皋門內、庫門外，類似宮前廣場，以便國人活動。歷代沿襲，直至明清建北京城仍沿用此制，現尚保存原貌。其主要功能有五：其一，因與宗廟毗連，凡在大廟舉行的大典，如獻俘等，均聯繫到外朝，致成爲整個儀式活動場所的一個組成部分。其二，舉行"三詢"。《周禮・秋官・小司寇》："小司寇之職，掌外朝之政，以致萬民而詢焉。一曰詢國危，二曰詢

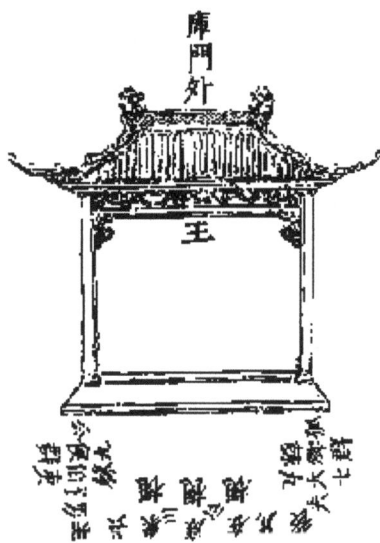

外　朝
（明王圻等《三才圖會》）

國遷，三曰詢立君。"其三，處理訴訟。因是斷訴訟之所，故於朝門左置嘉石（文石），右置肺石（赤石），作爲標志。《周禮・秋官・大司寇》："以嘉石平罷民……以肺石遠窮民。"鄭玄注："嘉石，文石也。樹之外朝門左。平，成也，成之使善……肺石，赤石也。"賈公彥疏："云'嘉石，文石也'者，以其言嘉。嘉，善也。有文乃稱嘉，故知文石也，欲使罷民思其文理以改悔自脩，樹之外朝門左……云'肺石，赤石也'者，陰陽療疾法，肺屬南方火，火色赤，肺亦赤，故知名肺石是赤石也。必使之坐赤石者，使之赤心不妄告也。"《周禮・秋官・朝士》《周禮・秋官・小司寇》對此均有記載。其四，公布法令。西周已立法，通過《書・呂刑》以及西周青銅器《師旂鼎》《㝅匜》銘文所載的訴訟判詞，便可推知當時的法律概貌。《周禮・秋官・大司寇》："布刑于邦國都鄙，乃縣刑象之法于象魏，使萬民觀刑象。"由此可見，法令當懸掛在庫門門闕之上。其五，《周禮・秋官・朝士》載："凡得獲貨賄人民六畜者，委於朝，告於士。"此朝即外朝，士爲朝士，其職"掌外朝之法"。

【外廷】

亦作"外庭"。對"内廷""禁中"而言。指外朝。爲皇帝聽政議政之所。漢司馬遷《報任少卿書》："鄉者，僕亦嘗厠下大夫之列，陪外廷末議。"唐賈島《贈翰林》詩："清重無過知内制，從前禮絶外庭人。"《新唐書・劉季述傳》："方寒，公主媵御無衾纊，哀聞外廷。"宋周密《齊東野語・楊府水渠》："朕無不可，第恐外庭有語，宜密速爲之。"明劉若愚《酌中志・內府衙門職掌》："凡御前親近大臣，如乾

清宮管事、打卯牌子，其秩亦榮顯，猶外廷之
勛爵戚臣然。"清黃宗羲《明夷待訪錄·奄宦
上》："而外庭所設之衙門，所供之財賦，亦遂
視之爲非其有，嘵嘵而争。"

【外庭】

同"外廷"。此體唐代已行用。見該文。

治朝

三朝之第二朝，天子内朝之一。司士掌之，
位於宮城之中，庫門内，路門外，爲王日常視
朝治事與舉行賓射的場所。《周禮·天官·大
宰》載："王眂治朝，則贊聽治。"鄭玄注："治
朝，在路門外，群臣治事之朝。"清劉獻廷《廣
陽雜記》卷一："周之時有三朝：庫門之外爲外
朝，詢大事在焉；路門之外爲治朝，日視朝在
焉；路門之内曰内朝，亦曰燕朝。"《周禮·春
官·大宗伯》載："以賓射之禮，親故舊朋友。"
又《周禮·夏官·小臣》載云："小祭祀、賓
客、饗食、賓射掌事，如大僕之法。"鄭玄注：

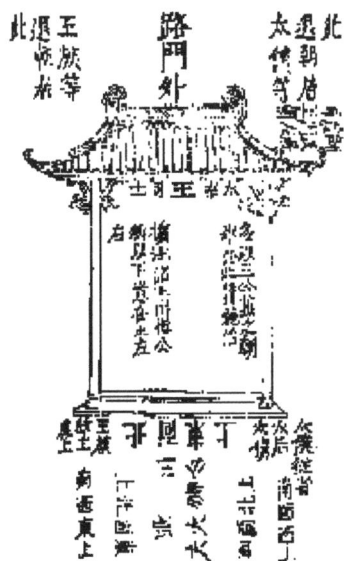

治　朝
（明王圻等《三才圖會》）

"賓射，與諸侯來朝者射。"從《周禮》這些記
載，知天子有賓射之禮。《儀禮·鄉射禮》云：
"唯君有射于國中，其餘否。"《周禮》之"射
人"職司射事，與"宰夫""司士"等同掌治朝
之法，故賓射在治朝。參閱《書·顧命》《周
禮·天官·宰夫》《周禮·夏官·司士》《周
禮·夏官·太僕》《禮記·玉藻》。參見本卷《廷
署説·朝廷考》"三朝""外朝""燕朝"文。

【正朝】

君王視朝、受臣朝見之所，即治朝。位於
路門之外，應門之内。《周禮·考工記·匠人》
"應門二徹參个"鄭玄注："正門謂之應門，謂
朝門也"。唐賈公彦疏："云'正門謂之應門'
者，《爾雅》文。以其應門内路門外有正朝，臣
入應門至朝處，君臣正治之所，故謂此門爲應
門。是以鄭云'謂朝門也'。"又："内有九室，
九嬪居之；外有九室，九卿朝焉。"鄭玄注：
"内，路寢之裏也；外，路門之表也。九室，如
今朝堂諸曹治事處。"唐賈公彦疏："内外，據
路寢之表裏言之，則九卿之九室在門外正朝之
左右爲之，故鄭據漢法，朝堂諸曹治事處謂正
朝之左右。"清夏炘《學禮管釋·釋外有九室九
卿朝焉》："人君每日於路門外視朝，謂之治朝，
亦謂之正朝。"清鳳應韶《鳳氏經説·天子諸侯
即位以殯明日》："天子諸侯三朝，惟治朝日視
爲正朝。"

燕朝

天子、諸侯處理政事或休息之場所。它與
治朝同爲内朝之一。因此朝與路寢毗連，係路
寢的一部分，故設在路門内，實爲路寢之廷。
《逸周書》所載之"少庭"，西周金文之"中
廷"，所指皆此廷。天子、諸侯在此舉行册命，

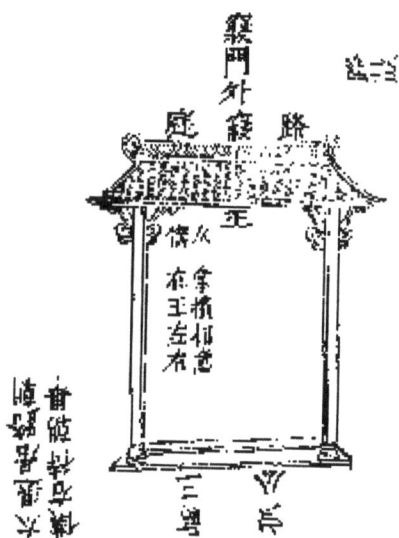

燕　朝
（明王圻等《三才圖會》）

接見群臣及與群臣議事，與宗族議事，與群臣燕飲或舉行燕射。設在宮城內的治朝、燕朝與路寢屬一整體，爲王日常行政及禮賓活動的場所。《周禮・夏官・太僕》：“王眠燕朝，則正位，掌擯相。”鄭玄注：“燕朝，朝於路寢之庭。王圖宗人之嘉事則燕朝。”賈公彥疏：“以其路寢安燕之處，則謂之燕朝。”又《周禮・秋官・朝士》“朝士掌建邦外朝之法”鄭玄注：“周天子、諸侯皆有三朝。外朝一，內朝二。內朝之在路門內者，或謂之燕朝。”宋葉夢得《石林燕語》

卷二：“古者，天子三朝……內朝在路門外，燕朝在路門內。蓋內朝以見群臣，或謂之路朝；燕朝以聽政，猶今之奏事，或謂之燕寢。”參見本卷《廷署説・朝廷考》“三朝”“外朝”“治朝”文。

內庭

亦作“內廷”。指內朝。係就“外庭”而言。爲皇帝治事之所。唐韓偓《甲子歲夏五月自長沙抵醴陵聊寄知心》詩：“職在內庭宮闕下，廳前皆種紫薇花。”唐權德輿《奉和聖製仲春麟德殿會百寮觀新樂》詩：“仲月藹芳景，內廷宴群臣。”五代王定保《唐摭言・敏捷》：“裴廷裕乾寧中在內廷，文書敏捷，號爲‘下水船’。”《三國演義》第一〇九回：“內廷耳目甚多，倘事泄露，必累妾矣。”明劉若愚《酌中志・內板經書紀略》：“然既屬內廷庫藏，在外之儒臣又不敢越俎條陳。”清陳康祺《郎潛紀聞》卷一：“〔喇嘛〕長年承應內廷者，至數十百人之衆。出則橫行街市，莫與誰何。”《天雨花》第三二回：“后在內庭應氣悶，此來骨肉可頻逢。”

【內廷】

同“內庭”。此體唐代已行用。見該文。

第二節　府署考

府署，指歷代中央及地方官吏聽政辦事之所。中華民族歷史悠久，古時朝代更迭頻繁，機構設置與職官名稱或同或异，故府署名稱與職司功能亦有同有异。我國古代職官有“三公九卿”之説，周代以太師、太傅、太保爲“三公”，以少師、少傅、少保、冢宰、司徒、宗伯、司馬、司寇、司空爲“九卿”。三公輔佐天子掌管軍政大權，九卿分管分内職司。其議事辦公之處皆在朝内。《周禮・考工記・匠人》曰：“内有九室，九嬪居之；外有九室，九卿朝焉。九分其國，以爲九分，九卿治之。”按《考工記》營國制度，周代宫城内是據前朝後寢之制規劃而成的。應門爲正朝（治朝）朝門，路門爲路寢（正寢）之門，亦爲朝區、寢區之分區界綫，路門外爲朝，内爲寢宫。九卿九室位於應門之内、路門之外，在王的朝區之内，故九卿辦公之處謂朝。後中央與地方高級官吏治理政務之處亦曰朝。《文選・潘岳〈河陽縣作二首〉》其一：“微身輕蟬翼，弱冠忝嘉招。在疚妨賢路，再升上宰朝。”李善注：“上宰朝，謂司空太尉府。”《資治通鑑・宋孝武帝大明元年》：“丹楊尹顔竣以藩朝舊臣，數懇切諫争。”胡三省注：“晋宋之間，郡曰郡朝，府曰府朝，藩王曰藩朝。宋武帝爲宋王，齊高帝爲齊王，時曰霸朝。”秦漢以後，三公官署謂之府，九卿官署謂之寺。西漢以丞相（西漢末改稱大司徒、司徒）、太尉（漢武帝時改稱大司馬，後又改爲司馬）、御史大夫（西漢末改稱大司空、司空）爲三公。東漢以太尉、司徒、司空爲三公，綜理衆務。漢代以太常、光禄勳、衛尉、太僕、廷尉、大鴻臚、宗正、大司農、少府爲九卿。《左傳・隱公七年》：“發幣於公卿。”孔穎達疏：“自漢以來，三公所居謂之府，九卿所居謂之寺。”如漢有丞相府、司空府、太尉府，又有太常寺、光禄寺、鴻臚寺、太僕寺等。清于慎行《穀山筆麈・官制》曰：“西漢有三府：丞相、御史大夫、大將軍也。其後增二將軍，謂之五府。東漢有五府：太傅、太尉、司徒、司空、大將軍也。”魏晋及南朝宋、齊如舊，梁置十二卿，北齊設九寺。唐宋沿東漢之制，以太尉、司徒、司空爲三公，然已非實職。唐因前置，設九寺棘卿。宋亦設九卿，皆以爲命官之品秩，而無職事。元豐年間正名，始有職掌。明清沿周制，以太師、太傅、太保爲三公，祇是大臣中最高榮銜而已，并無職事。九卿之職司，唐宋以後各朝稱謂略有不同，然直至清代九卿官署之名仍以“寺”稱。清王士禎《香祖筆記》卷一一：“今九卿自大理、太常已下官署皆名曰寺，沿東漢之舊也。”然府、寺之稱并無嚴格區分，或百官所居皆曰府，或府廷所在皆曰寺。《周禮・天官・大宰》：“以八法治官府。”鄭玄注：“百官所居曰府。”又《周禮・春官・序官》：“天府：上士一人，中士二人。”賈公彦疏：“官人所聚曰官府。”《漢書・元帝紀》：“壞敗豲道縣城郭官寺及民室屋，壓殺人衆。”顔師古注：“凡府庭所在皆謂之寺。”《釋名・釋宫室》：“寺，嗣也，治事者相嗣續於其内也。”《文選・左思〈吳都賦〉》：“列寺七里，俠棟陽路。”李善注：“府寺相屬，俠道七里也。”并引《風俗通》：“今尚書、御史、謁者所止皆曰寺。"考證歷代文獻，府、寺皆爲高級官吏治事之所。至於唐孔穎達"自漢以來，三公所居謂之府，九卿所居謂之寺"之説，未免失之武斷。而漢代鄭玄"百官所居曰府"之論則更爲確當。其一，周代即有"以八法治官府"的記載，亦有九卿居府治事之記載，可見府之稱謂始於周，且公卿百官所居皆曰府。其二，漢曰"丞相府"，而唐宋却稱"政事堂"，一物而异名，并非皆曰府。唯九卿之居，多謂之"寺"。府之義後世亦逐漸擴大，不僅指官署，達官貴人、官宦人家之宅邸亦稱府，如《紅樓夢》之榮國府、寧國府等。縱觀歷代機構設置，其官署名稱多達十餘種。除府、寺之外，或曰署，如太廟署、掌醫署。《國語·魯語上》："夫署，所以朝夕虔君命也。"或曰廨，如公廨、官廨。漢王充《論衡·感虛》："星之在天也，爲日月舍，猶地有郵亭，爲長吏廨也。"或曰省、臺、院、部，如門下省、中書省，如御史臺、司天臺，如樞密院、翰林院，如工部、禮部、吏部、刑部等。或曰司、監，如兵馬司、皇城司，如欽天監、國子監等。元《經世大典·官府》曰："國家設官分職，則各有聽政之所。故上自省臺院部，下而府司寺監，以及乎外郡有司，雖室宇之崇卑不等，然其廳事之設施，與夫史胥之案牘，咸具其所，而上下之等辨矣。"除以上稱謂外，或曰館，如弘文館、會同館；或曰廳，如刺史廳、司馬廳；或曰局，如六尚局、醫官局；等等。從中央到地方，無論官職大小，地位尊卑，凡是官吏，皆有聽政辦公之所，即爲"府署"。直至現在，部分古代府署名稱仍在沿用。其中院、部、署、司、廳、局等使用範圍較廣，如國務院、法院、檢察院，國防部、教育部，審計署，外交部禮賓司、教育部高教司，省交通運輸廳、教育廳，市公安局、司法局、文化局等。參閱《新唐書·百官志一》《宋史·職官志一》《明史·職官志一》《清史稿·職官志一》。

泛　稱

官府

亦稱"官署""官衙"。指中央及地方官吏治理政務之處所。即政府機關。《周禮·天官·大宰》："以八法治官府。"鄭玄注："百官所居曰府。"《尉繚子·武議》："農不離其田業，賈不離其肆宅，士大夫不離其官府。"《漢書·霍光傳》："受璽以來二十七日，使者旁午，持節詔諸官署徵發，凡千一百二十七事。"唐韋應物《答崔都水》詩："久嫌官府勞，初喜罷秩閑。"唐白居易《和楊尚書罷相後夏日游永安水亭兼招本曹楊侍郎同行》詩："遥愛翩翩雙紫鳳，入同官署出同游。"唐柳宗元《宋清傳》："居市不爲市之道，然而居朝廷，居官府，居庠塾，鄉党以士大夫自名者，反争爲之不已，悲夫！"宋歐陽修《集古録跋尾》卷一〇："見當時縣有驅使，官衙直典。"元劉詵《野人家》詩："州符昨夜急如火，馬蹄踏月趨官衙。"明何景明《嘆盜文》："孟冬始魄，永寧官署。"清蒲松齡《聊齋志異·陳錫九》："移時，至一官署，下車入重門，則母在焉。"清王端履《重論文齋筆録》卷二："官衙遠市無兼味，烹得池中兩鯽魚。"

【官署】

即官府。此稱漢代已行用。見該文。

【官衙】

即官府。此稱宋代已行用。見該文。

【官】

"官府"之單稱。《管子·權修》："土地博大，野不可以無吏；百姓殷衆，官不可以無長。"《禮記·玉藻》："凡君召以三節，二節以走，一節以趨，在官不俟屨，在外不俟車。"鄭玄注："官謂朝廷治事處也。"唐韓愈《送楊少尹序》："中世士大夫以官爲家，罷則無所於歸。"《初刻拍案驚奇》卷二："那休寧縣李知縣行提一干人犯到官，當堂審問時，你推我，我推你。"清蒲松齡《聊齋志異·陳錫九》："周益怒，訟於官，捕錫九、十九等。"

【府】[1]

"官府"之單稱。《周禮·天官·大宰》："以八法治官府。"鄭玄注："百官所居曰府。"《三國志·蜀書·諸葛亮傳》："建興元年，封亮武鄉侯，開府治事。"《説岳全傳》第五〇回："〔王佐〕坐船來至潭州城下，對守城軍士説知，進了城，來到帥府。"《廣雅·釋宮》："州、郡、縣、府，官也。"王念孫疏證："皆謂官舍也。"

【府寺】

府、寺之合稱。漢制，三公所居謂之府，九卿所居謂之寺。即官府。《左傳·隱公七年》"戎朝于周，發幣于公卿"晋杜預注："朝而發幣於公卿，如今計獻詣公府卿寺。"唐孔穎達疏："朝於天子，獻國之所有，亦發陳財幣於公卿之府寺……自漢以來，三公所居謂之府，九卿所居謂之寺。"《東觀漢記·劉般傳》："時五校尉官顯職閑，府寺寬敞，輿服光麗。"北齊顔之推《顔氏家訓·治家》："鄴下風俗，專以婦持門户，爭訟曲直，造請逢迎，車乘填街衢，綺羅盈府寺。"清顧炎武《京闕篇》詩："山陵東掖近，府寺後湖清。"

【寺】[1]

即府寺。此稱始於漢，沿用至清。《漢書·元帝紀》："壞敗豲道縣城郭官寺及民室屋，壓殺人衆。"顏師古注："凡府庭所在皆謂之寺。"《説文·寸部》："寺，廷也。"朱駿聲通訓定聲："朝中官曹所止理事之處。"《文選·左思〈吳都賦〉》："列寺七里，俠棟陽路。"李善注引《風俗通》："今尚書、御史、謁者所止皆曰寺。"《左傳·隱公七年》"發幣于公卿"唐孔穎達疏："自漢以來，三公所居謂之府，九卿所居謂之寺。"《新唐書·百官志一》："其官司之別，曰省、曰臺、曰寺、曰監、曰衛、曰府，各統其屬，以分職定位。"清王士禛《香祖筆記》卷一一："今九卿自大理、太常已下官署皆曰寺，沿東漢之舊也。"參閱清顧炎武《日知録》。

【官寺】

即府寺。《漢書·翼奉傳》："地大震於隴西郡，毀落太上廟殿壁木飾，壞敗豲道縣城郭官寺及民室屋，壓殺人衆，山崩地裂，水泉涌出。"北魏酈道元《水經注·渭水上》："元始二年，平帝罷安定滹沱苑以爲安民縣，起官寺市里。"《資治通鑑·漢獻帝建安十四年》："今朝廷之議，吏有著新衣、乘好車者，謂之不清；形容不飾、衣裘敝壞者，謂之廉潔。至令士大夫故污辱其衣，藏其輿服；朝府大吏，或自挈壺飧以入官寺。"元薩都剌《恩榮宴》詩："銀甕春分官寺酒，玉杯香賜御厨羹。"清顧炎武《日知録·館舍》："漢制，官寺、鄉亭漏敗，墻垣阤壞不治者，不勝任，先自劾。"

【官曹】

即官府。《東觀漢記·光武紀》曰："述（公孫述）伏誅之後，而事少閑，官曹文書減舊過半。"漢徐幹《中論·譴交》："文書委於官曹，繫囚積於圄圉。"北齊顏之推《顏氏家訓·書證》："若文章著述，猶擇微相影響者行之，官曹文書，世間尺牘，幸不違俗也。"唐白居易《司馬廳獨宿》詩："官曹冷似冰，誰肯來同宿？"宋范成大《次韵温伯謀歸》詩："官路驅馳易折肱，官曹隨處是愁城。"元盧摯《青華觀西軒》詩："琳宇夏天曉，官曹今日閑。"

【朝】[2]

即官府。《國語·魯語下》："公父文伯之母如季氏，康子在其朝，與之言，弗應，從之及寢門，弗應而入。"《文選·潘岳〈河陽縣作〉》之一："在疚妨賢路，再升上宰朝。"李善注："上宰朝，謂司空太尉府。"《資治通鑑·宋武帝大明元年》："丹楊尹顔竣以藩朝舊臣，數懇切諫争。"胡三省注："晋宋之間，郡曰郡朝，府曰府朝，藩王曰藩朝。"

【庭】[2]

即官府。《管子·明法解》："任官而不責其功，故愚污之吏在庭。"《後漢書·馬援傳》："西于縣户有三萬二千，遠界去庭千餘里。"李賢注："庭，縣庭也。"《舊唐書·李適之傳》："盡決公務，庭無留事。"宋黄庭堅《送謝公定作竟陵主簿》詩："胸中恢疏無怨恩，當官持廉庭不煩。"

【朝府】

亦稱"府朝"。即官府。《後漢書·岑晊傳》："〔太守〕瑹委心晊、牧，襃善糾違，肅清朝府。"晋盧諶《與司空劉琨書》："事與願違，當忝外役，遂去左右，收迹府朝。"《晋書·劉琨傳》："琨翦除荆棘，收葬枯骸，造府朝，建市獄。"南朝梁任昉《到大司馬記室牋》："府朝初建，俊賢翹首。"《舊唐書·房玄齡傳》："太宗嘗至隱太子所，食，中毒而歸，府中震駭，計無所出。玄齡因謂長孫無忌曰：'……大亂必興，非直禍及府朝，正恐傾危社稷。'"《資治通鑑·漢獻帝建安十四年》："今朝廷之議，吏有著新衣、乘好車者，謂之不清；形容不飾、衣裘敝壞者，謂之廉潔。至令士大夫故污辱其衣，藏其輿服；朝府大吏，或自挈壺飧以入官寺。"

【府朝】[1]

即朝府。此稱晋代已行用。見該文。

【府庭】

亦稱"府堂"。即官府。漢王充《論衡·量知》："遠而近諫，《禮》謂之諂，此則郡縣之府庭所以常廓無人者也。"宋王讜《唐語林·補遺四》："近代通謂府庭爲公衙，公衙即古之公朝也。"《水滸傳》第二九回："朱仝不知來歷，挣扎不得，帶進濟州府堂。"明湯顯祖《牡丹亭·勸農》："想俺爲太守的，深居府堂，那遠鄉僻塢，有拋荒游懶的，何由得知？"清孫承澤《天府廣記·府縣治》："順天府在輦轂下，與內諸司相頡頏，不以直隸稱。府堂有明宣宗御製箴，奕奕京師，四方所瞻。"

【府堂】

即府庭。此稱元代已行用。見該文。

【官廷】

亦稱"官局"。即官府。漢王充《論衡·書解》："故官廷設其位，文儒之業卓絕。"《後漢書·李通傳》："父守，身長九尺，容貌絕異，爲人嚴毅，居家如官廷。"《舊唐書·哀帝紀》："朕以宰臣學士，文武百僚，常拘官局，空逐游從。"宋王禹偁《送朱九齡》詩："鄱陽古名郡，赤金流山谷。每歲鼓錢刀，從來設官局。"

【官局】

即官廷。此稱唐代已行用。見該文。

【公衙】

本作"公牙"。亦稱"公署"。省稱"衙"。即官府。衙，爲"牙"之音轉。牙，猛獸之利齒也。唐封演《封氏聞見記·公牙》："近代通謂府廷爲公衙。公衙即古之公朝也，字本作'牙'。《詩》曰：'祈父予王之爪牙。'祈父，司馬。掌武備，象猛獸以爪牙爲衛。故軍前大旗謂之牙旗……軍中聽號令，必至牙旗之下，稱與府朝無異。近俗尚武，是以通呼公府爲'公牙'，府門爲'牙門'。字稱訛變，轉而爲'衙'也。"按，宋王讜《唐語林·補遺一》所記亦同。唐韓偓《寄遠》詩："孤燈亭亭公署寒，微霜淒淒客衣單。"《舊唐書·輿服志》："京文官五品已上，六品已下，七品清官，每日入朝，常服袴褶，諸州縣長官在公衙，亦準此。"唐段成式《酉陽雜俎續集·支諾皐下》："公署卑小

地窄，不復用。"宋蘇軾《異鵲》詩："仁心格異族，兩鵲棲其衙。"元施惠《幽閨記·圖形追捕》："訟簡公衙靜，民安士庶稱。"《清史稿·禮志五》："〔嘉慶〕十年，帝……復以祭器乖誤，革盛京禮部侍郎世臣職。因論'豐沛舊都，大臣不應忘却'。下其諭各公署，其重祀如此。"

【公牙】

同"公衙"。此體唐代已行用。見該文。

【公署】

即公衙。此稱唐代已行用。見該文。

【衙】

"公衙"之省稱。此稱宋代已行用。見該文。

【衙府】

亦稱"衙署"。即官府。唐西門元佐《宮闈令西門珍墓誌》："公每於衙府，輒肆直言。"宋王禹偁《寄獻潤州趙舍人》詩："南徐城古樹蒼蒼，衙府樓臺盡枕江。"《景德傳燈録》卷一二："州將王公於衙署張坐，請師説法。"明沈德符《萬曆野獲編·內閣二·籍没二相之害》："迨江陵籍没後，此第又入官爲衙署矣。"清袁枚《新齊諧·梁朝古塚》："衙署曠蕩，每夕人語嘩然。"

【衙署】

即衙府。此稱宋代已行用。見該文。

【衙庭】

亦稱"衙堂"。即官府。唐項斯《贈金州姚合使君》詩："官壁題詩盡，衙庭看鶴多。"《新五代史·吳世家·楊行密》："明日可求詣溫，謀先殺顥。陰遣鍾章選壯士三十人，就衙堂斬顥，因以弑渥之罪歸之。"宋王禹偁《牡丹十六韻》："池館邀賓看，衙庭放吏參。"

【衙堂】

即衙庭。此稱五代時期已行用。見該文。

【公門】

本指官府之門，後借指官府。《荀子・彊國》："觀其士大夫，出於其門，入於公門；出於公門，歸於其家，無有私事也。"北齊顏之推《顏氏家訓・後娶》："身没之後，辭訟盈公門，謗辱彰道路。"唐張固《幽閑鼓吹》："張長史釋褐爲蘇州常熟尉，上後旬日，有老父過狀，判去。不數日復至。乃怒而責曰：'敢以閑事屢擾公門！'"清蒲松齡《聊齋志異・折獄》："殺人之罪已定，但得全尸，此案即結；結案後，速醮可也。汝少婦，勿復出入公門。"

府署

猶官府。《後漢書・宦者傳序》："苴茅分虎，南面臣人者，蓋以十數。府署第館，棋列於都鄙。"李賢注："封諸侯各以其方色土，苴以白茅，而分銅虎符也。棋列，如棋之布列。"唐劉禹錫《和令狐相公》詩："鶯避傳呼起，花臨府署明。"宋王讜《唐語林・豪爽》："郊思之不已，即强就府署，願一見焉。"亦稱"署府"。《宋書・後廢帝紀》："即今所懸轉多，興用漸廣，深懼供奉頓闕，軍器輟功，將士飢怨，百官騫禄。署府謝雕麗之器，土木停緹紫之容。"

【署府】

即府署。此稱南北朝時期已行用。見該文。

【寺署】

即府署。《後漢書・蔡邕傳》："今灾眚之發，不於它所，遠則門垣，近在寺署，其爲監戒，可謂至切。"晋潘岳《西征賦》："街里蕭條，邑居散逸，營宇寺署，肆廛管庫。"

【玉署】[1]

"府署"之美稱。南朝梁劉孝綽《校書秘書省對雪咏懷》："終朝守玉署，方夜勞石扉。"《南史・恩倖傳論》："門同玉署，家號金穴。"宋楊萬里《送丁子章將漕湖南》詩之三："看渠還玉署，老我正歸耕。"清王闓運《丁文誠誄》："光舊德而文通，宜早翔於玉署。"

【署】

"官署"或"寺署"之單稱。《國語・魯語上》："夫署，所以朝夕虔君命也。"三國吴韋昭《博弈論》："儒雅之徒，則處龍鳳之署。"《新唐書・李程傳》："學士入署，常視日影爲候。"清龔自珍《題蘭汀郎中園居三十五韵》："羸馬嘶黃塵，默默入冷署。"

衙門

本作"牙門"。本指官府之門，後借指官府。後又常指司法之場所。《北齊書・宋世良傳》："每日衙門虛寂，無復訴訟者。"《南史・侯景傳》："景之爲丞相，居於西州，將率謀臣，朝必集行列門外，謂之牙門。"唐封演《封氏聞見記・公牙》："近俗尚武，是以通呼公府爲'公牙'，府門爲'牙門'。字稱訛變，轉而爲衙也。"元關漢卿《竇娥冤》第四折："呀，這的是衙門從古向南開，就中無個不冤哉！"明馬愈《馬氏日抄・牌額》："正統間，京師營造衙門，其牌額皆程南雲書。"清李漁《玉搔頭・奸圖》："只指望討幾封薦書，往各衙門走走。"參見本卷《廷署説・府署考》"公衙"。

【牙門】[1]

同"衙門"。此體南北朝時期已行用。見該文。

官舍

亦稱"官齋"。指官署，衙門。亦指官吏住宅。《漢書・何並傳》："〔何並〕性清廉，妻子不至官舍。"《晋書・陶侃傳》："弘以侃爲江夏太守，加鷹揚將軍。侃備威儀，迎母官舍，鄉里榮之。”唐岑參《送鄭少府赴滏陽》詩：“青山入官舍，黃鳥度宮墻。”唐白居易《代書詩一百韵寄微之》：“官舍黃茅屋，人家苦竹籬。”宋歐陽修《集古錄跋尾》卷六：“開元二十三年……請於兩京及天下應修官齋等州，皆立石臺。”《宋史·孝宗紀一》：“〔王夫人〕以建炎元年十月戊寅生帝于秀州青杉堉之官舍。”清曹寅《植夫下第見枉西軒兼懷次山》詩：“官舍漁村似，王郎單舸來。”清唐孫華《送王冰庵出守紹興》詩：“范蠡高城繞駕臺，官齋自昔枕崔嵬。”

【官齋】

即官舍。此稱唐代已行用。見該文。

【寺舍】

即官舍。《管子·度地》：“官府寺舍及州中當繕治者，給卒財足。”《後漢書·馬援傳》：“曉狄道長歸守寺舍，良怖急者，可牀下伏。”李賢注：“寺舍，官舍也。”《舊唐書·辛替否傳》：“當今疆場危駭，倉廩空虛……而方大起寺舍，廣造第宅。伐木空山，不足充梁棟，運土塞路，不足充牆壁。”

【府宅】

亦稱“府舍”。即官舍。《漢書·元后傳》：“君其召諸侯，令待府舍。”《晋書·賈充傳》：“充行至一府舍，侍衛甚盛。”《隋書·高祖紀上》：“宜建都邑，定鼎之基永固，無窮之業在斯。公私府宅，規模遠近，營構資費，隨事條奏。”宋吴自牧《夢粱錄·顧覓人力》：“如府宅官員，豪富人家，欲買寵妾、歌童、舞女、厨娘……但指揮便行踏逐下來。”

【府舍】

即府宅。此稱漢代已行用。見該文。

【府廨】

亦稱“府館”。即府宅。《三國志·吴書·諸葛恪傳》：“秋八月軍還，陳兵導從，歸入府館。”《南齊書·祥瑞志》：“〔建元〕二年四月，白雀集郢州府館。”《舊唐書·僖宗紀》：“丁巳，御成都府廨。”《新五代史·雜傳·張全義》：“及梁太祖劫唐昭宗東遷，繕理宮闕、府廨、倉庫，皆全義之力也。”

【府館】

即府廨。此稱三國時期已行用。見該文。

【官邸】

亦稱“官居”。即官舍。《後漢書·南匈奴傳》：“〔元和元年〕北單于乃遣大且渠伊莫訾王等，驅牛馬萬餘頭來與漢賈客交易。諸王大人或前至，所在郡縣，爲設官邸，賞賜待遇之。”宋梅堯臣《通判遺新柳》詩：“園柳發新黄，官居雪尚壅。”《宋史·宋琪傳》：“會詔廣宮城，宣徽使柴禹錫有別第在表識內，上言願易官邸，上覽奏不悦。”宋陸游《休日行郡圃》詩：“南山如黛照朱扉，地接官居到亦稀。”元戴良《抵膠州》詩：“依稀見州郭，倉皇問官邸。”

【官居】

即官邸。此稱宋代已行用。見該文。

【邸】

“官邸”之單稱。《漢書·霍光傳》：“大將軍光送至昌邑邸。”唐李白《感時留別從兄徐王延年從弟延陵》詩：“鼓鐘出朱邸，金翠照丹墀。”《北史·張乾威傳》：“隋開皇中，累遷晋王屬。王甚美其才，與河內張衡俱見禮重，晋邸稱爲二張焉。”《續資治通鑑·宋理宗淳祐四年》：“海雲歸，子聰遂留藩邸。”

【廨舍】

即官舍。《晋書・文苑傳中・羅含》："轉州別駕，以廨舍喧擾，於城西池小洲上，立茅屋，伐木爲材，織葦爲席而居，布衣蔬食晏如也。"

【廨宇】

即官舍。《宋書・張茂度傳》："郡經賊寇，廨宇焚燒，民物凋散，百不存一。"唐孟浩然《同獨孤使君東齋作》詩："廨宇宜新霽，田家賀有秋。"宋蘇軾《杭州上執政書》："本州廨宇弊壞已甚，不可不修。"《聊齋志異・考弊司》："至一府署，廨宇不甚弘敞。"

【廨署】

即官舍。晋左思《吳都賦》："屯營櫛比，廨署棋布。"南朝宋劉義慶《世說新語・賞譽下》"庾公爲護軍"劉孝標注引《徐江州本事》曰："〔桓彝〕上岸消摇，見一室宇，有似廨署，彝訪之，云輿縣廨也。"唐楊炯《崇文館宴集詩序》："周廬綺合，廨署星分。"

【公廨】

亦稱"公廳"。即官舍。北魏酈道元《水經注・淇水》："漢光武建武二年，西河鮮于冀爲清河太守，作公廨，未就而亡。"宋徐鉉《和印先輩及第後獻座主朱舍人郊居之作》詩："獨坐公廳正煩暑，喜吟新咏見玄微。"宋郭彖《睽車志》卷一："李知己任永嘉教官，公廨有一樓，怪不可居。"宋周密《齊東野語・潘庭堅王實之》："一日三司燕集，大合樂於公廳。"《三國演義》第五四回："却說孔明聞魯肅到，與玄德出城迎接。接到公廨，相見畢。"清沈復《浮生六記・閑情記趣》："蕭爽樓有四忌：談官宦陞遷、公廨時事、八股時文、看牌擲色；有犯必罰酒五斤。"

【公廳】

即公廨。此稱宋代已行用。見該文。

【官廨】

亦稱"官廳""官閣"。即官舍。中央及地方官吏辦公的房舍。《梁書・呂僧珍傳》："督郵官廨也，置立以來，便在此地，豈可徙之益吾私宅。"宋歐陽修《秋晚凝翠亭》詩："黃葉落空城，青山遶官廨。"宋孔平仲《冬曉》詩："城上猶吹角，官廳已罷更。"《元史・韓鏞傳》："鏞居官廨，自奉澹泊，僚屬亦皆化之。"明高啟《幻住精舍尋梅》詩："偶逢一樹在官廨，爲寫新詩冰滿硯。"清孫枝蔚《寓句容道觀寄簡王阮亭揚州》詩："揚州官閣梅開未？正憶新詩遠寄看。"清曹寅《雨阻不得入城和梅岑》詩："書帷蚊蚋大，官閣苺苔生。"

【官廳】

即官廨。此稱宋代已行用。見該文。

【官閣】

即官廨。此稱清代已行用。見該文。

【廨】

"廨舍""公廨"或"官廨"之單稱。《玉篇・广部》："廨，公廨也。"《集韻・去卦》：

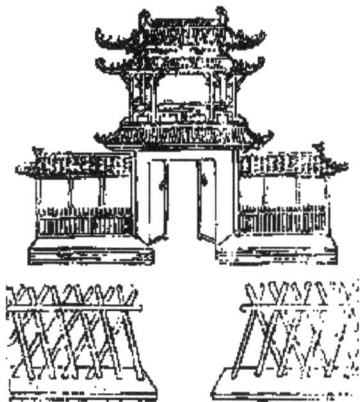

廨
（明王圻等《三才圖會》）

"廨，公舍。"漢王充《論衡·感虛》："星之在天也，爲日月舍，猶地有郵亭，爲長吏廨也。"《舊唐書·德宗紀上》："每日二人更直待制，以備顧問，仍以延英南藥院故地爲廨。"清黃宗羲《朱止谿先生墓誌銘》："兵火之後，城隍半墮，官廨俱淪瓦礫。"

【官室】

亦稱"官宅"。即官舍。唐谷神子《博異志補編·白幽求》："須臾至一城，官室甚偉，門人驚顧，俯伏於路。"《舊唐書·侯思止傳》："倘以諸役官宅見借，可辭謝而不受。"《元典章新集·刑部·奴盜主物刺字》："議得賊人沈阿寅浼托凌局使保送，跟隨達魯花赤瓜都，充面前使喚，就於本官宅宿食，爲見本路印匣開鎖鑰匙於中堂一處頓放，因而竊取銀印匣，剥去銀皮，鎔成定子貨賣。罪已斷訖。"

【官宅】

即官室。此稱唐代已行用。見該文。

【官所】

亦稱"官治"。即官舍。《荀子·榮辱》："志行修，臨官治，上則能順上，下則能保其職。"唐韓愈《八月十五夜贈張功曹》詩："十生九死到官所，幽居默默如藏逃。"明何景明《碻山縣修城記》："正德七年，北寇之南，吏民睨城曰：'此曷足以捍而守之耶？'乃相與棄其城，走匿山上。寇乃入，燔燒官治及民舍。"

【官治】

即官所。此稱先秦時期已行用。見該文。

【衙齋】

即官舍。唐儲嗣宗有《題雲陽高少府衙齋》詩。明袁宏道《丘長孺尺牘》："家弟秋間欲過吳，雖過吳，亦只好冷坐衙齋，看詩讀書。"《醒世恒言·薛録事魚服證仙》："既是勸他救我，他便不肯，你也還該再勸纔是。怎麽反勸鄒年兄也不要救我？敢則你衙齋冷淡，好幾時没得魚吃了，故此待他做鮓來，思量飽餐一頓麽？"清昭槤《嘯亭雜録·李壯烈戰迹》："將軍宴坐衙齋，緩帶投壺，不亦樂乎？"

【官房】

即官舍。宋尹洙《鷙爵法奏》："蓋官房須有所費，竊慮三司未能應付。"《明史·食貨志五》："王佐掌户部，置彰義門官房，收商稅課鈔，復設直省稅課司官，征榷漸繁矣。"

堂

古時官府議政審案與辦事之場所。漢王充《論衡·物勢》："一堂之上，必有論者；一鄉之中，必有訟者。"晋左思《魏都賦》："都護之堂，殿居綺窗，輿騎朝猥，蹀䟷其中。"《新唐書·百官志一》："裴炎自侍中遷中書令，乃徙政事堂於中書省。"《紅樓夢》第四回："老爺明日坐堂，只管虛張聲勢。"

堂皇

原指官吏治事無四壁之室。《漢書·胡建傳》："當選士馬日，監御史與護軍諸校列坐堂皇上。"顏師古注："室無四壁曰皇。"後泛指辦公之廳堂。宋曾鞏《送徐竑著作知康州》詩："溪蠻昔負命，殺氣凌南州。城郭漲烟火，堂皇嘯蚍蜉。"子虛子《湘事記·軍事篇一》："焦陳始剪辮髮，更穿清制之協統服，稱都督，坐堂皇，發命令焉。"

廳事

亦作"聽事"。省稱"廳"或"聽"。古時指官府治事審案的廳堂。《集韵·平青》："廳，古者治官處謂之聽事。後語省直曰聽，故加

'广'。"《正字通·广部》："廳，中庭曰廳。古作聽。凡官治所曰聽事。毛氏曰：'聽事，言受事察訟於是。'漢晋皆作聽，六朝以來始加'广'。"漢應劭《風俗通·怪神》："郴還聽事，思惟良久。"《三國志·吳書·諸葛恪傳》："出行之後，所坐廳事屋棟中折。"《晋書·陶侃傳》："後正會，積雪始晴，聽事前餘雪猶濕，於是以屑布地。"南朝宋劉義慶《世説新語·黜免》："大司馬府聽前有一老槐，甚扶疏。"南朝梁任昉《到大司馬記室牋》："謹詣廳，奉白牋謝聞。"唐劉禹錫《鄭州刺史東廳壁記》："古諸侯之居，公私皆曰寢，其他室曰便坐。今凡視事之所皆曰廳，其他室以辨方爲稱。"宋陸游《入蜀記》卷四："州治陋甚，廳事僅可容數客。"《通雅·宫室》："凡前聽事，古皆曰廟，後曰寢。《儀禮》廟即廟，宫前曰廟，後曰寢。今王宫之前殿，士大夫之廳事也。"據此義，清末内閣及各部所設掌管政務之機關亦稱"廳"，如承宣廳、承政廳、參議廳等。此稱至今仍沿用，其含義範圍有所變化。如省級政府之下設民政廳、文化廳、教育廳等。中央人民政府及各部委與省、地、市等大機關多設辦公廳。然其義已轉移爲政府官員之辦事機關，而不單指治事之廳堂。"廳事""廳"後亦指私宅用以會客、宴會、行禮之廳堂，如客廳、餐廳、歌舞廳等。《魏書·夏侯夬傳》："忽夢見征虜將軍房世寶來至其家，直上廳事。"又《楊播傳》："兄弟旦則聚於廳堂，終日相對。"宋李格非《洛陽名園記·環溪》："涼榭錦廳，其下可坐數百人。"清韓泰華《無事爲福齋隨筆》卷上："屋之有廳，所以聽事，故古之廳即作聽。"《古今小説·葛令公生遣弄珠兒》："令公升廳理事。"

徐珂《清稗類鈔·飲食類·某孝廉飯於蔣文恪邸》："屬僕曰：'第送詣某書記廳，云昨已面語相公。'"

【聽事】

同"廳事"。此體漢代已行用。見該文。

【聽】

"廳事"之省稱。此稱南北朝時期已行用。見該文。

【廳】

"廳事"之省稱。此稱南北朝時期已行用。見該文。

府朝 [2]

指公府聽事。《晋書·魏舒傳》："府朝碎務，未嘗見是非。"《陳書·毛喜傳》："府朝文翰，皆喜詞也。"《資治通鑑·漢桓帝延熹四年》"山谷鄙生，未嘗識郡朝。"元胡三省注："郡聽事曰郡朝，公府聽事曰府朝。"

郡朝

指郡守的廳事。《後漢書·劉寵傳》："山谷鄙生，未嘗識郡朝。"《南史·王綸之傳》："圖畫陳蕃、華歆、謝鯤像於郡朝堂。"

廳房

官署公堂後面用以會客、休息的房間。與今之會客室、休息室類似。《老殘游記》第一七回："請廳房裏去坐，兄弟略爲交代此案，就來奉陪。"

省堂

官署之廳堂。元佚名《射柳捶丸》第一折："聖人大怒，着老夫在此省堂，聚會八府商議，舉將興師，剪除賊寇。"《明史·陳友定傳》："友定呼其屬訣曰：'大事已去，吾一死報國，諸君努力！'因退入省堂，衣冠北面再拜，仰藥死。"

連稱合稱

九室

周代九嬪與九卿分別治事之所。《周禮·考工記·匠人》:"内有九室,九嬪居之;外有九室,九卿朝焉。"鄭玄注:"九室,如今朝堂諸曹治事處。"賈公彦疏:"此九嬪之九室與九卿九室相對而言之:九卿九室是治事之處,則九嬪九室亦是治事之處。"

九寺

九卿官署之合稱。《晋書·荀勖傳》:"若欲省官,私謂九寺可并於尚書,蘭臺宜省付三府。"《隋書·百官志中》:"太常、光祿、衛尉、宗正、太僕、大理、鴻臚、司農、太府,是爲九寺。"宋高承《事物紀原·會府臺司·九寺》:"漢以來,九卿所治之府,謂之九寺,後魏始有三府、九寺之稱,然通其名,不連官號。其以官名寺,自北齊始也。"

六曹

自東漢始,尚書分六曹治事,有三公曹、吏曹、二千石曹、民曹、主客曹,其中三公曹尚書爲二人,他曹均爲一人,故稱"六曹"。即隋以後之"六部"。後主客曹分爲南、北兩主客曹,仍稱"六曹"。魏晋以後尚書六曹屢有更易,至隋尚書省分吏、左户(殿中)、祠、度支、都官、五兵六部,唐改爲吏、户、禮、兵、刑、工六部。隋唐之前,曹即各部之尚書;隋唐之後曹爲各部尚書之下屬官署機構,如隋度支尚書之下屬爲度支、倉、左户、右户、金、庫六曹。唐沈亞之《對賢良方正直言極諫策》:"夫尚書六曹之設,猶人之有六腑也。"宋司馬光《論錢穀宜歸一劄子》:"自改官制以來,備置尚書省六曹二十四司及九寺三監,各令有職事。"清龔自珍《明良論一》:"當是時,猶有如賈誼所言'國忘家,公忘私'者,則非特立獨行以忠誠之士不能,能以概責之六曹、三院、百有司否也?"參閱《後漢書·百官志三》《隋書·百官志中》《舊唐書·職官志一》。

六局 [1]

亦稱"六尚"。隋唐始於宮内增置女官,準尚書省,設尚宮、尚儀、尚服、尚食、尚寢、尚工六局,以掌宮掖之政。宋蘇軾《故尚宮趙氏可特贈郡君制》:"先朝差擇女士,以輔陰教,侍御左右,罔匪淑人。矧兹六尚之選,必備四教之法,奄焉淪喪,宜極哀榮。"參閱《隋書·百官志下》《隋書·后妃傳序》《新唐書·百官志二》。

【六尚】 [1]

即六局 [1]。此稱隋代已行用。見該文。

六局 [2]

亦稱"六尚"。隋殿内省及唐宋殿中省設置尚食、尚藥、尚衣、尚舍、尚乘(宋爲尚醖)、尚輦等六局,掌宮廷供奉。唐陳子昂《爲武奉御謝官表》:"伏奉某月日詔書,以臣爲尚食奉御,蕭恭休命,祗拜寵章……臣聞瑤庭任切,猶稱六尚之榮;玉食禮尊,實總八珍之貴。"唐白居易《韓萇授尚輦奉御制》:"局分六尚,職奉七輦;兹惟優秩,列在通班。"參閱《隋書·百官志下》《舊唐書·職官志三》《宋史·職官志四》。

【六尚】 [2]

即六局 [2]。此稱隋代已行用。見該文。

六尚 [3]

亦稱"六部"。隋唐至清,中央政府設吏、户、禮、兵、刑、工六部,各部由尚書分曹治事,故稱。秦漢時,中央行政爲九卿分掌,魏晉以後,尚書分曹治事,曹便漸變爲後世之部。隋初於尚書省設吏、祠、度支、左户、都官、五兵六部。唐改祠部爲禮部,度支爲户部,左户爲工部,都官爲刑部,五兵爲兵部,統隸屬於尚書省。宋沿唐制。元代六部隸中書省管轄。明廢中書省,六部獨立,直接對皇帝負責,相沿至清末。南朝陳江總《讓吏部尚書表》:"竊以漢置五曹,方今六尚;魏隆八凱,擬古六卿。"參閱《後漢書·百官志三》《隋書·百官志中》《舊唐書·職官志一》。

【六部】

即六尚 [3]。此稱隋代已行用。見該文。

六省

唐代尚書省、門下省、中書省、秘書省、殿中省、内侍省之并稱。《資治通鑑·唐高宗武德七年》:"三月,初定令,以太尉、司徒、司空爲三公,次尚書、門下、中書、秘書、殿中、内侍爲六省。"參閱《舊唐書·職官志三》《新唐書·百官志二》。

六館 [1]

國子監之别稱。唐初,國子監領國子學、太學、四門、律學、書學、算學,統稱"六館"(後復增"廣文學",共七館)。宋元之後,漸加合并,以至僅存國子一學,然後世仍以六館指國子監。唐韓愈《太學生何蕃傳》:"於是太學六館之士百餘人,又以蕃之義行,言於司業陽先生城,請論留蕃。"明宋濂《送國子正蘇君還金華山中序》:"平仲將行,率六館之士祖餞於龍江之上。"清馮桂芬《改建正誼書院記》:"書院始於唐明皇建麗正書院。蓋六館之屬,與今書院異。"參見本書《教育卷·教學機構説·官學考》"國子監"文。

六房

宋代門下省下設官署孔目房、吏房、户房、兵房、禮房、刑房之合稱。各房由給事中分治。元明清之州縣衙門亦設吏、户、禮、兵、刑、工六房。後遂以爲地方衙門中吏役之總稱。宋樓鑰《洪文安公〈小隱集〉序》:"至紹興二十五年,自秘書省正字已兼中書舍人,獨押六房。"元孟漢卿《魔合羅》第三折:"自家姓張名鼎,字平叔,在這河南府做着個六案都孔目,掌管六房事務。"明馬愈《馬氏日鈔·常州二守》:"常州太守莫愚,巧於取賄,而糾察群吏,使無所得。郡人爲之語曰:'太守摸魚,六房曬網。'"參閱《宋史·職官志一》。

六館 [2]

清代實録館、文穎館、國史館、四庫全書館、四庫薈要館、内廷方略館之合稱。清梅曾亮《光禄大夫經筵講官禮部尚書李公墓碑》:"輶車風馳,入我包匭,成均大師,六館咏歌。"

六堂

明清國子監下設率性堂、修道堂、誠心堂、正義堂、崇志堂、廣業堂之合稱。《明史·職官志二》:"〔國子監〕率性、修道、誠心、正義、崇志、廣業六堂,助教十五人,學正十人,學録七人……助教、學正、學録掌六堂之訓誨,士子肄業本堂,則爲講説經義文字,導約之以規矩。"《儒林外史》第三七回:"前日監裏六堂合考,小弟又是一等第一。"

五府[1]

周代王宮太府、玉府、内府、外府、膳府之合稱。《列子·周穆王》：“五府爲虚，而臺始成。”張湛注：“《周禮》：太府掌九貢、九職之貨賄，玉府掌金玉玩好，内府主良貨賄，外府主泉藏，膳府主四時食物者也。”

五府[2]

古代五官署之合稱。歷代所指不一。《漢書·趙充國傳》：“後臨衆病免，五府復舉湯。”《資治通鑑·漢宣帝神爵二年》引此文，元胡三省注云：“丞相、御史、車騎將軍、前將軍府也，併後將軍府爲五府。”《後漢書·張楷傳》：“〔張楷〕五府連辟，舉賢良方正，不就。”李賢注：“五府，太傅、太尉、司徒、司空、大將軍也。”《周書·晉蕩公護傳》：“保定元年，以護爲都督中外諸軍事，令五府總於天官。”《資治通鑑·陳文帝天嘉二年》引此文，胡三省注云：“五府，地官、春官、夏官、秋官、冬官府也。”宋趙昇《朝野類要·稱謂》：“五府：兩參政，三樞密。”

五房

唐宋中書省下分管行政事務的五個部門之合稱。《新唐書·百官志一》：“改政事堂，號‘中書門下’，列五房於其後：一曰吏房，二曰樞機房，三曰兵房，四曰户房，五曰刑禮房。”《宋史·職官志一》：“中書人吏分掌五房，曰孔目房、吏房、户房、兵禮房、刑房。”

四院

指唐代太常寺所署天府院、御衣院、樂縣院與神厨院。《新唐書·百官志三》：“太常寺卿一人，正三品；少卿二人，正四品上。掌禮樂郊廟社稷之事……有四院：一曰天府院，藏瑞應及伐國所獲之寶，禘祫則陳於廟庭；二曰御衣院，藏天子祭服；三曰樂縣院，藏六樂之器；四曰神厨院，藏御廪及諸器官奴婢。”

三臺

指漢代尚書、御史、謁者三官之衙署。漢因秦制，以尚書爲中臺，御史爲憲臺，謁者爲外臺，合稱三臺。《後漢書·袁紹傳》：“坐召三臺，專制朝政。”李賢注引《晉書》：“漢官，尚書爲中臺，御史爲憲臺，謁者爲外臺，是謂三臺。”宋司馬光《贈太子太傅康靖李公挽歌詞》二首其一：“十郡餘恩在，三臺故吏多。”

三府

古代三公之官署。漢制，三公皆可開府，故稱。後亦泛指中央最高行政機關。漢王符《潛夫論·班禄》：“三府制法，未聞赦彼有罪，獄貨惟寶者也。”《後漢書·承宮傳》：“三府更辟，皆不應。”李賢注：“三府，謂太尉、司徒、司空府。”唐韓翃《家兄自山南罷歸獻詩叙事》：“一丘無自逸，三府會招賢。”清顧炎武《郡縣論九》：“有學術才能而思自見於世者，其縣令得而舉之，三府得而辟之，其亦可以無失士矣。”

三館

分指漢武帝時丞相公孫弘爲收羅人才而開設的欽賢館、翹材館、接士館，唐代負責藏書、校書、修史的弘文館（昭文館）、集賢館、史館，宋代教育士子的廣文館、太學館、律學館。《西京雜記》卷四：“平津侯（公孫弘）自以布衣爲宰相，乃開東閣，營客館，以招天下之士。其一曰欽賢館，以待大賢；次曰翹材館，以待大才；次曰接士館，以待國士。”參閱《舊唐書·職官志二》《宋史·選舉志三》。

三省

指古代中央政府官署中之中書省、門下省、尚書省。自南北朝至唐代，三省同爲最高政務機構。後借指朝廷決策機構。《新唐書・百官志一》："初，唐因隋制，以三省之長中書令、侍中、尚書令共議國政，此宰相職也。"清姚鼐《送方坳堂解官後將之上江》詩："三省最遲麈出把，九州獨許蓋先傾。"

三監

唐代官署國子監、少府監、將作監之合稱。《舊唐書・職官志一》："貞觀元年，改國子學爲國子監，分將作爲少府監，通將作爲三監。"

三院

指唐宋兩朝御史臺所設之臺院、殿院、察院。亦指清代初年改內閣爲三院，即弘文院、秘書院、內院。《新唐書・百官志三》："御史臺，大夫一人……中丞爲之貳。其屬有三院：一曰臺院，侍御史隸焉；二曰殿院，殿中侍御史隸焉；三曰察院，監察御史隸焉。"唐韓愈《太原王公神道碑銘》："歷御史，屬三院，止尚書郎。"宋歐陽修《歸田錄》卷一："御史臺故事：三院御史言事，必先白中丞。"清昭槤《嘯亭雜錄・國初定三院》："文皇踐祚之初，改內閣爲三院，曰弘文，曰秘書，曰內院，皆置大學士、學士等官。"

省臺

朝廷諸省及御史臺之合稱。亦泛指中央政府官署。唐孟郊《秋懷》詩："人心不及水，一直去不迴……一直不知疲，唯聞至省臺。"清侯方域《南省試策四》："今日省臺議論甚深且苛，幾束縛任事之臣無可一措其手。"

寺監

古時寺、監兩級官署之合稱。亦泛指中央官署。宋司馬光《論錢穀宜歸一劄子》："其舊日三司所管錢穀財用，事有散在五曹及諸寺監者，並乞收歸戶部。"

省寺

古代朝廷官署"省""寺"之合稱。亦泛指中央政府官署。唐杜甫《送顧八分文學適洪吉州》詩："高歌卿相宅，文翰飛省寺。"唐元稹《告贈皇祖祖妣文》："始兵部賜第於靖安里，下及天寶，五世其居，冕昇駢比，羅列省寺。"《續資治通鑑・宋太宗太平興國六年》："朝廷闢西苑，廣御池，而尚書無廳事，郎曹無本局，九寺、三監寓天街之兩廊，禮部試士或就武成王廟，是豈太平之制度邪！望別修省寺，用列職官。"

【寺省】

即省寺。宋范仲淹《上執政書》："使寺省之規，剝床至足；公卿之嗣，懷安敗名。"清褚人穫《堅瓠四集・大冬烘》："成都詹某爲諫官，以安國嘗建言移寺省，上章擊之。"

專名專稱（一）

省

亦稱"省中"。本指王宮禁地，宮禁之中。後爲中央官署名。漢蔡邕《獨斷》："禁中者，門戶有禁，非侍御者不得入，故曰禁中。孝元皇后父大司馬陽平侯名禁，當時避之，故曰省中。"《漢書·昭帝紀》："帝姊鄂邑公主，益湯沐邑，爲長公主，共養省中。"顏師古注："省，察也。言入此中，皆當察視，不可妄也。"《後漢書·清河王慶傳》："帝移幸北宮章德殿，講於白虎觀，慶得入省宿止。"南朝宋劉義慶《世説新語·德行》"顧榮在洛陽"劉孝標注引晋張隱《文士傳》："〔顧榮〕曾在省與同僚共飲，見行炙者有異於常僕，乃割炙以啖之。"《文選·左思〈魏都賦〉》："禁臺省中，連闥對廊。"李善注引《魏武集》："荀欣等曰：'漢制，王所居曰禁中，諸公所居曰省中。"《北史·隋紀上·高祖文帝》："〔開皇十四年〕六月丁卯，詔省、府、州、縣皆給廨田，不得興生，與人爭利。"唐韓愈《清河郡公房公墓碣銘》："上聞其名，徵拜虞部員外，在省籍籍，遷萬年令。"明何景明《贈左先生序》："二君履夷歷艱，備嘗通塞，是天之多其才也。出爲臬，爲藩；入爲臺，爲省，爲將，爲相，咸由此矣。"清袁枚《隨園隨筆·省臺寺監府衛院之分》："省者，中書省、尚書省、門下省是也。臺者，御史臺、司天臺之類……皆今之衙門也。"

【省中】

即省。此稱漢代已行用。見該文。

【府】[2]

特指三公所居之官署。《左傳·隱公七年》"發幣于公卿"唐孔穎達疏："自漢以來，三公所居謂之府，九卿所居謂之寺。"《史記·曹相國世家》："參（曹參）見人之有細過，專掩匿覆蓋之，府中無事。"

寺[2]

特指九卿所居之官署。《左傳·隱公七年》"發幣于公卿"唐孔穎達疏："自漢以來，三公所居謂之府，九卿所居謂之寺。"《文選·左思〈吳都賦〉》："列寺七里，俠棟陽路。"李善注引漢應劭《風俗通》："今尚書、御史、謁者所止皆曰寺。"清王士禛《香祖筆記》卷一一："今九卿自大理、太常已下官署皆名曰寺，沿東漢之舊。"

臺

指古代中央政府官署。常指御史臺。南朝梁任昉《奏彈劉整》："輒攝整亡父舊使奴海蛤到臺辯問。"《魏書·元仲景傳》："莊帝時，兼御史中尉，京師肅然。每向臺，恒駕赤牛，時人號'赤牛中尉'。"清方苞《尹元孚墓誌銘》："始入臺，即奏人主一言，天下屬耳目焉。"

部

官署，衙署，主管部門辦公治事之所。《後漢書·馬融傳》："太后崩，安帝親政，召還郎署，復在講部。"《樂府詩集·雜曲歌辭十三·焦仲卿妻》："還部白府君：下官奉使命，言談大有緣。"《初刻拍案驚奇》卷四："忤逆之子，負心之徒，自有雷部司之。"此稱至今仍沿用。

閣[1]

亦作"閤"。古代官署之門。亦借指官署。漢衛宏《漢舊儀》卷上："以方尺板叩閣，大呼奴名。"《漢書·王尊傳》："直符史詣閣下，從太守受其事。"《南齊書·王思遠傳》："初舉秀才，歷宦府閣。"唐杜甫《贈嚴閣老》詩："扈聖登黃閣，明公獨妙年。"唐趙璘《因話録·徵部》："古者三公開閣，郡守比古之侯伯，亦有閣，所以世之書題有閣下之稱。"清顧炎武《日知録》卷二四："《漢舊儀》曰：'丞相聽事門，曰黃閤。'不敢洞開朱門,以別於人主,故以黃塗之,謂之黃閤。"

【閤】[1]

同"閣[1]"。此體唐代已行用。見該文。

院

官署分支機構之一。《新唐書・百官志三》:"〔御史臺〕其屬有三院:一曰臺院,侍御史隸焉;二曰殿院,殿中侍御史隸焉;三曰察院,監察御史隸焉。"宋趙彥衛《雲麓漫鈔》卷七:"唐有三院御史,侍御史謂之臺院,殿中侍御史謂之殿院,監察御史謂之察院。"《儒林外史》第十回:"向在京師,蒙各部院大人及四衙門的老先生請個不歇。"此稱沿用至今,如法院、檢察院等。

監

官署分支機構之一。如欽天監、國子監。其主官稱監或少監。《隋書・百官志下》:"又鹽州牧監,置監及副監。"唐韓愈《順宗實錄》卷三:"閬中南朝放牧之地,畜羊馬可使孳息,請置監,許之。"清蒲松齡《聊齋志異・任秀》:"乃以貲與張合業而北,終歲獲息倍蓰,遂援例入監。"《清史稿・職官志二》:"陰陽生隸漏刻科,掌主譙樓直更,監官以時考其術業而進退之。"

司

官署分支機構之一。唐張喬《送三傳赴長城尉》詩:"登科精魯史,爲尉及良時。高論窮諸國,長才併幾司。"宋鄭樵《〈通志〉總序》:"冊府之藏,不患無書;校讎之司,未聞其法。"清龔自珍《乙丙之際塾議三》:"或釋褐而得令,視獄自書獄,則府必駁之,府從則司必駁之,司從則部必駁之。"此稱至今仍沿用。現用以稱中央機關部下一級行政部門,如外交部禮賓司、教育部高教司。

局

官署分支機構之一。《北齊書・白建傳》:"〔建〕初入大丞相府騎兵曹,典執文帳,明解書計,爲同局所推。"前蜀花蕊夫人《宮詞》之十七:"二十四司分六局,御前頻見錯相呼。"宋吳炯《五總志》:"罷諸局,澄濫賞,以絕僥倖。"清姚鼐《朱竹君先生傳》:"翰林院貯有《永樂大典》,內多有古書世未見者,請開局使尋閱。"此稱至今沿用,如衛生局、公安局、教育局等。

館

官署分支機構之一。《新唐書・百官志二》:"武德四年,置修文館於門下省;九年,改曰弘文館。"宋王禹偁《對雪示嘉祐》詩:"今爲諫官非冗長,拾遺三館俸入優。"今仍沿用此稱。如大使館、領事館。

坊

官署分支機構之一。隋代太子官署有左右坊、門下坊、典書坊等。唐代以後易爲太子左春坊、右春坊、内坊。《隋書・百官志上》:"中舍人四人,功高者一人,與中庶子祭酒共掌其坊之禁令。"《舊唐書・職官志三》:"太子左春坊,左庶子二人,中允二人。左庶子掌侍從、贊相、駁正、啓奏。中允爲之貳。"又:"太子右春坊,右庶子二人,中舍人二人,舍人四人,錄事一人,主事二人。舍人掌行令書令旨及表啓之事。"又:"太子内坊,典内二人,錄事一人,典直四人,導客舍人六人,閣帥六人,内閣八人,内給使(按,無員數),内廁二十人,典事二人,駕士三十人。典内掌東宮閣門之禁令及宮人衣廩賜與之出入。丞爲之貳。典直主儀式，導客主儐序，閣帥主門户，内閣主出入，給使主繖扇，内厩主車輿，典事主牛馬，典内統而監之。"參閱《明史·職官志二》。

閣 [2]

亦作"閤"。古代宮廷中收藏圖書、安置賢才或繪像表功的房舍。《漢書·揚雄傳》："時雄校書天禄閣上，治獄使者來，欲收雄。雄恐不能自免，乃從閣上自投下，幾死。"《三輔黄圖·閣》："天禄、麒麟閣，蕭何造，以藏秘書、處賢才也。"《文選·王儉〈褚淵碑文〉》："贊道槐庭，司文天閣。"李善注引《三輔故事》："天禄閣在大殿北，以藏秘書。"張銑注："任於天禄之閣也。天禄，書閣名，謂秘書丞也。"唐李治《獎顏揚庭進父師古〈匡謬正俗〉敕》："宜令所司録一本付秘書閣。"後泛指收藏圖書或珍寶器物的房子。唐封演《封氏聞見記·典籍》："魏氏採綴遺亡，藏在三閣。"宋吴曾《能改齋漫録》卷七："作金銀琉璃窣堵坡，藏閣上。"《正字通·門部》："閣，宋太宗藏經史子集天文圖畫，分六閣，與閣同。"

【閤】 [2]

同"閣 [2]"。此體唐代已行用。見該文。

專名專稱（二）

棘寺

泛指九卿官署。古代群臣外朝之時，立九棘爲標識，以區分等級職位。《周禮·秋官·朝士》："左九棘，孤、卿、大夫位焉……右九棘，公、侯、伯、子、男位焉。"鄭玄注："樹棘以爲位者，取其赤心而外刺，象以赤心三刺也。"後因以九棘爲九卿之代稱。故九卿官署亦謂之棘寺。《北齊書·邢邵傳》："美樹高墉嚴壯於外，槐宫棘寺顯麗於中。更明古今，重遵鄉飲，敦進郡學，精課經業。"唐駱賓王《久戍邊城有懷京邑》詩："棘寺游《三禮》，蓬山簉八儒。"宋代以後，亦專指大理寺等司法機構。宋洪邁《容齋五筆》卷四："今人稱大理爲棘寺，卿爲棘卿，丞爲棘丞……《王制》云：'正以獄成，告於大司寇，大司寇聽之棘木之下。'料後人藉此而言。"《宋史·岳飛傳》："布衣劉允升上書訟飛冤，下棘寺以死。"《續資治通鑑·宋高宗紹興二十五年》："近者沈長卿以謗訕，被鄉人訟送棘寺。"

【寺曹】

即棘寺。唐羅隱《裴庶子除太僕卿因賀》詩："宫省舊推皇甫謐，寺曹今得夏侯嬰。"

市亭

市吏治事之所。《周禮·地官·司市》"以次叙分地而經市"漢鄭玄注："次，謂吏所治舍。思次，介次也，若今市亭然。"孫詒讓正義："《續漢書·百官志》，雒陽有市長，蓋即於市亭爲官寺，與周制略同。"

八次

古代庶子在内宿衛王宫之處。因在王宫之四方四隅，故稱。《周禮·天官·宫伯》："授八次、八舍之職事。"鄭玄注："衛王宫者，必居四角四中，於徼候便也。鄭司農云：'庶子衛王宫，在内爲次，在外爲舍。'玄謂次，其宿衛所在；舍，其休沐之處。"

八舍

古代庶子宿衛王宫在外休沐之所。後借指皇帝近臣宫内住處。北周庾信《周隴右總管長史贈太子少保豆盧公神道碑》："内參常伯，榮高八舍。"唐沈佺期《自考功員外授給事中》詩："旭日千門起，初春八舍歸。"參見本卷《廷署説・府署考》"八次"文。

令舍

縣令之官舍。《韓非子・十過》："臣聞董子之治晉陽也，公宫令舍之堂，皆以鍊銅爲柱、質，君發而用之。"陳奇猷集釋："太田方曰：令舍，縣令之舍也。《後漢書・光武紀》：'生光武於縣舍。'注：'皇考以令舍不顯，開宫後殿居之而生。'"唐韓愈有《河南令舍池臺》詩。

黄閤

亦作"黄閣"。古代三公官署之門。漢代丞相、太尉及漢以後三公官署避用朱門，廳門塗黄色，以區別於天子，故稱。漢衛宏《漢舊儀》卷上："〔丞相〕聽事閤曰黄閤。"《宋書・禮志二》："三公黄閤，前史無其義……三公之與天子，禮秩相亞，故黄其閤，以示謙不敢斥天子，蓋是漢來制也。"清沈自南《藝林彙考・棟宇篇》："《緗素雜記》：天子曰黄闥，三公曰黄閤，給事舍人曰黄扉，太守曰黄堂。凡天子禁門曰黄闥，以中人主之，故號曰黄門令，秦漢有給事黄門之職是也。天子之與三公禮秩相亞，故黄其閤，以示謙。《漢舊儀》云：丞相聽事門曰黄閤。《説略》：禁門曰黄闥，公府曰黄閤，郡治曰黄堂。三公黄閤，前史無其義，人往往不得其説。案，《禮記》：士韠與天子同，公侯大夫則異。鄭玄注：士賤與君同，不嫌也，朱

門洞啓當陽之正色，三公之與天子，禮秩相亞，故黄其閤以示謙。蓋是漢制。張超與陳公箋'拜黄閤將有日'是也。"亦以"黄閤"指宰相官署。唐白居易《行簡初授拾遺同早朝入閤因示十二韵》："爾隨黄閤老，吾次紫微郎。"唐韓翃《奉送王相公赴幽州巡邊》詩："黄閤開帷幄，丹墀侍冕旒。"元耶律楚材《爲子鑄作詩三十韵》："我祖建四節，功勋冠黄閤。"

【黄閣】

同"黄閤"。此體南北朝時期已行用。見該文。

黄門

官署名。專供滿足天子日常所需之所。始於秦漢，後世沿稱。《漢書・霍光傳》："上乃使黄門畫者畫周公負成王朝諸侯以賜光。"顔師古注："黄門之署，職任親近，以供天子，百物在焉，故亦有畫工。"又《元帝紀》："詔罷黄門乘輿狗馬……假與貧民。"宋蘇軾《賜新除太中大夫守尚書左僕射兼門下侍郎吕大防辭免恩命不允詔》："端揆黄門之任，虛之久矣。"

黄堂

古代太守之廳事，即衙中之正堂。《後漢書・郭丹傳》："敕以丹事編署黄堂，以爲後法。"李賢注："黄堂，太守之廳事。"宋范成大《吴郡志・官宇》："黄堂，《郡國志》：在雞陂之側，春申君子假君之殿也。後太守居之，以數失火，塗以雌黄，遂名黄堂，即今太守正廳是也。今天下郡治，皆名黄堂，昉此。"按，"雌黄"似當作"雄黄"。清沈自南《藝林彙考・棟宇篇》："《演繁露》：《郡國志》曰：雞坡之側，即春申君之子假君之地也，後有守居之，以數失火，故塗以雄黄，遂名黄堂。《閑耕餘録》：

太守廳事謂之黃堂。《姑蘇志》謂塗以雄黃故名，或謂以黃歇之姓名堂。二説不同。《緗素雜記》：天子曰黃闥，三公曰黃閤，給事舍人曰黃扉，太守曰黃堂。此説近是。"參見本卷《廷署説·府署考》"黃闥""黃閤"文。

省闈

亦稱"省闥"。宮中，禁中。古代朝廷諸省設於禁中，故亦指中央行政官署。《漢書·谷永傳》："臣永幸得給事中出入三年，雖執干戈守邊垂，思慕之心常存於省闈。"晋潘岳《爲賈謐作贈陸機》詩："優游省闈，珥筆華軒。"唐皇甫冉《送袁郎中破賊北歸》詩："黃香省闈登朝去，楊僕樓船振旅歸。"宋司馬光《和王少卿十日與留臺國子監崇福宮諸官赴王尹賞菊之會》詩："青眼主公情不薄，一如省闈要人看。"明沈榜《宛署雜記·署廨》："各官職掌，除民事外，内自廠衛，以至各監局；外自省闈，以至驛郵，歲時自宗廟陵寝行幸以至滌洗事，雖巨細不一等，而縣應固遲如也。"清洪昇《長生殿·定情》："任人不二，委姚宋於朝堂；從諫如流，列張韓於省闈。"徐朔方校注："省闈，中央政府。"

【省闥】

即省闈。此稱漢代已行用。見該文。

【省閣】

即省闈。朝廷中樞機構議政辦公之處。《後漢書·楊賜傳》："賜被召會議詣省閣，切諫忤旨，因以寇賊免。"唐王維《責躬薦弟表》："陛下矜其愚弱，託病被囚，不賜疵瑕，累遷省閣。"清姚鼐《題吳竹橋湖田書屋圖》詩："昔君辭省閣，余亦卧江濱。"

【省署】

亦稱"省舍"。即省闈。《新唐書·班宏傳》："右僕射崔寧署兵部侍郎劉迺爲上下考，宏不從，曰：'今軍在節度，雖有尺籍、伍符，省署不校也。'"宋王安石《寄吳冲卿》詩："當官拙自計，易用忤流俗。窮年走區區，得謗大於屋。歸來污省舍，又繼故人躅。"宋陳師道《後山詩話》："子美《懷薛據》云：'獨當省署開文苑，兼泛滄浪學釣翁。''省署開文苑，滄浪憶釣翁'，據之詩也。"明沈德符《萬曆野獲編·内閣三·貂帽腰輿》："京師冬月，例用貂皮煖耳，每遇沍寒，上普賜内外臣工，次日俱戴以廷謝。惟近來主上息止此詔，業已數年，百寮出入省署，殊以爲苦，而進閣輔臣爲甚。"

【省舍】

即省署。此稱宋代已行用。見該文。

【省部】

即省署。明瞿佑《剪燈新話·富貴發迹司志》："及脱公徵還，友仁遂仕於朝，踐歷館閣，翶翔省部，可謂貴矣。"

幔省

以帳幔張蓋的臨時官署。《宋書·禮志一》："元嘉二十五年閏二月，大蒐於宣武場，主司奉詔列奏申攝，克日校獵，百官備辦。設行宫殿便坐武帳於幕府山南岡。設王公百官便坐幔省如常儀。"《南齊書·禮志上》："合朔之日，散官備防，非預齋之限者，於止車門外別立幔省，若日色有異，則列於省前。"

門館

古代文職官員辦公場所。梁沈約《冬節後至丞相第詣世子車中作》詩："廉公失權勢，門館有虛盈。"唐楊炯《同詹事府官寮祭郝少保文》："門館闃寂，簾帷彷像。"唐杜牧《上周相公啓》："伏以相公自數載已來，朝廷篤老，四海俊賢，皆因挈維，盡在門館，毗輔聖主，巍爲元勛。"

閫幕

古代將帥的府署。宋周密《癸辛雜識續集·羅椅》："未幾，師憲移維揚，月山仍參閫幕。"明李東陽《送舅氏劉侯之寧夏序》："公以武胄蚤閑騎射，從征于外，南至湖湘、貴州以入兩廣，北歷萬全，西極于三邊之界，皆在閫幕，執旌鼓符信以號令群士，多所俘馘。"

閫臺

亦稱"閫署"。地方長官的官衙。元方回《瀛奎律髓》卷二十："江湖游士，多以星命相卜，挾中朝尺書，而奔走閫臺郡縣，鬭口耳。"清戴名世《道墟圖詩序》："爾卓讀書閫署，方從事制舉之學。"

【閫署】

即閫臺。此稱清代已行用。見該文。

市坊

亦稱"市署"。古代管理市場的官署。唐韋述《兩京新記》卷三："市内店肆如東市之制，市署前有大衣行，雜糅貨賣之所。"《新唐書·百官志一》："突厥使置市坊，有貿易，錄奏，爲質其輕重，太府丞一人涖之。"又《百官志三》："兩京諸市署：令一人，從六品上；丞二人，正八品上。掌財貨交易，度量器物，辨其真僞、輕重。"

【市署】

即市坊。此稱唐代已行用。見該文。

行署

舊時高級官吏出行時的住所。宋蘇舜欽《祭舅氏文》："處以行署，拔於荆柴，異俗改眼，雖然相陪。"清陸以湉《冷廬雜識·海忠介公》："及海忠介至，吏請爲行署於江之北岸。"亦稱"行館"。《水滸傳》第三八回："張順答道：'些小微物，何足掛齒。兄長食不了時，將回行館做下飯。'"明袁宏道《自從行別袁水部》詩："我見行館沙市傍，市上桃花照春浪。"清陳康祺《郎潜紀聞》卷四："憂國焦勞，馳驅盡瘁，遂卒於廣寧行館。"

【行館】

即行署。此稱明代已行用。見該文。

【行衙】

即行署。宋善琦《跋尚用之詩》："越二日，詣城，謝公於行衙。"宋王明清《玉照新志》卷四："又幾日，曰上皇已在發運司行衙矣。"

行臺

舊時地方大吏的官署與居所。《新唐書·李靖傳》："置東南道行臺，以爲行臺兵部尚書。"宋黄庭堅《送顧子敦赴河東》詩之三："攬轡都城風露秋，行臺無妾護衣篝。"《官場現形記》第一八回："其時内城早經預備，把個總督行臺，做了欽差行轅。"

行府[1]

在京都外設置的調度軍務之官署。宋李綱《與趙相公書》："謹遣本司幹辦公事官羅鷹可，具瀝懇悃，告於行府，伏望鈞慈，特與定議。"《宋史·高宗紀五》："戊午，命楊沂中以兵萬人，聽都督行府調遣。"

行府[2]

指達官貴胄在本宅之外另建之府第。清平步青《霞外攟屑·里事·餘姚二城》："世宗重太傅，先於餘姚建相國里第，爲別築一城居之，復於郡治山陰地，更造行府。"

行轅

舊時高級官吏的行館。亦指在暫駐之地所設的辦事處所。清林則徐《密拿漢奸劄稿》："其獲到之犯，隨即訊取供情，一俟本部堂到省，即日解送行轅，以憑飭審。"《二十年目睹之怪現狀》第九〇回："主意打定，等大舅爺到了上海之後，便天天到行轅裏伺候。"

專名專稱（三）

臺省

亦稱"臺閣"。漢有尚書臺，三國魏有中書省，均爲代表皇帝發布政令的中樞機關。後因以"臺省""臺閣"泛指中央政府官署。南北朝以來，尚書臺雖多改稱尚書省，并逐漸形成中書、門下、尚書三省分權之制，然此稱仍沿用不變。《後漢書·仲長統傳》："光武皇帝慍數世之失權，忿彊臣之竊命，矯枉過直，政不任下，雖置三公，事歸臺閣。"李賢注："臺閣，謂尚書〔臺〕也。"《三國志·魏書·夏侯玄傳》"豐不知而往，即殺之"裴松之注引三國魏魚豢《魏略》："豐在臺省，常多託疾。"《舊唐書·劉祥道傳》："漢魏以來，權歸臺省，九卿皆爲常伯屬官。"唐杜甫《醉時歌》："諸公衮衮登臺省，廣文先生官獨冷。"宋王安石《送李宣叔倅漳州》詩："朝廷尚賢俊，磊砢充臺閣。"

【臺閣】

即臺省。此稱漢代已行用。見該文。

尚書省

官署名。始見於漢代。漢成帝時設尚書員，東漢置尚書臺，亦稱"中臺"。南北朝時始稱尚書省，下分各曹，爲中央執行政務之總機構。唐曾一度改稱文昌臺、都臺、中臺，旋復舊稱。尚書省與中書省、門下省合稱三省，長官爲尚書令，其副職爲左右僕射。元代時置時

廢。明代六部直接對皇帝負責，遂不設尚書省。清與明制同。漢荀悦《漢紀》建平二年："上疑博、玄受諷旨，即召玄尚書省問狀。"唐柳宗元《永州龍興寺西軒記》："永貞年，余名在黨人，不容於尚書省。"參閱《通典·職官七》《初學記·職官部上·尚書令》。

【中臺】

"尚書省"之古稱。秦漢時尚書稱中臺，謁者稱外臺，御史稱憲臺，合稱三臺。魏、晉、齊、宋并稱尚書臺，梁、陳、北魏、北齊、隋則稱尚書省。唐代一度更名爲中臺，旋即復舊稱。《三國志·吳書·諸葛恪傳》："故遣中臺近官迎致犒賜，以旌茂功，以慰劬勞。"唐韓愈《贈刑部馬侍郎》詩："紅旗照海壓南荒，徵入中臺作侍郎。"宋蘇舜欽《杜公讓官表》："尋被峻命，入冠中臺。"

【尚書臺】

"尚書省"之古稱。西漢置中臺，東漢以至魏晉改稱尚書臺，與謁者外臺、御史憲臺合稱三臺。南北朝時改稱尚書省。

中書省

官署名。魏晉時始置。其職掌爲秉承皇帝旨意掌管機要，發布政令。隋唐時則成爲朝廷中樞。隋因避隋文帝父楊忠諱改稱内史省、内書省。唐曾一度改稱西臺、鳳閣、紫微省。唐

代中書、門下、尚書三省同爲朝廷行政總彙，中書省決策，門下省審覆，交尚書省執行。唐初政事堂（宰相官署）在門下省，裴炎任中書令時，徙政事堂於中書省，故政事堂亦稱中書門下。宋代以中書、門下與樞密院分掌政務與軍務。元代不置尚書省、門下省，而以中書省爲唯一最高國務機構，并於地方設行中書省。明初沿元制，洪武十三年（1380）廢，機要之任歸於內閣。參閱《初學記・職官部上・中書令》《隋書・百官志中》《舊唐書・職官志一》《宋史・職官志一》。

門下省

官署名。黃帝時風后爲侍中，周時號常伯，秦取古官置侍中之職。職司來往殿內奏事，故稱侍中。漢因之，多以爲加官。凡加侍中銜者，皆可出入禁中，侍奉皇帝，并備顧問。東漢置侍中官，掌侍奉皇帝、贊導衆事、顧問應對，其官署稱侍中寺。晉改侍中寺爲門下省，有侍中、給事黃門侍郎等官。南北朝沿用此制，權力逐漸擴大。北朝門下省成爲朝廷中樞機構、決策機關。隋唐時門下、中書二省同掌機要，共議國政。門下省并掌審查詔令，有權封駁。其長官爲侍中。隋代爲避隋文帝父楊忠諱而稱納言。唐代曾先後短期改門下省爲東臺、鸞臺、黃門省，改侍中爲納言、左相、黃門監，所屬有散騎常侍、諫議大夫、給事中、起居郎等官。宋初，門下省僅掌朝儀等事，宋神宗改革官制後，始恢復審查詔令、封駁之權。南宋將中書、門下兩省合併，稱中書門下省。遼、金亦置門下省。元廢，明清不置。參閱《初學記・職官部下・侍中》《隋書・百官志中》《舊唐書・職官志二》《宋史・職官志一》。

秘書省

官署名。東漢桓帝時置秘書監，掌禁中圖書秘記。至漢獻帝建安中曹操爲魏王時，置秘書令以典領尚書奏事。魏文帝（曹丕）黃初初，分秘書，立中書，置監、令，而另外以他官領秘書監。晉置秘書寺，南朝梁始改稱秘書省。隋代以秘書、尚書、門下、內史、殿中省爲五省。唐秘書省領太史、著作二局，曾一度改稱蘭臺、麟臺。明代并入翰林院。清代圖籍藏於內府，不置。參閱《初學記・職官部下・秘書監》《隋書・百官志中》《舊唐書・職官志二》《宋史・職官志四》《明史・職官志一》《清史稿・職官志一》。

御府

古代宮中儲藏資財物品的機構。《漢書・王莽傳》："長樂御府、中御府及都內、平準帑藏錢、帛、珠玉財物甚衆。"《三國志・魏書・董卓傳》"二年閑相啖食略盡"裴松之注引《獻帝紀》曰："是時新遷都，宮人多亡衣服，帝欲發御府繒以與之。"唐韓愈《送鄭十校理序》："秘書，御府也，天子猶以爲外且遠，不得朝夕視，始更聚書集賢殿，別置校讎官曰學士，曰校理。"唐陸龜蒙《奉和襲美二游・徐詩》之一："直至沈范輩，始家藏簡編。御府有不足，仍令就之傳。"《金史・輿服志上》："今御府有故宋白玉圭。"明胡應麟《少室山房筆叢・經籍會通一》："唐惟貞觀、開元最勝，兩都各聚書四部，至七萬卷。至宣和殿、太清樓、龍圖閣、御府所儲，尤盛於前代。"

板房

明代皇宮內廷處理詔書公文之處。明劉若愚《酌中志・內府衙門職掌》："奈王體乾黨附無骨，而逆賢不識字，遂公然于乾清宮大殿上看文書，或懋勤殿板房看文書，硬拆實封，高聲朗誦。"

皇史宬

明清兩代皇城内所設之檔案庫。明嘉靖十三年（1534）建於北京，爲收藏列朝實録及玉牒之所，清因之。位於北京東華門外舊太廟東南。明劉若愚《酌中志・大内規制紀略》："〔永泰門〕再南街東則皇史宬，珍藏太祖以來御筆實録、要緊典籍、石室金匱之書。"清顧炎武《書吳潘二子事》："先朝之史，皆天子之大臣與侍從之官承命爲之，而世莫得見。其藏書之所曰皇史宬。"《清一統志・京師四・官署》："皇史宬在東華門外東南，實録、玉牒、起居注藏焉。"

【皇宬】

"皇史宬"之省稱。清黃宗羲《談儒木墓表》："皇宬烈焰，國滅而史亦滅。"

内侍省

官署名。北齊始置侍中省，掌出入閤門。置中侍中二人，中常侍四人，以宦官充任。隋改侍中爲内侍省，領内侍、内常侍等官，掌管宮廷内部事務。雖仍由宦官擔任，然亦參用士人。唐代或稱内侍省，或稱内侍監、司宫臺，專任宦官，以内侍、内常侍爲長官。宋除置内侍省外，還增設入内内侍省。通侍禁中，服役藝近者，屬入内内侍省；供侍殿中，備灑掃雜役者，屬内侍省。明代不置，而分設内官十二監、四司、八局，共二十四衙門。凡前代宫内各官署之職，多爲宦官所掌，其權力甚至在朝廷中央政府機構之上。清代不設由宦官專掌之官署，宦官則由内務府統管。參閲《隋書・百官志下》《舊唐書・職官志二》《宋史・職官志六》。

太僕寺

官署名。《周禮》夏官之屬有太僕，主要職司爲傳達王命，侍從出入。秦漢後太僕爲九卿之一，專掌輿服與馬政。北齊設太僕寺，其長官稱太僕寺卿。歷代沿置。唐代另設群牧使以領各州監牧。宋代重牧政，宋神宗元豐年間改革官制前，以太僕寺本職移屬群牧司、騏驥院諸坊監；元豐改制後，一度統歸太僕寺。南宋并太僕寺入兵部。元明清沿設，清末廢，以其職歸陸軍部。參閲《隋書・百官志中》《清通典・職官五》。

太常寺

掌管祭祀禮樂的官署。秦置奉常，漢更名太常，掌宗廟禮儀，兼掌選試博士。歷代因之，則爲專掌祭祀禮樂之官。北魏稱太常卿，北周稱大宗伯，北齊設太常寺，則稱太常寺卿。隋至清沿用此制不變。參閲《漢書・百官公卿表上》《通典・職官七》。

宗正寺

官署名。秦始置官宗正，漢代沿用，爲九卿之一。均由皇族擔任，掌宗室人丁名籍、賞罰等事務。凡宗室皆登録譜牒，以序九族，以別嫡庶，如有罪則除其屬籍。歷代職務略同。唐宋時其官署爲宗正寺，長官稱宗正寺卿，次稱宗正寺少卿。宋代宗正寺形同虛設，另置大宗正司以代其職，以親王爲知宗正司事。遼稱特里袞。金改爲大睦親府，長官爲判大睦親事。元稱大宗正府，長官稱札魯忽赤。明清稱宗人府，置左右宗正，位在最高長官宗人令、宗令之下。參閲《隋書・百官志下》《舊唐書・職官志二》《宋史·職官志四》《明史·職官志四》《清史稿·職官志一》。

【特里衮】

即宗正寺。此稱遼代已行用。見該文。

【大睦親府】

即宗正寺。此稱金代已行用。見該文。

【大宗正府】

即宗正寺。此稱元代已行用。見該文。

【宗人府】

即宗正寺。此稱明代已行用。見該文。

司農寺

官署名。秦及漢初置治粟內史，爲九卿之一，掌國家財政。漢景帝後元元年（公元前143）改稱大農令，漢武帝太初元年（公元前104）改稱大司農。其屬官有太倉、均輸、平準、都內、籍田五令及丞，掌管租稅、錢穀、鹽鐵與國家財政收支。北齊始置司農寺，長官稱司農寺卿。唐一度改稱司稼，掌倉儲。旋復舊稱。宋沿唐制設司農寺。金元置大司農司，掌管農桑、水利、學校、救荒等事，并曾一度改稱務農司、司農寺。明初沿置，後廢，其職掌歸屬戶部。清不置，卻以大司農爲戶部尚書之通稱。參閱《通典·職官七》《清通典·職官五》。

鴻臚寺

主掌朝會儀節的官署。秦始置典客，職掌朝儀。漢景帝中元六年（公元前144）改秦官典客爲大行令。漢武帝太初元年（公元前104）又改大行令爲大鴻臚。後世因之。北齊始置鴻臚寺，長官稱鴻臚寺卿，歷代沿置。唐一度改稱司賓司，不久復舊稱。唐代鴻臚寺領典客、司儀二署。北宋置，南宋廢并禮部。金元不置。明清復置，清末廢。參閱《通典·職官七》《清通典·職官五》。

光禄寺

官署名。秦代、漢初設郎中令，漢武帝時改名爲光禄勳，爲九卿之一，居住宮中，主掌侍衛宮廷。魏晉後，僅存其名。北齊始置光禄寺，主官稱光禄寺卿，職掌皇室膳食，統領大官、肴藏、清漳（酒）等署。後世基本沿襲此制，與秦漢制度迥異。參閱《隋書·百官志中》《通典·職官七》。

吏部

官署名。尚書省六部之一。漢初稱常侍曹。東漢改稱選部。三國魏始稱吏部。後代沿置。隋唐時吏部爲六部之首，其他五部組織均依吏部之程式。長官爲尚書及侍郎，其下分司。唐代吏部掌內外官吏之選授、勛封、考課之政令，後代基本沿襲。宋元豐年間，改革官制前，吏部銓選之職由審官東院及流內銓（掌文官銓選）、審官西院及三班院（掌武官銓選）分管；元豐改制後，由吏部尚書主管高級文武官員，由吏部侍郎主管較低級的文武官員。唐、明、清則文官歸吏部，武官歸兵部主管。明代吏部尚書地位重要，常能把持朝政。至清代，皇帝爲加强獨裁統治，吏部職權削弱，吏部尚書與其他尚書相等。清代六部尚書可輪流定期進見皇帝，參議國政。清軍機大臣兼任六部尚書或侍郎。大學士則以管理某部事務之名，與尚書共同負責。參閱《初學記·職官部上·吏部尚書》《通典·職官五》《舊唐書·職官志二》《宋史·職官志三》《明史·職官志一》《清史稿·職官志一》。

禮部

亦稱“春臺”。官署名。尚書省六部之一。

本爲西漢時尚書之客曹。三國魏有祠部，北魏有儀曹，北周始稱禮部。隋唐時爲六部第三部，含客曹及祠部之職掌，管理國家典章制度、祭祀、學校、科擧與接待四方賓客等事之政令，長官爲禮部尚書。歷代相沿不改。清末廢部，改設典禮院。唐代除禮部外還有太常禮院以討論典禮，宋代元豐改制前增設太常禮院及禮儀院。唐鄭谷《吊故禮部韋員外序》詩："臘雪初晴共擧杯，便期携手上春臺。"參閲《隋書·百官志中》《舊唐書·職官志二》《清史稿·職官志一》。

【春臺】

即禮部。此稱唐代已行用。見該文。

省門

指禮部衙門。亦指禮部試進士之所。禮部隸尚書省，故稱。唐劉禹錫《插田歌》："省門高軻峨，儂入無度數。"宋葉適《孫永叔墓誌銘》："君負其能，踏省門五六，然終不得第名於進士。"

户部

官署名。尚書省六部之一。漢代尚書臺有民曹。魏晋後設度支尚書掌國家財政，左民尚書掌户籍，右民尚書掌公私田宅等。至隋代，逐漸演變爲民部，爲尚書省六部中的第二部，以度支、金部、倉部爲子司。唐代爲避唐太宗李世民諱改稱民部爲户部。自此歷代沿承不改。唐代户部亦爲六部中第二部，轄有四司：户部爲頭司，度支、金部、倉部爲子司。唐中葉以後，藩鎮割據，軍閥混戰，軍事時期常派大臣專判户部及度支，另設鹽鐵轉運使，户部漸被架空。宋代元豐年間改革官制以前，以鹽鐵、户部、度支三司爲常設機構，管理國家財政，

户部更成空名。元豐改制，廢三司，户部纔有實權，掌土地、户口、農墾、鈔幣、租税、漕運、救荒、官俸、兵餉等。此後各代沿置，清末改爲度支部。參閲《隋書·百官志》《舊唐書·職官志二》《宋史·職官志三》《明史·職官志一》《清史稿·職官志一》。

兵部

官署名。尚書省六部之一。三國魏有五兵（中兵、外兵、騎兵、別兵、都兵）尚書。晋設駕部、車部、庫部。隋唐以後始定兵部爲尚書省六部之一。唐以後爲六部中之第四部。唐宋後兵部有兵部、職方、駕部、庫部四司。明清時則爲武選、職方、車駕、武庫四清吏司。兵部掌全國武官選任、兵籍、軍械、軍令之政。然歷代職權範圍不同，如唐中葉後，藩鎮與禁軍均無統轄軍令的機構；宋則設樞密院以掌軍政，使兵部被駕空；明以五軍都督府掌軍令，以兵部掌軍政；清代兵部以軍權爲皇帝所掌，形同虛設。清末改兵部爲陸軍部，後又增設海軍部。參閲《隋書·百官志中》《舊唐書·職官志二》《明史·職官志一》《清史稿·職官志一》。

刑部

官署名。尚書六部之一。漢成帝時尚書有二千石曹及三公曹掌斷獄。東漢三公曹主歲盡考課諸州郡政；二千石曹則掌中都官水火、盜賊、詞訟、罪法，亦稱"賊曹"。三國魏置尚書都官郎輔佐都察軍事。晋復以三公尚書掌刑獄。南朝宋則以三公、比部曹主法制，以都官尚書主軍事刑獄。北周有秋官大司寇卿掌刑，刑部中大夫掌五刑之法。隋初有都官尚書，開皇三年（583）改稱刑部尚書，統都官、刑部、比部、司門四曹。唐沿隋制，并曾一度改稱刑部

尚書爲司刑太常伯，改刑部爲秋官、憲部，旋復舊稱。隋唐以後，刑部爲尚書省六部之第五部。以明代爲界，明以前唐宋等刑部爲最高司法機構，一般不直接處理案件；自明代起，則各省案件均由刑部審核，事務繁重，其規模遠較前朝龐大。采取以地區分司制，唐宋有四司，而明則有十三司，清制更爲詳密，有十八司。清末改稱法部。參閱《隋書·百官志中》《舊唐書·職官志二》《明史·職官志一》《清史稿·職官志一》。

工部

官署名。尚書省六部之一。漢有民曹，魏晉有左民尚書、起部尚書，北周有工部中大夫，均爲掌工役之官。隋時定工部爲尚書省六部之第六部，掌工程營繕、工匠、屯田、水利交通等政令。明清時工部有營繕、虞衡、都水、屯田四清吏司。清工部還附屬節慎庫、製造庫、料估庫、琉璃窑、木倉、皇木廠等，并與户部共同管理錢法堂事務。參閱《隋書·百官志中》《明史·職官志一》《清史稿·職官志一》。

御史臺

官署名。秦始皇置御史大夫，位比副丞相，主彈劾、糾察之職，并掌管重要文書圖籍，實爲朝廷之監察長與秘書長。漢時設御史府，長官稱御史大夫，與丞相（大司徒）、太尉（大司馬）合稱三公。後御史大夫改稱大司空、司空。丞相缺位時，多由御史大夫晋升。東漢初改稱御史臺，亦稱"憲臺""蘭臺寺"。晋以後多不置。南朝梁及北魏、北齊或謂之南臺，北周則稱司憲。隋唐復置御史臺。唯唐一度改稱憲臺、肅政臺，旋復舊稱。其職專掌監察、執法。唐以後御史大夫名崇權輕。至宋則缺而不補，僅

作爲加官。金、元亦徒存虚名。明洪武十五年（1382）改爲都察院，長官稱都御史、副都御史。清沿明制，御史臺之名遂廢。參閱《通典·職官六》《明會要·職官五》。

司天臺

官署名。掌觀天象、定曆數等職。歷代設置專官，稱太史令。隋改太史監，唐初改爲太史局，後屢易其名，有秘書閣局、渾天監、渾儀監、太史監等。至唐肅宗乾元元年（758）改爲司天臺。除占候天象外，并預造來年曆書頒於天下。《舊唐書·職官志二》："司天臺，監一人，少監二人。太史令掌觀察天文、稽定曆數，凡日月星辰之變，風雲氣色之異，率其屬而占候之。"劉昫自注："舊太史局隸秘書監，龍朔二年改爲秘閣局，久視元年改爲渾儀監，景雲元年改爲太史監，復爲太史局，隸秘書。乾元元年三月十九日，敕改太史監爲司天臺，改置官屬。舊置於子城内秘書省西，今在永寧坊東南角也。"宋代改稱司天監，元豐年間改爲太史局。遼稱司天監，金稱司天臺，元稱太史院，明清時爲欽天監。

謁者臺

官署名。春秋戰國時設謁者之官，專掌賓贊受事，即爲天子傳達。秦漢因之。漢代既有郎中令屬官謁者，又有少府屬官中書謁者令（後改稱中謁者令）。郎中令所屬謁者掌賓贊司儀事，其長官稱謁者僕射。東漢時謁者爲外臺，尚書爲中臺，御史爲憲臺，合稱三臺。南朝梁始置謁者臺，掌朝覲賓饗及奉詔出使。陳及隋皆因之。隋煬帝置謁者臺，與御史、司隸二臺并稱三臺。唐改稱通事謁者爲通事舍人。宋以後廢而不置。參閱《通典·職官六》。

内閣

古代中央官署名。三國時指秘書閣。《三國志・魏書・王肅傳》"亦歷注經傳，頗傳於世"裴松之注引三國魏魚豢《魏略》曰："蘭臺爲外臺，秘書爲内閣。"宋代指龍圖閣、天章閣、寶文閣等。亦泛稱内閣，諸閣皆設學士。宋王安石《賀慶州杜待制啓》："國家以邊城之寄，戎路所圻，眷内閣之近班，督師臣之重柄。"宋蘇軾《賜新除寶文閣直學士李之純辭恩命不允詔》："故内閣之命非獨以寵卿，抑將使蜀人知朕用卿，蓋以德選也。"明初爲加强中央集權制，廢除宰相，仿照宋制，置諸殿閣大學士，輔佐皇帝參贊政務。永樂初，選翰林院講讀、編撰等入文淵閣當值，參與機務，稱内閣。明中葉後，兼領六部尚書，職權漸重，成爲最高決策機關。清初以國史院、秘書院、弘文院内三院爲内閣，設大學士，參與軍政機密。明許浩《兩湖塵談録》卷九五："我朝職官雖革中書省而特置内閣，亦隱然宰相也。"《紅樓夢》第九二回："聽得内閣裏人説起，雨村又要陞了。"清末仿立憲國制，設責任内閣，以舊内閣與軍機處合并爲最高國務機關。北洋軍閥政府改稱國務院，習慣上仍稱内閣，其成員稱閣員。

【閣】[3]

古代中央官署。内閣之省稱。《後漢書・仲長統傳》："光武皇帝愠數世之失權，忿彊臣之竊命，矯枉過直，政不任下，雖置三公，事歸臺閣。"李賢注："臺閣謂尚書也。"唐白居易《留别吴七正字》詩："成名共記甲科上，署吏同登芸閣間。"明沈德符《萬曆野獲編補遺・内閣・閣臣奪情奉差》："閣臣百僚師表，奪情不喪，何以示天下？"清孔尚任《桃花扇・設

朝》："聖旨下：鳳陽督撫馬士英，倡議迎立，功居第一，即陞補内閣大學士，兼兵部尚書，入閣辦事。"

學士院

官署名。唐玄宗初年，置翰林待詔以掌章奏，批答應和文章等。後又選用文學之士稱翰林供奉，與集賢院學士分掌制誥書敕。唐開元二十六年（738）始置學士院，改翰林供奉爲學士，掌起草機密詔令及備咨詢。宋沿唐制，設翰林學士院，掌起草制誥詔令。以其地處宫禁，待遇優厚，號稱"玉署""玉堂""玉堂署"。元代稱翰林兼國史院。天曆二年（1329）另置奎章閣學士院，任命儒臣進經史之書，考前帝治國政之得失。明清稱翰林院。參閲《舊唐書・職官志二》《宋史・職官志二》《明史・職官志二》《清史稿・職官志二》。

翰林院

官署名。唐初置。本爲各種文藝技術内廷供奉之處。宋代仍以翰院勾當官總領天文、書藝、圖畫、醫官四局，以至御厨茶酒亦有翰林之稱。至於翰林學士供職之所，則唐爲學士院，至宋始稱翰林學士院。元代稱翰林兼國史院。明將著作、修史、圖書等事務并歸翰林院，成爲外朝官署。清沿明制，翰林院掌編修國史及草擬制誥等。唐玄宗開元初，以張九齡、張説、陸堅等掌四方表疏批答、應和文章，號"翰林供奉"，與集賢院學士分司起草詔書及應承皇帝的各種文字。德宗以後，翰林學士成爲皇帝的親近顧問兼秘書官，常值宿内廷，承命撰擬有關任免將相與册后、立太子等事的文告，時有"内相"之稱。唐代後期，常以翰林學士升任宰相。北宋翰林學士仍掌制誥。清代以翰林

掌院學士爲翰林院長官，其下有侍讀學士、侍講學士。清末於翰林院復置翰林學士，僅備侍讀學士之升遷。參閱《舊唐書・職官志二》《宋史・職官志二》《明史・職官志二》《清史稿・職官志二》。

【玉署】[2]

翰林院之別稱。唐吳融《聞李翰林游池上有寄》詩："花飛絮落水和流，玉署詞臣奉詔游。"元鄧文原《賀聖節表》："名叨玉署，目極璇霄。"明王洪《留別孫孟博》詩："草廬晦迹憐君老，玉署登名愧我先。"清陳康祺《郎潛紀聞》卷一一："惟康熙六年領侍衛內大臣一等公索尼，既未與金甌之卜，亦不由玉署而來，予諡'文忠'，實爲異數。"

玉堂

官署名。漢侍中有玉堂署，宋以後翰林院亦稱玉堂。《漢書・李尋傳》："過隨衆賢待詔，食太官，衣御府，久污玉堂之署。"顏師古注："玉堂殿在未央宮。"王先謙補注引何焯曰："漢時待詔於玉堂殿，唐時待詔於翰林院，至宋以後，翰林遂并蒙玉堂之號。"《宋史・蘇易簡傳》："帝嘗以輕綃飛白大書'玉堂之署'四字，令易簡牓於廳額。"明李東陽《院中即事》詩："遙羨玉堂諸院長，酒杯能綠火能紅。"清王闓運《郭新楷傳》："君逸才也，玉堂群彥爲愧多矣。"

崇文院

官署名。唐代置崇文館，設學士若干，爲太子屬官，掌書籍及教授。宋初以史館、昭文館、集賢院爲三館，亦稱"西館"，職掌藏書、校書、修史。太平興國二年（977）建三館書院，三年定名爲崇文院，以貯原藏西館之書籍。

端拱元年（988），在崇文院中堂建秘閣，仍與三館總稱崇文院。宋神宗元豐年間改革官制，并歸秘書省。參閱《文獻通考・職官一二》《續文獻通考・職官六》。

樞密院

官署名。唐代宗時始置內樞密使，由宦官充任，掌承受章奏。自德宗後，內樞密使掌有兵權，職權擴大。五代後梁建崇政院，以崇政使知院事，并改由士人充任。後唐莊宗同光元年（923）改爲樞密院，以樞密使知院事，并與宰相分理朝政，凡文事出中樞，武事出樞密。宋代與中書省分掌軍政，號爲"二府"，開宋代中書門下省與樞密院對掌文武二柄之先河。遼分置北樞密院（兵部）、南樞密院（吏部）及漢人樞密院（掌漢族地區兵馬）。元代樞密院掌管軍事機密、邊防及宮廷禁衛之事。明太祖曾置行樞密院，并親自兼領。不久即廢，改置大都督府。參閱《文獻通考・職官一二》《續文獻通考・職官六》。

宣徽院

省稱"宣徽"。官署名。唐肅宗以後設置宣徽南北院使，以宦官充任。職掌宮內諸司及三班內侍的名籍與郊祀、朝會、宴饗、供帳等事宜。後宦官勢力膨脹，宣徽使位職亦尊，成爲宮廷要職。宋代宮廷事務均歸內侍省，宣徽南北院使改由大臣擔任，以其事簡官尊，常以樞密院官兼任。宋神宗元豐年間改革官制後，宣徽院使之職名存而實亡。宋南渡後廢。遼、金、元時復置，然元時僅專司膳飲，職掌最狹。明洪武元年（1368）并歸其職掌於光祿寺。參閱《文獻通考・職官一二》《續文獻通考・職官六》。

【宣徽】

"宣徽院"之省稱。唐王建《宫詞》之五二："别敕教歌不出房，一聲一遍奏君王。再三博士留殘拍，索向宣徽作徹章。"唐白居易《賀雨》詩："宫女出宣徽，厩馬減飛龍。"唐段安節《樂府雜録·琵琶》："某門中有樂史楊志，善琵琶，其姑尤更妙絶。姑本宣徽弟子，後放出宫，於永穆觀中住。自惜其藝，常畏人聞，每至夜方彈。楊志懇求教授，堅不允。"

進奏院

官署名。唐朝藩鎮在京師置邸，即駐京辦事處，稱爲上都留後院。大曆十二年（777）改稱上都進奏院，簡稱進奏院。爲各州鎮官員入京朝見皇帝或辦理其他事務之寓所。進奏院置有進奏官，掌章奏、詔令及各種文書的投遞、承轉。宋初沿唐制，亦設進奏院，置進奏官。後對其組織及職能加以改革，諸州各置進奏官，專達京師，改由朝官兼領，隸屬於給事中，掌傳遞公文。南宋時隸屬門下省，以給事中主管，掌承轉詔旨及政府各部門命令、文書，摘録章奏事由，投遞各項文書。元代廢。唐柳宗元《邠寧進奏院記》："其在漢制，則皆邸以奉朝請；唐興因之，則皆院以備進奏。"宋陸游《老學庵筆記》卷八："大駕初駐蹕臨安，故都及四方士民商賈輻輳，又創立官府，扁牓一新。好事者取以爲對曰：'鈐轄諸道進奏院，詳定一司敕令所。'"參閱《文獻通考·職官一四》。

欽天監

官署名。掌觀天象、考曆數等職。歷代多設置，然名稱不同。周有太史，秦漢以後有太史令。隋始設太史監，唐初設太史局，後名稱屢改，有秘書閣局、渾天監、渾儀監、太史監等。至唐肅宗乾元元年（758）改爲司天臺，除占候天象外，并預造來年年曆，頒於天下。隸秘書省。宋元有司天監，仍與太史局、太史院并置。元又設有回回司天監。明清改名欽天監，設監正、監副等官。清制，漢滿并用，亦有個别歐洲傳教士參加。參閱《明史·職官志三》《清史稿·職官志二》。

將作監

官署名。秦置官將作少府，漢景帝中元六年（公元前144）改名將作大匠。掌治宫室、宗廟、陵寢及其他建築事宜。魏晋沿置。東晋至南朝宋、齊，有事則置，無事則罷。南朝梁改稱大匠卿。北齊始置將作寺，隋開皇二十年（600）改稱將作監。唐宋因之，名稱有異。唐龍朔間改爲繕工監，光宅間改爲營繕監，神龍間復稱將作監，置大匠、小匠。宋置監、少監各一人。元有將作院，置院使七人，掌製造金、玉、犀角、象牙、各種服飾及織造、刺綉等事。明初設將作司，後屬工部，稱營繕所。參閱《隋書·百官志下》《舊唐書·職官志三》。

警戒物等

桓栢

亦稱"閑""行馬""攔衆"。又有"鹿角叉""朱紅杈子""黑漆杈子""朱漆杈子""拒馬叉子"等多種稱謂。置於宫闕或官署門前以攔阻車馬通行的木架。一木橫中，兩木互穿，以成四角。宫闕用大紅，官署用黑色塗之。宋

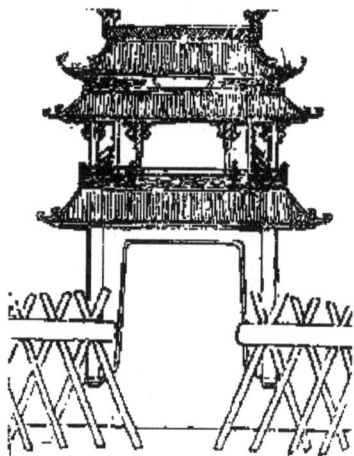

行　馬
（明王圻等《三才圖會》）

以後謂之“杈”。《周禮・天官・掌舍》：“掌王之會同之舍，設梐枑再重。”漢鄭玄注：“梐枑，謂行馬。玄謂，行馬再重者，以周衛，有外內列。”唐元稹《夢游春七十韵》：“石壓破闌干，門摧舊梐枑。”唐李商隱《九日》詩：“郎君官貴施行馬，東閣無因再得窺。”《通雅・宮室》：“行馬，梐枑也，宋謂之杈。宮府門設之，古賜第，亦門施行馬。今曰攔衆。宮闕用朱，官寺用黑，宋以來謂之杈。”清張之洞《讀史絕句・李商隱》：“未卜郎君行馬貴，後賢應笑義山癡。”章炳麟《訄書・經武》：“夫家有梐枑，而國有甲兵，非大同之世，則莫是先矣。”

【行馬】

即梐枑。此稱漢代已行用。見該文。

【攔衆】

即梐枑。此稱清代已行用。見該文。

【杈】

即梐枑。此稱宋代已行用。見該文。

【閑】

亦稱“攔黨”。即梐枑。《周禮・夏官・虎賁氏》：“掌先後王而趨以卒伍。軍旅、會同，亦如之，舍則守王閑。”鄭玄注：“閑，梐枑。”賈公彥疏：“《掌舍》云掌王之會同之舍，則設梐枑再重。杜子春以爲行馬。後鄭云行馬再重者，以周衛有外內列。《校人職》養馬曰閑，是其閑與梐枑皆禁衛之物，故以閑爲梐枑釋之也。”明王圻等《三才圖會・宮室一》：“梐枑，一木橫中，兩木互穿以成四角，施之於門，以爲禁約也。魏晋以後，官至貴品，其門得施……又名攔黨。”

【攔黨】

即梐枑。此稱明代已行用。見該文。

【鹿角叉】

省稱“鹿角”。即古之梐枑。因鹿性警，群居則環其角，圓圈如陣以防，故稱。以其按等級飾色不同，故又有“朱紅杈子”“黑漆杈子”“朱漆杈子”之稱。宋孟元老《東京夢華錄・大内》：“大内正門宣德樓列五門……下列兩闕亭相對，悉用朱紅杈子。”又《御街》：“自政和間官司禁止，各安立黑漆杈子；路心又安朱漆杈子兩行。”鄧之誠注：“阮葵生《茶餘客話》十八：‘今衙門列木於衢，俗名攔衆，即古之梐楯也’……《三餘贅筆》稱爲鹿角。”《格致鏡原》卷二十引《名義考》：“今制：朝門及公府，以衡木爲斜，好別以木交錯穿之，樹於門外，俗謂鹿角叉，即古之行馬也。”

【鹿角】

“鹿角叉”之省稱。此稱清代已行用。見該文。

【朱紅杈子】

即鹿角叉。此稱宋代已行用。見該文。

【黑漆杈子】

即鹿角叉。此稱宋代已行用。見該文。

【朱漆杈子】

即鹿角叉。此稱宋代已行用。見該文。

【拒馬叉子】

即梐枑。宋李誡《營造法式·總釋下·拒馬叉子》：“《周禮·天官》：掌舍設梐枑再重。故書枑爲柜。鄭司農云：梐，梐枑也；拒，受居溜水涷橐者也。行馬再重者以周衛，有内外列。杜子春讀爲梐枑，謂行馬者也。《義訓》：梐枑，行馬也。今謂之拒馬叉子。”

欄騎

阻擋人馬入内的防護設施。晋干寶《搜神記》卷一八：“公門置甲兵欄騎，當是致疑於僕也。將恐天下之人，捲舌而不言；智謀之士，望門而不進。”

乘石

古代天子登車用的墊脚石。《周禮·夏官·隸僕》：“王行，洗乘石。”鄭玄注引鄭司農云：“乘石，王所登上車之石也。”《淮南子·齊俗訓》：“履乘石，攝天子之位。”南朝梁任昉《百辟勸進今上箋》：“是以履乘石而周公不以爲疑，增玉瓚而太公不以爲讓。”

第三章　瑞信符契說

第一節　瑞信考

　　瑞是指古代帝王、諸侯、大臣、貴族專用的玉質符信，有圭、璧、璋、琮、璜等諸多名目，一般用作祭祀、朝聘、會盟、出使、征伐，也用於標示個人地位、身份。種類繁多，形制、用途各異，先秦時期頗爲盛行，多作爲社會活動中行使職權的實用質信之物，同時也是各類祭典場合的禮器。

　　不同的瑞符有不同的用途，并由不同身份地位者持有。天子所用稱爲“鎮圭”“大圭”。鎮圭長一尺二寸，較諸侯大臣所用之圭爲大，一般用作祭祀、朝聘等禮儀場合手執的信物；大圭亦稱“玉笏”，長三尺，是天子朝聘時插在腰間的玉器。朝聘時諸侯以下所執的瑞信皆爲天子所賜予，通稱“命圭”，共計五種，稱“五瑞”：“桓圭”，公所執；“信圭”，侯所執；“躬圭”，伯所執；“穀璧”，子所執；“蒲璧”，男所執。其形制依次變小。圭類除上述常見者外，又有“青圭”，爲天子禮東方神所專用；“封圭”，爲諸侯始封時天子所賜之圭；“琬圭”“琰圭”“穀圭”，爲天子使者專用之信物。圭外形上尖下方，長一尺二寸至七寸不等，寬三寸，厚半寸。璋也是古代常見的一種玉質符信。其形制如半圭，猶如將圭縱嚮中剖，其大小、厚薄、長短因所用不同而各异。"大璋"以聘女，"牙璋""中璋"以發兵征戰。此外，璋亦常用於祭祀等禮儀場合。如"赤璋"，爲天子禮南方神所專用。有別於圭、璋者爲璧、琮。璧之形制爲扁平圓形，中間有孔，孔小而邊大。商周至漢代墓葬中時有出土，多用於朝聘、盟誓、祭祀等。其中蒼璧爲天子禮天所專用。半璧曰璜（即中剖之璧），亦稱"玄璜"，爲天子禮北方神所專用。琮之形制以方柱形或筒形爲常見，中有圓孔。有"大琮""黃琮""瑑琮""駔琮"等數種，多用於后宮、禮聘夫人、祭祀土地等。如其中之黃琮即爲天子禮地所專用。與璧相近者有瑗、環。其中孔邊相當者稱"環"，用於修好和難；孔大邊小者稱"瑗"，用於招賢納士。此外尚有刻作伏虎形之白玉，稱白虎，爲天子禮西方所專用。

秦漢以後，上述瑞符繼續行用，但其質信功能漸爲符、節、關、傳等所替代；珪、璋、琮、璧等僅用於重大典禮場合，作爲象徵性的禮器，環、瑗之類已成爲一般性的飾物。至明代又增有"祝板"，長一尺二寸，廣九寸，厚一分，用梓木，以楮紙裹之，專用以禮宗廟。因"祝板"其物，如同前述之"白虎"，屬專用以祭祀之物，有別於本考之瑞信，故不列專文闡釋。

至清廷入主中原之後，其禮儀雖稱"有漢、宋備物備禮之誠，無宋代祀繁致褻之弊"（《清史稿・禮志四》），實則大革其制，漢唐禮器已所用無幾，而作爲瑞信之物，殆予掃盡，滿禮、滿俗驟然而起。至辛亥革命始，中國之帝制，連同其禮器瑞信之屬，盡予廢止。

總名連稱

瑞

古代玉質符信。種類繁多，形制各异，以標示使用者之地位、身份。多爲王侯所用，如帝王有大圭、鎮圭，諸侯有桓圭、信圭、躬圭等。朝覲、會盟及諸侯相見時執之，作爲信驗。常用者有五種，即璜、璧、璋、珪、琮，稱爲"五瑞"。《書・舜典》："〔舜〕輯五瑞，既月，乃日覲四岳群牧，班瑞于群后。"陸德明釋文："瑞……信也。"《周禮・春官・典瑞》："典瑞，掌玉瑞、玉器之藏。"鄭玄注："人執以見曰瑞，禮神曰器。瑞，符信也。"孔穎達疏："若天子受瑞於天，諸侯不得受瑞於天，唯受瑞於天子，故名瑞。"《左傳・哀公十四年》："司馬請瑞焉，以命其徒攻桓氏。"杜預注："瑞，符節，以發兵。"《説文・玉部》："瑞，以玉爲信也。"《管子・君臣上》："君發其明府之法，瑞以稽之。"尹知章注："瑞，君所與臣爲信者，珪璧之屬也。又必合其瑞以考之也。"《文選・范雲〈贈張徐州稷〉詩》："軒蓋照墟落，傳瑞生光輝。"李善注引鄭玄曰："瑞，節信也。"

【瑞信】

亦稱“瑞玉”。即瑞。泛指古代帝王賜予諸侯的玉質符信。朝覲、會盟及諸侯相見時執之，以地位不等而分爲桓圭、信圭、躬圭、穀璧、蒲璧等數種。《周禮·考工記·玉人》：“命圭九寸，謂之桓圭，公守之；命圭七寸，謂之信圭，侯守之；命圭七寸，謂之躬圭，伯守之。”賈公彥疏：“以圭授之，以爲瑞信者也。”《儀禮·覲禮》：“侯氏裨冕，釋幣于禰，乘墨車，載龍旂、弧韣，乃朝，以瑞玉，有繅。”鄭玄注：“瑞玉，謂公桓圭，侯信圭，伯躬圭，子穀璧，男蒲璧。”漢班固《白虎通·闕文·朝聘》：“諸侯來朝，天子親與之合瑞信者何？正君臣，重法度也。”陳立疏證：“《御覽》引《書大傳》云：‘古圭冒者，天子所以與諸侯爲瑞也。諸侯執所受圭以朝天子。瑞也者，屬也。無過行者復其圭以歸其國，有過行者留其圭，能改過者復其圭；三年圭不復，少絀以爵；六年圭不復，少絀以地；九年圭不復，而地畢削。即天子與諸侯合瑞信之制也。’”宋蘇軾《坤成節功德疏文》：“上帝儲休，遣寶龜而降聖；群方仰德，執瑞玉以來賓。”

【瑞玉】

即瑞信。此稱先秦時期已行用。見該文。

【玉瑞】

泛指古代朝聘時所執之玉質禮器。即瑞。《周禮·春官·典瑞》：“典瑞，掌玉瑞、玉器之藏，辨其名物，與其用事。”鄭玄注：“人執以見曰瑞。……瑞，符信也。”賈公彥疏：“人執之則曰瑞，即下文鎮圭之等是也。”南朝梁劉勰《文心雕龍·書記》：“符者，孚也。徵召防僞，事資中孚。三代玉瑞，漢世金竹，末代從省，易以書翰矣。”唐崔鎮《尚書省梧桐賦》：“剪刻爲圭，琢磨成器。龍章鳳輈，金符玉瑞。”

六瑞

古代朝聘時天子、諸侯所執之六種瑞玉，即鎮圭、桓圭、信圭、躬圭、穀璧、蒲璧。《周禮·春官·大宗伯》：“以玉作六瑞，以等邦國：王執鎮圭，公執桓圭，侯執信圭，伯執躬圭，子執穀璧，男執蒲璧。”又《秋官·小行人》“成六瑞”鄭玄注：“瑞，信也。皆朝見所執，以爲信。”

玉鎮

泛指古代公、侯、伯、子、男用以表示身份、鎮撫國家的玉器。義同六瑞。《周禮·春官·天府》：“天府掌祖廟之守藏與其禁令，凡國之玉鎮、大寶器藏焉。”鄭玄注：“玉鎮，大寶器。玉瑞，玉器之美者。”賈公彥疏：“玉鎮，即《大宗伯》云以玉作六瑞鎮圭之屬。”孫詒讓正義：“王及諸侯六瑞通謂之玉鎮。《蘇氏演義》引《三禮義宗》云：上公鎮桓圭，九寸；侯鎮信圭，七寸；伯鎮躬圭，六寸；子鎮穀璧，五寸；男鎮蒲璧，五寸。謂之鎮者，皆受之於天子以爲瑞信，鎮撫國家也。”

五玉[1]

亦稱“五瑞”“五器”。因其用不同，其名亦不同。執之曰瑞，陳列曰玉、器。五玉、五瑞、五器，皆指古代諸侯朝聘時所執之五種瑞信，即桓圭、信圭、躬圭、穀璧、蒲璧。《書·舜典》：“修五禮、五玉、三帛、二生、一死贄。如五器，卒乃復。”孔穎達疏：“此云五玉，即上文五瑞，故知五等諸侯執其玉也。鄭玄云：‘執之曰瑞，陳列曰玉。’……器謂圭璧，即五玉是也。”又“輯五瑞”孔穎達疏：“《周

禮·典瑞》云：'公執桓圭，侯執信圭，伯執
躬圭，子執穀璧，男執蒲璧。'是圭璧爲五等
之瑞，諸侯執之以爲王者瑞信。"《南齊書·樂
志》："五玉既獻，三帛是薦。"

【五瑞】[1]

即五玉[1]。此稱先秦時期已行用。見該文。

【五器】

即五玉[1]。此稱先秦時期已行用。見該文。

五玉[2]

亦稱"五瑞"。諸侯所用的五種玉質符信。
即璜、璧、璋、珪、琮。其中璜以徵召，璧以
聘問，璋以發兵，珪以信質，琮以起土功之事。
或説珪以朝，璧以聘，琮以發兵，璜以發衆，
璋以徵召。《公羊傳·定公八年》"寶者何，璋
判白"漢何休注："不言璋言玉者，起珪、璧、
琮、璜、璋，五玉盡亡之也。"漢班固《白虎
通·文質》："何謂五瑞？謂珪、璧、琮、璜、
璋也。"一説亦指五種祥瑞之物，即黃龍、白
鹿、嘉禾、木連理、甘露。參閲宋洪适《隸釋》
卷四載漢李翕《黽池五瑞碑》碑文。

【五瑞】[2]

即五玉[2]。此稱漢代已行用。見該文。

四器

指圭、璋、璧、琮。古代聘禮所用四種玉
器。《儀禮·聘禮》："凡四器者，唯其所寶，以
聘可也。"鄭玄注："言國獨以此爲寶也。四器
謂圭、璋、璧、琮。"

琬琰

玉器名。謂琬珪、琰珪之合稱。兩物寬大
厚重，後用以紀社稷要
事。《書·顧命》："赤刀、
大訓、弘璧、琬琰在西
序。"孔傳："大璧、琬琰
之珪爲二重。"蔡沈集傳：
"琬琰，圭名。"唐李隆基
《孝經序》："寫之琬琰，
庶有補於將來。"邢昺疏：
"寫之琬圭琰圭之上，若
簡策之爲……或謂刊石
也。而言寫之琬琰者，取
其美名耳。"

琬　琰
（宋龍大淵等《宋淳
熙敕編古玉圖譜》）

珪璋璧琮

圭

亦作"珪"。古代玉質禮器。帝王諸侯朝
聘、祭祀等隆重禮儀所用。長條形，上尖下方。
其名稱、大小因爵位及用途不同而异。如，天
子之圭長一尺二寸，稱"鎮圭"；公之圭長九
寸，稱"桓圭"；等等。《書·金縢》："植璧秉
珪，乃告大王、王季、文王。"《荀子·大略》：
"聘人以珪，問士以璧。"《周易·益》："有孚中

行，告公用圭。"《儀禮·聘禮》："所以朝天子，
圭與繅皆九寸，剡上寸半，厚半寸，博三寸。"
鄭玄注："圭，所執以爲瑞節也。剡上象天圜地
方也……九寸，上公之圭也。"賈公彦疏："凡
圭，天子鎮圭，公桓圭，侯信圭，皆博三寸，
厚半寸，剡上左右各寸半，唯長短依命數不
同。"漢劉向《説苑·修文》："諸侯以圭爲贄。
圭者玉也，薄而不撓，廉而不劌，有瑕於中，

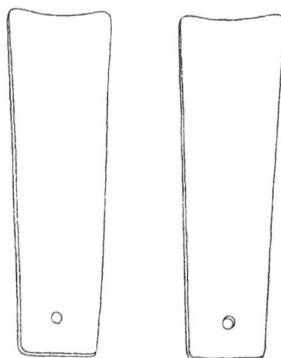

圭
（清吳大澂《古玉圖考》）

必見於外，故諸侯以玉爲贄。"唐段成式《酉陽雜俎·禮異》："古者安平用璧，興事用圭，成功用璋，邊戎用珩。"《清史稿·樂志五》："續著旂常，榮褒圭玠。"參閱清武億《授堂詩文鈔·古玉圭圖説》。

【珪】

同"圭"。此體先秦已行用。見該文。

【玉圭】

亦作"玉珪"。即圭。三國魏曹植《辯道論》："瓊蕊玉華，不若玉圭之潔也。"《後漢書·張衡傳》"偽稱洞視玉版"李賢注引《遯甲開山圖》："禹游於東海，得玉珪，碧色，長一尺二寸，圓如日月。"宋周密《癸辛雜識·別集·升遐玉圭》："國朝典故，凡人主升遐，玉帶則取之霍山，玉圭則取之文宣王，向後復送還之。"《西游記》第三七回："行者道：'這是國王手中執的寶貝，名喚玉珪。'"見該文。

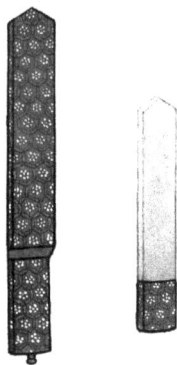

玉　圭
（《明宮冠服儀仗圖》）

【玉珪】

同"玉圭"。此體魏晉時期已行用。見該文。

【珪符】

即圭。泛指古代封官授爵之玉質符信。《左傳·哀公十四年》："司馬牛致其邑與珪焉。"杜預注："珪，守邑符信。"《文選·王融〈永明十一年策秀才文〉之三》："頃深汰珪符，妙簡銅墨。"李善注："《周禮》曰：'上公之禮，執桓珪；諸侯之禮，執信珪；諸伯執躬珪。'"

【圭瑞】

亦稱"瑞珪"。即圭。古代舉行隆重禮儀所用之玉質符信。常以其賜諸侯大臣，因身份、地位不同，形制各异。《儀禮·聘禮》"賓襲執圭"唐賈公彥疏："盛禮者，以其圭瑞以行禮，故爲盛禮也。"《後漢書·蔡邕傳》："或畫一策而縮萬金，或談崇朝而錫瑞珪。"漢班固《白虎通·崩薨》："諸侯薨，使臣歸瑞珪於天子者何？諸侯以瑞珪爲信，今死矣，嗣子諒闇三年之後，當乃更爵命，故歸之推讓之義也。"參見本卷《瑞信符契説·瑞信考》"六瑞"。

【瑞珪】

即圭瑞。此稱漢代已行用。見該文。

封圭

上古諸侯始受封時天子所賜之玉圭。上尖下方，諸侯守之以爲信物。《穀梁傳·定公八年》："寶玉者，封圭也。"范甯注："始封之圭。"《尤倉子·政道》："鄭有胡之封珪、戎弓，異時失同於荊。荊曰：'必得封珪、戎弓，不然臨兵於汝。'"

桐圭

亦作"桐珪"。泛指古代帝王封拜之符信。源於"剪桐封弟"之事。《史記·晉世家》："成

王與叔虞戲，削桐葉爲珪，以與叔虞曰：‘以此
封若。’史佚因請擇日立叔虞。成王曰：‘吾與
之戲耳。’史佚曰：‘天子無戲言……’於是遂
封叔虞於唐。”後遂爲封拜之符信的代稱。唐王
勃《乾元殿頌序》：“桐珪作瑞，鳳毛曜丹穴之
英。”唐許孟容《享文敬太子廟樂章》：“桐圭早
貴，象輅追設。”

【桐珪】

同“桐圭”。此體唐代已行用，見該文。

圭璧

古代帝王用以祭禮日月星辰的瑞玉。
《詩·大雅·雲漢》：“圭璧既卒，寧莫我聽。”
朱熹集傳：“圭璧，禮神之玉也。”《周禮·考
工記·玉人》：“圭璧
五寸，以祀日月星辰。”
鄭玄注：“禮其神也，
圭其邸爲璧。”賈公彥
疏：“謂以璧爲邸，旁
有一圭。”孫詒讓正義
引聶崇義曰：“於六寸
璧上，琢出一圭，長五
寸。”唐封演《封氏聞

圭　璧
（明方于魯《方氏墨譜》）

見記·紙錢》：“按古者享祀鬼神，有圭璧幣帛，
事畢則埋之。”明唐順之《送人上陵作》詩：
“恭將圭璧朝群帝，遥奉馨香薦五陵。”參見本
書《禮俗卷·祭祀説》“圭璧”文。

【璧圭】

即圭璧。元劉將孫《竹齋記》：“淇澳之菁
菁，璧圭金錫，僅以像君子之德。”明鄭真《題
浮玉山房》詩：“長材自許充瑚璉，高爵終期賜
璧圭。”

裸圭

亦稱“鬯圭”“瑒圭”。古帝王祭祀祖先、
宴享賓客所用之玉器。《周禮·春官·典瑞》：
“裸圭有瓚，以肆先王，以裸賓客。”鄭玄注引
鄭司農云：“於圭頭爲器，可以挹鬯裸祭謂之
瓚。”賈公彥疏：“裸據賓客，祭據宗廟也。”又
《考工記·玉人》：“裸圭尺有二寸，有瓚，以祀
廟。”鄭玄注：“裸之言灌也，或作淉，或作果。
裸謂始獻酌奠也。瓚如盤，其柄用圭，有流前
注。”《國語·魯語上》：“文仲（臧文仲）以鬯
圭與玉磬如齊告糴。”《説文·玉部》“瑒”段玉
裁注：“裸圭謂之瑒圭……《魯語》謂之鬯圭，
用以灌鬯者也。”參見本書《禮俗卷·祭祀説》
“裸圭”文。

【鬯圭】

即裸圭。此稱先秦時期已行用。見該文。

【瑒圭】

即裸圭。此稱漢代已行用。見該文。

穀圭

古代帝王使者所執
之瑞玉。用以修好或聘
女。長七寸。因其飾以
粟紋，故稱。《周禮·春
官·典瑞》：“穀圭以和
難，以聘女。”鄭玄注：
“穀圭亦王使之瑞節。
穀，善也。其飾若粟文
然。”賈公彥疏：“難

穀　圭
（清吳大澂《古玉圖考》）

謂兩諸侯相與爲怨仇，王使人和之，則執以往
也。……聘女亦是和好之事，故亦用善圭也。”

珍圭

上古帝王使者所持之瑞節。用以恤凶荒。

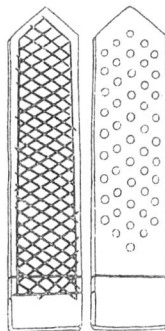

《周禮・春官・典瑞》："珍圭以徵守，以恤凶荒。"鄭玄注："珍圭，王使之瑞節，制大小當與琬琰相依。王使人徵諸侯、憂凶荒之國，則授之，執以往致王命焉。如今時使者持節矣。恤者，闓府庫振救之，凡瑞節歸，又執以反命。"

琰圭

上古天子使者所執之信物。古時為征伐不義之信符。玉質。長九寸，寬三寸，厚半寸，上端尖圓，狀類半月，下端方正。《周禮・春官・典瑞》："琰圭以易行，以除慝。"鄭玄注："琰圭亦王使之瑞節。鄭司農云：'琰圭有鋒芒，傷害、征伐、誅討之象，故以易行除慝……'玄謂除慝亦於諸侯使大夫來覜，既而使大夫執而命事於壇。"又《考工記・玉人》："琰圭九寸，判規，以除慝，以易行。"鄭玄注："琰圭，琰半以上，又半為琢飾，諸侯有為不義，使者征之，執以為瑞節也。"元方回《石氏四子名字說》："諸侯有不義者，王命使持琰圭之節執之，今之風憲將帥近之。"清吳大澂《古玉圖考・琰圭》："〔琰圭〕其制，上作半月形……左右兩角，棱棱有鋒。"

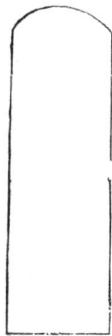

琰　圭
（明王圻等《三才圖會》）

玄圭

亦作"玄珪"。黑色玉圭，上尖下方。傳云堯以之賜大禹。《書・禹貢》："禹錫玄圭，告厥成功。"孔傳："玄，天色。禹功盡加於四海，故堯賜玄圭，以彰顯之，言天功成。"蔡沈集傳："水色黑，故圭以玄珪。"《漢書・王莽傳

上》："伯禹錫玄圭，周公受郊祀，蓋以達天之使，不敢擅天之功也。"《太平御覽》卷八二引《尚書璿璣鈐》："禹開龍門，導積石，出玄珪。"《宋史・輿服志三》："政和二年，宦者譚稹獻玄圭。其制，兩旁刻十二山，若古山尊，上銳下方。上有雷雨之文，下無瑑飾，外黑內赤，中一小好，可容指，其長尺有二寸。"明楊慎《別陳玉泉》詩："平成紹禹績，玄圭獻堯天。"

【玄珪】

同"玄圭"。此體漢代已行用。見該文。

大圭

亦作"大珪"。亦稱"玉笏""珽""玉珽"等。古代帝王朝聘時插在衣帶間的玉器。高三尺，呈"个"字形，頭部為方形，邊長六寸。因其形制大，故稱。《周禮・春官・典瑞》："王晉大圭，執鎮圭，繅藉五采五就，以朝日。"賈公彥疏："摺，插也。謂插大圭長三尺玉笏於帶間。"又《考工記・玉人》："大圭長三尺，杼上終葵首。"鄭玄注："王所摺大圭也，或謂之珽。"孫詒讓正義引戴震云："大圭，笏也，天子玉笏，其首六寸，謂之珽。"《左傳・桓公二年》"袞、冕、黻、珽"杜預注："珽，玉笏也，若今吏之持簿。"陸德明釋文引徐廣曰："持簿，手版也。"《荀子・大略》："天子御珽，諸侯御荼，大夫服笏，禮也。"楊倞注："珽，大珪。長三尺，杼上，終葵首，謂剡上至其首而方也。"《周書・晉蕩公護傳》："帝以玉珽自後擊之，護踣於地。"

大　圭
（明王圻等《三才圖會》）

《唐會要·雜郊議下》："太常引皇帝至中壝門外，殿中監進大珪。"《金史·輿服志中》："自西魏以來，所制玉笏皆長尺有二寸。"《資治通鑑·陳宣帝太建四年》："護既入，如帝所戒讀《酒誥》，未畢，帝以玉珽自後擊之，護踣於地。"

【大珪】

同"大圭"。此體唐代已行用。見該文。

【玉笏】

即大圭。此稱晉代已行用。見該文。

【珽】

即大圭。以其挺然無所屈，故稱。此稱先秦時期已行用。見該文。

【玉珽】

即大圭。此稱南北朝已行用。見該文。

簡圭

古玉器名。大圭之一種。《淮南子·說山訓》："周之簡圭，生於垢石。"高誘注："簡圭，大圭。美玉出於石中，故曰生垢石。"

鎮圭

亦作"瑱圭"，省稱"瑱"。古代天子朝聘等禮儀場合所用之信物。玉質，六瑞之一，為王所執。長一尺二寸，寬三寸，厚半寸。四角刻有山形圖案，中部繫有五彩絲繩。取安定四方之意，故稱。常襯以木質或絲質之墊子。《周禮·春官·大宗伯》："以玉作六瑞，以等邦國。王執鎮圭。"鄭玄注："鎮，安也，所以安四方。鎮圭者，蓋以

圖 鎮 圭
（宋聶崇義《三禮圖集注》）

四鎮之山為瑑飾。"又《秋官·小行人》："王用瑱圭，公用桓圭。"陸德明釋文："瑱宜作鎮音。"《禮記·朝事》："天子冕而執鎮圭，尺有二寸。"唐杜牧《題池州弄水亭》詩："農時貴伏臘，簪瑱事禮略。"《元史·輿服志一》："鎮圭，制以玉，長一尺二寸，有袋副之。"

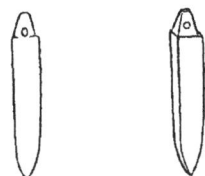

瑱
（清吳大澂《古玉圖考》）

【瑱圭】

同"鎮圭"。此體先秦時期已行用。見該文。

【瑱】

"瑱圭"之省稱。此稱先秦時期已行用。見該文。

介圭

亦作"玠圭""玠珪""介珪"。即鎮圭。《書·顧命》："太保承介圭。"孔傳："大圭尺二寸，天子守之。"按，此處大圭應作"圭大"，同下《爾雅·釋器》文。《詩·大雅·崧高》："錫爾介圭，以作爾寶。"鄭玄箋："圭長尺二寸謂之介。非諸侯之圭，故以為寶。"《爾雅·釋器》："圭大尺二寸謂之玠。"郭璞注引《詩》作"賜爾玠珪"。《後漢書·張衡傳》："服衮而朝，介圭作瑞。"唐皎然《贈李中丞洪》詩："地裂大將封，家傳介珪瑞。"宋王安石《賀慶州杜待制啟》："韓侯獻功，即介

介 圭
（宋龍大淵等《宋淳熙敕編古玉圖譜》）

圭而入覲。"

【玠圭】

同"介圭"。此體先秦時期已行用。見該文。

【玠珪】

同"介圭"。此體先秦時期已行用。見該文。

【介珪】

同"介圭"。此體唐代已行用。見該文。

【小球】

即鎮圭。小玉,一尺二寸。《詩 · 商頌 · 長發》:"湯降不遲……受小球、大球,爲下國綴旒,何天之休!"毛傳:"球,玉。"鄭玄箋:"湯既爲天所命,則受小玉,謂尺二寸圭也。"孔穎達疏:"小球玉,謂尺二寸之鎮圭也。"

桓圭

古代朝聘時公爵諸侯所執之信物禮器。玉質,爲六瑞之一。長九寸,寬三寸,厚半寸,兩面刻兩豎棱,合之爲四,取象宮室之桓楹,故稱。《周禮 · 春官 · 大宗伯》:"公執桓圭。"鄭玄注:"雙植謂之桓。桓,宮室之象,所以安其上也。桓圭,蓋亦以桓爲瑑飾,圭長九寸。"賈公彥疏:"桓謂若屋之桓楹……以其宮室在上,須得桓楹乃安。"孫詒讓正義:"桓圭蓋兩面,面各瑑二棱,合之爲四棱,正與四桓楹相似。"清袁枚《隨園詩話》卷一四:"余在揚州汪魯佩家,見桓圭,長七寸,葵首垂繰,質粹沁紅,真三代物也。"《清史稿 · 樂志五》:"桓圭章甫,彤廷舞蹈,時覲春秋。"

桓　圭
（明王圻等《三才圖會》）

【琬圭】

即桓圭。古代天子使者所執之信物禮器。諸侯有德,王命賜之,使者致命所執之信物。玉質,長九寸,寬三寸,上端圓滑,下端方正。《周禮 · 春官 · 典瑞》:"琬圭以治德,以結好。"鄭玄注:"琬圭亦王使之瑞節。諸侯有德,王命賜之,及諸侯使大夫來聘,既而爲壇會之,使大夫執以命事焉。"又《考工記 · 玉人》:"琬圭九寸而繅以象德。"鄭玄注:"琬,猶圓也,王使之瑞節也。諸侯有德,王命賜之,使者執琬圭以致命焉。"元方回《石氏四子名字説》:"蓋琬圭之首圓,其象仁。"

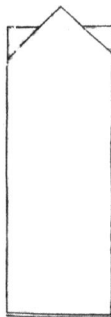

琬　圭
（明王圻等《三才圖會》）

【命圭】

亦作"命珪"。即桓圭。古代天子賜予公爵諸侯朝聘所執之信物禮器。以天子所命,故稱。《周禮 · 考工記 · 玉人》:"命圭九寸,謂之桓圭,公守之;命圭七寸,謂之信圭,侯守之;命圭七寸,謂之躬圭,伯守之。"鄭玄注:"命圭者,王所命之圭也。朝覲執焉,居則守之。"

【命珪】

同"命圭"。唐韓愈《桃林夜賀晉公》詩:"手把命珪兼相印,一時重疊賞元功。"元劉壎《隱居通議 · 范去非諸作》:"賈師憲自江上入相,去非作賀啓,有曰:'命珪相印,瞻騎火之西來;羽扇綸巾,賦大江之東去。'"

信圭

古代朝聘時侯爵所執之信物禮器。玉質,爲六瑞之一。長七寸,寬三寸,厚半寸。正面刻人形圖案，圖紋較細密。《周禮·春官·大宗伯》："侯執信圭，伯執躬圭。"鄭玄注："信當爲身，聲之誤也。身圭、躬圭，蓋皆象以人形爲琢飾，文有麤縟耳。欲其慎行以保身。"賈公彥疏："縟，細也。以其皆以人形爲飾，若不麤縟爲異，則身、躬何殊而別之？故知文有麤縟爲別也。"《國語·周語上》"爲贄幣、瑞節以鎮之"韋昭注："瑞，六瑞；王執鎮圭……侯執信圭，七寸。"

信 圭
（明王圻等《三才圖會》）

躬圭

上古朝聘時伯爵諸侯所執之信物禮器。玉質，爲六瑞之一。長六寸，寬三寸，厚半寸，正面刻有人形圖案，圖紋較粗。以其形如人弓身彎曲，故名。《周禮·春官·大宗伯》："伯執躬圭。"鄭玄注："身圭、躬圭，蓋皆象以人形爲琢飾，紋有麤縟耳。欲其慎行以保身。"陳大年《圭之研究》："凡弓必作穹曲之形，人之鞠躬，其背稍曲，亦必作穹曲之形，躬圭制，即本此義。"參見本卷《瑞信符契說·瑞信考》"玉鎮"文。

躬 圭
（明王圻等《三才圖會》）

璋

古玉器名。制如半圭，猶如將圭縱嚮中剖，其大小、厚薄、長短，因所用之不同而各異。分大璋、中璋、小璋、牙璋、邊璋、赤璋等。

王侯於祭祀、朝聘、喪葬、治軍時作爲禮器或信瑞。《書·顧命》："秉璋以酢。"孔傳："半圭曰璋。"《詩·大雅·棫樸》："濟濟辟王，左右奉璋。"《周禮·考工記·玉人》："大璋亦如之，諸侯以聘女。"又："牙璋、中璋七寸，射二寸，厚寸，以起軍旅，以治兵守。"又《春官·大宗伯》："以玉作六器，以禮天地四方。……以赤璋禮南方。"《左傳·昭公五年》："朝聘有珪，享覜有璋。"唐段成式《酉陽雜俎·禮異》："古者安平用璧，興事用圭，成功用璋。"參閱清吳大澂《古玉圖考》。參見本書《禮俗卷·祭祀說》"璋"文。

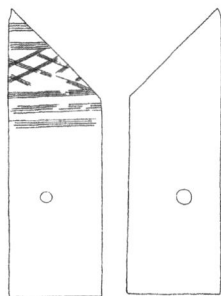

璋
（清吳大澂《古玉圖考》）

中璋

璋之一種。古代祭祀、發兵所用的玉質符信。因所用不同而形制有別。或九寸，或七寸，發兵軍少時所用。《周禮·考工記·玉人》："大璋、中璋九寸，邊璋七寸，射四寸，厚寸。黃金勺，青金外，朱中。鼻寸，衡四寸，有繅。天子以巡守，宗祝以前馬。大璋亦如之。"鄭玄注："天子巡逗，有事山川，則用灌焉。於大山川則用大璋，加文飾也；於中山川用中璋，殺文飾也。"又："牙璋、中璋七寸，射二寸，厚寸，以起軍旅，以治兵守。"鄭玄注："二璋皆有鉏牙之飾於琰側。"賈公

中 璋
（明王圻等《三才圖會》）

彥疏："牙璋起軍旅，則中璋亦起軍旅，二璋蓋軍多用牙璋，軍少用中璋。"

牙璋

璋之一種。古兵符。玉質，旁出有牙，故稱。四川廣漢三星堆一號祭祀坑出土實物數件，長30厘米，身部（上銳出部分）鏤作鳥形。器身一側外弧，一側內曲，兩面均刻一璋形，身與柄之間刻齒狀扉棱。《周禮・春官・典瑞》："牙璋以起軍旅，以治兵守。"鄭玄注引鄭司農云："牙璋，琢以爲牙。牙，齒，兵象，故以牙璋發兵，若今時以銅虎符發兵。"唐楊炯《從軍行》詩："牙璋辭鳳闕，鐵騎繞龍城。"宋沈括《夢溪筆談・辯證一》："牙璋，判合之器也，當於合處爲牙，如今之'合契'。牙璋，牡契也。以起軍旅，則其牝宜在軍中，即虎符之法也。"一說，由兩塊合成，相嵌處呈齒狀，分由朝廷與主帥所掌，齒合爲憑，以調動軍旅。參見本卷《瑞信符契說・瑞信考》"璋"文。

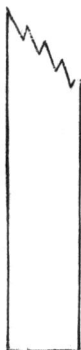

牙璋
（明王圻等《三才圖會》）

璧

古代貴族所用禮器之一種。玉質，圓形，扁平，中有孔，孔徑約爲邊寬的二分之一。新石器時代已有類似器物，商周至漢代墓葬中時有實物出土。多用於朝聘、盟誓、祭祀等，以其所用場合及持者身份不同而形制略異，如有白璧、蒼璧、穀璧、拱璧、圭璧等。《詩・衛風・淇奧》："有匪君子，如金如錫，如圭如

璧
（清吳大澂《古玉圖考》）

璧。"《左傳・僖公二十四年》："公子（重耳）曰：'所不與舅氏同心者，有如白水！'投其璧於河。"《爾雅・釋器》："肉倍好謂之璧。"邢昺疏："肉，邊也。好，孔也。邊大倍於孔者名璧。"《史記・項羽本紀》："項王則受璧，置之坐上。"唐段成式《酉陽雜俎・禮異》："凡節……古者安平用璧。"

拱璧

徑尺大璧。此璧大可兩手拱抱之，故稱。《左傳・襄公二十八年》："與我其拱璧。"孔穎達疏："拱，謂合兩手也。

拱璧
（明王圻等《三才圖會》）

此璧兩手拱抱之，故爲大璧。"明王圻等《三才圖會・器用二》："拱璧徑尺，色蒼，文縮螭鳳，中作雲氣。《老子》曰：'雖有拱璧，以先駟馬。'"明王世貞《題〈宋仲珩方希直書〉》："而百六十年間，學士大夫寶之若拱璧。"按，拱璧當即蒼璧，禮天所用。

穀璧

古代子爵諸侯朝聘時所執之信物禮器。玉質，環形，邊寬爲中孔直徑之兩倍左右，長五寸。上刻有穀粟紋飾，故稱。1986年河北中山靖王劉勝墓出土一實物。璧之四分之一外緣上鏤雕兩獨角螭龍，張口，尾上捲，側身相背。

螭龍頭項上有對稱雲紋，中間一圓穿。兩龍曲身而立，外緣與近內緣各有一圈凸弦紋。璧間滿飾穀紋，排列有序。《周禮·春官·大宗伯》："子執穀璧。"鄭玄注："穀，所以養人……蓋或以穀爲飾……璧皆徑五寸，不執圭者，未成國也。"宋沈括《夢溪筆談·器用》："如蒲、穀璧，《禮圖》悉作草稼之象。今世人發古冢得蒲璧，乃刻文蓬蓬如蒲花敷時，穀璧如粟粒耳。"參見本卷《瑞信符契説·瑞信考》"玉鎮"文。

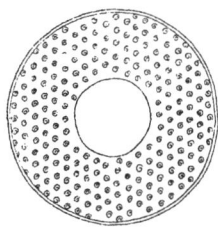

穀 璧
（清吳大澂《古玉圖考》）

蒲璧

古代男爵諸侯朝聘所執之信物禮器。玉質，環形，長五寸。以刻有蒲紋爲飾，故名。《周禮·春官·大宗伯》："以玉作六瑞，以等邦國……子執穀璧，男執蒲璧。"又《春官·典瑞》："公執桓圭，侯執信圭，伯執躬圭，繅皆三采三就；子執穀璧，男執蒲璧，繅皆二采再就，以朝覲宗遇會同于王。"鄭玄注："穀所以養人；蒲爲席，所以安人。二玉蓋或以穀爲飾，或以蒲爲瑑飾，璧皆徑五寸。"唐韋應物《送令狐岫宰恩陽》詩："行行安得辭，荷此蒲璧榮。"宋沈括《夢溪筆談·器用》："如蒲、穀璧，《禮圖》悉作草稼之象，今世人發古冢得蒲璧，乃刻文蓬蓬如蒲花敷時。"明焦竑《焦氏筆乘續集·穀璧》："蒲璧界畫細文，形似蒲華。"

蒲 璧
（明王圻等《三才圖會》）

參見本卷《瑞信符契説·瑞信考》"玉鎮"文。

璧琮

古代諸侯朝見天子或諸侯間相互聘問所執獻之瑞玉。長九寸。《周禮·考工記·玉人》："璧琮九寸，諸侯以享天子。"鄭玄注："享，獻也。"又："瑑圭璋八寸，璧琮八寸，以覜聘。"鄭玄注："覜，視也；聘，問也。眾來曰覜，特來曰聘。"

璧 琮
（明王圻等《三才圖會》）

琮

古代朝聘時所用之瑞玉。有大琮、黃琮、瑑琮、駔琮等多種，形制亦不相同。多方柱形，或有作筒形者，中有圓孔。殷、周墓葬中屢有出土。按，璧多用以禮天、禮天子，琮則多用以禮地、禮夫人（后）。《周禮·考工記·玉人》："璧琮九寸，諸侯以享天子。"鄭玄注："享，獻也。《聘禮》：'享君以璧，享夫人以琮。'"賈公彥疏："上公九命，若侯伯當七寸，子男當五寸。"又："瑑圭璋八寸，璧琮八寸，以覜聘。"賈公彥疏："此謂上公之臣執以覜聘用圭璋，享用璧琮於天子及后也，若兩諸侯自相聘亦執之，侯伯之臣宜六寸，子男之臣宜四寸。"又《秋官·小行人》："琮以錦。"鄭玄注："五等諸侯享天子用璧，享后用琮。"《公羊傳·定公八年》："寶者何？璋判白。"何休注："珪以朝，

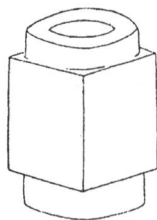

琮
（清吳大澂《古玉圖考》）

璧以聘，琮以發兵，璜以發衆，璋以徵召。"唐段成式《酉陽雜俎·禮異》："大喪用琮。"

大琮

亦稱"內鎮"。琮之一種。古代王后所鎮守以爲權力地位象徵之瑞玉。其制，十有二寸，厚寸，射四寸。《周禮·考工記·玉人》："大琮十有二寸，射四寸，厚寸，是謂內鎮。宗后守之。"鄭玄注："如王之鎮圭也。"賈公彥疏："言大琮者，對上駔琮五寸爲大也……并角徑之爲尺二寸。言射四寸者，據角各出二寸，兩相并四寸。言是謂內鎮者，對天子執鎮圭爲內。謂若內宰對大宰爲內，內司服對司服爲內。王不言外者，男子居外是其常，但婦人陰，則得內稱也。"

大琮
（清吳大澂《古玉圖考》）

【內鎮】

即大琮。此稱先秦時期已行用。見該文。

黃琮

瑞玉。琮之一種。與蒼璧相對而言。八面皆方，色黃，以祀地，故名。《周禮·春官·大宗伯》："以玉作六器，以禮天地四方。以蒼璧禮天，以黃琮禮地。"鄭玄注："璧圜，象天；琮八方，象地。"賈公彥疏："《易》云：'天玄而地黃。'今地用黃琮，依地色。"參見本卷《瑞信符契說·瑞信考》"琮"文。

黃琮
（清吳大澂《古玉圖考》）

瑑琮

瑞玉。琮之一種。因飾以凸紋（瑑），故稱。諸侯用以朝聘君之夫人。《周禮·考工記·玉人》："瑑琮八寸，諸侯以享夫人。"鄭玄注："獻於所朝聘君之夫人。"參閱《周禮·春官·典瑞》。

駔琮

琮之一種。古代帝后用作秤錘之玉器。駔，通"組"。有鼻，以穿繩。后五寸，帝七寸。《周禮·考工記·玉人》："駔琮五寸，宗后以爲權。"鄭玄注："駔讀爲組，以組繫之，因名焉。鄭司農云：'以爲稱錘以起量。'"又："駔琮七寸，鼻寸有半寸，天子以爲權。"賈公彥疏："此天子以爲權，故有鼻，上后權不言鼻者，舉以見后亦有鼻可知。"

駔琮
（宋聶崇義《三禮圖集注》）

瑁瑗環玦

瑁

亦作"冒"。玉器名，爲天子所執之瑞玉。其形下部與諸侯所執之圭上部相吻合，用以驗核諸侯之圭。因覆於其上，故名。《書·顧命》："太保承介圭，上宗奉同瑁。" 孔傳："瑁，所以冒諸侯圭，以齊瑞信，方四寸，邪刻之。"《周禮·考工記·玉人》："天子執冒四寸，以朝諸侯。"《說文·玉部》："瑁，諸侯執圭朝天子，天子執玉以冒之，似犁冠。《周禮》曰：'天子執瑁四寸。'"段玉裁注："名玉曰冒者，言德能覆蓋天下也。"參閱《字彙·玉部》。

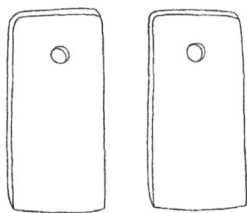

瑁

（清吳大澂《古玉圖考》）

【冐】

同"瑁"。此體先秦已用。見該文。

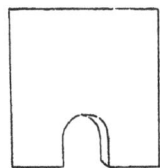

冐

（宋聶崇義《三禮圖集注》）

瑗

玉器，璧屬。帝王常用以徵召。形圓而扁平，中孔直徑大於邊寬。孔小邊大稱璧，孔大邊小稱瑗，孔邊相當稱環，有缺口之環稱玦。《管子·輕重丁》："因使玉人刻石而爲璧……珪中四千，瑗中五百。"《荀子·大略》："問士以璧，召人以瑗。"《說文·玉部》："瑗，大孔璧。人君上除陛以相引……《爾雅》曰：'好倍肉謂之瑗，肉倍好謂之璧。'"《爾雅》郭璞注："瑗，孔大而邊小。"按，好指中孔，肉指邊。

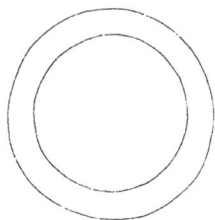

瑗

（清吳大澂《古玉圖考》）

環

瑞玉之一種。圓形，扁平，中有孔，孔徑與邊寬相當。古代用作符信以修好和難，亦作飾物。《左傳·昭公十六年》："宣子有環，其一在鄭商。" 孔穎達疏："肉、好若一，其孔及邊肉大小適等曰環。"《荀子·大略》："絕人以玦，反絕以環。"楊倞注："古者臣有罪，待放於境，三年不敢去，與之環則還，與之玦則絕，皆所以見意也。"《爾雅·釋器》："肉倍好謂之璧，好倍肉謂之瑗，肉、好若一謂之環。"邢昺疏："肉，邊也。好，孔也。"宋高承《事物紀原·衣裘帶服·環》："《瑞應圖》曰：黃帝時西王母獻白環，舜時又獻之，則環當出于此。"清王國維《觀堂集林·說環玦》："余讀《春秋左氏傳》'宣子有環，其一在鄭商'，知環非一玉所成。歲在己未，見上虞羅氏所藏古玉一，共三片，每片上侈下斂，合三而成規。片之兩邊各有一孔，古蓋以物繫之。余謂此即古之環也……後世日趨簡易，環與玦皆以一玉爲之，遂失其制。"

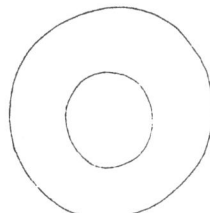

環

（清吳大澂《古玉圖考》）

玦

亦稱"玉玦"。有缺口之環形玉器。用作符節或佩飾，常用以示決斷、決絕之意。始見於新石器時代晚期。浙江餘姚河姆渡第四文化層出土兩件，小件直徑 2.2 厘米，紫紅色，缺口較窄，且未完全斷離，疑爲未成品；大件玉料呈綠色，體爲環形，缺口較大。兩件皆光素無紋，斷面作橢圓形。現藏浙江省博物館。《左傳·閔公二年》："〔衛懿〕公與石祁子玦，與甯莊子矢，使守。"杜預注："玦，玉玦。……

玦示以當決斷，矢示以禦難。"《荀子・大略》："絕人以玦，反絕以環。"楊倞注："古者臣有罪，待放於境，三年不敢去，與之環則還，與之玦則絕。"《史記・項羽本紀》："范增數目項王，舉所佩玉玦以示之者三。"《北齊書・樂陵王百年傳》："帝乃發怒，使召百年。百年被召，自知不免，割帶玦留與妃斛律氏。"明王路《花

玦
（清吳大澂《古玉圖考》）

史左編・芙蓉玦》："錢俶以弟信鎮湖州，後圍芙蓉枝上穿一黃玉玦，枝梢相襯，不知何從而穿也。信截幹取玦以獻人，謂真仙來游，留此以驚世耳。"明楊基《眉菴集・奉天殿早朝》："仗以玉龍銜寶玦，珮將金兕錯銀刀。"

玉玦（漢鳥玉玦）
（明方于魯《方氏墨譜》）

【玉玦】

即玦。此稱漢代已行用。見該文。

其　他

繅

古代墊玉器之彩板。因歷代玉器之形狀不同，形制各異，故所墊亦自有別。《周禮・春官・典瑞》："王晉大圭，執鎮圭，繅藉五采五就，以朝日。"鄭玄注："繅有五采文，所以薦玉。木爲中榦，用韋衣而畫之。"賈公彥疏："繅者，雜采之名……鎮圭尺二寸，廣三寸，則此木版亦長尺二寸，廣三寸，與玉同。然後用韋衣之，乃於韋上畫之。一采爲一帀，五采則五帀，一帀爲一就。就，成也。"又："公

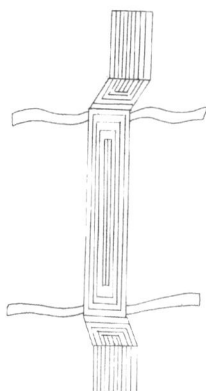

繅
（宋聶崇義《三禮圖集注》）

執桓圭，侯執信圭，伯執躬圭，繅皆三采三就……琰圭璋璧琮，繅皆二采一就。"宋胡錡《擬穀實進封常熟縣開國公制》："乃刻名於繅璧，乃彰用於玤彝。"《宋史・輿服志三》："詳定所又言大圭中必之制，請製薦玉繅藉，以木爲榦，廣袤如玉，以韋衣之。韋上畫五采文，前後垂之。又製約圭繅藉長尺，上玄下絳，爲地五采五就，因以爲飾。每奠圭，則以薦玉之繅陳於地；執圭，則以約圭之繅備失墜，因垂之爲飾。"清錢謙益《杜弢武全集序》："繅而籍之皆璧也，則未知其孰爲盈尺，孰爲連城也。"

乾符

舊指帝王受命於天的吉祥徵兆。《後漢書・班固傳》下："於是聖皇（光武帝劉秀）乃握乾符，闡坤珍。"李賢注："乾符、坤珍，謂天地符瑞也。"《晉書・慕容儁載記》："寡君

今已握乾符，類上帝，四海懸諸掌，大業集於身。"唐韓愈《賀册尊號表》："陛下仰稽乾符，俯順人志。"清姚鼐《朱石君中丞視賑淮上途中見示長句次韵》詩之二："山川極盛在一朝，鍾離帝起乾符握。"

緑字

指符瑞。傳說河圖洛書上之緑色文字。《晋書·地理志上》："大禹觀於濁河而受緑字，寰瀛之内可得而言也。"北魏酈道元《水經注·洛水》："受龍圖于河，龜書于洛，赤文緑字。"南朝齊謝朓《侍宴華光殿曲水奉敕爲皇太子作》之一："朱綈叶祉，緑字摛英。"唐李嶠《洛》詩："神龜方錫瑞，緑字重來臻。"宋范仲淹《滕子京以真籙相示因以贈之》詩："緑字起龍蛇，丹文挂星斗。"

第二節　符契考

符契是古代朝廷用於傳達、執行命令，徵調兵馬，易置任免將帥，驗明身份的一種憑證。多以竹、木、金屬、玉石爲之，中剖爲二，行事雙方各執其一，用時相合，必外形、紋理相契方爲有效。符因上述特性，難於仿製，故古人普遍視作行事之信物。"符契"一詞，首見於《韓非子·主道》："言已應則執其契，事已增則操其符。符契之所合，賞罰之所生也。"析而言之，符、契盡相同。符，《説文·竹部》云："符，信也。"《管子·君臣上》："則又有符節、印璽、典法、策籍以相揆也。"尹知章注："符節、印璽，所以示其信也。"在封建專制時代，符是君主權力的象徵，君主通過專符專用來控制軍政大權，處理軍國要事。契實亦爲符一類的信物，形制與符極似，而多行用於民間。《老子》所云"是以聖人執左契而不責於人，故有德司契，無德司徹"即指此。以上爲"符""契"之本義。同符、契相似者尚有券。《戰國策·齊策四》："使吏召諸民當償者，悉來合券，券徧合。"鮑彪注："凡券，取者、與者各收一。"此爲"券"之本義。秦漢之後，"符""契""券"常合稱混用，少有區别。如，魚符，亦稱"魚契"；銅契，亦稱"銅符"；鐵契，亦稱"鐵券"；等等。"符""契""券"，在合稱混用中，以稱"符"者居多，蓋取其"信""憑信"之義。

先秦時期，符契即得到廣泛的應用，見於載籍者如《孫子·九地》："是故政舉之日，夷關折符，無通其使。"《周禮·地官·掌節》："門關用符節。"則符爲出入門禁關隘之憑證。《韓非子·主道》："符契之所合，賞罰之所生也。"《戰國策·秦策三》："決裂諸侯，剖符於天下。”則符又用於賞罰政令。戰國以後，戎事頻繁，符也多用於徵調軍隊，是爲兵符。後世廣爲流傳的信陵君竊符救趙的故事，即明證。先秦符之形制，載籍不詳。出土的有數種戰國末年秦國的銅質兵符，皆作臥虎之形，似取威猛之義。背有銘文，内容爲用符的規定，中分爲二，通稱虎符。右半留朝廷，左半授統兵將帥或地方長官，相合乃可發兵。除常見的銅虎符外，見於記載的還有玉質虎符和金質虎符。虎符廣泛行用於秦漢魏晋南北朝時期，亦見於宋元以後，其間外形雖有所增益，而變化不大。

漢代之符契主要有兩種，即銅虎符和竹使符，皆始創於漢文帝。銅虎符用於發兵，重五兩五錢，長二寸四分（一説六寸），高八分，寬八分，剖而爲二，左予郡守，右留朝廷，如朝廷要命將發兵，即遣使至郡合符，乃可受命出兵。漢銅符左半有三隆凸，右半有三孔凹，以相契合。竹使符爲漢代授予郡守的另一種信符。漢代除發兵用銅虎符外，其他地方徵調事宜皆用竹使符。郡守上任即授其左符，故“竹符”常爲郡守之代稱。符爲竹箭之形，共五枚，長五寸（一説六寸），上刻篆書。朝廷若遇要事，除下符外，亦兼用詔敕以示鄭重，其餘諸事則降符封函，遣使至郡合符施行即可。魏晋南北朝大體沿用漢制，不再贅述。

隋唐以後，符契的形制及使用制度又有了新的變化。隋開皇九年（589），始創魚符，木質，魚形，首有繫佩之孔，中剖爲二，雄凸雌凹，頒與各州總管、刺史，以相勘合。開皇十五年，又鑄銅魚符，形仿木魚符。隋代魚符與虎符、竹使符并用。唐高祖初定天下，廢竹使符，代以銀菟符，用於發兵；爲避其祖李虎諱，廢虎符。隨即悉改用銅魚符。魚符在唐代應用較廣，依用途大體分以下幾類：一爲頒與各州郡長官之銅魚符，用於發兵徵調、任免州郡長官。此類皆爲銅質，符分左右，畿内左三右一，畿外左五右一，左者留内，右者頒外。據宋人記載，唐銅魚符形制爲：“長一寸六分，闊五分，重二錢，符之雄者，其陽刻作魚鱗形，其陰面上隱起一‘同’字……皆楷書也。”唐代魚符皆與敕書并用，所謂“魚契所降，皆有敕書”，合稱“魚書”，“太守交事皆合銅魚爲信”，極爲嚴格。二爲朝内官員所用之隨身魚符。一般僅限於五品以上官員使用，質地分金、銀、銅、玉數種，左二右一，左者留内，右者隨身，上刻官員姓名，盛以精美之魚袋。隨身魚符主要用途爲標明佩戴者身份之高下，并作爲出入朝堂和宫門的憑證。按使用者身份，太子用玉魚，親王用金魚，一般官員用銅魚。唐咸亨後，京官四品、五品改用銀魚。武后時期，以魚音近“鯉”（李），故改配龜形符。龜號稱玄武，與武后姓同，中宗即位後罷之。三爲城門、内廷門禁用符。其中宮殿門、城門用交魚符、巡魚符，左厢、右厢用開門符、閉門符；給外蕃者稱"月魚"，雌雄各十二，朝貢使者依月而用。除此以外，唐代也行用其他幾種符。如玉麟符，隋煬帝時賜東都留守以玉麟符，以示殊遇。唐代兩京、北都留守皆給麟符信，遂成慣例。如傳信符，爲郵傳驛遞專用，行東方諸州者稱青龍符，行南方諸州者稱朱雀符，行西方諸州者稱騶虞符，行北方諸州者稱玄武符。

宋元以後，符契制度基本因唐制而損益之，此略述不同者。宋、遼時期使用一種"勘箭"，爲皇帝郊祀、行幸四内門所用，竹簽（或木簽）爲箭，金塗銅爲鏃，鏃端合符，符合，宮門即開。其形制類符，而實爲禮儀用品。明代行用一種"半字銅符"，爲京城留守諸衛、巡城官及金吾等衛官巡城和内官、内使出入宮門所用的一種信符。符分左右兩半，每半均書有文字之一部分，左右相合而成文，故名。明清以後，有些信符有符之名而無符之形，如洪武船符，乃黃絲織成。

符契是我國古代傳達政令的常用信物。中國幅員遼闊，君臣不能時常相見，符契作爲信物，對於傳達皇帝意圖，貫徹上級政令，保障專制統治，起到保密、防僞、傳信的重要作用。

符

符

亦稱"符信""信符"。爲表明身份、地位或權利之憑證。質料有玉、金、銀、銅、鐵、竹、木、帛等。種類繁多，形制各異。用以傳受君命、發兵遣將及過關通行等，後亦有明身份、別貴賤之用。或書誓詞於其上，以保受賜者爵位、待遇不變，其後人獲罪，亦可赦免。或刻書其上。或剖分爲二，各持其一，以相合爲信。相傳玄女授黃帝兵符，以除蚩尤。其稱先秦已見行用。《孫子·九地》："是故政舉之日，夷關折符，無通其使。"《墨子·號令》："符傳疑。"孫詒讓注引晉崔豹《古今注》曰："凡傳，皆以木爲之，長五寸，書符信於上……所以爲信也。"又《號令》："吏從卒四人以上有分者，大將必與爲信符。大將使人行，守操信符。"又《旗幟》："門二人守之，非有信符勿行，不從令者斬。"《史記·趙世家》："簡子乃告諸子曰：'吾藏寶符於常山上，先得者賞。'諸子馳之常山上，求，無所得。毋卹還，曰：'已得符矣。'"《説文·竹部》："符，信也。漢制，以竹長六寸，分而相合。"漢班固《白虎通·文質》："舜始即位，見四方諸侯，合符信。"清汪汲《事物原會·符》："黃帝攝政，有蚩尤兄弟八十一人誅殺無道。黃帝以仁義不能禁，乃仰天而嘆。天遣玄女下授帝兵符，遂伏蚩尤。《器物叢談》：'符，契也。以竹爲之，故字從竹。'"

《明史・輿服志四》："凡歷代改元，則所頒外國信符、金牌，必更鑄新年號給之。此符信之達於四裔者也。"按，據此文可知，"符信"爲符契與印信的合稱，"信符"則爲符契之屬。典籍中符信、信符多渾言無別。《清史稿・世祖紀一》："庚子，收故攝政王信符、貯内庫。"

【符信】

即符。此稱先秦時期已行用。見該文。

【信符】

即符。此稱先秦時期已行用。見該文。

符節[1]

亦稱"符契"。古代憑證。多竹木爲之，常刻書於上，中剖爲二，各執其半，相合以爲信。《周禮・地官・掌節》："門關用符節。"《管子・君臣上》："則又有符節、印璽、典法、策籍以相揆也。"尹知章注："符節印璽，所以示其信也。"《孟子・離婁下》："得志行乎中國，若合符節，先聖後聖，其揆一也。"《韓非子・主道》："符契之所合，賞罰所生也。"晋袁宏《三國名臣序贊》："君臣相體，若合符契，則燕昭、樂毅，古之流也。"宋司馬光《謝始平公以近詩一卷賜示》詩："聖賢會合若符契，坐致四海登熙隆。"

符　節
（明王圻等《三才圖會》）

【符契】

即符節。此稱先秦時期已行用。見該文。

玉符

符節之一種。古代玉質之符信，刻書其上，中剖爲二，各執其一，相合爲信。上古已見之。《史記・吕不韋列傳》："安國君許之，乃與夫人刻玉符，約以爲適嗣。"宋趙抃《次韵程給事寓越廨宇有懷》詩："言念玉符分鎮日，却思瓊苑拜恩初。"

玉　符
（清瞿中溶《奕載堂古玉圖録》）

銅符[1]

亦稱"銅契"。符節之一種。古代銅質符契，戰國時即有之。後歷代沿襲，種類不一，形制、用途各異。如秦漢有銅虎符，唐宋有銅魚符等。漢荀悦《漢紀・平帝紀》："巴郡得銅符帛圖，文曰'天告帝符'。"《宋史・輿服志六》："神宗熙寧五年，詔西作坊鑄造諸銅符三十四副，令三司給左契付諸門，右契付大内鑰匙庫。今後諸門輪差人員，依時轉銅契入，赴庫勘同。"

【銅契】

即銅符[1]。此稱宋代已行用。見該文。

敕符

亦作"勑符"。符節之一種。古代用以傳達皇帝命令或調兵遣將，故稱。以金玉或竹木爲之，上有文字或圖印，剖而爲二，右者進内，左者在外，用時勘合，以爲憑證。《唐律疏議》卷八："准令兵馬出關者，依本司連寫勑符勘度。"宋王讜《唐語林・補遺二》："水部員外劉約直宿，會河内繫囚配流嶺表，夜發敕符。"明劉若愚《酌中志・内府衙門職掌》："〔尚寶監〕職掌御用寶璽、敕符、將軍印信。"

【勅符】

同"敕符"。此體唐代已行用。見該文。

剖符

亦稱"割符""分符"。古代帝王賜予諸侯與功臣之符信。多竹質，剖分爲二，帝王與受賜者各執其半，故名。其上皆書有誓詞，以保受賜者爵位待遇不變，其後人獲罪，亦可赦免。多見於戰國、秦漢之際。《戰國策·秦策三》："決裂諸侯，剖符於天下。"《史記·韓信盧綰列傳》："遂與剖符爲韓王，王潁川。"漢司馬遷《報任少卿書》："僕之先人，非有剖符丹書之功。"《漢書·高帝紀》："又與功臣剖符作誓，丹書鐵契。"又《高惠高后文功臣表》："迹漢功臣，亦皆割符世爵，受山河之誓。"唐杜甫《潭州送韋員外牧韶州》詩："分符先令望，同舍有輝光。"明皇甫汸《過武城謁言子祠作》詩："剖符辭帝京，腰章宰名趙。"

【割符】

即剖符。此稱漢代已行用。見該文。

【分符】

即剖符。此稱唐已行用。見該文。

左符

亦稱"左契"。剖符之左片。古代符剖爲左右兩片，故名。多頒予外關及統兵將帥。漢制，太守出任執左符，至州郡合右符爲驗。至唐代，符節掌於門下省，左符在內，超期右符在外。《老子》："是以聖人執左契而不責於人，故有德司契，無德司徹。"河上公注："古者聖人執左契，合符信也。"《唐律疏議》卷十："依令，用符節並由門下省。其符以銅爲之，左符進內，右符在外。應執符人，有事行勘，皆奏出左符，以合右符。"《新唐書·車服志》："左廂、右廂給開門符、閉門符。亦左符進內，右符監門掌之。"宋梅堯臣《送棣州唐虞部》詩："人持左符去，馬逆北風行。"宋蘇軾《送呂昌明知嘉州》詩："橫空好在修眉色，頭白猶堪乞左符。"宋程大昌《演繁露·左符》："漢太守之官，必得左符以出，至郡用以爲驗。蓋右符先以留州，故令以左合右也。"

【左契】[1]

即左符。此稱先秦時期已行用。見該文。

右符

剖符之右片。古代符剖爲左右兩片，故名。多留於朝廷及關口守衛處。《新唐書·車服志》："左廂、右廂給開門符、閉門符。亦左符進內，右符監門掌之。"參見本卷《瑞信符契說·符契考》"左符"文。

兵符

剖符之類。古代調兵遣將使用之符節。有玉、銅、竹等質地，虎、兔、魚、箭諸形狀。通常剖分爲二，右在君王，左在軍中主將。使者去軍中傳達王命時，須持右半，合符後命令方能執行。《史記·魏公子列傳》："嬴（侯嬴）聞晉鄙之兵符常在王臥內，而如姬最幸，出入王臥內，力能竊之。"唐劉禹錫《汴州刺史廳壁記》："長慶四年，詔書命河南尹敦煌令狐公來蒞來刺，錫之介圭、使印、兵符。"《宋史·兵志十》："康定元年，頒銅符、木契、傳信牌。銅符上篆刻曰'某處發兵符'，下鑄虎豹爲飾，而中分之。右符五，左旁作虎豹頭四；左符五，右旁爲四竅，令可勘合。又以篆文相向側刻十干字爲號：一甲己，二乙庚，三丙辛，四丁壬，五戊癸。左符刻十干半字，右符止刻甲己等兩半字。右五符留京師，左符降總管、鈐轄、知州軍官高者掌之。凡發兵，樞密院下符一至五，周而復始。指揮三百人至五千人用一虎一豹符，五千人已上用雙虎豹符。"參閱《唐六典·符寶郎》《武經總要前集·符契》。

陰符

兵符之類。傳遞軍情之保密符節。凡八等，長短不一，各自代表特定軍情或方案。由君王於出征前授之主將，主將回傳後，君王據其長度便知前方戰況。即使中途被敵獲，亦不至泄密。《六韜·龍韜·陰符》："主與將有陰符，凡八等：有大勝克敵之符，長一尺；破軍擒將之符，長九寸；降城得邑之符，長八寸；却敵報遠之符，長七寸；警衆堅守之符，長六寸；請糧益兵之符，長五寸；敗軍亡將之符，長四寸；失利亡士之符，長三寸。諸奉使行符稽留者，若符事泄，告者、聞者皆誅之。八符者，主將秘聞，所以陰通言語，不泄。"

符傳 [1]

兵符之類。古代朝廷頒發給將帥的憑證。符，兵符；傳，猶今之通行證件。《後漢書·竇固傳》："明年，復出玉門擊西域，詔耿秉及騎都尉劉張皆去符傳以屬固。"李賢注："專將兵者並有符傳，擬合之取信。"《資治通鑑·漢明帝永平十七年》："秉、張皆去符傳以屬固。"胡三省注："符傳皆合之以爲信。符，兵符也……如淳曰：'兩行書繒帛，分持其一，出入關合之，乃得過，謂之傳。此傳，蓋亦行兵所用以爲信，非度關所用之傳也。'"

赤伏符

省稱"赤符"。兵符之類。漢代讖符。傳説漢光武帝劉秀即位之前，同舍生彊華自關中奉此符，上書曰："劉秀發兵捕不道，四夷雲集龍

鬭野，四七之際火爲主。"暗示劉秀受命於天。《後漢書·光武帝紀上》："光武先在長安時，同舍生彊華自關中奉赤伏符，曰：'劉秀發兵捕不道，四夷雲集龍鬭野，四七之際火爲主。'群臣因復奏曰：'受命之符，人應爲大，萬里合信，不議同情，周之白魚，曷足比焉？今上無天子，海内淆亂，符瑞之應，昭然著聞，宜答天神，以塞群望。'"後泛稱帝王符命。唐劉希夷《謁漢世祖廟》詩："運開朱旗後，道合赤符先。"元郭鈺《早春試筆》詩："喜聞諸將黄金印，共捧中朝赤伏符。"

【赤符】

"赤伏符"之省稱。此稱唐代已行用。見該文。

竹使符

省稱"竹使""使符"。兵符之類。古代用於州郡徵調事宜之竹箭。漢制，以竹箭五枚爲之，長五寸，刻以篆書。左符授郡守，右符留京師。遇有徵調，即遣使至郡合符，左右相合，則聽受之。唐高祖罷之。《漢書·文帝紀》："〔文帝二年〕九月，初與郡守爲銅虎符、竹使符。"顏師古注引應劭曰："竹使符皆以竹箭五枚，長五寸，鐫刻篆書，第一至第五。"又《後漢書·禮儀志下》："〔皇帝〕登遐……是日夜，下竹使符告郡國二千石、諸侯王。"劉昭注："漢舊制，發兵皆以銅虎符，其餘徵調，竹使而已。"宋曾鞏《代宋敏求知絳州謝到任表》："進聞邦記，出假使符。"

【竹使】

"竹使符"之省稱。此稱漢代已行用。見該文。

【使符】

"竹使符"之省稱。此稱宋代已行用。見該文。

【竹符】

亦稱"符竹"。即竹使符。漢郡守受其左符，後因以爲郡守之代稱。《後漢書·百官志三》："舊二人在中，主璽及虎符、竹符之半者。"唐白居易《初領郡政衙退登東樓作》詩："何言符竹貴，未免州縣勞。"又《忠州刺史謝上表》："況居符竹之寄，榮幸實多。"唐劉禹錫《蘇州刺史謝上表》："優詔忽臨，又委之符竹。"

【符竹】

即竹符。此稱唐代已行用。見該文。

金鏃箭

兵符之類。古突厥調兵發令之竹箭。箭飾金鏃，故稱。《周書·突厥傳》："其徵發兵馬，科稅雜畜，輒刻木爲數，并一金鏃箭，蠟封印之，以爲信契。"唐溫庭筠《蕃女怨》："玉連環，金鏃箭，年年征戰。"

契箭

亦稱"勘箭""信矢"。兵符之類。古時都支部落發令之竹箭。以相似之兩箭爲符信，一箭略小，稱"雄牡箭"，另箭略大，稱"闔仗箭"，前者納入後者之中，即成一箭，爲應驗。一説兩箭完全相同，合疊即成一箭。常用作兵符。宋代，帝王郊祀、行幸四内門時用之爲符信。竹織爲箭，金塗銅爲鏃，鏃端合符，符合，門即開。箭分内外，内爲雄，外爲雌。還宮時，勘箭官執雌箭，東上閣門使執雄箭，雌雄合，即通行。遼以木爲之，稱"木箭"。《舊唐書·裴行儉傳》："是日，傳其（都支）契箭，諸部酋長悉來請命，並執送碎葉城。"又見《資治通鑑·唐高宗調露元年》胡三省注："夷狄無符信，以箭爲契信。"清袁枚《書魯亮儕》："公果欲追疏，請賜契箭一枝以爲信。"清蒲松齡《聊齋志異·柳生》："忽大軍掩至……又遣二騎持信矢護送之。"宋沈括《夢溪筆談·故事一》："大駕鹵簿中有勘箭，如古之勘契也。其牡謂之'雄牡箭'，牝謂之'闔仗箭'，本胡法也。熙寧中罷之。"《宋史·禮志一》："南郊，乘輿所過，必勘箭然後出入。"參閱《遼史·禮志四》《遼史·儀衛志三》。

【勘箭】

即契箭。此稱宋代已行用。見該文。

【信矢】

即契箭。此稱清代已行用。見該文。

字驗

兵符之類。用於軍事保密傳播之符契。以無重字之古詩一字代表一義，書入文牒，以傳遞軍情戰況。五代末天雄節度使符彥卿創用。將戰況及應對措施分爲四十條，依次以數碼代之。如以敵退兵爲二，請進軍爲七等。出軍前約定以無重字之古詩一字代表一條，設以曹植《泰山梁甫行》爲字驗，首聯"八方各異氣，千里殊風雨"中第二字即代表有敵退兵，第七字即代表請進軍。將"方""里"二字寫入文牒，并印以暗記，即可秘密溝通軍情而不爲人知。至宋仁宗時，改爲二十條。《武經總要前集·字驗》："凡偏裨將校受命攻圍，臨時發以舊詩四十字，不得令字重，每字依次配一條，與大將各收一本。如有報覆事，據字於尋常書狀或文牒中書之，加印記。所請得，所報知，即書本字或亦加印記；如不允，即空印之，使衆人不能曉也。"《宋史·輿服志六》："檢到符彥卿

《軍律》有'字驗'，亦乞令於移牒、傳信牌上，兩處參驗使用……符彥卿元用四十條，以四十字爲號；今檢得只有三十七條，内亦有不急之事，今減作二十八字。"參見本書《武備卷・符契説》。

虎符

兵符之類。古代用兵之符信。爲調發軍旅之信物。戰國至漢代盛行，至唐始改用魚符。多用銅質伏虎形，以取威猛之義。銘文於背，分爲兩半，右半留朝廷，左半授統兵將帥或地方長官。兩半相合，始可發兵。亦見玉質者，元代又有金虎符。今所見戰國時期實物有"杜虎符"，爲

虎符（玉虎符）
（明于于魯《方氏墨譜》）

秦在杜地所用兵符。虎爲半臥式，上有錯金小篆銘文四十字。《史記・魏公子列傳》："公子誠一開口……則得虎符，奪晋鄙軍。"《漢書・嚴助傳》："武帝曰：'吾新即位，不欲出虎符，發兵郡國。'"《宋史・輿服志六》："高宗建炎三年，改鑄虎符，樞密院主之。"《清史稿・樂志七》："虎符申命下丹霄，壁壘旌旗焕一朝。"參見本書《武備卷・古代軍事設施説・通聯、設施考》"虎符"文。

金虎符

亦稱"符虎""金獸符"。虎符之一種。金質。其制與銅虎符相類，唯元代符跌作伏虎狀，首爲明珠，有三珠、二珠、一珠之分，係萬户所佩。漢潘勖《册魏公九錫文》："授君印綬、册書、金虎符第一至第五。"《文選・陸機

〈謝平原内史表〉》："臣之始望，尚未至是，猥辱大命，顯授符虎。"李善注："符虎，謂金虎符也。"《晋書・文帝紀》："金獸符第一至第五，竹使符第一至第十。"《元史・兵志一》："萬户佩金虎符，符跌爲伏虎形，首爲明珠，而有三珠、二珠、一珠之别。"按，元代"金虎符"又稱"金牌"。參見本卷《瑞信符契説・符契考》"金牌"文。

【符虎】

即金虎符。此稱晋代已行用。見該文。

【金獸符】

即金虎符。唐人避唐高祖之祖李虎諱，故改"虎"爲"獸"。見該文。

銅虎符

省稱"銅虎"。亦稱"銅獸符"。虎符之一種。銅質。漢制，符重五兩五錢，長二寸四分，高八分，闊八分，剖而爲二，内左有三鐡隆起，右有三孔凹以受鐡。左與郡守，右留京師，國家當發兵時，即遣使者至郡合符。至唐易以銅魚符，宋復鑄虎符。《史記・孝文本紀》："九月，初與郡國守相爲銅虎符、竹使符。"裴駰集解引應劭曰："銅虎符第一至第五，國家當發兵，遣使者至郡合符，符合乃聽受之。"司馬貞索隱："《漢舊儀》：'銅虎符，發兵，長六寸。'……《古今注》云：'銅虎符，銀錯書之。'張晏云：'銅，取其同心也。'"《南齊書・裴叔業崔慧景張欣泰傳論》："屢發銅虎之兵，未有釋位之援。"《隋

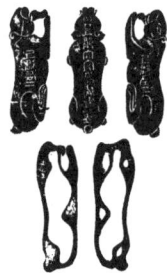

銅虎符
（明胡文焕《古器具名》）

書·禮儀志六》：“皇帝信璽，下銅獸符，發諸州，征鎮兵……則用之。”《宋史·輿服志六》：“〔建炎三年〕改鑄虎符……其制以銅爲之，長六寸，闊三寸，刻篆而中分之，以左契給諸路，右契藏之。”清陳維崧《百字令·送鈕書城之任項城》詞：“綬染紅桃，符分銅虎，差足云豪耳。”

【銅虎】

“銅虎符”之省稱。此稱南北朝時期已行用。見該文。

【銅獸符】

即銅虎符。唐人避唐高祖之祖李虎諱，改“虎”爲“獸”。見該文。

【銅武符】

省稱“武符”。即銅虎符。唐人避唐高祖之祖李虎諱，改“虎”爲“武”，武，亦兵事。《晋書·職官志》：“〔竹節御史〕至魏，別爲一臺，位次御史中丞，掌授節、銅武符、竹使符。”唐孫樵《武皇遺劍錄》：“亟發武符，按言誅之。”

【武符】

“銅武符”之省稱。此稱唐代已行用。見該文。

琥

虎符之一種。玉質。《周禮·春官·大宗伯》：“以玉作六器，以禮天地四方……以白琥禮西方。”《左傳·昭公三十二年》：“賜子家子雙琥。”孔穎達疏：“蓋刻玉爲虎形也。”《説文·玉部》：“琥，發兵瑞玉，爲虎文。”段玉裁注：《周禮》：‘牙璋以起軍旅，以治兵守。’不以琥也。漢與郡國守相爲銅虎符……許所云未聞。”按，虎符多爲銅質，然亦確有玉質者。據徐灝《説文解字注箋》：“古玉虎符，扁體不全，

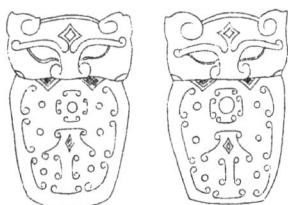

琥
（清吳大澂《古玉圖考》）

形不攷，體亦無字。”又，清瞿中溶《奕載堂古玉圖錄》載一玉虎符，作虎頭形，兩耳雕空，虎目圓大，有額紋，背平，刻“平定虎符”四字。李鳳公《玉雅》錄一玉虎符，是合符，旁刻篆書“新興太原太守兵符第五”。

陽陵虎符

傳世秦代虎符之一。秦朝頒予陽陵守將的兵符。銅質，虎形，分左右兩半。背有銘文：“甲兵之符，右在皇帝，左在陽陵。”現藏中國國家博物館。

陽陵虎符

新郪虎符

傳世秦代虎符之一。戰國後期秦攻占新郪後頒予駐守將領的兵符。青銅質，虎形，上書四行錯金銘文：“甲兵之符，右在王，左在新

新郪虎符

郵。凡興士被甲，用兵五十人以上，必會王符，乃敢行之。燔燧事，雖毋會符，行殹。”現流失於法國。

杜陽虎符

傳世漢虎符之一。漢頒予杜陽太守之兵符。符陰中空，邊緣有三角形榫。背部有錯銀銘文與“杜陽太守虎符第一”八字，分左右兩片，各四字，左半肋部刻“杜陽左一”四字。

銀兔符

亦作“銀菟符”。兵符之類。用以發兵徵調。唐高祖初年始頒與諸郡，以兔爲瑞符之物。武德元年（618）廢。《説郛》卷一二引唐張鷟《朝野僉載》：“漢發兵用銅虎符，及唐初爲銀兔符。”《舊唐書·高祖紀》：“停竹使符，頒銀菟符於諸郡。”《新唐書·車服志》：“初，高祖入長安，罷隋竹使符，班銀菟符。”參閱宋程大昌《演繁露》卷一〇。

【銀菟符】

同“銀兔符”。此體唐代已行用。見該文。

金牌 [1]

亦稱“牌金”“金符”。猶金虎符。見於元代以後。元制，萬戶（武官名）佩之。符趺作伏虎形，首爲明珠，有一珠、二珠、三珠之別。明代武臣亦佩之，其制與元有別。長一尺，闊二寸，上刻雙龍，下鏤二虎，牌首尾有圓竅，以紅絲條貫之。牌面刻有明太祖（朱元璋）親題文字：“上天祐民，朕乃率撫。威加華夏，實憑虎臣。賜爾金符，永傳後嗣。”稍後，金牌依勛爵、官階、用途分爲五種，形制、名號亦各有區別。元關漢卿《望江亭》第三折：“這個是金牌？衙內見愛我，與我打戒指兒罷。”元馬祖常《試院雜題》詩：“宮花壓帽牌金小，官錦裁

袍綬綵齊。”《明史·輿服志四》：“洪武四年始，製用寶、金牌。凡軍機文書，自都督府、中書省長官而外，不許擅奏。有詔調軍，中書省同都督府覆奏，乃各出所藏金牌，入請用寶。”其物國內多有收藏。參見本書《國法卷·衙庭狀牘説·衙庭衙用考》“牌”“金字牌”文。參閱《明史·職官志三》。

【牌金】

即金牌 [1]。此稱元代已行用。見該文。

【金符】

即金牌 [1]。此稱明代已行用。見該文。

火符 [1]

兵用符信之類。紅色信牌，以示緊急。凡兵丁至各地傳達命令，皆執，沿途憑牌向各驛站支取口糧。多見於明清。《明史·沐紹勛傳》：“朝弼（沐朝弼）素驕，事母嫂不如禮，奪兄田宅，匿罪人蔣旭等，用調兵火符遣人詗京師。”清張丹《寡婦行》：“門前柏樹啼曉鳥，樹下行人持火符。”

衛符

兵符之類。明制，劃數府爲一防區，設衛。衛帥之符印，謂之“衛符”。明吳承恩《贈衛帥某榮膺選任障詞》：“衛符獨掌，軍政專司。”清汪森《粵西文載》卷七一：“張經，敞子，有才略，弱冠襲指揮使，握衛符。”

虎竹

古代兵符。“虎符”與“竹使符”之合稱。虎符用以發兵，竹使符用以徵調。《後漢書·杜詩傳》：“舊制發兵，皆以虎符，其餘徵調，竹使而已。”南朝宋鮑照《擬古》詩之一：“留我一白羽，將以分虎竹。”唐李白《塞下曲》詩之五：“將軍分虎竹，戰士臥龍沙。”詳見本卷

《瑞信符契説・符契考》"虎符""竹使符"文。

魚符

亦稱"魚契"。古代朝廷頒發的魚形符信。首有孔，以繫佩。隋開皇九年（589）始製木魚符，中剖爲二，雌雄各一，雄凸雌凹，以相勘合。開皇十五年又鑄銅質者，形仿木魚符。唐高祖爲避其祖李虎諱，廢虎符，代以魚符，亦銅質。改雌雄爲左右二符。符陰刻文字，以取軍旅，易官長。武后時改爲龜符，中宗即位後復行魚符。又有金、銀及銅所製之隨身魚符，以明貴賤。宋代木、銅質者皆有。其發兵符改左右符爲上下，上實下虚，上下契合即可發兵。遼金時仍襲用。《隋書・高祖紀下》："〔開皇九年，夏四月閏月丁丑〕頒木魚符於總管、刺史，雌一雄一。"《新唐書・車服志》："魚契所降，皆有敕書。"《玉海・器用・皇祐文德殿魚契》："皇城司上新作文德殿香檀魚契，契有左右，左留中，右付本司。各長尺有一寸，博二寸八分，厚六分，刻魚形，鑿柄相合，鍍金爲文。車駕至門，勘契官執右契奏，閤門使降左契，勘契官跪奏勘畢，奏云：'外契合。'"宋司馬光《論夜開宮門狀》："若以式律言之，夜開宮殿門及城門者，皆須有墨敕魚符。"《宋史・輿服志五》："魚袋，其制自唐始，蓋以爲符契也。其始曰魚符，左一，右一。左者進內，右者隨身，刻官姓名，出入合之。"明張煌言《即事柬定西侯》詩之一："縱有魚符尚亦得，只今豈少信陵君。"參閱《唐律疏議・魚符》《舊唐書・職官志二》。

【魚契】

即魚符。此稱唐代已行用。見該文。

隨身魚符

魚符之一種。唐五品以上官員所佩之魚形符契。其質分金、銀、銅三種，以標明佩帶者身份之高下，并備以應徵召，皆書其姓名。《舊唐書・職官志二》："凡國有大事，則出納符節……三曰隨身魚符，所以明貴賤、應徵召。"《新唐書・車服志》："隨身魚符者，以明貴賤，應召命。左二，右一，左者進內，右者隨身。皇太子以玉契召，勘合乃赴。親王以金，庶官以銅，皆題某位姓名。官有貳者加左右，皆盛以魚袋。"

左魚符

亦稱"左銅魚"。省稱"左魚"。魚符之左片。多頒與郡守或軍隊主帥，與郡庫所藏或朝廷所掌之右片相合爲憑。隋始製魚符，中剖爲二，以雌雄名之，雌凹雄凸。唐以後改稱左右。唐杜牧《新轉南曹未叙朝散初秋暑退出守吳興書此篇以自見志》詩："平生江海志，佩得左魚歸。"宋王楙《野客叢書・郡守左符》："唐故事，以左魚給郡守，以右魚留郡庫，每郡守之官，以左魚合郡庫之右魚，以此爲信。"宋楊萬里《跋陸務觀〈劍南詩稿〉》詩之二："劍外歸來使者車，渭東新得左魚符。"宋葉廷珪《海録碎事》卷五引唐杜牧詩："使君四十四，兩佩左銅魚。"

【左銅魚】

即左魚符。此稱唐代已行用。見該文。

【左魚】

"左魚符"之省稱。此稱唐代已行用。見該文。

右魚符

省稱"右魚"。魚符之右片。唐宋時留於郡

庫之信物。隋始製魚符。初以木，剖爲二，稱雌雄，後以銅爲之。唐宋因之，剖魚符爲左右，故名。宋王楙《野客叢書·郡守左符》："唐故事，以左魚給郡守，以右魚留郡庫，每郡守之官，以左魚合郡庫之右魚，以此爲信。"宋程大昌《演繁露·左符魚書》："唐世刺史亦執左魚，至州，與右魚合契，亦其制也。"

【右魚】

"右魚符"之省稱。此稱唐代已行用。見該文。

金魚符

省稱"金魚"。魚符之一種。其狀類魚，故稱。唐親王及三品以上官員所佩。遼金猶襲用。唐韓愈《河南少尹李公墓誌銘》："天子使貴人持紫衣金魚以賜。"《新唐書·車服志》："隨身魚符者，以明貴賤，應詔命……親王以金，庶官以銅，皆題某位姓名。官有貳者加左右，皆盛以魚袋。"參閱《新唐書·車服志》《金史·輿服志中》。

【金魚】[1]

"金魚符"之省稱。此稱唐代已行用。見該文。

銀魚符

省稱"銀魚"。魚符之一種。銀質，唐四品、五品官員佩之，爲出入皇宮之憑證。《唐會要·輿服上》："咸亨三年五月三日，始令京官四品、五品職事佩銀魚。是日，出內魚袋賜之。"唐劉禹錫《酬嚴給事賀加五品兼簡同制水部李郎中》詩："初佩銀魚隨仗入，宜乘白馬退朝歸。"宋李上交《近事會元》卷一："唐高祖武德元年九月，改銀菟符爲銀魚符。"金元好問《寄程孫鐵安》詩："已能騎竹馬，想亦愛銀魚。"明張煌言《聞行雜感》詩："伏匿那能忘鐵馬，潛游猶覺負銀魚。"亦指"銀魚袋"。

【銀魚】[1]

"銀魚符"之省稱。此稱唐代已行用。見該文。

銅魚符

省稱"銅魚""銅符"。魚符之一種。隋開皇十五年（595）始製，京官五品以上佩之。唐因隋制，有交魚符、巡魚符、開門符數種。唐高祖爲避祖李虎名諱，又以銅魚符代虎符以起軍旅。後周顯德六年（959）廢止，後世僅以其代稱相應官職。《隋書·高祖紀下》："丁亥，制京官五品以上，佩銅魚符。"《舊唐書·職官志二》："凡國有大事，則出納符節，辨其左右之異，藏其左而班其右，以合中外之契焉。一曰銅魚符，所以起軍旅，易守長。"《說郛》卷二引唐張鷟《朝野僉載》："又以鯉魚爲符瑞，遂爲銅魚符以珮之。"唐杜牧《春末題池州弄水亭》詩："使君四十四，兩佩左銅魚。"唐白居易《自到郡齋僅經旬日方專公務未及宴游偷閑走筆題二十四韵》詩："銅符抛不得，瓊樹見無因。"《新唐書·車服志》："高祖入長安，罷隋竹使符，班銀菟符，其後改爲銅魚符，以起軍旅，易守長……畿內則左三右一，畿外則左五右一，左者進內，右者在外，用始第一，周而復始。"宋趙九成《續考古圖》卷一："〔唐代銅魚符〕以今黍尺校之，長一寸六分，闊五分，重二錢，符之雄者，其陽刻作魚鱗形，其陰面

銅魚符
（宋趙九成《續考古圖》）

上隱起一'同'字……
皆楷書也。"宋程大昌
《演繁露·罷太守銅魚》：
"唐制，太守交事，皆合
銅魚爲信。周世宗顯德
六年以除州自有制書，
罷銅魚不用。"清姚鼐
《癸丑重九無樽酒之會往
問袁香亭同年亦獨居寂
然乃邀登雨花臺臨眺至
暮香亭有詩和之》之二：
"君解銅符五六年，逢余
黃髮白門前。"

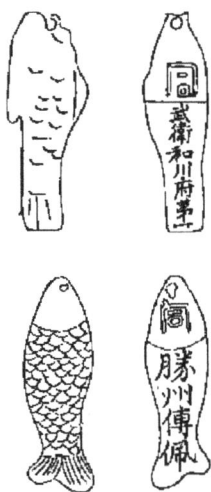

銅魚符
（清瞿中溶《集古虎
符魚符考》）

【銅魚】

"銅魚符"之省稱。此稱唐代已行用。見
該文。

【銅符】[2]

"銅魚符"之省稱。此稱唐代已行用。見
該文。

交魚符

唐銅魚符之一種。左爲進出官員所掌，右
爲城門、宮殿門監所掌。《新唐書·車服志》：
"宮殿門、城門給交魚符、巡魚符，左廂、右廂
給開門符、閉門符。亦左符進內，右符監門掌
之。蕃國亦給之，雄雌各十二，銘以國名，雄
者進內，雌者付其國。"

巡魚符

唐銅魚符之一種。左爲巡守官員所掌，右
爲城門、宮殿門監所掌。《新唐書·車服志》：
"宮殿門、城門給交魚符、巡魚符……亦左符進
內，右符監門掌之。"

月魚

唐銅魚符之一種。爲蕃國使臣進入城門、
宮殿門之憑證。銅質魚形，分雌雄各十二枚，
依月爲序。雄符存本朝門守，雌符交藩國。《新
唐書·車服志》："初，高祖入長安，罷隋竹使
符，班銀菟符，其後改爲銅魚符……宮殿門、
城門給交魚符、巡魚符，左廂、右廂給開門符、
閉門符……蕃國亦給之，雄雌各十二，銘以國
名。雄者進內，雌者付其國。朝貢使各齎其月
魚而至，不合者劾奏。"

開門符

唐銅魚符之一種。其右符頒予宮殿左右兩
廂守衛，主開門。左符頒予朝官。詳見本卷
《瑞信符契說·符契考》"閉門符"文。

閉門符

唐銅魚符之一種。右符頒予宮殿左右兩廂
守衛，主閉門。左符頒予朝官。《新唐書·車服
志》："宮殿門、城門給交魚符、巡魚符，左廂、
右廂給開門符、閉門符。亦左符進內，右符監
門掌之。"

木魚符

亦稱"木魚契"。魚符之一種。木質，刻
書其上，剖分爲二，雄雌各一。雄雕魚形凸
起，雌刻空魚凹下，分而執之，相合爲信。《隋
書·高祖紀下》："〔開皇九年〕頒木魚符於總
管、刺史，雌一雄一。"又："〔十年〕冬十月甲
子，頒木魚符於京師官五品已上。"《宋史·輿
服志六》："今聞皇城司見有木魚契，乞令有司
用木契形狀精巧鑄造。"

【木魚契】

即木魚符。此稱宋代已行用。見該文。

玉魚

魚符之一種。玉質。宋元豐年間始造，賜嘉、岐二王，以代金質者，後遂爲親王慣例。金代皇太子佩玉雙魚袋，親王佩玉魚。宋程大昌《演繁露·唐時三品得服玉帶》：

玉魚（玉魚珮）

（明方于魯《方氏墨譜》）

「元豐中，創造玉魚，賜嘉、岐二王，易去金魚不用，自此遂爲親王故事。」參閱《通志·器服志一》《金史·輿服志中》。

魚書

銅魚符與相應文書之并稱。唐宋之時，任免州郡長官，或徵調軍隊等時所頒賜之魚符敕書，以爲信驗。唐陸贄《冬至大禮大赦制》：「刺史停替，須待魚書。」《舊唐書·德宗紀上》：「是月，復降魚書，停刺史務。」宋陸游《遣興》詩：「誰遣徑歸朝鳳闕，不令小住奉魚書。」明張煌言《送黃金吾馮侍御乞師日本》詩：「龍節臥持豸斧客，魚書泣捧豹衣郎。」參閱宋程大昌《演繁露·左符魚書》。

魚袋

省稱「魚」。唐宋官員朝服所佩之囊袋。唐制，親王及五品以上給隨身魚符，皆以袋盛之，故名。五品以上飾銀，三品以上飾金。開元年間，許致仕者終身佩魚，百官賞緋紫必兼魚袋，謂之章服。宋因唐制，然袋中已無魚符，僅繡金銀魚形於袋，公服則繫之垂於後。《舊唐書·輿服志》：「咸亨三年五月，五品已上，賜新魚袋，並飾以銀……垂拱二年正月，諸州都督刺史並准京官帶魚袋。」《新唐書·車服志》：

「官有貳者加左右，皆盛以魚袋。三品以上飾以金，五品以上飾以銀。」又：「景雲中，詔衣紫者魚袋以金飾之，衣緋者以銀飾之。」《宋史·輿服志五》：「魚袋，其制自唐始……宋因之。其制以金銀飾爲魚形，公服則繫於帶而垂於後。以明貴賤，非復如唐之符契也。」又：「太宗雍熙元年，南郊後，内出以賜近臣，由是内外升朝文武官皆佩魚。」一説源於秦。清汪汲《事物原會·魚袋》：「《酉陽雜俎》云：『秦始皇東游，棄算袋於海，化爲烏鰂魚。』據此，則魚袋始於秦。」

【魚】

「魚袋」之省稱。此稱唐代已行用。見該文。

金魚袋

省稱「金魚」。魚袋之一種，唐宋官員所佩。金飾，用以盛放金魚符。宋元魚符，官員公服則繫魚袋而垂於後，但不復如唐之符契。《新唐書·車服志》：「高宗給五品以上隨身魚銀袋，以防召命之詐，出内必合之。三品以上金飾袋。」又：「中宗初，罷龜袋，復給以魚，郡王、嗣王亦佩金魚袋。」又：「開元初，駙馬都尉從五品者假紫、金魚袋。」宋宋祁《宋景文公筆記·釋俗》：「近世授觀察使者不帶金魚袋。初，名臣錢若水拜觀察使，佩魚自若，人皆疑而問之。若水倦於酬辯，録唐故事一番在袖中，人間者，輒示之。」《宋史·輿服志五》：「仁宗天聖二年，翰林待詔、太子中舍同正王文度因勒碑賜紫章服，以舊佩銀魚，請佩金魚。」清唐孫華《次韻答倪草亭》之二：「逢時休羨金魚佩，對景思傾藥玉船。」

【金魚】[2]

「金魚袋」之省稱。此稱宋代已行用。見該

文。

銀魚袋

省稱“銀魚”。魚袋之一種。本爲盛隨身魚符之囊袋，五品以上飾銀，以盛銀魚符。後遂演爲朝官之服章，服緋者佩之。宋因之，然已無盛魚符之用，僅於袋上飾以銀魚而已。唐李廓《長安少年行》之三：“倒插銀魚袋，行隨金犢車。”《宋史·輿服志五》：“太宗雍熙元年，南郊後，内出以賜近臣，由是内外升朝文武官皆佩魚。凡服紫者飾以金，服緋者飾以銀。”又：“仁宗天聖二年，翰林待詔、太子中舍同正王文度因勒碑賜紫章服，以舊佩銀魚，請佩金魚。”清袁枚《隨園隨筆·賜金紫非本秩》：“紫綬則金魚袋，青綬則銀魚袋。”

【銀魚】[2]

“銀魚袋”之省稱。此稱宋代已行用。見該文。

金紫

唐宋時朝官所用金魚袋與紫袍的省稱連用。《新唐書·車服志》：“景雲中，詔衣紫者魚袋以金飾之，衣緋者以銀飾之。”又《李泌傳》：“衆指曰：‘著黄者聖人，著白者山人。’帝聞，因賜金紫。”《唐會要·輿服上》：“〔大中〕三年五月，中書門下奏：增秩賜金紫，雖有故事……並須指事而言，不得虛爲文飾。”因武后時改佩魚爲佩龜，一説爲“紫帶金龜”。

龜符

古代朝廷頒發的龜形符信。其物南朝齊時已行用。唐初沿用隋朝之魚符，天授元年（690）九月，武后惡“魚”近“鯉”（李），改用南朝之龜符。龜，即玄武，與武則天之姓同。久視元年（700）十月，又規定職事三品以上佩以飾金之龜袋，稱“金龜”；四品佩以飾銀之龜袋，稱“銀龜”；五品佩以飾銅之龜袋，稱“銅龜”。中宗即位後，罷龜，復佩魚符。直至宋代猶沿而未改。南朝齊謝朓《爲王敬則謝會稽太守啓》：“鴻恩妄假，復授龜符。”《説郛》卷一二二引唐張鷟《朝野僉載》：“漢發兵用銅虎符。及唐初，用銀兔符……至僞周，武姓也。玄武，龜也。又以銅爲龜符。”

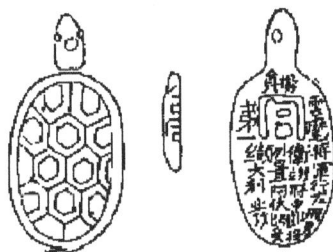

龜　符
（清瞿中溶《集古虎符魚符考》）

金龜

龜符之一種。銅質，龜形。以飾金之袋佩之。唐初，五品以上皆佩隨身魚符，武后天授元年（690）改爲佩龜。久視元年（700）規定，三品以上龜袋以金飾，故名。四品、五品分别以銀飾、銅飾，依次稱爲“銀龜”“銅龜”。中宗即位後罷龜，復佩魚。唐權德輿《奉送孔十兄賓客承恩致政歸東都舊居》詩：“角巾華髮忽自遂，命服金龜君更與。”《舊唐書·輿服志》：“天授元年九月，改内外所佩魚並作龜。久視元年十月，職事三品以上龜袋宜用金飾，四品用銀飾，五品用銅飾。”《唐會要·輿服上》：“天授二年八月二十日，左羽林大將軍建昌王攸寧賜紫金帶。九月二十六日，除納言，依舊著紫帶金龜。”唐李商隱《爲有》詩：“無端嫁得金龜婿，辜負香衾事早朝。”參閲《舊唐書·輿服志》。

銀龜

龜符之一種。銅質，龜形。以飾銀之袋佩之，爲四品官屬。《舊唐書・輿服志》："久視元年十月，職事三品已上龜袋宜用金飾，四品用銀飾，五品用銅飾。"

銅龜

龜符之一種。銅質，龜形。以飾銅之袋佩之，爲五品官屬。《舊唐書・輿服志》："久視元年十月，職事三品以上龜袋宜用金飾，四品用銀飾，五品用銅飾。"

龜袋

唐武則天時五品以上朝官所佩盛龜符之袋。分飾金、飾銀及飾銅三種，以別貴賤。《新唐書・車服志》："天授二年，改佩魚皆爲龜。其後三品以上龜袋飾以金，四品以銀，五品以銅。中宗初，罷龜袋，復給以魚。"《唐會要・輿服上》："久視元年十月十三日，職事三品已上龜袋，宜用金飾，四品用銀飾，五品用銅飾，上守下行，皆依官給。"宋孔平仲《孔氏談苑・魚袋所起》："三代以韋爲算袋，盛算子及小刀磨石等，魏易爲龜袋。唐永徽中，四品官並給隨身魚，天后改魚爲龜。"

金龜袋

龜袋之一種。唐武則天時三品以上朝官所佩之龜袋。

銀龜袋

龜袋之一種。唐武則天時四品朝官所佩之龜袋。《舊唐書・薛懷義傳》："懷義與法明等九人……皆賜紫袈裟、銀龜袋。"

銅龜袋

龜袋之一種。唐武則天時五品朝官所佩之龜袋。

龜

龜符與龜袋的省稱。唐武后時賜五品以上朝官所佩之符信。唐初本有隨身魚符，武后惡"魚"近"鯉"（李），故改佩龜。龜即玄武，與武則天姓同。中宗即位，遂罷之。《唐會要・輿服上》："天授元年九月二十六日，改內外官所佩魚爲龜。"又，亦爲"龜袋"之省稱。參見本卷《瑞信符契說・符契考》"龜袋"文。

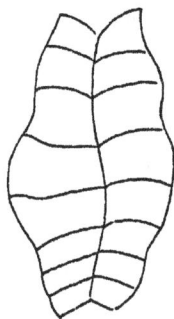

龜
（宋聶崇義《三禮圖集注》）

龜紫

"金龜袋"與"紫袍"之省稱連用。唐武后時賜給三品以上官員的章服。唐高祖時定親王及三品、二王后服大科綾羅，色用紫。高宗時，賜五品以上官員佩魚，武后時改爲龜，三品以上龜袋飾以金。中宗時罷龜袋，復佩魚袋。後借指高官。宋歐陽修《謝賜龜紫啓》："伏以龜紫之重，唐制所難，武元衡、牛僧孺爲宰相，裴度爲中丞，李宗閔爲學士，方有是賜。"宋陸游《秋興》詩："龜紫拜恩如夢寐，殘年其實一漁蓑。"一說爲"金龜袋""紫帶"，一說爲金龜紫綬。參閱《唐會要・輿服上・內外章服》。

雙龍符

隋唐皇太子監國所用符信，玉質雙龍形。分左右各十。左進內，右付外。《新唐書・車服志》："〔唐因隋制〕皇太子監國給雙龍符，左右皆十。"宋葉廷珪《海錄碎事・明堂門・雙龍符》："《六典》云：符傳之制，太子監國曰雙龍之符，左右各十，左進內，右付外。"

玉麟符

省稱“麟符”“玉麟”。玉質符信，上刻麒麟形，故名。始見於隋。隋文帝始頒於外封諸王。隋煬帝幸遼東，命鄭元爲西都留守、樊子蓋爲東都留守，均賜以玉麟符替代銅虎符，以示殊遇。煬帝後廢諸王玉麟符，僅以兩京留守用之，至唐未改。事見《隋書·樊子蓋傳》。《新唐書·車服志》：“兩京、北都留守給麟符。”宋曾

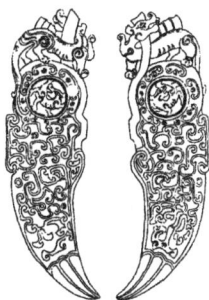

玉　麟

鞏《人情》詩（清吳大澂《古玉圖考》）：“天祿閣飛真學士，玉麟符是假諸侯。”《資治通鑑·隋文帝仁壽四年》：“又與玉麟符合者。”胡三省注：“三子分居方面，并、楊、益三總管，統屬甚廣，故爲玉麟符。漢王諒既敗，惟留守東、西兩都用玉麟符，至唐猶然。”宋梅堯臣《餞彭城公赴隨州龍門道上作》詩：“伊水照虹斾，楚山懷玉麟。”明沈鯨《雙珠記·勾補軍伍》：“玉麟銅虎布新條，褰帷肅下僚。”參閱《文獻通考·王禮十》。

【麟符】

“玉麟符”之省稱。此稱隋代已行用。見該文。

【玉麟】

“玉麟符”之省稱。此稱隋代已行用。見該文。

青龍符

隋唐時朝廷頒予東方諸州之傳信符。飾以青龍之形，故稱。傳說青龍主東方，故制如此。與之相配的有“朱雀符”“騶虞符”“玄武符”，分別代表東、南、西、北，皆左四右三。左者進內，右者付外。始頒於隋開皇七年（587）。《隋書·高祖紀上》：“〔開皇七年夏四月〕癸亥，頒青龍符於東方總管、刺史，西方以騶虞，南方以朱雀，北方以玄武。”《新唐書·車服志》：“傳信符者，以給郵驛，通制命……東方諸州給青龍符，南方諸州朱雀符，西方諸州騶虞符，北方諸州玄武符，皆左四右三。左者進內，右者付外。行軍所亦給之。”參閱《舊唐書·職官志二》。

朱雀符

隋唐時朝廷頒予南方諸州之傳信符。飾以朱雀之形。朱雀爲南方宿名，故制如此。詳見本卷《瑞信符契説·符契考》“青龍符”文。

騶虞符

隋唐時朝廷所頒符信之一種，飾之以騶虞形，故名。騶虞爲傳說中之義獸，白虎黑文，不食生物，有至信之德，可解兵，故用於西方諸州。詳見本卷《瑞信符契説·符契考》“青龍符”文。

玄武符

隋唐時由朝廷頒予北方各州之傳信符。飾以玄武（龜蛇）之形，故稱。玄武主北方，故制如此。詳見本卷《瑞信符契説·符契考》“青龍符”文。

洪武船符

明代公差人員准於用船之符證，由皇帝簽發。始於洪武年間，故稱。織黃絲爲之，厚如一錢，高九寸，闊一尺八寸。織雲龍爲欄，闊一寸，中織一船張帆而行。前織：“皇帝聖旨：公差人員經過驛分，持此符驗，方許應付船隻。如無此符，擅便給驛，各驛官吏不行執法，徇情應付者，俱各治以重罪。宜令準此。”凡七行

五十三字。首行十字，餘行八字，末行三字。後織“洪武二十六年月日”，蓋以制誥之寶。年月旁墨書“信字貳百叁拾玖號”八字。參閱清吳振棫《養吉齋餘錄》卷六。

銅符[3]

亦稱“半字銅符”。明守城衞官巡行、內官內使出入宮門所佩之信物。前者左半字陽文，後者右半字陰文，兩者相勘合，始可放行。《明史・輿服志四》：“留守五衞、巡城官並金吾等衞守衞官，俱領銅符。留守衞指揮所領承字及東、西、北字號牌，俱左半字陽文，左比。金吾等衞、端門、承天門、東西北安門指揮千戶所領承字及東、西、北字號，俱右半字陰文，右比。銅符字號比對相同，方許巡行。內官、內使之出，亦須守門官比對銅符而後行。”《明史・職官志三》：“半字銅符之號四，以給巡城寺衞官：曰承，曰東，曰西，曰北。巡者左半，守者右半，合契而點察焉。”

【半字銅符】

即銅符。左右相合而成文，故名。此稱明代已行用。見該文。

符牒

符移、關牌等憑證、證件之統稱。亦指訴訟文書。《貞觀政要・論擇官》：“比聞公等聽受辭訟，日有數百，此則讀符牒不暇，安能助

朕求賢哉？”《舊唐書・職官志二》：“百司應請月俸，符牒到所由皆遞覆而行之。”又《叛臣傳上贊》：“貞元以後，中官市物都下，謂之宮市，不持符牒，口含詔命，取濫縑惡布紅紫之，倍其估，裂以償直。”宋葉適《宋鄒卿墓誌銘》：“翁一生姓名不懸符牒，足趾不履官府。”《宋史・職官志一》：“進奏院，隸給事中，掌受詔敕及三省、樞密院宣劄，六曹、寺監百司符牒，頒於諸路。”

國信

古代通使國家間作爲憑證之符節文書。《後漢書・寇恂傳》：“今天下初定，國信未宣，使君建節銜命，以臨四方。”《周書・柳機傳》：“來日至於藍田，正逢滋水暴長，所齎國信，溺而從流。”唐張籍《送金少卿副使歸新羅》詩：“通海便應將國信，到家猶自著朝衣。”《宣和遺事》前集：“雖無國信，諒不妄言。”

丹符

帝王的符信。上書朱墨文字，故稱。明劉若愚《酌中志・內府衙門職掌》：“凡敕命遠出者，仍用一黃紙封套，上下悉用牙刻方寶封識之。其文曰：‘丹符出驗，四方之寶。’”明唐之淳《大寧雜詩》：“正月丹符出紫宸，三軍萬里净邊塵。”《明史・太祖紀二》：“〔洪武十三年春二月〕發丹符，驗天下金穀之數。”

契

契

古時指符節、憑證、字據一類信物。多以玉、竹、木、銅、鐵、紙等爲之，分作左右兩半，分執者於啓用時，合對以驗證，用作徵信。

如漢之銅符竹使、唐之銅魚等。後世泛指各種相約之文書。《老子》：“是以聖人執左契而不責於人，故有德司契，無德司徹。”《管子・輕重乙》：“使無券契之責。”晋王羲之《蘭亭集序》：

"每覽昔人興感之由，若合一契，未嘗不臨文嗟悼。"唐李世民《執契静三邊》詩："執契静三邊，持衡臨萬姓。"唐張彦遠《法書要録·古文》："凡文書相約束皆曰契……亦謂刻木剖而分之，君執其左，臣執其右，即昔之銅竹虎使，今之銅魚，並契之遺象也。"唐劉蕡《對賢良方正直言極諫策》："戀而修之，勤而行之，則可以執契而居簡，無爲而不宰矣。"《遼史·儀衛志三》："自大賀氏八部用兵，則合契而動，不過刻木爲牉合。太祖受命，易以金魚。"

玉契

玉質的符契。古時帝王召皇太子所用。《玉篇·大部》："契，券也。"《新唐書·車服志》："皇太子以玉契召，勘合乃赴。親王以金，庶官以銅，皆題某位姓名。"又《崔神慶傳》："古者召太子用玉契，此誠重慎防萌之意，不可不察……非朝朔望而別唤者，請降墨敕玉契。"

木契[1]

唐代鎮守外官之符信。木質，分左右二契，刻字其上，左自持，右存朝内，遼代及少數民族則合二板而刻之，一陰一陽，陰自持，陽存朝内，以驗契合。此契表明委以鎮守重任，傳達帝王旨意，上報當地民情。宮廷出入亦用此物。至宋遼，多用以作兵符，亦用於宮廷出入。《説文·大部》："契，大約也。"《舊唐書·職官志二》："三曰隨身魚符，所以明貴賤，應徵召；四曰木契，所以重鎮守，慎出納；五曰旌節，所以委良能，假賞罰。"《新唐書·百官志一》："凡有召者，降墨敕，勘銅魚、木契，然後入。"《宋史·兵志十》："康定元年，頒銅符、木契、傳信牌。"宋周去非《嶺外代答·木契》："瑶人無文字，其要約以木契，合二板而刻之，人執

其一，守之甚信。"《玉海·器用·符節》："祥符元年六月辛丑，命皇城司製安遠門木契，以車駕詣苑中由之也。"《遼史·儀衛志三》："木契，正面爲陽，背面爲陰，閣門唤仗則用之。"

【木契符】

即木契[1]。國有大事用此，帝王敕召時亦用之。唐刻漏所、承天門晝夜報時鳴鼓，亦用此勘合而後鳴鼓。《新唐書·車服志》："木契符者，以重鎮守、慎出納，畿内左右皆三，畿外左右皆五。皇帝巡幸，太子監國，有軍旅之事則用之，王公征討皆給焉，左右各十九。太極殿前刻漏所，亦以左契給之，右以授承天門監門，晝夜勘合，然後鳴鼓。玄武門苑内諸門有唤人木契，左以進内，右以授監門，有敕召者用之。"

木契[2]

宋代之兵符，各道總管等主將發兵遣將用。木質，長方形，縱七寸，廣二寸，厚一寸五分。上中爲魚形，下中刻空魚，令可勘合，左旁題"左魚合"，右旁題"右魚合"。發百人以上兵馬，以木契貯於韋囊，緘印齎牒往，所在驗上下契合，即發兵。《宋史·兵志十》："其木契上下題'某處契'，中剖之。上三枚，中爲魚形，題'一、二、三'；下一枚，中刻空魚，令可勘合，左旁題云'左魚合'，右旁題云'右魚合'。上三枚留總管、鈐轄官高者掌之，下一枚付諸州軍城砦主掌之。總管、鈐轄發兵馬，百人已上，先發上契第一枚，貯以韋囊，緘印之，遣指揮齎牒同往。所在驗下契與上契合，即發兵，復緘上契以還，仍執總管、鈐轄。其發第二、第三契亦如之。"參閲《武經總要前集·符契》。

券

古代之契約、憑證。原爲竹板、木片製成，後亦有以金屬爲之者。刻文於其上，中剖爲二，刻齒於旁，雙方各執其一，以兩片契合爲證。《戰國策·齊策四》：“〔馮諼〕使吏召諸民當償者，悉來合券。”後代多以紙爲之，記述相約內容，以爲憑證。《魏書·盧同傳》：“斬首成一階已上，即令給券。一紙之上，當中大書，起行臺、統軍位號，動人甲乙。斬三賊及被傷成階已上，亦具書於券，各盡一行，當行豎裂。其券，前後皆起年號日月，破某處陳，某官某勳，印記爲驗。一支付勳人，一支付行臺。”《金史·食貨志三》：“今千錢之券，僅直數錢。”清康有爲《大同書》丙部：“又在連州得奴，還其券而遣之。”

左券

亦稱“左契”。古代符契之左半。古契亦稱“券”，中分爲二，雙方各執其一，故以左右稱之。左片稱左券，其用於官府者，多以左券付外，右券藏內；其用於借貸者，左券由債權人收執，用爲索償之憑證。《老子》：“是以聖人執左契而不責於人。”《商君書·定分》：“即以左券予吏之問法令者。”《史記·田敬仲完世家》：“公常執左券以責於秦韓。此其善於公而惡張子多資矣。”唐杜牧《杭州新造南亭子記》：“今權歸於佛，買福賣罪，如持左契，交手相付。”《新唐書·車服志》：“木契符者，以重鎮守、慎出納……太極殿前刻漏所，亦以左契給之，右以授承天門監門，晝夜勘合，然後鳴鼓。”宋司馬光《送周密學真定安撫使》詩：“玉帳前茅舉，銅魚左契分。”宋陸游《禽言·打麥作飯》詩：“人生爲農最可願，得飽正如執左券。”《宋

史·輿服志六》：“高宗建炎三年改鑄虎符……其制以銅爲之，長六寸，闊三寸，刻篆而中分之，以左契給諸路，右契藏之。”清趙翼《偶書所見》詩：“皆自夙世來，徵驗若左契。”參見本卷《瑞信符契說·符契考》“券”文。

【左契】[2]

即左券。此稱先秦時期已行用。見該文。

右券

亦稱“右契”。古代符契之右半。古契亦稱“券”，中分爲二，雙方各執其一，故有左右之稱。左契多付外，待合而已，右契可以責取。《禮記·曲禮上》：“獻粟者執右契。”鄭玄注：“契，券要也。右爲尊。”孔穎達疏：“契謂兩書一札，同而別之。”《戰國策·韓策》：“安成君東重於魏，而西重於秦，操右契而爲公責德於秦魏之主。”鮑彪注：“左契待合而已，右契可以責取。”《商君書·定分》：“主法令之吏，謹藏其右券。”《史記·平原君虞卿列傳》：“且虞卿操其兩權，事成，操右券以責；事不成，以虛名德君。”宋王安石《次韵約之謝惠詩》：“左車公自迎，右券吾敢責。”

【右契】

即右券。此稱先秦時期已行用。見該文。

官契

原指官府之文書符契。後亦漸稱民間賣典田產向官府注冊納稅之契據。《周禮·天官·宰夫》：“五曰府，掌官契以治藏。”孫詒讓正義：“官契，即小宰八成之書契也。”唐王建《贈胡泜將軍》詩：“朱牌面上分官契，黄紙頭邊押敕符。”《文獻通考·征榷六》：“〔宋孝宗乾道〕七年，臣僚言：‘民間典賣田產，必使之請官契，輸稅錢，其意不徒利也。……殊失法意。’詔禁

止之。"

鐵券

亦稱"世券"。古時帝王賜與功臣以保證其世代享受優待以及免罪等特權的憑證。鐵質,取其堅固持久之意,其形如瓦,上鏤文

明天順年間英宗皇帝頒給功臣的免死鐵券

字。分左右兩片,左頒功臣,右藏內府,有故則合之以爲信。漢高帝平定天下,剖符封功臣如制,後代沿襲,大同小異。據清凌揚藻《蠡勺編·鐵券》,明洪武二年(1369),議爲鐵券,依漢制而加損益。其制如瓦,分爲七等。公二等:其一高一尺,寬一尺六寸五分;其二高五寸五分,寬一尺六寸。侯三等:其一高九寸,寬一尺五寸五分;其二高八寸五分,寬一尺五寸;其三高八寸,寬一尺四寸五分。伯二等:其一高七寸五分,寬一尺三寸五分;其二高六寸五分,寬一尺二寸五分。字嵌以金。《東觀漢記·桓帝紀》:"〔延熹〕八年,妖賊蓋登稱太皇帝,有璧二十,珪五,鐵券十一,後伏誅。"《舊唐書·良吏傳下·楊元琰》:"及事

成,加雲麾將軍,封弘農郡公,食實封五百戶,仍賜鐵券恕十死。"明陶宗儀《輟耕錄·錢武肅鐵券》:"吾鄉錢叔琛氏贇,乃武肅王之諸孫也……嘗出示所藏鐵券,形宛如瓦,高尺餘,闊二尺許,券詞黃金商嵌。"按,商,爲鑲嵌之義。《明史·輿服志四》:"洪武二年,太祖欲封功臣,議爲鐵券。"參見本書《國法卷·衙獄狀牘説·案狀獄牘考》"丹書鐵券"文。

【鐵契】

即鐵券。參見本書《國法卷·衙獄狀牘説·案狀獄牘考》"丹書鐵券"以下諸文。

【世券】

即鐵券。可世襲,故稱。參見本書《國法卷·衙獄狀牘説·案狀獄牘考》"丹書鐵券"文。

丹書鐵券

亦稱"丹書鐵契""金書鐵券"。古時帝王賜予功臣,以保其世代享有免罪等特權之憑證。鏤鐵爲契,丹金爲書,故名。其制如瓦,左賜功臣,右藏內府,有故則合之以爲證。始於漢,後代沿襲,其制形態大同小異。參見本書《國法卷·衙獄狀牘説·案狀獄牘考》"丹書鐵券"以下諸文。

【丹書鐵契】

即丹書鐵券。參見本書《國法卷·衙獄狀牘説·案狀獄牘考》"丹書鐵券"以下諸文。

【金書鐵券】

即丹書鐵券。參見本書《國法卷·衙獄狀牘説·案狀獄牘考》"丹書鐵券"以下諸文。

第四章　節信榮傳説

第一節　節信考

　　節信，古代多單稱爲“節”，是古代治守或朝聘出使所用的一種專用信物。節，在符信這個意義上本寫作“卪”。《説文·卪部》：“卪，瑞信也。守邦國者用玉卪，守都鄙者用角卪，使山邦者用虎卪，土邦者用人卪，澤邦者用龍卪，門關者用符卪，貨賄用璽卪，道路用旌卪。”節并不是一種普通的信物。由於諸多持節者代表國君治守邦國或出使他國，擁有重大的權力和責任，故古人對節非常看重，失節被認爲是不可原諒的。《左傳·文公八年》：“司馬握節以死，故書以官。”杜預注：“節，國之符信也。握之以死，示不廢命。”可見視節之重，重過生命。節信，早在周代即已産生，且用途甚廣，形制繁複。秦漢以後多沿襲周制。歷魏晋南北朝，直至唐代，猶見行用。兩宋之後，漸廢止。

　　先秦有較爲複雜的用節制度。以周代而論，邦國之使節已分爲六種，概稱“六節”。《周禮·秋官·小行人》：“達天下之六節：山國用虎節，土國用人節，澤國用龍節，皆以金爲之；道路用旌節，門關用符節，都鄙用管節，皆以竹爲之。”其中前三者爲諸侯國朝見天子及出使外邦所用，分別代表多山之國、平原之國、水澤之國，後三者用於諸侯國內。其虎節、人節、龍節蓋因上所鑄圖案而得名，其他形制已不可考。旌節又稱"路節"。據漢代對當時旌節的記載，節身以竹爲之，長八尺，上綴旄牛尾爲飾，節旄共三重。因漢節仿古旌節爲之，故周代之旌節可大略考見。"符節"用於關門出入，其形制與符無异，竹符中剖爲二，守門者與行人各執其一。"管節"爲諸侯國内卿大夫采邑中官吏出使所用，以竹管爲之，故稱。在周代，節除用作出使的信物外，還可用作授權治理邦國都鄙的信物，如"玉節""角節"，分別以玉石、犀角爲之，長九寸至五寸不等，中剖爲二，蓋亦符節之類。還用作交易貨賄，如"璽節"。前文所引《説文·卪部》已有記載。周人用節之實例，見於記載者，如《左傳·文公八年》："司馬

戰國鄂君啓節

握節以死，故書以官。"《公羊傳·哀公六年》："〔齊陳乞遣楊生〕與之玉節而走之。"等等。由此可見，周代諸節在形制上尚無統一的定制，在稱呼上也不甚嚴格。按，《説文·卪部》稱"守都鄙者用角卪"，與出使都鄙者用"管節"不同，或因尚無定制，或因守、出有別。

秦漢以後，凡稱節者，多指使節；形制漸趨統一，多沿用周代之"旌節"。秦漢之使節節竿之上多加旄尾，故稱"旄節"，亦稱"髦節""毛節"。秦人尚黑，故其旄節爲黑色；漢人尚赤，其節旄改爲紅色，稱"絳節"。武帝征和二年（公元前91），因"戾太子"持赤節，改加黄旄以相區別。其後歷代，使節之制無大變化。漢以後，節旄之上常加錦綉籠袋。明洪武間，節旄之上加黄色三檐寶蓋，長二尺，又以黄紗袋籠之，置丹漆架上。凡使者受命出使，則持節前往，使歸則持節復命。

旌節除作爲使者的專用信物外，亦可作爲授予將帥大臣專權的憑證。漢武帝時有武節，即屬此類。唐宋時期，旌節之制有較大的變化，旌與節相分離，成爲皇帝賜予節度使等重要官員行使權力的信物。據《新唐書·車服志》載，旌之形制爲"絳帛五丈，粉畫虎，有銅龍一，首纏緋幡，紫縑爲袋，油囊爲表"，節之形制爲"懸畫木盤三，相去數寸，隔垂赤麻"。唐制規定，旌以專賞，節以專殺，節度使受命後，授雙旌雙節，擁有生殺賞罰大權，得以專制軍事。自唐至宋，此制未變，宋代又有"憲節"，爲廉訪使、巡按巡查地方時所持的授權憑證。

總　稱

節[1]

古作“卩”。由朝廷頒發之憑證、符信之總稱。多爲朝聘、出使時使臣所執。多以金、竹、木、玉、角等爲之。先秦時，卩多兩兩相合，以作檢驗物的憑證、符信。秦漢後常仿周制而行之。隋唐後，亦作爲官員行使權力的憑證、信物。兩宋後廢止。節爲卩之借字。後節行，卩漸僻。《説文・竹部》：“節，竹約也。”段玉裁注：“約，纏束也。竹節如纏束之狀……又假借爲符卩字。”又《卩部》：“卩，瑞信也。守邦國者用玉卩，守都鄙者用角卩，使山邦者用虎卩，土邦者用人卩，澤邦者用龍卩，門關者用符卩，貨賄用璽卩，道路用旌卩。象相合之形。”《周禮・地官・掌節》：“掌節，掌守邦節而辨其用，以輔王命。”《左傳・文公八年》：“司馬握節以死，故書以官。”杜預注：“節，國之符信也。握之以死，示不廢命。”

【卩】

同“節”。此體先秦時期已行用。見該文。

王節

古代傳遞王命時所用之符信。語本《周禮・地官・掌節》：“掌節，掌守邦節而辨其用，以輔王命。”鄭玄注：“王有命，則別其節之用以授使者。輔王命者，執以行爲信。”宋劉敞《與鄆州給事啓》：“竊承遠驅王節，俯壓楚郊。”

治國之節

玉節

周代諸侯守治邦國所使用的玉質符信。依命數分爲九寸、七寸、五寸不等。《周禮・地官・掌節》：“守邦國者用玉節。”鄭玄注：“諸侯於其國中……有命者，亦自有節以輔之，玉節之制，如王爲之，以命數爲小大。”《公羊傳・哀公六年》：“〔齊陳乞遣楊生〕與之玉節而走之。”何休注：“節，信也。析玉與楊生，留其半，爲後當迎之，合以爲信，防稱矯也。”南朝陳江總《洛陽道》詩之一：“玉節迎司隸，錦車歸濯龍。”宋楊萬里《送吉守趙山父移廣東提刑》詩：“嶺上梅花莫遲發，先遣北枝迎玉節。”上古以玉爲瑞，故亦稱“瑞節”。多見稱於先秦。《周禮・地官・調人》：“弗辟，則與之瑞節，而以執之。”鄭玄注：“瑞節，玉節之剡圭也。”孫詒讓正義：“凡玉節，通謂之瑞節。”《左傳・文公十二年》：“〔寡君〕不腆先君之敝器，使下臣致諸執事，以爲瑞節。”唐蘇鶚《蘇氏演義》：“夫瑞節者，有五種：一曰鎮圭，二曰牙璋，三曰穀圭，四曰琬圭，五曰剡圭。”

【瑞節】

即玉節。此稱先秦時期已行用。見該文。

角節

周代公卿大夫及王之子弟守治采邑所用之符信。用犀牛角製作。《周禮・地官・掌節》：“守都鄙者用角節。”鄭玄注：“公卿大夫、王子弟於其采邑有命者，亦自有節以輔之……角用犀角。”孫詒讓正義：“江永云：‘此謂諸侯與都鄙大夫遣使不出竟内者用之。'"元王惲《玉堂嘉話》卷六:"角節用犀角,角在鼻上,是角中之貴,守都鄙者用之。"

璽節

古時通商,往來各地,作爲執照憑證的符節。上有印章,故名。《周禮·地官·司市》:"凡通貨賄,以璽節出入之。"鄭玄注:"璽節,印章。如今斗檢封矣。使人執之以通商。"又《地官·掌節》:"門關用符節,貨賄用璽節,道路用旌節。"鄭玄注:"璽節者,今之印章也。"明李濂《汴京遺迹志·藝文二》:"《周禮》言,凡通達於天下者,必以節,無節則不達……漢世用竹,今用符,以印章合而行事,亦即古之所謂璽節也。"

武節

古代帝王頒予將帥使其專制軍事之符牌憑證。《漢書·武帝紀》:"朕將巡邊垂,擇兵振旅,躬秉武節。"隋楊廣《飲馬長城窟行示從征群臣》:"北河秉武節,千里卷戎旌。"

威節

漢末使節之一種。新莽所製。純黄色,象天子之威儀。《漢書·王莽傳》:"使節之旄旛皆純黄,其署曰'新使五威節',以承皇天上帝威命也。"又:"莽使尚書劾仁乘乾車,駕坤馬,左蒼龍,右白虎,前朱雀,後玄武,右杖威節,左負威斗,號曰'赤星'。"

憲節

古代符信。廉訪使、巡按等風憲官吏四處巡查時所持,以爲帝王授權之憑證,因稱。唐顔真卿《七言重聯句》:"頃持憲簡推高步,獨占詩流橫素波。"宋岳珂《桯史·八陣圖詩》:"紹興中,蜀士有喻汝礪者,持憲節來治於夔。"《元史·和尚傳》:"〔千奴〕前後七持憲節,剛正不撓。"清李漁《蜃中樓·寄書》:"使君秉天朝憲節,寡人司水國微權。"

出使之節

使節

古代諸侯國之卿大夫朝聘、出使時所持憑證之通稱。起自上古,歷代沿襲,形制不盡相同。漢以竹爲竿,上綴牦牛尾爲飾。初純赤,武帝征和二年(公元前 91)加黄旄。明則有三檐寶蓋,以黄紗袋籠之,并爲丹漆架以置之。《周禮·地官·掌節》:"凡邦國之使節,山國用虎節,土國用人節,澤國用龍節,皆金也,以英蕩輔之。"鄭玄注:"使節,使卿大夫聘於天子諸侯,行道所執之信也。"《漢書·王莽傳》:"使節之旄旛皆純黄,其署曰'新使五威節'。"

漢代持節官吏
(河南淅川出土東漢畫像磚)

宋徐鉉《南都遇前嘉魚劉令言游閩嶺作此與之》詩：“我持使節經韶石，君作閑游過武夷。”《明史·輿服志四》：“洪武十五年製使節，黃色三簷寶蓋，長二尺，黃紗袋籠之。又製丹漆架一，以節置其上，使者受命，則載以行；使歸，則持之以復命。”又：“禮部奏：漢光武時，以竹爲節，柄長八尺，其毛三重。”清陸以湉《冷廬雜識·李芝齡師》：“詔持使節莅南邦，紫塞迎鑾荷澤龐。”

金節 [1]

周代諸侯國卿大夫出使他國或朝見天子時所執之符信。即虎節、人節、龍節。因各以金鑄其形，故稱。《周禮·秋官·小行人》：“達天下之六節，山國用虎節，土國用人節，澤國用龍節，皆以金爲之。”鄭玄注：“諸侯使臣行覜聘，則以金節授之，以爲行道之信也。”唐王維《奉和聖製暮春送朝集使歸郡應制》詩：“玉乘迎大客，金節送諸侯。”明何景明《觀兵》詩之二：“使過傳金節，軍行奏玉簫。”

金　節
（明王圻等《三才圖會》）

六節

古代諸侯國之卿大夫朝聘、出使時所執六種符信。即虎節、人節、龍節、旌節、符節、管節。或金質，或竹質。《周禮·秋官·小行人》：“達天下之六節，山國用虎節，土國用人節，澤國用龍節，皆以金爲之；道路用旌節，門關用符節，都鄙用管節，皆以竹爲之。”鄭玄

注：“此謂邦國之節也，達之者，使之四方。”賈公彥疏：“言達天下之六節者，據諸侯國而言……虎節、人節、龍節三者，據諸侯使臣出聘所執；旌節、符節、管節三者，據在國所用。”

虎節

六節之一。周代山地諸侯國之卿、大夫朝見天子或出使他國時所執之符信。上鑄虎形圖案，以金爲之。《周禮·地官·掌節》：“凡邦國之使節，山國用虎節。”鄭玄注：“使卿大夫聘於天子諸侯，行道所執之信也。”又注：“山多虎……以金爲節，鑄象焉，必自以其國所多者，於以相別爲信明也。”孫詒讓正義引江永曰：“此即《小行人》之虎、人、龍節……列國之使，各用其虎、人、龍節，以爲行道之信。觀其用虎節，知其自山國而來。人、龍亦然。”唐顏真卿《贈僧皎然》詩：“龍池護清澈，虎節到深邃。”

虎　節
（宋龍大淵等《宋淳熙敕編古玉圖譜》）

人節

六節之一。周代平原諸侯國大夫朝見天子或出使他國時所執之符信。上鑄人形，以金爲之。《周禮·地官·掌節》：“凡邦國之使節……

人　節
（明王圻等《三才圖會》）

土國用人節。"鄭玄注："使卿大夫聘於天子諸侯，行道所執之信也。土，平地也。"唐蘇鶚《蘇氏演義》卷下："節者，操也，瑞信也。謂持節必盡人臣之節操耳。"又："則古者持節類於持印……使土國者用人節。"

龍節

六節之一。周代低窪澤地諸侯國中之卿、大夫朝見天子或出使其他諸侯國時所執之符信。上鑄龍形圖案，以金爲之。《周禮·地官·掌節》："凡邦國之使節……澤國用龍節。"鄭玄注："使節，使卿大夫聘於天子諸侯，行道所執之信也。"又："澤多龍，以金爲飾，鑄象焉，必自以其國所多者，於以相別爲信明也。"唐元稹《授劉總守司徒兼侍中天平軍節度使制》："握龍節以率下，露蟬冕以行春。"宋蘇軾《表忠觀碑》："金券玉册，虎符龍節。"清朱彝尊《送少詹王先生代祀南海》詩："先生儲端乍遷秩，誕持龍節臨百蠻。"

龍　節
（明王圻等《三才圖會》）

旌節 [1]

亦稱"路節"。六節之一。因其形似旌，故稱。古時使臣遠行異邦所執之信物，爲道路所需，故有亦稱。以竹爲柄，長八尺，以牦牛尾爲垂飾。《周禮·地官·掌節》："道路用旌節，皆有期以反節。"鄭玄注："旌節，今使者所擁節是也。"孫詒讓正義："《後漢書·光武紀》李注云：'節所以爲信也。以竹爲之，柄長八尺，以牦牛尾爲其眊，三重。'……《司常》云：'析羽爲旌。'旌節，蓋即以竹爲橦，又析羽綴橦以爲節。其異於九旗者，無緣旒也。漢節即放古旌節爲之，故鄭舉以相況。"又《秋官·環人》："以路節達諸四方。"孔穎達疏："路節，旌節也。"《隋書·禮儀志五》："旌節又畫白獸，而析羽於其上。"唐楊炯《建昌公王公神道碑》："乘使者之軺車，掌行人之旌節。"

【路節】

即旌節 [1]。此稱先秦時期已行用。見該文。

符節 [2]

六節之一。古代出入關門所用的一種憑證。竹質，剖分爲二，守門關者與行人各執其一，由守關者發給，使用時以相合爲證。後泛指朝廷發給的信物憑證。歷代形制種類不一。《周禮·秋官·小行人》："道路用旌節，門關用符節，都鄙用管節，皆以竹爲之。"鄭玄注："凡邦國之民遠出至他邦，他邦之民若來入，由國門者，門人爲之節；由關者，關人爲之節……皆使人執節將之以達之，亦有期以反節。"《墨子·號令》："吏卒民無符節而擅入里巷官府……皆斷。"

管節

六節之一。周代公侯子弟與卿、大夫采邑中官吏出使時所執之憑證。以竹管製作，故稱。《周禮·秋官·小行人》："道路用旌節，門關用

旌　節
（明王圻等《三才圖會》）

符節,都鄙用管節,皆以竹爲之。"鄭玄注:"都鄙者,公之子弟及卿大夫之采地之吏也。"

旄節

亦作"毛節"。秦漢使臣所持之信物。沿襲周制之旌節,以竹爲柄,以牦牛尾爲三重垂飾,因仿竹之節,故稱。後亦爲鎮守一方之重臣所執。《史記・秦始皇本紀》:"衣服旄旌節旗皆上黑。"張守節正義:"旄節

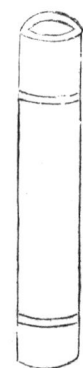

管 節
（明王圻等《三才圖會》)

者,編毛爲之,以象竹節。《漢書》云蘇武執節在匈奴牧羊,節毛盡落是也。"按,《本紀》"衣服旄旌節旗",當作"衣服旄節旌旗"。旄節連而成詞。《後漢書・孔融傳》:"日磾以上公之尊,秉旄節之使,衘命直指。"唐獨孤及《送李賓客荆南迎親》詩:"毛節精誠著,銅樓羽翼施。"《新唐書・楊汝士傳》:"繇兵部侍郎爲東川節度使,時嗣復鎮西川,乃族昆弟,對擁旄節。"宋高承《事物紀原・旗旐采章部》:"漢又有旄節之制……然則節自周始,而旄節則起于漢也。"參見本卷《節信榮傳說・節信考》"旌節[1]"文。

【毛節】

同"旄節"。此體唐代已行用。見該文。

其　他

旌節[2]

旌與節之類信物的總稱。指唐宋時皇帝賜給大臣、節度使的符節、儀仗。唐制,節度使賜雙旌雙節,旌以專賞,節以專殺。行則建節,樹六纛。《新唐書・車服志》:"大將出,賜旌以顓賞,節以顓殺。旌以絳帛五丈,粉畫虎,有銅龍一,首纏緋幡,紫綟爲袋,油囊爲表。節,懸畫木盤三,相去數寸,隔垂赤麻,餘與旌同。"宋岳珂《愧郯錄・旌節》:"旌節之制,命大將帥及遣使於四方,則請而假之。旌以專賞,節以專殺……唐天寶中置,節度使受命日賜之,得以專制軍事。"《宋史・輿服志二》:"旌節,唐天寶中置。節度使受命日賜之,得以專制軍事……宋凡命節度使,有司給門旗二,龍虎各一,旌一,節一,麾槍二,豹尾二。"

錦節

節之一種。漢以後節上常罩一錦繡籠袋,故稱。唐盧照鄰《贈李榮道士》詩:"錦節衘天使,瓊仙駕羽君。"

英蕩

古代放置符節的匣子,上有飾紋圖案。《周禮・地官・掌節》:"凡邦國之使節,山國用虎節,土國用人節,澤國用龍節,皆金也,以英蕩輔之。"鄭玄注:"杜子春云:'蕩當爲帑,謂以函器盛此節。'或曰英蕩,畫函。"賈公彦疏:"其函猶是蕩,但以英華有畫義,故更云畫函也。經云輔之者,以函輔此法使不壞損也。"孫詒讓正義:"此'以英蕩輔節'下,又云'以傳輔節',英蕩似與傳相近。若如子春説爲函器,函、節相將,非所以言輔。干義長於杜。"一説爲竹質符信,與使節同時使用。《後漢書・百官

志三》："主璽及虎符、竹符之半者。" 劉昭注引干寶曰："英，刻書也。蕩，竹箭也。刻而書其所使之事，以助三節之信。則漢之竹使符者，亦取則於故事也。"

節旄

旌節上所綴之飾物。牦牛尾爲之，分上、中、下三重，以取象竹節。秦時爲黑色。漢初純赤，武帝征和二年（公元前 91），因 "戾太子" 持赤節，更爲黃旄加上以相別，新莽時爲純黃。《漢書·蘇武傳》："〔蘇武〕杖漢節牧羊，臥起操持，節旄盡落。" 唐高適《送柴司戶充劉卿判官之嶺外》詩："嶺外資雄鎮，朝端寵節旄。" 明譚貞良《題河梁泣別圖》詩："都尉臺前起朔風，節旄空盡路西東。" 後亦代指旌節。參見本卷《節信榮傳說·節信考》"旄節"。

第二節　榮傳考

榮傳是古代出入關卡之通行憑證的通稱。古代統治者爲控制民衆，維護統治，很早便建立了較爲完整的通行憑證制度。通過向出行者發放通行證，在關津、城門等緊要處設員查驗，以驗明出入者的身份。榮與傳同爲通行證件，功用相近，唯榮多用於城門宮禁，傳多用於關卡津驛。傳多見於先秦，榮多見於秦漢以後，漢以後往往榮、傳并稱。

傳在先秦時期即廣泛使用，凡遠行他鄉者、負販貨賄者，皆須携傳以行，以備關卡驗證之需。《韓非子·說林上》："田成子去齊，走而之燕，鴟夷子皮負傳而從。"《周禮·地官·司關》："凡所達貨賄者，則以節傳出之。" 傳爲木質，實物今已不可見。據文獻所述，傳長一尺五寸（一說五寸），上書符信文字，復以木板加封，封板鈐御史印章，驗證爲信，故傳亦名 "封傳" "符傳"。封傳應爲個人專用，不可轉借他人，故《史記·孟嘗君列傳》有 "更封傳、變名姓以出關" 的記載。

自漢代以至唐宋，一般民衆通過關卡津梁多使用過所。過所亦稱 "過所文書"，唐人賈公彦云："過所文書……當載人年幾及物多少，至關至門，皆別寫一通，入關家門家乃案勘而過，其自内出者，義亦然。" 唐代對過所的管理極爲嚴格，度關者給過所，出塞超過一月者給行牒。國内共二十六關隘，過關者皆須從司門郎中申請過所，并規定 "諸不應度關，而給過所，若冒名請過所而度者，各徒一年"。

漢唐間的民用通行證件除過所外，又有繻。繻以帛製成，上書行人身份、事由，由守關者發給，雙方各執一半，合之方可通過。宋以後有契繻，爲關市徵稅之憑證。宋元明清時期，通行證件多稱"文引""路引"，紙質，上書身份、目的地等；相應地，亦有嚴格的路引發放管理制度。另外尚有一些特殊的通行證件如"鹽引""邊引"等，已見後節"票證考"中，此不贅述。

榮亦稱"榮信"，是漢至魏晉南北朝間行用的一種木質通行證件。其形制、功用與傳近似，刻木爲二，合符爲信。《說文・木部》："榮，傳信也。"據載籍所述榮的使用情況，兩漢魏晉南北朝時期，多作爲出入宮禁的憑證，其使用對象爲朝廷官員。漢代榮信使用制度如《後漢書・百官志二》所載："凡居宮中者，皆有口籍於門之所屬，宮名兩字爲鐵印文符，案省符乃内之。若外人以事當入，本官長史爲封榮傳；其有官位，出入令御者言其官。"南朝宋以後，出入宮禁用銀字榮并結合白虎幡，有時還需要皇帝墨令。宋代以後，出入宮門、皇城門之門符皆以絹綾裹紙板製成，由皇城司掌管，通謂之"號"。

榮傳制度是古代統治者控制人口流動、進行治安管理的一項重要制度，對於穩定其封建統治秩序起了重要作用。

總　稱

榮傳

原單稱"榮"。古代出入宮門關津時所用之憑證。有別於先秦時之"傳"。傳乃以繒帛爲之，上書兩行，中分爲二，一份存守官，一份自留。"榮"則爲木質，漢代始用之，多連稱爲"榮傳"，南北朝多沿襲，榮、傳實無區別，遂成泛稱。《說文・木部》："榮，傳信也。"《漢書・文帝紀》："〔十二年〕三月，除關無用傳。"顏師古注："張晏曰：'傳，信也。若今過所也。'如淳曰：'兩行書繒帛，分持其一，出入關，合之乃得過，謂之傳也。'李奇曰：'傳，榮也。'師古曰：'張說是也。古者或用榮，或用繒帛。榮者，刻木爲合符也。'"《後漢書・百官志二》："凡居宮中者，皆有口籍於門之所屬，宮名兩字爲鐵印文符，案省符乃内之。若外人以事當入，本官長史爲封榮傳；其有官位，出入令御者言其官。"《宋書・禮志二》："皇太子夜開諸門，墨令，銀字榮傳令信。"

過所

亦稱"過所文書""契繻"。古代過關津之憑證。即榮傳。始見於漢。其初，或以繒帛中分，或刻木合符，隋唐之後，皆爲紙質取代。《周禮・地官・司關》："則以節傳出之。"鄭玄注："傳，如今移過所文書。"賈公彥疏："過所文書……當載人年幾及物多少，至關至門，皆別寫一通入，關家門家乃案勘而過，其自内出者，義亦然。"《釋名・釋書契》："過所，至關津以示之也。"晋崔豹《古今注》："凡傳皆以木爲之……所以爲信也，如今之過所也。"《唐律・衛禁・不應度關》："諸不應度關，而給過所，若冒名請過所而度者，各徒一年。"《新唐書·百官志四》:"户曹司户參軍事，掌户籍、計賬、道路、過所。"宋蘇軾《愛玉女洞中水既致兩瓶恐後復取而爲使者見紿因破竹爲契使寺僧藏其一以爲往來之信戲謂之調水符》詩:"欺謾久成俗，關市有契繻。誰知南山下，取水亦置符。"《資治通鑑·後漢隱帝乾祐二年》:"行道往來者，皆給過所。"胡三省注引宋白曰:"古書之帛爲繻，刻木爲契，二物通謂過所也。"《資治通鑑·後漢隱帝乾祐二年》:"邠（楊邠）又奏:'行道往來者，皆給過所。'"胡三省注:"盛唐之制，天下關二十六，度關者從司門郎中給過所，猶漢時度關用傳也。宋白曰:古書之帛爲繻，刻木爲契，二物通謂過所也。"明楊慎《丹鉛續録·過所》:"若今過所者，即行路文引也。"參閱宋洪邁《容齋四筆》卷十"過所"。

【過所文書】

即過所。此稱漢代已行用。見該文。

【契繻】

即過所。此稱宋代已行用。見該文。

路引

省稱"引"。即過所。路條、通行證。由官府發放，上注明身份、目的地等。元賈仲名《對玉梳》第一折:"急收拾没了半文，剛剛的剩紙路引。"《幽閨記》第七齣:"你去渡關津，怕有人盤問，又没個官司文憑路引。"《大明律例》卷一五:"凡不應給路引之人而給引，及軍詐爲民，民詐爲軍，若冒名告給引及以所給引轉與他人者，並杖八十。"清薛福成《出使四國日記·光緒十七年二月十三日》:"康熙年間，義國教士馬國賢以善繪油畫馳名，居中國京都十有三年，供奉内廷，頒賜大緞馬匹等物，並發路引，許携華生五名航海西歸。"

【引】[1]

"路引"之省稱。此稱明代已行用。見該文。

傳

傳[1]

亦稱"封傳""傳信"。古代出入關卡之通行憑證。多以繒帛爲之，上書兩行，中分爲二，一份存守官，一份自留。多用於先秦，漢後多稱"過所"。同時"榮"盛起，漸取代"傳"。晉人崔豹以爲"傳"乃兩板相合，一板書信符，另一板封以御史印章。當非是。《韓非子·説林上》:"田成子去齊，走而之燕，鴟夷子皮負傳而從。"陳奇猷注引門無子曰:"傳，信也。以繒帛爲之，出入關合信。"《周禮·地官·司關》:"凡所達貨賄者，則以節傳出之。"鄭玄注:"商或取貨於民間，無璽節者，至關，關爲之璽節及傳出之……傳，如今移過所文書。"《史記·孟嘗君列傳》:"更封傳，變名姓以出關。"《漢書·平帝紀》:"在所爲駕一封軺傳。"顏師古注引如淳曰:"律，諸當乘傳及發駕置傳者，皆持尺五寸木傳信，封以御史大夫印章。"按，"傳信"前加"木"字，可見"傳信"多非木質。《釋名·釋書契》:"傳……亦曰過所。過所，至關津以示之也。"畢沅疏證引《中華古今注》:"傳者，以木爲之，長一尺五寸，書符信於其上，又一板封以御史印章，所以爲期信。

即如今之過所也。"一説傳長五寸。晋崔豹《古今注・問答釋義》："凡傳皆以木爲之，長尺五寸，書符信於上，又以一版封之，階封以御史印章，所以爲信也。如今之過所也。"北周庾信《又移齊河陽執事文》："自拭玉繼書，通關去傳，實謂上方銷劍，山陽息馬。"

【封傳】

即傳[1]。因加璽節以封之，故稱。此稱先秦已行用。見該文。

【傳信】

即傳[1]。此稱漢代已行用。見該文。

【符傳】[2]

亦稱"傳符"。即傳。《墨子・號令》："若無符，皆詣縣廷言，請問其所使。其有符傳者，善舍官府。"孫詒讓閒詁："《周禮・司關》有'節傳'，鄭注云：'傳，如今移過所文書。'《釋名・釋書契》云：'過所或曰傳。傳，轉也，轉移所求執以爲信也。'"《漢書・王莽傳中》："吏民出入持布錢以副符傳。"顏師古注："舊法，行者持符傳即不稽留，今更令持布錢與符相副乃得過也。"唐孫樵《書何易于》："'權勢如何？'曰：'傳符外一無所與。'"《舊唐書・職官志二》："二曰傳符，所以給郵驛，通制命。"

【傳符】

即符傳[2]。此稱唐代已行用。見該文。

【繻】

亦稱"繻券"。即傳。一説係裂繻頭，合以爲信符。不確。《漢書・終軍傳》："初，軍從濟南當詣博士，步入關。關吏予軍繻。軍問：'以此何爲？'吏曰：'爲復傳，還當以此合符。'軍曰：'大丈夫西游，終不復傳還。'棄繻而去。"顏師古注引蘇林曰："繻，帛邊也。舊關出入皆以傳。傳煩，因裂繻頭，合以爲符信也。"按，繻爲彩色繒帛，或説爲細密之羅，嫌傳煩，何以單衹裂繻耶？《資治通鑑・後漢隱帝乾祐二年》："行道往來者，皆給過所。"胡三省注引宋白曰："古書之帛爲繻，刻木爲契，二物通謂過所也。"明張鳳翼《紅拂記・太原王氣》："我素有大志，見天下將亂，昔廣蓄貲財，規造繻券，或龍戰二三十載，意欲建少功業。"清康有爲《除夕答徒兄沛然秀才時將入京上書》詩："素衣深恐緇塵浣，豈敢投繻入帝京。"

【繻券】

即繻。此稱明代已行用。見該文。

【傳瑞】

古代官府頒予官吏的符傳瑞信。南朝梁范雲《贈張徐州謖》詩："軒蓋照墟落，傳瑞生光輝。"余冠英注："傳瑞，都是符信之類。'傳'或用棨，或用繒帛；'瑞'用玉。這裏用來作爲符節的代稱。"

棨

棨[1]

亦稱"木傳信"。古代通行憑證。多用於宮門、關卡及驛站等。木質，封以官印。《説文・木部》："棨，傳信也。"《漢書・文帝紀》："除關無用傳。"顏師古注："古者或用棨，或用繒帛。棨者，刻木爲合符也。"又，《平帝紀》："在所爲駕一封軺傳。"顏師古注引如淳曰："律，諸當乘傳及發駕置傳者，皆持尺五寸木傳信，封以御史大夫印章。"

【木傳信】

即榮。此稱三國時期已行用。見該文。

【榮信】

即榮。古代官員所用的一種出入證件。漢魏、南朝宋時宮禁城門啓閉，多以"榮信"爲憑。《後漢書·竇武傳》："曹節聞之，驚起，白帝曰：'外間切切，請出御德陽前殿。'令帝拔劍踊躍，使乳母趙嬈等擁衛左右，取榮信，閉諸禁門。"李賢注引《漢官儀》曰："凡居宮中，皆施籍於掖門，案姓名當入者，本官爲封榮傳，審印信，然後受之。"按，李賢注引《漢官儀》之"榮傳"以解"榮信"，乃以習見語解非習見語，二詞并不等同。《宋書·謝莊傳》："于時世祖出行，夜還，敕開門。莊居守，以榮信或虛，執不奉旨，須墨詔乃開。"出土實物有西漢"張掖都尉榮信"，以紅色繒製成，長方形，上方繫綴，用以懸挂。

西漢張掖都尉榮信
（甘肅居延出土）

銀字榮

省稱"銀榮"。榮之一種。木質，因以銀色書寫，故稱。多見於南北朝。《宋書·王曇首傳》："元嘉四年，車駕出北堂，嘗使三更竟，開廣莫門。南臺云：'應須白虎幡，銀字榮。'不肯開門。"按，"幡"指幡信。《藝文類聚》卷三九引北周王褒《入朝守門開》詩："鐵符行警曙，銀榮未開闈。"

【銀榮】

"銀字榮"之省稱。此稱南北朝時期已行用。見該文。

號

宋時進出宮門之符信。彩絹裏板爲之，或方或圓，以別其用。《宋史·輿服志六》："門符制，以繒裹紙版，謂之號，皇城司掌之。敕入禁衛號，黃綾八角，三千道；入殿門黃絹以方，一千道；入宮門黃絹以圓，八千道；入皇城門黃絹以長，三千道。紹興二年正月所定也。後更宮門號以緋紅絹方，皇城門以緋紅絹圓，遂久用之。後復盡以黃，或方或圓，各隨其制。"

行牒

古代出行時用以證明身份之憑證。用於出行時間較長者。《新唐書·百官志一》："天下關二十六，有上、中、下之差。度者，本司給過所；出塞踰月者，給行牒。"《唐會要·御史臺》："比來行牒有累月不申，兼頻牒不報者。"

第五章　牌符票證説

第一節　牌符考

　　牌符亦簡稱"牌"，是中國古代官員及官府辦事人員使用的一種憑證。其用途較爲廣泛，主要用作傳遞文書命令、出入宫門、行使權力、證明身份地位的憑證。牌符的使用最早見於隋唐，達於宋元明清，至民國始廢。牌的種類較多，形制各异。其質地有金、銀、銅、牙、竹、木之分，外形則有圓、方、扁之别。本考根據不同用途分別加以叙述。

　　其一爲朝廷頒發給官員或辦事人員，作爲行使權力、擁有某種辦事許可權或享受某種待遇的憑證。其中較早出現的是用於驛傳遣使所用的銀牌。銀牌始見於唐代，時稱"走馬銀牌"，其形長五寸，寬一寸半，首有孔，上繫韋帶，牌面刻隸書曰"敕走馬銀牌"，每發驛遣使時，由門下省發給。宋遼因之，而外形加大，長六寸，寬二寸半，上嵌飾鳳紋、麒麟紋。用牌者一般擁有較高的許可權待遇，如遼代銀牌上刻"宜速"二字，使者執牌馳馬，牌至之處，如國主親到，需索更易，無敢違者。宋端拱中，因銀牌多遭遺失，罷銀牌，復改用樞密院券。元代以後，朝廷向封疆大吏、欽差大臣、將帥發放旗牌，分旗與牌兩部分，上皆書"令"字，用作專斷事務之憑據；一般兵士佩戴腰牌，作爲夜間巡行、執行公務的憑證。明代有"月寶金牌"作爲中書省、都督府調發軍隊的憑證；有"守衛金牌"作爲各級軍將行使權力的憑證；有"走馬符牌"，藏之內府，遇有急務調發，使者佩戴以作憑證；有"通行馬牌"，凡藩王官員差役奉使外出，皆可持之作乘坐驛馬的憑證；明清間有"火牌"，作爲官役外出向沿途驛站領取口糧的憑證。清代有"王命旗牌"，形制類似元代之旗牌。旗以藍繪製，長寬二尺六寸，牌以椵木製，圓形，高一尺二寸。旗、牌上皆書滿漢"令"字。此旗牌發給各省督撫提鎮等封疆大吏，凡遇緊要大事，亟待裁決，可以此牌代表皇帝詔命。又有綠頭牌，木質，因牌首飾以綠色，故稱，遇有緊急章奏，可以不下內閣票擬，直接上奏皇帝。

其二是作爲傳遞詔令文書的信物。主要有"檄牌"，始見於宋代，有金字牌、青字牌、紅字牌數種，木質，長尺餘，傳遞遲速有別。其中金字牌上書金字"御前文字，不得入鋪"，用於傳遞軍機急要文書，要求日遞五百里。餘二種遞減爲日行三百五十里、三百里。南宋康定年間又創"傳信牌"，始用於傳遞軍令文書，後用作一般諸司公文的傳遞，始爲木質，長六寸，寬三寸，朱漆，後亦以紙爲之。元代用於傳遞緊急軍務文書的憑證爲"圓牌"，形圓，上鑄海東青圖像，故亦稱"海東青圓牌"。分金字、銀字兩種，由朝廷所遣者持金字牌，諸王所遣者用銀字牌。持牌使者有挑選良馬、兼程馳驛及奪騎官民馬匹的特權。

其三是由皇帝頒發給官員及內侍，用作出入宮禁及證明其身份地位的憑證。此類牌符，多見於宋以後。宋太祖首創"牙牌"，象牙製作，上刻官員官職及標識，文武大臣出入朝堂時佩戴。此制後世沿用，至明又細分爲五類，有爵位者曰勛，駙馬都尉曰親，文官曰文，武官曰武，教坊司曰樂，并規定不佩戴牙牌者不得入朝，私借者論罪，出京及解職遷官者繳還。宋元時期又行用"宣牌"，銅質或木質，與牙牌僅用於朝堂出入者不同，此則用於朝內外各級帶印官員，用以證明其官職身份。元有"虎頭金牌"，爲皇帝賜予文武官員的隨身符信，其功用類近古之虎符、魚符。明以後，不同身份的官員差役，多佩牌符表示身份，如用於宮中內侍者有"烏木牌"，用於邊裔藩王者有"金牌"。

其四是與官印結合使用，作爲取用官印的憑證。如宋代之"銅牌"，自諸王、節度、觀察使至州、府、軍、監、縣諸印，皆配有銅牌，牌上刻文曰"牌出印入，印出牌入"。明代有"用寶金牌"，凡調兵時，各持其牌至內府鈐蓋璽寶後方可有效。

總　稱

牌

古代傳遞文書、出入關卡、行使權力等所執憑證，有時亦用以證明執者地位身份。因時代不同，具體用途不一，且種類較多，形制各異。其質則有金、銀、銅、牙、竹、木之分，形則有圓、方、扁之別，名則有符牌、信牌、檄牌、腰牌諸類。隋唐已用之，歷代沿襲。唐王建《贈胡泫將軍》詩："朱牌面上分官契，黃紙頭邊押敕符。"《宋史・輿服志六》："唐有銀牌，發驛遣使，則門下省給之。"又："高宗建炎三年，改鑄虎符……又有檄牌，其制有金字牌、青字牌、紅字牌。"《明史・輿服志四》："洪武四年始製用寶、金牌。凡軍機文書，自都督府、中書省長官而外，不許擅奏。有詔調軍，中書省同都督府覆奏，乃各出所藏金牌，入請用寶。"又《職官志三》："銅牌之號一，以稽守卒，曰勇……雙魚銅牌之號二：曰嚴，以肅直衛錦衣校尉之止直者；曰善，以飾光祿胥役之供事者。"

諸　牌

銀牌

由朝廷頒予使者准其乘用驛馬之憑證。銀質，長方形。始於唐代，宋遼因之。宋端拱年間爲"樞密院券"所替代。宋葉隆禮《契丹國志》附錄宋張舜民《使北記》："銀牌形如方響（上圓下方之長條形金屬片，打擊樂器），刻蕃書'宜速'二字，使者執牌馳馬，日行數百里。牌所至，如國主親到，需索更易，無敢違者。"宋蘇舜欽《乞發兵用銀牌狀》："漢世發兵，皆以虎符，所以嚴國命而絕奸端，厥後給銀牌以爲信。"宋周煇《北轅錄》："接伴戎服陪立，各帶銀牌……虜法出使皆帶牌，有金、銀、木之別。"《宋史・輿服志六》："唐有銀牌，發驛遣使，則門下省給之。其制，闊一寸半，長五寸，面刻隸字曰'敕走馬銀牌'，凡五字。首爲竅，貫以韋帶……〔宋初太平興國三年〕詔罷樞密院券，乘驛者復制銀牌，闊二寸半，長六寸。易以八分書，上鈒二飛鳳，下鈒二麒麟，兩邊年月，貫以紅絲條。端拱中，以使臣護邊兵多遺失，又罷銀牌，復給樞密院券。"《續資治通鑑・宋太宗太平興國三年》："戊辰，詔：'自今乘驛者皆給銀牌。'"

牙牌

古代貴族大臣佩帶，用作證明身份、出入朝堂的憑證，象牙製作，故稱。上刻所佩者官職及標識。始於宋太祖，初僅賜予有功武臣佩帶，後文武朝官等亦佩之。明朝臣所佩者又分五等，扈從官員及陪祀官入壇亦用之。宋歐陽修《早朝感事》詩："玉勒爭門隨仗入，牙牌當殿報班齊。"《明會要・輿服下》："洪武八年二月，製陪祀官入壇牙牌。陪祀官曰陪，供事官曰供，執事人曰執。十一年三月丁酉，始製牙牌給文武朝臣。牙牌之號五，以察朝參。公、侯、伯曰勳，駙馬都尉曰親，文官曰文，武官曰武，教坊司曰樂。嘉靖中，總編曰‘官字某號’。朝參佩以出入，不則門者止之。私相借者論如律。有故，納之内府。”又《職官十一》引明唐錦《夢餘録》：“百官入朝，佩牙牌，鏤官職於牌上，拜官則於尚寶領出，出京及遷轉則繳還。”《明史·金鉉傳》：“〔金鉉〕知帝已崩，解牙牌拜授家人，即投金水河。”參閲明劉若愚《酌中志·内臣佩服紀略》。

銅牌[1]

宋頒予諸司與其印相輔之符信。憑此取用其印。銅質。因執之者身份不同而形制稍異。《宋史·輿服志六》：“唐制，諸司皆用銅印，宋因之……諸王、節度、觀察使、州、府、軍、監、縣印，皆有銅牌，長七寸五分。諸王廣一寸九分，餘廣一寸八分。諸王、節度、觀察使牌塗以金，刻文云：‘牌出印入，印出牌入。’”

檄牌

用以傳遞朝廷旨令之信物。木質，多見於宋代。有青字牌、紅字牌、金字牌數種。其傳遞亦有遲速之别，日行三百里至五百里不等。《宋史·輿服志六》：“又有檄牌，其制有金字牌、青字牌、紅字牌。”

宣牌

宋代諸王、節度、觀察使、州、府、軍、監、縣印，皆有銅牌，謂之“宣牌”。由朝廷授予，以證明官職身份。元代略同。亦有以木爲之者。元王實甫《破窑記》第四折：“俺男兒的受了宣牌，媳婦兒的有些人才。”《元史·選舉志二》：“凡一百户之下管匠官資品，受上司劄付者，依已擬充院長。已受宣牌充局使者，比附一百户之上局使資品遞降，量作正九資品。”《水滸傳》第三九回：“祇見凳頭邊溜下搭膊，上掛著朱紅緑漆宣牌。朱貴拿起看時，上面雕著銀字，道是‘江州兩院押牢節級戴宗’。”

金字牌

宋代檄牌之一種。木質，長尺餘，朱漆，上書金字“御前文字，不得入鋪”。以馬接力傳遞，日行五百里，凡傳敕書及軍機要事用之。北宋末一度改爲黄漆朱紅字，南宋復用朱漆金字。岳飛朱仙鎮破金兀朮軍，秦檜與高宗一日下十二金字牌，逼其班師回朝。事見《宋史·岳飛傳》，民間謂“十二道金牌”。宋沈括《夢溪筆談·官政一》：“驛傳舊有三等，曰步遞、馬遞、急脚遞。急脚遞最遽，日行四百里，唯軍興則用之。熙寧中又有金字牌急脚遞，如古之羽檄也。以木牌朱漆黄金字，光明眩目，過如飛電，望之者無不避路，日行五百餘里。有軍前機速處分，則自御前發下，三省樞密院莫得與也。”《宋史·輿服志六》：“金字牌者，日行四百里，郵置之最速遞也。凡敕書及軍機要切則用之，由内侍省發遣焉。”明李東陽《金字牌》詩：“金字牌，從天來，將軍慟哭班師回。”

紅字牌

宋代檄牌之一種。木質，黑漆，上書紅字，故稱。軍期急速則用之，限日行三百五十里。後減作日行三百里。《宋史·輿服志六》：“淳熙末，趙汝愚在樞筦，乃作黑漆紅字牌，奏委諸路提舉官催督，歲校遲速最甚者，以議賞罰。其後尚書省亦踵行之。”《宋會要輯稿·方域十》：“黑漆紅字牌……上鐫刻‘樞密院軍期急速文字牌’，減作限日行三百里。”

青字牌

宋代檄牌之一種。木質，黄漆青字，故

稱。後因尚書省亦用之，遂改爲黑漆紅字。《宋史·輿服志六》：“乾道末，樞密院置雌黃青字牌，日行三百五十里，軍期急速則用之。”參見本卷《牌符票證說·牌符考》“紅字牌”文。

傳信牌

省稱“信牌”“傳牌”。本爲傳遞軍令文書之憑證。宋仁宗康定元年（1040）製，初用於軍中，後諸司屬員凡以公事至所屬之部時亦用之。木質，朱漆。後以紙爲之，稱“排單”。《宋史·輿服志六》：“先朝舊制，合用堅木朱漆爲之，長六寸，闊三寸，腹背刻字而中分之，字云某路傳信牌。却置池槽，牙縫相合。又鑿二竅，置筆墨，上帖紙，書所傳達事。用印印號上，以皮繫往來軍吏之項。臨陣傳言，應有取索，並以此牌爲信，寫其上。如已曉會施行訖，復書牌上遣迴。”又《兵志十》：“傳信牌，中爲池槽，藏筆墨紙，令主將掌之。每臨陣傳命，書紙內牌中，持執兵官，復書事宜內牌中而還。主將密以字爲號驗，毋得漏泄軍中事。”《平定金川方略》卷一八：“嗣後一切馳送軍機事件，俱設立排單，如自京發往者，將月、日、時刻，報匣若干，封套若干，逐一注明排單之上。沿

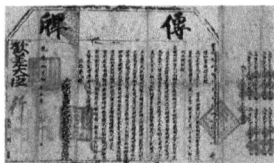

清乾隆四十四年所用驛站傳牌

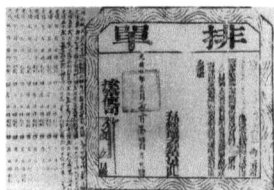

清光緒五年驛站所用排單

途驛站人等查看排單，於何時接到，何時發往，逐站填注明白。”清汪汲《事物原會》：“宋太祖時，葉清臣啓軍中傳信牌。今上司行屬員用信牌蓋始此。”清靳輔《減差節省驛站錢糧疏》：“其餘平常事務，照例三件以上裝包封固，編定號數，填該衙門傳牌一紙，交給附郭州縣。”

【信牌】

“傳信牌”之省稱。此稱清代已行用。見該文。

【傳牌】

“傳信牌”之省稱。此稱清代已行用。見該文。

【排單】

即傳信牌。此稱清代已行用。見該文。

虎頭牌

亦稱“虎頭金牌”“虎符金牌”。元代皇帝賜予文武官員的隨身符信。符跌作伏虎形，故名。佩之得以便宜行事。宋汪元量《湖州歌》：“文武官僚多二品，還鄉盡帶虎頭牌。”按，此歌爲宋亡後作。金董解元《西廂記諸宮調》卷八：“虎符金牌腰間掛，英雄鎮着普天之下。”元李志常《長春真人西游記》卷上：“成吉思汗皇帝遣侍臣劉仲祿懸虎頭金牌，其文曰：‘如朕親行，便宜行事。’”元李直夫有《便宜行事虎頭牌》雜劇。按，清代衙門局所門首懸牌，上作虎頭形，書“禁止閑人擅入”等，亦俗稱“虎頭牌”，別爲一物。清王國維《元銅虎符跋》：“元之虎符俗云虎頭牌。汪元量《水雲集·湖州歌》云：‘文武官僚多二品，還鄉盡帶虎頭牌。’關漢卿《閨怨佳人拜月亭》雜劇云：‘虎頭兒金牌腰內懸。’則當時本謂之牌，不謂之符。雅言謂之虎符，名雖古，制則非矣。”

【虎頭金牌】

即虎頭牌。此稱元代已行用。見該文。

【虎符金牌】

即虎頭牌。此稱金代已行用。見該文。

牌面

朝廷頒予官吏、使節的一種身份憑證，其狀扁薄如牌，故稱。多用於元。《元典章·禮部二·牌面》："諸官員懸帶前職牌面，及有金牌換授虎符，亦不曾將前職牌面回納並罷職身，故官員牌面俱各未曾解納擬合追收。"《元史·順帝紀》："聽富民願出丁壯義兵五千名者爲萬户，五百名者爲千户，一百名者爲百户，仍降宣敕牌面。"又《兵志四》："使臣無牌面文字，始給馬之驛官及元差官，皆罪之。有文字牌面，而不給驛馬者，亦論罪。"《水滸傳》第一一九回："當時盡收拾損兵折將的官誥牌面，送回京師，繳納還官。"

圓符

亦稱"圓牌"。元代傳送緊急軍務文書所用之符信。圓形，故稱。其制分金字、銀字兩種。由朝廷所遣者持金字圓牌，諸王所遣者持銀字圓牌。初時圓牌面鑄海東青圖像，故亦稱"海東青圓牌"，後改鑄八思巴文字。持牌使者，有挑選良馬、兼程馳驛及奪騎官民馬匹之特權。事畢，將牌符納還原發官署。其金字圓牌，亦頒於特權者，許其便宜行事。《元史·兵志四》："其給驛傳璽書，謂之鋪馬聖旨。遇軍務之急，則又以金字圓符爲信，銀字者次之。内則掌之天府，外則國人之爲長官者主之。"又："蓋圓牌遣使，初爲軍情大事而設，不宜濫給；自今求給牌面，不經中書省、樞密院者，宜勿與。"清周召《雙橋隨筆》卷七："〔泰定二年〕李昌言，西番僧佩金字圓符，絡繹道途，驛騎累百，傳舍至不能容。"

【圓牌】

即圓符。此稱元代已行用。見該文。

腰牌

出入關卡或夜間巡行之憑證。繫於官兵腰間，故稱。多銅質，圓形，亦有木質、象牙質方形者。上端有穿穗帶之圓孔，牌面有各種文

元站赤腰牌

字圖案，標明發牌官署及編號等。如江蘇揚州發現之元代腰牌，正面有字四行，楷書直行。中行字稍大，曰"宣慰使司都元帥府"，右側爲"公務急速"，左側爲"持此夜行，玄字拾號"。背面尚有阿拉伯文、八思巴文各一行。山東棗莊發現之明代腰牌正面則凸鑄一豹，豹頭上部有陽文八字"豹字三佰肆拾壹號"，背面鑄有"隨駕養豹官軍勇士懸帶此牌，無牌者依律論罪，借者及借與者罪同"字樣。明何良臣《陣紀·束伍》："記其本管營伍，本身籍甲，年貌疤記，尺寸勧力，住居習藝，分投填注牌册明白，次日兵士各領腰牌。"清昭槤《嘯亭雜録·癸酉之變》："林清嘗步行街衢，風開其袂，露懸坎卦腰牌，爲市人所窺見。"參閲明戚繼光《紀效新書·束伍》。

用寶金牌

明代調發軍隊之憑信物。洪武四年（1371）

始製，共二枚，中書省、都督府各藏其一。需調軍時，各持所藏至内府鈐蓋璽寶後方可有效，故名。亦省稱"金牌"。《明史·輿服志四》："洪武四年始製用寶金牌。凡軍機文書，自都督府、中書省長官而外，不許擅奏。有詔調軍，中書省同都督府覆奏，乃各出所藏金牌，入請用寶。"

守衛金牌

原稱"扈駕金字銀牌"。明代武官所佩符信。洪武年間製造，銅質，塗以金，高一尺，闊三寸，分字型大小凡五。仁字型大小，上刻獨龍蟠雲花，指揮佩之；禮字型大小，刻獬豸蟠雲花，百户、所鎮撫佩之；信字型大小，刻蟠雲花，將軍佩之。牌下鑄"守衛"二篆字，背鑄"凡字衛官軍懸帶此牌"等二十四字，牌首竅貫青絲。鎮撫及將軍隨駕直宿衛者佩之，下直則納之。《明史·輿服志四》："其扈駕金字銀牌，則洪武六年所造，尋改爲守衛金牌。"參閱《明史·職官志三》。

【扈駕金字銀牌】

即守衛金牌。此稱明代初年已行用。見該文。

調發符牌

亦稱"走馬符牌"。明代軍中通行憑證。鐵質，上有文字圖案等。《明史·輿服志四》："〔洪武四年〕又造軍中調發符牌，用鐵，長五寸，闊半之，上鈒二飛龍，下鈒二麒麟，首爲圓竅，貫以紅絲條。"《明會要·輿服下》："走馬符牌，鐵爲之，共四十，金字、銀字者各半，藏之内府，有急務調發，使者佩以行。尋改爲金符。"

【走馬符牌】

即調發符牌。此稱明代已行用。見該文。

通行馬牌

鐵或木質之牌照。明代凡親王、百官、差役奉使外出皆可持之以爲乘坐驛馬之憑證，故稱。洪武四年（1371）之前，有符驗之號五，曰馬，曰水，曰達，曰通，曰信。其制，上織船馬之狀，起馬用馬字，起雙馬者達字型大小，起單馬者通字型大小。親王之藩及文武出鎮撫、行人通使命者，皆給之。《金瓶梅詞話》第五五回："又發了一張通行馬牌，仰經過驛遞，起夫馬迎送。"參閱《明史·職官志三》《明史·輿服志四》。

通行船牌

鐵或木質之牌照。明代凡親王、百官、差役奉使外出皆可持之以爲乘坐官船之憑證，故稱。行用於洪武四年（1371）之前。其制，上織船馬之狀，起船用水字，起雙船用信字。參見本卷《牌符票證説·牌符考》"通行馬牌"文。

銅牌 [2]

明皇城門衛、錦衣衛當直及光禄寺胥役所佩之憑證。如"勇字號銅牌""雙魚銅牌"。《明史·輿服志四》："皇城九門守衛軍與圉子手各領勇字號銅牌，錦衣校尉上直及光禄寺吏典厨役，遇大祀，俱佩雙魚銅牌。"又《職官志三》："銅牌之號一，以稽守卒，曰勇……雙魚銅牌之號二：曰嚴，以肅直衛錦衣校尉之止直者；曰善，以飾光禄胥役之供事者。"

烏木牌

明宦官所佩之符信，其上端狀似荷葉。烏木爲之，故稱。圓徑二寸許。明呂毖《明宮史·內臣服佩》："烏木牌。其製荷葉頭，圓徑二寸許，一面刻'內使'或'小火者'字樣，一面用長方火印於中，其篆文四字曰'關防出入'，而火印兩傍分刻小字，或'内'字若干號。"

火牌

亦稱"火符"。古代符信。凡官役奉差外出隨身携帶，作爲向沿途驛站領取口糧之憑證。多行於明清。清代由兵部製作并發予各省督撫提鎮，年有定額。明唐順之《答萬思節參政書》："見報所差百户，欲其頻頻往來以通彼此之信，特與一火牌回往，諸事盡力支持。"《明史·沐紹勛傳》："朝弼素驕……用調兵火符遣人詗京師，乃罷朝弼。"《清會典事例·兵部郵政》："順治元年題准，勘合火牌，内填注奉差官役姓名，並所給夫馬車船、廩給口糧數目。"清李秀成《致護王陳坤書書》："緣愚於本月十六日、二十日有文二件，俱是加火牌限制飛遞。"

【火符】 [2]

即火牌。此稱明代已行用。見該文。

金牌 [2]

明頒予少數民族地區之信物。《明史·輿服志四》："嘗遣官齎金牌、信符詣西番，以茶易馬。其牌四十一，上號藏内府，下號降各番。篆文曰'皇帝聖旨'，左曰'合當差發'，右曰'不信者斬'。〔洪武〕二十二年又頒西番金牌、信符。其後諸番官欲塞，皆齎原降牌符而至。"

兵牌

清官府發給差兵之憑證。清蔣士銓《臨川夢·哼叛》："當下把衙門燒毁，奪了兵牌印信。"《清會典事例·刑部十一·徒流遷徙地方一》："起解省分，將解發軍流人犯，於起解之先，豫行諮明該撫，先期定地，飭知入境首站

州縣，隨到隨發；其解犯兵牌内，填明解赴某省入境首站某州縣，遵照定地，轉解配所，投所申繳字樣。"

緑頭牌

亦稱"緑頭牌子"。清朝用以書寫緊急章奏，不下内閣票擬，直接奏上請旨之木牌。因牌首飾以緑色，故稱。清王士禎《池北偶談·緑頭牌》："國朝六曹章奏，悉沿明制，惟緊急事或涉瑣細者，則削木牌緑其首，以滿洲字書節略於上，不時入奏請旨，不下内閣票擬，謂之緑頭牌子。蓋古方策遺意也。"《欽定八旗通志·黃秉中傳》："諭旨必由内閣發科抄，然後施行，惟緑頭牌摺子口傳諭旨即行，不由内閣，不發科抄，日後無從查考。"

【緑頭牌子】

即緑頭牌。此稱清代已行用。見該文。

牌印

"銅牌"與"銅印"之合稱。宋因唐制，諸司皆用銅印，且諸王、節度、觀察使、州、府、軍、監、縣印，皆輔有銅牌。用印時，以牌詣本府請印，用畢，復納之。牌出印入，印出牌入，故合稱之。《新五代史·前蜀世家·王建》："令孜夜入建軍中，以節度觀察牌印授建。"《資治通鑑·唐僖宗中和四年》："將佐已下從行者三百餘人，並牌印皆没不返。"胡三省注："古者授官賜印綬，常佩之於身，至解官則解綬。至唐始置職印，任其職者，傳而用之。其印盛之以匣……印出而牌入，牌出則印入，故謂之牌印。"《宋史·輿服志六》："神宗熙寧五年，詔内外官及谿洞官合賜牌印，並令少府監鑄造。"

旗牌

亦作"旂牌"。古代朝廷頒予將帥或封疆大

吏、欽差，准其專斷事務之憑據。以書有"令"字之旗與牌充任，故合稱。元白樸《梧桐雨》楔子："須知生殺的旗牌，祇爲軍中惜將才。不然斬一胡兒首，何用親煩聖斷來。"明唐順之《祭刀文》："某欽承天命，給有旗牌。"清秦朝釪《清寒詩話》："國家設旂牌，原使封疆得便宜從事，則既服，吾以旂牌斬之而後奏，有不合，吾任之。"

【旂牌】

同"旗牌"。此體清代已行用。見該文。

王命旗牌

旗牌之一種。代表王命之旗與牌，爲清代給督撫提鎮等封疆大吏之特權標志。始頒於清順治二年（1645）。凡緊要大事，亟待決裁，可以此牌代表王命執行。其旗以藍綢製，方廣二尺六寸，兩面銷金，書滿漢令字各一。牌以椴木製，形圓，高一尺二寸，朱色，兩面鐫滿漢令字各一，飾以金，懸於槍上。槍以榆木爲之，長八尺，鐵頂，冒以黃色繪龍，垂髦，牌邊及槍桿，亦鐫滿漢令字。特置旗牌官執掌之。《清文獻通考・兵考・軍器》："順治二年，頒給督撫等官王命旗牌。總督及掛印總兵官十副，提督八副，巡撫六副，總兵、副將五副，參將、游擊三副。"《六部成語・兵部・王命旗牌》注解曰："各省督撫，皆賜金漆牌四面，黃絹小旂四杆，旗牌上皆書'聖旨'二字，如有軍國緊急大事，不及請旨，即以此旗牌傳命，如同已奉了旨意一樣。"

官銜牌

舊時官員出行的前導儀仗之一。牌上寫明本官的職銜，故名。《官場現形記》第六回："後面方是欽差閱兵大臣的執事。什麽衝鋒旗，官銜牌……一對一對地過完，纔見那撫院坐著一頂八人抬的綠呢大轎子，緩緩而來。"

第二節　票證考

票是古代官府發放的供個人使用的契券和憑據，用以規範和約束民衆的社會活動，作爲人們從事某項事務、具有某種權利或身份的合法性證明。此類票證由來已久，内容複雜多樣，形制不一。廣義上説，古之符信、榮傳、牌符，某些功能與票證相近，可以説是票證的不同表現形式。如先秦的璽節即可視爲商人經商所用的一種票證，用於通行關卡的符傳實際上是一種通行證。但上述諸類在形制上多係金、玉、竹、木物態標件，多爲政治、軍事活動之所需，具有特定的使用物件和傳承關係。其產生、行用和退出歷史舞臺的時間都比較早，故各立一節。本節所述之票證文書，一般是指紙質或帛質的票、券、契據、證件、憑據等，其產生時代較晚，應用更加廣泛，有些在民國以後仍在行用。就其不同的功用而言，票證文書大體可分三類。一爲憑證文書。此類多係由官府發放，用以約束個人的社會行爲，規定個人從事某些社會活動的身份、資格、許可權待遇和義務的文書和證件。二爲票據。多指民衆輸賦納税後由官府填寫付予的證明性單據。前者是對民衆將發生行爲的約束，後者是對民衆已發生行爲（如輸賦納税行爲）的認可。三爲契約文書。係由雙方或多方簽署的文字性約定。

　　一、憑證文書。先秦通稱"驗""符驗"。《史記·商君列傳》："商君之法，舍人無驗者坐之。"《荀子·性惡》："貴其有辨合，有符驗。"但先秦之符驗，實爲當時通行之符節、符信。自先秦以至秦漢，所行用者多以符契爲主，唐宋以後，後世意義上的憑證文書廣泛使用。官府所發憑證文書的稱呼多種多樣，一般通稱"公驗""公執""公憑""文憑""公據""公引""公符""批帖"等，其上多有官府的印章和批示。根據憑證文書的不同用途，可分如下幾類：一爲用於證明個人身份的憑證文書。如用以證明官員身份的，漢有"傳"，宋有"照牒"；用以證明僧道身份的，南北朝有"憑由"，唐以後有"度牒""祠部牒"；用以證明應試舉人身份的，唐宋有"文解"；唐代异域朝貢者入境發給證件，稱"邊牒"。二爲發放給官府辦事人員或民衆，擁有某種辦事許可權或享受某種待遇的憑證文書。如官員因公出行用於差旅花銷用度的，唐宋時期有"公券""驛券""樞密院券"，元代有"鋪馬聖旨""鋪馬劄子"；官員領取俸禄的憑證稱"俸帖"；士卒就役的補助憑證稱"券給"；免除丁役之憑證稱"免丁由子"；拘捕懲罰犯人的憑證稱"籤"。三爲官府發放的，規定民衆擁有從事某項事業資格的憑證。此類憑證多指工商業者的經營執照、許可證及相關憑票。此類憑證，古多稱"執照""質照"，與今之執照含義相近。其用途包括營業、婚嫁、訴訟、設寺院等。其中常見的爲官府發放給商人准許進行茶鹽貿易的許可憑證，行於宋元明清，多稱"引票"。如宋代有"交引"，爲商人采辦軍糧、販賣茶鹽所用的憑證；食鹽行銷憑證稱"鹽鈔""鹽引"，創始於宋仁宗，商人納錢給邊塞而得鹽鈔，以二百斤爲一鈔，限制行銷數量。宋徽宗時改發"鹽引"，引分長短，長引銷外路，有效期一年，短引銷本路，有效期一季，并規定行銷數量及價格。另有"文引""路引"，已於前節"榮傳考"中闡釋。明初行開中鹽法，鹽商向邊地輸納軍糧以交換政府食鹽。明弘治後，邊地鹽商均使用許可證，稱"邊引"。又明清於川、甘等省貯茶易馬，茶商納税後官府發給引票，亦稱"邊引"。規定以若干斤爲一引，從而限制交易數量。清代鹽商行銷憑證稱"根窩"，俗稱"窩子"。商人納銀認窩，領取憑證，可壟斷一地之食鹽運銷，世稱"窩商"。另外，清代尚有運輸業者專用許可證，稱"運照"；有牙行之營業執照，稱"牙帖"；等等。

　　二、票據。常見的有官府徵收賦稅錢糧時發給交納人的票據，上列交納人姓名及所徵錢糧數目。因其一式二聯或多聯，故稱“串票”，亦稱“串子”“賙”。隋唐時已見，其一式二聯者，一付納戶，一留官府。清康熙二十八年（1689）後改爲一式三聯，一留官府，一給差役，一付繳納戶，故清代亦稱“三聯串票”。又采用截票之法，將一年應納數額分爲十限，每月爲一限。每納一限後，即從蓋印處裁爲兩截，故稱“截票”。由官府統一印發的載有各户應納賦稅定額的表單稱“由單”；商人納稅後的收據稱“三聯單”，形制類近“三聯串票”；由各省布政司接收各地捐輸銀兩所開的收據稱“實收”；清代綠營將軍買入人口所開的票據稱“口票”；凡買賣田地房屋向官府交納契稅後的票據稱“契尾”；等等。

　　三、契約文書。始見於先秦，《管子》所稱“田結”，《周禮》所稱“地約”，爲記錄田地經界範圍的文書，實即土地分配使用的券書。契約文書先秦通稱“書契”“契券”。《周禮》有“聽取與以書契”“掌稽市之書契”之制，漢鄭玄注：“書契，謂出、予、受、入之凡要，凡簿書之最目，獄訟之要辭，皆曰契。”又云：“書契，取予市物之券也，其券之象書兩札刻其側。”先秦之書契，其形制當與符節相近，就功用而言，已見後世契約文書之雛形。後代之契約文書，多指買賣、典當田宅物品的契據。漢代有“租挈”，爲向耕種者徵收田租之契約。隋唐以後，契約文書漸趨規範。凡買賣田宅物品之契約，習稱“契書”“契紙”，上有簽約人親筆畫押，清代契約後尚附交納交易稅之單據，稱“契尾”。宋以後田地租賃協議稱“甲帖”，土地買賣協議稱“地券”“印券”。

總　稱

符驗

　　亦作“符驗”。亦稱“公符”。古代官用憑據，證件之總稱。先秦已行用。至明又專指官員因軍務出差起用驛站馬、船之憑證。其制，長方形織錦，繡有“皇帝聖旨：公差人員經過驛分，持此符驗，方許應付馬匹”等字樣，上織船、馬之狀。平時存尚寶司，用則由兵部奏請領取，發給出差人員。用馬則起“馬”字元，用船則有“水”字元，單雙馬及船亦有別。《荀子·性惡》：“凡論者，貴其有辨合，有符驗。”

王先謙集解引王引之曰：“符驗，即符節。《公羊傳·哀公六年》注：‘節，信也。’《齊策》注：‘驗，信也。’或言‘符節’，或言‘符驗’，

明弘治十四年驛馬符驗

或言‘符信’，一也。”宋釋文瑩《玉壺野史》卷二：“熙寧丙辰四月二十六日，襄州通衢一死婦，理官驗之，帶二公符云：潭州婦人阿毛，其夫楊全配隸房陵，既死本州，請陳願負夫骨歸葬故鄉，遭時大疫，遂斃於道。”《明史·職官志三》：“符驗之號五：曰馬，曰水，曰達，曰通，曰信。符驗之制，上織船馬之狀，起馬用‘馬’字，雙馬用‘達’字，單馬用‘通’字，起船者用‘水’字，並船用‘信’字。親王之藩及文武出鎮撫，行人通使命者給之。”又《輿服志四》：“洪武二十六年定制：凡公差以軍情重務及奉旨差遣給驛者，兵部既給勘合，即赴內府關領符驗。給驛而去，事竣則繳。”

【符驗】

同“符驗”。此體先秦時期已行用。見該文。

【公符】

即符驗。此稱宋代已行用。見該文。

公驗

官府所發之憑證。指身份證件、通行證件及營業執照之類。先秦已見行用，初單稱“驗”。隋唐之後亦沿稱，但多稱“公驗”“文驗”等。《史記·商君列傳》：“公子虔之徒告商君欲反，發吏捕商君。商君亡至關下，欲舍客

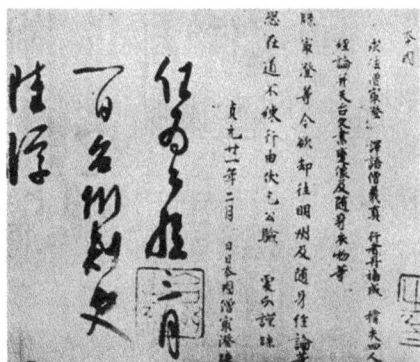

唐貞元二十一年日本留華僧最澄的通關公驗

舍。客人不知其是商君也，曰：‘商君之法，舍人無驗者坐之。’商君喟然歎曰：‘嗟乎，爲法之敝，一至於此！’”《隋書·高祖紀下》：“庚寅，敕舍客無公驗者，坐及刺史、縣令。”《唐會要·逃戶》：“見在桑產，如無近親承佃，委本道觀察使於官健中取無莊田有人丁者，據多少給付，便與公驗，任充永業。”宋岳珂《桯史·施宜生》：“虜法無驗不可行，遂殺一人於道，而奪其符，以至於燕。”宋洪邁《容齋四筆·過所》引徐鉉《稽神錄》：“時秦隴用兵，關禁嚴急，客行無驗，皆見刑戮。既不敢東渡，復還。”宋吳曾《能改齋漫錄·事始三》：“唐宣宗時，中書門下奏：‘若官度僧尼，有闕，則擇人補之，仍申祠部給牒。其欲遠游尋師者，須有本州公驗。’乃知本朝僧尼出游給公驗，自唐已然矣。”《元典章·戶部八·市舶》：“並依在先舊行關防體例填付舶商。大船請公驗，柴水小船請公憑。”明唐順之《照得調兵必有勘合公移》：“今山東無稽之徒假以投軍爲名……既無總領，又無文驗，少則三四十，多則二三百，闃然成群。”

【驗】

“公驗”之單稱。此稱先秦時期已行用。見該文。

【文驗】

即公驗。此稱明代已行用。見該文。

【公執】

亦稱“公憑”。即公驗。五代後蜀何光遠《鑒誡錄·神口開》：“唐大中初，有任士元與宇文錯爭田，俱無公執，雖經檢勘，難定是非。”宋蘇軾《論高麗買書利害劄子》：“臣竊謂立條已經數年，海外無不聞知，而徐積猶執前條公

憑，影庇私商，往來海外，雖有條貫，實與無同。"《元典章·户部八·市舶》："每遇冬訊北風發時，從舶商經所在舶司陳告，請領總司衙門元發公據公憑。"又《刑部十三·防盗》："凡行路之人，先於見住處司縣官司，具狀召保，給公憑，方許他處勾當。"

【公憑】

即公執。此稱宋代已行用。見該文。

【公據】

即公驗。宋蘇軾《乞增修弓箭社條約狀》之一："欲乞立定年限，每勾當及三年，如無透漏及私罪情重者，委本縣令佐及捕盗官，保明申安撫司給與公據。"明沈德符《萬曆野獲編·吏部一·四衙門遷客》："近日吏部、翰林、科、道、外謫者，皆不赴任，僅身至境上，移文索公據，歸而待遷。"《元代白話碑集録·鳳翔長春觀公據碑》："鳳翔總管府公據。據全真道人張志洞等連狀告稱：'前去磻溪谷復建掌教

丘真人古迹長春觀院宇，田地在手，别無憑驗，恐有磨障，乞給公據事。'奉總管鈞旨，照得：本人所告是實。"

【公引】

亦稱"文引"。即公驗。宋范公偁《過庭録》："姚之田畝，貢賦未嘗納，商父（劉商父）聞其風久矣。至官，深嫉之，檢姚所欠賦税，以公引追納。"《金史·海陵紀》："〔貞元二年〕七月庚申，初設鹽鈔香茶文引印造庫使副。"《元典章·兵部三·船橋》："今後回任官員就便出給文引，開寫見授品級人馬數目。"又《刑部十三·防盗》："凡行路之人，先於見住處司縣官司，具狀召保，給公憑，方許他處勾當。若公引限滿，其公事未畢，依所在例給。"《水滸傳》第六一回："〔吴用〕身邊取出假文引，教軍士看了。"

【文引】

即公引。此稱金代已行用。見該文。

憑　證

傳[2]

古時官員授權之憑證，始於漢。《漢書·王莽傳上》："自三輔、三公有事府第，皆用傳。"《後漢書·陳蕃傳》："以諫争不合，投傳而去。"李賢注："傳謂符也。"《三國志·吴書·吕範傳》："還吴，遷都督。"裴松之注引晋虞溥《江表傳》："策乃授傳，委以衆事。"

斗檢封

官府所用蓋印封籤之文書封套，行於漢代。其形方，其内有書，上有印章封泥，可作憑證。《周禮·地官·司市》："凡通貨賄，以璽節出

入之。"漢鄭玄注："璽節，印章，如今斗檢封矣。"賈公彦疏："漢法，斗檢封，其形方，上有封檢，其内有書。則周時印章上書其物，識事而已。"清趙翼《貽西莊》詩："道士拜赤章，枉費斗檢封。"清朱彝尊《贈許容》詩："今之官印古璽節，漢制斗檢封略同。"

文憑

官府特授之權利證明文書。唐李德裕《王智興度僧尼狀》："勘問惟十四人是舊人沙彌，餘是蘇常百姓，亦無本州文憑，尋已勒還本貫。"《文獻通考·征榷考一》："重和元年，以

臣僚言，凡民有遺囑並嫁女承書，令輸錢給印文憑。"《水滸傳》第五五回："當下凌振來參見了高太尉，就受了行軍統領官文憑，便教收檢鞍馬軍器起身。"清王韜《甕牖餘談·給予文憑》："惟是某人創製某物，必先奏明國家，給以文憑，方許行之久遠。"

照牒

證明官員身份的一種文書。又爲官府頒予商販的一種憑證。行於宋。宋王明清《玉照新志》卷三："〔高公軒〕爲滄州議曹，考滿，哀鳴於外臺及將曰：'自惟孤寒，無從求知於當路，但各乞一改官照牒，障面而歸，以張鄉閭，足矣。'人皆憐而與之……蔡元長時當國，聞之，遂下令，今後不得妄發照牒。"《續資治通鑑長編·哲宗元祐五年》："如客販賣者，指定所詣州，每道給公據照牒。"

批帖

古時加有朝廷或官府批示、印章之證明、契約。宋已用之，達於清。宋文天祥《指南録·得船難》："吾爲宋救得一丞相回，建大功業，何以錢爲？但求批帖，爲日趨承之證。"《水滸傳》第五一回："〔雷橫〕拜見了知縣，回了話，銷繳了公文批帖，且自回家暫歇。"《明律·兵律·詐冒給路引》："官豪勢要之人，囑託軍民衙門擅給批帖，影射出入者，各杖一百。"《六部成語·户部·批帖注解》："各項憑帖，由官批調於後尾者。"

度牒

亦稱"祠部牒"。古代僧道出家，官府發給之憑據、證明。出家者可憑此免除稅徭，且可往各處寺廟挂單食宿。唐代始見。唐宋時僧道名籍由祠部掌管，故稱"祠部牒"。自中唐以後，有出售度牒，以充軍政費用之舉，後世或襲此法。《唐會要》："天寶六年五月制：僧尼令祠部給牒。"則僧尼之給牒始自唐玄宗。宋趙彦衞《雲麓漫鈔》卷四："紹興中，軍旅之興，急於用度，度牒之出無節。上户和糴所得，減價二三十千。時有'無路不逢僧'之語。"宋高承《事物紀原·道釋科教·度牒》引《僧史略》曰："度牒自南北朝有之，見《高僧傳》：名籍限局，必有憑由。憑由，即今祠部牒也。"《金史·食貨志五》："承安二年，賣度牒、師號、寺觀額。三年，西京饑，詔賣度牒以濟之。"又《張萬公傳》："時國用不給，萬公乃上言，乞將僧道度牒……並鹽引付山東行部，於五州給賣，納粟易換……上皆從之。"《水滸傳》第一回："把你都追了度牒，刺配遠惡軍州受苦。"清魏源《聖武紀》卷一一："順治六年五月……歲入不給，議開監生、吏典、承差等援納，並給僧道度牒。"

【祠部牒】

即度牒。《釋氏要覽》卷上："祠部牒，此牒自尚書省祠部司出，故稱祠部。"明馮夢龍《古今譚概·譎知·金還酒債》："荆公素喜俞清老。一日謂荆公曰：'吾欲爲浮屠，苦無錢買祠部牒耳。'荆公欣然爲具僧資，約日祝髮。過期寂然。公問故，清老徐言：'吾思僧亦不易爲，祠部牒金且送酒家還債。'公大笑。"

憑由

泛指官府頒發之憑證。《舊五代史·周書·太祖紀三》："應有客户元佃繫省莊田、桑土、舍宇，便賜逐户，充爲永業，仍仰縣司給與憑由。"宋范仲淹《上執政書》："其京師寺觀多招四方之人，宜給本買憑由，乃許收録。"

《宋史・職官志六》："合同憑由司，監官二人，掌禁中宣索之物，給其要驗。凡特旨賜予，皆具名數憑由，付有司准給。"元劉致《端正好・上高監司》套曲："印信憑由却是謊，快活了些社長知房。"

文解

官府發給舉人入京應試之證明書。見於唐宋時。《舊唐書・令狐楚傳》："每年取得文解，意待纔離中書，便令赴舉。"《舊五代史・唐書・明宗紀九》："戊申，詔選人文解不合式樣，罪在發解官吏，舉人落第，次年免取文解。"《文獻通考・選舉三》："工部侍郎任贊奏請諸色舉人，不是家在遠方水陸隔越者，逐處選賓從官僚中藝學精博一人，各於本貫，一例分明比試，如非通贍，不許妄給文解。"

邊牒

异域朝貢使者始入境時，由官府驗其人數，發給證件，稱"邊牒"。始見於唐，達於明。《新唐書・百官志一》："主客郎中、員外郎各一人，掌諸蕃朝見之事，殊俗入朝者，始至之州給牒，覆其人數……謂之邊牒。"明歸有光《書安南事》："議者以朝廷方欲興師，而使者忽至，恐有詐，請遣人到邊牒驗之。"

公券

古時由官府發放用於差旅花銷之證券。外任官員、舉人去還等悉用之。始於唐。唐李肇《唐國史補》卷下："寶應二年，大夫嚴武奏，在外新除御史，食宿私舍非宜，自此乃給公券。"宋王栐《燕翼詒謀錄》卷一："開寶二年十月丁亥，詔西川、山南、荊湖等道所薦舉人並給來往公券，令樞密院定例施行，蓋自初起程以至還鄉費，皆給於公家。"

驛券

憑券之一種。用於官員調發使用驛站之驛馬差役人員用具等之紙券。其制始於唐開元年間，後代相襲。《通典・職官志三・宰相》："天寶元年改爲門下侍郎，員二人，掌侍從，署奏抄，駁正違失，通判省事，若侍中闕，則監封題給驛券。"宋吳處厚《青箱雜記》卷八："唐以前館驛並給傳往來，開元中務從簡便，方給驛券。驛之給券，自此始也。"《宋史・職官志十二》："其赴任川陝者，給驛券；赴福建廣南者，所過給倉券；入本路給券者，皆至任則止。"《東周列國志》第九三回："秦王曰：'善。'明日御殿，即命具車馬，給驛券，放孟嘗君還齊。"

樞密院券

亦稱"頭子"。宋代頒予乘驛者之憑證。由樞密院下發，故名。《宋史・輿服志六》："宋初，令樞密院給券，謂之頭子。太宗太平興國三年，李飛雄詐乘驛謀亂，伏誅。詔罷樞密院券，乘驛者復制銀牌……端拱中，以使臣護邊兵多遺失，又罷銀牌，復給樞密院券。"參見本卷《牌符票證說・票證考》"銀牌"文。

【頭子】

即樞密院券。此稱宋代已行用。見該文。

俸券

亦稱"俸帖"。官員領取俸祿之憑證。《二程遺書》卷二一下："富文忠公辭疾歸第，以其俸券還府，府受之。"《明史・周忱傳》："京師百官月俸，皆持俸帖赴領南京。"

【俸帖】

即俸券。此稱明代已行用。見該文。

券給

宋代行用的一種憑據。發給出戍或就役士卒的一種補助憑證,據此可領取一定的錢物。宋李昴英《再論史丞相疏》:"科抑太繁而民怨,券給不均而兵怨。"《宋史·汪綱傳》:"當精擇伉壯,廣其尺籍,悉隸御前軍額,分掌券給以助州郡衣糧之供。"

免丁由子

免除成丁徭役之憑證。宋葉適《論官法三事》:"提刑司則以催趣經總製錢,印給僧道免丁由子爲職。"

鋪馬劄子

元朝中央及地方高級長官發給因公務所遣使者之憑證。元初,各官府皆可自行發放。以蒙文標明差遣事由、正使姓名、隨從人員及起馬數目等。至元八年(1271)將以上事宜譯漢文附記。至元十九年改制,中央集權,一律用鋪馬聖旨。《元史·兵志四》:"至元六年二月,詔各道憲司,如總管府例,每道給鋪馬劄子三道。"又:"八年正月,中書省議:鋪馬劄子,初用蒙古字,各處站赤未能盡識,宜繪畫馬匹數目,復以省印覆之,庶無疑惑。"

鋪馬聖旨

由朝廷統一發給因公務出差者之憑證。據此可按規定使用驛站乘具與遞夫。由鋪馬劄子演進而成。行於元。以蒙漢兩文書寫,鈐帝璽印,由典瑞院掌管,通常經中書省或樞密院奏准,頒發給諸王及中央、地方高級軍政長官。《元史·兵志四》:"其給驛傳璽書,謂之鋪馬聖旨。"又:"〔至元〕十九年四月,詔給各處行省鋪馬聖旨……每省五道。"參閱《元典章·兵部》。

俵子

省稱"俵"。分發給僧道諸人赴齋之憑證。明田汝成《西湖游覽志餘·幽怪傳疑》:"〔張居士〕一日設齋百分,先期散俵子,至日憑此赴齋。"又:"見所塑鐵拐仙上有一俵子,題云:'特來赴齋,見我不睬。空腹而歸,俵縛我拐。'"

【俵】

"俵子"之省稱。此稱明代已行用。見該文。

口票

清代軍隊買人出入關門之憑證。見於清。填寫男女人口數,以備出關查驗。《清會典事例·兵部·綠營處分例·關禁》:"如有來京買人者,填明男女口數,且呈該將軍等,諮報兵部,准其買人。所買之人,仍報明部查覈與原諮數目相符,准其帶回,於口票內填明,並諮覆該將軍。"

便換

官府發給商人可至外地州府兌換錢幣之證券。以其便於携帶、兌換,故稱。多用於唐宋時。唐趙璘《因話録·羽部》:"有士子鬻産於外,得數十千,懼川途難齎,因所納於公藏,得牒以歸,世所謂便換,實之衣囊。"《舊唐書·食貨志上》:"茶商等公私便換是見錢,並須禁斷。"《宋史·食貨志下》:"許民入錢京師,於諸州便換。其法,商人入錢左藏庫,先經三司投牒,乃輸於庫。"

執照

亦作"質照"。古代證件文書之一種。由官府統一印發,百姓據此可行民間諸事,如婚嫁、訴訟、土地等。宋羅燁《醉翁談録·庚集》卷二："遂投狀於潭州張紫微，乞執照改嫁。"元佚名《馮玉蘭夜月泣江舟雜劇・梧葉兒》第三折："他犯了殺人條，現放著大質照，刀頭兒血染高，請大人自量度。"《元代白話碑集錄・永壽吳山寺執照碑》："重審得：前項土地並無違礙，合行給付本人執照。"《醒世恒言》卷二一："長老道：'你們自好睡，却好鬧了一夜。'衆僧道：'沒有甚執照？'長老用手一指，衆人見了這口寶劍。"《六部成語・戶部・執照》："收到銀項公文等件回給之憑票也，又授官之證書，亦曰執照。"清褚人穫《堅瓠七集・批執照》："何敬卿既告陳海樓，又恐諸御史以他事中傷之，復訴於海剛峰，求批一執照。"

【質照】

同執照。此體元代已行用。見該文。

運照

清代運輸許可證。由官方統一印發，適用於各種物資之搬運。《清會典・總理各國事務衙門》："凡運貨有稅單，有運照。"清薛福成《籌洋芻議・利權四》："於是有代華商領半稅單而取其規費，有用運照庇送無運照之土貨。"《清史稿・食貨志五》："華商換給護票，洋商即憑運照，販至各處銷售。"

牙帖

清代官府簽發給牙行之營業執照，多由各省藩司衙門頒發。《世宗憲皇帝聖訓・雍正十一年十月甲寅》："各省商牙雜稅，額設牙帖，俱由藩司衙門頒發，不許州縣濫給。"《清會典事例・戶部・雜賦》："乾隆四十一年……又議准，河南省各屬額徵老稅、牙帖稅銀；其有行戶歇業者，即行開除。"清黃六鴻《福惠全書・升遷・查稅契》："其每年收稅底簿及更換牙帖，

俱宜查繳，不得存留。"

手歷

官府發給納鹽戶之取錢憑據。有統一格式，統一印製。見於宋。《續資治通鑑・宋孝宗淳熙二年》："壬戌，詔浙東提舉監司體訪浙西提舉薛元鼎措置印給亭戶納鹽手歷式樣，將合支本錢盡數稱下支給，毋致積壓拖欠。"

交引

官府頒予商人采辦軍糧、販賣鹽茶等所用之證券。一式二份，一存官府，一爲自持。始行於宋淳化四年（993）。宋沈括《夢溪筆談・官政一》："淳化四年初，行交引，罷貼射法。西北入粟，給交引，自通利軍始。"《文獻通考・征榷考五》："雍熙後用兵，乏於饋餉，多令商人輸芻糧塞下，酌地之遠近而爲其直，取市價而厚增之，授以要券，謂之交引，至京師給以緡錢。又移文江、淮、荊、湖，給以顆、末鹽及茶。"

引票

省稱"引"。官府頒給鹽茶商販運銷引鹽的票據，准運行銷憑證。交引之一種。明清販賣鹽茶，以若干千斤爲一引，故稱。《清會典・戶部・鹽法》："〔乾隆〕五十三年議准，長蘆各引票通行直隸、河南，鹽價每斤加制錢二文，以資轉運。"又《雜賦・茶課》："直隸、河南均無茶課，向不頒引。"

【引】[2]

"引票"之省稱。此稱清代已行用。見該文。

邊引

古時茶鹽商人繳納稅後，官府發給的用以行銷邊地之營業憑證。主要行於明清。明初行開中法，鹽商向邊地輸納軍糧以交換政府食

鹽。明弘治後，邊地鹽商皆憑引行鹽，稱“邊引”。清代廢邊商，但川鹽運銷雲、貴兩省，其鹽引仍稱“邊引”。又明清於四川、甘肅等邊地貯茶易馬，茶商納税後官府發給的引票，亦稱“邊引”。《明史·食貨志四》：“於是奸人專以收買邊引爲事，名曰囤户，告掔河鹽，坐規厚利。”明盧象昇《密陳邊計疏》：“除内庭區劃措辦外，所不足者，莫若起廢弁，召商買，開事例，中邊引，通馬市以充之。”《清史稿·食貨志五》：“四川有腹引、邊引、土引之分。腹引行内地，邊引行邊地，土引行土司。”《清會典事例·户部·雜賦》：“又覆准，四川省邛州增邊引一千三百道。”

鹽鈔

古代鹽商運銷官鹽之證件。始於宋仁宗時。其法爲積鹽於解池，令商人就邊郡入錢四貫八百，售一鈔。至解池，請鹽二百斤，任其私賣，得錢以實塞下。宋徽宗時，其法大壞。宰相蔡京爲維持官府專利，以廣財政收入，於政和三年（1113）改行引法，即由朝廷頒發運銷官鹽憑證，稱“鹽引”。引分長短，長引銷外路，短引銷本路，長引有效期一年，短引一季。限定運銷重量與價格。元、明沿用，稍有變異。清時改由户部頒發，指定口岸斤數，由鹽商販運，不准引、鹽相離。并規定每引可運銷鹽量百斤至數千斤不等，各省不同，課税由此而定。《宋史·食貨志下四》：“陝西解鹽鈔則支請解鹽，或有泛給鈔，亦以京師錢支給。”宋高承《事物紀原·利源調度部·鹽鈔》：“兵部員外郎范祥始爲鈔法，令商人就邊郡入錢至解池，請任私賣，得錢以實塞下。”《續資治通鑑·宋神宗熙寧十年》：“東南舊法，鹽鈔一席毋過三千五百，西鹽鈔一席毋過二千五百，盡買入官。”又《宋徽宗政和元年》：“〔張商英〕於是大革弊事，改京（蔡京）所鑄當十大錢爲當三以平泉貨，復轉般倉以罷直達，行鹽鈔法以通商旅。”參閱宋沈括《夢溪筆談·官政》、内藤乾吉《六部成語注解·户部·鹽引》。

鹽引

運銷官鹽之憑證。鹽鈔之一種。宋代已行用。《宋史·食貨志下三》：“又以内藏錢二百萬緡假三司，遣市易吏行四路，請買鹽引，仍令秦鳳、永興鹽鈔，歲以百八十萬爲額。”《金史·食貨志四》：“蒲與胡里改等路食肇州鹽。初定額萬貫，今增至二萬七千，若罷鹽引，添竈户，庶可易得？”《明史·秦金傳》：“奸人逯俊等乞兩淮鹽引三十萬，帝許之。”按，金代鹽引及茶引亦合稱“引目”。參閱《金史·食貨志四》。

鹽票

運銷官鹽憑證之一種。由地方官府填發給商人，以區別於户部頒發之鹽引。其制主要行於清。雍正《陝西通志·鹽法》：“榆林府所屬……歲額領鹽票共貳萬零陸百陸拾肆張，每票鹽壹百斤。”參見本卷《牌符票證説·票證考》“鹽鈔”文。

根窩

清代官府頒予鹽商專賣之憑證。據者可世襲業，稱窩商。始於明萬曆時綱法之窩本。清沿明制，兩淮課鹽，招商人認窩繳納銀兩，發給專賣憑據。初需費銀一二千兩，可憑此壟斷一定地區之食鹽運銷。道光時，窩商多不自運，常將“年窩”（分年呈經政府硃批之憑單）轉售他人，或將根窩典質於人，憑一張虛根，坐收厚利。道光十一年（1831）陶澍改行票時廢止。但後又變相恢復綱法，鹽商所領部帖，亦稱"根窩"。清陳康祺《郎潛紀聞》卷一："勘兩淮鹽務，奏上節浮費、革根窩等八條，並請裁鹽政，由總督兼轄。"清魏源《聖武記》卷一四："近世銀幣日窮，銀價日貴，於是有議變通行楮幣者。其法本於唐之飛錢，宋之交會，其用同於近日北五省之會票，淮南之根窩。"《二十年目睹之怪現狀》第四五回："有部帖的鹽商，叫做'根窩'。有根窩的，每鹽一引，他要抽銀一兩，運脚公用。"俗稱"窩子"。《儒林外史》第二三回："他做小司客的時候，極其停當，每當聚幾兩銀子，先帶小貨，後來就弄窩子。"參閱清陶澍《陶文毅公全集·欽差籌議兩淮鹽務章程》。

【窩子】

根窩之俗稱。此稱清代已行用。見該文。

茶引

指古代茶商所持有的官府發給的行銷憑證。其性質類似今之購貨發票與納稅單據，同時又是專賣執照。茶商先經納稅取得茶引，茶引一式兩份，各標明價錢、數量及運銷地區。茶商先憑茶引至茶戶處購茶，再憑茶引至州縣合同場驗證，爾後方可運銷指定地區。據《宋史·食貨志下五》載，此制雍熙年間已見行用，但未完善，未幾而廢。熙寧七年（1074），復頒行，未幾又廢。政和二年（1112）宰相蔡京終善其制，茶引之法大行。歷代效法，至明代又因行銷地不同分爲腹引、邊引，因品質不同分爲芽茶引、葉茶引。至清末終廢。宋李心傳《建炎以來朝野雜記·甲集·財賦一·江茶》："政和初，蔡京欲盡籠天下錢實中都，乃創引法，即汴京置都茶場，印賣茶引，許商人赴官算請，就園戶市茶，赴所在合同場秤發。歲收息錢四百餘萬緡。"《宋史·趙開傳》："〔建炎二年〕參酌政和二年東京都茶務所創條約，印給茶引，使茶商執引與茶戶自相貿易。"《明史·食貨志四》："旋定四川茶引五萬道，二萬六千道爲腹引，二萬四千道爲邊引，芽茶引三錢，葉茶引二錢。"

票　據

由帖

亦稱"由單"。古時徵收賦稅、完納徭役之文字憑據。見於元明清。由官署統一印發，載有各農戶所應賦稅之定額，交稅時以此爲證。《元典章·聖政二》："諸科差稅……據科定數目，依例出給花名印押由帖。"《醒世姻緣傳》第二三回："這里長衹是送這由帖到人家，殺雞做飯，可也喫個不了。"《明律·吏部·職制》："若官府稅糧由帖，戶口籍冊，雇募攢寫者，勿論。"雍正《河南通志·人物志》："時值用兵，科役無度，正倫差次爲鼠尾簿，保社有號引，散戶有由帖，揭榜使民自赴。"清陸隴其《三魚堂日記》卷下："邱象隨來，言《淮安賦役全書》田額之數，俱係折實之數，靳總河〔輔〕查其未折之數，謂有隱匿，賴舊由單得白。"亦指官府頒發的許可證書。元李好文《長安志圖·用水則例》："凡用水，先令斗吏入狀，官給由帖，方許開斗。"

【由單】

即由帖。此稱清代已行用。見該文。

契尾

清代之官府發給交納契税人的一種憑證。其印紙上注明業主姓氏、産業數目等，將其貼於文契末尾，故名。《大清律例·户律·田宅》："柜令業户親自賫契投税，該州縣即粘司印契尾，給發收執。"《清通志·食貨略·契税》："順治四年，定凡買田地房屋，增用契尾。"

截票

亦稱"截串"。清代徵收錢糧賦税所用之單據。初行於順治十年（1653）。上列交納人應納數額，并將數額分爲十限，每納一限後，即從蓋印處將其裁爲兩截，納户、官府各存其一，故稱。《清會典則例·户部·田賦三》："〔順治十年〕議准截票之法，開列地丁錢糧數目，分爲限期，用印鈐蓋，就印字中截票爲兩，一給納户爲憑，一留庫匱存驗。"清黄六鴻《福惠全書·錢穀·截票免比》："連二免比票，一截票存算，一歸農免比，合縫用印……查比之日，總書將所存截票存算票根，粘入限簿。"參見本卷《牌符票證説·票證考》"串票"文。參閲《清會典·食貨·田賦》。

【截串】

即截票。此稱清代已行用。見該文。

實收

清代收據之一種。由各省布政司驗收各地捐輸銀兩後所發之收據。《六部成語·户部·實收》注解："官庫收納銀兩給發之憑票也。"《二十年目睹之怪現狀》第六四回："本來各處辦捐的老例，係先填一張實收，由捐局彙齊捐款，解到部裏，由部裏填了官照發出來，然後由報捐的拿了實收，去倒换官照。"參閲《清會典事例·户部·海運》。

串票

亦稱"賄""串子"。舊時官府徵收錢糧所開之收據。一分爲二，一給納户爲憑，一留庫櫃存驗。隋唐時已用之。多爲一式兩聯或數聯，故名。清順治十三年（1656）之制分兩聯，一留官府，一給繳納户。康熙二十八年（1689）改爲三聯，一留官府，一給差役，一給繳納户。雍正三年（1725）改四聯，不久復改三聯，後一直沿用，但形式常有變動。明楊慎《俗言》卷一："《文字指歸》云：'支財貨契曰賄。'今倉庫收帖曰串子，省見字。"清厲荃《事物異名録》卷二〇引隋曹憲《文字指歸》曰："支取貨物之契曰賄。"《清文獻通考·田賦一》："截票之法：開列實徵地丁錢糧數目，分爲十限，每月限完一分。其票用印鈐蓋，就印字中分而爲兩，一給納户爲憑，一留庫櫃存驗，即所謂串票也。"《兒女英雄傳》第三三回："况且寫寫算算，以至那些册簿串票，也得歸著在一處，得斟酌個公所地方。"清紀昀《閲微草堂筆記·姑妄聽之三》："問地糧串票，則兩造具在。"參見本卷《牌符票證説·票證考》"截票"文。

【賄】

即串票。此稱隋代已行用。見該文。

【串子】

即串票。此稱明代已行用。見該文。

三聯單

亦稱"三聯串票"。串票之一種。由官府發給完税之商人。其式，一式三份合印一頁，騎縫處蓋章并編號。一份備查，餘二份交有關方面。其制始於清。今多一頁衹印一份，填寫時再複寫兩份。《清通典・食貨八》："又定江西、九江、贛州關鈔，課三聯單例，凡商人納銀入櫃後，發給一聯，一存稅署，一交巡撫衙門。"《清文獻通考・田賦三》："〔雍正八年〕申明三聯串票之法……令有漕地方畫一通行，嗣後州縣徵收糧米之時，預將各里各甲花户的名，填定聯三版串，一給納户執照，一給經承銷册，一存州縣查對。"

【三聯串票】

即三聯單。此稱清代已行用。見該文。

契　約

書契

證券、契約、證明等文書憑證。始於先秦。《周禮・天官・小宰》："六曰聽取予以書契。"鄭玄注："鄭司農云：'……書契，符書也……'……玄謂……書契，謂出、予、受、入之凡要，凡簿書之最目，獄訟之要辭，皆曰契。"孫詒讓正義："凡以文書爲要約，或書於符券，或載於簿書，並謂之書契。"又《地官・質人》："掌稽市之書契。"鄭玄注："書契，取予市物之券也，其券之象，書兩劄，刻其側。"參見本書《函籍卷・文契説・契卷考》"書契"文。

契券

亦稱"契書""契紙"。指契據、契約、文書。官府定有固定格式，訂約人各執之以作證明。宋時官府已印賣田宅契紙。《荀子・君道》："合符節，別契券者，所以爲信也。"唐元稹《劉頗》詩序："南歸唐州，爲吏所軋，勢不支氣屈，自火其居，出契書投火中。"唐薛用弱《集異記・賈人妻》："此居處五百緡自置，契書在屏風中。"宋張齊賢《洛陽縉紳舊聞記・白萬州遇刺客》："有賈客乘所借馬過門者。白之左右，皆識之，聞於白。詰之，曰：'於華州八十千買之。'契券分明，賣馬姓名易之矣。"

《文獻通考・征榷六》："〔高宗紹興五年〕初令諸州通判，印賣田宅契紙。"《紅樓夢》第一〇五回："房地契紙，家人文書，亦俱封裹。"參見本書《函籍卷・文契説・契卷考》"契卷"文。

【契書】

即契券。此稱唐代已行用。見該文。

【契紙】

即契券。此稱宋代已行用。見該文。

田結

有關土地分配使用之券書，登記土地之簿册。古時曾結繩記事，故稱。《管子・禁藏》："户籍田結者，所以知貧富之不訾也。"房玄齡注："謂每户置籍。每田結其多少，則貧富不依訾限者可知也。"郭沫若集校引清丁士涵曰："《司約》'治地之約次之'注：'地約謂經界所至，田萊之比也。'即此謂'田結'也。"參見本書《函籍卷・簿册説・簿册考》"田結"文。

租挈

古代徵收田租之契約。挈，通"契"。《漢書・溝洫志》："今内史稻田租挈重，不與郡同，其議減。"顏師古注："租挈，收田租之約令也。"

甲帖

土地契約之一種。宋時由政府發至地方基

層單位"甲"，故稱。其内容有關田畝和租額規定。宋胡太初《晝簾緒論·催科》："甲帖之設，本以優役户，今仍以困官户。"《宋史·食貨志上二》："凡田方之角，立土爲埠，植其野之所宜木以封表之，有方帳，有莊帳，有甲帖，有户帖；其分煙析産，典賣割移，官給契，縣置簿，皆以今所方之田爲正。"

地券

古時買賣或典當土地所立之契約。載明土地面積、價格及坐落、四至等。已經納税并由政府蓋印的稱"紅契"，未經政府蓋印的稱"白契"。爲土地所有之證書。宋王安石《寄友人》詩之一："一篇封禪才難學，三畝蓬蒿勢易求。欲與山僧論地券，願爲鄰舍事田疇。"《宋史·包拯傳》："或持地券自言有僞增步數者，皆審驗劾奏之。"

印券

亦稱"印契"。官府蓋有官印的田宅或其他物品之契據。《元史·鐵木兒塔識傳》："舊法，細民糴於官倉，出印券。"《清史稿·食貨志》："凡民人赴回疆領地，皆官給印券，自齎以行。"

【印契】

即印券。其稱多見於宋元以後。《兒女英雄傳》第三三回："即或其中有莊頭盜典出去的，我們既有印契在手裏，無論他典到甚麽人家，可以取得回來的。"

花押

古時在文書、契據末尾的草書簽名或代替簽名的某種特定符號。因其字體花哨，故稱。始於唐。唐唐彦謙《宿田家》詩："公文捧花押，鷹隼駕聲勢。"宋黄伯思《東觀餘論·記與劉無言論書》："文皇（唐太宗）令群臣上奏，任用真草，惟名不得草。後人遂以草名爲花押。韋陟五朵雲是也。"明徐復祚《投梭記·鬻女》："你休將涙灑，把文書親用花押，銀五百當時賚發。"清汪汲《事物原會》："宋歐陽修《集古録》有帝王將相署字一卷，即今俗所謂花押。"清吴振棫《養吉齋叢録》卷二一："舊制，遇緊要文移，於年月兩旁，硃寫印信遵封。上司牌票，則刻本官花押，鈐蓋年月上。"參見本書《國法卷·衙庭狀牘説·案狀獄牘考》"花押"文。

【花書】

即花押。此稱唐代已行用。參見本書《國法卷·衙庭狀牘説·案狀獄牘考》"花書"文。

【花字】

即花押。此稱宋代已行用。參見本書《國法卷·衙庭狀牘説·案狀獄牘考》"花字"文。

印結

指文書上之蓋章畫押。亦指蓋章畫押的保證文書。結，表示負責或承認之字據。清制，凡外省人在京考試及捐官，皆須互結并請在京同鄉京官爲具結保證，并加蓋六部印。《官場現形記》第三回："這裏一邊找同鄉，出印結。"《清會典事例·吏部·投供驗到》："初選官，投互結并同鄉京官印結。候補官，止投原籍印結及京結。"

令票

過關卡之特别通行證。清歸莊《黄孝子傳》："程姓者，導孝子至前奏事，明日得令票遣去。孝子乃得復前。途中兵馬紛擁，爭前驗票。或擊破其手中蓋，自是不復能蔽雨。"

第六章 詔誥章奏説

第一節 詔誥考

　　詔誥，亦作“詔告”，多指以皇帝或皇室的名義向臣民、藩屬發布的公文的統稱。在專制主義中央集權的封建社會，詔誥是確定國家一切大政方針和各項政事運作的最終依據，具有最高的法律效力。詔誥名目繁多，代有差异。早在夏商周時代，就有帝王文書的種種名目。六經之一的《書》，收録了唐、虞、夏、商、周時代的典、謨、訓、誥、誓、命，是記載政績、告賀、教戒、進諫、受命、誓衆、命令等方面的文獻，這是我國最早的帝王文書和政論的彙編。殷周時期統稱“王命”“命書”，或單稱“命”，語義不甚嚴格。真正意義上的詔誥則是在秦代確立封建專制中央集權制度後出現的。秦始皇爲突出自己至尊無上的地位，規定皇帝命令文書分爲“制”和“詔”兩種，凡國家重大典禮、重要活動、頒布制度用“制”，一般政事命令用“詔”。至此，“制”“詔”遂成爲皇帝的專用文書。自漢以至隋唐，詔誥種類承秦制而略有增益變遷，大體有如下幾種。一曰策書。用以封贈諸侯王、大臣，册立或册封皇后、太子等。二曰制書。用以頒布重要制度、大赦、典禮等。即漢代蔡邕《獨斷》所謂：“制書，帝者制度之命也。”其級别最高。三曰詔書。爲一般的政務命令性文書，應用甚爲廣泛。後世制書、詔書界限逐漸模糊，合稱制詔。四曰敕書，初稱戒書。漢代用於告諭、訓誡臣下，至隋唐則用於日常政務活動。依具體用途之不同，又分爲"發敕""敕旨""書敕""敕牒"四種。據《新唐書·百官志》載，尚書省的行下文書有六種：制、敕、册、令、教、符；中書省的行下文書有七種：册書、制書、慰勞制書、發敕、敕旨、論事敕書、敕牒。宋代詔誥文書在前代的基礎上又增加了"敕榜""誥命"等，其中敕榜用於訓誡、曉諭臣民，誥命用於封贈官員。元代皇帝的詔令套用漢代習慣用語，多稱之爲"聖旨"。此外，元代又有"宣命""敕牒"，用於封贈官吏。明清發布重大政令仍用詔書、制書，而日常政務命令多稱旨、諭，如"敕諭""諭旨""上諭""諭單""廷寄"等。他如爲先帝上謚之"謚册"、用於徵辟賢士的"鶴書"，皆爲帝王詔誥之流亞。此外尚有太子下達之函，稱爲"書令"，諸王三公及將軍開府授官之信物，稱爲"府板"，皆收列於本考。

就詔誥形制而言，漢以前多書於竹簡木板之上，以墨書之，加以封泥。至漢代，則多用紫泥作封。先秦時即有"册書"，係以竹簡編聯而成。至漢代，書詔用板長一尺一寸，故稱"尺一詔"或"尺詔"。紙、帛行世以後，因其書寫傳遞方便，遂爲制詔所用，尺書漸廢。帛質詔書，漢末三國時已經出現。由板詔向紙帛轉化，是在三國時期完成的，故三國時期仍有"板令"的記載。自晉代始，詔書已書於青紙之上，稱"青紙詔"，但此後至於南北朝，封官授爵仍多用板。唐以前書詔多用不加處理的白麻紙，易遭蟲蛀。唐代始用經處理的黄麻紙，故有"黄敕""剥麻""麻案"之名目。歷代詔書以墨書者爲多，亦有以硃筆書寫者，唐代有"丹書""丹詔"之名。明清帝王尤喜用硃書，如"硃諭""硃批"之類皆是。

詔誥爲封建專制時代專有的産物。民國以後，隨着專制政體的消亡，詔誥作爲一種下行公文已經退出歷史舞臺。

總　稱

王命

亦稱"王綸"。帝王之詔諭、命令。其稱始於先秦。《書·康誥》："惟威惟虐，大放王命。"《史記·楚世家》："王與太子俱困於諸侯。而今又倍王命而立其庶子，不宜。"唐杜甫《夔府書懷四十韻》："使者分王命，群公各典司。"唐張説《梁國公姚崇神道碑》："再三軍國，一二訏謨。戎柄尤重，王綸最樞。"參見本卷《詔誥章奏説·詔誥考》"絲綸"文。

【王綸】

即王命。此稱唐代已行用。見該文。參見本卷《詔誥章奏説·詔誥考》"絲綸"文。

命書

猶王命,多用於褒獎。《儀禮·覲禮》:"諸公奉篋服,加命書於其上。"《左傳·定公四年》:"其子蔡仲改行帥德,周公舉之,以爲己卿士,見諸王,而命之以蔡。其命書云:'王曰:胡!無若爾考之違王命也。'"唐劉禹錫《蘇州加章服謝宰相狀》:"猥蒙朝獎,特降命書。"多爲加爵晉級褒獎所用。宋曾鞏《中大夫尚書左丞蒲宗孟母陳氏追封潁川郡太夫人》:"陪京望郡,俾定新封,服我命書。尚其不泯!"

命

王命,政令。亦指賜臣下之信物。《周易·姤》:"象曰:天下有風,姤。后以施命誥四方。"孔穎達疏:"風行草偃,天之威令,故人君法此以施教命,誥於四方也。"《禮記·緇衣》:"《甫刑》曰:'苗民匪用命,制以刑,惟作五虐之刑,曰法。'"鄭玄注:"命,謂政令也。"《周易·師》:"九二,王三錫命。"《國語·周語上》:"襄王使邵公過及內史過賜晉惠公命。"韋昭注:"命,瑞命也。諸侯即位,天子賜之命圭,以爲瑞節也。"又:"襄王使太宰文公及內史興賜晉文公命。"韋昭注:"命,命服也。"

諭　旨

諭

亦稱"諭旨"。原爲由上而下行的文告,後專指帝王詔令文書,清代亦指特降政令,及因所奏請即以宣示中外之政令。《漢書·南粵王趙佗傳》:"故使賈馳諭告王朕意。"《隋書·長孫平傳》:"上使平持節宣諭,令其和解。"《宋史·聶昌傳》:"帝顧昌,俾出諭旨,即相率聽命。"《明史·太祖本紀》:"諭曰:'天下始定,民財力俱困,要在休養安息。'"《清會典·辦理軍機處·軍機大臣職掌》:"皇上特降者爲諭,因所奏請而降者爲旨,其或因所奏請而即以宣示中外者亦爲諭。"

【諭旨】

即諭。此稱宋代已行用。見該文。

硃諭

諭之一種。因以硃書寫,故稱。始於唐,達於清。唐制,天子除降詔之外,對群臣詢示,便以硃筆書寫敕諭,故稱。明清皇帝處理要務亦用之。清代又有"硃批",即硃批諭旨。清制,內外奏章或特降之旨,由皇帝用硃筆批示,以示出於親筆。《明史紀事本末·甲申之變》:"猶謂閣臣已得硃諭也,不知內官持硃諭至閣,閣臣已散置几上而反。"清龔自珍《乙丙之際箸議第十九》:"乾隆初,有言東南之土肌理横,故宜水;西北之土肌理直,故不宜水。硃批曰:'所奏情形是。'於是積數年之疑豁然矣。"清崇彝《道咸以來朝野雜記》:"琦公(琦善)遞親供時,隨呈黃摺匣一扣,內皆宣宗親筆硃諭。"《四庫全書總目·史部·詔令奏議類》:"所奉硃批，一一恭録。或在簡端，或在句旁，或在餘幅。"參閲明于慎行《穀山筆麈·制典下》。

【硃批】

即硃諭。此稱清代已行用。見該文。

諭單

帝王諭告臣民之命令文書。亦指上級給下級之手令或告誡文書。《清會典事例·總理各國事務衙門·交涉》："咸豐十一年奏准，法蘭西國傳教，發給蓋有關防諭單，並申明游歷傳教，查驗印照章程。"《天雨花》第二六回："面前案桌推翻倒，諭單扯得碎紛紛。"《官場現形記》第五回："便拿硃筆寫了一紙諭單，貼在二堂之上，曉諭那些幕友門丁。"

御劄

亦作"御札"。亦稱"御箋"。天子之手書函劄，登封、布告、郊祀、宗祀及大號令用之。唐李賀《梁公子》詩："御箋銀沫冷，長簟鳳窠斜。"《舊五代史·唐書·莊宗紀七》："出御劄示中書、門下。"《新五代史·唐明宗紀》："三月丁未朔，御劄求直言。"《宋史·職官志一》："曰御札，布告登封、郊祀、宗祀及大號令，則用之。"宋曾鞏《史館申請三道劄子》："申中書，向來編集累朝文字……並兩處有録得累朝御札、手詔副本文字，欲乞令檢送本局，以備討論。"宋周密《齊東野語·楊府水渠》："既而復建傑閣，藏思陵御劄。"明徐師曾《文體明辨·御劄》："按《字書》：劄，小簡也。天子之劄稱御，尊之也。古無此體，至宋而後有之。其文出詞臣之手，而體亦不同，大抵多用儷語，蓋敕之變體也。"

【御札】

同"御劄"。此體宋代已行用。見該文。

【御箋】

即御劄。此稱唐代已行用。見該文。

聖旨

帝王諭旨的美稱。因帝王尊爲聖上，故稱。此稱始於漢，至宋始定爲詔書常式。漢蔡邕《陳政要七事疏》："臣伏讀聖旨，雖周成遇風，訊諸執事，宣王遭旱，密勿祗畏，無以或加。"《三國志·魏書·張遼傳》："以明公威信著於四海，遼奉聖旨，郗必不敢加害故也。"晋鄭冲《勸進九錫文》："明公宜承奉聖旨，受兹介福，允當天人。"宋王讜《唐語林·品藻》："上曰：'李林甫之材不多得。'士淹曰：'誠如聖旨，近實無儔。'"《花月痕》第四六回："劍秋口才，本是好的，對答如流。是日奏對，洋洋灑灑，大稱聖旨。"

宸旨

即聖旨。宸，紫微垣，古傅爲帝星所居，因以借指。唐李適《奉和幸望春宮送朔方軍大總管張仁亶》詩："豹略恭宸旨，雄文動睿情。"《舊唐書·韋澳傳》："吾不爲時相所信，忽自宸旨，委以使務，必以吾他歧得之，何以自明？"《續資治通鑑·宋高宗建炎元年》："臣構以道君皇帝之子，奉宸旨以總六師，握兵馬元帥之權。"

玉旨

亦稱"玉敕"。詔書之美稱。宋徐經孫《矩山存稿·讲章》："臣時奏乞及時賬貸，又蒙玉旨，諭以速下施行。"《警世通言·旌陽宮鐵樹鎮妖》："玉帝允奏，即命直殿仙官，將神書玉旨付與孝悌王領訖。"《説岳全傳》第六〇回："但見岳王父子跪著迎接，伍王手捧玉旨開讀。"《封神演義》第六五回："鳳銜丹詔離天府，玉敕金書降下來。"《聊齋志異·雹神》:"此上帝玉敕,雹有額數,何能相徇?"

【玉敕】

即玉旨。此稱明清已行用。見該文。

麻案

省稱"麻"。"聖旨"之別稱。唐宋時以黃白麻紙書寫,故稱。唐裴庭裕《東觀奏記》卷下:"時中元休假,通事舍人無在館者。麻案既出,孜受麻畢,乃詔當直中書舍人馮圖宣之,捧麻皆兩省胥吏,自此始令通事舍人沐澣亦在館候命。"宋歐陽修《歸田錄》卷一:"至和初,陳恭公罷相,而並用文(文彥博)、富(富弼)二公,正衙宣麻之際,上遣小黃門密於百官班中,聽其議論。"

【麻】

"麻案"之省稱。此稱唐代已行用。見該文。

草麻

初指誥之類之起草,後亦指其草稿。唐宋時詔誥多以黃白麻紙書寫,故稱"麻"。《舊唐書·韋弘景傳》:"普潤鎮使蘇光榮為涇原節度使,弘景草麻,漏敘光榮之功,罷學士。"唐李中《獻中書張舍人》詩:"簾開春酒醒,月上草麻成。"

宣底

詔誥之類的筆錄底本。唐制,中書舍人掌制誥,皆寫四本,一為底本,一為宣本。至晚唐樞密使自禁中受詔,出付中書省,稱為"宣"。五代後唐時,不由中書省,直接發至樞密院者亦稱為"宣"。故其底本為宣底。《新五代史·唐臣傳·安重誨》:"予讀梁宣底,見敬翔、李振為崇政院使,凡承上之旨,宣之宰相而奉行之。"宋沈括《夢溪筆談·故事一》:"予

按唐故事,中書舍人職掌詔誥,皆寫四本,一本為底,一本為宣。此'宣'謂行出耳,未以名書也。晚唐樞密使自禁中受旨,出付中書,即謂之'宣';中書承受,錄之於籍,謂之'宣底'。今史館中尚有《故宣底》二卷,如今之'聖語簿'也。"宋宋敏求《春明退朝錄》卷中:"凡公家文書之稿,中書謂之'草',樞密院謂之'底',三司謂之'檢'。"故亦指樞密院文稿。

詔令

秦時帝王之命稱詔,皇后之命稱令,後漸合稱。包括冊文、制、敕、詔、誥、策、璽書、諭等。《史記·屈原賈生列傳》:"每詔令議下,諸老先生不能言,賈生盡為之對,人人各如其意所欲出。"《新唐書·百官志一》:"文書詔令,則中書舍人掌之。"劉師培《〈文章學史〉序》:"有由上告下之詞,則為詔令。"詔令之草擬,大多出詞臣之手,如漢之司馬相如、宋之楊億等。參閱《古今合璧事類備要後集·君道門·詔令》。"

玉書

古代傳說中自天而降之神書,後亦作詔書之類之美稱。晉王嘉《拾遺記·周靈王》:"夫子(孔子)未生時,有麟吐玉書於闕里人家。"宋張孝祥《水調歌頭·送劉恭父趨朝》詞:"玉書下,褒懿績,促曹裝。"明蔣一葵《長安客話·南城》:"芙蓉闕下玉書宣,午日恩頒侍從前。"清袁枚《隨園詩話》卷五:"尹文端公贈詩云:'他日玉書傳詔日,江天何處覓漁翁?'"

奎札

亦稱"奎墨""奎文"。奎宿屈曲相鈎,似文字筆畫之形,故古人以奎星主文章。後遂

爲聖旨或帝王文章書畫之美稱。宋岳珂《桯史·鄭少融遷除》："奎札付中書曰：'賞功遷職，不以濫予。'"宋劉克莊《滿江紅·再和徐使君》詞："奎墨西來，落筆處，親蒙天笑。'"宋王阮《同張安國游萬杉寺》詩："昭陵龍去奎文在，萬歲靈山守百神。"

【奎墨】

即奎札。此稱宋代已行用。見該文。

【奎文】

即奎札。此稱宋代已行用。見該文。

誥　書

誥

古時帝王任命或封贈臣下時所頒文書。先秦時多指公開之文告，至秦漢始爲帝王專用。《書·仲虺之誥》："成湯放桀於南巢，惟有慙德，曰：'予恐來世以台爲口實。'仲虺乃作誥，曰：'嗚呼！惟天生民有欲，無主乃亂，惟天生聰明時乂。有夏昏德，民墜塗炭。天乃錫王勇智，表正萬邦，纘禹舊服。'"孔穎達疏："言天與王勇智，應爲民主，儀表天下，法正萬國，繼禹之功，統其故服。"商湯之臣仲虺，錄商湯之言，通告天下：商湯乃秉承天意，討伐無德昏君夏桀云云。此外，《書》尚有《湯誥》《大誥》《康誥》《酒誥》《召誥》《洛誥》，皆爲示下的重要文告，爲我國最早的法令性或通告性文字。至秦，廢古誥，稱制詔，漢武帝元狩六年（公元前117）復作誥，皆爲帝王專用。制不稱誥。宋代凡任命庶官，或追贈大臣，貶謫有罪，封贈官吏之祖父妻室，不宣於朝者，皆用誥，通稱爲制。明代命官則用敕不用誥。《周禮·春官·大祝》："作六辭以通上下親疏遠近，一曰祠，二曰命，三曰誥，四曰會，五曰禱，六曰誄。"唐韓愈《順宗實錄》卷五："〔太上皇〕又下誥曰：'人倫之本，王化之先，爰舉令圖，允資內輔。'"《前漢書平話》："細柳將軍北戍雄，陣前却敵笑談中。自從戰罷邊塵靜，鐵券書名誥已封。"《正字通·言部》："誥，秦廢古稱制詔，漢武帝元狩六年初作誥，然不命官。"宋高承《事物紀原·誥》："湯黜夏作誥。漢初，太上皇稱之，今太后亦稱之，又所以命官授職皆爲誥，以成湯爲之始。"

官誥

亦作"官告"。亦稱"五花官誥"。即誥。帝王賜爵或授官所用。後常用以封贈命婦。唐已用之。宋制，視官職大小，用各色綾紙以示區別，盛於錦袋。又説因以五色金花綾紙製成，故稱五花官誥。唐杜荀鶴《賀顧雲侍御府主與子弟奏官》詩："孝經始向堂前徹，官誥當從幕下迎。"《舊唐書·憲宗紀下》："〔房〕啓初拜桂管，啓吏賂吏部主者，私得官告以授啓。"宋孟元老《東京夢華錄·育子》："至來歲生日，謂之'周晬'，羅列盤琖於地，盛菓木、飲食、官誥、筆研、算秤等，經卷、針綫應用之物，觀其所先拈者，以爲徵兆，謂之'試晬'。"《西廂記》第五本第四折："張珙如愚，酬志了三尺龍泉萬卷書；鶯鶯有福，穩請了五花官誥七香車。"《二刻拍案驚奇》卷三："桂娘道：'有甚好處，料没有五花官誥夫人之分！'"清趙翼《李郎曲》："五花官誥合移封，郎不言勞轉謙謝。"參閱宋宋敏求《春明退朝録》卷中。

【官告】[1]

同"官誥"。此體唐代已行用。見該文。

【五花官誥】

省稱"五花誥"。即官誥。此稱元代已行用。見該文。

【五花誥】

"五花官誥"之省稱。元佚名《玉壺春》第三折:"我將著五花誥,與他開除了那面煙月牌。"明李東陽《周少卿雙壽堂》詩:"御璽重封五花誥,大官屢出九霞觴。"

紫誥

即誥。因以紫泥封印,故名。唐蘇頲《春晚紫微省直寄内》詩:"内史通宵承紫誥,中人落晚愛紅妝。"唐杜甫《贈翰林張四學士垍》詩:"紫誥仍兼綰,黃麻似六經。"

封誥

誥之一種。始見於宋。明清時,皇帝對五品以上官員及其先人與妻室授予封典所用。《續資治通鑑長編·哲宗元豐八年》:"母常有不足之恨,嘗因覃恩得封誥,母忿而却之。"明湯顯祖《牡丹亭·訓女》:"妾沾封誥有何功。"《紅樓夢》第五三回:"次日由賈母有封誥者,皆按品級著朝服,先坐八人大轎,帶領衆人進宮朝賀行禮。"

策　書

策書

單稱"策"。古代帝王對臣民下達文書之一種。封土授爵,任免大臣,王公諸侯薨於位者誄諡其行等多用之。因書於策(册)簡之上,故稱。秦漢時常用以任免三公及諸侯分封。三公免罪,亦用策書。漢代帝王下書除策書之外,又有制書、詔書、敕書,共四種。《周禮·春官·内史》:"凡命諸侯及孤卿大夫則策命之。"《左傳·僖公二十八年》:"王命尹氏及王子虎、内史叔興父策命晋侯爲侯伯。"漢蔡邕《獨斷》卷上:"漢天子正號曰皇帝……其命令,一曰策書,二曰制書,三曰詔書,四曰戒書。"又:"策書。策者,簡也……以命諸侯王、三公。其諸侯王、三公之薨於位者,亦以策書誄諡其行而賜之,如諸侯之策。三公以罪免,亦賜策。"明吳訥《文章辨體》:"漢承秦制,有曰策書,

以封諸侯王。"

【策】

"策書"之單稱。此稱先秦時期已行用。見該文。

册書

單稱"册"。即策書。初,其象剟一長一短,其文書於編册,故名。《說文·册部》:"册,符命也,諸侯進受於王者也。象其剟一長一短,中有二編之形。"漢潘勖《册魏公九錫文》:"授君印綬册書。"《新唐書·百官志二》:"凡王言之制有七:一曰册書,立皇后,皇太子,封諸王,臨軒册命則用之。"《清史稿·禮志七》:"順治八年,上孝莊皇后尊號……奏'進册',大學士右旁跪進,興,退,帝受册,恭獻,大學士左旁跪接,興,陳中案。"亦指一般帝旨。《漢書·公孫弘傳》:"書奏,天子以册書答。"

參閲明徐師曾《文體明辨·册》。

【册】

"册書"之單稱。此稱漢代已行用。見該文。

徽册

亦作"徽策"。策書之美稱。徽，善也，美也。《宋書·武帝紀中》："爰暨木居海處之酋，被髮雕題之長，莫不忘其陋險，九譯來庭，此蓋播諸徽策，靡究其詳者也。"又《柳元景傳》："宜崇賁徽册，以旌忠懿。"唐鄭亞《會昌一品集序》："重炳徽册，再晰光誥。"《宋史·樂志十一》："肅奉徽册，尊名孔章。"

【徽策】

同"徽册"。此體南北朝時期已行用。見該文。

玉牒

亦稱"玉簡"。策書之一種。古時帝王封禪、郊祀或上尊號用之。以玉簡刻寫而成，故稱。多用金泥，或禱年算，或求神仙，秘不示人。《史記·孝武本紀》："封泰山下東方，如郊祠泰一之禮。封廣丈二尺，高九尺，其下則有玉牒書，書秘。"南朝宋劉義慶《失題》詩："金牒封梁父，玉簡禪岱山。"唐劉肅《大唐新語·郊禪二十九》："開元十三年，玄宗既封禪，問賀知章曰：'前代帝王何故秘玉牒之文？'知章對曰：'玉牒本通神明之意，前代帝王所求各異，或禱年算，或求神仙，其事微密，故外人莫知之。'"宋王禹偁《單州成武縣行宫上樑文》："祈福不勞藏玉牒，禮天須至用金泥。"參見本書《禮俗卷·祭祀説》"玉牒"文。

【玉簡】

即玉牒。此稱南北朝時期已行用。見該文。

玉册

亦作"玉策"。即玉牒、玉簡。古代帝王祭祀告天或上尊號用之。以玉簡製成。宋制，長一尺二寸，闊一寸二分。各代大同小異。晋左思《魏都賦》："闚玉策於金縢，案圖錄於石室。"唐岑參《送許子擢第因寄王大昌齡》詩："皇帝受玉册，群臣羅天庭。"《宋史·輿服志六》："册制，用珉玉簡，長一尺二寸，闊一寸二分。"清汪懋麟《登岱行》詩："泰山之神何洋洋，昭祀七十有二王。金函玉册降天府，豈但拜禱來下方。"

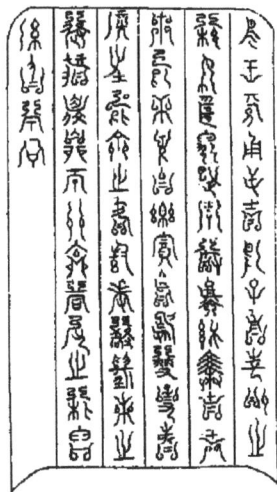

玉　册
（宋龍大淵等《宋淳熙敕編古玉圖譜》）

【玉策】

同"玉册"。此體晋代已行用。見該文。

寶册

亦稱"寶典"。策書之一種。猶玉牒。南朝梁蕭綱《菩提樹頌》："寶册葳蕤，帝圖掩映。"《新唐書·禮樂志三》："宜以新諡寶册告於陵廟可也。"《宋史·樂志十一》："謹遣使王溥，副使李濤奉寶册，上尊諡曰簡恭皇帝。"又《樂志十三》："誕作寶典，奉於尊親。"明沈德符《萬曆野獲編·禮部·胡忠安》："貴妃賢淑如此，宜授寶册。"《清史稿·仁宗紀》:"上駐蹕盛京,詣寶册前行禮。"

【寶典】

即寶册。此稱宋代已行用。見該文。

熟狀

策書之一種。唐宋時期特指朝廷批准施行的文書。多用於官員之任免事宜或常規的政務。凡批准施行,謂之熟狀。若獲准,即下中書撰命,門下審讀,然後由尚書施行。宋沈括《夢溪筆談·故事一》:"本朝要事對稟,常事擬進入,畫可然後施行,謂之熟狀。"宋宋敏求《春明退朝錄》下:"唐宰相奉朝請,即退延英,止諭政事大體,其進擬差除,但入熟狀畫可。"參閱宋陳亮《進中興五論劄子·論執要之道》、宋周必大《玉堂雜記》卷下。

免册

策書之一種。帝王罷免大臣所用。宋葉紹翁《四朝聞見錄·戊集·罷韓侂冑麻制》:"爰誕敷於免册,容敷告於泊朝。"明徐師曾《文體明辨·册》:"古代册書,施之臣下而已……十一曰免册,罷免大臣用之。"

哀策

亦作"哀册"。策書之一種。用以頌揚皇帝、后妃、大臣生前功德。其始於漢,達於隋唐,文多爲韵文,起源於誄。行葬時,由太史令讀後藏入墓室。《後漢書·禮儀志下》:"〔大喪〕太史令奉哀策立後……都導東園武士奉車入房,司徒、太史令奉謚、哀策。"劉昭注:"晋時有人嵩高山下得竹簡一枚,上有兩行科斗書,之臺中,外傳以相示,莫有知者。司空張華以問博士束皙,皙曰:'此明帝顯節陵中策也。'檢校果然。是知策用此書也。"《左傳·昭

公七年》"追命襄公曰"晋杜預注:"命,如今之哀策。"孔穎達疏:"哀策者,漢魏以來,賢臣既卒,或贈以本官印綬,近世或更贈以高官,褒德叙哀,載之於策,將葬,賜其家以告柩。"《文選》中有南朝宋顔延年《宋文皇帝元皇后哀策文》等。《南史·后妃傳下·梁武丁貴嬪》:"普通七年十一月庚辰,〔貴嬪〕薨……詔吏部郎張纘爲哀册文。"唐楊炯《薛振行狀》:"孝敬崩,詔公爲哀册。"清錢謙益《九月初二日奉神宗顯皇帝遺詔賦挽詞》之二:"南郊傳累德,哀策屬何人?"清姚華《論文後編·目錄上》:"上哀下曰誄,始魯莊公;下哀上曰哀策,始漢李尤。"參閱明徐師曾《文體明辨·册》。

【哀册】

同"哀策"。此體南北朝時期已行用。見該文。

謚策

亦作"謚册"。策書之一種。刻有帝后上謚之文字。古時帝后、貴族、大臣死後,依其生前事迹給予評定式稱號,謂之謚。自上古至清末,除秦代,均有謚稱。大都由朝廷擬定。謚策隨葬入墓室。漢明帝之謚策,長一尺二寸,廣一寸二分,厚五分。簡數隨文之多寡,聯以金繩,覆以紅羅泥金夾帕。《後漢書·禮儀志下》:"〔大喪〕治禮引太尉入,就位大行車西少南,東面奉謚策……都導東園武士奉車入房,司徒、太史令奉謚、哀策。"《魏書·術藝傳·江式》:"以書文昭太后尊號謚册,特除奉朝請,仍符節令。"《晋書·禮志上》:"及文帝崩,又使太尉告謚策於南郊。"唐顔真卿《元陵儀注》:"禮儀使以謚册,跪奠於寶綬之西,又以哀册跪奠於謚册之西。"明徐師曾《文體明

辨·册》："古者册書施之臣下而已……其目凡十有一……七曰諡册，上諡，賜諡用之。"《明史·禮志五》："洪武元年，追尊四廟諡號，册寶皆用玉。册簡長尺二寸，廣一寸二分，厚五分。簡數從文之多寡，聯以金繩，藉以錦褥，覆以紅羅泥金夾帕。册匣，朱漆鏤金，龍鳳文……建文時，追尊諡册之典，以革除無考。"

【諡册】

同"諡策"。此體南北朝時期已行用。見該文。

册寶

册書及寶璽，册封皇太后、太后、貴妃等用之。用金册與金璽，抑或玉册，或以階石代玉。始見於唐。清代多用金册與金璽，故稱"金册寶"。亦可用絹册或鈐印於絹上，稱"絹册寶"。兩漢之後，皇帝、皇太后、皇后、貴妃死後，常用"金册寶"隨葬，清代或焚"絹册寶"以祭后妃。《新唐書·禮樂志八》："册后……内侍進使者前，西面受册寶，東面授内謁者監。"《新五代史·唐六臣傳序》："文蔚

等自上源驛奉册寶，乘輅車，導以金吾仗衛、太常鹵簿，朝梁於金祥殿。"宋趙昇《朝野類要·册寶》："所謂册者，條玉爲之，紅綫相聯，可以卷舒，字皆金填之，或謂玉以階石代之；所謂寶者，印章也。"《清史稿·禮志十一》："屆日殯宮外陳鹵簿，作樂，大學士奉册寶陳案上，三叩，退……禮部長官先奉絹册寶陳中案，退。"又："帝就位，率衆三跪九拜，大學士從左案奉册跪進，帝獻册，授右旁大學士，跪受，陳中案上。進寶亦如之。乃宣册，宣册官奉絹册宣訖，三叩，退。宣寶儀同。帝率衆行禮如初。復詣几筵前致祭，奠帛，讀文，三獻爵，如儀。焚絹册寶，禮成。"又："二十九年，忻妃戴佳氏薨，詔加恩如貴妃例治喪。先是，晋封時金册寶已鎸字，未授受，至是陳設金棺前，其絹册寶增書貴妃字焚之。"

【金册寶】

册寶之一種。此稱清代已行用。見該文。

【絹册寶】

册寶之一種。此稱清代已行用。見該文。

制　書

制書

古代帝王對臣民下行文書之一種。常用於關鍵重大之事，璽封，尚書令印重封。始於漢，至唐時凡行大賞罰，授大官爵，改革舊政，寬赦降虜，均用此書，由中書舍人起草，頒行天下。漢蔡邕《獨斷》："制書，帝者制度之命也。"《後漢書·光武帝紀上》"〔建武元年〕九月……辛未，詔曰"李賢注引《漢制度》："帝之下書有四：一曰策書，二曰制書，三曰詔書，

四曰誡敕……制書者，帝者制度之命，其文曰制詔三公，皆璽封，尚書令印重封，露布州郡也。"又《蔡邕傳》："時頻有雷霆疾風，傷樹拔木，地震、隕雹、蝗蟲之害。又鮮卑犯境，役賦及民。六年七月，制書引咎。"宋陸游《賀黃樞密啓》："恭審顯膺制書，進貳樞府。"參閱《唐六典·中書》。

麻制

亦稱"制麻"。用黃麻紙寫的制書。在唐代

以前，制書多用白紙書寫，因易爲蟲蛀，唐高宗上元年間遂改用黃麻紙，故稱。唐康駢《劇談錄・劉相國宅》：“是時昇道鄭相國在内庭，夜草麻制。”《新唐書・李栖筠傳》：“始，栖筠見帝，敷奏明辯，不阿附。帝心善之。故制麻自中以授，朝廷莫知也。”宋曾鞏《英宗實錄院申請劄子》：“乞下中書編機房，合要嘉祐八年四月至治平四年正月八日已前，改除麻制文字照會。”

【制麻】

即麻制。此稱唐代已行用。見該文。

終制

制書之一種。指帝王臨終前的言論或命令。魏晉已有之，多爲死者生前對喪葬禮制之囑。《三國志・魏書・文帝紀》：“冬十月甲子，表首陽山東爲壽陵，作終制曰：‘禮，國君即位爲椑，存不忘亡也。’”《晉書・宣帝紀》：“先是，預作終制，於首陽山爲土藏，不墳不樹。”北齊顏之推《顏氏家訓》有《終制》篇。

制草

制書之草稿。宋蘇軾《次韵完夫再贈之什》

詩：“竹簟涼風眠晝永，玉堂制草落人間。”宋王讜《唐語林・言語》：“高貞公郢爲中書舍人九年，家無制草。”《宋史・李仲容傳》：“自集制草爲《冠鳳集》十二卷。”

制誥

猶制書。其形式源於《書》中的誥命、訓誓等。唐元稹《制誥序》：“制誥本於《書》，《書》之誥命、訓誓，皆一時之約束也。”清俞樾《茶香室續鈔・明代制誥用沈體》：“故今朝廷制誥，猶用沈體云。”參見本卷《詔誥章奏説・詔誥考》“詔書”文。

制敕

制書之類的泛稱。《舊唐書・后妃傳上・中宗韋庶人》：“安樂恃寵驕恣，賣官鬻獄，勢傾朝廷，常自草制敕，掩其文而請帝書焉。”《舊五代史・唐書・明宗紀六》：“時露布之文，類制敕之體，蓋執筆者悮，頗爲識者所嗤。”宋范仲淹《推委臣下論》：“置門下封駁司，使制敕無得誤者。”

詔　書

詔書

單稱“詔”。古代帝王對臣民下行文書之一種。先秦，凡上與下頒發者皆可稱之，自秦始皇時方爲帝王專用。秦漢多書於詔板，封以紫泥，上鈐璽印。晉用青紙紫泥。其後多用白麻紙，因易爲蟲蛀，至唐高宗上元間改用黃麻紙。《史記・秦始皇本紀》：“臣等昧死上尊號，王曰‘泰皇’，命爲‘制’，令爲‘詔’。”裴駰

集解引蔡邕曰：“制書，帝者制度之命也，其文曰‘制’。詔，詔書也。”《漢書・王吉傳》：“詔書每下，民欣然若更生。”三國魏曹植《應詔》詩：“嘉詔未賜，朝覲莫從。”《清史稿・職官志一》：“大學士掌釣國政，贊詔命，釐憲典，議大禮、大政。”

【詔】

“詔書”之單稱。此稱秦代已行用。見該文。

尺一詔

省稱"尺一"。亦稱"尺一牘""尺一書"。詔書之代稱。漢制，詔書都寫在長一尺一寸的詔板之上，故稱。後世遂以此稱帝詔。《漢書·匈奴傳上》："漢遺單于書以尺一牘，辭曰：'皇帝敬問匈奴大單于無恙。'"《東觀漢記·楊政傳》："建武中，升（范升）爲太常丞，爲去妻所誣告，坐事繫獄，當伏重罪……政涕泣求哀，上即尺一出升。"《後漢書·李雲傳》："尺一拜用，不經御省。"李賢注："尺一之板，謂詔策也。見《漢官儀》。"又《陳蕃傳》："陛下宜採求失得，擇從忠善。尺一選舉，委尚書三公。"李賢注："尺一，謂板長尺一，以寫詔書也。"南朝梁吳均《答萬新浦》詩："身紆丈二組，手擎尺一詔。"明陳子龍《上念故戚大將軍功在社稷》詩："手持尺一書，來治橫海兵。"清顧炎武《贈孫徵君奇逢》詩："明廷來尺一，空谷賁蒲輪。"

【尺一牘】

即尺一詔。此稱漢代已行用。見該文。

【尺一書】

即尺一詔。此稱明代已行用。見該文。

【尺一】

"尺一詔"之省稱。此稱漢代已行用。見該文。

【尺詔】

亦稱"尺書"。即尺一詔。《漢魏南北朝墓誌集釋·僧令法師墓誌銘》："見重高帝，尺書屢發。"宋蘇舜欽《送安素處士高文悅》詩："尺詔下中天，公車塞章牘。"宋陳善《捫虱新話·林子山詩》："輕薄子猶誦其《出山》詩云：尺書中夜至，清曉即揚鞭。"明宋濂《淵穎先生傳》："此小醜耳，何必上勤王師，使某持尺書諭之足矣。"

【尺書】

即尺詔。此稱南北朝時期已行用。見該文。

詔策

即詔書。因其始書於竹木簡策之上，故名。《漢書·淮陽憲王劉欽傳》："王幸受詔策，通經術，知諸侯名譽不當出竟。"《三國志·蜀書·諸葛亮傳》："詔策亮曰：'街亭之役，咎由馬謖。'"北魏酈道元《水經注·陰溝水》："闕北有圭碑，題云漢故中常侍長樂太僕特進費亭侯曹君之碑。延熹三年立。碑陰又刊詔策。"南朝梁劉勰《文心雕龍·詔策》："皇帝御宇，其言也神。淵嘿黼扆，而響盈四表，唯詔策乎？"周振甫注："詔策是古代朝廷上的應用文之一，是帝王告臣下的。"宋劉攽《賀參政某侍郎啟》："伏審光膺詔策，進貳臺司，伏惟慶慰。"章炳麟《文學總略》："然《七略》、高祖孝文詔策，悉在諸子儒家，《奏事》二十卷隸《春秋》，此則總集六藝諸子之流矣。"

【詔册】

同"詔策"。"册""策"同。後因多用於朝廷重大册封之事，故稱。《周書·王褒傳》："〔王褒〕建德以後頗參朝議，凡大詔册，皆令褒具草。"唐元稹《夢游春七十韵》："詔册冠賢良，諫垣陳好惡。"宋釋文瑩《湘山野錄》卷上："真宗即位之次年，賜李繼遷姓名，而復進封西平王。時宋湜、宋白、蘇易簡、張洎在翰林，俾草詔册，皆不稱旨。"《金史·文藝傳·韓昉》："〔韓昉〕善屬文，最長於詔册，作《太祖睿德神功碑》，當世稱之。"

詔板

亦作"詔版"。即詔書。漢制，詔書均寫於長一尺一寸的木板上，故名。後世遂爲詔書之代稱。《後漢書·竇武傳》："〔曹節〕召尚書官屬，脅以白刃，使作詔板，拜王甫爲黃門令。"《三國志·魏書·諸夏侯曹傳》："有何人天未明乘馬以詔版付允門吏，曰'有詔'，因便馳走。"宋陳傅良《右奉議郎新權發遣常州借紫薛公狀》："庶或可行，不然，不敢奉詔版。"清姚鼐《咏史》詩："西園車馬趨道旁，詔版朝裁授使者。"參見本卷《詔誥章奏説·詔誥考》"尺牘"文。

【詔版】

同"詔板"。此體三國時期已行用。見該文。

詔黃

原指書於黃麻紙上之詔書。漢時，書詔於板，南北朝時多用黃絹，唐舊用白麻紙，高宗時，以白麻多蠹，改用黃麻紙。《宋史·王韶之傳》："凡諸詔黃，皆其辭也。"後泛指詔書。宋蘇軾《和董傳留別》詩："得意猶堪誇世俗，詔黃新濕字如鴉。"

璽書

亦稱"寶書"。古時以印璽封記之文書，自秦始皇後專指帝王詔書。書於一尺板上，囊封加璽，故稱。《國語·魯語下》："襄公在楚，季武子取卞，使季治逆追而予之璽書。"韋昭注："璽書，印封書也。"《史記·秦始皇本紀》："上病益甚，乃爲璽書賜公子扶蘇。"南朝梁蕭綱《從軍行》："將軍號令密，天子璽書催。"唐代改稱璽爲寶，故稱"寶書"。《新唐書·李栖筠傳》："軍國大事，以寶書易墨詔。"宋張孝祥《水調歌頭·凱歌上劉恭父》詞："聞道璽書頻下，看即沙堤歸去，帷幄且從容。"明陸深《儼山外集·傳疑録上》："詔書謂之尺一，亦以一版書詔。囊封加璽，又謂之璽書。"

【寶書】

即璽書。此稱唐代已行用。見該文。

封版

亦稱"板""板令"。即詔書。因秦漢之前大多書於絹帛，以版封之。版，亦作"板"。紙張發明之後，雖漸有紙封，仍襲舊稱。《後漢書·楊賜傳》："宜絕慢傲之戲，念官人之重，割用板之恩，慎貫魚之次。"李賢注："板謂詔書也。"南朝宋鮑照《轉常侍上疏》："即日被中曹板轉臣爲左常侍。臣自惟常人，觸事無可，謬被拔擢，實爲光榮。"南朝宋劉義慶《世説新語·方正》"高貴鄉公薨"劉孝標注引晋習鑿齒《漢晋春秋》："王經諫不聽，乃出懷中板令投地曰：'行之決矣！'"《宋書·劉延孫傳》："延孫疾病，不任拜起，上使於五城受封版。"

【板】

即封版。此稱漢代已行用。見該文。

【板令】

即封版。此稱漢代已行用。見該文。

臺符

詔書之別稱。漢由尚書臺發出，故稱。《北史·元暉傳》："〔暉〕欲規府人及商胡富人財物，詐一臺符，誑諸豪等，云欲加賞。一時屠戮，所有資財生口，悉没自入。"宋吳曾《能改齋漫録·燈焰高數尺》："嘉祐八年，豐城李君儀爲袁州軍事推官。明年，被臺符，權知萍鄉縣事。"

紫泥詔

亦稱"紫泥書"。省稱"紫泥"。古人以泥

封書信，蓋印於泥上。漢時，天子詔書皆以武都紫泥封之，鈐以璽印，因以代稱詔書。《後漢書·光武帝紀上》"奉高皇帝璽綬"李賢注引漢蔡邕《獨斷》："皇帝六璽，皆玉螭虎紐……皆以武都紫泥封之。"南朝梁沈約《爲始興王讓儀同表》："徒塵翠渥，方降紫泥，以兹上令，用隔下情。"唐蘇頲《扈從温泉同紫微黄門群公汎渭川得齊字》："待蹕浮清渭，揚舲降紫泥。"唐李白《玉壺吟》："鳳凰初下紫泥詔，謁帝稱觴登御筵。"宋趙彦衛《雲麓漫鈔》卷一二："古印文作白字，蓋用以印泥，紫泥封詔是也。"明張岱《夜航船·紫泥封》："階州武都紫水有泥，其色紫而黏，貢之，用封璽書，故詔誥曰紫泥封。"

【紫泥書】

省稱"紫書"。即紫泥詔。唐錢起《送丁著作佐台郡》詩："佐郡紫書下，過門朱紱新。"唐李白《送別》詩："聖朝思賈誼，應降紫泥書。"

【紫書】

"紫泥書"之省稱。此稱唐代已行用。見該文。

【紫泥】

"紫泥詔"之省稱。此稱南北朝時期已行用。見該文。

【紫涣】

即紫泥詔令。紫，詔書皆封以紫泥，上鈐璽印；涣，喻王命之出，如汗散於膚，令出必行，不可復收，故合稱以代指詔書。唐柳宗元《爲樊左丞讓官表》："儻蒙垂收紫涣，俯矜丹誠，愚臣保陳力之言，聖鑒有責成之地。"宋陳鵠《耆舊續聞》卷四："伏審榮承紫涣，進聯閭彦。"

十行詔

省稱"十行"。詔書之別稱。相傳漢光武帝以手迹賜方國者，皆一札十行，細書成文，遂以代稱。《後漢書·循吏傳序》："其（光武帝）以手迹賜方國者，皆一札十行，細書成文。"宋蘇軾《次韵張昌言喜雨》詩："遙聞爭誦十行詔，無異親巡六尺輿。"明張居正《擬唐回鶻率衆内附賀表》："伏以聖主中興，九譯戴同文之治；名王内附，十行承賜札之恩。"

【十行】

"十行詔"之省稱。此稱至遲明代已行用。見該文。

青紙詔

省稱"青紙"。即詔書。因晋時詔書用青紙，故名。《晋書·楚王瑋傳》："瑋臨死，出其懷中青紙詔，流涕以示監刑尚書劉頌曰：'受詔而行，謂爲社稷。今更爲罪，託體先帝。受枉如此，幸見申列。'"《陳書·陳寶應傳》："由是紫泥青紙，遠賁恩澤。"後代遂以"青紙"爲詔命之代稱。唐劉禹錫《送湘陽熊判官孺登府罷歸鍾陵因寄呈江西中丞二十三兄》詩："貴臣持牙璋，優詔發青紙。"

【青紙】

"青紙詔"之省稱。此稱南北朝時期已行用。見該文。

帛詔

即詔書。因詔書常寫於絹帛之上，故稱。多爲緊急機密之事，書於帛，易於傳送。按，漢獻帝將密詔書於衣帶之上，當爲較早之"帛詔"。《三國志·蜀書·先主傳》："先主未出時，獻帝舅車騎將軍董承辭受帝衣帶中密詔，當誅曹公（曹操），先主未發。"宋陸游《老將》詩：

"憶昔東都有事宜，夜傳帛詔起西師。"

五色詔

　　亦稱"五色書"。詔書之美稱。十六國時，後趙石虎以五色紙作詔書，置於木製鳳凰口中，木鳳亦五色漆畫。後因有此名。晋陸翽《鄴中記》："石季龍（石虎）與皇后在觀上，爲詔書，五色紙，著鳳口中。鳳既銜詔，侍人放數百丈緋繩，轆轤回轉，鳳凰飛下，謂之鳳詔。鳳凰以木作之，五色漆畫，脚皆用金。"唐王維《和賈舍人早朝大明宫之作》詩："朝罷須裁五色詔，珮聲歸向鳳池頭。"唐寶常《奉和太保岐公承恩致政》詩："五色詔中宣九德，百僚班外置九師。"唐司空曙《酬張芬有赦後見贈》詩："紫鳳朝銜五色書，陽春忽報網羅除。"

【五色書】

　　即五色詔。此稱唐代已行用。見該文。

鳳凰詔

　　亦稱"鳳書"。詔書之美稱。天子之詔自中書省頒布，中書省即禁苑中鳳凰池所在地，故稱。唐張説《羽林恩召觀御書王太尉碑》詩："誰家羽林將，又逐鳳書飛。"唐白居易《和〈春深〉》詩之六："何處春深好？春深學士家。鳳書裁五色，馬鬣剪三花。"毛文錫《甘州遍》詞："破蕃奚鳳凰詔下，步步躡丹梯。"華鍾彥注："鳳凰詔，即天子之詔也。天子詔書必自中書省發，中書省者，即禁苑中鳳凰池所在地也，故云鳳凰詔。"

【鳳書】

　　即鳳凰詔。此稱唐代已行用。見該文。

鳳詔

　　亦稱"丹鳳詔"。即鳳凰詔。因降旨將其置於木製之鳳凰口中，自宫中垂下，故名。後世

又説詔書發自中書省，而中書省位於禁苑中之鳳凰池畔，故稱。此制始於魏晋，至清下詔猶在午門（俗稱五鳳樓）垂木鳳。晋陸翽《鄴中記》："石季龍（石虎）與皇后在觀上，爲詔書，五色紙，著鳳口中。鳳既銜詔，侍人放數百丈緋繩，轆轤回轉，鳳凰飛下，謂之鳳詔。"南朝梁蕭繹《陸倕墓銘》："兩升鳳詔，三侍龍樓。"唐李商隱《夢令狐學士》詩："右銀臺路雪三尺，鳳詔裁成當直歸。"唐戴叔倫《贈司空拾遺》詩："望闕未承丹鳳詔，開門空對楚人家。"元陳樵《送李仲積北上》詩："峩峩黄金臺，鳳詔求賢材。"

【丹鳳詔】

　　即鳳詔。此稱唐代已行用。見該文。

絲綸

　　亦稱"丹綸"。詔書之美稱。語本《禮記・緇衣》："王言如絲，其出如綸。"孔穎達疏："王言初出微細如絲，及其出行於外，言更漸大如似綸也。"南朝梁劉勰《文心雕龍・詔策》："《記》稱絲綸，所以應接群后。"《魏書・王椿傳》："宸衷懇切，備在絲綸，祗承兢感，心焉靡厝。"唐楊炯《爲劉少傅敕書慰勞表》："虔奉絲綸，躬親政事。"明徐復祚《投梭記・折齒》："奉絲綸來報里閭，訪賢才作楫濟艱。"清張廷玉等《上明史表》："伏以瑶圖應運，丹綸繙竹素之遺；雛鼎凝庥，玉局理汗青之業。"

【丹綸】

　　即絲綸。此稱至遲清代已行用。見該文。

【帝綸】

　　即絲綸。唐王勃《春思賦》："朝昇玉署調天紀，夕憩金閨奉帝綸。"宋王安石《題中書

壁》詩：“夜開金鑰詔辭臣，對御抽毫草帝綸。”明王世貞《太保劉文安公挽詩》：“帝綸昭似日，雲錦爛生花。”

【綍綸】

即絲綸。語本《禮記·緇衣》：“王言如綸，其出如綍。”鄭玄注：“言言出彌大也。”唐柳宗元《代廣南節使謝出鎮表》：“捧對綍綸，不知所圖。”《水滸傳》第七九回：“年來教授隱安仁，忽詔軍前捧綍綸。”

綸誥

亦稱“綸言”“綸告”。詔書之美稱。語本《禮記·緇衣》：“王言如絲，其出如綸。王言如綸，其出如綍。”《晉書·儒林傳序》：“雖尊儒勸學亟降於綸言，東序西膠而未聞於弦誦。”南朝梁沈約《齊故安陸昭王碑文》：“始以文學游梁，俄西入掌綸誥。”唐韓愈《論淮西事宜狀》：“臣謬承恩寵，護掌綸誥，地親職重，不同庶寮。”唐柳宗元《爲王京兆賀雨表》：“密雲與綸言繼發，時雨將天澤並流。”《宋史·禮志十四》：“公主受封，降制有册命之文，多不行禮，惟以綸告進内。”《四庫全書總目·雜家類五·石林燕語》：“夢得爲紹聖舊人，徽宗時嘗司綸誥，於朝章國典，夙所究心。”

【綸言】

即綸誥。此稱晉代已行用。見該文。

【綸告】

即綸誥。此稱宋代已行用。見該文。

天書

詔書之美稱。因封建帝王自稱天子，故名。北周庾信《桐葉封虞贊》：“帝刻桐葉，天書掌文。”唐王勃《爲原州趙長史請爲亡父度人表》：“天書屢降，手敕仍存。”唐王維《酬郭給事》：“晨搖玉佩趨金殿，夕奉天書拜瑣闈。”宋王安石《送孫叔康赴御史府》：“天書下東南，趣召赴嚴闕。”清周亮工《宋去損以予累客死都門重九前二日素旐南返哭送四詩兼貽令嗣峨長》之一：“嶺外天書一夜頒，河干令子泣潛潛。”

天語

亦稱“天詔”。詔書之美稱。唐劉禹錫《送源中丞充新羅册立使》詩：“身帶霜威辭鳳闕，口傳天語到雞林。”唐韋應物《送韋侍御却使西蕃》詩：“歸奏聖朝行萬里，却銜天詔報蕃臣。”唐李嘉祐《送袁員外宣慰勸農畢赴洪州使院》詩：“氣迎天詔喜，恩發土膏春。”宋蘇軾《用王鞏韵贈其侄震》詩：“朝廷貴二陸，屢聞天語溫。”

【天詔】

即天語。因其爲天子之詔書，故稱。此稱唐代已行用。見該文。

恩詔

亦稱“恩綸”。臣下對帝王詔書之敬稱，因此詔多關涉臣下命運，故稱。晉羊祜《讓開府表》：“伏聞恩詔，拔臣使同台司。”晉左芬《武帝納皇后頌》：“蠲釁滌穢，與時維新。需然洪赦，恩詔遐震。”宋蘇軾《被命南遷途中寄定武同僚》：“適見恩綸臨定武，忽遭分職赴英州。”綸，謂皇帝之言辭。參見本卷《詔誥章奏説·詔誥考》“絲綸”文。

【恩綸】

即恩詔。此稱宋代已行用。見該文。

上諭

詔書之一種。皇上曉諭臣民之文書，故稱。至清代，凡告諭中外大事，内外官吏升謫調補及對百姓之通告等均稱之爲“上諭”。《元史·阿里海牙傳》："是州生齒數百萬口，若悉殺之，非上諭。"清王士禎《香祖筆記》卷五："上諭蠲免山西所欠穀草，大學士臣吳琠、臣陳廷敬等公疏謝恩。"《文明小史》第八回："朝廷有過上諭，原説不久就要裁撤厘局的，怎麼又添了這許多捐局呢？"

手詔

亦稱"墨詔""手敕"。由帝王親手書寫的詔書。《後漢書·蓋勳傳》："勳雖在外，每軍國密事，帝常手詔問之。"《宋書·謝弘微傳》："弘微臨終語左右曰：有二封書，須劉領軍至，可於前燒之，慎勿開也。書皆是太祖手敕。"又《謝莊傳》："于是世祖出行，夜還，敕開門。莊（謝莊）居守，以榮信或虛，執不奉旨，須墨詔乃開。"《周書·宇文亮傳》："晉公護誅後，亮以不自安，唯縱酒而已。高祖手敕讓之。"唐元稹《上陽白髮人》詩："滿懷墨詔求嬪御，走上高樓半酣醉。"宋趙昇《朝野類要》卷四："手詔，或非常典，或是篤意，及不用四六句者也。"《續資治通鑑·宋太祖至道二年》："及帝崩，繼恩（李繼恩）白后至中書召端（呂端）議所立。端前知其謀，即紿繼恩，使入書閣檢太宗先賜墨詔，遂鎖之，亟入宮。"

【墨詔】

即手詔。此稱南北朝時期已行用。見該文。

【手敕】[1]

即手詔。此稱南北朝時期已行用。見該文。

【詔記】

亦稱"手記"。即手詔。《漢書·外戚傳下》："中黃門田客持詔記，盛綠綈方底，封御史中丞印。"王先謙補注："胡注詔記與詔書有別，詔記後世謂之手記，出於上手，故曰詔記；若詔書則下爲之，以璽爲信耳。"《後漢書·公孫述傳》："詔書手記，不可數得，朕不食言。"

【手記】

即詔記。此稱漢代已行用。見該文。

中詔

自宮中直接發出的帝王親筆，不經主管的門下官吏而直接頒行。《後漢書·陳蕃傳》："宦官由此疾蕃甚彌，選舉奏議，輒以中詔譴却。"《三國志·魏書·陳留王奐傳》："中詔所施，或存好問。"《宋書·禮志一》："皇帝嘉命，使者某到，重宣中詔，問臣名族。"《資治通鑑·宋文帝元嘉二十一年》："先賜中詔。"胡三省注："詔自中出，不經門下者謂之中詔。今之手詔是也。"

中批

詔書之一種。猶中詔。《宋史·哲宗紀二》："〔紹聖元年夏閏四月〕戊子，詔在京諸司，所受傳宣中批，並候朝廷覆奏以行。"明田汝成《西湖游覽志餘·帝王都會二》："漏下數刻，忽報中批，陳良祐除諫議大夫。"

丹詔

詔書之一種。以朱筆寫就，多以示緊急，重要。唐韓翃《送王光輔歸青州兼寄儲侍御》詩："身著紫衣趨闕下，口銜丹詔出關東。"明高明《琵琶記·李旺回話》："我如今去朝廷上表，奏蔡氏一門孝道，管取吾皇降丹詔把他召。"清蒲松齡《聊齋志異·江城》："生承命，四體驚悚，若奉丹詔。"

密詔

詔書之一種。多載機要秘密。《後漢書·獻帝紀》："五年春正月，車騎將軍董承、偏將軍王服、越騎校尉种輯受密詔誅曹操，事泄。"

《三國志·蜀書·先主傳》：“獻帝舅車騎將軍董承辭受帝衣帶中密詔，當誅曹公。先主未發。”唐王建《上杜元穎相公》詩：“承恩不許離牀謝，密詔長教倚案書。”

蠟詔

詔書之一種。內容涉及機密要事時所用。因封於蠟丸之中，故名。《資治通鑑·後唐莊宗同光元年》：“齎蠟詔，促段凝軍，既辭，皆亡匿。”胡三省注：“蠟詔，猶蠟書也，命出於上，故曰蠟詔。”《宣和遺事》後集：“康王至相州……次日，報京師有使命來，問之，乃武學生秦仔齎蠟詔，命康王爲天下兵馬大元帥，汪伯彥、宗澤副元帥，速領入衛。”《宋史·張俊傳》：“中書舍人張澂自汴京齎蠟詔，命高宗以兵付副帥還京。”

條詔

詔書之一種。列有條款式指令。唐韋愨《重修滕王閣記》：“故我雁門公按節廉問，方頒條詔，令肅而兵戎讋服，政和而疲瘵昭蘇。”宋范仲淹《讓觀察使第三表》：“臣自知非朝廷進用之器，如未獲退，則願久守一藩，奉行條詔。”

丹書

亦稱“丹冊”。詔書之一種。古時帝王授予重臣的特殊文書，具盟誓之功用。因其用硃筆書寫，故稱。《文選·江淹〈詣建平王上書〉》：“俱啓丹冊，並圖青史。”張銑注：“冊，書也。”唐武元衡《奉酬淮南中書相公見寄》詩：“金玉裁王度，丹書奉帝俞。”元王惲《玉堂嘉話》卷四：“肆申白馬之盟，庸示丹書之約。”明李東陽《送焦守靜先生使襄府》詩：“丹書玉節又南行，一日龍光起四瀛。”明張居正《擬唐回鶻率衆內附群臣賀表》：“丹書賜誓，既崇日逐之封。”參見本卷《瑞信符契說·符契考》“丹書鐵券”文。

【丹冊】

即丹書。此稱南北朝時期已行用。見該文。

九錫文

省稱“九錫”。詔書之一種。古代帝王賜予功臣、重臣九錫（九種禮器）時所頒之詔書。魏晉後，權臣逼皇帝禪讓前，多先加九錫，因有“九錫文”，紀其功績品行。尤盛於南北朝時。晉鄭沖有《勸進九錫文》。唐杜牧《和野人殷潛之題籌筆驛十四韵》：“三吳裂婺女，九錫獄孤兒。”唐陸龜蒙《和襲美寄廣文》詩：“峰前北帝三元會，石上東卿九錫文。”清陳維崧《浣溪沙·逮下爲閻牛叟賦》詞：“頻笑王家九錫文，犢車麈尾事紛紛。”清趙翼《廿二史劄記·九錫文》：“每朝禪代之前，必先有九錫文，總叙其人之功績，進爵封國，賜以殊禮，亦自曹操始。其後，晉、宋、齊、梁、北齊、陳、隋皆用之。其文皆鋪張典麗，爲一時大著作。”按，錫，同“賜”。清趙翼《五人墓》詩：“縱撰九錫盜神器，中外臣僚孰枝梧。”

【九錫】

即九錫文。此稱晉代已行用。見該文。

鶴板

亦作“鶴版”。亦稱“鶴頭板”“鶴頭書”“鶴板書”“鶴書”。詔書之一種。古時帝王徵聘賢士所用。以其狀類鶴頭，故稱。《文選·孔稚珪〈北山移文〉》：“及其鳴騶入谷，鶴書赴隴，形馳魄散，志變神動。”李善注引蕭子良《古今篆隸·文體》曰：“鶴頭書與偃波書，俱詔板所用，在漢則謂之尺一簡，髣髴鶴頭，故有其稱。”《隋書·百官志上》：“若敕可，則付選，更色別，量貴賤，内外分之隨才補用。以黄紙録名，八座通署，奏可，即出付典名。而典以名帖鶴頭板，整威儀，送往得官之家。”唐楊炯《唐昭武校尉曹君神道碑》：“南宮養老，坐聞鳩杖之榮；東岳游魂，俄見鶴書之召。”唐王勃《上絳州上官司馬書》：“鸞肩停逸，頻虚不次之階；鶴板徵賢，纍發非常之詔。”宋李彌遜《和士特韵程進道舍人》詩：“尊罍方薦龜蓮壽，雨露交馳鶴板書。”清金農《懷人絶句》之七：“流浪定悲朱邸改，幽潜已遜鶴書徵。”鶴書之徵，由帝王親署，以黄紙録之，八座通署。

【鶴版】

同“鶴板”。此體唐代已行用。見該文。

【鶴書】

即鶴板。此稱南北朝時期已行用。見該文。

【鶴頭板】

即鶴板。此稱隋代已行用。見該文。

【鶴頭書】

即鶴板。此稱南北朝時期已行用。見該文。

【鶴板書】

即鶴板。此稱宋代已行用。見該文。

除書

詔書之一種。朝廷授官所用。除，授也，故稱。唐韋應物《始除尚書郎别善福精舍》詩：“除書忽到門，冠帶便拘束。”唐白居易《劉十九同宿》詩：“紅旗破賊非吾事，黄紙除書無我名。”

剥麻

詔書之一種。宋朝時貶官所用。因用宣麻紙所寫，故稱。宋趙昇《朝野類要·降免·剥麻》：“本朝無誅大臣之典，故大臣有罪，亦多是先與宮觀，然後臺諫上章，得旨批依，别日又宣麻降之，漸次行貶。”

宣頭

詔書之一種。凡大事用宣，小事則發“頭子”，又稱“宣頭”。五代李中《碧雲集》中有《己未歲冬捧宣頭離下蔡》《捧宣頭許歸侍養》等詩題。《續資治通鑑·宋仁宗皇祐四年》：“己卯，降空名宣頭、剳子各一百道，錦襖子、金銀帶各二百，下狄青以備賞軍功。”《金史·百官志四》：“故國初與空名宣頭付軍帥，以爲功賞。”

遺詔

帝王臨終前所留之詔書，多言廢立輔弼之事。《史記·秦始皇本紀》：“高（趙高）乃與公子胡亥、丞相斯（李斯）陰謀破去始皇所封書賜公子扶蘇者，而更詐爲丞相斯受始皇遺詔沙丘，立子胡亥爲太子。”《漢書·昭帝紀》：“〔霍光〕受遺詔輔少主。明日，武帝崩。”唐韓愈《賀皇帝即位表》：“伏聞皇帝陛下，以閏正月三日，虔奉遺詔，昭升大位。”《説唐》第一四回：“當下文帝駕崩時，並無遺詔，太子與楊素計議，叫誰人作詔，然後發表。”

詔敕

詔書之類的泛稱。南朝梁劉勰《文心雕龍·詔策》：“安和政弛，禮閣鮮才，每爲詔敕，假手外請。”《北史·張須陁傳》：“歲饑，須陁將開倉賑給官屬，官屬咸曰：‘須待詔敕。’”宋蘇洵《上韓昭文論山陵書》：“如曰詔敕已行，制度已定，雖知不便而不可復改，則此又過矣。”《中國近代史資料叢刊》之《辛亥革命·清廷預備立憲·關於籌備立憲的諭旨與奏摺》：“竊臣等伏讀連日詔敕。”

敕　書

敕書

亦稱“戒書”。古代帝王對臣民下行文書之一種。多爲慰諭公卿大臣，誡約朝臣之文字。漢蔡邕《獨斷》卷上：“〔漢天子〕其命令，一曰策書……四曰戒書。”《新唐書·百官志二》：“凡王言之制有七……六曰論事敕書，戒約臣下則用之。”宋秦觀《代謝敕書獎諭表》：“今月日進奏院遞到敕書一道。”明葉盛《水東日記·會奏遣使迎復》：“敕書既下，則惟言報禮，不及迎復。”《定情人》第一二回：“受命該承應官員，早將敕書並封王禮物，俱備具整齊，止候雙星起身。”參閱《唐六典·中書省》。

【戒書】

即敕書。此稱漢代已行用。見該文。

論事敕書

敕書之一種。專用於戒約臣下。此稱唐代已行用。《新唐書·百官志二》：“凡王言之制有七……六論事敕書，戒約臣下則用之。”

黄敕

亦稱“敕黄”。敕書之一種。因書於黄麻紙，故稱。起於唐，宋依循之。唐高宗上元三年（676），以制敕施行既爲永式，而書於白紙者多易爲蟲蛀，遂敕改用黄紙，尚書省頒下諸州縣，并用之。《舊唐書·李藩傳》：“遷給事中，制敕有不可，遂於黄敕後批之。”宋洪邁《容齋隨筆·近世文物之殊》：“紹興十二年壬戌，予寓南山净慈，待詞科試，見省試官聯騎，公服戴帽，不加披衫。每一員以親事官一人執敕黄行前。”宋劉克莊《浪淘沙·丁未生日》詞：“今年黄敕换稱呼，只爲此翁霜鬢禿，老不中

書。”參閱宋高承《事物紀原·黄敕》。

【敕黄】

即黄敕。此稱宋代已行用。見該文。

誡敕

帝王下書之一種，同詔書并列。敕書之一種。《後漢書·光武帝紀上》“辛未詔曰”李賢注引《漢制度》：“帝王之下書有四：一曰策書，二曰制書，三曰詔書，四曰誡敕……誡敕者，謂敕刺史、太守，其文曰有詔敕某官。”按，《説文·言部》：“誡，敕也。”又《攴部》：“敕，誡也。”“誡”“敕”一義。

敕

亦作“勅”。帝王敕書之一種，見於漢代，用於告諭訓誡臣下。魏晋以前，凡皇帝告諭臣下，長官告諭掾屬，祖父訓誡子孫等，皆可稱敕。至南北朝後遂專指詔書。隋唐以後多用於日常政務活動。唐代有發敕、敕旨、論事敕書、敕牒四種。宋時，誡勵百官，曉諭軍民，别有敕榜，其詞有散文，有四六騈文。至明，諸臣差遣多用敕行事，詳載職守，申以勉詞，褒獎責讓都用敕，詞皆散文。又六品以下官贈封亦稱敕命，始兼四六。《新唐書·百官志一》：“凡上之逮下，其制有六：一曰制，二曰敕，三曰册，天子用之。”《金史·宣宗紀上》：“癸巳，次中山府，敕扈從軍所踐禾稼，計直酬之。”《正字通·攴部》：“勅，敕字之譌。”清顧炎武《金石文字記·西嶽華山廟碑》：“漢時人官長行之掾屬，祖父行之子孫，皆曰敕……至南北朝以下則字惟朝廷專用。”參閱清趙翼《陔餘叢考·敕》。

【勅】

同“敕”。此體宋代已行用。見該文。

敕旨

帝王旨令。始見於六朝，本爲敕書之一種，唐以後專用於回應臣下奏請施行的日常政務。南朝梁蕭統《謝敕賚制旨大涅槃經講疏啓》：“後閣應敕，木佛子奉宣敕旨。”《新唐書・百官志二》：“凡王言之制有七……五曰敕旨，百官奏請施行則用之。”《南海觀音全傳》第一五回：“吾非虎地，乃香山土地，奉上帝敕旨，化身迎接。”

敕牒[1]

亦作“勅牒”。敕書之一種。隨事承制，不易於舊則用之。唐韓愈《進撰平淮西碑文表》：“伏奉正月十四日敕牒。”唐白居易《杜陵叟》詩：“昨日里胥方到門，手持敕牒榜鄉村。”《新唐書・百官志二》：“七曰敕牒，隨事承制，不易於舊則用之。”宋洪邁《夷堅甲志・邵南神術》：“郭怒，取勅牒示之。”

【勅牒】

同“敕牒[1]”。此體宋代已行用。見該文。

手敕[2]

亦作“手勅”。亦稱“墨敕”“墨勅”。指皇帝親手書寫的敕書。此書不經中書、門下而直接下達，不須外廷鈐印。《宋書・王曇首傳》：“即無墨敕，又闕幡棨，雖稱上旨，不異單刺。”又《謝弘微傳》：“弘微臨終語左右曰：‘有二封書須劉領軍至，可於前燒之，慎勿開也。’書皆是太祖手勅，上甚痛惜之。”宋司馬光《論夜開宮門狀》：“雖陛下慈愛至深，然門闕之禁，不可不嚴。若以式律言之，夜開宮殿門及城門者，皆須有墨敕魚符。”宋沈括《夢溪筆談・官政

一》：“河北鹽法，太祖皇帝嘗降墨勅，聽民間賣販，唯收取稅錢，不許官榷。”《周書・宇文亮傳》：“晉公護誅後，亮心不自安，唯縱酒而已。高祖手勅讓之。”《資治通鑑・唐高祖武德二年》：“上出手勅曰：‘賊勢如此，難與爭鋒，宜棄大河以東，謹守關西而已。’”明張居正《恭謝手敕疏》：“今日伏蒙聖恩，特降手敕。”

【手勅】

同“手敕”。此體南北朝時期已行用。見該文。

【墨敕】

即手敕。此稱南北朝時期已行用。見該文。

【墨勅】

即手敕。此稱宋代已行用。見該文。

墨制

亦稱“墨封”。猶墨敕。雖加封而不經中書、門下，而逕自禁中發出。唐李肇《翰林志》：“貞元三年，贄（陸贄）上疏曰：‘伏詳令式及國朝典故，凡有詔令，合由於中書，如或由墨制施行，所司不須承受。’”《新五代史・後蜀世家・孟知祥》：“季良等請知祥以墨制行事。”清袁枚《隨園詩話・墨制授官碑文不諱》：“墨制者，即斜封墨制之謂，蓋不由中書門下而出自禁中者也。”清黃與堅《金陵雜感》詩：“敕選良家降墨封，玉車輕幰進昭容。”

【墨封】

即墨制。此稱至遲清代已行用。見該文。

貼黃

敕書或奏疏之更正、增補、撮要文字。唐時詔敕用黃麻紙，凡有更改，仍用黃紙貼在上面，故稱。宋葉夢得《石林燕語》卷三：“唐制：降敕有所更改，以紙貼之，謂之貼黃。蓋

敕書用黄紙，則貼者亦黄紙也。"至宋，凡奏劄意有未盡，摘要以黄紙另書於後。《石林燕語》卷三："今奏狀劄子皆白紙，有意所未盡，揭其要處，以黄紙別書於後，乃謂之貼黄。"宋陸游《代二府與夏國主書》："貼黄：前件事宜，臣等雖已面陳，緣利害至大，陛下反覆省覽，故敢輒具此奏。"明清時，摘取奏疏要點，貼附在奏疏之後，以省枝蔓之辭，宜於便覽。明崇禎皇帝大倡之。清顧炎武《日知録》卷一八："章奏之冗濫，至萬曆、天啓之間而極，至一疏而薦數十人，累二三千言不止，皆枝蔓之辭。崇禎帝英年御宇，勵精圖治，省覽之勤，批答之速，近朝未有。乃數月之後，頗亦厭之，命内閣爲貼黄之式。即令本官自撮疏中大要，不過百字，黏附牘尾，以便省覽。"

其　他

制策

古時帝王寫給群臣的徵詢文字。因漢代書於簡册之上，故稱。策，同"册"。始於西漢。漢武帝元光元年（公元前134）詔賢良之士，各"受策察問，咸以書對"。董仲舒、公孫弘等都先後對策。見《漢書·武帝紀》。後爲科舉考試所采用，漸衍爲國家取士的科目之一。唐劉肅《大唐新語·舉賢》："張柬之進士擢第爲清源丞，年且七十餘。永昌初，勉復應制策。"宋蘇軾《策別七》："國家取人，有制策，有進士，有明經，有詞科，有任子，有府史雜流。"《宋史·蘇軾傳》："軾始具草，文意粲然。復對制策，入三等。"

令書

專指皇太子所下之書令。《宋書·禮志二》："其時太子監國，有司奏儀注……若拜詔書除者，如舊文；其拜令書除者，令代制詔，餘如常儀。"《南史·王規傳》："〔王規〕侍東宮，太子賜以所服貂蟬，並降令書，悦是舉也。"

府板

晋、南北朝時諸王、三公及將軍開府者授官之信物。其時，各府得以自行委任屬官，其授官之辭書於板上，故稱。《宋書·百官志上》："晋太傅司馬越府，又有行參軍，兼行參軍，後漸加長兼字。除拜則爲參軍事，府板則爲行參軍。"

廷寄

清代由軍機大臣專寄給外省之將軍、都統、督撫、欽差等大員的皇帝諭旨。清時皇帝的諭旨，分爲明發和廷寄，明發交由内閣發布；凡機事慮漏泄不便發抄者，則由軍機處撰擬進呈，封入紙函，用辦理軍機銀印鈐之，交兵部加封，發驛馳遞，開首有"軍機大臣奉面諭旨"等字樣。此例自雍正年間始。《二十年目睹之怪現狀》第四二回："此時有個廷寄下來，查問江南軍政。"清趙翼《簷曝雜記·廷寄》："軍機處有廷寄諭旨，凡機事慮漏泄不便發抄者，則軍機大臣面承後撰擬進呈，發驛馳遞……此例自雍正年間始，其格式乃張文和所奏定也。"

盟書

亦稱"載書"。古代帝王或與諸侯及諸侯間會盟，記載盟誓之書册。先秦時多取牲血寫成盟書，或以丹筆書於玉片，記其盟誓之辭約，藏於盟府。《周禮·秋官·大司寇》："凡邦之大盟約，涖其盟書，而登之於天府。"《左傳·襄公九年》："晋士莊子爲載書。曰：'自今日既盟之後，鄭國而不唯晋命是聽，而或有異志者，有如此盟。'"杜預注："載書，盟書。"又《僖公五年》"載在盟府"杜預注："載在盟書，而藏於司盟之府。"《禮記·曲禮下》"涖牲曰盟"孔穎達疏："割牲左耳，盛以珠盤，又取血，盛以玉敦，用血爲盟，書成，乃歃血而讀書。"北周庚信《哀江南賦序》："載書橫階，捧珠盤而不定。"《新唐書·逆臣傳上·安禄山》："慶緒懼人之貳己，設壇加載書，杵血與群臣盟。"清趙翼《漳州木棉菴懷古》詩："早知諸貴召鄰兵，悔不盟書輸歲幣。"自 1956 年以來，山西侯馬晋國遺址曾先後出土數百件

侯馬盟書摹本
（山西侯馬東周晋國遺址出土）

以硃筆寫於玉片上之盟書。

【載書】

即盟書。此稱先秦時期已行用。見該文。

條約[1]

朝廷或官府頒布發行之條例、規定、法規、章程等。唐已見用。唐司空圖《唐故宣州觀察使檢校禮部王公行狀》："公舉奏條約，給官緡以僦水工，自是行役不淹，人遂安逸。"宋蘇舜欽《上范希文書》："今條約煩細，又迫驅之以向敵，人頗失望。"清林則徐《擬諭嘆咭唎國王檄》："並聞來粤之船，皆經頒給條約，有不許携帶禁物之語。"

條約[2]

亦稱"條章"。相關各方共同協商制訂之約定。後特指國家間簽訂有關政治、經濟、軍事或文化方面之權利與義務之文書。以條令形式約束各方遵守執行，故稱。《新唐書·南詔傳下》："詔殿中監段文楚爲經略使，數改條約，衆不悦。"清馬建忠《適可齋記·巴黎復友人書》："且范斯法尼之會，諸國雖共訂條章，而西班牙與荷蘭另有孟斯德之約。"

【條章】

即條約[2]。此稱清代已行用。見該文。

第二節　章奏考

章奏是臣下呈送給皇帝的表、章、奏、議等各種文書的總稱，是封建時代特有的一種上行公文，其名稱始見於漢。但作爲一種公文體制，創始於秦，完善於漢，後代多有衍替增删。

章奏出現之前的春秋戰國時代，君臣上下之間的文書往來及其他一些政務文書，一般

没有嚴格的界限，大都稱“書”。如諸侯的盟誓文件稱“盟書”，自下而上稱“上書”，《左傳》上記載了不少書的内容。由於春秋戰國時期列國紛爭，羽檄交馳，文書的應用已日漸重要。《文心雕龍·書記》所謂：“三代政暇，文翰頗疏。春秋聘繁，書介彌盛。”

秦并六國後，規定了章奏體制，改書爲奏、議。凡建言奏事、敷陳議論者，皆稱奏、議，作爲上達皇帝的文書。漢代繼承和發展了秦代的公文體制，在秦代把書分爲奏、議的基礎上，又定爲章、奏、表、議四種。據《文心雕龍·章表》記載，章用於感謝皇帝恩典，奏用於彈劾揭發，表用於陳述下情，議用於討論不同意見；還出現了用於密奏的“封事”、用於疏通意見的“上疏”等體裁。漢代的公文體制較前代逐漸完備，連文件尺寸、起首和結束語的寫法及行款數目、署名的等級規矩，都有明確的程式。其書寫用材多用簡牘，故亦稱“奏簡”“奏牘”，工於此者稱“刀筆”，長篇奏議頗爲笨重，史載東方朔公車上書“用三千奏牘”，可見一斑。自漢以至魏晋六朝，章奏名目上雖然也有所興革，但基本上仍承襲舊制，變化不大，書寫用材漸多用紙，個別仍用簡牘。如彈劾官員仍用竹簡，稱“白簡”或“霜簡”。而文風受當時駢儷藻飾的影響，往往空洞無物。

唐宋是我國封建社會發展的頂峰，章奏制度愈臻完善，名目更加繁多。漢以來的章奏制度大多得以沿用，還出現了用途不同的新名目。據《新唐書·百官志》所載，尚書省的行上文書有六種：表、狀、牘、啓、辭、牒；門下省的行上文書六種：奏鈔、奏彈、露布、議、表、狀。另外，唐人奏事，憚於上達手續繁雜，表、狀之外，慣用“牓子”。宋人沿之，改稱“劄子”，或長或短，可非時奏陳，用於一般奏事及官府間文書來往；另有“進草”，用於緊急之事；奏疏正本之外，輒有“貼黃”，以揭其要。這些都進一步提高了辦事效率。唐代章奏文字仍受六朝駢體文風的影響，講究對仗工整，流於形式。隨着中唐古文運動的興起，宋代章奏文牘的文風面貌發生了較大的變化，文風更加樸實，同時受宋代理學影響，宋元人善於義理鋪陳。至明代後期，則又空洞繁蕪，喋喋不休，即所謂國弱而文衰。

明清的章奏體制基本沿用唐宋而又有所發展。明初頒定格式，凡臣民具疏上於朝廷者概用“奏本”，上東宮者爲“啓本”。又有“題本”，凡遇急切機務不便面陳者用之。後凡涉及公事者用題本，用印，其形制較正規；凡涉及私事者用奏本，不用印。自明中葉後，凡機密奏章，多用“揭帖”，由文淵閣密封直達皇帝。自明代始，各處奏章進呈前，先由内閣擬定批答之辭，後呈皇帝御批裁定，稱爲“票擬”，由皇帝批定下發的稱“批本”。清雍正三年（1725），廢奏本而概用題本，一般公務皆用之。又有所謂"奏摺"，多爲臣下密奏機要之事，不經內閣票擬，直送皇帝批答。用摺本繕寫，其頁數行款，皆有定式。雍、乾之後，奏摺大行，題本漸廢。凡公文奏摺政令，處理後均經有關部門鈔轉，經由內閣者稱"閣鈔"，經由六部者稱"科鈔"。爲方便白事，正規題奏之內，可另附"夾單"。以上皆指臣下呈上帝王之各種文書。有上呈則有批答，故而"熟狀""答表""批本""紅本"等下行文書，亦歸於本考。

民國以後，帝制廢除，章奏作爲專制皇權下特有的公文，已不復存在，而一般的上行、下行文書仍然行用，一般機關上行文書均用"呈"。

總　稱

御書

原指奏章之類上呈帝王之文書。《左傳・哀公三年》："夏五月，辛卯，司鐸火，火踰公宮，桓、僖災。救火者皆曰顧府。南宮敬叔至，命周人出御書，俟於宮。"杜預注："周人，司周書典籍之官。御書，進於君者也。"後世指皇帝專用之書籍。唐韓愈《集賢院校理石君墓誌銘》："詔下河南徵拜京兆昭應尉，校理集賢御書。"

章奏

亦稱"文疏""表奏"。臣下呈奏皇帝各種文書之通稱。起於漢。《漢書・魏相傳》："相明《易經》，有師法，好觀漢故事及便宜章奏，以爲古今異制，方今務在奉行故事而已。"漢王充《論衡・效力》："章奏自上，筆有餘力。"晋王瑉《答徐邈書》："中書舍人典文疏，位如中書郎。"南朝梁劉勰《文心雕龍・書記》："戰國以前，君臣同書。秦漢立儀，始有表奏。"唐孟郊《酬李侍御書記秋夕雨中病假見寄》詩："未覺衾枕倦，久爲章奏嬰。"宋戴埴《鼠璞・封章》："俗稱章奏爲囊封，本於漢。凡章奏皆啓封，至言密事，不敢宣泄，則有皁囊重封以進。"《清會典事例・內閣》："凡有章奏事宜與某部相涉者，亦必具文該部。"

【文疏】

即章奏。此稱晋代已行用。見該文。

【表奏】

即章奏。此稱南北朝時期已行用。見該文。

章

章

古代臣民上呈帝王文書之一種。用以謝恩慶賀等。後世亦泛指奏章。漢蔡邕《獨斷》："凡群臣上書於天子有四：一曰章，二曰奏……"《後漢書・寒朗傳》："帝問曰：'誰與共爲章？'"南朝梁劉勰《文心雕龍・章表》：

"章以謝恩，奏以按劾，表以陳情，議以執異。"宋蘇軾《太皇太后賜故夏國主嗣子乾順進奉賀正馬馳回詔》："再閱來章，式嘉忠節。"明徐師曾《文體明辨序說·章》："漢定禮儀，乃有四品，其一曰章，用以謝恩。及考後漢，論諫慶賀，間亦稱章，豈其流之寖廣歟？自唐而後，此制遂亡。"因多用於謝恩，亦稱"拜章"。《南史·蕭子雲傳》："子雲，字景喬，年十二，齊建武四年，封新浦縣侯，自製拜章，便有文采。"唐劉禹錫《賀赦表》："新歲拜章，遙獻南山之壽。"《金史·趙秉文傳》："每聞一事可便民，一士可擢用，大則拜章，小則爲當路者言，殷勤鄭重，不能自已。"

【拜章】

即章。此稱南北朝時期已行用。見該文。

【章表】

亦稱"表章""表疏"。即章。三國魏曹丕《與吳質書》："孔璋章表殊健，微爲繁富。"晋袁宏《後漢紀·桓帝紀上》："從事中郎馬融主爲冀作章表。"《宋書·袁顗傳》："顗反意已定，

而糧仗未足，且欲奉表於太宗。顗子秘書丞戩曰：'一奉表疏，便爲彼臣，以臣伐君，於義不可。'顗從之。"南朝梁劉勰《文心雕龍·章表》："原夫章表之爲用也，所以對揚王庭，昭明心曲。"又："所以魏初表章，指事造實，求其靡麗，則未足美矣。"《舊唐書·職官志二》："凡四夷來朝，臨軒則受其表疏，升於西階而奏。"宋歐陽修《太子賓客分司西京謝公墓誌銘》："時天子平劉繼元，露布至，守臣當上賀，命吳中文士作表章，更數人，皆不可意。"《宣和遺事·元集》："今天下歸於正道，卿等可上表章，册朕爲教主道君皇帝。"宋周必大《玉堂雜記》卷中："然表章字如蠅頭，幾不可辨，玉音每嘉其恭順云。"《水滸傳》第九九回："衆多將佐功勞，俱各造册……先寫表章申奏天子。"

【表章】

即章表。此稱南北朝時期已行用。見該文。

【表疏】

即章表。此稱南北朝時期已行用。見該文。

奏

奏疏

群臣上書論諫之總稱。《宋史·朱倬傳》："每上疏，輒夙興露告，若上帝鑒臨，奏疏凡數十。"明徐師曾《文體明辨序說·奏疏》："按奏疏者，群臣論諫之總名也。奏御之文，其名不一，故以奏疏括之也。"清龔自珍《飲少宰王定九丈宅少宰命賦詩》："公之奏疏祕中禁，海內但見力力持朝綱。"清孫承澤《天府廣記》卷二四："奏疏之式，揭其要別書於後，謂之貼

黄。"亦稱"書疏"。其源甚早，其稱主要見於秦漢至南北朝時。《史記·袁盎晁錯列傳》："且陛下從代來，每朝，郎官上書疏，未嘗不止輦受其言。"北齊顏之推《顏氏家訓·雜藝》："江南諺云：'尺牘書疏，千里面目也。'"

【書疏】

即奏疏。此稱秦漢時期已行用。見該文。

奏

古代臣民對帝王上呈文書之一種。爲陳述

意見或建議之文本。先秦時奏、書本無甚區別，秦漢之後始建立了章奏體系。《書・舜典》："敷奏以言，明試以功，車服以庸。"孔傳："諸侯四朝，各使陳進治禮之言。"《釋言・釋書契》："奏，鄒也，鄒狹小之言也。"畢沅疏證引成蓉鏡曰："《漢書・雜事》云：'秦初之制，改書爲奏⋯⋯凡群臣之書通於天子者四品：一曰章，二曰奏，三曰表，四曰駁議。'"《漢書・趙充國傳》："作奏未上，會得進兵璽書。"唐韓愈《讀東方朔雜事》詩："頷頭可其奏，送以紫玉珂。"

【文奏】

即奏。此稱魏晋已用之。三國魏曹植《聖皇篇》："侍臣省文奏，陛下體仁慈。"《文選・謝朓〈京路夜發〉詩》："文奏方盈前，懷人去心賞。"張銑注："文奏，謂官簿書。"《隋書・高祖紀下》："天灾地孽，物怪人妖。衣冠鉗口，道路以目。傾心翹足，誓告於我。日月以冀，文奏相尋。"參見本書《函籍卷・文契說・公文考》"文奏"文。

【本章】

亦稱"本頭"。古時臣子上呈皇帝之文書。即奏。《漢書・王嘉傳》："上於是定躬（息夫躬）寵（孫寵）告東平本章，掇去宋弘，更言因董賢以聞，欲以其功侯之，皆先賜關內侯。"元楊梓《敬德不伏老》第二折："列位大人，老夫明日作本頭，就保他還朝也。"明沈德符《萬曆野獲編・内閣三・閣臣進御筆》："又纂修館中，得親批本章，共六十三本，進之於上。"《清會典事例・兵部・郵政》："〔康熙〕四十五年覆准：河道總督有關係河務緊急題奏本章，交與驛站迅速馳送，於牌票上書明緊急字樣，限日到京。"清蔣士銓《桂林霜・投轅》："你可將本章留下，我即差飛騎星馳申奏。"

【本頭】

即本章。此稱元代已行用。見該文。

【牓子】[1]

亦作"榜子"。亦稱"録子"。即奏。唐王建《宫詞》之五十九："自寫金花紅牓子，前頭先進鳳凰衫。"《新唐書・王起傳》："帝嘗以疑事令使者口質，起具牓子附使者上，凡成十篇，號曰：'寫宣'。"宋歐陽修《歸田録》卷二："唐人奏事，非表非狀者，謂之牓子，亦謂之録子，今謂之劄子。"《宋史・職官志二》："翰林學士院⋯⋯凡奏事用榜子，關白三省，樞密院用諮報，不名。"

【榜子】[1]

同"牓子"。此體宋代已行用。見該文。

【録子】

即牓子。此稱宋代已行用。見該文。

【奏狀】

即奏。宋孔平仲《孔氏談苑・熙河之師》："高若訥作中丞，與小黄門同監修祭器，遂同書奏狀，議者非之。"明郎瑛《七修類稿・詩文一・名文之始》："奏疏之名不一，曰上疏，曰上書，曰奏札，曰奏狀，曰奏議。恐其漏泄，俱封囊以進，故謂之封事。"清惲敬《上董蔗林中堂書》："下之於上也，有奏狀之言，有制詔之辭⋯⋯易矣而實難。"亦稱"奏帖"。《金史・章宗紀二》："八月庚辰，敕計議官所進奏帖，可直言利害，勿用浮辭。"

【奏帖】

即奏狀。此稱金代已行用。見該文。

【奏劄】

亦作"奏札"。亦稱"殿劄""奏削"。即

奏。劄、削，皆謂簡牘。古時臣下上奏君主之
文書，凡知州以上見辭，皆用之。囊封而進
以保密。多見於唐後。宋趙昇《朝野類要·文
書》："奏劄，又謂之殿劄，蓋上殿奏對所入文
字也。凡知州以上見辭，皆用此。"宋丁謂《丁
晉公談録》："洎因奏忤旨，上怒，就趙（趙普）
手掣奏劄子，挼而擲之。"宋歐陽修《與吳正
獻公書》："每見奏削，足知勞慮也。"明郎瑛
《七修類稿·詩文一·各文之始》："奏疏之名不
一……曰奏札。"

【奏札】

同"奏劄"。此體至遲明代已行用。見該
文。

【殿劄】

即奏劄。此稱宋代已行用。見該文。

【奏削】

即奏劄。此稱宋代已行用。見該文。

【劄子】[1]

亦作"札子"。帝王陳述意見之公文。即
奏。始於宋。宋歐陽修《歸田録》卷二："唐
人奏事，非表非狀者……今謂之劄子。凡群臣
百司上殿奏事兩制以上，非時有所奏陳，皆用
劄子。中樞、樞密院事有不降宣勅者，亦用劄
子。與兩府自相往來亦然。"劄子，官府間來往
亦用之，或長或短，有多至十幅者。宋王安石
有《本朝百年無事劄子》。《醒世恒言·賣油郎
獨占花魁》："説話的，假如上一等人，有前程
的，要復本姓，或具劄子奏過朝廷，或關白禮
部、太學、國學等衙門，將冊籍改正，衆所共
知。"清王士禛《香祖筆記》卷十："宋士大夫，
以四六牋啓與手簡駢緘之，謂之雙書。後益以
單紙，直叙所請，謂之品字封。後又變而爲劄

子，多至十幅。"

【札子】

同"劄子[1]"。此體宋代已行用。見該文。

疏

奏書之一種，用於向皇帝陳述意見，彈劾
朝臣等。《漢書·賈誼傳》："誼數上疏陳政事，
多所欲匡建。"唐杜甫《秋興》詩之三："匡衡
抗疏功名薄，劉向傳經心事違。"宋蘇洵《史
論》中："〔班固〕之傳周勃也，汗出洽背之恥
不載焉，見之《王陵傳》；傳董仲舒也，議和
親之疏不載焉，見之《匈奴傳》。"《通典·職
官十二》："唐中舍人二員，掌侍從令書奏疏。"
《明史·楊漣傳》："漣遂抗疏劾忠賢，列其
二十四大罪。"清龔自珍《己亥雜詩》之七七：
"我焚文字公焚疏，補紀交情爲紀公。"

三千牘

特指進呈皇帝之長篇奏章。始見於漢人東
方朔之上書，後用以泛稱。《史記·滑稽列傳》：
"朔（東方朔）初入長安，至公車上書，凡用
三千奏牘。"三千，言其多。後代沿稱。宋蘇軾
《次韵子由送千之侄》："閉門試草三千牘，仄席
求人少似今。"金元好問《帝城》詩之一："悠
悠未了三千牘，碌碌翻隨十九人。"

奏摺

亦稱"摺子""摺奏"。清代高級官員進呈
皇帝奏章之一種。因用摺本繕寫，故名。始見
於康熙末年，督撫重臣用以請安致賀、密奏見
聞。雍正以後，奏摺使用漸成制度，凡軍國庶
政、機要之事，内外諸臣皆先以此直達皇帝，
而後以正式之題本交内閣呈送。奏摺依其内容
分爲奏事摺、奏安摺、謝恩摺、賀摺四類。奏
摺頁數、行數、每行字數、字體皆有定式。《清

會典事例・吏部・官制》："凡有外省奏摺，俱齎赴在京總理事務王大臣處，交內閣隨本呈送行在，候朕批示。"又《內閣・職掌》："乾隆二年議准，各部院摺奏事件，已奏諭旨，具印文送閣，以備查覈。"《官場現形記》第五六回："北京出的《京報》，上面載的不過是《官門抄》同本日的幾道諭旨以及幾個摺奏。"《老殘游記續集遺稿》第二回："怎麼外官這們利害，咱們在京裏看御史們的摺子，總覺言過其實。"清陳天華《警世鐘》："當初曾國藩做翰林的時候，曾上過摺子，説把詩賦小楷取士不合道理。"《清史稿・聖祖紀三》："〔五十一年正月〕壬子，命內外大臣具摺陳事，摺奏自此始。"

【摺奏】

即奏摺。此稱清代已行用。見該文。

【摺子】

即奏摺。此稱清代已行用。見該文。

【摺本】

即奏摺。《清會典事例・內閣三》："御門聽政，則進摺本。"注："部本進呈後，有未奉諭旨，摺本發下者，按日收儲，積至十件或十一二件，得旨御門聽政。屆期，皇帝御乾清門升座，各部奏事畢，侍讀學士二人詣奏案前，奉各部奏函以退，學士一人奉摺本函恭設於案。"《續小五義》第一九回："顏大人見駕，遞摺本，萬歲御覽。"

【摺片】

即奏摺。清代奏摺習稱摺片。《清會典事例・刑部》："〔光緒九年〕御史何桂芳奏，各省酷吏濫用非刑，並幕友刪改犯供，薦引黨徒，清飭嚴禁各摺片。"《清史・穆宗紀》："丙辰，諭吏部、兵部、理藩院，親政後，各署有請旨及軍務摺片，均用漢文。"

專摺

奏摺之一種。專就某事所上之奏摺。《清會典事例・內閣四》："近因其情節可惡，未便照尋常命案辦理，致凶犯日久稽誅，是以令各省督撫專摺具奏。"《老殘游記》第三回："宮保聽着很是喜歡，所以打算專摺明保他。"清黃輔辰《戴經堂日鈔》："當經專摺上其事，廷寄著該省查覈。"

手摺

官員隨手記事或稟述公事、申述意見之手册。明戚繼光《練兵實紀・雜集・將官到任寶鑑》："乃將錢糧兵馬城池地理各文册，於案牘中擇出，粗涉一過，先取大數，抄爲手摺，常在袖中。"清黃六鴻《福惠全書・錢穀部・催徵》："照式造手摺。"清孔尚任《桃花扇・閑話》："好，好！下官寫有手摺，明日取出奉送罷。"《官場現形記》第三一回："他自己拿嘴説，那個朋友拿筆寫。寫了又寫，改了又改，足足弄了十六個鐘頭，好容易寫了一個手摺。"

封事

亦稱"封章"。奏之一種。指密封之奏章。古代臣下上奏機密之事，爲防泄露，用皂囊緘封進呈，故名。漢已見之。《漢書・宣帝紀》："上始親政事，又思報大將軍功德，乃復使樂平侯山領尚書事，而令群臣得奏封事，以知下情。"《後漢書・明帝紀》："於是在位者皆上封事，各言得失。"李賢注："宣帝始令群臣得奏封事，以知下情。封有正有副，領尚書者先發副封。"其始於漢宣帝時，封有正副之別，領尚書先發副封。正封由皇帝親閱。南朝梁劉勰《文心雕龍・奏啓》："自漢置八儀，密奏陰陽；皁囊封板，故曰封事。"五代王定保《唐摭言·四凶》："磻叟菡事未終考秩，抛官詣闕上封事，通義劉公引爲羽翼，非時召對數刻。磻叟所陳，凡數十節，備究時病。"清朱彝尊《興化李先生清壽》詩："曾聞過江上封事，神人觀聽交歡忻。"

【封章】

即封事。漢揚雄《趙充國頌》："營平守節，屢奏封章。"唐白居易《和夢游春詩一百韵》："密勿奏封章，清明操簡牘。"明張煌言《上監國啓》："雖傾日有心，而瞻雲無路。又懼旁疑他妒，未敢輕達封章。"

【封疏】

猶封事。《續資治通鑑·宋真宗咸平六年》："錫（田錫）耿介寡言，慕魏徵、李絳之爲人，及居諫署，連上疏，皆直言時政得失。將卒，悉取平時封疏五十二奏焚之。"

密奏

亦稱"密章""密啓""密疏"。奏之一種。秘密上奏之文本，其用同封章。南朝梁沈約《梁武帝集序》："懷君人之大德，有事君之小心，爲下奉上，形於辭旨，雖密奏忠規，遺槀必削，而國謨藩政，存者猶多。"《新唐書·文藝傳中·鄭虔》："安禄山反，遣張通儒劫百官置東都，僞授虔水部郎中，因稱風緩，求攝市令，潛以密章達靈武。"《宋史·李沆傳》："帝以沆無密奏，謂之曰：'人皆有密啓，卿獨無，何也？'"

【密章】

即密奏。此稱唐代已行用。見該文。

【密啓】

即密奏。《晉書·賈充傳》："先是羊祜密啓留充，及是，帝以語充。"《云笈七籤》卷四："婁化乃因後堂道士殳季真密啓之，帝即命使逼取至京。"

【密疏】

即密奏。宋蘇軾《論魯隱公里克李斯鄭小同王允之》："鄭小同爲高貴鄉公侍中，常詣司馬師。師有密疏，未屏也。如厠還，問小同：'見吾疏乎？'"清顧炎武《日知録·密疏》："近見實録，多載密疏，言不彰於朝聽，事不顯於當時。"

揭帖

奏之一種。明清時爲一種由内閣直達皇帝之機密文書。後意義漸廣，凡公開之私人啓事，亦有稱揭帖者。元虞集《京畿都漕運使善政記》："收入之數，有所勘會，止從本司揭帖圖帳申報，無煩文也。"明戚繼光《練兵實紀·雜集·儲練通論上》："凡有大事申報上司，於文書之外，仍附以揭帖。"明陳繼儒《見聞録》："累朝以來，閣中凡有密奏及奉諭登答者，皆稱爲揭帖……以文淵閣印緘封進御，左右近侍莫能窺也。"《金瓶梅詞話》第六九回："節級緝捕領了西門慶鈞語，當日即查訪出各人名姓來，打了案件，到後晌時分，來西門慶宅内，呈遞揭帖。"《清會典事例·刑部·刑律訴訟》："順治十七年議准：凡有投遞匿名揭帖及張貼揭帖串通棍徒夥詐者，責成五城御史及該地方官役嚴行拏究。"清孔尚任《桃花扇·拜壇》："寧南侯左良玉有本章一道，封投通政司，這是内閣揭帖，送來過目。"

飛章

奏之一種。報告急變或急事之奏章。喻其快如飛，故名。漢已有之。《後漢書·李固傳》："以固爲議郎。而阿母宦者疾固言直，因詐飛章以陷其罪,事從中下。"唐元稹《陽城驛》詩:"飛章八九上,皆若珠暗投。"唐李白《東海有勇婦》詩:"北海李使君,飛章奏天庭。"《舊唐書·劉悟傳》:"從諫深知內宮之故,乃自潞府飛章論之曰:'臣聞造僞以亂真者,匹夫知之尚不可,況天下皆知乎?'"

飛變

奏之一種。告發急變之奏章。以其傳遞快速如飛,故稱。漢已有之。《漢書·張湯傳》:"河東人李文,故嘗與湯有隙……湯有所愛史魯謁居,知湯弗平,使人上飛變告文奸事。"《新唐書·韋安石傳》:"主竊聞,乃構飛變,欲訊之,賴郭元振保護,免。"又《酷吏傳序》:"武后乘高、中懦庸,盜攘天權,畏下異己,欲脅制群臣,榴翦宗支,故縱使上飛變,構大獄。"

諫書

亦稱"諫紙"。奏之一種。向皇帝進諫之文書。《漢書·王式傳》:"臣以三百五篇諫,是以無諫書。"唐岑參《佐郡思舊游》詩:"史筆衆推直,諫書人莫窺。"唐韓翃《送夏侯校書歸上都》詩:"此回將詣闕,幾日諫書成。"唐白居易《初受拾遺》詩:"諫紙忽盈箱,對文終自愧。"唐薛能《昇平詞》:"諫紙應無用,朝綱自有倫。"宋黃庭堅《和答外舅孫莘老》詩:"尚憐費諫紙,玉唾灑新句。"宋朱熹《送張彥輔赴闕》詩:"問君此去談何事,袖有諫書三萬字。"

【諫紙】

即諫書。此稱唐代已行用。見該文。

密諫

諫之一種。秘密上呈之諍諫文書。《三國志·魏書·桓階傳》:"階數陳文帝德優齒長,宜爲儲副,公規密諫,前後懇至。"《北史·文

苑傳·王褒》:"褒性謹慎,知元帝多猜忌,弗敢公言其非,後因清閑密諫,言辭甚切。"

諫草

諫書之底稿,草稿。《三國志·魏書·賈逵傳》"然太祖心善逵"裴松之注引《魏略》:"逵受教,謂其同寮三主簿曰:'今實不可出,而教如此,不可不諫也。'乃建諫草以示三人。"唐杜甫《晚出左掖》詩:"避人焚諫草,騎馬欲雞棲。"《宋史·范祖禹傳》:"蘇軾約俱上章論列,諫草已具,見祖禹疏,遂附名同奏。"清陳夢雷《楊椒山先生祠》詩:"當年諫草烈秋霜,國士同聲振廟廊。"

劾狀

亦稱"彈墨"。省稱"劾"。奏之一種。指揭發過失或罪行之文狀。秦漢時即有丞相御史專司其職,揭發之舉稱"劾奏"。如《漢書·韋玄成傳》:"徵至長安,既葬,當襲爵,以病狂不應召……而丞相御史遂以玄成實不病,劾奏之。"劾奏之文則稱"劾狀"。《後漢書·周黃徐申屠姜傳序》:"遂辭出,投劾而去。"李賢注:"自投其劾狀而去也。"《宋史·趙鼎傳》:"臣所請兵不滿數千,半皆老弱,所齎金帛至微,薦舉之人,除命甫下,彈墨已行。臣日侍宸衷,所陳已艱難,況在千里之外乎?"

【彈墨】

即劾狀。此稱宋代已行用。見該文。

【劾】

"劾狀"之省稱。此稱漢代已行用。見該文。

【參本】

即劾狀。《金瓶梅詞話》第四八回:"今朝縣中李大人到學生那裏,如此這般,説大巡新近有參本上東京,長官與學生俱在參列。"清孔

尚任《桃花扇·草檄》："臨侯替俺修起參本。怎麼樣寫？你祇痛數馬阮之罪便了。"

白簡

亦稱"霜簡"。即劾狀。古時御史彈劾之奏章。因用竹或木片製成白簡，再書寫其上，故稱。《晋書·傅玄傳》："每有奏劾，或值日暮，捧白簡，整簪帶，竦踴不寐，坐而待旦。"南朝宋沈約《奏彈王源文》："源官品應黃紙，臣輒奉白簡以聞。"《北齊書·孫騰等傳》："孫騰等俱不能清貞守道……賴世宗入輔，責以驕縱，厚遇崔暹，奮起霜簡，不然則君子屬厭，豈易聞焉。"《隋書·文學傳序》："高祖初統萬機，每念斲雕爲樸，發號施令，咸去浮華。然時俗詞藻，猶多淫麗，如憲臺執法，屢飛霜簡。"宋趙磻老《醉蓬萊·壽葉樞密詞》："晚上文墀，載嚴霜簡，更雲龍交際。"

【霜簡】

即白簡。此稱南北朝時期已行用。見該文。

憲牘

亦稱"憲簡"。御史彈劾所用之簡牘。《南齊書·王晏傳》："內悔於心，外懼憲牘。"唐白居易《和夢游春詩一百韻》："誓酬君主寵，願使朝廷肅。密勿奏封章，清明操憲牘。"唐顏真卿《喜皇甫曾侍御見過南樓翫月七言重聯句》："頃持憲簡推高步，獨佔詩流橫素波。"

【憲簡】

即憲牘。此稱唐代已行用。見該文。

誹章

奏之一種。詆毀誹謗他人之奏章。《後漢書·馮緄傳》："緄（單緄），故車騎將軍單超之弟，中官相黨，遂共誹章誣緄，坐與司隸校尉李膺、大司農劉祐俱輸左校。"

計文

奏之一種。郡國向朝廷呈報之文書，多言會計簿籍之事，故稱。漢已有之。《漢書·石奮傳》："今流民愈多，計文不改，君不繩責長吏，而請以興徒四十萬口，摇盪百姓，孤兒幼年未滿十歲，無罪而坐率，朕失望焉。"宋宋庠《姚仲孫可三司户部副使制》："國版制征，民部置使，必擇才彦，參主計文。"宋强至《回都轉運副劉待制書》："計文兼總，輿論僉諧。"

進草

奏之一種。謂事急不按正常審批手續，先施行而後上報之奏狀。唐劉肅《大唐新語·公直》："今登封霈澤，千載一遇，清流高品不沐殊恩，胥吏末班先加章綬。但恐制出之後，四方失望。今進草之際，事猶可改。"《新唐書·張九齡傳》："方進草，尚可以改，公宜審計。"宋沈括《夢溪筆談·故事一》："事速不及待報，則先行下，具制草奏知，謂之進草……進草即黄紙書，宰臣執政皆於狀背押字，堂檢宰執不押，唯宰屬於檢背書日，堂吏書名用印。"

奏鈔

奏之一種。唐宋門下省所用文書之一，用以支度國用與任免下級官吏等。《新唐書·百官志二》："凡國家之務，與中書令參總，而顓判省事。下之通上，其制有六：一曰奏鈔，以支度國用，授六品以下官、斷流以下罪及除免官用之。"宋趙彦衛《雲麓漫鈔》卷一五："奏鈔則用'天下合同之寶'。"

題本

明清臣下奏章之一種。始見於明，清末廢。明制，與奏本并列而有别。凡兵刑錢糧，地方民務所關，大小公事，一律用之。題本紙四葉一接，末一接不用四葉，盡紙所長。題本與奏本均需經內閣"票擬"後方可上達皇帝。明沈德符《萬曆野獲編·京職·章奏異名》："今本章名色：爲公事則曰題本，爲他事則曰奏本。"《金瓶梅詞話》第七三回："吳大舅道：'還是我修倉的事，要在大巡手裏題本。'"清孫承澤《天府廣記》："舊制，題本紙四葉一接，末一接不用四葉，盡紙所長。"

奏本

本泛指上奏之文本。明清時特指官員因私事上奏之文書。爲臣下奏章之一種，與題本并列。始於明初，清乾隆十三年（1748）廢。宋孔平仲《孔氏談苑·呂申公不悅范希文》："希文答元昊書，錄本奏呈。呂在中書自語曰：'豈有邊帥與叛臣通書！'又云：'奏本如此，又不知真所與書中何所言也。'"明沈德符《萬曆野獲編·章奏異名》："今本章名色：爲公事則曰題本；爲他事則曰奏本。"清孫承澤《天府廣記》卷二四："宣德二年二月，通政司進各處雨澤奏本，上覽之顧謂侍臣。"清阮葵生《茶餘客話》卷一："乾隆十三年諭，向來公事用題本，私事用奏本。題本用印，奏本不用印。"

票擬

亦稱"票帖""票旨"。奏之一種。明制，各處奏章進呈前，先交內閣擬定批答之辭，然後呈皇帝御批裁定。因呈送前先擬書於小票，故稱。清初仍襲明制，後設軍機處，重要奏章改用"奏摺"，此制遂廢。《明會要·職官志一》引《夢餘錄》："英宗以九歲登極，凡事啓太后，太后避專，令內閣議行。此票旨所由始也。"又引《通典》："內閣之職同於古相者，以

其主票擬也。舊制，紅本到閣，首輔票擬。"《明史·鄭以偉傳》："文章奧博，而票擬非其所長。"清黃宗羲《文靖朱公墓誌銘》："夫未進呈曰票擬，即落紅曰聖旨。"《金瓶梅詞話》第三十回："金吾衛太尉朱勔，即時使印，僉了票帖，行人頭司。"清吳振棫《養吉齋叢錄》卷二三："內閣大學士沿明制，主票擬。"清昭槤《嘯亭雜錄·郭劉二疏》："凡閣中票擬，俱由明珠指麾，輕重任意。"

【票帖】

即票擬。此稱明代已行用。見該文。

【票旨】

即票擬。此稱明代已行用。見該文。

通本

奏本之一種。地方官經通政司進呈朝廷之奏本，見於清。清制，外省題本皆送通政司，由司送內閣，由內閣送呈，故稱。參閱《清會典事例·內閣·進本》。

正鈔

公文、奏摺之正式鈔本，由內閣下發至各部。事涉一部者，由某科鈔滿漢文直接付之，故稱。相對外鈔而言。多用於清。《清會典·都察院》："凡科鈔，給事中親接本於內閣，各分其正鈔外鈔而下於部。"原注曰："本章下，事屬某部者，即由某科鈔清漢文交出某部爲正鈔；如關涉數處者，即以本送於別科轉發爲外鈔。"

外鈔

公文、奏摺之鈔本，由內閣下發，凡事關數處者，即以其本送別科轉發，稱外鈔。參見本卷《詔誥章奏說·詔誥考》"正鈔"文。

閣鈔

諭旨及奏章等由經內閣鈔發者之稱，以別

於由六科鈔發之科鈔。見於清。參閱《清會典事例·辦理軍機處》。

夾單

亦稱"夾片"。朝臣奏疏中另附之奏帖。清代官吏稟事，除紅白手本之外，如有不便入於手本之事，則另繕單帖，夾附於手本第一幅之內，故稱。《清會典事例·吏部·滿洲開列京堂翰詹開列夾單》："〔乾隆〕四年議准，京堂翰詹員缺，如有應補人員，照例開列。其應升人員，惟罰俸例不停升，其餘降革留任，並各項參罰事故，均不開列，於題本內聲明扣除，至其次應升人員，均逐名開列，別繕夾單，與題本一同進呈，如有前項不合例事故，亦於本人名下注明。"《二十年目睹之怪現狀》第十回："還有給上官的稟帖呢，夾單咧、雙紅咧，祇怕不容易罷。"《官場現形記》第九回："忽然想起王觀察是本省上司，論規矩應得寫張夾單稟覆他纔是。"又第三一回："兄弟的意思，摺子上沒有多少話說，還是夾片罷。"

【夾片】

即夾單。此稱清代已行用。見該文。

奏銷文册

清代各州縣於歲末呈奏戶部有關本年度錢糧徵收解撥情況之文書。《清文獻通考·田賦二》："〔康熙〕十八年，令州縣日收錢糧流水簿，於歲底同奏銷文册，寶司磨對。"

奏書

漢代諸侯國中，臣下向王公陳述意見之文書。後亦泛指奏章。南朝梁劉勰《文心雕龍·書記》："戰國以前，君臣同書；秦漢立儀，始有表奏，王公國內，亦稱奏書。"宋王安石《王中甫學士挽詞》："同學金陵最少年，奏書曾用牘三千。"清姚華《論文後編·目錄上》："奏之爲言進也……於公府曰奏記。"

奏記

指向公府長官陳述意見之文書。始於漢。《漢書·朱博傳》："文學儒吏，時有奏記稱說云云。"漢王充《論衡·對作》："《論衡》之人，奏記郡守，宜禁奢侈，以備困乏。"南朝梁劉勰《文心雕龍·書記》："迄至後漢，稍有名品，公府奏記，而郡將奏箋。"唐劉禹錫《上杜司徒啓》："是以彌年不敢奏記。"清錢謙益《太常寺少卿鹿公墓誌銘》："公奏記大司農李汝華曰：'每歲廣東解金花銀兩恭進大內，此近例也。'"清姚華《論文後編·目錄上》："奏之爲言進也，於天子曰奏，於王公曰奏書，於公府曰奏記，於郡將曰奏牋，其他爲白事。"

奏牋

漢時向州郡長官陳述意見之文書。南朝梁劉勰《文心雕龍·書記》："公府奏記，而郡將奏牋。"清姚華《論文後編·目錄上》："於郡將曰奏牋。"

民本

民間之奏疏。清陳康祺《郎潛紀聞》卷十："蘇州民潮被循良，惜其去任，值上南巡，相約具民本保留。"

墨啓

親手書寫的奏剳。墨，手書。《南史·王彧傳》："泰豫元年春，上疾篤，遣使送藥賜景文死……乃墨啓答敕，並謝贈詔。"

批本

由內閣學士翰林中書等，遵皇帝諭旨批轉、下發之奏本。見於清代。《清會典·內閣·學士職掌》："票擬則繕籤，有兩擬者繕雙籤，若三籤，若四籤，皆備擬以候欽定，申以説帖，得旨則批本，乃發於六科。"原注："每日進本，或照擬，或另降諭旨，或於原籤内奉硃筆改定，及雙籤、三籤、四籤，奉旨應用何籤，由批本處翰林中書等批寫清字，漢學士批寫漢字，皆以硃書。清、漢字批寫後爲紅本，六科給事中赴閣恭領，隨傳鈔於各衙門。"

紅本

批本之一種。清代遵帝旨批發之奏本，經内閣批本處翰林中書與學士以滿字、漢字重新寫定，因用硃筆，故稱。清龔自珍《上海張青珊文集序》："嘉慶二十一年，治河方略館内閣，借順治朝及康熙初紅本備考核，館不戒於火，紅本燬，嗣是内閣求順治典故難。"清昭槤《嘯亭續録·批本處》："凡本章，大學士票擬上經上批覽畢，即交該處用清字批示，然後交付内閣學士，恭録聖旨發抄……俗謂之'紅本'云。"參閲《清會典事例·内閣職事》。

副封

臣下向朝廷疏奏之副本。見於漢代。凡奏疏皆書二封，其一與尚書，所言不善，屏去不奏。後爲防雍弊，遂廢。《漢書·魏相傳》："諸上書者皆爲二封，署其一曰副。領尚書者先發其副封，所言不善，屏去不奏。相復因許伯白，去副封以防雍弊。"清郝懿行《證俗文》卷六："副封，謂副本也。以所上事一本與尚書，謂之副封。"

奏草

亦稱"奏稿"。奏章之底稿、草稿。漢時已見之。《漢書·朱雲傳》："雲上書自訟，咸（陳咸）爲定奏草，求下御史中丞。"唐蘇頲《授于經野給事中制》："中臺奏草，已承更直之榮。"《新唐書·陸元方傳》："臨終取奏稿焚之曰：'吾陰德在人，後當有興者。'"《兒女英雄傳》第二回："那委員取出文書給安老爺看，是那奏稿上參的是革職拿問，帶罪賠修。"

【奏稿】

即奏草。此稱唐代已行用。見該文。

【擬疏】

即奏草。《花月痕》第四六回："我略瞧兩篇擬疏，一是請裁汰……一是請罷廢。"

表

表

古代臣下向帝王上呈文書之一種。初多用於陳情達意，後漸擴大，應用於朝賀謝恩。始見於漢。《釋名·釋書契》："下言於上曰表，思之於内表施於外也。"漢蔡邕《獨斷》卷上："凡群臣上書於天子者有四名，一曰章，二曰奏，三曰表，四曰駁議。"又："表者不需頭，上言'臣某言'，下言'誠惶誠恐，頓首頓首，死罪死罪'，左下方附曰'某官臣甲乙上'，文多用編兩行，文少以五行。"三國魏曹丕《典論·論文》："琳（陳琳）、瑀（阮瑀）之章、表、書、記，今之儁也。"南朝梁劉勰《文心雕龍·章表》："陳思之表，獨冠群才。"宋陸游《書憤》詩：《出師》一表真名世，千載誰堪伯仲間。"清孫承澤《天府廣記》卷二四："又明日，上表謝恩，賜狀元冠帶朝服一襲。"清潘榮陛《帝京歲時紀勝·十一月·冬至》："長至南郊大祀，次日百官進表朝賀，爲國大典。"參閲宋高承《事物紀原·公式姓諱》。

【表文】

即表。明唐順之《條陳海防經略事疏》："至嘉靖十八年，正使碩鼎等齎獻貢物，並進表文伏罪。"清孫承澤《天府廣記》卷二四："正旦寫進賀正旦表文，冬至寫進賀冬至表文，謝恩寫進上謝恩表文。"

【表箋】

即表。《明史·外國傳二·安南》："安南雖亂，猶頻奉表箋，具方物，款關求入。"《清史稿·聖祖紀二》："停直省進鮮茶暨賚送表箋。"

【牋奏】

即表。《後漢書·順帝紀》："初令郡國舉孝廉，限年四十以上，諸生通章句，文史能牋奏，乃得應選。"又《胡廣傳》："諸生試章句，文吏試牋奏。"李賢注："周成《雜字》曰：'牋，表也。'《漢雜事》曰：'凡群臣之書，通於天子者四品：一曰章，二曰奏，三曰表，四曰駁議。'"《舊五代史·梁書·孫隲傳》："魏博從事公乘億以女妻之，因教以牋奏程式。"《宋史·曾鞏傳》："〔曾鞏〕尋掌延安郡王牋奏。"

【牋書】

亦稱"牋檄"。即表。牋，表文之一種。書、檄，皆爲文體。《廣雅·訓詁四》："檄，書也。"《後漢書·梁冀傳》："百官遷召，皆先到冀門牋檄謝恩，然後敢詣尚書。"《宋書·劉穆之傳》："〔劉穆之〕目覽辭訟，手答牋書，耳行聽受，口並酬應，不相參涉，皆悉贍舉。"北齊顏之推《顏氏家訓·風操》："孝元經牧江州，遣往建昌督事，郡縣民庶，競修牋書，朝夕輻輳，几案盈積，書有稱'嚴寒'者，必對之流涕。"唐陸龜蒙《書銘》："牋檄奏報，離方就圓。"

【牋檄】

即牋書。此稱漢代已行用。見該文。

【牋疏】

即表。疏，謂逐一陳述。《三國志·吳書·呂蒙傳》："蒙少不修書傳，每陳大事，當口占爲牋疏。"《北史·蕭大圜傳》："大圜恐讒愬生焉，乃屏絕人事，門客左右，不過三兩人，不妄游狎，兄姊之間，止牋疏而已。"《宋史·楊克讓傳》："趙普守西洛，府中牋疏，皆希閔所爲。"

謝表

亦稱"謝章"。表之一種。始於秦漢，初用於就某事向皇帝陳情辭讓，多爲散文體。唐宋以降，外任官到任并升除，或内庭有所宣賜，以表謝恩，文常用四六駢體。《東觀漢記·和熹鄧皇后》："和熹鄧后遜位，手書謝表，深陳德薄，不足奉承宗廟，充少君之位。"謝表，大多謝恩之作，欲進賢能以謝國恩。《晋書·劉寔傳》："人臣初除，皆通表上聞，名之謝章。所由來尚矣。原謝章之本意，欲進賢能以謝國恩也。"宋洪邁《容齋四筆·教官掌牋奏》："予官福州，但爲撰公家謝表及祈謝晴雨文，至私禮牋啓小簡皆不作。"參閱《文苑英華》卷五五三至六二六"表類"。

【謝章】

即謝表。此稱晋代已行用。見該文。

賀表

表之一種。每逢年節、慶典、武功等事，臣下呈奉天子祝賀之文書。《南史·垣護之傳》："高帝即位，方鎮皆有賀表。"宋趙昇《朝野類要·文書》："帥守監司遇有典禮及祥瑞，皆上四六句賀表。"清富察敦崇《燕京歲時記・冬至》："冬至郊天令節，百官呈遞賀表。"

勸進表

表之一種。勸登帝位之表章。始於漢末，盛於魏晋南北朝。是時篡國之君每假"禪讓""受禪"之名奪取帝位。每每讓國詔出後，當事者故意遜讓不受，由諸臣再三上表勸進，然後即帝位。亦有外族入侵，皇統中斷，群臣勸宗室登帝位者。如曹丕之代漢，大臣劉廙等率群臣上表勸進；司馬炎代魏，司空鄭冲率群臣再上表；東晋愍帝被外族所殺，群臣聯名勸其宗室琅邪王司馬睿登基。凡此類勸登帝位的表章，通稱"勸進表"。多爲謏頌功德天命所歸之辭。《南史・宋紀上》："於是陳留王虔嗣等二百七十人，及宋臺群臣並上表勸進。"《北史・許謙傳》："及慕容垂死，謙上書勸進。"

表函

上呈天子之函書、函件。唐白居易《與吐蕃宰相鉢闡布敕書》："昨者方進表函，旋令召對。"

遺表

亦稱"留牋"。表之一種。古時大臣臨死留給君主之奏章。多死後上奏，故稱。《三國志・吳書・張紘傳》："令還吳迎家，道病卒。臨困，授子靖留牋。"《資治通鑑・魏明帝太和三年》引此文，胡三省注："留牋，猶今遺表也。"南朝梁沈約《臨終遺表》："臣抱疾彌留，迄今即化，形神欲離，月已十數。"《宋史・趙普傳》："周顯德初，永興軍節度劉詞辟爲從事，詞卒，遺表薦普於朝。"明馮夢龍《邯鄲夢・癡生出夢》："待我寫下了遺表，謝了朝廷，死亦

瞑目矣。"

【留牋】

即遺表。此稱三國已行用。見該文。

答表

帝王回覆臣下之表章。《南史・齊高祖紀》："上書不爲表，答表不稱詔。"《新唐書・禮樂志二》："使者奉答表詣闕。"

表草

亦稱"牋草"。指表文之草稿、底稿，相對謄清上奏之净本而言。《三國志・魏書・崔琰傳》："琰從訓取表草視之。"《三國志・吳書・周魴傳》："撰立牋草以誑誘休者，如別紙。"唐章孝標《蜀中上王尚書》詩："丁香風裏飛牋草，邛竹煙中動酒鈎。"《太平廣記》卷二四引《仙傳拾遺》："大曆中，西川節度使崔寧，嘗有密切之事，差人走馬入奏，發已三日，忽於案上文籍之中見所奏表净本猶在，其函中所封，乃表草耳。"

【牋草】

即表草。此稱三國時期已行用。見該文。

金葉表文

表之一種。以金箔製作之表文。清魏源《聖武記》卷五："廓爾喀本巴勒布國，舊分葉愣部、布顔部、庫木部，於雍正九年，各奏金葉表文，貢方物。"《清史稿・高宗紀六》："六月丙申，富綱奏緬甸孟隕差頭目業泇瑞洞等齎金葉表文進貢，諭護送迅來行在。"其金葉表文，與方物之貢同進，多爲屬國或外國用之。《清史稿・禮志十》："道光九年，回疆敉定，上太后徽號。緬甸國王遣使進金葉表，創舉也。"

議

議奏

亦稱"議狀""議呈"。謂將議論之文本上奏，或指上奏之文本。《漢書·宣帝紀》："〔孝武皇帝〕功德茂盛，不能盡宣，而廟樂未稱，其議奏。"《魏書·元孝友傳》："詔付有司，議奏不同。"宋袁甫《論流民劄子》："各上議狀，不許聯名，庶幾人人得盡己見，免至雷同塞責。"宋范鎮《東齋記事》卷二："其家奏：'嫡孫合與不合傳重'。下禮院議。於是宋景文公判太常，不疑、次道與予爲禮官，景文公遂令三人各爲議狀。"明鹿善繼《福建鹽法》："先年官鹽止西路水口一港，至嘉靖十四年，運使婁志德議呈，白御史題准，開設東路黃崎鎮港官鹽。"

【議狀】

即議奏。此稱宋代已行用。見該文。

【議呈】

即議奏。此稱明代已行用。見該文。

議

古代臣民對帝王上書之一種。主要用於討論説理。兩漢時對此非常重視，設有議官或曰議臣專司其職，設有"議堂"以供議事專用。其後，宋稱"議事堂"，明稱"議室"，代有其議。南朝梁劉勰《文心雕龍·章表》："漢定禮儀，則有四品：一曰章，二曰奏，三曰表，四曰議。章以謝恩，奏以按劾，表以陳情，議以執異……章、表、奏、議，經國之樞機。然，闕而不纂者，乃各有故事，而在職司也。"漢蔡邕《獨斷》卷上："其有疑事，公卿百官會議……其合於上議者，文報曰：某官某

甲議可。"《漢書·于定國傳》："後貢禹代爲御史大夫，數處駁議，定國明習政事，率常丞相議可。"宋胡宿《論兖國公主議行冊禮》："今月二十一日，草福康公主特進兖國公主制。竊聞議行冊禮，然於事體，頗有未便。"明馬從聘《議處科場疏》："夫禁例在前，公議在後，而諸生甘自蹈之。"

駁議

省稱"駁"。議之一種。因駁正他人之議論，故稱。始於秦。《漢書·于定國傳》："陳萬年……與于定國並位八年，論議無所拂，後貢禹代爲御史大夫，數處駁議。"漢蔡邕《獨斷》卷上："其有疑事，公卿百官會議，若臺閣有所正處而獨執異意者，曰駁議。駁議曰：某官某甲議以爲如是，下言臣愚戇議異，其非駁議，不言議異。其合於上意者，文報曰：某官某甲議可。"《後漢書·應劭傳》："集駁議三十篇，以類相從，凡八十二事，其見《漢書》二十五，《漢記》四，皆删叙潤色，以全本體。"《文選·表上》李善注："至秦並天下，改爲表。總有四品……四曰駁，推覆平論有異事進之曰駁。六國及秦漢兼謂之上書。"宋釋文瑩《玉壺清話》卷二："後臺省駁議，恐隳縣官法，遂寢其行。"清姚華《論文後編·目錄上》："漢定禮儀，書亦四品：章有謝恩……别有謝恩，有封事，有讓去，有駁議。"

【駁】

"駁議"之省稱。此稱漢代已行用。見該文。

條議

議之一種。分條陳述意見之奏疏或正式文

書。明謝肇淛《五雜俎·事部三》："今之仕者，爲郡縣則假條議以濟其貪，任京職則假建言以文其短，居里閈則假道學以行其私，舉世之無學術事功，三者壞之也。"《水滸傳》第一〇一回："却說那四個賊臣的條議，道君皇帝一一准奏。"章炳麟《文學總略》："《惜誓》載於《楚辭》，文辭不別，以爲奏記條議，適彼之所謂辭也。"

第七章　文告簿籍説

第一節　文移告示考

　　歷代官府之間往來的公文及官方向民間發布的告示，可通稱爲文移告示。按其行移關係，可分爲上行、下行、平行三種。歷代就公文的稱謂、格式形成了一定的慣例。先秦時期尚没有公文的特定稱呼，君臣、官府、私人之間的文書在形式上没有明顯的區别，通稱爲"書"。官府文書稱"官書"，發給下屬的告誡文書稱"語書""文告"等，其中雲夢睡虎地秦簡中的"語書"是現存最早的一種實物文書。秦漢以後，隨着封建專制中央集權的推行，一般的行移類公文與詔令、奏議相分離，形成了自己的特色。

　　下屬給上級機關的報告、請示等文書屬上行公文，有牒、詳文、牒呈、禀帖等。六朝以前，見於記載的有啓、狀、牋等，唐代規定自下達上的文書有六種，即表、狀、牋、啓、辭、牒。唐宋時期見於記載的有"文狀""牋啓""牋剌""申狀"等。明清時期常用的上行公文有"申狀（申文）""呈（呈文）""詳文""禀帖"等。其中，申狀、呈都是正式向上呈報的公文，申狀多用於陳述事實、表述曲衷，呈文多用於請示事由。詳文，往往是與正式報告相配合的詳盡的文書附件。禀帖，多爲下級向上級的一些非正式的請示或彙報，與申、呈略有區别，清代應用較爲廣泛。民國以後，廢除諸上行公文稱謂，統謂之"呈"。

上級官府對下屬的指令、批復、告誡，均屬下行公文。見於記載的主要有檄、牒、條約、帖、劄子、牌票、諭等。檄始見於先秦，通行於秦漢以後，係傳達號令的文書，多用於徵召、曉諭、申討等。漢代的檄有明確的形體規定和傳遞制度，通常爲長一尺二寸之木板，遇有軍國急務則插羽毛以示疾，稱"羽檄"；由不同機關發出的則有"府檄""臺檄"等區別；唐宋時期常見的下行公文有牒、帖、條約等，其中之牒、帖功能相近，均爲官府下達的命令性文書；明清以後，下行公文有劄子、牒票等。官方頒布的條例、規定稱"條約"，出自宰府者稱"堂帖""堂牒"，授官文書稱"官牒""敕牒"。

另一類下行公文爲告示。在光電等現代技術發明之前，告示的行用甚爲廣遠。所謂告示，古多稱爲"榜"，是官府向民衆公開發布張貼的通告。"告示"一詞，較早出現於元代，乃榜之俗稱，明清時期已多用此稱。告示是統治者告諭民衆、公布政令的手段之一。先秦時期當已有之，《書》中的"誥"，《國語・周語》所謂"文告之辭"，蓋其雛形。榜，亦作"牓"，亦稱"牓子""榜誌""榜帖""榜文"等，其本義爲木板，因秦漢時期尚未用紙，告示皆書於木板之上，挂於城門等顯要處，《後漢書・崔寔傳》中的"靈帝時，開鴻都門榜賣官爵"，即其例。後世以紙取代木板，仍沿稱"榜"，或稱"帖"。不同用途的告示有不同的稱呼，如唐代徵兵告示稱"府帖"，公布之官員考績銓補名單稱"長名榜"；宋以後以皇帝名義發布的告示稱"黃榜""敕榜"，公布犯人罪狀的告示稱"犯由榜"。宋元以後，正式的榜文多用印刷體，間有手寫者，稱"手榜"。民國以後，"告示""公告"繼續在社會上行用，形式多樣，種類繁夥，範圍廣遠。

總　稱

官書

官府文書之泛稱。始見於先秦。《周禮・天官・宰夫》："六曰史，掌官書以贊治。"宋歐陽修《瀧岡阡表》："汝父爲吏，常夜燭治官書。"宋陸游《縱筆》詩："歸從冊府猶披卷，了却官書更賦詩。"清陸以湉《冷廬雜識・小琅玕山館詩》引清嚴比玉《到家日作》詩："祇愁一紙官書促，容易歸山又出山。"

牒狀

官府簿册的通稱。《新唐書・百官志二》："〔司記〕掌宮內文簿入出，錄爲抄目，審付行焉。牒狀無違，然後加印。"清蔣士銓《第二碑・題坊》："蒙諭取到前朝官給地券執照二紙……驗先朝牒狀，紅泥出印床。"參見本書《函籍卷・文契説・公文考》"牒狀"文。

上行公文

牒啓

泛指呈送上級之公文。此稱南北朝時已行用。《資治通鑑・梁武帝大通二年》：“帝得榮（爾朱榮）手版，上有數牒啓，皆左右去留人名，非其腹心者悉在出限。”後世多稱“文狀”。《隋書・盧愷傳》：“威（蘇威）之從父弟徹、肅二人，並以鄉正徵詣吏部，徹文狀後至而先任用。”宋曾鞏《史館申請三道劄子》：“各限自指揮到日，一月内取到文字，發送史局，其逐路監司州府，逐縣長吏，各具無漏略文狀連申。”《水滸傳》第二回：“〔高俅〕因幫了一個生鐵王員外兒子使錢，每日三瓦兩舍，風花雪月，被他父親開封府裏告了一紙文狀……迭配出界發放。”

【文狀】

即牒啓。此稱隋代已行用。見該文。

【牋啓】

唐代牋、啓本有區別，後世泛指上呈之公文。與牒啓無別。《新唐書・百官志一》：“下之達上，其制有六：一曰表，二曰狀，三曰牋，四曰啓，五曰辭，六曰牒。”宋陸游《老學庵筆記》卷三：“宣和間雖風俗已尚詔諛，然猶趨簡便。久之，乃有以駢儷牋啓與手書俱行者，主於牋啓，故謂手書爲小簡。”清鄭觀應《盛世危言・考試下》：“牋啓爲文學科，凡詩文、詞賦、章奏、牋啓之類皆屬焉。”

【牒呈】

即牒啓。明徐師曾《文體明辨・公移》：“今制……下達上者曰諮呈，曰案呈，曰牒呈，曰申。”清制，凡官府文書，上行下行平行，各別其制：府佐貳行知府，州縣佐貳行州縣，各用牒呈；直隸州知州行知府用牒呈；兩司首領行知府用牒呈；府廳於提督用牒呈；司道於司道用牒呈；州縣於副將用牒呈。參閱《清會典・禮部・儀制・清吏司三》“凡官文書，上行下行平行，各別其制”注。

牋剌

猶箋書。古時下官給長官之信劄文書、名帖。剌，名帖。《釋名・釋書契》：“書姓字於奏上曰書剌。”《新五代史・梁臣傳・敬翔》：“〔敬翔〕少好學，工書檄，乾符中舉進士不中，乃客大梁。翔同里人王發爲汴州觀察支使，遂往依焉。久之，發無所薦引，翔客益窘，爲人作牋剌，傳之軍中。”

申狀

舊時公文體之一，爲下屬呈送上司陳述事實曲衷之文書。傳世唐代檔案中即見其實物，盛行於宋以後。如朱熹有《申免移軍治狀》。元時六部上尚書省，明代地方官府向上級申報，皆用申狀。清改稱申文。民國廢。宋陸游《昔日》詩自注：“予在興元日，長安將吏以申狀至宣撫司，皆蠟彈，方四五寸絹。”宋洪邁《容齋隨筆・翰苑故事》：“公文至三省，不用申狀，但尺紙直書其事。”《續資治通鑑・宋太宗端拱元年》：“普（趙普）始爲節度使，貽書臺閣，體式皆如申狀，得者必封還之。”《水滸傳》第三四回：“黄信寫了申狀，叫兩個教軍頭目，飛報與慕容知府。知府聽得飛報軍情緊急公務，連夜升廳。”

薦剡

向朝廷或官府推薦人才之文書。浙江嵊州剡溪溪水製紙甚佳，故以"剡"爲紙之代稱。明文徵明《丁亥元日次才伯韵》二首其一詩："深負鄭莊騰薦剡，游巖痼疾久煙霞。"明沈德符《萬曆野獲編·督撫·秦中丞》："蓋一時西臺諸公痛恨之，遂坐永錮，至今人惜之，薦剡不絕於公車。"清顧炎武《與李星來書》："今春薦剡，幾徧詞壇。"參見本書《函籍卷·文契說·公文考》"薦剡"文。

禀貼

亦作"禀帖"。民衆或下級向上級呈報之文書。宋代用於向上級機關請示或報告情況，明代下級官員向上級官員祝賀之書信稱爲禀啓，反映情況陳述事由稱爲禀貼。清初沿明制，應用廣泛。凡遇事大都以禀貼陳述上司，瞭解上級意見之後，再行正式公文。到乾隆初年，一些高級官員爲節減工作程式，對一些不需詳細呈文的，直接將原禀貼批示入案卷，於是禀貼便有了公文的性質。禀貼簡便易行，推廣很快。故而官員對一些上級需要引以爲據申報朝廷的問題仍沿用上行詳文以外，其餘一般問題皆用禀貼上報。這樣，禀貼便與詳文、驗文并行爲上行文種之一。禀帖多爲摺式，程式是兩個摺子共爲一套。一摺用紅紙，上寫作者官銜、姓名、禀文的事由、行文年月日，後面留出空白，以備上級書寫批語之後發回；另一摺用白紙書寫正文，摺面和摺底都用黑色壓花紙。上級將批語寫在紅摺上發還禀人，另把批語過錄到白摺上存卷備查。禀貼行文靈活，用"敬禀者"開頭，或先寫上自己的官銜、姓名，再寫"敬禀"。一般叙述完內容多加問候語，如"伏乞鈞鑑，恭請金安"，最後寫呈禀人名，或套用公文結語。清黃六鴻《福惠全書·蒞任部·郵禀貼》："用衙揭履厲揭各一，同禀貼入紅禀函，外用白棉連護封，並寫官銜年月，照後禀啓封式。"《儒林外史》第五回："湯知縣把這情由細細寫個禀貼，禀知按察司。"《紅樓夢》第一〇〇回："即寫了禀帖，安慰了賈政。"

【禀帖】

同"禀貼"。此體宋代已見行用。見該文。

詳文

古代官吏向上級官署陳請之公文。其特點爲詳盡報告原委或經過，故稱。其始於宋，多見於清。清代詳文常配合申文、呈文一起使用，申文、呈文爲正式報告，詳文爲附件，往往是某事辦理完畢後的文件彙報。《清會典事例·禮部》："凡官文書，上行下行平行各別其制。"注："提督行副將以下，總兵行參領以下，都司守備行把總，皆用牌，其上行皆用詳文、呈文。"清袁枚《隨園隨筆·政條》："今文書申上者號詳文。按，《左傳·成十六年》'詳以事神'注'善用心曰詳'，《宋史·職官志》'熙寧四年置檢詳官'，疑即詳文之所由始。"《儒林外史》第四〇回："少保據著蕭雲仙的詳文，諮明兵部。"《二十年目睹之怪現狀》第二二回："藩臺當日即去見了撫臺，商量要動詳文參他。"

禀牘

亦稱"禀摺"。古時下級向上級陳述情況之文書。多見於明清。清黃六鴻《福惠全書·蒞任部·承事上司》："或因要務，應修禀牘，更須悉白情事，切勿虛詞巧飾。"又《蒞任部·出堂規》："堂吏至卓前……俱要寫明白禀摺呈閱。"清薛福成《出使四國公牘序》："曰詳文，曰稟牘，皆以下官告其上官者也。"

【稟摺】

即稟牘。此稱清代已行用。見該文。

稟單

古代下級向上司稟事文卷之清單，以便查詢處理。清黄六鴻《福惠全書·蒞任部·發各告示》："凡要稟請文卷，俱要寫具稟單，以憑查發。"

下行公文

語書

古代上司頒發給下屬的教戒文告。見於先秦。1975 年出土的雲夢睡虎地秦簡中有《語書》一種，是現存最早的一篇下行公文原件，内容爲南郡太守騰於秦王政（始皇帝）二十年（公元前 227）頒發所屬各縣、道的一篇文告。語，《國語》曰："教戒之也。"可知"語書"即教戒的文告。

檄

古時朝廷文書。多用於徵召、曉諭、申討等，木簡，長一尺二寸，書文其上。若遇緊急事，則插以羽毛稱羽檄，表迅急。始於先秦，漢後襲之，漸次成爲此類官方文書之總稱。《史記·張耳陳餘列傳》："誠聽臣之計，可不攻而降城，不戰而略地，傳檄而千里定，可乎？"《漢書·申屠嘉傳》："嘉爲檄召通（鄧通）詣丞相府。"明徐師曾《文體明辨·檄》："《釋文》云：檄，軍書也。《説文》云：以木簡爲書，長尺二，用以號召。若有急，則插雞羽而遣之，故謂之羽檄，言如飛之疾也。"清孔尚任《桃花扇·撫兵》："俺待要飛檄金陵，告兵曹轉達車駕，許咱們遷鎮移家。"參見本書《函籍卷·函札説·書信考》"檄"文。

【文檄】

即檄。初多書於木板之上，長一尺二寸。此稱始見於秦漢時。《史記·張儀列傳》："張儀既相秦，爲文檄告楚相。"《隋書·韋世康傳》："楊玄感之作亂也，以兵逼東都，福嗣從衛玄戰於城北，軍敗，爲玄感所擒，令作文檄，辭甚不遜。"清袁枚《隨園詩話》卷一："夫人博極群書，兼通政治。文良公之奏疏文檄等作，每與商定。"參見本卷《文告簿籍説·文移告示考》"羽檄"文。

羽檄

亦稱"羽書"。檄之一種。用於報告邊情軍務，調動集結軍隊等之緊急文書。爲表緊急，使沿途不敢延誤，以鳥羽插其上，表急速若飛鳥也，故稱。《史記·韓信盧綰列傳》："吾以羽檄徵天下兵，未有至者。"裴駰集解："以鳥羽插檄書，謂之羽檄，取其急速若飛鳥也。"《漢書·高帝紀上》："吾以羽檄徵天下兵。"顏師古注："檄者，以木板爲書，長尺二寸，用徵召也。其有急事，則加鳥羽插之，示速疾也。"《後漢書·西羌傳論》："燒陵園，剽城市，傷敗踵係，羽書日聞。"李賢注引《魏武奏事》："邊有警急，即插羽以示急。"晋左思《詠史》詩之一："邊城苦鳴鏑，羽檄飛京都。"唐杜甫《秋興》詩："直北關山金鼓震，征西車馬羽書馳。"

【羽書】

即羽檄。此稱漢代已行用。見該文。

府檄

府署頒行之檄令，多用於徵召或征討。漢已見之，後世因之。《後漢書・劉平等傳序》："坐定而府檄適至。"《新唐書・房玄齡傳》："居府出入十年，軍符府檄，或駐馬即辦，文約理盡，初不著藁。"參見本卷《文告簿籍説・文移告示考》"檄"文。

臺檄

御史臺頒行之檄令。明代已用之。明沈德符《萬曆野獲編・毀經謫爲冥官》："寧波府同知龍德孚者，武陵人，今君御觀察尊人也，在官奉臺檄勘普陀山二僧毀律事。"

長檄

亦稱"長牒"。古時官府發給流離者歸鄉，或遣歸遠行者之證件。《後漢書・安帝紀》："民訛言相驚，棄捐舊居，老弱相携，窮困道路。其各勑所部長吏，躬親曉喻，若欲歸本郡，在所爲封長檄；不欲，勿强。"李賢注："封，謂印封之也。長檄，猶今長牒也。欲歸者，皆給以長牒爲驗。"《新唐書・蘇源明傳》引源明上疏："而中官冗食，不減往年，梨園雜伎，愈盛今日……自非中書指使，太常正樂外，願一切放歸，給長牒勿事，須五六年後，隨事蠲省。"

【長牒】

即長檄。此稱唐代已行用。見該文。

墨旨

古時上司對下屬手寫之筆示。南北朝時已見之。《南史・循吏傳・丘寂之》："〔丘寂之〕年十七，爲州西曹，兼直主簿。刺史王或行縣夜還，前驅已至，而寂之不肯開門，曰：'不奉墨旨。'或方於車中爲教，然後開。"

文告

有文德之告諭。《國語・周語上》："有威讓之令，有文告之辭。"《三國志・魏書・鍾會傳》："庶弘文告之訓，以濟元元之命。非欲窮武極戰，以快一朝之政。"唐鄭亞《〈會昌一品集〉序》："申之以文告，又腆然不率，天子震怒，旋命征之。"明唐順之《條陳海防經略事疏》："古之王者於四夷不貢之臣，則有威讓之令、文告之辭。"

文誥

古代官府下達之文字書令。《舊唐書・文苑傳・徐齊聃》："齊聃善於文誥，甚爲當時所稱。"五代王仁裕《開元天寶遺事・撤去燈燭》："蘇頲與李乂對掌文誥，玄宗顧念之深也。"清龔自珍《對策》："惟民生厚，因物有遷，興化善俗，制治之本，而因慮及多設科條之徒滋擾纍也，與廣頒文誥之徒飾歡聽也。"

牒文

單稱"牒"。官衙中下達之文書。唐白居易《杜陵叟》詩："昨日里胥方到門，手持敕牒榜鄉村。"元武漢臣《生金閣》第三折："妻

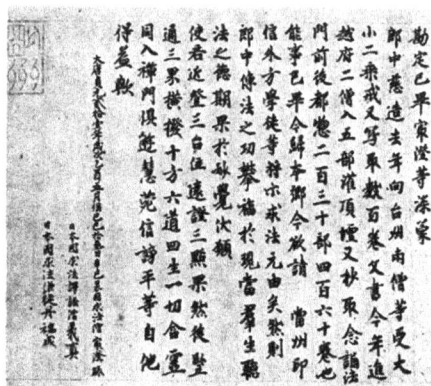

唐貞元二十一年日僧最澄持歸日本佛經的牒文

青，我與你一道牒文去。"《水滸傳》第八回："當廳打一面七斤半團頭鐵葉，護身枷釘了，貼上封皮，押了一道牒文，差兩個防送公人監押前去。"參見本書《函籍卷·文契説·公文考》"牒""牒文"文。

【牒】[1]

"牒文"之單稱。此稱唐代已行用。見該文。

牒[2]

古時官職任命文書。猶後世之委任狀。此稱漢代已行用。《漢書·匡衡傳》："平原文學匡衡材智有餘，經學絶倫，但以無階朝廷，故隨牒在遠方。"顔師古注："隨牒，謂隨選補之恒牒，不被超擢者。"唐韓愈《上張僕射書》："九月一日，愈再拜受牒之明日，在使院中，有小吏持院中故事節目十餘事來示愈。"宋周密《齊東野語·何宏中》："金人憐其忠，授之以官，廷遠（何宏中）投牒於地，曰：'我嘗以此物誘人出死力，若輩乃欲以此嚇我邪？'"南北朝時亦稱"牋命"，唐代則稱"官牒"。南朝宋劉義慶《世説新語·棲逸》："厥得牋命，笑曰：'茂弘乃復以一爵假人。'"唐李商隱《爲張周封上楊相公啓》："況許之高選，光彼宦情，以曲臺之任用猶輕，憲署之發揮方盛。仍期官牒，不越歲時。"

【牋命】

即牒[2]。此稱南北朝時期已行用。見該文。

【官牒】

即牒[2]。此稱唐代已行用。見該文。

【除身】

亦稱"官告""告命""告劄"等。古時官職任命文書。即牒。晉代已見之。《宋書·顔延

之傳》："晋恭思皇后葬，應須百官，湛之取義熙元年除身，以延之兼侍中。"唐白居易《與高固詔》："表朕念功之心，仍賜卿官告，卿宜即赴闕庭。"《舊唐書·憲宗紀下》："新授桂管觀察使房啓降爲太僕少卿。啓初拜桂管，啓吏略吏部主者，私得官告以授啓。"《續資治通鑑·宋哲宗元祐元年》："内外官闕，取嘗試有效者隨科授職。所賜告命，仍具舉主姓名。"宋岳飛《辭建節第四劄》："敢望聖慈察臣之愚，實非矯飾。所有告命見在鄂州軍資庫寄納，伏乞特賜追還，以安愚分。"參見本卷《文告簿籍説·文移告示考》"告身"文。

【官告】[2]

即除身。宋趙彦衛《雲麓漫鈔》卷六："本朝樞密本兵、禮均二府。又有學士院，舍人院爲兩制，下則糧料、審計、進奏、官告、登聞、檢鼓，是爲六院。"《續資治通鑑·宋高宗紹興三十一年》："顯忠軍中有中侍大夫至小使臣官告付身僅二十道，是役也，書填悉盡。"

【告命】

即除身。見該文。

【告劄】

即除身。宋李綱《與吕安老提刑書》："空名告劄，昨荆廣宣司初不曾申請降到，惟有韓京繳到數道。"《警世通言·皂角林大王假形》："大尹再三不決，猛省思量，有告劄文憑是真的。"

【告身】

即牒[2]。此稱南北朝時已行用，唐廣泛使用，并明確規定了使用方法。後又有無名告身，作爲帝王對下之一種獎賞。《北齊書·傅伏傳》："周克并州，遣韋孝寬與其子世寬來招伏……授

上大將軍，武鄉郡開國公，即給告身。”唐元稹《爲蕭相謝告身狀》：“右，中使某乙至，奉宣進止，賜臣某官告身一通。”《通典》卷一五：“既審然後上聞，主者受旨而奉行焉，各給以符而印其上，謂之告身……自出身之人至於公卿皆給之。武官則受於兵部。”《朱子語類》卷一二七：“方圍閉時，降空名告身千餘道，令其便宜補授。”明陸容《菽園雜記》卷十：“乃如告身非誥敕，即今憑類也。”清阮葵生《茶餘客話》卷二：“康熙年間，命翰林按官職所掌撰告身文字，無須臨事猝辦。”

【告身印紙】

即告身。《宣和遺事》前集：“侍宸同待制，檢籍同修撰，校經同直閣，皆給告身印紙。”

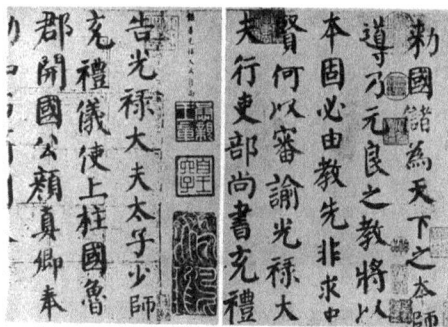

唐顏真卿自書告身

告敕

亦稱“告牒”“堂牒”“省劄”。即牒。皇帝授官之文憑。宋司馬光《涑水記聞》卷九：“元昊遣使戴金冠，衣緋，佩蹀躞，奉表納旌節、告敕。”宋程大昌《演繁露續集・到官呈告敕》：“今人初之官，賫告敕呈長官，乃得厘事。”《資治通鑑・後漢高祖天福十二年》：“丙辰，帝至洛陽，入居宮中。汴州百官奉表來迎，詔諭以受契丹補署者皆勿自疑，聚其告牒而焚之。”《續資治通鑑・宋英宗治平三年》：“傳堯俞辭新

除侍御史知雜事告牒不受。”《古今小說・裴晉公義還原配》：“唐璧授湖州錄事參軍……唐璧也到歡喜，等有了告敕，收拾行李，催喚船喧出京。”

【告牒】

即告敕。此稱五代時期已行用。見該文。

【堂牒】[1]

即告敕。此稱五代時期已行用。見該文。

【省劄】

即告敕。此稱宋代已行用。見該文。

空名告身

省稱“空名告”。亦稱“空名堂牒”“空名宣頭”。告身之一種。上鈐印而空其名，以便隨時填補。多爲應急或由吏部發出，納錢即可得之。始見於唐。《新唐書・食貨志一》：“以天下用度不充，諸道得召人納錢。給空名告身，授官勳邑號。”《資治通鑑・後晉高祖天福二年》：“閩主又以空名堂牒，使醫工陳究賣官於外，專務聚斂，無有盈厭。”胡三省注：“堂牒，即今人所謂省劄，空名者，未書所授人名，既賣之，得錢而後書填。”《續資治通鑑・宋太宗淳化五年》：“鑒之行，帝付以空名宣頭及廷臣數人。”宋岳飛《申府增補黃佐官職狀》：“已將朝廷降到空名告依便宜指揮書填武經大人。”明陶宗儀《輟耕錄・志苗》：“完者取道自杭，以兵劫丞相。升本省參知政事，填募民入粟空名告身予之，即拜添設左丞。”《金瓶梅詞話》第二〇回：“昨日朝廷欽賜了我幾張空名告身劄付，我安你主人在你那山東提刑所，做個理刑副千戶。”

【空名堂牒】

即空名告身。此稱五代時期已行用。見該文。

【空名宣頭】

即空名告身。此稱宋代已行用。見該文。

【空名告】

"空名告身"之省稱。此稱宋代已行用。見該文。

【空頭敕】

即空名告身，未填姓名的補官文誥。上有固定的格式，姓名空白，用時填之即可。亦指空白詔書。見於宋。宋邵伯溫《聞見前錄》卷九："魏公坐政事堂，以頭子勾任守忠立庭下，數之曰：'汝罪當死。'責蘄州團練副使，蘄州安置，取空頭敕填之，差使臣即日押行。"《京本通俗小説·馮玉梅團圓》："其時將帥專征的，都帶有空頭敕，遇有地方人才，聽憑填敕委用。"

信牒

唐代授官皆給告身，未有告身之前，先給文書以爲憑證，稱信牒。《資治通鑑·唐肅宗至德二載》："是時府庫無蓄積，朝廷專以官爵賞功……其後又聽以信牒授人官爵，有至異姓王者。"胡三省注："信牒者，未有告身，先給牒以爲信也。"因多書於黃紙之上，故亦稱"黃牒"。《宋史·職官志》："元豐法，凡入品者給告身，無品者給黃牒。元祐中，以內外差遣並職事官本等內改易或再任者，並給黃牒，乃與無品人等。"宋岳珂《愧郯錄·皇祐差牒》："今世中臺給黃牒之制，前必曰尚書省牒某官，而右語則曰差充某職替某官成資闕。"

【黃牒】

即信牒。此稱宋代已行用。見該文。

敕牒 [2]

猶官牒。授官之證明文書，類今之委任狀。

《資治通鑑·後唐明宗天成元年》："舊制，吏部給告身，先責其人輸朱膠綾軸錢。喪亂以來，貧者但受敕牒，多不取告身。"胡三省注："受敕牒以照驗供職，苟得一時之禄利。告身，無其錢則不及取也。"

解由

宋元官吏考核之文書。爲官時限、政績等皆載之，秩滿吏部據以考核升黜，執以爲憑。《金史·百官志》："凡內外官之政績，所歷之資考，更代之期，去就之故，秩滿皆備陳於解由，吏部據以定能否。"《元典章·吏部三·聖政一》："所在親民長官……任滿之日，於解由內明注此年農桑勤惰，赴部照勘。"參見本書《函籍卷·簿籍説·簿册考》"解由"文。

堂帖

亦稱"堂帖子""堂牒"。唐宰相簽押後下達百司之文書。宋時亦稱"堂劄""堂劄子"。唐李肇《唐國史補》卷下："宰相判四方之事有堂案，處分百司有堂帖。"《新五代史·閩世家》："〔閩主王昶〕又遣醫人陳究以空名堂牒賣官。"宋徐度《却掃編》卷上："唐之政事雖出於中書門下，然宰相治事之地，別號曰政事堂……其所下書曰堂帖。"宋沈括《夢溪筆談·故事一》："唐中書指揮事謂之'堂帖子'。曾見唐人堂帖，宰相簽押，格如今之堂劄子也。"《六部成語·吏部·堂劄》注："堂官委派屬員差務，所給之劄付曰堂劄。"《續資治通鑑·宋神宗熙寧二年》："前代中書用堂牒，乃權臣假此爲威福。太祖時以堂牒重於敕命，遂削去之。今復用劄子，何異堂牒。"參見本書《函籍卷·文契説·公文考》"堂帖"文。

【堂帖子】

即堂帖。此稱唐代已行用。見該文。

【堂牒】[2]

即堂帖。此稱唐代已行用。見該文。

【堂劄】

即堂帖。此稱宋代已行用。見該文。

【堂劄子】

即堂帖。此稱宋代已行用。見該文。

劄子[2]

單稱"劄"。亦稱"劄付""札付"。正式詔命之外的指令文書。多由中書省、尚書省及諸路帥司發布。後成爲下行公文，尺牘無封。《續資治通鑑·宋高宗建炎二年》："乙巳，帝劄付三省曰：'朕不忍燒假物以誤後人，其遣還之，仍毀其燒金之具。'"明楊慎《丹鉛雜錄·珊瑚鈎詩話》："尺牘無封，指事而陳者，劄子也。"《金瓶梅詞話》第三〇回："又取過一張劄付來，把來保名字填寫山東鄆王府，做了一名校尉。"又第七〇回："伺候大朝引奏畢，來衙門中領劄赴任。"《水滸傳》第一七回："前日留守司又差人行劄付到來。"清趙翼《廿二史劄記·金以壞和議而亡》："正大八年，行省忽以劄付下襄陽制置司，約同禦北兵，且索軍餉。劄付者，上行下之檄也。"

【劄】

即劄子[2]。此稱宋代已行用。見該文。

【劄付】

即劄子[2]。此稱宋代已行用。見該文。

【札付】

即劄子[2]。此稱宋代已行用。見該文。

禄令

朝廷制定頒布的官員俸禄之律令。宋周煇《清波別志》卷下："宰臣魏杞等奏：'豈有加封而反無請俸？'上曰：'禄令如此，朕不欲破例。'"

大花欄批文

官府公文之一種。爲示其鄭重，印有花邊圖案，故稱。《金瓶梅》第九五回："次日，旋叫吳月娘家補了一紙狀，當廳出了個大花欄批文，用一個封套裝了。"

牌票

古時下行之公文。官方多爲某具體目的填發的固定格式的書令，差役執行時持爲憑證。多見於明清。清吳振棫《養吉齋叢錄》卷二一："舊制，遇緊要文移，於年月兩旁，硃寫'印信遵封'。上司牌票，則刻本官花押，鈐蓋年月上。"《儒林外史》第四回："現今奉旨禁宰耕牛，上司行來牌票甚緊。"參見本書《函籍卷·文契說·契卷考》"牌票"文。

傳單

亦稱"溜子"。古時官府之通知單。此稱多行用於明清時期。清陸世儀《復社紀略》："癸酉春，溥（張溥）約社長爲虎邱大會，先期傳單四出。"清孔尚任《桃花扇·辭院》："下官與阮圓海（大鍼）雖罷閑流寓，都有傳單，祇得早到。"《儒林外史》第一八回："外邊一個小廝送將一個傳單來。"第四二回："叫小廝拿了一個都督府的溜子，溜了一班戲子來謝神。"第四九回："又發了一張傳戲的溜子，叫一班戲，次日清晨伺候。"

【溜子】

即傳單。此稱清代已行用。見該文。

榜帖布告

榜

亦作“牓”。亦稱“榜示”。古代布告、告示的通稱。榜本義爲木板，因漢以前皆將告示書於木板公示，故名。後世雖以紙代木板，仍沿稱榜。《後漢書·崔寔傳》：“靈帝時，開鴻都門，榜賣官爵。公卿州郡，下至黄綬，各有差。其富者則先入錢，貧者到官而後倍輸。”此事《太平御覽》卷八二八引《傅子》作“牘門賣官”。宋司馬光《涑水記聞》卷九：“或有追呼，不使人執帖下鄉村，但以片紙榜縣門云：追某人期某日詣縣庭。其親識見之，驚懼走告之，皆如期而至。”宋洪邁《容齋續筆》卷一〇：“榜至三日，山中之民竸出如歸市。”元施惠《幽閨記·士女隨遷》：“明張榜示，今朝駕幸汴梁城。”清王韜《甕牖餘談·汪馬二秀才事》：“既謂弟曰：‘殺人而不使人知不武，汝取賊首榜諸門。’”按，《漢書·高帝紀》：“吏以文法教訓辨告，勿笞辱。”顔師古注：“辨告者，分別義理，以曉喻之。”清王念孫《讀書雜志·漢書一》：“辨告：辨，讀爲班，班告，佈告也。”此辨告謂申明政令，其載體則爲榜。

【榜示】

即榜。此稱元代已行用。見該文。

【牓】

同“榜”。《北齊書·方伎傳·馬嗣明》：“從駕往晋陽，至遼陽山中，數處見牓，云有人家女病，若有能治差者，購錢十萬。”唐杜牧《贈吏部尚書崔公行狀》：“每懸牓舉牘，富室權家，汗而仰視，不敢出口。”宋吴曾《能改齋漫録·事始二》：“公仍命多出牓沿江，具述杭饑及米價所增之數。”《元史·良吏傳二·林興祖》：“永明縣洞猺屢竊發爲民害，興祖以手牓諭之。”清顧炎武《日知録》卷八：“今代縣門之前多有牓曰：‘誣告加三等，越訴笞五十。’此先朝之舊制，亦古者懸法象魏之遺意也。”參見本卷《文告簿籍説·文移告示考》“榜”文。

【標榜】

即榜。《陳書·宣帝紀》：“並勒内外文武車馬宅舍，皆循儉約，勿尚奢華。違我嚴規，抑有刑憲。所由具爲條格，標榜宣示，令喻朕心焉。”元黄溍《覽元次山〈春陵行〉有感近事追和其韵》：“赤日紛按行，人馬同時疲。連阡見標榜，不救饑與羸。”亦稱“榜帖”。古代官府告示。唐李翺《徐襄州碑》：“與韋宙僕射爲元從押衙，齎榜帖先至江西，安存百姓。”宋孫光憲《北夢瑣言·王文公叉手睡》：“某叨忝文柄，今年榜帖，全爲司空先輩一人而已。”

【榜帖】

即標榜。此稱唐代已行用。見該文。

【文榜】

亦稱“告示”。即榜。《元典章·户部六·行用寶鈔不得私准摺》：“已移咨江淮行省，多出文榜，嚴行禁治。”元楊顯之《瀟湘雨》第一折：“如今沿途留下告示，如有收留小女翠鸞者，賞他花銀十兩。”明馮惟敏《不伏老》第一折：“那壁厢掛著的是告示也。”明戚繼光《練兵實紀·雜集二·儲練通論》：“故今之官府告示張掛通衢，可謂信令矣，而舉目一看者誰？”

【告示】

即文榜。此稱元代已行用。見該文。

黄榜

亦作"黄牓"。榜之一種。皇帝頒布的文告。因用黄麻紙書寫，故名。始見於宋。多用於徵尋人才、表彰人物、安撫民衆。宋曾敏行《獨醒雜志》卷六："紹興中有於吴江長橋上題《水調歌頭》……後其詞傳入禁中，上命詢訪其人甚力。秦丞相（秦檜）乃請降黄牓召之，其人竟不至。"宋葉適《葉路分居思堂》詩之二："白袍雖屢捷，黄榜未霑恩。"《元史・世祖紀六》："遣吕文焕賫黄榜安諭臨安中外軍民，俾按堵如故。"《水滸傳・引首》："朝廷出給黄榜，召人醫治。"此稱亦用以稱殿試後朝廷公布之榜文。宋蘇軾《與潘彦明書》："不見黄榜，未敢馳賀，想必高捷也。"元虞集《贈趙先生》詩："天門一日觀黄榜，茅屋三年掩柴扉。"清陸以湉《冷廬雜識・都門竹枝詞》："《候選》云：'昔年黄榜姓名聯，此日居然掌選銓。'"

【黄牓】

同"黄榜"。此體至遲宋代已行用。見該文。

手榜

亦作"手牓"。榜之一種。手寫之官府布告。元已見之。《元史・良吏傳・林興祖》："永明縣洞猺屢竊發爲民害，興祖以手牓諭之。"《初刻拍案驚奇》卷二一："林善甫放心不下，恐店主人忘了，遂於沿路上令王吉於牆壁粘手榜。"參見本書《函籍卷・函札説・束帖考》"手榜"文。

【手牓】

同"手榜"。此體明代已行用。見該文。

長名榜

亦作"長名牓"。榜之一種。唐代考績銓補之名單，按資歷考績依次銓補排列，故名。《新唐書・選舉志下》："高宗總章二年，司列少常伯裴行儉始設長名榜，引銓注法，復定州縣陞降爲八等，其三京、五府、都護、都督府，悉有差次，量官資授之。"又《裴光庭傳》："其後士人猥衆，專務趨競，銓品枉橈。光庭懲之，因行儉長名榜……一據資考配擬。"清王鳴盛《十七史商榷・新唐書十九・長名榜》："所謂長名榜，言豫爲長榜，具列其名，每遇銓選，據此爲定也。"

【長名牓】

同"長名榜"。始於唐裴行儉。唐封演《封氏聞見記・銓曹》："高宗龍朔以後，以不堪任職者衆，遂出長牓放之冬集，俗謂之長名。"清王鳴盛《十七史商榷・新唐書十九・長名榜》："語曰：'長名以前，選人屬侍郎；長名以後，侍郎屬選人。'未登長名，恐其被放，故屬侍郎；既登長名，即日爲官，侍郎將以公事請託之。"

敕牓

亦稱"牓諭"。榜之一種。朝廷曉諭臣民，戒勵百官之文告。明徐師曾《文體明辨・敕》："宋制，戒勵百官，曉諭軍民，另有敕牓。"清唐甄《潛書・權實》："令不行者，文牘牓諭，充塞衢宇，民若罔聞，吏委如遺。"

【牓諭】

即敕牓。此稱至遲清代已行用。見該文。

公文帖

榜之一種。小型便捷，可隨時使用。《水滸傳》第一一回："州尹大驚，隨即押了公文帖，仰緝捕人員將帶做公的，沿鄉歷邑，道店村坊，畫影圖形，出三千貫信賞錢，捉拿正犯林冲。"參見本書《函籍卷・文契説・公文考》"公文帖"文。

牓子 [2]

亦作"榜子"。告示。多非官方所公布。唐李公佐《謝小娥傳》:"歲餘,至潯陽郡,見竹戶上有紙牓子,云召傭者。"《朱子語類》卷一二七:"當時人骨肉相散失,沿路皆帖牓子。"

【榜子】[2]

同"牓子"。此體宋代已行用。見該文。

榜文

亦稱"榜誌"。告示所書寫之文字内容。《南齊書·王慈傳》:"朝堂榜誌,諱字懸露,義非綿古,事殷中世。"唐李商隱《獻侍郎鉅鹿公啓》:"伏見侍郎所著春闈榜文,寄承在朝。"《朱子語類》卷七八:"《典》《謨》之書,恐是曾經史官潤色來,如《周誥》等篇,祇似如今榜文曉諭俗人者,方言俚語,隨地隨時,各自不同。"《水滸傳》第二三回:"武松讀了印信榜文,方知端的有虎。"《清會典事例·禮部·貢舉》:"四十五年奏准,繙譯場内題目,於考試先一日領出,即應謄寫刊刻。嗣後由禮部派滿洲筆帖式二員,隨主考入場,專司其事,事竣即留内簾關防填寫榜文,毋庸別派填榜筆帖式。"

【榜誌】

即榜文。此稱南北朝時期已行用。見該文。

朝報

朝廷之公報。刊載詔誥、奏章及官員任免等事項。漢代郡國、唐代節度使皆在京設邸,由邸所傳鈔報轉,稱邸鈔或邸報;後亦有由内閣鈔發者,稱爲閣鈔;由六科鈔發的,稱作科鈔。在外省統稱之爲朝報,又稱京報。宋周密《癸辛雜識別集·黃國》:"中遭噴言指其他無所長,但能多收朝報耳。"《宋史·王安石傳》:

"黜《春秋》之書,不使列入學官,至戲目爲斷爛朝報。"明陳汝元《金蓮記·驚訛》:"母親不須愁煩。聞公公去買朝報,想就知消息也。"清梅曾亮《贈孫秋士序》:"居近正陽門,不二三里,目不見朝報一字,不知何者爲今日時事,達官要人。"參閱宋趙昇《朝野類要·朝報》、清王士禎《池北偶談·談故四·朝報》。

府帖

唐實行府兵制,故稱軍帖爲府帖。猶今之徵兵令。始見於唐,後世因襲之。唐杜甫《新安吏》詩:"府帖昨夜下,次選中男行。"明何景明《歲晏行》詩:"長安叫號吏馳突,府帖連催築河卒。"

旌表

亦稱"旌典"。朝廷或官府頒下用以表彰的匾額。《華陽國志》卷五:"漢搜求隱逸,旌表忠義。"唐玄奘《大唐西域記》卷二:"室久已傾頓,尚立旌表。"宋歐陽修《左班殿直胥君墓誌銘》:"胥氏義聞鄉閭,門有旌表。"宋文同《衆會鎮南橋記》:"天子亦知其可用,履被旌典,委以疆場之任。"明王世貞《吳節婦吟》:"兒能成名孫復顯,吳家鼓吹迎旌典。"清馮桂芬《六烈祠記》:"亟聞之當路籲旌典。"

【旌典】

即旌表。此稱明代已行用。見該文。

旌書

官府用於表彰之下行文書。此稱元代已行用。元戴良《夏祥甫像贊》:"乃降旌書於海之濱,既表爾門,仍復爾身。"《金瓶梅詞話》第一〇〇回:"天子明見萬里餘,幾番勞勣來旌書。"

其 他

期會狀

限定時限之官方文書。漢已用之。《漢書·游俠傳·陳遵》："嘗有部刺史奏事，過遵，值其方飲，刺史大窮，候遵霑醉時，突入見遵母，叩頭自白當對尚書有期會狀，母乃令從後閣出去。"

蠟書

官府封於蠟丸中之文書。以防潮濕或泄密，故稱。唐已見之。《新唐書·郭子儀傳》："大曆元年，華州節度使周智光謀叛，帝間道以蠟書賜子儀，令悉軍討之。"宋陸游《追憶征西幕中舊事》詩之四："關輔遺民意可傷，蠟封三寸絹書黃。"自注："關中將校密報事宜，皆以蠟書至宣司。"《宋史·李顯忠傳》："顯忠至東京，劉麟喜之，授南路鈐轄，乃密遣其客雷燦以蠟書赴行在。"明馮夢龍《智囊補·兵智·詭道》："諜冀緩死，即詭服，乃作蠟書，言與劉豫同謀誅兀朮事。"清黃景仁《洪忠宣祠》詩："兩宮辛苦餐梨荼，萬里煙塵遞蠟書。"參見本書《函籍卷·函札說·書信考》"蠟丸""蠟書"文。

契刀囊

盛放朝中秘密文書之囊袋，封口後加蓋丞相之印。《通典·職官·僕射》："凡諸尚書文詣中書省者，密事皆以契刀囊盛之，封以丞相印。"

牒[3]

隋唐時指下屬呈上司之公文，宋代之後多用於平級往來。《新唐書·百官志一》："下之達上，其制有六：一曰表……六曰牒。"宋歐陽修《與陳員外書》："凡公之事，上而下者，則曰符曰檄；問訊列隊，下而上者，則曰狀；位等相以往來，曰移曰牒。"參見本書《函籍卷·文契說·公文考》"牒[2]"文。

押

文告，契約上所簽署之名或特定之標記，作爲符信憑證。宋洪邁《夷堅丙志·周莊仲》："周莊仲，建炎二年登科。夢至殿廷下，一人持文字令書押。"清汪汲《事物原會》卷三："《魏志》：司馬懿將統兵拒蜀，許允等謀因其入請帝殺之。已書詔，優人於帝前唱'青頭鷄'。青頭鷄者，鴨也。欲帝御押詔書也。"又："漢晋批答，皆書'諾'字，《北史·齊後主紀》判文書用'依'字或自花其名，宋則以押代名。"

牌匣

古時傳遞緊急公文所用之匣。見於宋元。元制，設急遞鋪以達四方，遇有轉遞公文，本縣官司以絹袋封記。以綠油黃字書號於牌，其牌長五寸，闊一寸五分。若爲急速公事，則用匣子封鎖於上，重別題號，并注明何處公文，發遣時刻等，以憑之勘驗遲速。其匣長一尺，闊四寸，高三寸，以黑油紅字書號，依千字文之庫。宋劉克莊《爲弋陽知縣王庚應申省狀》："自來諸邑，止辦解州經常錢，及曾爲守，又要辦繳牌匣事例錢。"《元史·兵志四》："若係邊關急速公事，用匣子封鎖……已上牌匣俱係營造小尺，上以千字文爲號，仍將本管地境、置立鋪驛卓望地名，遞相傳報。"

密揭

秘密之文書，傳單。明任士憑《江西奏復封爵諮》："明年，江西輔臣復進密揭，命多官會議，遂削世襲伯爵。"清毛祥麟《三略彙編·小刀會紀略》："時藍宗回郡，統兵將至上海，先有密揭入城，賊見之狂窘。"

第二節　簿籍考

簿籍，泛指歷代官府記録户口、錢糧賦税、田土以及與政務有關的其他資料的賬册。這些由各級官府在施政過程中形成的資料檔案，是歷代統治者管理統治人民、進行施政決策的重要依據。

簿籍中最重要的是户籍册。户籍册古稱"版"，亦稱"版簿""版籍""名數"，因先秦、秦漢時期皆將户口狀况書於木板，故稱。《周禮》中有"司民"一職，"掌登萬民之數，自生齒以上皆書於版"。《周禮·秋官·小司寇》："大比登民數。"可見先秦時期就有較爲完善的户籍登記制度并能够進行大規模的人口普查。秦漢以後，版籍制度更加完善，但秦漢時期户籍版之外形、尺寸、格式行款已不可考見。魏晋以後，木板取消而改用紙張，因多以黄紙書寫，故多稱"黄籍"。晋之黄籍"皆用一尺二寸劄"。六朝時期又有所謂"白籍"者，專用於北人南遷之僑户，以别於土著。户口統計每年通過"計簿"上報，唐代以後，每三年更新一次户口册。自明代始，户籍册改稱"黄册"，每十年更新一次，并與賦役制度相結合，作爲徵税派役的主要依據。黄册實際上祇是成丁人口的登記册，清代以後，又把記載實際人户的户口册稱"煙户册"。從户籍制度衍生出來的，歷代又有記載官員姓名、禄位的册籍，稱"官牒""仕版"，即《周禮》中所謂"群臣之版"。記録在朝官員者稱"朝籍""班簿"。清代將官員名籍彙刊成册，流行民間，稱"縉紳録"。

"計"（或稱"計簿""計籍"）是古代簿籍中另一重要的類型。自秦漢時代始，各級地方官府每年都要向上級官府和朝廷呈送有關本地户口、錢糧收支、土田、賦役等數據的賬簿，通稱"計"。朝廷據以彙總，形成系統的"帳籍"。

合　稱

版圖

　　古代户籍與田地圖册之合稱。《周禮·天官·司會》："掌國之官府、郊野、縣都之百物財用，凡在書契版圖者之貳，以逆群吏之治，而聽其會計。"又《小宰》:"聽閭里以版圖。"鄭玄注引鄭司農曰:"版,戶籍;圖,地圖也。聽人訟地者,以版圖決之。"賈公彥疏:"閭里之中有爭訟,則以戶籍之版、土地之圖聽決之。"漢徐幹《中論·譴交》:"古之立國也,有四民焉,執契脩版圖,奉聖王之法。宋王應麟《困學紀聞·考史六》:"三代之君,開井田,畫溝洫,謹步畝,嚴版圖,因口之眾寡以授田,因田之厚薄以制賦。"清方文《負版行》:"借問此是何版圖,答云出自玄武湖。天下戶口田畝籍,十年一造貢皇都。"

圖籍

亦稱"圖書""圖簿"。古代地圖與戶籍之合稱。《荀子·榮辱》:"循法則、度量、刑辟、圖籍,不知其義,謹守其數,慎不敢損益也。"楊倞注:"圖謂模寫土地之形,籍謂書其戶口之數也。"《戰國策·秦策一》:"據九鼎,按圖籍,挾天子以令天下。"鮑彪注:"土地之圖,人民金穀之籍。"《史記·蕭相國世家》:"沛公至咸陽,諸將皆爭走金帛財物之府分之,(蕭)何獨先入收秦丞相、御史律令圖書藏之……漢王所以具知天下厄塞,戶口多少,強弱之處,民所疾苦者,以何具得秦圖書也。"《漢書·王莽傳中》:"〔王莽下書曰〕使侍中講禮大夫孔秉等與州部眾郡曉知地理圖籍者,共校治于壽成朱鳥堂……以圖簿未定,未授國邑,且令受奉都內,月錢數千。"《晉書·宣帝紀》:"經日,乃行其營壘,觀其遺事,獲其圖書、糧穀甚眾。"

【圖書】

即圖籍。此稱漢代已行用。見該文。

【圖簿】

即圖籍。此稱漢代已行用。見該文。

民　籍

版

亦稱"版籍""版簿""戶版"。古時之戶口名冊,戶籍。因書之於版,故以代稱。始於周。《周禮·天官·宮伯》:"宮伯掌王宮之士庶子凡在版者。"鄭玄注引鄭眾云:"版,名籍也,以版爲之。今時鄉戶籍謂之戶版。"《後漢書·仲長統傳》:"明版籍以相數閱,審什伍以相連持。"李賢注:"《周禮》曰'凡在版者'注云,版,名籍也,以版爲之也。"唐韓愈《上宰相書》:"今有人生二十八年矣,名不著於農工商賈之版。"《新唐書·地理志》:"臣嘗爲版簿二方,不進戶口,莫可詳知。"又《楊炎傳》:"自是人不土斷而地著,賦不加斂而增入,版籍不造而得其虛實,吏不誠而奸無所取,輕重之權始歸朝廷矣。"宋曾鞏《本朝政要策·戶口版圖》:"興國初,有上言事,以閏爲限,三歲一令天下貢地圖與版籍上尚書省,所以周知地理之險易,戶口之眾寡。"宋孔平仲《孔氏談苑·朱砂膏治白花蛇毒》:"施黔州多白花蛇,螫人必死。縣中版簿有退丁者,非蛇傷則虎殺之也。"宋高承《事物紀原·治理政體·版簿》:"《周禮》司民掌登萬民之數,自生齒已上,皆書於版,小宰聽閭里以版圖。今州縣有丁口版籍即此,蓋始於周也。"明湯顯祖《南柯記·雨陣》:"刑書日省三千牘,民版秋登百萬家。"《明史·食貨志一》:"元季喪亂,版籍多亡,田賦無准。"《清會典・户部一》："〔户部尚書〕掌天下之地政，與其版籍，上贊上養萬民。"《清史稿・食貨志一》："及同治、光緒間，交通日廣，我國國民耕種貿遷，徧於重瀛，亦有改入他國版籍之事。"章炳麟《訄書・定版籍》："後王視生民之版，與九州地域廣輪之數，而衰賦税，大臧則充。"

【版簿】

即版。此稱唐代已行用。見該文。

【户版】

即版。此稱漢代已行用。見該文。

【版籍】

即版。此稱漢代已行用。見該文。

黃籍

户籍之一種。户口名簿册，因以黃紙書寫，故稱。行於魏晋。後亦泛指户籍。《晋書・禮志中》："始不見絶，終又見迎，養姑於堂，子爲首嫡，列名黃籍，則訑之妻也。"《太平御覽》卷六〇六引《晋令》："郡國諸户口黃籍，籍皆用一尺二寸劄，已在官役者載名。"多爲土著，或有資狀在官役者用之。《宋書・武帝紀》："闕亡叛赦，限内首出，蠲租布二年。先有資狀，黃籍猶存者，聽復本注。"《南齊書・虞玩之傳》："黃籍，民之大紀，國之治端，自頃訛俗巧僞，爲日已久，至乃竊注爵位，盜易年月，增損三狀，貿襲萬端。"《資治通鑑・齊高帝建元二年》引此文，胡三省注曰："杜佑曰：'黃籍者，户口版籍也。'"明歸有光《策問》之一二："今天下偏廣不具，黃籍無稽，流冗與土著雜處。"

黃册

明清爲徵派賦役而造之户口册籍。男女始生爲黃，故稱。一説因户口册簿之封面爲黃色。明洪武十四年（1381）命天下郡縣編定册籍，共四册：一上户部，其餘三册分別存於布政司、府、縣。以此爲官府徵税編徭差役之主要依據。明張萱《疑耀》卷二："今制，丁口税糧，十歲一籍其數，曰黃册，自劉宋時已有之。齊高帝即位，嘗敕虞玩之與傅堅意檢定，詔曰'黃籍，人之大綱，國之政端'云云。時亦稱人籍。今世多不解黃字之義。余偶閲唐開元制，凡男女始生爲黃……每歲一造計帖，三年一造户籍，即今之黃册也。謂之黃，亦自男女始生登籍而名之耳。"《明會典・賦役》："國初因賦定役，每十年，大造黃册，户分上中下三等，差役照册僉定。"《續文獻通考・户口二》："〔明景帝景泰〕三年又令各處造黃册，官吏、里書人等捏甲作乙，以有爲無，以無爲有者，發口外爲民。"《清史稿・食貨志一》："編審之制……丁有民丁、站丁、土軍丁、衞丁、屯丁，總其丁之數而登黃册。"

白籍

户籍之一種，因以白紙書寫，故稱。始見於晋。東晋時，過江之北方人謂僑户，其户籍登記用白籍，土著仍用黃籍。《晋書・成帝紀》："〔咸康七年〕實編户，王公已下皆正土斷白籍。"元胡三省《通鑑釋文辨誤》卷四："江左之制，諸土著實户用黃籍，僑户土斷白籍……不以黃籍籍之，而以白籍，謂以白紙爲籍，以別於江左舊來土著者也。"

帳籍

亦稱"條籍"。分項登記人口或錢物出入事項以便查找之官府簿册。唐代已有此稱。《唐六典》卷一六："崇玄令掌京都諸觀之名數、道士之帳籍與其齋醮之事。"《新唐書・百官志一》："戶部郎中、員外郎，掌戶口、土田、賦役、貢獻、蠲免、優復、姻婚、繼嗣之事，以男女之黃、小、中、丁、老爲之帳籍。"宋蘇軾《應詔論四事狀》："若謂非貧乏有可送納，即自元祐元年至今，並不曾納到分文。顯見有司空留帳籍虛數，以害朝廷實惠。"明李東陽《深澤縣重建廟學記》："是役也，節冗儲羨，取之於官，故財集而民不知。出納明慎，具有條籍，故用侈而人不疑。"林紓《與姚叔節書》："夫目錄之學，書賈之帳籍也。"

【條籍】

即帳籍。此稱明代已行用。見該文。

煙戶冊

戶籍之一種。清代的戶口冊。每年統計呈報。煙戶，即人戶。清袁枚《隨園隨筆・煙戶冊》："今州縣造男女口數號煙戶冊。"《清史稿・食貨志一》："是時編審之制已停，直省所報民數，大率以歲造煙戶冊爲據。"《清會典・戶部・尚書侍郎職掌五》："正天下之戶籍，凡各省諸色人戶，有司察其數而歲報於部，曰煙戶。"

名數

猶戶版，戶籍。特指登記在冊的戶口數字。《周禮・春官・天府》："祭天之司民司祿，而獻民數穀數，則受而藏之。"又《秋官・小司寇》："大比登民數。"民數即指戶版登記之人口數字。《史記・萬石張叔列傳》："元封四年中，關東流民二百萬口，無名數者四十萬。"司馬貞索隱引顏師古曰："無名數，若今之無戶籍。"《漢書・高帝紀》："民前或相聚，保山澤，不書名數，今天下已定，令各歸其縣，復故爵田宅。"

唐杜甫《投贈歌舒開府翰二十韵》："茅土加名數，山河誓始終。"

計

亦稱"計籍""計簿""計帳"。古代地方官府向上級官府和朝廷呈送的有關本地戶口、錢糧收支、墾田以及其他政務活動和社會狀況資料的賬簿。一般爲年終由各縣、邑派計吏上於郡國，郡國上於朝廷。始見於先秦，達於秦漢，後世因之。《史記・張丞相列傳》："張蒼乃自秦時爲柱下史，明習天下圖書計籍。"《漢書・武帝紀》："〔元封五年〕三月，還至太山……受郡國計。"唐顏師古注："計若今之諸州計帳也。"《後漢書・光武紀下》："〔建武十四年〕越嶲人任貴自稱太守，遣使奉計。"李賢注："計謂人庶名籍，若今計帳。"又《百官志五》："秋冬集課，上計於所屬郡國。"劉昭注引胡廣曰："秋冬歲盡，各計縣戶口、墾田、錢穀入出，盜賊多少，上其集簿，丞、尉以下歲詣郡課校其功。"又《胡廣傳》注引《說苑》曰："晏子化東阿三年，景公召而數之；晏子請改道易行，明年上計，景公迎而賀之。"《周書・蘇綽傳》："綽始制文案程式，朱出墨入，及計帳戶籍之法。"《通典・職官・州郡》："漢制，郡守歲盡，遣上計掾、史各一人，條上郡內衆事，謂之計簿。"參見本書《函籍卷・簿籍說・薄考》"計"文。

【計籍】

即計。此稱秦漢時期已行用。見該文。

【計簿】

即計。此稱秦漢時期已行用。見該文。

【計帳】

即計。此稱南北朝時期已行用。見該文。

官　籍

門籍

古時懸於宮門之記名牌證。長二尺，竹製，書有朝臣姓名、年齡、形貌、身份等情況。憑牌出入。始於漢。原爲竹籍，後遂改爲册簿。册簿上有名方可出入。《史記・魏其武安侯列傳》："太后除竇嬰門籍，不得入朝請。"《漢書・元帝紀》："令從官給事宮司馬中者，得爲大父母、父母、兄弟通籍。"顔師古注引應劭曰："籍者，爲二尺竹牒，記其年紀、名字、物色，縣之宮門，案省相應乃得入也。"又《竇嬰傳》："太后除嬰門籍。"《資治通鑑・漢景帝前三年》引此文，胡三省注曰："門籍，出入宮殿門之籍也。"唐顔真卿《論百官論事疏》："其有無門籍人有急奏者，皆令監門司與仗家引對，不許關礙，所以防壅蔽也。"《通雅・禮儀》："門籍，置牒於門，以案出入也。漢居宮中者皆有口籍，以官名爲鐵印文符，門案省符乃内之……唐《百官志》：'左右監門衛，掌諸門禁及門籍。'"明陳良謨《見聞紀訓》："凡京官俱書名籍上，置長安門，謂之門籍，有病注'病'字在名下，不朝參，謂之注門籍。"清平步青《霞外攟屑・論天下・通籍》："漢制，司馬一人守宮門，記公卿之年貌，號曰門籍，以通其出入。"

官牒

記載官吏姓名、爵祿之簿籍。漢已用之，後世因之。初稱"宦籍"。《史記・蒙恬列傳》："高有大罪，秦王令蒙毅法治之。毅不敢阿法，當高罪死，除其宦籍。帝以高之敦於事也，赦之，復其官爵。"後多稱"官牒""宦牒"。《後

漢書・李固傳》："至於表舉薦達，例皆門徒；及所辟召，靡非先舊。或富室財賂，或子壻婚屬，其列在官牒者，凡四十九人。"南朝宋鮑照《謝秣陵令表》："臣負鍤下農，執羈末皁，情有局塗，志無遠立，遘命逢天，得汙官牒。"唐李商隱《爲舍人絳郡公上李相公啓》："自隨宦牒，遽添恩榮，位至圭符，寵當金紫。"宋陸游《將之榮州取道青城》詩："自笑年年隨宦牒，不如處處得閑行。"明宋濂《陶府君墓誌銘跋尾》："陶氏一門父兄子弟，其不墜詩書之業，往往自奮如此，宦牒之蟬聯，以蓋其權輿哉。"參見本書《函籍卷・簿籍説・名籍考》"宦籍"文。

【宦籍】

即官牒。此稱秦代已行用。見該文。

【宦牒】

即官牒。此稱唐代已行用。見該文。

【朝籍】

亦稱"祿籍"。即官牒。唐姚合《寄九華費冠卿》詩："闕下無朝籍，林間有詔書。"《新唐書・韋貫之傳》："貫之又劾忠義不宜汙朝籍，忠義竟罷。"宋王禹偁《著作佐郎鞠君墓碣銘》："惟公負天才，得高第，復見范魯公、趙相國，爲之引掖，而不登朝籍，終於畿令，豈非命歟？"宋吳自牧《夢粱録・祠祭・外郡行祠》："潼帝君……專掌注祿籍，凡四方士子求名赴選者，悉禱之。"明李東陽《同年祭倪文毅公文》："迹謝朝籍，魂歸江鄉。"《東周列國志》第三五回："懷公恐重耳在外爲變，乃出令：凡晋臣從重耳出亡者，因親及親，限三個月内俱要喚回。如期回者，仍復舊職，既往不咎。若過期不至，

禄籍除名，丹書注死。"

【禄籍】

即朝籍。此稱宋代已行用。見該文。

【仕版】

即官牒。宋蘇舜欽《應制科上省使葉道卿書》："名雖在仕版，而未嘗數當塗之門。"元揭傒斯《故贈奉訓大夫滕州知州飛騎尉追封滕縣男文君墓銘》："滕州君之爲人也，勤儉樸素，既辱在田野，不得列名仕版，效才當時。"明文徵明《題廬山圖》詩："名通仕版偶服吏，癖在泉石終難留。"《花月痕》第一回："讀書人做秀才時，三分中却有一分真面目。自登甲科，入仕版，蛇神牛鬼，麕至遝來。"參見本書《函籍卷·簿籍説·名籍考》"仕籍"文。

班簿

記載有在朝官吏的名號階衛之簿册。《新唐書·鄭綮傳》："因有司上班簿，遂署其側。"《資治通鑑·唐昭宗乾寧元年》引此文，胡三省注："班簿，著在朝者姓名。"宋曾鞏《本朝政要策·考課》："雍熙間，上嘗閲班簿，欲擇用人，而患不能徧知群下之材。"《宋史·職官志三》："〔吏部侍郎〕視朝則執文武班簿對立。"參見本書《函籍卷·簿籍説·名籍考》"班"文。

册籍

官府所用之名册，多指官員之登記册。元無名氏《桃花女》第二折："我受了你香燈祭祀，與你名下勾抹了該死的册籍。"《明史·選舉志》："或許世襲，或許終身，或許繼，或不許繼，各具册籍，昭示明白。"《清會典事例·刑部·吏律公式》："道光二年諭：御史朱爲弼奏請飭册各部册籍一摺，各直省彙送六部册籍，日積日多，往往名實不符，俱成具文。

無關政要，而胥吏等乘機舞弊，轉致難於稽查，自應酌删減，以歸簡易。著六部堂官，各將外省造送該衙門册籍，逐一查明，分別應存應删，悉心妥議，開單奏明。請旨。"《二十年目睹之怪現狀》："英領事在册籍上一查，沒有這個人的名字。"

縉紳

古時登載職官履歷之簿籍。由書坊逐年刊刻，詳記職官姓名、籍貫、出身、階衛等事項。見於明清時。古代職官束縉紳笏，後遂以"縉紳"爲其代稱，縉紳簿籍亦因以爲名。明王世貞《弇山堂別集·異典述》："萬曆十五年，有致縉紳録至者，閲之爲駭然。"清吳振棫《養吉齋叢録》卷三："開列内外官階衛姓名，彙刊成帙，謂之縉紳。"《儒林外史》第二二回："櫃上有人家寄的一部新的《縉紳》賣。牛浦郎揭開一看，看見淮安府安東縣新補的知縣董瑛，字彦芳，浙江仁和人。"

卷宗

亦稱"卷牘"。官府中分類彙存之案卷、文書。《元典章·臺綱二·刷卷須見首尾》："被刷人員顧知已便，就行另作卷宗。"《明律·吏律·職制》："代官已到，舊官各照已定限期交割……應有卷宗籍册完備。"《兩朝綱目備要》卷二："畢事則卷牘尾示之，俾書名而已。"清昭槤《嘯亭雜録·廣贗虞之死》："〔廣興〕少聰敏，熟於案牘，每對客背卷宗，如瓶瀉水，不餘一字。"明張居正《請重修〈大明會典〉疏》："典章制度，不無損益異同，其條貫散見於簡册卷牘之間，凡百有司，艱於考據。"

【卷牘】

即卷宗。此稱宋代已行用。見該文。

僉簿

古代官府所用之發文登記簿。每發文,皆記於此,以備查驗。清黄六鴻《福惠全書·蒞任部·謹僉押》:"有牌票不發僉簿者,此即欲騙硃偷印,私行嚇詐者也。"

第八章　儀仗徽幟説

第一節　儀仗考

本考共六部，一曰總名，二曰兵仗，三曰節幢，四曰扇旛，五曰傘蓋，六曰其他，兹逐一考釋之。

一、總名。古代帝王朝會、出行或有其他要事時，每每根據情況設置旌旗、傘、扇、武器等，稱之爲儀仗，以顯尊崇、莊重和威嚴。儀仗又有儀衛、衛仗、儀駕、鹵簿等稱謂。秦漢時，帝王儀仗即已有定制，如漢代帝王出行、祭祀等所用之鹵簿，有大駕、法駕、小駕之稱，均爲天子所專用。《西漢會要·輿服上》引《三輔黃圖》云："〔漢天子鹵簿〕有大駕、有法駕、有小駕。大駕則公卿奉引，大將軍參乘，太僕御，屬車八十一乘……名曰'甘泉鹵簿'。法駕，京兆尹奉引，侍中參乘，奉車郎御，屬車三十六乘。"小駕鹵簿的規模形制，較之法駕，更爲簡約。降至隋唐，帝王儀仗形式更加多樣化，形制亦較完善，"凡朝會之仗，三衛番上，分爲五仗，號衙内五衛"（《新唐書·儀衛志上》）。五仗即供奉仗、親仗、勛仗、翊仗、散手仗。又據儀仗隊所處位置不同，有内仗、外仗、立門仗等區別。庭殿所用儀仗，因以黃麾氅、幡等仗具構成，又稱黃麾仗。《宋史·儀衛志一》："宋初，因唐、五代之舊，講究修葺，尤爲詳備。其殿庭之儀，則有黄麾大仗、黄麾半仗、黄麾角仗、黄麾細仗。……南渡後，儀仗尤簡，惟造黄麾半仗、角仗、細仗，而大仗不設。"儀仗隊據所用器具不同，還有殳仗、火城、蜺旌、旗仗、旗蓋等不同稱謂。又帝王元旦朝會稱歲仗，春日行幸稱春仗，巡行清道有辟仗，羽衛護駕有衛仗，等等。帝王而外，百官也有不同規模的儀仗，如唐制四品以上皆給鹵簿。有清一代，形制更趨細化，等級也愈加森嚴。清乾隆十三年（1748）規定，鹵簿僅皇帝、太上皇可用，自皇太子、親王以下百官均用儀衛。皇帝所用鹵簿又分法駕、鑾駕、騎駕三種，三者合一則稱大駕。後宫所用亦有明顯區别：皇太后、皇后稱儀駕；皇貴妃、貴妃用稱儀仗；妃、嬪所用稱采仗，規模較鹵簿、儀駕、儀仗等爲小，所用器具形制亦簡約。

二、兵仗。古代帝王儀仗所用器具，多以古兵器爲主，故稱兵仗。如立瓜、卧瓜、骨朵、叉、稍、鉞、戟等，初大多仍以金屬爲之，後漸改用木質，塗以顔色，或綴以飾物。如《元史・輿服志二》載："立瓜，制形如瓜，塗以黄金，立置，朱漆棒首。"卧瓜與之相似，所不同的是，棒端之瓜爲卧置。仗具中所用刀、槍、棍、棒等常見兵器，有用木質的，如班劍；亦有用金屬製器的，如儀刀。棍棒類仗具有吾仗、甘蔗棍、赤棒、駱駝仗等，品種、形制較多。仗具中叉、殳、儀鍠等均繪以圖案，綴以絲繸、錦幡等飾物。其中引仗、豹尾槍等繪有金雲龍圖案，多爲帝王專用。亦有百官所用者，如棨戟、槊，王公以下官員出行皆可用之。而煔槊、甘蔗棒、赤棒等，祇有高官纔可使用。《隋書・煬帝紀上》謂"三品以上給煔槊"。《通雅・器用》云："今京官不敢張蓋用職事，惟見任者四品以上開甘蔗棍。"百官使用儀仗亦有一定之規，否則，即有僭越的嫌疑了。

三、節幢。爲節、幢、氅等之連稱。節，漢代時用爲儀仗。除帝王鹵簿外，亦用於授予出征將帥或使節，以示明信與威儀。節鉞即授予出征將帥的一種儀仗。金節隋代已見之，後歷代相承，至清代，皇帝、皇太后、太后等均有專用金節。

幢與氅均是狀類旌旗之儀仗。幢呈垂筒形，飾有羽毛，錦綉，始見於漢代，後相沿襲，種類益多。皇帝大駕鹵簿所用之幢有多種，有青龍幢、白虎幢、朱雀幢、玄武幢等。《清史稿・輿服志四》："大駕鹵簿之制……羽葆幢四，青龍、白虎、朱雀、神武幢各一。"作用也不盡相同，其中白虎幢在行進中置於右部，玄武幢（即神武幢）置於後部，朱雀幢置於前部，青龍幢置於左部。按綉字及色彩，皇帝鹵簿中還有長壽幢、羽葆幢、紫幢、霓幢等不同種類。幢蓋、幢節則爲將軍、刺史、地方長官之儀仗。氅則始見於南朝，有赤氅、青氅、儀鍠氅等，歷代繼之，形制種類不一。唐有六色氅，即赤氅、青氅、黑氅、鷟氅、白氅、黄氅。宋元以後增各種龍頭竿綉氅，分目益細。另有戟氅、旗氅等稱謂。

四、扇旛。爲扇與旛之連稱。扇是人們扇風乘涼、障塵蔽日之用具，是最早用作儀仗的器具之一。相傳舜爲廣開視聽，求賢才以自輔而作五明扇。此後，扇亦成爲儀仗用具。因扇外觀不同，形制不一，稱謂亦多種多樣。按形狀有方形的方扇，有赤質圓形的朱團扇，有形如手掌的掌扇；可蔽身的大掌扇稱擁身扇，出行時所用的障扇稱行扇；根據裝飾物不同，有扇面周邊用雉尾作爲裝飾或綉雉尾形狀的雉尾扇，後經演化，飾以孔雀尾，稱孔雀扇；皇帝所用扇面綉龍形，稱龍扇；皇太后、太后所用則綉龍鳳圖案各一，稱龍鳳扇；宮廷宮人所用稱宮扇；五品以下官吏出行儀仗，則用手扇。此外還有扇筤、扇翣、翣等扇形仗具。

旛也是古代儀仗中一種仗具，以錦、緞製成，錯彩爲字，上有蓋，四角垂佩飾，繫於龍頭竿上。因旛上所綉之字樣不同而有告止旛、信旛、絳引旛、傳教旛等。唐宋時親王、一品大員等皆可用之，宋以後則爲皇帝儀仗所專用。清代皇帝鹵簿中還有龍頭旛、豹尾旛等。纛是儀仗中所用之大旗，亦用於軍中，多爲黑色，故亦稱"皂纛"。《宋史·儀衛志六》："皂纛，本後魏纛頭之制。唐衛尉器用，纛居其一，蓋旄頭之遺象。制同旗，無文采，去鋭首六脚。《後志》云：'今制，皂邊皂斿，斿爲火焰之形。'金吾仗主之，每纛一人持，一人拓之。乘輿行，則陳於鹵簿，左右各六。"皇帝出行時，乘輿上所建之旗稱寶纛。黄龍大纛則常在鹵簿中擔任殿後的角色。

五、傘蓋。爲傘與蓋的連稱。傘，又作"繖"，本爲上古張帛避雨之具，晉時已用爲儀仗。亦稱儀傘。歷代形制不一，種類多樣。唐有大傘，宋有方傘，以色分紫、紅、青等。又有圓傘、玉飾之珂傘等。帝后所用稱大傘。至清代列目尤細，皇帝鹵簿及后妃嬪之儀駕、儀仗、采仗，均有專用形制，品類繁多。蓋，其狀類傘，相傳爲周公所製，歷史悠久。直柄者稱直蓋，曲柄者稱曲蓋。晉崔豹《古今注·輿服》云："曲蓋，太公所作也。武王伐紂，大風折蓋，太公因折蓋之形而制曲蓋焉。"又有華蓋、黄蓋、鳳蓋等稱謂，均用於帝后儀仗。清皇帝鹵簿有九龍黄蓋、紫芝蓋、翠華蓋、導蓋等，后妃所用則有九鳳曲柄黄蓋、七鳳明黄曲柄蓋、七鳳金黄曲柄蓋等不同形制。

六、其他。古代帝王儀仗所用器物又可統稱法物。除兵仗、節幢、扇幡、傘蓋之外，還有許多功能各异、形制不一的仗具，林林總總，品類繁多。有帝王所居宮門前用闌檻圍成以備威儀的虎豹，有帝王出駕前由内侍揮動發出清脆聲響以示肅静的鳴鞭，有帝王大駕出行時由披髮武士爲前驅的髦頭，有騎馬充當隊伍前導的俞兒騎。儀仗專用馬隊，稱立仗馬。用作隊伍前導的馬，稱儀馬。有時以南越所獻馴象爲鹵簿前導。鹵簿中有稱作駕頭或寶床的帝王寶座，有帝后乘坐的交椅，甚至一些日常生活用品，如金水瓶、金水盆、香盒、金香爐、金唾盂、金唾壺、金香盒等。幸巡達於駐地時則有以金塗攢竹杖，首貫銅錢，而以紫絹冒之（或冒以黄銷金袋）的圍子（或稱"響節"），用以警戒并示威嚴。皇家之儀仗，可謂顯赫詳備矣。

另有古代朝會時簇擁高官之火炬儀仗，自唐代始，達於明清，甚爲盛壯，稱之爲"火城"，亦歸於本考中。

總　稱

儀仗

省稱"仗"。用於儀衛、官儀與軍容之武器、行當、華蓋、舟、車、馬隊、樂隊、旗、牌、傘、扇等。先秦時即有之，歷代形制稍異。《晋書·五行志上》："王敦在武昌，鈴下儀仗生華如蓮華，五六日而萎落。"《新唐書·百官志一》："庫部郎中、員外郎，各一人，掌戎器、鹵簿儀仗。"宋孟元老《東京夢華録·皇太子納妃》："皇太子納妃，鹵簿儀仗，宴樂儀衛。

唐乾陵陪葬墓壁畫儀仗圖（摹本）

妃乘厭翟車，車上設紫色團蓋……四馬駕之。"《三國演義》第八回："〔董卓〕自此愈加驕横，自號爲尚父，出入僭天子儀仗。"清昭槤《嘯亭雜録·馬彪》："少無賴，嘗衝突固原提督儀仗，提督命杖於轅門。"

【仗】

"儀仗"之省稱。《北齊書·平秦王歸彦傳》："及武成即位，進位太傅，領司徒，常聽將私部曲三人帶刀入仗。"唐錢起《早朝》詩："朝時但向丹墀拜，仗下疑從碧落迴。"《舊唐書·李密傳》："密以父蔭爲左親侍，嘗在仗下。"《新唐書·儀衛志上》："凡朝會之仗，三衛番上，分爲五仗，號衛内五衛。"《遼史·樂志》："右前後鼓吹，行則導駕奏之，朝會則列仗，設而不奏。"清曹寅《暢春苑張燈賜宴歸舍恭記》詩之三："放仗幾家籠蜜炬，緩歸騎馬月中村。"

幢麾

古代旌旗類儀仗。漢已有之。《後漢書·班超傳》："拜超爲將兵長史，假鼓吹幢麾。"《三國志・吳書・周魴傳》："並乞請幢麾數十，以爲表幟。"《晋書・輿服志》："功曹吏、主簿並騎從。傘扇幢麾各一騎，鼓吹一部，七騎。"唐玄應等《一切經音義》卷一一："幢麾……謂旌旗，指麾衆也。"

幢蓋

赤幢和曲蓋之合稱，多爲將軍刺史所用。後亦指古代儀仗。《晋書・李矩傳》："加矩冠軍將軍，軺車幢蓋，進封陽武縣侯。"《文選・潘岳〈馬汧督誄序〉》："聖朝疇諮，進以顯秩，殊以幢蓋之制。"李善注："幢蓋，將軍刺史之儀也。兵書曰：'軍主長服赤幢。'"唐劉長卿《酬滁州李十六使君見贈》詩："幢蓋方臨郡，柴荆忝作鄰。"宋錢易《南部新書》卷四："天寶五載，巴東石開，有天尊像及幢蓋。"

旗蓋

旌旗與傘蓋之合稱，多用以泛指儀仗。晋潘岳《關中》詩："旗蓋相望，偏師作援。"唐李商隱《漫成》詩之三："生兒古有孫征虜，嫁女今無王右軍。借問琴書終一世，何如旗蓋仰三分。"《前漢書平話》卷上："黃羅旗蓋下，見三千個錦衣，簇擁二百員戰將，遮護着高皇。"《明集禮・儀仗篇・總序》："昔者軒轅氏創旗蓋麾幢之容，列卒伍營衞之警。"

旗仗

泛指古代儀仗。因多以各種旌旗組成，故稱。《太平廣記》卷四六引唐谷神子《博異志・白幽求》："俄而有數十人，皆龍頭鱗身，執旗杖引幽求入。"《宋史・符彥卿傳》："契丹大敗，其主乘橐駝以遁，獲其器甲、旗仗數萬以歸。"《明史・儀衞志》："皇帝儀仗，吳元年十二月辛酉……拱衞司陳設鹵簿，列甲士於午門外之東西，列旗仗於奉天門外之東西。"《清史稿・禮志十》："行日，工部給旗仗，兵部給乘傳。"

旗氅

有羽飾之旌旗。泛指儀仗。《宋史・儀衞志二》："兩制同禮官議，略準小駕制度，添清道馬、罕罼、旗氅等物。"《玉海・車服・旌旗》："大朝會，黃麾大仗陳殿庭，然闕略不悉如唐制，而旗氅有加焉。"

節鉞

亦稱"節斧"。"符節"和"斧鉞"之合稱。多泛指大將儀仗。古代帝王以授出征將帥，"節"以明信，"鉞"以示威。《後漢書・董卓傳》："乃以張楊爲大司馬，楊奉爲車騎將軍，韓暹爲大將軍，領司隸校尉，皆假節鉞。"《三國志・魏書・武帝紀》："天子假太祖節鉞，錄尚書事。"唐張祜《送周尚書赴滑臺》詩："鼓角雄都分節鉞，蛇龍舊國罷樓船。"唐韓愈《平淮西碑》："賜汝節斧，通天御帶，衞卒三百，凡茲廷臣，汝擇自從。"《明會要・禮十一》："洪武中命大將儀：上服武弁服，御午門。百僚盛服陪。大將軍拜前，諸將拜後。先授節，次授鉞訖，出勒所部，建牙，鳴鼓角，正行列，擎節鉞，鼓吹前導。百官以次送出。"參見本卷《儀仗徽幟說・儀仗考》"符節""黃鉞"文。

【節斧】

即節鉞。此稱唐代已行用。見該文。

幢節

旄旗、符節。泛指古代地方軍政長官的儀仗。《晋書・天文志》："凡伏兵有黑氣。……或如幢節狀，在烏雲中。"五代齊己《寄金陵幕中李郎中》詩："久待尊罍臨鐵甕，又從幢節鎮金陵。"《新唐書·韋昭度傳》:"拜昭度兼行營招撫使,乃建幢節,行城下。"宋周煇《清波雜志》卷一一:"稍南,人物異常,旌旗飛飜飄轉,所持幢節,高數丈,非人世所睹。"

羽衛

古代帝王儀仗隊與衛隊之統稱。古稱天有羽林四十五星,名"羽林天軍"。漢擬之,稱皇帝近衛爲羽林軍。唐設左、右羽林衛,掌統北衙禁軍,督攝儀仗。故以代稱帝王儀仗隊。《南齊書·豫章文獻王傳》:"昔在邊鎮,不無羽衛,自歸朝以來,便相分遣。"南朝梁江淹《袁太尉從駕》詩:"羽衛藹流景,綵吹震沈淵。"唐韓愈《豐陵行》詩:"羽衛煌煌一百里,曉出都門葬天子。"《舊唐書·趙隱傳》:"德宗幸奉天,時倉卒變起,羽衛不集。"宋曾鞏《里社》詩:"年年屬車九重出,羽衛千人萬人從。"

【儀衛】

即羽衛。文曰儀,武曰衛。取儀從護衛之意。有皇帝儀衛、太上皇儀衛、皇太后儀衛、皇太妃儀衛、皇太子儀衛、親王儀衛等諸種,歷代種類、規模不一。《晋書·苻堅載記下》:"寔等觀其宮宇壯麗,儀衛嚴肅,甚懼。"《魏書·李元護傳》:"若喪過東陽,不可不好設儀衛,哭泣盡哀,令觀者改容也。"《宋史·儀衛志二》:"皇太后儀衛,自乾興元年仁宗即位,章獻太后預政,侍衛始盛。"又:"哲宗即位,元祐元年,詔太皇太后出入儀衛,並依章獻明肅皇后故事。"《清史稿·輿服志四》:"皇太子儀衛,清自康熙五十二年後不復建儲,故國初雖有皇太子儀仗,幾同虛設。"又:"親王儀衛,吾仗四,立瓜四,臥瓜四,骨朵四。"

【衛仗】

即羽衛。《新唐書·徐有功傳》:"當此時,左右及衛仗在廷陛者數百人,皆縮項不敢息。"宋沈括《夢溪筆談·故事一》:"車駕行幸,前驅謂之隊,則古之清道也;其次衛仗。衛仗者,視闌入宮門法,則古之外仗也。其中謂之禁圍,如殿中仗。"

天仗

亦稱"仙仗""宮仗""寶仗"。帝王儀仗之美稱。帝王稱"天子",因名。多用於詩文中。唐韋應物《温泉行》詩:"身騎厩馬引天仗,直入華清列御前。"唐岑參《奉和中書賈至舍人早朝大明宮》詩:"金闕曉鐘開萬戶,玉階仙仗擁千官。"唐白居易《德宗皇帝挽歌詞》之一:"宮仗辭天闕,朝儀出國門。"唐王建《宮詞》:"寶仗平明金殿開,暫將紈扇共徘徊。"宋張掄《臨江仙》詞:"聞道彤庭森寶仗,霜風逐雨驅雲。"明金幼孜《元夕賜午門觀燈》詩:"春散爐煙浮樹暖,月移寶仗映花妍。"清洪昇《長生殿·定情》:"瑤階小立,春生天語,香縈仙仗,玉露冷沾裳。"《清史稿·樂志四》:"曙景麗旌,仙仗分行寶篆霏。"

【仙仗】

即天仗。此稱唐代已行用。見該文。

【宮仗】

即天仗。此稱唐代已行用。見該文。

【寶仗】

即天仗。此稱唐代已行用。見該文。

綵仗

亦作"采仗"。指古代帝王、王妃、官員外出時儀衛人員所持的旗幟、傘、扇、武器等彩飾的儀仗。唐宋之問《奉和幸長安故城未央宮應制》詩："寒輕綵仗外，春發幔城中。"明謝讜《四喜記·催赴春闈》："親闈莫戀斑衣舞，帝里須誇綵仗迎。"《清史稿·樂志五》："錦翩翩，綵仗和風度，玉琮琤，香階晝漏移。"又《輿服志四》："妃采仗，吾仗二，立瓜二，臥瓜二，赤黑鳳旗各二。"又："嬪采仗，視妃采仗少直柄瑞草纛二，餘同。"

【采仗】

同"綵仗"。此體至遲清代已行用。見該文。

鹵簿

古代帝王等出行時扈從之儀仗隊。秦漢始有其名，自漢以後不爲帝王所專用，亦用於后妃、太子、王公大臣等。因朝代、出行者及出行目的不同而種類不一，儀制、規模各異。如漢有大駕、法駕、小駕之別，均爲天子專用。唐制則四品以上皆給鹵簿。清乾隆三年（1738）規定，僅皇帝、太上皇可用之，自皇太子、親王以下及百官均用儀衛。皇帝所用又分爲法駕、鑾駕、騎駕三種，三者合一則稱大駕。《後漢書·孝崇匽皇后紀》："侍御史護大駕鹵簿。"李賢注引《漢官儀》曰："天子車駕次第謂之鹵簿。有大駕、法駕、小駕。"《西漢會要·輿服上》引《三輔黃圖》云："〔漢天子鹵簿〕有大駕、有法駕、有小駕。大駕則公卿奉引，大將軍參乘，大僕御，屬車八十一乘……名曰'甘泉鹵簿'。法駕，京兆尹奉引，侍中參乘，奉車郎御，屬車三十六乘。"《晉書·趙王倫傳》："惠帝乘雲母車，鹵簿數百人。"《梁書·王僧孺傳》："道遇中丞鹵簿，驅迫溝中。"唐封演《封氏聞見記》卷五："輿駕行幸，羽儀導從謂之鹵簿……按字書：'鹵，大楯也。'鹵以甲爲之，所以扞敵。"又："甲楯有先後部伍之次，皆

著之簿籍，天子出，則案次導從，故謂之鹵簿耳。"宋葉夢得《石林燕語》卷四："唐人謂鹵，櫓也，甲楯之別名。凡兵衛以甲楯居外爲前導。捍蔽其先後，皆著之簿籍，故曰'鹵簿'。因舉南朝御史中丞、建康令皆有'鹵簿'，爲君臣通稱，二字別無義，此說爲差近。"《清史稿·輿服志四》："嘉慶元年，因授璽禮成，陳太上皇鹵簿於寧壽宮。"

【簿】

即鹵簿。古代帝、后、王公、大臣等外出時的侍從儀仗。《史記·司馬相如列傳》："鼓嚴簿，縱獠者。"司馬貞索隱引張揖曰："鼓，嚴鼓也；簿，鹵簿也。謂擊嚴鼓於鹵簿中也。"瀧川資言考證引王先謙曰："蓋天子儀衛森嚴，故鼓嚴簿。言鼓於嚴簿之中，而縱獵者也。"《漢書·司馬相如傳上》："鼓嚴簿，縱獵者。"顏師古注引孟康曰："簿，鹵簿也。"

大駕鹵簿

省稱"大駕"。鹵簿之一種。古代帝王出行祭祀等所用規模最大之儀仗隊。始於秦漢，歷代沿襲。但規模儀制多有變更。漢代於甘泉宮祠天時用之，故又稱"甘泉鹵簿"。《西漢會要·輿服上》引《三輔黃圖》云："大駕則公卿奉引，大將軍參乘，太僕御，屬車八十一乘，作三行，尚書御史乘之，最後一乘垂豹尾，豹尾以前皆爲省中，備千乘萬騎出長安。"漢蔡邕《獨斷》："天子出，車駕次第謂之鹵簿，有大駕，有小駕，有法駕。"《後漢書·輿服志上》："乘輿大駕，公卿奉引……西都行祠天郊，甘泉備之。官有其注，名曰甘泉鹵簿。"又《皇后紀》："中謁者僕射典護喪事，侍御史護大駕鹵簿。"《清史稿·輿服志四》："皇帝大駕鹵簿，

圜丘、祈穀、常雩三大祀用之。大閲時詣行宫，禮成還宫，亦用之。”

【大駕】

“大駕鹵簿”之省稱。此稱漢代已行用。見該文。

【甘泉鹵簿】

“大駕鹵簿”之別稱。此稱漢代已行用。見該文。

法駕鹵簿

省稱“法駕”。鹵簿之一種。古代帝王外出祭祀等所用儀仗隊。約始於秦漢，達於清，但歷代規模儀制各異。《史記·吕太后本紀》：“乃奉天子法駕，迎代王於邸。”裴駰集解引蔡邕曰：“天子有大駕、小駕、法駕。法駕上所乘，曰金根車，駕六馬，有五時副車，皆駕四馬，侍中參乘，屬車三十六乘。”《漢書·文帝紀》：“有天子法駕迎代邸。”顏師古注引如淳曰：“法駕者，侍中參乘，奉車郎御，屬車三十六乘。”《後漢書·輿服志上》：“乘輿法駕，〔公〕卿不在鹵簿中。河南尹、執金吾、雒陽令奉引……前驅有九斿雲罕，鳳皇闟戟，皮軒鸞旗，皆大

夫載。”又：“行祠天郊以法駕。”《晋書·輿服志》：“法駕屬車三十六乘。最後車懸豹尾，豹尾以前比之省中，屬車皆皂蓋朱裏云。”唐沈佺期《奉和晦日駕幸昆明池應制》詩：“法駕乘春轉，神池象漢迴。”《清史稿·輿服志四》：“法駕鹵簿……凡祭方澤、太廟、社稷、日月、先農各壇、歷代帝王先師各廟，則陳之。若遇慶典朝賀，則陳於太和殿庭。”

【法駕】

“法駕鹵簿”之省稱。此稱漢代已行用。見該文。

小駕鹵簿

省稱“小駕”。鹵簿之一種。多用於祀宗廟或行凶禮，較大駕鹵簿損減部分車馬儀仗。《後漢書·輿服志上》：“行祠天郊以法駕，祠地，明堂省什三，祠宗廟尤省，謂之小駕。”《新唐書·禮樂志十》：“若臨喪……皇帝小駕鹵簿，乘四望車，警蹕，鼓吹備而不作。”《續資治通鑑·宋真宗大中祥符元年》：“帝以前詔惟祀事豐潔，餘從簡約，於是改用小駕儀仗，尋改小駕名鸞駕。”

舊題元曾巽申《大駕鹵簿圖》局部

【小駕】

"小駕鹵簿"之省稱。此稱漢代已行用。見該文。

騎駕鹵簿

鹵簿之一種。清代帝王儀仗。清乾隆十三年（1748）由行駕儀仗改稱。其規模大於鑾駕鹵簿，小於法駕鹵簿。車駕親征、巡方或大閱時設之。《清通志・器服略・鹵簿》："乾隆十三年，皇上憲古宜今，釐正典禮，更定法駕、鑾駕、騎駕鹵簿，合三者則爲大駕鹵簿。"《清史稿・輿服志四》："騎駕鹵簿，巡方若大閱則陳之。其制，前列鐃歌大樂，間以鐃歌清樂……殿以黃龍大纛。駐蹕御營，朝陳蒙古角，夕陳鐃歌樂。大閱則陳鹵簿於行宮門外。"

鑾駕鹵簿

鹵簿之一種。清代帝王儀仗。清乾隆十三年（1748）由行駕儀仗改稱。《清文獻通考・王禮考・乘輿車旗鹵簿》："皇帝鑾駕鹵簿，步輿一，導蓋一，九龍蓋一……黃龍大纛二。"《清史稿・輿服志四》："乾隆十三年，復就原定器數增改釐訂，遂更大駕鹵簿爲法駕鹵簿，行駕儀仗爲鑾駕鹵簿，行幸儀仗爲騎駕鹵簿。三者合，則爲大駕鹵簿。"又："鑾駕鹵簿，行幸於皇城則陳之。其制，前列導迎樂……殿以黃龍大纛。"

鸞駕

亦作"鑾駕"。鹵簿之一種。宋改稱小駕鹵簿爲鸞駕鹵簿，清改行駕儀仗爲鸞駕鹵簿。亦泛指天子之車駕。《後漢書・袁紹傳》："會後鑾駕東反，群虜亂政。"《文選・陳琳〈爲袁紹檄豫州〉》："後會鸞駕反斾，群虜寇攻。"劉良注："鸞駕，天子車也。"唐李庚《兩都賦・東都》：

"鸞駕，鶴車，往來於中天。"《資治通鑑・後周世宗顯德四年》："若鑾駕親征，則將士爭奮。"《續資治通鑑・宋真宗大中祥符元年》："帝以前詔惟祀事豐潔，餘從簡約，於是改用小駕儀仗，尋改小駕名鸞駕。"《宋史・儀衛志三》："鸞駕，又減縣令、州牧、御史大夫，指南、記里、鸞旗、皮軒車，象輅、革輅、木輅，耕根車、羊車、黃鉞車、豹尾車、屬車，小輦、小輿，餘並減半。朝陵，迎泰山天書，東封、西祀，朝謁太清宮，奏告玉清昭應宮，奉迎刻玉天書，躬謝太廟，皆用之。鸞駕舊用二千人，大中祥符五年，真宗告太廟，增至七千人。"

【鑾駕】

同"鸞駕"。此體漢代已行用。見該文。

鑾蹕

帝王儀衛。猶鑾駕。魏晉時已有此稱。《晉書・賀循傳論》："循位登保傅，朝望特隆，遂使鑾蹕降臨，承明下拜。"《周書・柳遐傳》："今襄陽既入北朝，臣若陪隨鑾蹕，進則無益塵露，退則有虧先旨。"唐方壺居士《隋堤詞》："嘗憶江都大業秋，曾隨鑾蹕戲龍舟。"《日下舊聞考・郊坰》："皇上周諮水利，區畫萬全，每當鑾蹕經行，憑覽殷懷，著於篇什。"

儀駕

古代儀仗隊。此稱始見於唐，清有太皇太后儀駕、皇太后儀駕、皇后儀駕等數種，形制規模略有差异。《通典・開元禮纂類・吉禮》："皇帝乘馬，文武侍從並如常行幸之儀駕將至，祭酒帥監官、學官、學生等奉迎於路左。"《明會典・禮部・宴禮・大宴儀》："是日陳設如前，儀駕自右順門至奉天門。"《清史稿・禮志七》："順治八年，上孝莊皇后尊號……屆期，太和殿陳皇帝法駕，慈寧宮陳皇太后儀駕，供設咸備。”又《輿服志四》：“皇后儀駕，吾仗四，立瓜四，卧瓜四，五色龍鳳旗十……鳳輿一乘，儀輿二乘，鳳車一乘，儀車二乘。”又：“太皇太后儀駕暨皇太后儀駕均與皇后儀駕同，惟車輿兼繪龍鳳文。”

兵　仗

五仗

古代朝會時所設五種儀仗之統稱。即供奉仗、親仗、勛仗、翊仗、散手仗。相傳始於隋，多見於唐宋，多見用於元日、冬至大朝會及宴見番王。《唐六典·諸衛》：“凡宿衛，内廊閤門外分爲五仗，皆坐於東西廊下。”《新唐書·儀衛志上》：“凡朝會之仗，三衛番上，分爲五仗，號衙内五衛。”《資治通鑑·唐高祖武德二年》：“世充大怒，令散手執君度、玄恕，批其耳數十。”胡三省注：“散手者，散手仗也。凡朝會之仗，三衛番上，分爲五仗。一曰供奉仗，以左、右爲之。二曰親仗，以親衛爲之。三曰勛仗，以勛衛爲之。四曰翊仗，以翊衛爲之。皆服鶡冠，緋衫裌。五曰散手仗，以親、勛、翊衛爲之，服緋袍褾襉，繡野馬。列坐於東西廊下，唐謂之衙内五衛。唐蓋因隋制，世充亦因隋制也。”《宋史·儀衛志三》：“〔大駕鹵簿〕次五仗，左右衛供奉中郎將各二人，親、勛、翊衛各二十四人，左右衛郎將各一人，散手翊衛各三十人，左右驍衛郎將各一人，翊衛各二十八人。”

供奉仗

古代朝會儀仗隊之一種。五仗之一。由左右衛供奉中郎將組成，故稱。多用於唐宋。《新唐書·儀衛志上》：“一曰供奉仗，以左右衛爲之……皆服鶡冠、緋衫裌。”參見本卷

《儀仗徽幟説·儀仗考》“五仗”文。

親仗

古代朝會儀仗隊之一種。五仗之一。由親衛構成，故稱。多用於唐宋。《新唐書·儀衛志上》：“二曰親仗，以親衛爲之……皆服鶡冠，緋衫裌。”參見本卷《儀仗徽幟説·儀仗考》“五仗”文。

勛仗

古代朝會儀仗隊之一種。五仗之一。由勛衛構成，故稱。多用於唐宋。《新唐書·儀衛志上》：“三曰勛仗，以勛衛爲之……皆服鶡冠，緋衫裌。”參見本卷《儀仗徽幟説·儀仗考》“五仗”文。

翊仗

古代朝會儀仗隊之一種。五仗之一。由翊衛組成，故稱。多用於唐宋。《新唐書·儀衛志上》：“四曰翊仗，以翊衛爲之。皆服鶡冠，緋衫裌……皆帶刀捉仗，列坐於東西廊下。”參見本卷《儀仗徽幟説·儀仗考》“五仗”文。

散手仗

省稱“散手”。古代朝會儀仗隊之一種。五仗之一。以親、勛、翊衛構成。多用於唐宋。《新唐書·儀衛志上》：“五曰散手仗，以親、勛、翊衛爲之，服緋袍褾襉，繡野馬。皆帶刀捉仗，列坐於東西廊下。”《資治通鑑·唐高祖武德二年》：“世充大怒，令散手執君度、玄恕，

批其耳數十。"胡三省注:"散手者,散手仗也。"參見本卷《儀仗徽幟説・儀仗考》"五仗"文。

【散手】

"散手仗"之省稱。此稱唐代已行用。見該文。

御仗

古代帝王儀仗。南北朝已見之,達於清。清制,攢竹爲之,長六尺九寸,圍四寸三分,塗以朱漆,兩端以銅鑽之。《南齊書・蕭子懋傳》:"此悉是吾左右御仗也,云何得用之?"《隋書・禮儀志七》:"兼有御仗、鋌矟……細仗、羽林等二百七十六人,以分直諸門,行則儀衛左右。"《唐六典・左右金吾衛》:"胄曹掌甲仗之事,凡御仗之物二百一十有九,羽儀之物三百,自千牛以下,各分而典掌之。"《清史稿・輿服志四》:"鑾駕鹵簿,行幸於皇城則陳之。其制,前列導迎樂……次御仗四,吾仗四。"《清會典圖・輿衛・御仗》:"御仗,攢竹,長六尺九寸,圍四寸三分,髤朱,兩端鑽以銅。"

內仗

皇宮中的儀衛,以侍立於內廊小門外,故稱。此稱多見於唐。《新唐書・儀衛志上》:"每月以四十六人立內廊閤外,號曰內仗。以左右金吾將軍當上,中郎將一人押之。"又:"復一刻,立門仗皆復舊,內外仗隊立於階下。"

外仗

古代儀仗隊。與"內仗"相對言之。《新唐書・儀衛志上》:"入朝罷,皇帝步入東序門,然後放仗。內外仗隊七刻乃下。"參見本卷《儀仗徽幟説・儀仗考》"內仗"文。

立門仗

立於內外宮門之儀仗隊,以其夾門而立,故稱。此稱唐代已行用。《新唐書・儀衛志上》:"內外諸門以排道人帶刀捉仗而立,號曰立門仗。宣政左右門仗、內仗,皆分三番而立,號曰交番仗。"又:"每朝……復一刻,立門仗皆復舊,內外仗隊立於階下。"

立仗

古代皇帝之儀仗隊。用於大禮、朝會等場合,因立於殿庭內外,故稱。此稱金代已行用。《金史・儀衛志上》:"天子之儀衛,一曰立仗,二曰行仗……立仗則有殿庭內仗、殿庭外仗。凡大禮、大朝會則用之。"

行仗

古代皇帝之儀仗隊。用於行幸、祀享等場合,爲皇帝的隨行儀仗,故稱。此稱金代已行用。《金史・儀衛志上》:"天子之儀衛,一曰立仗,二曰行仗……行仗則有法駕、大駕、黃麾仗,凡行幸及郊廟祀享則用之。"

正仗

古代帝王儀仗之一種,用於朝廷舉行祀天、朝會等大典。《資治通鑑・後周世宗顯德六年》:"初,有司將立正仗,宿設樂縣於殿庭。"宋宋祁《宋景文筆記・釋俗》:"予昔領門下省,會天子排正仗吏供洞案者,設於前殿兩螭首間。"

歲仗

每年元旦朝會時所用之儀仗。唐白居易《元和十二年詔停歲仗率爾成章》詩:"聞停歲仗軫皇情,應爲淮西寇未平。"《舊五代史・樂志上》:"周顯德五年冬,將立歲仗。"

春仗

古代帝王儀仗之一種。用於春日行幸,故

稱。唐沈佺期《昆明池侍宴應制》詩：“春仗過鯨沼，雲旗出鳳城。”宋秦觀《次韻宋履中近謁大慶退食館中》：“迎謁曉廷清蹕近，退穿春仗綵旟間。”

黃麾仗

古代帝王之儀仗隊。用於殿庭之中。主要以黃麾氅、幡等仗具構成，故稱。隋已用之。《隋書·禮儀志七》：“高祖受命，因周齊宮衛，微有變革……大駕則執黃麾仗。”唐、宋、元等歷代相沿襲，但規模、形制不一。唐、宋鹵簿中有前、後之分，殿庭儀仗又有大仗、半仗、角仗、細仗之別；元亦分殿中、殿下等。《新唐書·儀衛志上》：“黃麾仗，左右厢各十二部，十二行……十二行皆有行縢、鞋、韈。”《宋史·儀衛志一》：“宋初，因唐、五代之舊，講究修葺，尤爲詳備。其殿庭之儀，則有黃麾大仗、黃麾半仗、黃麾角仗、黃麾細仗……黃麾仗親征省還京用之。”又《儀衛志三》：“〔大駕鹵簿〕次後部黃麾仗。第一部，左右驍騎將軍各一人，檢校、折衝將軍各一人分領。”《元史·輿服志三》：“黃麾仗凡四百四十有八人，分布於丹墀左右，各五行。”《明史·儀衛志》：“丹墀左右布黃麾仗各九十，分左右，各三行。”

黃麾大仗

省稱“大仗”。黃麾仗之一種。以其規模儀制較大，故稱。多用於正旦、冬至等大朝會，爲庭殿中最隆重的儀仗。唐代已用之於殿庭，北宋因之。南渡後儀仗從簡，不設大仗，祇用黃麾半仗、角仗、細仗等。《大唐開元禮·嘉禮·臨軒命使》：“其日諸衛勒所部列黃麾大仗如常儀，群官等依時刻集朝堂。”《宋史·儀衛志一》：“宋初，因唐五代之舊，講究修葺，尤

爲詳備。其殿庭之儀，則有黃麾大仗、黃麾半仗、黃麾角仗、黃麾細仗。”又：“南渡後，儀仗尤簡，惟選黃麾半仗、角仗、細仗，而大仗不設。”參見本卷《儀仗徽幟說·儀仗考》“黃麾仗”文。

【大仗】

“黃麾大仗”之省稱。此稱宋代已行用。見該文。

黃麾半仗

省稱“半仗”。黃麾仗之一種。大仗之半數，故稱。多用於蕃國使者來朝、冊立皇太子等。《舊唐書·禮儀志三》：“前祀一日，諸衛令其屬未後一刻，設黃麾半仗於外壝之外。”《新唐書·儀衛志上》：“內外仗隊，七刻乃下；常參、輟朝日，六刻即下；宴蕃客日，隊下，復立半仗於兩廊。”《宋史·儀衛志一》：“初，宋制，有黃麾大仗、半仗、角仗、細仗。南渡後，儀仗尤簡，惟選黃麾半仗、角仗、細仗，而大仗不設。”又：“徽宗政和三年，議禮局上文德殿視朝之制，黃麾半仗，共二千二百六十五人。”《金史·儀衛志上》：“大定八年正月，冊皇太子於大安殿，用黃麾半仗二千二百六十五人。”

【半仗】

“黃麾半仗”之省稱。此稱唐代已行用。見該文。

黃麾細仗

省稱“細仗”。古代皇帝出巡或朝會時所用之儀仗。黃麾仗之一種。南北朝時，齊梁循宋之制，侍衛有細仗；北齊循北魏之儀，宮衛有細仗隊。《宋書·卜天與傳》：“〔元嘉〕二十九年以爲廣威將軍，領左細仗兼帶營祿。”《南齊書·曹虎傳》：“上受禪，增邑爲四百户、直閣

將軍領細仗主。"唐宋因南北朝之舊，制度尤爲詳備，多於發冊受寶時設之。《新唐書・儀衛志上》："次朱雀隊……次引駕十二重，重二人，皆騎，帶橫刀。自皮軒車後，屬於細仗前，矟、弓箭相間。"《宋史・儀衛志一》："宋初，因唐、五代之舊，講究修葺，尤爲詳備。其殿庭之儀，則有黃麾大仗、黃麾半仗、黃麾角仗、黃麾細仗……凡發冊授寶，則設細仗。"又："政和中，文德殿發冊，用黃麾細仗，共一千四百二人。"又："其黃麾細仗者，大慶殿、文德殿發冊及進國史之所設也。東都用一千四百二人，中興後或用百人至五百人，隨事增損。"

【細仗】

"黃麾細仗"之省稱。此稱南北朝已行用。見該文。

黃麾角仗

省稱"角仗"。黃麾仗之一種。古代庭殿所用儀仗隊，以犀牛角飾其仗，以示莊重。多用於宋，外國使節朝見、冬至受朝、兩宮賀節慶壽時設之。《宋史・儀衛志一》："其殿庭之儀……外國使來，則設角仗。"又："政和中，遼使朝紫宸殿，用黃麾角仗，共一千五十六人。"又："其黃麾角仗者，大慶殿冬至受朝、紫宸殿即位、兩宮賀節慶壽、紫宸殿受金使朝之所設也，用一千五十六人。"

【角仗】

"黃麾角仗"之省稱。此稱宋代已行用。見該文。

辟仗

古代儀仗隊。皇帝巡行時在前方辟道保衛，故稱。唐已用之。《新唐書・突厥傳上》："我聞晉王丁夜得辟仗出，我乘間突進，可犯行在。"

《資治通鑑・唐太宗貞觀二十年》："上嘗幸未央宮，辟仗已過。忽於草中見一人帶橫刀，詰之，曰：'聞辟仗至，懼不敢出，辟仗者不見，遂伏不敢動。'"胡三省注："辟仗者，衛士在駕前攘辟左右，止行人，所謂陳兵清道而後行也。"

吾仗

亦作"吾杖"。亦稱"金吾""車輻"。吾者，禦也。一說"金吾"爲鳥名，主辟不祥。古代帝王儀仗所持之棒。始自漢代，達於清。或銅製或木製，其銅製者，兩端塗金，稱金吾；其木製者謂之車輻。晉崔豹《古今注・輿服》："車輻，棒也。漢朝執金吾，金吾，亦棒也。以銅爲之，黃金塗兩末，謂爲金吾，御史大夫、司隸校尉亦得執焉。御史、校尉……之類皆以木爲吾焉，用以夾車，故謂之車輻，一曰形似輻，故謂之車輻也。"《新唐書・儀衛志》："次車輻十二，分左右。車輻，棒也。夾車而行，故曰車輻。"《宋史・儀衛志六》："車輻，棒也，形如車輪輻。宋制，朱漆八稜白幹。"明王圻等《三才圖會・儀制四》："吾杖，宋制朱漆八稜，元制朱漆棒，金飾兩末，今制同。"《清史稿・輿服志四》："皇后儀駕，吾仗四，立瓜四，臥瓜四，五色龍鳳旗十。"又《禮志五》："定王配饗儀，奉主以郡王，迎主用綵亭吾仗，至廟東階，拜位在階上。"參閱《漢書・百官公卿表上》"太初

吾　杖
（明王圻等《三才圖會》）

元年更名執金吾"并顔師古注。

【吾杖】

同"吾仗"。此體明代已行用。見該文。

【金吾】

即吾仗。此稱漢代已行用。見該文。

【車輻】

即吾仗。以其形類車輪輻，故名。一説持者夾車而行，故稱。此稱漢代已行用。見該文。

皇帝鹵簿吾仗

吾仗之一種。用於皇帝儀仗。長七尺一寸，圍四寸三分，朱漆塗之，兩端繪金雲龍，銅鑽，以金塗之。參見本卷《儀仗徽幟説·儀仗考》"吾仗"文，參閲《清史稿·輿服志四》。

皇太后儀駕吾仗

吾仗之一種。明稱"皇太后儀仗吾杖"。清代用於皇太后儀駕。以竹爲之，通高六尺九寸，圍長四寸三分，朱漆塗之，兩端繪金雲。參見本卷《儀仗徽幟説·儀仗考》"吾仗"文，參閲《清史稿·輿服志四》。

皇帝大駕鹵簿吾仗
（清允禄等《皇朝禮器圖式》）

皇太后儀駕吾杖
（清允禄等《皇朝禮器圖式》）

皇后儀駕吾仗

吾仗之一種。明稱"皇后儀仗吾杖"。清代用於皇后儀駕。以竹爲之，通高六尺八寸，圍長四寸，朱漆塗之，兩端繪金雲。參見本卷《儀仗徽幟説·儀仗考》"吾仗"文，參閲《清史稿·輿服志四》。

皇貴妃儀仗吾仗

吾仗之一種。明稱"皇妃儀仗吾杖"。清代用於皇貴妃儀仗，其制同皇后儀駕吾仗。參見本卷《儀仗徽幟説·儀仗考》"吾仗""皇后儀駕吾仗"文，參閲《清史稿·輿服志四》。

貴妃儀仗吾仗

吾仗之一種。清代用於貴妃儀仗，其制同皇后儀駕吾仗。參見本卷《儀仗徽幟説·儀仗考》"吾仗""皇后儀駕吾仗"文，參閲《清史稿·輿服志四》。

妃采仗吾仗

吾仗之一種。清代用於采仗，其制同皇后儀駕吾仗。此前，明有皇妃儀仗吾杖、東宫妃儀仗吾杖、親王妃儀仗吾杖、郡王妃儀仗吾杖等。參見本卷《儀仗徽幟説·儀仗考》"吾仗""皇后儀駕吾仗"文，參閲《清史稿·輿服志四》。

金吾細仗

指執金吾之儀仗隊。金吾爲衛士所持之棒。多用於宋。五代和凝《宫詞》："金吾細仗儼威儀，聖旨凝旒對遠夷。"《宋史·儀衛志四》："政和大駕鹵簿……次金吾細仗。青龍、白虎旗各一，五嶽神旗、五方神旗、五方龍旗、五方鳳旗各五。"《金史·儀衛志上》："金吾細仗一百人，青龍旗一，白虎旗一，五嶽神旗五，五方神旗五，旗各四人。"

駱駝杖

古儀仗之一種。長三尺許，一頭彎曲，以
樺樹皮裹纏，狀類駱駝，故稱。在三國蜀地一
度盛行。《太平廣記・徵應・駱駝杖》引《王氏
見聞記》：“蜀地無駱駝，人不識之。蜀將亡，
王公大人及近貴權幸出入宮省者，竟執駱駝杖
以爲禮，自是內外效之。其杖長三尺許，屈一
頭，傅以樺皮。”

鐙仗

亦作“鐙杖”。亦稱“鐙棒”。古代帝王儀
仗中所持之棒。其首似馬鐙，故稱。元曲《高
祖還鄉》所叙漢高祖劉邦儀仗中之“朝天鐙”
即此。今知宋已用之，後世沿襲，然形制稍
異。《宋史・儀衛志四》：“白柯槍五十，哥舒
棒十，鐙仗八。”又《儀衛志六》：“鐙杖，黑漆
弩柄也。以金銅爲鐙及飾，其末紫絲縧繫之。”
《元史・輿服志二》：“次執鐙杖者六十人。鐙
杖，朱漆棒首，標以金塗馬鐙。”又：“〔殿下
旗仗〕右次三列……次鐙仗一列，次吾仗一列，
次班劍一列，並分左右立。”明王圻等《三才圖
會・儀制四・鐙杖》：
“《宋朝會要》云：
‘鐙棒，黑漆弩柄也。
金銅爲鐙狀飾，其
末紫絲縧繫之。’元
制：朱漆竿上以金塗
馬鐙。今制爲金龍首
御馬，貫於朱漆棒
首，仍以金飾棒末。”
又《器用六・鐙仗》：
“鐙仗，即鐙棒。唐
李光弼騎將以鐙杖

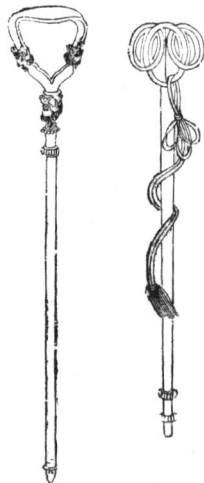

鐙　杖
（明王圻等《三才圖會》）

斃僕固瑒卒七人，故制此。”《明史・儀衛志》：
“洪武元年十月，定元旦朝賀儀……第二行，青
龍幢一，班劍三，吾仗三，立瓜三，臥瓜三，
儀刀三，鐙杖三。”

【鐙杖】

同“鐙仗”。此體宋代已行用。見該文。

【鐙棒】

即鐙仗。此稱宋代已行用。見該文。

毬仗

亦作“毬杖”。以擊毬之杖塗飾金銀，作爲
儀仗，由供奉官馬上執之，分左右爲前導。唐
人馬上擊鞠圖已見其物。宋代作游戲具外，也
作儀仗。宋孟元老《東京夢華錄・十四日車駕
幸五嶽觀》：“次有吏部小使臣百餘，皆公裳，
執珠絡毬仗。”《宋史・儀衛志三》：“景祐五
年，賈昌朝言儀衛三事：一曰南郊鹵簿，車駕
出宮詣郊廟日，執毬杖供奉官，於導駕官前分
列迎引，至於齋宮。夫毬杖非古，蓋唐世尚之，
以資玩樂。其執之者皆褻服，錦繡珠玉，過於
侈麗，既不足以昭文物，又不可以備軍容……
謂宜徹去毬杖，俟禮畢還宮，鼓吹振作，即復
使就列。”又：“次金吾細仗……次毬仗供奉官
一百人。”又《儀衛志六》：“毬杖，金塗銀裹，
以供奉官騎執之，分左右前導。”

【毬杖】

同“毬仗”。此體宋代已行用。見該文

牙杖

古代儀仗所用之杖棒。《金史・樂志上》：
“引舞所執，旌二，纛二，牙杖二。”明沈榜
《宛署雜記・經費下》：“武場主考官二員，用轎
夫十六名……黃絹傘一頂，賃銀五分；大金扇
一柄，賃銀三分；執事一副，並骨朵、牙杖各

一對。"《水滸傳》第五九回："推官看了，見來的旌節、門旗、牙杖等物，都是內府製造出來的，如何不信？"

引仗

清代輿衛使用之儀仗，爲皇帝大駕鹵簿、法駕鹵簿、太上皇鹵簿所用。削竹爲之，塗以朱漆，首加圓木，塗黃漆，上繪金雲龍。《清史稿·輿服志四》："嘉慶元年，因授璽禮成，陳太上皇鹵簿於寧壽宮。其制，引仗六，御仗十六，吾仗十六。"又《禮志五》："雍正二年，西廡增祀文襄公圖海，定功臣配饗儀，前期告太廟。屆日陳綵亭，列引仗，奉主至廟西階。"（清允祿等《皇朝禮器圖式》）

皇帝大駕鹵簿引仗

《清文獻通考·王禮考二十》："引仗，削竹爲之，長四尺三寸八分，闊一寸七分，厚二分，髹朱，首加圓木，長九寸二分，闊如之，厚五分，髹黃，繪金雲龍，通高五尺三寸。"

赤棒

儀仗用物。古代帝王、高官出行時於儀仗前開路之紅色棍棒。《魏書·高恭之傳》："帝姊壽陽公主行犯清路，執赤棒卒呵之不止，道穆令卒棒破其車。"《北齊書·琅邪王儼傳》："魏氏舊制：中丞出，清道，與皇太子分路行，王公皆遙住車，去牛，頓軛於地，以待中丞過，其或遲違，則赤棒棒之。"唐趙璘《因話錄·羽》："時新造赤棒，頭徑數寸，固以筋

漆，立之不僕，數五六當死矣。"宋徐鉉《賀殷游二舍人入翰林江給事拜中丞》詩："青綾對覆蓮壺晚，赤棒前驅道路開。"明高啓《游俠篇》詩："不畏赤棒吏，里閭自橫行。"清桂馥《札樸·赤棒》："今督撫儀仗，皆有紅杠，即古之赤棒也。"

甘蔗棍

舊時官員儀仗之一，用於出行前導。棍上塗白紅或紅黑相間的顏色，狀類甘蔗，故名。明方以智《通雅·器用》："今京官不敢張蓋用職事，惟見任者四品以上開甘蔗棍。"《八旗通志·典禮志三》："〔順治三年〕七月，定各官引導，部院各官執甘蔗棍一對，公侯部統……等官俱執棕竹棍、洒金扇如前。"《天雨花》第七回："幾對前行甘蔗棍，翩翩儀仗到來臨。"

黃鉞

省稱"鉞"，亦稱"大柯斧""天鉞""金鉞"。狀類斧而大，飾以金（銅）或金色塗之，故稱。本爲兵器，後用爲天子儀仗，亦以賜出征將帥，以示威重。起自上古，後繼之，形、質均有所變更。《書·牧誓》："王左杖黃鉞，右秉白旄以麾。"孔穎達疏："太公《六韜》云：'大柯斧重八斤，一名天鉞。'《廣雅》云：'鉞，斧也。'斧稱黃鉞，故知以黃金飾斧也。"《東漢會要·輿服上》："〔乘輿法駕〕後有金鉦黃鉞，黃門鼓車。"唐蘇鶚《蘇氏演義》卷下："金斧，黃鉞也。三代通制，用之以斷斬，今以金斧黃鉞爲乘輿之飾。武王以黃鉞斬紂頭。故王者以爲戒。大將出征，特加黃鉞者，以銅爲之，以黃金塗刃及柄，不得純金也。得賜黃鉞，則斬持節將也。"《元史·輿服志三》："鉞，金塗鐵鉞，單刃，腦後繫朱拂，朱漆竿。"《欽定

大清會典圖》卷八五:"〔皇帝鹵簿鉞〕雕木爲之,刃長八寸五分,闊九寸,背刻龍首,貫直刃長八寸,爲劍脊形。鋬上銜以龍首,皆塗金。竹柄,塗以朱漆,長六尺二寸二分,圍四寸。"《清史稿·輿服志四》:"鑾駕鹵簿,行幸於皇城則陳之……立瓜、卧瓜、星、鉞各四。"又:"〔皇太子儀仗〕金鉞四、立瓜、卧瓜、骨朵、吾仗各四。"

【大柯斧】

即黄鉞。此稱漢代已行用。見該文。

【天鉞】

即黄鉞。此稱漢代已行用。見該文。

【金鉞】

即黄鉞。此稱唐代已行用。見該文。

【鉞】

"黄鉞"之省稱。此稱漢代已行用。見該文。

戟

古代儀仗。由兵器殳演化而成,戟形。因常列於宮殿、廟社及州府、貴官私第之門側以爲威儀,故唐宋時亦稱"門戟"。因其首常囊以繒衣或韜以赤油以爲標識,故亦稱"棨戟""油戟"。漢已用之,後沿襲,形制少異。宋制:木爲刃,有支,赤質,畫雲氣,上垂交龍掌、五色帶,帶末綴銅鈴。元以黄金塗之,朱漆竿。清制:鍛鐵爲之,通長一丈一尺,援長一尺三寸,弧外曲徑,外鏤龍首,鋬長九寸,鏤龍首上銜,通塗以金。《漢書·韓延壽傳》:"功曹引

鉞
（清允禄等《皇朝禮器圖式》）

車,皆駕四馬,載棨戟。"王先謙補注引沈欽韓曰:"《古今注》:棨戟,殳之遺像,前驅之器,以木爲之。後世滋僞,無復典刑,以赤油韜之,亦謂之油戟。王公以下通用之以前驅。"又:"延壽衣黄紈方領,駕四馬,傅總,建幢棨,植羽葆,鼓車歌車。"顏師古注:"棨,有衣之戟也。其衣以赤黑繒爲之。"《後漢書·輿服志上》:"公以下至二千石,騎吏四人,千石以下至三百石,縣長二人,皆帶劍,持棨戟爲前列。"又:"大駕、法駕出,射聲校尉、司馬(吏)士載,以次屬車,在鹵簿中。諸車有矛戟,其飾幡斿旗幟皆五采。"《唐會要·輿服下》:"天寶六載四月八日敕改儀制令,廟社門、宮殿門,每門各二十戟,東宮每門各十八戟,一品門十六戟……國公及上護軍帶職事三品,若下都督,中下州門各十戟,並官給。"又:"元和六年十二月敕:立戟官階勛悉至三品,然後申請,仍編於格令。"《新唐書·儀衛志上》:"次左右武衛白旗仗……鈒、戟隊各一百四十四人,分左右三行應蹕,服如黄麾。"《宋史·輿服志二》:"門戟,木爲之而無刃,門設架而列之,謂之棨戟。天子宮殿門左右各十二,應天數也。宗廟門亦如之。國學、文宣王廟、武成王廟亦賜焉,惟武成王廟左右各八。臣下則諸州公門設焉,私門則府第恩賜者許之。"清周亮工《夜登杭州城樓有感》詩:"落日荒城滿目秋,轅門棨戟未全收。"《清史

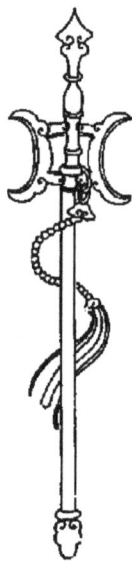

戟
（清允禄等《皇朝禮器圖式》）

稿·輿服志四》：“太上皇鹵簿……扇八十六，傘六十六，戟殳各四。”

【棨戟】

省稱“棨”。古代王公貴族儀仗所用前驅之器。以木爲之，以繒囊首。此稱漢代已行用。參見本卷《儀仗徽幟説·儀仗考》“戟”文。

【棨】[2]

“棨戟”之省稱。此稱漢代已行用。參見本卷《儀仗徽幟説·儀仗考》“戟”文。

【油戟】

裹以赤油之戟。由棨戟演變而來。此稱魏晋時已行用。參見本卷《儀仗徽幟説·儀仗考》“戟”文。

【門戟】

即戟。此稱唐宋代已行用。見該文。

矟

亦作“槊”。古代儀仗。由兵器矟演化而成，狀若長矛。木刃，黑質，畫雲氣。魏晋已用之，後沿襲。《釋名·釋兵》：“矛長八尺曰矟。馬上所持，言其矟矟便殺也。”《晋書·輿服志》：“步在後，騎皆持矟。”《舊唐書·穎王璬傳》：“請建大槊，蒙之油囊，爲旌節狀。”《新唐書·儀衛志上》：“左右衛黄旗仗，立於兩階之次……二人引旗，一人執，二人夾，二十人執矟，餘佩弩、弓箭。”《元史·輿服志二》：“矟，制以木，黑質，畫雲氣，上刻刃，塗以青。”《明史·儀衛志》：“皇太子儀仗，洪武元年定……矟、刀、盾各二十，戟八。”《金瓶梅詞話》第六五回：“各領所部人馬圍隨，藍旗纓槍，叉槊儀仗，擺數里之遠。”

【槊】

同“矟”。此體唐代已行用。見該文。

殳仗

古代宮廷儀仗之一種。以殳形兵器演化而成，故稱。木質，狀類矟而短，一端有棱。黑飾兩端，中白，畫雲氣，綴朱絲拂。多用於唐，達於明清。唐代元日、冬至大朝會及宴見蕃國王時陳之。宋元帝后鹵簿中“殳仗”有前隊與後隊之分。規模儀制不一。《新唐書·儀衛志上》：“元日、冬至大朝會，宴見蕃國王……又有殳仗、步甲隊，將軍各一人檢校。”又：“殳仗左右廂千人，廂別二百五十人執殳，二百五十人執叉，皆赤地雲花襖、冒、行縢、鞋韈。殳、叉以次相間。”《宋史·儀衛志三》：“〔徽宗政和〕三年，議禮局上皇后鹵簿之制……次左右領軍衛折衝都尉各一員，檢校殳仗。”《元史·輿服志二》：“〔外仗〕殳仗前隊……執殳二十五人，執叉二十五人，錯分左右。”清以鍛鐵爲之，通長一丈一尺，首長一尺四寸，八棱，鋄金龍紋，鋄長九寸，鏤龍首。《清史稿·輿服志四》：“法駕鹵簿……次儀刀、弓矢、豹尾槍、親軍、護軍相間爲十班，曁殳戟，均在丹陛東西。”

殳　仗
（清允禄等《皇朝禮器圖式》）

叉

古代儀仗。由叉形兵器演化而成。隋唐已用，後襲之。其制似戟而短，青飾兩末，中白，畫雲氣，綴朱絲拂。《新唐書·儀衛志上》：“又有殳仗……二百五十人執殳，二百五十人執叉，及、叉以次相間。"《元史·輿服志二》:"陪輅隊……推竿二人,托叉一人,梯一人,皆平巾青幘。"

千牛刀

刀名。語本《莊子·養生主》:"〔庖丁〕所解數千牛矣,而刀刃若新發於硎。"後遂指稱鋒利之刀,亦代稱御刀。人君防身必備利刀,用爲儀仗,則稱"千牛仗",執刀者稱"千牛備身"。《魏書·爾朱榮傳》:"夜夢一人從葛榮,索千牛刀。"南朝梁元帝《金樓子·箴戒》:"時楊玉夫見昱醉無所知,乃與楊萬年同入氈幄中,以千牛刀斬之。"《北史·魏紀五》:"丙午,帝率南陽王寶炬、清河王亶、廣陽王湛、斛斯椿以五千騎宿於灃西楊王別舍,沙門都維那惠臻負璽持千牛刀以從。"《通典·職官十》:"千牛,刀名,後魏有千牛備身,掌執御刀。因以名職。"原注:"謝綽《宋拾遺》有千牛刀,即人君防身刀也。"

千牛仗

古代帝王儀仗隊之一種。由手執千牛刀之千牛備身(侍從宿衛官)等組成,故稱。皇帝升殿時列於御座左右。《通典·禮八十六》:"千牛仗二人夾左右,其餘仗衛列於師保之外。"唐王建《宮詞》之六:"千牛仗下放朝初,王案傍邊立起居。"《新唐書·儀衛志上》:"又有千牛仗,以千牛備身左右爲之。千牛備身冠進德冠、服袴褶;備身左右服如三衛。皆執御刀、弓箭,升殿列御座左右。"《明集禮·儀仗篇》:"千牛仗者,以千牛備身爲之,皆執御刀弓箭,升殿列御座左右。"

儀刀

古代皇帝儀仗中所用之刀。銀製或木製銀飾,清製以鐵。因僅備威儀,故稱。始見於南北朝,晋宋亦曰"御刀",後歷代沿襲,但形制有變。《南齊書·豫章文獻王傳》:"臣自還朝,便省儀刀,捉刀左右十餘亦省。"《梁書·武帝紀上》:"我若總荆、雍之兵,掃定東夏,韓、白重出,不能爲計,

儀　刀
(明王圻等《三才圖會》)

況以無算之昏主,役御刀應敕之徒哉。"《隋書·禮儀志七》:"高祖受命,因周齊宮衛,微有變革……左右衛大將軍、左右直閤將軍、以次左右衛將軍,各領儀刀,爲十二行。"又:"梁武受禪於齊,侍衛多循其制……又置刀鈒、御刀、御楯之屬。"《資治通鑑·唐文宗開成元年》:"皇城留守郭皎奏:'諸司儀仗有鋒刃者,請皆輸軍器使,遇立仗別給儀刀。'"胡三省注:"儀刀,以木爲之,以銀裝之,具刀之儀而已。"《宋史·儀衛志六》:"御刀,晋、宋以來有之。黑鞘,金花銀飾,靶轭,紫絲絛紛錔。又儀刀,制同此,悉以銀飾。"《元史·輿服志二》:"儀刀,制以銀,飾紫絲紛錔。"

【御刀】

即儀刀。此稱晋代已行用。見該文。

班劍

亦作"斑劍"。亦稱"木劍""象劍"。古代朝官所佩之飾劍,後用作儀仗,由武士佩持,天子以賜功臣。始於漢,盛行於晋南北朝。漢制:官吏朝服佩劍。晋始代之以木,稱木劍。

貴者猶用玉首，賤者亦用蚌、金、銀、玳瑁爲斑斕之飾，故謂之斑劍。南朝宋齊謂之象劍，謂象於劍也。《晋書·簡文帝紀》：“太和元年，進位丞相……給羽葆、鼓吹、班劍六十人，又固讓。”《文選·任昉〈王文憲集序〉》：“追贈太尉，侍中、中書監如故，給節，加羽葆鼓吹，增班劍爲六十人。”李善注引《漢官儀》曰：“班劍者，以虎皮飾之。”張銑注：“羽葆、斑劍，並葬之儀衛，增於常儀，爲六十人也。”《南史·陳始興王叔陵傳》：“及倉卒之際，又命左右取劍，左右不悟，乃取朝服所佩木劍以進。”宋高承《事物紀原·旗旐采章·班劍》：“本漢朝服帶劍，取五色班闌之義。《開元禮義纂》曰：‘漢制，朝服帶劍，晋代之以木，謂之班劍，宋齊謂之象劍。’”《宋會要·輿服三》：“班劍，取裝飾斑斕之義，稍以黄質紫斑文……又鹵簿法駕中有班劍。”《明史·儀衛志》：“〔皇帝儀仗〕丹陛左右陳幢節……班劍、吾杖……，各三行。”

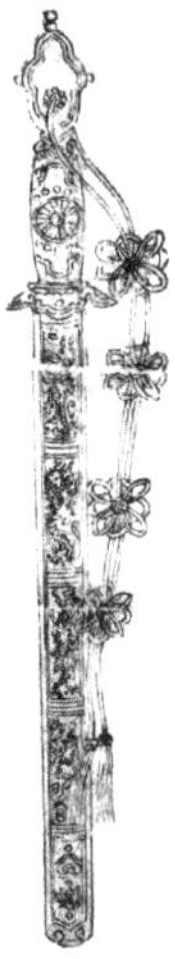

班　劍
（清蔣廷錫等《古今圖書集成》）

【斑劍】

同“班劍”。以其裝飾斑斕，故稱。此體漢代已行用。見該文。

【木劍】

即班劍。此稱晋代已行用。見該文。

【象劍】

即班劍。此稱南北朝時期已行用。見該文。

瓟槊

亦作“爮槊”“犦矟”“犦槊”。古儀仗中的金瓜大槌。以其首端圓大如瓟，故稱。始於秦漢，隋爲三品以上官員所用，後繼之，但用法小异。《隋書·煬帝紀上》：“三品以上給爮槊。”《新唐書·儀衛志下》：“領清道直盪及檢校清游隊各二人，執犦矟騎從。”宋宋祁《宋景文公筆記·釋俗》：“宣獻宋公著《鹵簿記》，至犦槊不能得其始，徧問諸儒，無知者。予後十餘年方得其義，云江左有瓟槊，以首大如瓟，故云。”宋吴自牧《夢粱録·駕詣景靈宫儀仗》：“又有儀仗内名犦矟者，按《開元禮記》：‘金吾將軍執犦矟以察隊伍，去其非違。形如劍而三其刃，以虎豹皮爲袋盛之。其制始於秦漢。’”又因刻犦牛於其首，以示威武，故又稱“犦槊”，或“犦矟”。宋程大昌《演繁露·犦槊》：“予案《爾雅》：‘犦牛，犎牛也。’此獸抵觸百獸，無敢當者，故金吾仗刻犦牛於槊首，以碧油囊籠之……今金吾仗以犦槊爲第一隊，則是犦槊云者，刻犎牛於槊首也。”宋龐元英《文昌雜録》卷二：“禮官曰：‘犦矟，棒也。’以黄金塗末，執之以扈蹕……犦矟末刻牛，以黄金飾之。”《元史·輿服志二》：“犦矟，制如節，頂刻牛首，有袋，上加碧油。”明朱謀㙔《駢雅·釋器》：“犦槊，瓟槊也。”

【爮槊】

同“瓟槊。”此體隋代已行用。見該文。

【犦矟】

同“瓟槊”。此體宋代已行用。見該文。

【犦槊】

同“瓟槊”。此體明代已行用。見該文。

【攃槊】

即骨朵。此稱宋代已行用。因其首端攃牛形，故名。見該文。

【攃稍】

即骨朵。此稱宋代已行用。見該文。

金瓜

古代衛士所執的一種兵仗。仗端呈瓜形，銅質，以其塗以金色，故稱。有立瓜、臥瓜兩式。《大宋宣和遺事·亨集》："這和尚必是南方二會子左道術，使此妖法唬朕。交金瓜簇下斬訖報來。"元張昱《輦下曲》之十九："衛士金瓜雙引導，百司擁醉早朝回。"《三國演義》第七一回："武士手執大紅羅銷金傘蓋，左右金瓜銀鉞，鐙棒戈矛。"《明會典·兵部·侍衛》："錦衣衛將軍八人，明盔甲，懸金牌，佩刀，執金瓜。"

立瓜

金瓜之一種。其形如瓜，且立置，故稱。本爲古兵器，宋元後用爲儀仗。具體形制因朝代和使用者不同而小有差异。《元史·輿服志一》："次立瓜十，次臥瓜三十，並夾葆蓋、小戟、儀鍠，分左右行。"又《輿服志二》："立瓜，制形如瓜，塗以黃金，立置，朱漆棒首。"《三才圖會·儀制》："按《武經》云：'骨朵有二色，曰蒺藜、曰蒜頭，蓋因物制形以爲仗衛之用。卧瓜、立瓜蓋亦骨朵（明王圻等《三才圖會》）

立　瓜

之流，取象於物者也。"《清會典·工部》："立瓜六，長七尺二寸，臥瓜六，長六尺九寸。"《清史稿·輿服志四》："皇帝大駕鹵簿……吾仗十六，立瓜、臥瓜各十六。"

皇帝鹵簿立瓜

立瓜之一種。見於元代以後。清制，雕木爲瓜形，長七寸五分，圍一尺四寸三分，六棱，有蒂，刻夔龍，以金塗之，立置柄首。柄以竹製，朱漆塗之。（清允禄等《皇朝禮器圖式》）通高八尺二寸五分。參見本卷《儀仗徽幟說·儀仗考》"立瓜"。參閱《清史稿·輿服志四》《皇朝禮器圖式·鹵簿二》。

皇帝鹵簿立瓜

皇太后儀駕立瓜

立瓜之一種，元後用於皇太后儀駕，明稱儀仗立瓜。清制，通高七尺八寸，雕木爲瓜形，瓜長七寸，圍一尺四寸，有棱，有蒂，刻雲紋，金塗之，立置，朱漆柄首。柄長五尺九寸，圍三寸八分，以竹爲之。參見本卷《儀仗徽幟說·儀仗考》"立瓜"文。參閱《清史稿·輿服志四》《皇朝禮器圖式·鹵簿三》。

皇后儀駕立瓜

立瓜之一種，元後用於皇后儀駕，明稱儀仗立瓜。清制，通高七尺五寸，雕木爲瓜形，瓜長七寸，圍一尺四寸，六棱，有蒂，刻雲紋，金塗之，立置，朱漆柄首。柄長五尺五寸五分，圍三寸八分，以竹爲之。參見本卷《儀仗徽幟說·儀仗考》"立瓜"文。參閱《清史稿·輿服志四》《皇朝禮器圖式·鹵簿三》。

皇貴妃儀仗立瓜

立瓜之一種。明稱皇妃儀仗立瓜。清制同皇后儀駕立瓜。參見本卷《儀仗徽幟説·儀仗考》"立瓜""皇后儀駕立瓜"文。參閲《清史稿·輿服志四》。

貴妃儀仗立瓜

立瓜之一種。用於清，其制同皇后儀駕立瓜。參見本卷《儀仗徽幟説·儀仗考》"立瓜""皇后儀駕立瓜"文。參閲《清史稿·輿服志四》。

妃采仗立瓜

立瓜之一種。用於清。其制同皇后儀駕立瓜。參見本卷《儀仗徽幟説·儀仗考》"立瓜""皇后儀駕立瓜"文。參閲《清史稿·輿服志四》。

嬪采仗立瓜

立瓜之一種。用於清。其制同皇后儀駕立瓜。參見本卷《儀仗徽幟説·儀仗考》"立瓜""皇后儀駕立瓜"文。參閲《清史稿·輿服志四》。

卧瓜

金瓜之一種。以其形如瓜，且卧置，故稱。多見於元代以後。具體形制因朝代和使用者身份不同而小有差异。《元史·輿服志二》："卧瓜，制形如瓜，塗以黄金，卧置，朱漆棒首。"《明史·儀衛志》："皇后儀仗……

卧　瓜
（明王圻等《三才圖會》）

立瓜四，卧瓜四。"《清史稿·輿服志四》："和碩公主儀衛，吾仗二、立瓜二、卧瓜二、骨朵二。"

皇帝鹵簿卧瓜

卧瓜之一種。清制，雕木爲瓜形，長七寸五分，圍一尺四寸二分，六棱，有蒂，刻夔龍，以金塗之，卧置柄首。柄以竹爲之，塗以朱漆。參見本卷《儀仗徽幟説·儀仗考》"卧瓜"文。參閲《清史稿·輿服志四》《皇朝禮器圖式·鹵簿二》。

皇太后儀駕卧瓜

卧瓜之一種。明稱儀仗卧瓜。清制，通高七尺五寸，雕木爲瓜形，瓜長六寸九分，圍一尺五寸。六棱，有蒂，刻雲紋，卧置柄首。柄孔銜以龍首，皆塗金。以竹爲柄，長五尺九寸，圍三寸八分，朱漆塗之。參見本卷《儀仗徽幟説·儀仗考》"卧瓜"文。參閲《清史稿·輿服志四》《皇朝禮器圖式·鹵簿三》。

皇后儀駕卧瓜

卧瓜之一種。元後用於皇后儀駕。明稱儀仗卧瓜。清制：通高七尺三寸，瓜長六寸八分，圍一尺四寸，柄長五尺七寸。餘同皇太后儀駕卧瓜。參見本卷《儀仗徽幟説·儀仗考》"卧瓜""皇太后儀駕卧瓜"文。參閲《清史稿·輿服志四》《皇朝禮器圖式·鹵簿三》。

皇貴妃儀仗卧瓜

卧瓜之一種。明稱"皇妃儀仗卧瓜"。清制同皇后儀駕卧瓜。參見本卷《儀仗徽幟説·儀仗考》"卧瓜""皇太后儀駕卧瓜"文。參閲《清史稿·輿服志四》。

貴妃儀仗卧瓜

卧瓜之一種。用於清，其制同皇后儀駕卧瓜。參見本卷《儀仗徽幟説·儀仗考》"卧瓜”“皇太后儀駕卧瓜”文。參閱《清史稿・輿服志四》。

妃采仗卧瓜

卧瓜之一種。其制同皇后儀駕卧瓜。另，明皇妃、東宮妃、親王妃各有儀仗卧瓜。參見本卷《儀仗徽幟説・儀仗考》“卧瓜”“皇太后儀駕卧瓜”文。參閱《清史稿・輿服志四》。

嬪采仗卧瓜

卧瓜之一種。其制同皇后儀駕卧瓜。參見本卷《儀仗徽幟説・儀仗考》“卧瓜”“皇太后儀駕卧瓜”文。參閱《清史稿・輿服志四》。

骨朵

亦稱“骨朵子”。本爲古代的一種兵器，其形制爲一蒜頭形或蒺藜形的頭綴於長棒頂端，用鐵、銅或硬木製成。唐以後用爲刑杖。宋以後并用爲儀仗。《宋史・儀衛志四》：“〔政和大駕鹵簿〕次駕前東第五班……都知、副都知各一人，執骨朵殿侍十六人。”又：“次奉宸隊。御龍直，左厢骨朵子直，右厢弓箭直，弩直。”《清史稿・輿服志四》：“太宗崇德元年，備大駕鹵簿……立瓜、卧瓜、骨朵各二，吾仗六。”骨朵名稱之由來，有不同説法。一説源於“骨柮”。宋趙彦衞《雲麓漫鈔》卷二：“《宋景文公筆記》云：關中謂大腹爲孤都，語訛爲骨朵，非也。蓋‘撾’字古作‘柮’，嘗飾以骨，故曰骨柮。後世吏文略去草而祇書

骨　朵
（明王圻等《三才圖會》）

朵，又‘柮’‘朵’音相近，訛而不返。今人尚有‘撾劍’之稱，從可知矣。”一説源於“胍肫”或“胍肫”。《集韵・平模》：“肫，胍肫，椎之大者，故俗謂杖頭大者爲胍肫。”明王圻等《三才圖會・儀制》：“按宋祁《筆記》曰：‘……關中人謂腹之大者爲胍肫，俗因謂仗頭大者亦爲‘胍肫’，後訛爲骨朵。’胍肫音孤突。《武經》曰：‘骨朵二色，曰蒺肫，曰蒜頭，以鐵若木爲大首。’元制以朱漆棒首貫以金塗銅……今制朱漆竿爲柄，下用金飾，上貫骨朵。”明茅元儀《武備志・軍資乘》：“蒺藜、蒜頭，骨朵二色，以鐵若木爲大首。足迹其意，以爲胍肫。胍肫，大腹也，謂其形如胍而大，後人語訛，以胍爲骨，以肫爲朵。”

【骨朵子】

即骨朵。此稱宋代已行用。見該文。

【胍肫】

即骨朵。此稱宋代已行用。見該文。

【胍肫】

即骨朵。此稱宋代已行用。見該文。

列絲骨朵

骨朵之一種。見於元。其制如骨朵，外加紐絲紋。《元史・輿服志二》：“拱衛控鶴第一隊……負劍者三十人，次執吾杖者五十人，次執斧者五十人，次執鐙杖者六十人，次執列絲骨朵者三十人，皆分左右。”參見本卷《儀仗徽幟説・儀仗考》“骨朵”文。

星

清代儀仗中一種朱漆長竹、圓頂如星之器物，爲皇帝鹵簿所用。其形制，通高八尺七寸，雕木爲首，長六寸三分，圍長五寸四分，六瓣交攢，刻雲蝙蝠。上爲圓頂如星，高一寸

四分，旁亦如之，差小，鋈上銜以龍首，皆塗金。柄以竹爲之，長六尺二寸二分，圍長四寸，朱漆塗之。《清史稿·輿服志四》："〔皇帝大駕鹵簿〕立瓜、卧瓜各十六，星、鉞各十六。"參閲《皇朝禮器圖式·鹵簿二》。

豹尾槍

古代儀仗。飾有豹尾之槍。皇帝及王公所用。清制，鍛鐵爲之，通長一丈一尺七分，刃長一尺五寸。冒以木，黄油繪行龍。鋈塗金，鏤垂雲紋，下綴朱犛。垂鐶縣豹尾，長三尺三寸。攢竹爲柄，朱漆塗之，繪金雲龍，長九尺五寸，圍四寸九分五釐。鐏以鐵鋄銀，長七寸。《清史稿·輿服志四》："皇帝大駕鹵簿……戟四、殳四、豹尾槍三十、弓矢三十，儀刀三十。"又："崇德初年，定鎮國公紅傘一，豹尾槍二，旗六，紅仗二。"參閲《皇朝禮器圖式·鹵簿一》。

星
（清允禄等《皇朝禮器圖式》）

幰弩

省稱"弩"。古代儀仗。幰爲車前帷幔，弩爲古兵器，後用爲儀仗，即弩外加幔罩，故稱。唐已用之。《通典·禮六十七》："親王鹵簿。清道六人爲三重，次幰弩一。"《新唐書·儀衛志下》："親王鹵簿。有清道六人爲三重，武弁、朱衣、革帶。次幰弩一，執者平巾幘、緋袴褶，騎。"又："一品鹵簿。有清道四人爲二重，幰弩一騎。"《宋史·儀衛志六》："幰弩，漢京尹、司隸前驅，持弓以射窺者。宋制，每弩加箭二，有韣，畫雲氣，仗内弩皆同。"又《儀衛志四》："宣和，改都尉爲捧日都指揮使。左右金吾各十六騎，帥兵官二人，弩八，弓矢、稍各十二。"《明史·儀衛志六》："第二行……内一人執旗，旗下四人執弩。"

皇帝大駕鹵簿豹尾槍
（清允禄等《皇朝禮器圖式》）

【弩】

"幰弩"之省稱。此稱宋代已行用。見該文。

節　幢

節²

古代儀仗。以竹爲柄，上飾毛、絲等物。漢即用之，達於清。因朝代不同而種類、形制各异。宋高承《事物紀原·旗旐采章部》引《西京雜記》曰："漢大駕鹵簿有節十六在左右。則漢始用爲儀仗也。"唐韓愈《曹成王碑》："明年，李希烈反，遷御史大夫，授節帥江西，以討希烈。"《明集禮·嘉禮三·節》："按，節之制，漢以竹爲之，柄長八尺，以旄牛尾爲耗三重。唐制，節垂畫木盤三，相去數寸，隔垂赤麻，銅龍一首，紫綀爲袋，油囊爲表。其册后，皆命太尉持節……元制，金塗龍首，竿上施圓盤，朱絲拂八層，韜以黃羅雲龍袋，其冊后亦皆命太尉持節。國朝……其制朱漆杠，金龍首，上施圓盤、旄牛毛、纓八層、金銅鈴、韜以黃羅繡龍袋。”《清史稿·輿服志四》：“〔法駕鹵簿〕階下靜鞭、仗馬，列甬道東西。紫赤方傘、扇、幢、旛旌、節、氅……列丹墀東西。”

金節 [2]

節之一種。古代庭殿之儀仗。隋已見之。其制，黑漆竿，上施圓盤，周綴紅絲拂八層，籠以黃繡龍袋。《隋書·禮儀志七》：“高祖受命，因周齊宮衛，微有變革……其次，戟二十四，左青龍幢，右白獸幢，罕、畢各一，鈒金二十四，金節十二道。”唐宋後因隋制。唐劉長卿《奉餞郎中四兄罷余杭太守承恩加侍御史充行軍司馬赴汝南行營》詩：“權分金節重，恩借鐵冠雄。”《宋史·儀衛志一》：“黃麾半仗，金節一十二人；黃麾小半仗、黃麾角仗，各設金節十二人。”又《儀衛志六》：“金節，隋制也。黑漆竿，上施圓盤，周綴紅絲拂八層，黃繡龍袋籠之。”《元史·輿服志二》：“金節，制如麾，八層，韜以黃羅雲龍袋。又引導節，金塗龍頭朱漆竿，懸五色拂，上施銅鈒。”明制同宋。清有皇帝鹵簿金節、皇太后儀駕金節、皇后儀駕金節等，其制各不相同。《清史稿·輿服志四》：“皇帝大駕鹵簿……其制，前列導象四，次寶象五，次靜鞭四……次黃麾四，儀鍠氅四，金節四。”

金　節
（明徐一夔等《明集禮》）

皇帝鹵簿金節

金節之一種。皇帝專用。始於隋，達於清。具體形制不一。隋制，黑漆竿，上施圓盤，周綴紅絲拂八層，以黃繡龍袋籠之。唐、宋、明因之。元制，如麾，八層，韜以黃羅雲龍袋。清制：朱紃貫朱旄八，下繫朱緌屬於竿，韜以黃紗，通繡雲龍，蓋以綠緞罩之，紅緣。垂幨紅綠二重。四角飾銅龍首，懸雲佩五就，綴以金索。以竹爲竿，長一丈，圍四寸三分，上爲曲項加塗金龍首，銜環繫節，鍍以銅鋄銀，高五分。參閱《隋書·禮儀志七》《清史稿·輿服志四》。

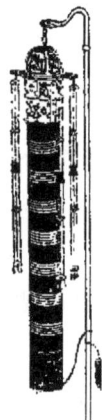

皇帝鹵簿金節
（清允禄等《皇朝禮器圖式》）

皇太后儀駕金節

金節之一種。清皇太后專用。其制，通高一丈一尺二寸，朱紃貫朱旄八，下繫朱緌屬於竿。韜以黃紗，長八尺，圍二尺九寸，通繡五色龍鳳。蓋高九寸，徑一尺二寸，綠緞罩之，紅緣。垂幨黃紅二重。攢竹爲竿，朱漆塗之，長一丈，圍四寸三分。上爲曲項，加塗金鳳首，銜環屬銅蓋繫節。參閱《清史稿·輿服志四》。

皇太后儀駕金節
（清允禄等《皇朝禮器圖式》）

皇后儀駕金節

金節之一種。清皇后專用。其制，高一丈一尺，朱紃貫朱旄八，下繫朱綏屬於竿。韜以黄紗，長七尺九寸，圍二尺七寸，通綉五色龍鳳。蓋高九寸，徑一尺一寸，緑緞罩之，紅緣。垂幨黄紅二重。攢竹爲竿，塗以朱漆。長一丈，圍四寸三分，上爲曲項加塗金鳳首，銜環屬銅蓋繫節。參閱《清史稿·輿服志四》。

皇后儀駕金節
（清允禄等《皇朝禮器圖式》）

皇貴妃儀仗金節
（清允禄等《皇朝禮器圖式》）

皇貴妃儀仗金節

金節之一種。清皇貴妃專用。其制，朱塗貫朱旄八，下繫朱綏屬於竿。韜以黄紗，長七尺六寸，圍二尺六寸，通綉五采翟。蓋紅緞罩之，高九寸，徑一尺二寸，緑緣。垂幨黄紅二重。攢竹爲竿，朱漆塗之，長一丈，圍四寸三分，上爲曲項加塗金翟首，銜環屬銅蓋繫節。參閱《清史稿·輿服志四》。

貴妃儀仗金節

金節之一種。清貴妃專用。其制同皇貴妃儀仗金節。參閱《清史稿·輿服志四》。

妃采仗金節

金節之一種。清妃子專用。其制同皇貴妃儀仗金節。參閱《清史稿·輿服志四》。

嬪采仗金節

金節之一種。清嬪專用。其制同皇貴妃儀仗金節。參閱《清史稿·禮儀志四》。

幢 [1]

古代旌旗類儀仗。垂筒形，飾有羽毛，錦綉。常在軍事指揮、儀仗行列中使用。始於先秦，後代沿襲，但形制有變，種類益多，有朱雀幢、青龍幢、白虎幢、玄武幢，又有羽葆幢、霓幢、紫幢、長壽幢等。《韓非子·大體》："車馬不疲弊於遠路，旌旗不亂於大澤，萬民不失命於寇戎，雄駿不創壽於旗幢。"《漢書·王莽傳》："帥持幢，稱五帝之使。"又《韓延壽傳》："建幢棨，植羽葆。"晋灼注："幢，旌幢也。"顔師古注："幢，麾也。"《宋史·儀衛志六》："幢，制如節而五層，韜以袋，綉四神，隨方色，朱漆柄。取《曲禮》'行前朱雀而後玄武，左青龍而右白虎'之義。王公所給幢，黑漆柄，紫綾袋。中興，用生色袋。"清蒲松齡《聊齋志異·夢狼》："翁入，果見甥，蟬冠豸綉坐堂上，戟幢行列。"《清史稿·輿服志四》："〔法駕鹵簿〕紫赤方傘、扇、幢、旛、旄、節、氅、麾、纛、旗、鉞、星、瓜、仗，列丹墀東西。"

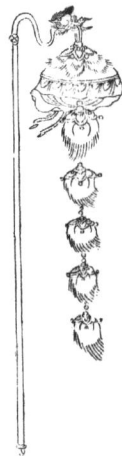

幢
（明王圻等《三才圖會》）

羽葆幢 [1]

幢之一種。初稱"羽葆"。以鳥羽連綴爲飾之蓋狀物。先秦時爲葬禮所用。後用爲天子儀仗。《禮記·雜記下》："匠人執羽葆御柩。"孔穎達疏："羽葆者,以鳥羽注於柄頭,如蓋,謂之羽葆。葆,謂蓋也。"《漢書·韓延壽傳》："建幢棨,植羽葆。"顏師古注："羽葆,聚翟尾爲之,亦今纛之類也。"《晉書·石季龍載記下》："因而游獵,乘大輅,羽葆,華蓋,建天子旌旗。"《爾雅·釋言》："翢,纛也。纛,翳也。"晉郭璞注："今之羽葆幢。舞者所以自蔽翳。"明王圻等《三才圖會·儀制》:"鄭康成注《周禮·夏采》職云:'綏,以旄牛尾爲之,綴於幢上。'所謂注旄於幢上,節、幢、麾制皆相類,唯以層數別之。晉始有羽葆幢。宋制如節而五層,紫綾袋籠之。今制,朱漆竿,金龍首,垂綠蓋,紅氂牛毛五層,上戴白羽。"《明會典·工部二·營造二·儀仗》:"羽葆幢,硃漆攢竹竿,帶貼金銅龍頭,共長一丈二尺五寸五分,內龍頭鈎一尺,衡抹金銅圈,加白羽,銅頂綠羅寶蓋。下以紅絲圓條貫紅纓簇圓,凡五層,每層上施抹金銅頂,藍斜皮雲蓋,懸銅鈴。"按,羽葆幢漢代已用爲儀仗,稱爲"羽葆",晉代祇是完善其制,始稱"羽葆幢"而已。清以朱紃貫朱旄五,上各衡金葉。冒以綠革,綴金節四。不加韜。蓋,綠緞罩之,紅緣,垂幨紅黃兩重。竿飾翟首。餘同皇帝鹵簿長壽幢之制。《清史稿·輿服志四》:"〔皇帝大駕鹵簿〕羽幢四,霓幢四,紫幢四,長壽幢四。"

羽葆幢
（明王圻等《三才圖會》）

【羽葆】[1]

即羽葆幢。此稱漢代已行用。見該文。

青龍幢

幢之一種。與羽葆幢形制類近而頂無白羽,行進中置於左部,韜以青龍綉袋,故稱。隋唐已用之,後繼之,但形制少別。如宋以朱漆竿,上施圓盤,周綴紅絲拂五層,韜以紫綾袋。元則以碧綉青龍袋韜之。《隋書·禮儀志七》:"大駕則執黃麾仗,其次戟二十四,左青龍幢,右白獸幢。"《宋史·儀衛志五》:"持鈒前隊……黃麾幡一,青龍、白虎幢各一,金節十二。"《明會典·工部二·營造二·儀仗》:"青龍幢,制同羽葆幢,但頂無白羽,有青紗衣籠,衣長七尺五寸,闊一尺二寸,金綉青龍雲文。"《清史稿·輿服志四》:"大駕鹵簿之制……羽葆幢四,青龍、白虎、朱雀、神武幢各一。"

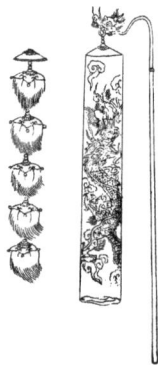

青龍幢
（明王圻等《三才圖會》）

白虎幢

幢之一種。行進中置於右部,韜以白虎綉袋,故稱。隋已用之,後相繼之,但形制少別。唐人避高祖之祖李虎諱,改"虎"爲"獸",故亦稱"白獸幢"。宋以朱漆竿,上施圓盤,周綴紅絲拂五層,韜以紫綾袋。元則以素綉白虎袋韜之。《隋

白虎幢
（明王圻等《三才圖會》）

書·禮儀志七》："大駕則執黄麾仗，其次戟二十四，左青龍幢，右白獸幢。"《明會典·工部二·營造二·儀仗》："白虎幢，制同青龍幢，但用白紗衣籠，金繡白虎雲文。"《清史稿·輿服志四》："大駕鹵簿之制……羽葆幢四，青龍、白虎、朱雀、神武幢各一。"

【白獸幢】

即白虎幢。此稱唐代已行用。見該文。

朱雀幢

幢之一種。行進中置於前部，韜以朱雀繡袋，故稱。隋唐已用之，後繼之，但形制少別。宋制，朱漆竿，上施圓盤，周綴紅絲拂五層，韜以紫綾袋，元制則以紅繡朱雀袋韜之。《新唐書·儀衛志上》："前隊執銀裝長刀，紫黄綬紛。絳引幡一，金節十二，分左右。次罕、畢、朱雀幢、叉，青龍、白虎幢、道蓋、叉，各一。"《明會典·工部二·營造二·儀仗》："朱雀幢，制同青龍幢，但用紅紗衣籠，金繡朱雀雲文。"

朱雀幢
（明王圻等《三才圖會》）

玄武幢

亦稱"神武幢"。幢之一種。行進中置於後部，韜以玄武繡袋，故稱。隋唐已用之，《新唐書·儀衛志上》："次絳麾二，左右夾玄武幢。"後代繼之，但形制少別。如宋以竹漆竿，上施圓盤，周綴紅絲拂五層，韜以紫綾袋，元則以皂繡玄武袋韜之。《明會典·工部二·營造二·儀仗》："玄武幢，制同青龍幢，但用皂紗衣籠，金繡龜蛇雲文。"清人爲避聖祖玄燁諱而改"玄"爲"神"。《清史稿·輿服志四》："大駕鹵簿之制……羽葆幢四，青龍、白虎、朱雀、神武幢各一。"

【神武幢】

即玄武幢。此稱清代已行用。見該文。

玄武幢
（明王圻等《三才圖會》）

長壽幢

幢之一種。始見於唐代，用於皇帝之鹵簿儀仗。清以朱紃貫朱旒五，下繫朱綏屬於竿，韜以黄紗。通高一丈一尺一寸。幢長八尺，圍二尺七寸。通繡青"壽"字，篆文。下垂五彩流蘇。蓋高九寸，徑一尺。穿曲下覆，黄緞罩之，綠緣，垂幨青綠二重，皆繡金雲龍。四角飾銅龍首，縣雲佩五就，綴以金索。竿，攢竹爲之，塗以朱漆。長一丈，圍四寸三分，上爲曲項加塗金龍首，衡環繫幢。鐓以銅鍍銀，高五分。《大唐開元禮·大駕鹵簿》："其新製苣文旗、刃旗、肆神幢、長壽幢及左右千牛將軍，衣瑞牛文。"《金史·儀衛志上》："面北第一行，長壽幢一，居中，牙門旗八，共二十四人。"《清史稿·輿服志四》："〔皇帝大駕鹵簿〕羽葆幢四，霓幢四，紫幢四，長壽幢四。"

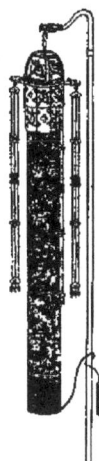

長壽幢
（清允祿等《皇朝禮器圖式》）

紫幢

　　幢之一種。始見於隋，達於清。清以朱紃貫朱旄五，韜以紫紗。通繡花蝶。下垂金黃流蘇。餘同長壽幢之制。《清史稿·輿服志四》："〔皇帝大駕鹵簿〕羽葆幢四，霓幢四，紫幢四，長壽幢四。"參閱《皇朝禮器圖式·鹵簿一》。

皇帝大駕鹵簿紫幢

紫　幢
（清允禄等《皇朝禮器圖式》）

霓幢

　　幢之一種。始見於漢，達於清。清以朱紃貫朱旄五，韜以月白紗。通繡五色虹霓。餘同長壽幢之制。《清史稿·輿服志四》："〔皇帝大駕鹵簿〕羽葆幢四，霓幢四，紫幢四，長壽幢四。"參閱《皇朝禮器圖式·鹵簿一》。

皇帝大駕鹵簿霓幢

霓　幢
（清允禄等《皇朝禮器圖式》）

氅

　　古代儀仗。狀類節幢，爲竿挑之懸挂物，多飾以鳥羽。因鷖鳥之羽毛名"氅"，故名。實則并非全用鷖羽。南朝即有白氅、赤氅、青氅、儀鍠氅，後歷代沿襲，但形制、種類不一。懸於戟端，則稱戟氅；懸於戈端，則稱戈氅；懸於儀鍠端，則稱儀鍠氅。又隋大業二年（606）建花氅。《隋書·禮儀志七》："梁武受禪於齊，侍衛多循其制……兼有御仗、鋋矟、赤氅、角抵、勇士、青氅、長刀、刀劍、細仗、羽林等左右二百七十六人，以分直諸門，行則儀衛左右。"唐有六色氅，即赤氅、青氅、黑氅、鷖

氅、白氅、黃氅，又有小孔雀氅，大、小五色鸚鵡毛氅及鷄毛氅等。《新唐書·儀衛志上》："黃麾仗，左右厢各十二部，十二行。第一行，長戟，六色氅，領軍衛赤氅，威衛青氅、黑氅，武衛鷖氅，驍衛白氅，左右衛黃氅。"又："第三行，大矟，小孔雀氅……第五行，短戟，大五色鸚鵡毛氅……第七行，小矟，小五色鸚鵡毛氅……第九行，戎，鷄毛氅。"宋、元、明以至清，又增各種龍頭竿繡氅。《宋史·儀衛志一》："殿庭立仗，本充庭之制。唐禮，殿庭、屯門，皆列諸衛黃麾大仗。宋興，太祖增創錯繡諸旗並幡氅等，著於《通禮》，正、至、五月一日，御正殿則陳之。"《元史·輿服志二》："龍頭竿繡氅，竿如戟，無鈎，下有小橫木，刻龍頭，垂朱綠蓋，每角綴珠佩一帶，帶末有金銅鈴。"《清史稿·輿服志四》："嘉慶元年，因授璽禮成，陳太上皇鹵簿於寧壽宮。其制……麾、氅、節各四，旌十六。"參見本卷《儀仗徽幟説·儀仗考》"龍頭竿氅"文。

龍頭竿氅

　　亦稱"龍頭竿繡氅"。氅之一種。宋已用之，元、明繼之。其制，分青、緋、皂、白、黃五色，上有朱蓋，下垂帶，帶繡禽羽，末綴金鈴。青則繡以孔雀，五角蓋；緋則繡以鳳，六角蓋；皂則繡以鵝，六角蓋；白亦以鵝，四角蓋；黃則以鵝，四角蓋。每角綴垂佩，揭以朱竿，上如戟，加橫木龍首以繫之。元制，竿如戟，無鈎。下有小橫木，刻龍首，垂朱綠蓋，每角綴珠佩一帶，帶末有金銅鈴。明制，竿鈎下有小橫木，刻龍頭，垂紅五角蓋，下綴紫綠銷金裙腰，連綴青氅帶五，各繡一鳳，末垂金銅鈴，每角仍垂佩珠。《宋史·儀衛志一》："〔黃

麾角仗〕帥兵官十人，分部之南北，各爲五重。執儀刀部九行，每行持各十人。第一，龍頭竿黃雞四角麾；第二，儀鍠五色幡；第三，青孔雀五角麾；第四，鳥戟；第五，緋鳳六角麾。"又《儀衛志二》："尚書兵部供黃麾仗内法物：罕、罼各一。五色绣麾子並龍頭竿掛，第一，青绣孔雀麾；第二，緋绣鳳麾；第三，青绣孔雀麾；第四，皂绣鵝麾；第五，白绣鵝麾；第六，黃绣雞麾。"明王圻等《三才圖會·儀制三》："〔宋〕天聖鹵簿有龍頭竿绣麾。"

龍頭竿绣麾
（清蔣廷錫等《古今圖書集成》）

【龍頭竿绣麾】

即龍頭竿麾。此稱宋代已行用。見該文。

儀鍠麾

初稱"儀鍠"。古代一種似旌而以儀鍠爲竿的儀仗旗。皇帝所建。儀鍠，兵器之一種，秦代以鐵爲之，鉞屬。唐代始用爲儀仗，刻木爲斧形，上綴五色旛。宋制似唐，亦以木爲之，謂之儀鍠。五色幡，塗刃以青柄，以朱畫雲氣，上綴小錦旛，五色帶，帶垂金銅鈴。元代朱色柄，稱"儀鍠斧"。明同宋制，始稱"儀鍠麾"。至清代略異，以竹節爲刃，銜以龍首，貫以金鈑。《新唐書·儀衛志》："黃麾仗，左右廂各

儀鍠麾
（明王圻等《三才圖會》）

十二部十二行……第二行儀鍠，五色旛，赤地雲花襖冒。"《玉海·車服三·儀仗》："儀鍠，鉞屬，秦漢有之，唐用爲儀衛。"《宋史·儀衛志一》："第一行黃雞四角麾（原注：凡麾皆持以龍頭竿），第二儀鍠五色旛。"又："儀鍠四十人，皆纈帽五色寶花。"《元史·輿服志二》："儀鍠斧，制如斧，刻木爲之，柄以朱，上綴小錦旛，五色帶。"《明史·儀衛志》："〔皇帝儀仗〕丹墀左右布黃麾仗……戟麾、戈麾、儀鍠麾等各三行。"《清史稿·輿服志四》："〔皇帝大駕鹵簿〕次黃麾四，儀鍠麾四，金節四。"《清會典圖·輿衛三》："儀鍠麾，五色緞相間，如降引旛之制，蓋如旌而無帶。"又："麾高二尺五寸，竹節刃，銜以龍首，貫金鈑，形如雙鉞相背，龍首繫麾，杆如長壽幢之制。"參見本卷《儀仗徽幟説·儀仗考》"麾""長壽幢"文。參閲《三才圖會·儀制》。

【儀鍠】

即儀鍠麾。作爲儀仗之稱，唐代始行用。見該文。

【儀鍠斧】

即儀鍠麾。此稱元代已行用。見該文。

戟麾

麾之一種。其竿爲戟。宋代始行用。戟以木爲之，在罩外，赤質。罩畫雲氣，上綴飛掌，垂紅色帶，帶末有銅鈴。景祐五年（1038）重製，定長一丈六尺。元制亦以木爲之，有分支，塗以黃金，竿以朱漆。明代仍爲戟形，以黃金塗之，朱竿。餘同宋制。清代未見行用。《三才圖會·儀制》："戟麾，宋制以木爲之，在車輪外，赤質，畫雲氣，上綴飛掌，垂五色帶，末有銅鈴。景祐五年重製，定長一丈六尺。元制

以木，有枝，塗以黃金，竿以朱漆。今（明）爲戟枝，以黃金塗之，朱竿，餘同宋制。"《明史·儀衛志》："〔皇帝儀仗〕丹墀左右布黃麾仗……戟氅、戈氅、儀鍠氅等各三行。"

戈氅

氅之一種。其杆爲戈。明代已見行用。戈以木爲之，塗以黃金。朱竿，罩上畫雲氣，上綴五色旛帶，末俱綴金銅鈴。清代未見行用。《三才圖會·儀制》："戈氅，按《釋名》曰：'戈，勾子戟也。戈，過也。所刺決過之，所勾引制之不得過也。'今制爲戈刃，以黃金塗之。朱竿。畫雲氣，上綴五色旛帶，末俱綴金銅鈴。"《明史·儀衛志》："〔皇帝儀仗〕丹墀左右布黃麾仗……戟氅、戈氅、儀鍠氅等。"

罼罕

亦作"罼罩"。亦稱"罕罼""罕畢"。"罼"與"罕"的連稱。指長柄網狀儀仗。皇帝出行時分列左右爲前導。漢即用之，後沿襲。宋制，皆赤質，金銅飾，朱藤結網，金獸面。罕方，上有二螭首，銜紅絲拂；罼圓，如扇。《東觀漢記·車服志》："天子行，有罼罕。"三國魏曹丕佚題詩："重罝施密網，罕罼飄如云。"《晋書·輿服志》："中朝大駕鹵簿……次高蓋，中

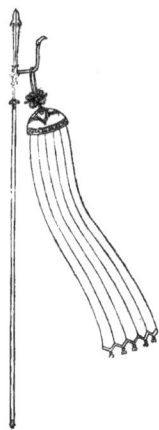
戟　氅
（清蔣廷錫等《古今圖書集成》）

戈　氅
（明王圻等《三才圖會》）

道，左罼，右罕。"又《天文志上》："昂、畢間爲天街，天子出，旄頭罕畢以前驅，此其義也。"又《禮志下》："康帝建元元年，納皇后褚氏，而《儀注》'陛者不設旄頭'……今當臨軒遣使，而立五牛旗，旄頭罩罕並出即用，故致今闕。"《宋書·禮志五》："罼罕本施游獵，遂爲行飾。"南朝梁沈約《皇雅》詩之二："容裔被緹組，參差羅罕罼。"宋高承《事物紀原·旗旐采章部》："《通典》曰：'武王剋紂，百夫荷罕旗以先驅；後漢有九游雲罕。'《西京雜記》曰：'漢大駕有罕罼在左右，則是漢始製此二物。'"宋吳自牧《夢粱錄·駕詣景靈宮儀仗》："或持朱藤結方圓網者，名罼罩。"《宋史·儀衛志六》："罕罼象畢昂，爲天堦，故爲前引。皆赤質，金銅飾，朱藤結網，金獸面。"

【罼罩】

同"罼罕"。此體宋代已行用。見該文。

【罕罼】

亦作"罕畢"。即罼罕。此稱三國時期已行用。見該文。

【罕畢】

同"罕罼"。此體晋代已行用。見該文。

罼

長柄圓網狀儀仗。赤質，金銅飾，朱藤結網，中有金獸面。皇帝出行時作爲前導。漢代已設此物。常與"罕"并用、連稱。《東觀漢記·車服志》："天子行，有罼罕。"《宋史·儀衛志六》："罕罼象畢昂，爲天堦，故爲前引。皆赤質，金

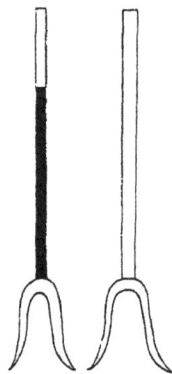
罼
（宋聶崇義《三禮圖集注》）

銅飾，朱藤結網，金獸面……罼，圓如扇。"亦作 "畢"，見載於《晋書·天文志上》。元代之 "罼" 稱爲 "罕"，兩者同物异名，見載於《元史·輿服志二》。明代之後，其物漸廢止。

【畢】

同 "罼"。此體晋代已行用。見該文。

罕

長柄方網狀儀仗。赤質，金銅飾，朱藤結網，中有金獸面，上有二螭首，銜紅絲拂。漢代已設此物。常與 "罼" 并用、連稱。《東觀漢記·車服志》："天子行，有罼罕。"《宋史·儀衛志六》："罕、罼，象'畢、昴爲天楷'，故爲前引。皆赤質，金銅飾，朱藤結網，金獸面。罕方，上有二螭首銜紅絲拂。"罕，亦作 "罩"，見載於宋吴自牧《夢粱録·駕詣景靈宫儀仗》。元代之 "罕" 稱爲 "罩"，兩者同物异名，見載於《元史·輿服志二》。明代之後，其物漸廢止。

【罩】

同 "罕"。此體宋代已行用。見該文。

扇 簼

扇

特指古代儀仗中障塵蔽日之用具。古代帝王儀仗中用具之一。面大而柄長。外出時一人擎之隨行。相傳起於舜。明王圻等《三才圖會·儀制》："按《事物紀原》引崔豹《古今注》曰：'舜廣開視聽，求賢人以自輔，作五明扇。'《黄帝内傳》亦有五明扇。扇之起以五明而製也。陸機《扇賦》曰：'昔武王玄覽造扇於前。'然則今以招凉者用武王所作云。故《傳》有武王扇暍之事。宋制團扇，黄質，上綉盤龍，朱柄。今制與宋同。"儀仗之扇，用料有雉羽、孔雀羽，狀有偏、方、圓，繪有龍、鳳等，顔色大小，多種多樣，形制歷代不一。鹵簿中多以傘、扇并稱。《宋

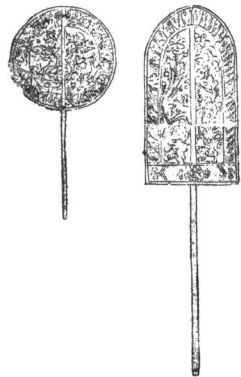

扇
（明王圻等《三才圖會》）

史·儀衛志二》："車駕行幸，非郊廟大禮具陳鹵簿外，其常日導從，惟前有駕頭，後擁傘扇而已。"《清史稿·輿服志四》："嘉慶元年，因授璽禮成，陳太上皇鹵簿於寧壽宫。其制……幢二十，扇八十六，傘六十六。"按，扇亦作 "箑"，此體秦漢時期已行用。參見本書《日用卷·起居説·什物考》"扇" 文。

障扇

亦作 "鄣扇"，後亦訛作 "掌扇"。 即扇。晋崔豹《古今注·輿服》："障扇，長扇也。漢世多豪俠，象雉尾而製長扇也。"《宋書·江夏王義恭傳》："公主王妃傳令，不得朱服，輿不得重棩，鄣扇不得雉尾。"宋程大昌《演繁露·障扇》："今人呼乘輿所用扇爲掌扇，殊無義，蓋障扇之訛也。江夏王義恭爲宋孝武所忌，奏革諸侯制度，障扇不得用雉尾是也。凡扇言障，取遮蔽爲義，以扇自障，通上下無害，但用雉尾飾之，即乘輿制度耳。"宋孟元老《東京夢華録·元宵》："正月十五元宵……宣德樓上

皆垂黃綠簾，中一位乃御座，用黃羅設一綵棚，御龍直執黃蓋掌扇，列於簾外。"《儒林外史》第六回："將掌扇捐起來，四個戴紅黑帽子的開道。"章炳麟《訄書·訂禮俗》："今之郼扇，長柄而上僂句。"

【郼扇】

同"障扇"。此體南北朝時期已行用。見該文。

【掌扇】

即障扇。掌，爲"障"之訛。此稱宋代已行用。見該文。

擁身扇

省稱"擁扇"。亦稱"擁傘扇"。扇之一種。以其形制大，可蔽身，故稱。此稱始於漢。《後漢書·梁冀傳》："冀亦改易輿服之制，作平上軿車，埤幘，狹冠，折上巾，擁身扇，狐尾單衣。"李賢注："擁身扇，大扇也。"宋周煇《清波別志》卷下："當日車駕行幸，惟前有駕馬，後有擁傘扇。"《通雅·器用十》："擁扇，大障扇也。"按，大障扇，即障扇。障扇無小者。參見本卷《儀仗徽幟説·儀仗考》"障扇"文。

【擁扇】

"擁身扇"之省稱。此稱宋代已行用。見該文。

【擁傘扇】

即擁身扇。此稱宋代已行用。見該文。

行扇

即扇。宋蔡絛《鐵圍山叢談》卷二："上因賜魯公（蔡京）三接青羅傘，塗金從物，塗金鞍……大略皆親王禮儀，獨無行扇爾。"《元史·忙哥撒兒傳》："帝或臥未起，忙哥撒兒入奏事，至帳前，扣箭房。帝問何言，即可其奏，以所御大帳行扇賜之。"

五明扇

扇之一種。相傳舜爲廣開視聽，求賢才以自輔而製。後用爲儀仗。秦漢公卿大夫皆可用，魏晉僅限於帝王使用。傳說的神宫中亦有之。晉崔豹《古今注·輿服》："五明扇，舜所作也。"唐段成式《酉陽雜俎·壺史》："至見邢，輿中白帢垂綏，執五明扇，侍衞數十。"明馮夢龍《古今小説·游酆都胡母迪吟詩》："絳綃玉女五百餘人，或執五明之扇，或捧八寶之盂，環侍左右。"

雉尾扇

省稱"雉尾""雉扇"。古代帝王儀仗用具。以扇面周邊用雉尾作爲裝飾或繡雉尾之狀，故稱。起自商、周，初以蔽風塵，漢帝王乘輿用之，魏晉後用者漸廣，皇帝之外，后、妃、諸王、皇太子等皆可使用，形制、種類亦有所變革。唐分團、方兩種。宋又有大、中、小之別：大者長五尺二寸，闊三尺七寸；中、小者遞減二寸。下方上殺，以緋羅繡雉尾之狀，中有雙孔雀雜花，下施黑漆橫木長柄，以金塗銅飾。元、明制同宋。清以霞色緞爲之，通高一丈一尺八寸，扇面上斂下橢，徑三尺，通繡雉尾，下約以金花翠葉，銜寶石四。朱漆竹柄，鐥以銅。晉崔豹《古今注·輿服》："雉尾扇起於殷世，高宗時有雊雉之祥，服章多用翟羽。周制以爲王、后、夫人

皇帝大駕鹵簿雉尾扇（清允禄等《皇朝禮器圖式》）

之車服，輿車有翣，即緝雉羽爲扇翣，以障翳風塵也。漢朝乘輿服之，後以賜梁孝王。魏晉以來無常，惟諸王皆得用之。"《隋書·禮儀志五》："王、庶姓王、儀同三司以上、親公主，雉尾扇，紫傘。皇宗及三品以上官，青傘朱裏。"《新唐書·儀衞志下》："皇太子出，則儀衞陳於重明門外……腰輿一，執者八人，團雉尾扇二，小方雉尾扇八，以夾腰輿。"《宋史·儀衞志一》："古者扇翣，皆編次雉羽或尾爲之，故於文從羽。唐開元改爲孔雀……國朝復雉尾之名，而四面略爲羽毛之形，中綉雙孔雀。"《元史·輿服志》："殿中傘扇隊……次朱團扇十有六，次小雉扇八，次中雉扇八，次大雉扇八，爲十重，重四人。"清洪昇《長生殿·定情》："瞻仰，日繞龍舞，雲移雉尾，天顔有喜對新粧。"徐朔方校注："雉尾，稚尾扇。皇帝儀仗隊用。"《清史稿·輿服志四》："皇后儀駕，吾仗四……雉尾扇八。"

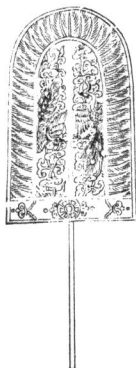

雉　扇
（明王圻等《三才圖會》）

【雉尾】

"雉尾扇"之省稱。此稱宋代已行用。見該文。

【雉扇】

"雉尾扇"之省稱。此稱元代已行用。見該文。

孔雀扇

扇之一種。用孔雀尾製成的長柄大扇。古代儀仗，爲帝王后妃等所用，由"雉尾扇"演化而成。始見於唐，以孔雀尾製成，故其時或稱孔雀扇。至宋，扇四面略作羽毛形，中綉雙孔雀，復稱雉尾扇。至明逕稱孔雀扇。明分方、團兩種，皇太子及親王妃等用。清皇帝鹵簿至皇太子、親王、世子、郡王、鎮國公、輔國公儀衞及固倫公主、和碩公主儀衞亦用，但形制有別。親王以下均以紅羅、青羅爲之。皇帝鹵簿所用則以綠緞爲之，其制，通高一丈一尺八寸，上斂下橢，徑二尺，上闊三寸，中闊三尺七寸，下闊二尺，通綉孔雀尾，下約以金花翠葉，銜寶石四。竹柄，朱漆，長八尺五寸，圍四寸六分，鐓以銅，高一寸五分。《宋史·儀衞志一》："古者扇翣，皆編次雉羽或尾爲之，故於文從羽。唐開元改爲孔雀……國朝復雉尾之名，而四面略爲羽毛之形，中綉雙孔雀。"《明史·儀衞志》："〔皇太子儀仗〕紅羅綉孔雀方扇、紅羅繡四季花團扇各四。"又："〔親王妃儀仗〕青方傘二，紅彩畫雲鳳傘一，青孔雀圓扇四，紅花扇四。"《清史稿·輿服志四》："〔皇帝大駕鹵簿〕次鸞鳳赤方扇八，雉尾扇八，孔雀扇八。"又："世子儀衞，吾仗四，立瓜四，臥瓜二，骨朵二。紅羅四龍曲柄蓋一，紅羅繡四季花傘一，紅羅銷金瑞草傘二，紅羅繡四季花扇二，青羅繡孔雀扇二。"又："鎮國公、輔國公儀衞，吾仗二，骨朵二。紅羅銷金瑞草傘一，青羅繡孔雀扇一。"又："固倫公主儀衞……紅羅繡孔雀扇二。"

孔雀扇
（清允禄等《皇朝禮器圖式》）

皇帝大駕鹵簿孔雀扇

方扇

扇之一種。方形，故稱。晋已用爲儀仗，後歷代沿襲，且種類益多，色有紅、紫之分，圖亦有孔雀、雉尾、龍鳳等。《晋書·輿服志》："〔中朝大駕鹵簿〕次三卿，並騎，吏四人，鈴下二人，執馬鞭辟車六人，執方扇羽林十人，朱衣。"宋周密《武林舊事·登門肆赦》："其日，駕自文德殿……樓下排立次第：青龍白虎旗各一、信旗二、方扇二。"元薩都剌《題四時宮人圖》詩之二："藍衫一女髻垂耳，手持方扇立坐傍。"《清史稿·輿服志四》："〔皇帝大駕鹵簿〕次鸞鳳赤方扇八，雉尾扇八，孔雀扇八。"

朱團扇

亦稱"紅團扇"。古代儀仗。赤質，圓形。帝后及大臣皆用之。本漢之長柄扇，歷代形制有別。唐分朱畫團扇、朱漆團扇兩種，宋繡雲鳳或雜花於上，故不用畫、漆。元以緋羅繡盤龍，明同宋制，皆朱漆柄，金銅飾。清稱"赤團扇"，種類不一，形制各異。《新唐書·儀衛志上》："〔大駕鹵簿〕次後持鈒隊。次大傘二，雉尾扇八，夾繖左右橫行。次小雉尾扇，朱畫團扇，皆十二，左右橫行。"又《儀衛志下》："自二品至四品，皆有清道二人，朱漆團扇二。"宋高承《事物紀原·旗旟采章》："《宋朝會要》曰：〔朱團扇〕本漢世長柄扇，〔南朝〕宋孝武時，詔王侯郡扇不得用雉尾。故王

紅團扇
（明王圻等《三才圖會》）

公以下有朱團扇，疑自此其始也。"《明史·儀衛志》："〔洪武〕十二年，命禮部增設丹墀儀仗：黄傘、華蓋、曲蓋、紫方傘、紅方傘各二，雉扇、紅團扇各四。"

【紅團扇】

即朱團扇。此稱明代已行用。見該文。

宮扇

扇之一種。多爲宮廷宮人所用，故稱。唐杜甫《秋興》詩之五："雲移雉尾開宮扇，日繞龍鱗識聖顏。"宋曾鞏《和御製上元觀燈》詩："翠幰霓旌夾露臺，夜凉宮扇月中開。"《儒林外史》第三五回："宮女們持了宮扇，簇擁着天子升了寶座。"

龍扇

亦稱"盤龍扇"。扇之一種。扇面繡龍形，故稱。明、清有"單龍扇""雙龍扇"，色又分黄、赤，形制各異。《宋史·儀衛志一》："又有雙盤龍扇，皆無所本，遂改製偏扇，團方扇爲三等。"《明會要·輿服上》："爲丹陛左右仗三重：內，雙龍扇二十；次，單龍扇二十。"清孔尚任《桃花扇·選優》："雜扮二內監，執龍扇前引，小生扮弘光帝。"

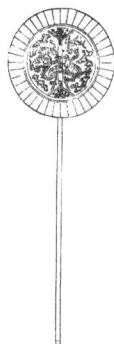

皇帝大駕鹵簿單龍扇
（清允禄等《皇朝禮器圖式》）

【盤龍扇】

即龍扇。此稱宋代已行用。見該文。

手扇

扇之一種。古代五品以下官吏出行時所用之儀仗，持以障面。宋彭百川《太平治迹統

類·元祐党事本末》："或小合傳緘，白晝告急，或手扇障面，交半造門。"《通雅·器用十·鹵簿職事》："四品以上，扇始帖金片，五品京堂入朝，掌扇帖金，詞林開坊五品，則大小扇皆金，紅安籠；五品以下別衙門，則持手扇障日。"

寶扇

扇之一種。帝后所用之扇狀儀仗。唐何仲宣《七夕賦詠成篇》詩："凌風寶扇遥臨月，映水仙車遠渡河。"唐王維《洛陽女兒行》詩："羅幃送上七香車，寶扇迎歸九華帳。"《新唐書·竇懷貞傳》："俄而禁中寶扇郐衛，有衣翟衣出者，已乃韋后乳媪王，所謂莒國夫人者，故蠻婢也。"宋王淇《上元應制》詩："雪消華月滿仙臺，萬燭當樓寶扇開。"

龍鳳扇

寶扇之一種。皇太后、皇后儀駕所用。始見於宋，因上綉龍鳳紋，故稱。清代分爲皇太后儀駕龍鳳扇、皇后儀駕龍鳳扇兩類，每類又分赤色、黃色兩種。其制，分別以明黃色、紅色緞爲之，通高一丈九寸，扇面呈圓形，上綉龍鳳各一，間以流雲。周爲襞積，中貫柄處飾以藍。上下約以金花翠葉，中鏤鳳，背亦如之。扇圓徑，皇太后爲三尺三寸，皇后三尺二寸五分。均攢竹爲柄，朱漆。柄長七尺五寸，圍四寸六分。《宋史·儀衛志二》："於是約聖瑞皇太后之制，出入由宣德正門，增龍鳳扇二十，御龍直十二人。"《清史稿·輿服志四》："皇后儀駕，吾仗四，立瓜四，卧瓜四，五色龍鳳旗十。次赤、黃龍鳳扇各四。"又："太皇太后儀駕暨皇太后儀駕，均與皇后儀駕同。"

皇太后儀駕龍鳳扇

龍鳳扇之一種。分赤、黃色兩種。清皇太后儀駕所用。《清史稿·輿服志四》："皇后儀駕……次赤、黃龍鳳扇各四。"又："皇太后儀駕均與皇后儀駕同。"詳見本卷《儀仗徽幟説·儀仗考》"龍鳳扇"文。

皇太后儀駕龍鳳扇（清允禄等《皇朝禮器圖式》）

皇后儀駕龍鳳扇

龍鳳扇之一種。分赤、黃色兩種。清皇后儀駕所用。《清史稿·輿服志四》："皇后儀駕，吾仗四，立瓜四，卧瓜四，五色龍鳳旗十，次赤、黃龍鳳扇各四。"詳見本卷《儀仗徽幟説·儀仗考》"龍鳳扇"文。

翣

古代車仗中扇形羽飾之車蓋或大掌扇。飾以鳥羽，可障風塵。先秦時已見之。《周禮·春官·巾車》："輦車，組輓，有翣，羽蓋。"鄭玄注："輦車不言飾，后居宮中，從容所乘……人輓之以行，有翣，所以禦風塵。以羽作小蓋，爲翳日也。"《淮南子·俶真訓》："冬日之不用翣者，非簡之也，清有餘適也。"高誘注："翣，音殺，扇也。"晋崔豹《古今注·輿服》："輿車有翣，即緝雉羽爲扇翣，以障翳風塵也。漢朝乘輿服之。"《小爾雅·廣服》："大扇謂之翣。"王煦疏："天子八，諸侯六，大夫四，士二。"《宋史·儀衛志一》："古者扇翣，皆編次雉羽或尾爲之，故於文從羽，唐開元改爲孔雀。"

扇筤

古代儀仗中傘的曲蓋，爲古華蓋之遺制。宋制，由緋羅綉扇二、緋羅綉曲蓋一組成。皇帝出行時，由老内臣馬上抱駕頭前行，輦後張曲蓋，稱爲筤。兩扇夾心，通稱爲扇筤。大駕、法駕、鸞駕鹵簿常并用。宋沈括《夢溪筆談·故事一》："正衙法座，香木爲之……每車駕出幸，則使老内臣馬上抱之，曰'駕頭'，輦後曲蓋謂之'筤'，兩扇夾心，通謂之'扇筤'，皆綉。亦有銷金者，即古之'華蓋'也。"《續資治通鑑·宋仁宗嘉祐八年》："太后乘大安輿輦，如肩輿而差大，無扇筤，不鳴鞭，侍衛皆減章獻之半。"明方以智《通雅·禮儀》："嘉祐六年，中丞韓絳請以閤門祗候内侍各二員，挾駕頭左右，次扇筤，又以皇城親從其後。"

旛

亦作"幡"。本爲旗幟，後用作儀仗。以錦、緞爲之，錯采爲字，上有蓋，四角垂羅文佩飾，繫於龍頭竿上。有告止、傳教、信旛、絳引等數種。唐已用之，達於清，然歷代形制少異。唐制，以絳帛爲之，署官號，篆以黃，飾以鳥翅，取其疾速之意。宋以絳帛，元以緋帛，清則以各色緞爲之。《新唐書·儀衛志下》："自二品至四品……旛竿長丈，傘一，節一，夾稍二。"《宋史·儀衛志六》："幡，本幟也，貌幡幡然。有告止、傳教、信幡，皆絳帛，錯采爲字。"《清史稿·輿服志四》："太上皇鹵簿……麾、氅、節各四，旌十六，旛十二。"

【幡】

同"旛"。此體唐宋時已行用。見該文。

告止旛

旛之一種。始見於唐，稱"唱止旛"，宋以後旛上書"告止"二字，遂稱"告止旛"。旛，亦作"幡"。唐宋爲官吏儀仗，在前引導者所執之旗，以禁止行人，猶後之"肅静""迴避"牌。唐代親王、一品官及萬年縣令儀仗用之，宋後多爲皇帝儀仗所用。宋制，緋帛爲之，錯采爲字，字下爲雙鳳，上有朱綠小蓋，四角垂羅文佩，繫龍頭竿上。元制，以緋帛錯采爲"告止"字，繫於金銅鈎竿，竿以朱飾，立仗者紅羅銷金升龍。《新唐書·儀衛志下》："親王鹵簿。有清道六人……次告止旛四，傳教旛四，信旛八。凡旛皆絳爲之。"又："一品鹵簿……告止旛、傳教旛皆二。"宋龐元英《文昌雜録》卷三："今上熙寧五年，方講日朔文德殿視朝立仗之儀……黃麾幡一，告止幡一。"《宋史·儀衛志五》："一品鹵簿……告止幡、傳教幡、儀鍠斧掛五色幡各四。"《明集禮·儀仗》引《開寶通禮義纂》曰："唱止旛，所以從行也，以爲行止之節。"《清史稿·輿服志四》："原定皇太子儀仗……傳教旛、告止旛、信旛、絳引旛各二。"參閱《明集禮·儀仗》。

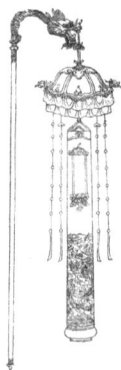

告止旛
（清蔣廷錫等《古今圖書集成》）

【唱止旛】

即告止旛。此稱唐代已行用。見該文。

傳教旛

旛之一種。唐親王、一品鹵簿等皆可用之，宋後多爲皇帝所用，以之傳達教令。宋制，絳帛爲之，錯采爲"傳教"二字，字下爲雙白虎，餘如"告止旛"。元制，以緋帛錯采爲字，繫於金銅鈎竿，竿以朱飾。立仗者白羅繪雲龍。

明制與宋同，但下繪金雙龍。《大唐開元禮·親王鹵簿》："親王鹵簿……傳教旛四，信旛八。"《宋史·儀衛志五》："二品鹵簿……儀刀十四，信幡四，告止、傳教幡各二。"《明集禮·儀仗》："按《開元禮義纂》曰：'若行幸征討，軍機有速，教令之所不及，但相去三隊，置旛以傳教，謂之傳教旛。'宋制如告止旛，錯綵爲'傳教'字，承以雙白虎。元制用白羅繪雲龍，今制與宋同，但下繪金雙龍。"《清史稿·輿服志四》："大駕鹵簿之制……黃麾二，絳引旛四，信旛、傳教、告止旛、政平訟理旛各四。"參見本卷《儀仗徽幟說·儀仗考》"告止旛"文。

信旛[1]

旛之一種。旛，亦作"幡"。初用以題表官號徽號，作爲信符。秦漢時已見行用。《東觀漢記·梁諷傳》有"匈奴畏感，奔馳來降，諷輒爲信旛遣還營"諸語。至晉代始用爲儀仗。宋制，絳帛爲之，錯采爲"信"字，字下爲雙龍。餘如告止旛之制。元制，以緋帛錯采爲字，繫於金銅鈎，朱飾竿，立仗者繪飛鳳。清以紅緞爲之，通繡花紋，中銜黃緞，荷首蓮趺，金繡"信旛"滿、漢文，蓋紅緞罩之，藍緣，垂幨青、黃、紅三重。《晉書·輿服志》："騎將軍四人，騎校、鞁角、金鼓、鈴下、信幡、軍校並駕一。"《魏書·禮志四》："天賜二年初，改大駕魚麗鴈行，更爲方陳鹵簿……王公侯子車旐、麾蓋、信幡及散官構服，一皆純黑。"《新

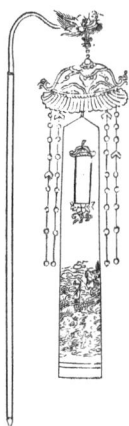

傳教旛
（明王圻等《三才圖會》）

唐書·車服志》："萬年縣令亦有清道二人……告止旛、傳教旛、信旛皆二。"《宋史·儀衛志五》："三品鹵簿……儀刀十二，信幡四，告止、傳教幡各二。"《清史稿·輿服志四》："皇帝大駕鹵簿……絳引旛四，信旛四。"參見本卷《儀仗徽幟說·儀仗考》"告止旛"文。參閱《皇朝禮器圖式·鹵簿一》。

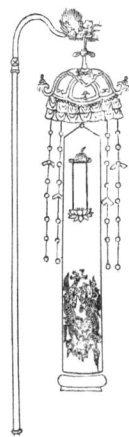

信旛
（明王圻等《三才圖會》）

絳引旛

省稱"絳引"。旛之一種。旛，亦作"幡"。古代帝王儀仗中之赤色旛。旛爲長幅下垂之筒狀物。爲導引之用。隋唐已行用，達於清。然形制有變。宋制，以絳帛爲之，作五色間暈，無字，兩角垂佩，中爲六角蓋，垂珠佩，下有橫木板，作碾玉文，繫龍頭竿上。元制，四角，朱綠蓋，每角垂羅文雜佩，繫於金銅鈎竿，竿以朱飾。清以五色緞相間爲之，中繡金龍，夾以雲紋，下綴金鈴五。蓋以紅緞罩之，藍緣，垂幨青、紫、黃三重。《隋書·禮儀志七》："又絳引幡，朱幢，爲持鈒前隊，應蹕，大都督二人領之。"《新唐書·儀衛志上》："左右領軍衛黃麾仗，首尾厢皆絳引旛，二十引前，十掩後。"《宋史·儀衛志五》："王公鹵簿之制……絳引幡六，刀盾、矟、弓矢

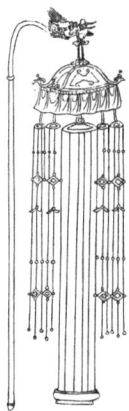

絳引旛
（明王圻等《三才圖會》）

各八十。"《元史·輿服志二》:"絳引旛,四角,朱綠蓋,每角垂羅文雜佩,繫於金銅鈎竿,竿以朱飾,懸五色間暈羅,下有橫木板,作礛玉文。"又:"〔告止旛〕立仗者紅羅銷金升龍,餘如絳引。"《明史·儀衛志》:"洪武元年十月定元旦朝賀儀……〔左前〕第二行十五:羽葆幢二,豹尾二,龍頭竿二,信旛二,傳教旛二,告止旛二,降引旛二,黃麾一。"《清史稿·輿服志四》:"皇帝大駕鹵簿……絳引旛四,信旛四。"

【絳引】

"絳引旛"之省稱。此稱明代已行用。見該文。

豹尾旛

旛之一種。多爲清代皇帝鹵簿所用。自元代豹尾竿演變而來。其制,攢竹爲竿,朱漆塗之,長一丈,圍四寸三分,上爲曲項,加塗金龍首,銜金環繫豹尾。豹尾長八尺,上銜金葉,冒以綠革,綴金鈴四,高二寸一分,徑三寸三分。《清史稿·輿服志四》:"皇帝大駕鹵簿……龍頭旛四,豹尾旛

豹尾旛
(清允祿等《皇朝禮器圖式》)

四,絳引旛四,信旛四。"參閱《皇朝禮器圖式·鹵簿一》。

豹尾

古代儀仗之飾物。常懸竿、戟、槍、節、旛之首。元有豹尾竿,清有豹尾槍、豹尾旛,形制大同小异,爲帝王及公侯大臣等所用。漢蔡邕《獨斷下》:"秦滅九國,兼其車服,故大駕屬車八十一乘也,尚書、御史乘之。最後一車懸豹尾。"《宋書·武帝紀上》:"公親鼓之,賊乃大奔。超遁還廣固。獲超馬、僞輦、玉璽、豹尾等,送於京師。"宋吳自牧《夢梁錄·駕詣景靈宮儀仗》:"鹵簿儀仗,有高旗大扇,畫戟長矛,以五色。介冑跨馬之士,或小帽錦

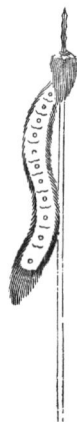

豹尾
(明王圻等《三才圖會》)

繡抹額者……或持竿上懸豹尾者,持短竿者。"《宋史·輿服志二》:"宋凡命節度使,有司給門旗二,龍、虎各一,旌一,節一,麾槍二,豹尾二……豹尾,製以赤黃布,畫豹文,並髹杠。"《三才圖會·儀制》:"豹尾……元制竿如戟,繫豹尾。今(明)制,朱漆竿,金龍首,垂豹尾。"

傘　蓋

傘

亦作"幰""繖"。亦稱"儀繖"。古代儀仗。本上古張帛避雨之制。晉代始用爲儀仗。其後依身份、地位不同,形制多樣,圖色不

一。形有方、圓、角;色分紫、赤、黃;圖有龍、鳳、花、草等。金代多青色,僅用傘頂之顏色以區別身份地位。一品銀頂,二三品紅頂,四五品青頂。《晉書·輿服志》:"〔中朝大

駕鹵簿〕功曹吏、主簿並騎從。幰扇幢麾各一騎，鼓吹一部，七騎。"《南齊書·始安貞王遙光傳》："先是遙光行還入城，風飄儀鍠麾，儀繖出城外。"《魏書·裴良傳》："時有五城郡山胡馮宜都、賀悦回成等以妖妄惑衆，假稱帝號，服素衣，持白傘、白幡，率諸逆衆，於雲臺郊抗拒王師。"《隋書·禮儀志五》："王、庶姓王、儀同三司已上、親公主，雉尾扇，紫傘。皇宗及三品已上官，青傘朱裏。其青傘碧裏，達於士人，不禁。"《宋史·儀衛志六》："今有方繖、大繖，皆赤質，紫表朱裏，四角銅螭首……《開元禮》：大駕八角紫繖，王公以下四角青繖。今《鹵簿圖》但引紫繖，而無青繖之文，詔改用。紹興十三年將郊詔，繖扇如舊制。"《事物原會》卷三："《金志》：一品青繖，用銀浮圖；二三品，用紅浮圖；四五品，用青浮圖。注：浮圖，繖頂也。"今本《金史·儀衛志下》亦詳載其事。《清史稿·輿服志四》："〔太上皇鹵簿〕其制，引仗六，御仗十六……扇八十六，傘六十六。"

【幰】

同"傘"。此體晋代已行用。見該文。

【繖】

同"傘"。此體唐代已行用。見該文。

唐佚名《騎馬人物圖》隨從手執儀傘

【儀繖】

即傘。此稱南北朝已行用。見該文。

大傘

儀仗傘之一種。多爲皇帝皇后所用，唐大駕鹵簿即有之。宋制，赤質紫表，平頂而圓，上綉金飛龍，瑞草朱裏，紅漆藤纏直柄。元制爲正方，四角，銅螭首，塗以黄金，紫羅表，緋絹裏，并加金浮屠。明清同宋，加金浮屠，另有紅色者。《新唐書·儀衛志上》："大駕鹵簿……次大傘二，執者騎，橫行，居衙門後。"《明史·儀衛志》："皇帝儀仗，吳元年（1367）十二月辛酉……紅大傘二，華蓋一，曲蓋一，紫方傘一，紅方傘一。"

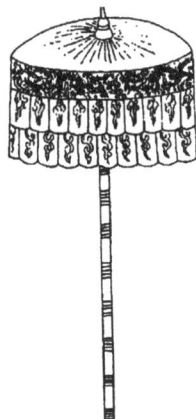

大　傘
（明徐一夔等《明集禮》）

又："皇后儀仗，洪武元年定。丹陛儀仗三十六人……錦曲蓋二，紫方傘二，紅大傘四。"參閲《明集禮·儀仗》《清史稿·輿服志四》。

珂傘

亦作"珂繖"。儀仗傘之一種。玉飾之傘柄，唐文武百官朝參時所用。唐李肇《唐國史補》卷下："〔宰相〕每元日、冬至立仗，大官皆備珂傘。"《新唐書·車服志》："天寶中，御史丞吉温建議：'亦官朔、望朝參，衣朱綺襦，五品以上有珂傘。'"《唐會要·朔望朝參》："天寶三載二月三十日敕：百官朔望朝參應服袴褶，並著珂繖，至閏二月一日宜停。"宋魏了翁《日紫宸殿御筵即事七首》詩之一："珂繖摇心夢不成，忽聽吏皂放衙聲。"

【珂繖】

同"珂傘"。此體唐代已行用。見該文。

紫傘

儀仗傘之一種。古代王、庶姓王、儀同三司以上、親公主特用，以區別於皇宗及三品以上官之青傘。隋朝已有其制。唐代又細予區別，祇皇帝用紫色，傘形爲八角，王公以下用青色，傘形爲四角。宋元祐七年（1092）之前，祇有方傘、大傘兩類，皆朱質、紫表、朱裏、四角、銅螭首。其後盡效唐制。紹興十三年（1143）又復舊制。遼代之儀仗分爲國仗（契丹族本俗）、渤海仗（靺族本俗）、漢仗三類。後者之傘盡效唐制。金代惟皇帝用紫傘。一品至五品皆用青傘，祇以傘頂區別。一品用銀頂，二三品用紅頂，四五品用青頂，六品以下無飾。元代分大傘、紫方傘、紅方傘、朱傘、黃傘五類。大傘爲皇帝專用，赤質，正方四角，銅螭首，塗以黃金，紫羅表，緋絹裏；紫方傘爲一品所用，制如大傘，而表以紫羅。明代又用宋制。清代皇帝於紫傘之外，更加五色花傘之類。參閱《隋書·禮儀志五》《宋史·儀衛志六》《遼史·儀衛志三》《金史·儀衛志下》《元史·輿服志二》《明史·儀衛志》《清史稿·輿服志四》。

八角紫傘

紫傘之一種。隋已見之。皇帝專用。其傘紫色而八角。無傘首。《隋書·音樂志下》："其鉦鼓皆加八角紫傘。"《宋史·儀衛志六》："元祐七年，太常寺言，《開元禮》大駕八角紫繖，王公已下四角青繖。今《鹵簿圖》但引紫繖，而無青繖之文。詔改用。"

【八角紫繖】

同"八角紫傘"。此體宋代已行用。見該文。

青傘

儀仗傘之一種。皇宗及三品以上官所用。傘面青色，内裏朱色。始見於南北朝。《隋書·禮儀志五》："王、庶姓王、儀同三司已上、親公主，雉尾扇，紫傘。皇宗及三品以上官，青傘朱裏。其青傘碧裏，達於士人，不禁。"《大金國志·車繖》："一品青繖，用銀浮圖，二品、三品用紅浮圖，四品、五品用青浮圖。"《明集禮·車輅》："北齊制……皇家及三品以上官，青傘朱裏，其青傘碧裏，達於士人，不禁。"

四角青繖

傘之一種。王公以下所用。傘面青色，有四角。始見於唐。參見本卷《儀仗徽幟説·儀仗考》"八角紫傘"文。

方傘

亦作"方繖"。儀仗傘之一種。方形，故稱。色分紫、青、紅等。圖有龍、鳳、花、草等。清代方傘以紅、紫二色緞爲之，四方邊長五尺，無繡文，四角爲銅龍首，下垂五彩流蘇，直柄。宋已用之，達於清。《宋史·儀衛志五》："徽宗政和三年，議禮局上王公鹵簿之制……草車一乘，駕赤馬四，駕士二十五人，散扇十，方繖二，朱團扇四夾方繖。"又《儀衛志六》："今有方繖、大繖，皆

方　繖
（清允禄等《皇朝禮器圖式》）

赤質，紫表朱裏，四角銅螭首。”《明史·儀衛志》：“皇太子儀仗，洪武元年定……青方傘二，青小方扇四，青雜花團扇四，皆校尉擎執。”《清史稿·輿服志四》：“皇帝大駕鹵簿……次赤素方傘四，紫素方傘四，五色花傘十。”又：“〔皇后儀駕〕青黑直柄九鳳傘各二，紅方繖二……皇太后、皇后鹵簿並同。”參閱《皇朝禮器圖式·鹵簿一》。

【方繖】

同“方傘”。此體宋代已行用。見該文。

紫方傘

亦作“紫方繖”。方傘之一種。唐有大傘，宋有方傘，多爲皇帝所用。其制，赤質，正方，四角有銅螭首，紫羅表，紅絹裏，黑漆藤纏直柄，平頂。元制螭首塗黃金，頂加金浮屠。明制如宋，上加金浮屠。《金史·儀衛志上》：“黃麾半仗……紫方傘二，碧襴官一，華蓋一。”《元史·輿服志三》：“〔崇天鹵簿〕殿中繖扇隊……次曲蓋二，紅方繖二，次紫方繖二。”《清史稿·輿服志四》：“〔法駕鹵簿〕紫、赤方繖、扇、幢、旛……列丹墀東西。”參見本卷《儀仗徽幟說·儀仗考》“大傘”文。

紫方繖
（明王圻等《三才圖會》）

【紫方繖】

同“紫方傘”。此體元代已行用。見該文。

紫素方傘

方傘之一種。清代皇帝大駕鹵簿所用。紫

色，四角，銅龍首，無彩飾。《清史稿·輿服志四》：“皇帝大駕鹵簿……赤素方傘四，紫素方傘四，五色花傘四，五色花傘十。”

紅方傘

亦作“紅方繖”。清稱“赤方傘”。方傘之一種，多爲皇帝、皇后所用。色赤狀方，故稱。宋制如紫方傘，赤質朱漆、藤纏直柄，平頂四方，紅羅表，紅絹裏，無飾。元制，四角銅螭首，塗以黃金，緋羅表，緋絹裏，頂加金浮屠。明同宋制，加金浮屠。清制四角出銅龍首，垂五彩流蘇。紅緞爲之。《元史·輿服志二》：“〔崇天鹵簿〕殿中繖扇隊：……次曲蓋二，紅方繖二，次紫方繖二。”《明史·儀衛志》：“〔皇帝儀仗〕十二年命禮部增設丹墀儀仗，黃傘、華蓋、曲蓋、紫方傘、紅方傘各二。”《清史稿·輿服志四》：“〔法駕鹵簿〕紫、赤方傘、扇、幢、旛……列丹墀東西。”參見本卷《儀仗徽幟說·儀仗考》“紫方傘”文。

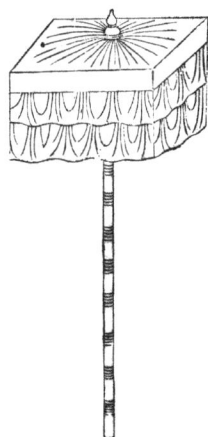

紅方繖
（明王圻等《三才圖會》）

【紅方繖】

同“紅方傘”。此體元代已行用。見該文。

【赤方繖】

即紅方傘。此稱清代已行用。見該文。

赤素方傘

方傘之一種。清代皇帝大駕鹵簿、太皇太后、皇太后、皇后儀駕所用。制如皇帝紫方傘而無花飾。《清史稿·輿服志四》：“皇帝大駕鹵

簿……赤素方傘四，紫素方傘四。"又："皇后
儀駕……赤素方傘四，黃緞繡四季花傘四，五色
九鳳傘十。"又："太皇太后儀駕暨皇太后儀駕，
均與皇后儀駕同。惟車輿兼繪龍鳳文。"

青方傘

亦作"青方繖"。方傘之一種。色青狀方，
故稱。多見於明代。頂闊五尺五寸，柄長一丈
一尺五寸九分，柄首爲貼金木葫蘆，柄身竹製。
面冒以青羅，四角加抹金銅龍首或銅鳳首。多
爲太子、皇妃、郡主儀仗所用。《明史・儀衛
志》："皇太子儀仗，洪武元年……文氅六，鍠
氅六，羽葆幢六，青方傘二。"又："郡主儀仗，
紅仗二……青方傘一，紅圓傘一。"參閱《明會
典・工部・儀仗》。

圓傘

儀仗傘之一種。圓形，故稱。有紅羅銷金
邊圓傘、紅羅繡圓傘、紅羅素圓傘等多種。多
見於明清。爲皇帝、太子所用。《明史・儀衛
志》："永樂二年，禮部言，東宮儀仗……紅羅
銷金邊圓繖，紅羅繡圓傘各一，紅羅曲蓋繡傘、
紅羅素圓傘、紅羅素方傘、青羅青方傘各二。"
又："郡主儀仗，紅仗二……青方傘一，紅圓傘
一。"《八旗通志・典禮志三》："〔順治〕八年五
月，定世子儀仗……銷金紅羅傘二，繡紅羅圓
傘一。"

紅羅銷金邊圓傘

圓傘之一種。以紅色之綺屬絲織品羅爲質
料，鑲以金邊的圓傘。爲皇帝與太子所用。多
見於明代。參見本卷《儀仗徽幟說・儀仗考》
"圓傘"文。

紅羅繡圓傘

圓傘之一種。以紅色之綺屬絲織品羅爲質

料，繡有圖案的圓傘。爲皇帝與太子所用。多
見於明代。參見本卷《儀仗徽幟說・儀仗考》
"圓傘"文。

紅羅素圓傘

圓傘之一種。以紅色綺屬絲織品羅爲質料，
無花飾。爲皇帝與皇太子所用。多見於明代。
參見本卷《儀仗徽幟說・儀仗考》"圓傘"文。

五色糚緞傘

傘之一種。清代皇帝大駕鹵簿專用。以五
色錦緞爲之，配以五色九龍團扇。《清史稿・輿
服志四》："皇帝大駕鹵簿……赤素方傘四，紫
素方傘四，五色花傘十，五色糚緞傘十，間以五
色九龍團扇十。"

五色九龍傘

傘之一種。清代皇帝法駕鹵簿專用。緞殊
五色，通繡金龍九，間以流雲火珠。《大清通
禮・嘉禮》："法駕鹵簿……自階以下丹墀東西，
五色四季花傘十，間以五色九龍傘十。"《清史
稿・輿服志四》："法駕鹵簿……九龍曲柄黃蓋、
翠華蓋、紫芝蓋、九龍黃蓋、五色九龍傘、五
色花傘，自丹陛三成，相間達於兩階。"

五色九鳳傘

傘之一種。清皇太后、皇后儀駕所用。其
制，緞殊五色，黃裹。傘徑五尺三寸，繡流雲。
上冠金頂，七寸五分。垂幨三層，各深一尺三
寸，繡彩鳳九，間以花紋。旁垂飄帶二，長三
尺五寸，闊二寸九分，色如傘，繡彩雲。鳳、
雲紋、花紋皆銷金。直柄，木質，塗金龍首二。
長一丈一尺，圍七寸四分，朱漆塗之。《清會
典・鑾儀衛》："皇太后宮陳儀駕……赤素方傘
四，五色九龍繖十。"《清史稿・輿服志四》："皇
后儀駕……赤素方傘四，黃緞繡四季花傘四，

五色九鳳傘十。"又：
"太皇太后儀駕暨太
后儀駕均與皇后儀駕
同。"參見本卷《儀
仗徽幟説·儀仗考》
"傘"文。

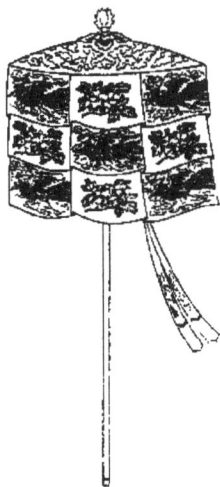

五色九鳳繖
（《大清會典圖》）

花傘

傘之一種。清代
皇帝、太皇太后、皇
太后、皇后、貴妃、
妃、嬪皆用，但所用
花色多不相同。茲分
述如下：皇帝鹵簿所用，緞殊五色，通高一丈
二尺二寸，蓋徑五尺，上綉彩雲。上冠金頂，
一尺一寸。垂幨三層，各深一尺一寸，通綉雜
花。旁垂飄帶二，長三尺五寸，闊二寸五分，
色如蓋，亦綉彩雲。皆直柄，木質，朱漆塗之，
鏤經銅鋄銀。《清史稿·輿服志四》："皇帝大
駕鹵簿……赤素方傘四，紫素方傘四，五色花傘
十，五色粧緞傘十。"又："騎駕鹵簿，巡方若大
閲則陳之……單龍赤團扇
六，雙龍黃團扇六，五色
花傘十。"太皇太后、皇
太后、皇后儀駕所用，以
明黃緞爲之，彩綉八寶雜
花。直柄，長一丈一尺，
餘同皇太后儀駕五色九鳳
傘之制。《清史稿·輿服
志四》："皇后儀駕……
黃緞繡四季花傘四，五色
九鳳傘四。"又："太皇
太后儀駕暨皇太后儀駕，

花　傘
（《大清會典圖》）

均與皇后儀駕同，惟車輿繪龍鳳文。"皇貴妃
儀仗所用，其制除以明黃、紅、藍緞爲之外，
餘均與皇太后儀駕花傘同。《清史稿·輿服志
四》："皇貴妃儀仗……赤、黑瑞草傘各二，明
黃、赤、黑三色花傘各二。"貴妃儀仗所用，其
制除以金黃、赤、黑緞爲之外，餘均與皇貴妃
儀駕花傘同。《清史稿·輿服志四》："赤、黑瑞
草傘各二，金黃、赤、黑三色花傘各二。"妃嬪
采仗所用，其制除以紅、黑緞爲之外，餘均與
皇太后儀駕四季花傘同。《清史稿·輿服志四》：
"妃采仗……赤、黑素扇二，赤、黑花傘各二。"
又："嬪采仗，視妃采仗少直柄瑞草繖二，餘
同。"

瑞草傘

傘之一種。清皇貴妃、
貴妃、妃儀仗所用。分紅
黑兩種。以紅、黑緞爲之，
俱綉瑞草。直柄，長一丈
一尺。餘如皇貴妃儀仗七
鳳明黃曲柄蓋之制。《清史
稿·輿服志四》："皇貴妃
儀仗……赤、黑瑞草傘各
二，明黃、赤、黑三色花
傘各二。"又："貴妃儀仗……赤、黑鸞鳳扇各
二，赤、黑瑞草傘各二。"又："嬪采仗，視妃
采仗少直柄瑞草傘二，餘同。"按，上文，同書
《輿服志四》"妃采仗"中失載。

瑞草傘
（《大清會典圖》）

金黃素傘

傘之一種。清妃、嬪采仗所用。以金黃雲
緞爲之，不施綉紋。直柄，木質，塗金龍首一。
長一丈一尺。餘如皇后儀駕九鳳曲柄黃蓋之制。
《清史稿·輿服志四》："妃采仗……赤、黑花傘

各二，金黄素傘二。"又："嬪采仗，視妃采仗少直柄瑞草傘二，餘同。"參見本卷《儀仗徽幟說・儀仗考》"九鳳曲柄黄蓋"文。

華蓋

亦稱"華芝"。古代儀仗中帝王或貴官之傘蓋。傳說爲黄帝所製。後沿之，形制歷代有別。傳說武王伐紂時，大風折蓋，太公因折蓋之形而製曲蓋，此後遂有直、曲柄之別。宋制赤色圓頂，上繡花龍圖案，朱漆直柄。元、明與宋同，唯蓋上加金浮圖。清代又有翠、紫色之分。

華　蓋
（清蔣廷錫等《古今圖書集成》）

《漢書・王莽傳下》："莽乃造華蓋九重，高八丈一尺，金瑵羽葆。"《後漢書・何進傳》："起大壇，上建十二重五采華蓋，高十丈。"《新唐書・儀衛志上》："唐制，天子居曰'衙'，行曰'駕'，皆有衛有嚴。羽葆、華蓋、旌旗、罕畢、車馬之衆盛矣。"明王圻等《三才圖會・儀制》："按崔豹《古今注》曰：'……黄帝與蚩尤戰於涿鹿，常有五色雲氣，金枝玉葉止於帝上，成花薿之象，因作華蓋。'又晉《天文志》曰：'大帝上九星曰華蓋，所以覆蔽大帝之座，蓋下九星曰杠蓋，其柄也。'世有華蓋，義亦取此。宋制，赤質，圓頂隆起，上繡花龍，藤纏朱漆直柄。元制與宋同，但上施金浮屠。今制亦與宋同，上加雲氣、花薿、金浮屠。"

【華芝】

即華蓋。喻其蓋如靈芝狀。漢桓譚《新論》："吾之爲黄門郎，居殿中，數見輿輦，玉

蚤、華芝及鳳凰三蓋之屬，皆玄黄五色，飾以金玉、翠羽、珠絡、錦繡、茵席者也。"《漢書・揚雄傳上》："於是乘輿乃登夫鳳凰兮翳華芝，駟蒼螭兮六素虬。"王先謙補注："〔《文選》〕善（李善）注引服虔曰：'華芝，華蓋也。'"清姚鼐《聖駕南巡賦》："奉慈寧之安輿，乃迤出於殿闕，絛狠執鞭，誦訓夾軌，華芝道游，秋秋狖狖。"

翠華蓋

華蓋之一種。清皇帝鹵簿所用。綠緞爲之，通繡孔雀翎，旁無飄帶。餘同九龍曲柄黄蓋之制。《清史稿・輿服志四》："法駕鹵簿……九龍曲柄黄蓋、翠華蓋、紫芝蓋、九龍黄蓋、五色九龍傘、五色花傘，自丹陛三成，相間達於兩階。"參見本卷《儀仗徽幟說・儀仗考》"九龍曲柄黄蓋"文。

翠華蓋
（清允禄等《皇朝禮器圖式》）

紫芝蓋

華蓋之一種。清皇帝鹵簿所用。以紫緞爲之，通繡五色芝二十四，旁無飄帶。餘如九龍曲柄黄蓋之制。《清史稿・輿服志四》："法駕鹵簿……九龍曲柄黄蓋、翠華蓋、紫芝蓋、九龍黄蓋、五色九龍傘、五色花傘，自丹陛三成，相間達於兩階。"

紫芝蓋
（清允禄等《皇朝禮器圖式》）

參見本卷《儀仗徽幟說·儀仗考》"九龍曲柄黃蓋"文。

直蓋

華蓋之一種。狀類傘而長柄，柄直。俗稱"長柄傘"。先秦已用之，後歷代相沿，形制少變。《左傳·定公九年》："乃得其尸。公三襚之，與之犀軒與直蓋，而先歸之。"杜預注："犀軒，卿車。直蓋，高蓋。"楊伯峻注："即今之長柄傘，與之以殉葬。"

曲蓋

亦稱"曲柄蓋"。華蓋之一種。後用爲儀仗。相傳爲周公所製。圓頂、曲柄。戰國常以賜將帥，自漢用於乘輿，稱"辮軿蓋"，亦省稱"辮軿"。有軍號者賜其一。歷代沿用，形制不一。宋制，赤質紅裏，平頂而圓，上綉瑞草。元制與宋同，但上加金浮屠。至清，有九龍曲柄黃蓋、七鳳明黃曲柄蓋、五龍曲柄蓋等。《東觀漢記·段熲傳》："熲乘輕車，介士鼓吹，曲蓋朱旗，馬騎五萬餘匹，殷天蔽日。"晋崔豹《古今注·輿服》："曲蓋，太公所作也。武王伐紂，大風折蓋，太公因折蓋之形而制曲蓋焉。戰國常以賜將帥，自漢朝乘輿用四，謂爲辮軿蓋，有軍號者賜其一也。"《晋書·馬隆傳》："其假節、宣威將軍，加赤幢、曲蓋、鼓吹。"宋蘇軾《夢齋銘》："人有牧羊而寢者，因羊而念馬，因馬而念車，因車而念蓋，遂夢曲蓋鼓吹，身爲王公。"《宋史·輿服志一》："制如小輿，惟無

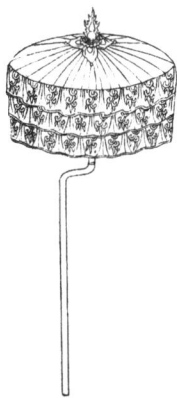

曲　蓋
（清蔣廷錫等《古今圖書集成》）

翟尾、玉照子、三級牀、曲柄蓋。"明王圻等《三才圖會·儀制》："宋制，赤質紅裏，平頂而圓，如華蓋差小而曲柄，上綉瑞草。元制與宋同，但上加金浮屠。"清高士奇《天禄識餘·曲蓋》："漢朝用之乘輿，謂之辮軿，有軍號者賜其一焉。"

【曲柄蓋】

即曲蓋。此稱宋代已行用。見該文。

【辮軿蓋】

即曲蓋。此稱漢代已行用。見該文。

【辮軿】

"辮軿蓋"之省稱。此稱漢代已行用。見該文。

俾倪

古代儀仗。狀類華蓋而小。皇帝所用。當始於漢。宋高承《事物紀原·旗旒采章部》："俾倪，《宋朝會要》曰：'漢乘輿用之，如花蓋而小。'疑漢始製之也。"《宋史·儀衛志五》："〔紹興鹵簿〕持鈒後隊……華蓋二，俾倪十二，御刀六。"

鳳蓋

古代儀仗。本多爲皇帝所用。傘蓋上有鳳凰圖案，故稱。始見於漢。清代則多爲皇太后、皇后、皇貴妃、貴妃、妃所用。有九鳳曲柄黃蓋、七鳳明黃曲柄蓋、七鳳金黃曲柄蓋。《文選·班固〈西都賦〉》："張鳳蓋，建華旗。"李善注："桓子《新論》曰：乘車，玉瓜、華芝及鳳凰三蓋之屬。"唐韓偓《辛酉歲冬十一月駕幸岐下作》詩："鳳蓋行時移紫氣，鸞旗駐處認皇州。"宋歐陽修《和劉原父從幸後苑觀稻呈講筵諸公》詩："曉謁龍墀罷，行瞻鳳蓋翩。"《清史稿·輿服志四》："皇貴妃儀仗……七鳳明黃曲

柄蓋一。翟輿一乘，儀輿一乘，翟車一乘。"參見本卷《儀仗徽幟説·儀仗考》"九鳳曲柄黃蓋"文。

黃蓋

黃色的傘或車蓋。漢帝王車蓋之遺制，後用爲皇帝儀仗。多見於元後，清又有直柄、曲柄之分。宋陳師道《後山談叢》卷一："真宗既渡河，遂幸澶淵之北門。望見黃蓋，士氣百倍，呼聲動地。"明王圻等《三才圖會·儀制》："按，漢乘輿黃屋左纛，黃屋者，車蓋也。後世因爲黃蓋，乃其遺制也。元制黃傘，上加金浮屠。今制紅漆直柄圓傘，黃羅爲表，銷金作飛龍形，黃絹裏，上施金葫蘆。"《明史·儀衛志》："〔皇帝儀仗〕丹墀左右布黃麾仗、黃蓋、華蓋、紫方傘、紅方傘……各三行。"《清史稿·輿服志四》："〔皇帝大駕鹵簿〕九龍黃蓋二十，紫芝蓋二，翠華蓋二，九龍曲柄黃蓋四。"又："〔皇后儀駕〕九鳳曲柄黃蓋一。鳳輿一乘。"

黃　蓋
（清蔣廷錫等《古今圖書集成》）

九龍黃蓋

黃蓋之一種。清皇帝鹵簿所用。黃緞爲之，直柄，木質。餘同皇帝鹵簿九龍曲柄黃蓋之制。《清史稿·輿服志四》："皇帝大駕鹵簿……九龍黃蓋二十，紫芝蓋二，翠華蓋二。"

九龍黃蓋
（《大清會典圖》）

參見本卷《儀仗徽幟説·儀仗考》"九龍曲柄黃蓋"文。

九龍曲柄黃蓋

黃蓋之一種。清皇帝鹵簿所用。以黃緞爲之，通高一丈二尺二寸。蓋徑五尺，繡彩雲。上冠金頂一尺一寸，垂幨三層，各深一尺一寸，繡金龍九，間以流雲火珠，下綴金鈴各十五。旁垂飄帶二，長三尺五寸，闊二寸五分，如蓋色，亦繡彩雲，綴金鈴各三。曲柄，木質，塗金龍首。彎長二尺三寸，上下均攢竹爲之，塗以朱漆，上長三尺七寸，下長五尺二寸，圍四寸七分。鐵以銅鍍銀，長八分。《清史稿·輿服志四》："皇帝大駕鹵簿……次九龍黃蓋二十，紫芝蓋二，翠華蓋二，九龍曲柄黃蓋四。"參見本卷《儀仗徽幟説·儀仗考》"黃蓋""曲蓋"文。

九龍曲柄黃蓋
（《大清會典圖》）

九鳳曲柄黃蓋

黃蓋之一種。清皇太后、皇后儀駕所用。皇太后儀駕，其制，明黃緞爲之，黃裏。通高一丈二尺二寸，蓋徑五尺三寸，繡流雲。上冠金頂，七寸五分。垂幨三層，各深一尺三寸，上繡彩鳳九，間以花紋。旁垂飄帶二，長三尺五寸，闊二寸九分，色同蓋，繡彩雲。曲柄，木質，塗金龍首二。彎長二尺三寸，上下攢竹，塗以朱漆。上長三尺七寸，下長五尺三寸，圍七寸四分。皇后儀駕，其制：通高一丈二尺，蓋徑五尺二寸，上冠金頂，七寸四分。垂幨三層，各深一尺二寸，旁垂飄帶二條，各長三尺五寸，闊二寸五分。曲柄，彎長二尺二寸，上長三尺六寸，下長五尺二寸，圍七寸三分。餘同皇太后儀駕。《清史稿·輿服志四》："太皇太后儀駕暨皇太后儀駕，均與皇后儀駕同。"又："皇后儀駕……次九鳳曲柄黃蓋一。鳳輿一乘，儀輿二乘。鳳車一乘，儀車二乘。"參見本卷《儀仗徽幟説·儀仗考》"曲蓋"文。

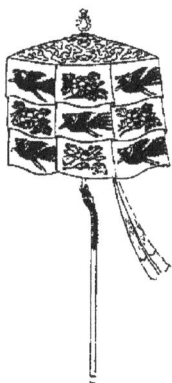

九鳳曲柄黃蓋
（《大清會典圖》）

七鳳明黃曲柄蓋

黃蓋之一種。清皇貴妃儀仗所用。其制，明黃緞爲之，上繡彩鳳七，間以花紋。曲柄，木質。塗金龍首一。彎長一尺八寸，餘同皇后儀駕九鳳曲柄黃蓋。《清史稿·輿服志四》："皇貴妃儀仗……七鳳明黃曲柄蓋一。翟輿一乘。"參見本卷《儀仗徽幟説·儀仗考》"九鳳曲柄黃蓋"文。

七鳳金黃曲柄蓋

黃蓋之一種。清貴妃、妃、嬪儀仗所用。以金黃緞爲之，餘同皇貴妃七鳳明黃曲柄蓋之制。《清史稿·輿服志四》："貴妃

七鳳金黃曲柄蓋
（清允禄等《皇朝禮器圖式》）

儀仗……七鳳金黃曲柄蓋一。翟輿一乘。"又："妃采仗……七鳳金黃曲柄蓋一。"又："嬪采仗，視妃采仗少直柄瑞草傘二，餘同。"參見本卷《儀仗徽幟説·儀仗考》"七鳳明黃曲柄蓋"文。

導蓋

蓋之一種。皇帝儀仗，爲導引之用。宋即有之，達於清，歷代形制有別。宋制，赤質，如傘而圓，瀝水繡花龍。清制，以黃緞爲之，綢裏，通高八尺六寸三分，蓋徑五尺一寸五分，繡八寶彩雲，上冠金頂，七寸三分。垂簷三層，各深一尺，繡金龍九，間以流雲火珠。旁垂飄帶二，長三尺一寸，闊一寸五分，如蓋色，垂五彩流蘇。曲柄，木質塗金交龍，彎長二尺，上下攢竹，朱漆之。上長二尺五寸，下長五尺四寸，圍四寸七分，鐓以銅鍍銀，長二寸五分。《通典·禮六十七·大駕鹵簿》："導駕，先萬年縣令……次導蓋一，又次稱長一。"《宋史·儀衛志六》："蓋，本黃帝時有雲氣爲花蘤之象，因而作也。宋有花蓋、導蓋。"《元史·輿服志二》："〔崇天鹵簿〕武衛鈒戟隊……朱雀、青龍、白虎幢三，橫布導蓋一，中道又四。"參閲《皇朝禮器圖式·鹵簿一》《清史稿·輿服志四》。

皇帝大駕鹵簿導蓋
（清允禄等《皇朝禮器圖式》）

其 他

法物

古代帝王儀仗所用器物之統稱。《後漢書・光武帝紀下》："益州傳送公孫述瞽師、郊廟樂器、葆車、輿輦，於是法物始備。"李賢注："法物，謂大駕鹵簿儀式也。"《舊唐書・殷盈孫傳》："其神主、法物、樂懸，皆盈孫奏重修製，知禮者稱爲博洽。"《新五代史・張全義傳》："將祀天於南郊而不果，其儀仗法物猶在。"清任安上《與吳拜經書》："非止翁老人親筆記載，世且認河汾贋鼎，爲商周法物，未免厚誣。"南朝之後，宗教禮器、樂器及依法所用諸物亦稱"法物"。參見本書《宗教卷・道物說・法物考》。

執色

用作儀仗的器物。《宋史・禮志二十四》："將來三司馬步軍並各全裝，披帶衣甲，執色器械。"宋吳自牧《夢粱錄・嫁娶》："至迎親日，男家刻定時辰，預令行郎各以執色，如花餅、花燭、香毬、紗羅、洗漱粧盒、照臺、裙箱、衣匣……授事街司等人。"《水滸傳》第七二回："燕青接了手中執色。"又："帶了花帽，拿了執色。"

虎豹

古代置於帝王所居宮門前，以備威儀之用。相傳天門九重，虎豹守之以示嚴密。帝王效法，故陳之。元制，每大朝會陳於日精月華門外。明正旦、聖節

歌侯虎豹首
（明王圻等《三才圖會》）

朝會及冊拜、接見藩臣均置虎豹各二，以闌檻盛之，分左右陳於奉天門外。《明史・輿服志》："洪武元年十月定元旦朝賀儀……奉天門外中道，金吾、宿衛二衛設龍旗十二，分左右……虎豹各二，馴象六，分左右。"參閱明王圻等《三才圖會・儀制》。

鳴鞭

亦稱"净鞭""静鞭"。古代儀仗。帝王出駕前，由內侍揮動作響，以示肅静，故名。唐即有之，達於清。歷代形制略有差異。宋以紅絲爲鞭；元以梅紅絲，梢用黃茸而漬以蠟；明以黃絲爲鞭；清仍以黃絲爲之。長一丈三尺，（明王圻等《三才圖會》）闊三寸，梢長三丈。以蠟漬梢。宋高承《事物紀原・旗旄采章》："鳴鞭，唐及五代有之。《周官・條狼氏》'執鞭趨辟'之遺法也。"《宣和遺事》前集："月朔朝諸侯，净鞭三下響，文武兩班齊。"宋徐鹿卿《趙簿見和復次韵》："飛騰影裏尋芳躅，警蹕聲中響静鞭。"《秦併六國平話》卷上："四聲萬歲響連天，三下静鞭人寂静。"《前漢書平話》卷中："忽聞净鞭響，

鳴 鞭

静 鞭
（清允禄等《皇朝禮器圖式》）

惠帝至。"《水滸傳》第一回："隱隱净鞭三下響，層層文武兩班齊。"《清史稿·輿服志四》："法駕鹵簿……階下静鞭、仗馬列甬道東西。"

【净鞭】

即鳴鞭。此稱宋代已行用。見該文。

【静鞭】

即鳴鞭。此稱宋代已行用。見該文。

髦頭

亦作"旄頭。"古代儀仗。帝王大駕出宫時，武士披髮前驅者。始置於秦，漢、魏、晋因之，達於唐宋。《史記·秦本紀》："〔文公〕二十七年，伐南山大梓，豐大特。"張守節正義引《括地志》轉引《録異傳》："秦文公時，雍南山有大梓樹，文公伐之，輒有大風雨，樹生合不斷。時有一人病，夜往山中，聞有鬼語樹神曰：'秦若使人被髮，以朱絲繞樹伐汝，汝得不困耶？'樹神無言。明日，病人語聞，公如其言，伐樹，斷。中有一青牛出，走入豐水中。其後牛出豐水中，使騎擊之，不勝。有騎墮地復上，髮解，牛畏之，入不出。故置髦頭，漢、魏、晋因之。"《漢書·東方朔傳》："夏育爲鼎官，羿爲旄頭。"顏師古注引應劭曰："羿善射，故令爲旄頭。今以羽林爲之，髮正上向而長衣繡衣，在乘輿車前。"《北堂書鈔》卷一三〇引南朝宋徐爰《釋疑略注》："乘輿黄麾内羽林班弓箭，左罼右罕，執罼罕者冠熊皮冠，謂之髦頭。"《晋書·輿服志》："及秦皇併國，攬其餘軌，豐貂東至，獬豸南來，又有玄旗皂旐之制，旄頭罕車之飾。"唐劉知幾《史通·浮詞》："而鳥官創置，豈關郯子之言；髦頭而偶，奚修奉春之策。"宋陸游《書志》詩："匣藏武庫中，出參髦頭列。"

【旄頭】

同"髦頭。"此體漢代已行用。見該文。

俞兒騎

省稱"俞騎"。古代帝王大駕出行時充當儀仗隊伍前導的騎衛。始見於漢初。後亦泛指引路之前導。俞兒本爲傳説中的登山之神，長足善走，故稱。晋左思《吳都賦》："俞騎騁路，指南司方。"《隋書·禮儀志五》："指南車，大駕出，爲先啓之乘。漢初，置俞兒騎，並爲先驅。左太冲曰：'俞騎騁路，指南司方。'後廢其騎而存其車。"明任廣《書叙指南·鞍馬轡櫪》："引馬人曰俞騎。"明彭大翼《山堂肆考·補遺》："今引路人曰俞騎者，本此。"

【俞騎】

"俞兒騎"之省稱。此稱晋代已行用。見該文。

立仗馬

亦稱"仗馬"。古代帝王之儀仗馬隊。常用於朝會、祀典、出巡等。漢時長樂宫朝儀曾陳騎於庭，唐武后萬歲通天元年（696）置仗内六間，亦號六厩，即飛龍、祥麟、鳳苑、鵷鸞、吉良、六群。飛龍厩每日列八馬於宫門之外，稱南衙立仗馬。宋以御馬十匹分左右陳於門外，

仗　馬
（明王圻等《三才圖會》）

元大朝會則設仗馬於內仗南，明制以馬六匹分左右陳於文武樓南，東西相嚮。清皇帝大駕鹵簿、法駕鹵簿均用御馬十匹，遇慶典朝賀，則陳之於階下，列甬道東西兩側。《新唐書・百官志二》："飛龍廄日以八馬立宮門之外，號南衙立仗馬，仗下乃退。"宋沈括《夢溪筆談・故事一》："今謂之殿門天武官，極天下長人之選，八人。上御前殿，則執鉞立於紫宸門下，行幸則爲禁圍門，行於仗馬之前。"宋龐元英《文昌雜錄》卷三："西面白虎旗一、五星旗五、五鳳旗十。仗馬每面三匹，每匹御龍官四人。"《清史稿・輿服志四》："若御樓受俘，則設九龍曲柄黃華蓋於樓簷下……設仗馬於兩角樓前。"

【仗馬】

即立仗馬。此稱宋代已行用。見該文。

頭踏

亦作"頭荅""頭搭""頭達"。古代官員出行時走在前面的儀仗隊。《新編五代史平話・漢史上》："少刻，北京留守頭踏過了。"元王實甫《西廂記》第五本第三折："洛陽張珙，誇官游街三日。第二日頭荅正來到衛尚書家門首。"《西游記》第六二回："孫大聖依舊坐了轎，擺開頭搭，將兩個妖怪押赴當朝。"清朱象賢《聞見偶錄》："今見風憲大僚署，先放砲開門。迨行，前列儀仗，元人謂之頭達也。"清孔尚任《桃花扇・逮社》："排頭踏青衣前走，高軒穩扇蓋交抖。"

【頭荅】

同"頭踏"。此體元代已行用。見該文。

【頭搭】

同"頭踏"。此體明代已行用。見該文。

【頭達】

同"頭踏"。此體清代已行用。見該文。

儀馬

古代皇帝儀衛中用作導引之馬。始設於漢代。宋高承《事物紀原・輿駕羽衛》："今導駕有御馬分左右。按自漢有之。《西京雜記》：'漢朝輿駕祀甘泉、汾陰，罕罕左右及節十六，後乃有御馬三。'則儀馬之設，自漢始也。"亦指廟中木馬。唐李商隱《送千牛李將軍赴闕五十韻》詩："靈衣沾愧汗，儀馬困陰兵。"清朱鶴齡注："道源注：儀馬，廟中木馬也。"

馴象

經過馴養之象，後用爲儀仗之先導。漢代已見之。晉武帝太康中，南越有獻，詔作大車以駕之，正旦大會則駕之入庭。唐開元中養之於閑廄，供陳設儀仗。宋鹵簿以六象居先，中道，分左右。駕出則爲先導，朝會則以充庭。明大朝會則陳之於奉天門外。清分"導象""寶象"，列皇帝鹵簿最前。《漢書・武帝紀》："元狩二年，南越獻馴象。"顏師古注引應劭曰："馴者，能教拜起周章，從人意也。"《晉書・輿服志》："武帝太康中平吳後，南越獻馴象，詔作大車駕之，以載黃門鼓吹數十人，使越人騎

馴　象
（明王圻等《三才圖會》）

之。"《北齊書·文宣帝紀》："乙丑，梁湘州刺史王琳獻馴象。"《宋史·儀衛志六》："宋鹵簿，以象居先，設木蓮花坐、金蕉盤，紫羅綉襜絡腦當胸，後鞦並設銅鈴杏葉。紅髦牛尾拂，跋塵。每象，南越軍一人跨其上，四人引。"《明史·儀衛志》："〔皇帝儀仗〕虎豹各二，馴象六，分左右。"

交椅

　　古代儀仗中所用之椅。始見於漢。靈帝時景師所造。多行用於宋以後。元以木爲椅，銀飾之，塗以黄金。明清裝飾更爲講究。明制，木胎，渾金飾之，中倚爲鈒花雲龍，餘皆金釘裝釘，上陳緋緑織金褥，四角各垂紅絲縧結，衁踏；踏制四方中爲鈒花盤龍，餘用金釘裝釘。清皇帝及皇后妃嬪儀仗中皆有交椅，然形制稍有差異。皇帝大駕、法駕所用交椅：枬質，塗金，交足橫距，貫以鐵樞雙壘，舉之通高二尺九寸二分，縱一尺一寸五分，橫二尺二寸。座面織黄絲，倚刻花草雲龍紋。踏几高三寸三分，縱九寸五分，橫一尺八寸六分，亦塗金。皇太后儀駕之交椅：木質，通高二尺九寸五分。四角飾鏤金花文，座面明黄絲縧，倚刻龍鳳。飾皆同皇帝法駕之制。皇后儀駕之交椅：倚刻鳳，餘皆同皇太后儀駕。皇貴妃儀駕之制：交椅，倚銅質鏤翟，餘如皇后儀駕之制。貴妃儀仗之制、妃嬪采仗之制交椅同，座面織金黄絲縧，餘如皇貴妃儀仗

交　椅
（明王圻等《三才圖會》）

之制。參閱《元史·輿服二》《明會要·輿服上》《三才圖會》《清朝文獻通考·王禮二十》。

駕頭

　　亦稱"寶床"。古代帝王儀仗隊中的寶座，爲祖宗即位時所曾坐，故以爲寶。帝王出幸時，內臣抱置馬上，作爲儀仗隊前驅。宋沈括《夢溪筆談·故事一》："正衙法座，香木爲之，加金飾，四足墮角，其前小偃，織藤冒之。每車駕出幸，則使老內臣馬上抱之，曰駕頭。"宋陸游《老學庵筆記》卷二："駕頭，舊以一老宦者抱繡裹兀子于馬上，高廟時猶然，今乃代以閤門官，不知自何年始也。"《宋史·儀衛志六》："駕頭，一名寶床，正衙法坐也。香木爲之，四足琢山，以龍卷之。坐面用藤織雲龍，四圍錯采，繪走龍形，微曲。上加緋羅繡褥，裹以緋羅繡帕。每車駕出幸，則使老內臣馬上擁之，爲前驅焉。"又："駕頭在細仗前，扇筤在乘輿後。大駕、法駕、鸞駕常出並用之。"

【寶床】

　　即駕頭。此稱宋代已行用。見該文。

金水瓶

　　省稱"金瓶"。五代至宋稱"金罐器"，元稱"金水瓶"，明稱"金水罐""水罐"。古代帝后等盛水之器，後用爲儀仗。金製或塗金，歷代形制不一。如元以銀爲之，塗以黄金，形如湯瓶，有蓋，有提，有嘴。明製以金，小口巨腹，通用鈒花爲飾。《宋史·儀衛志二》："宮中導從之制，唐

水　罐
（清蔣廷錫等《古今圖書集成》）

已前無聞焉。五代漢乾祐中，始置。"又："鷄冠二人，紫衣，分執金灌器、唾壺……分左右以次奉引。"《元史·輿服志二》："拱衛控鶴第一隊……携金水瓶者一人，左；金水盆者一人，右。"《明史·儀衛志》："右行，圓蓋一，金交椅一，金水罐一，團黃扇三，紅扇三，皆校尉擎執。"《清史稿·輿服志四》："皇貴妃儀仗……金瓶二，金椅一，金方几一。"

【金瓶】

"金水瓶"之省稱。此稱清代已行用。見該文。

【金罐器】

即金水瓶。此稱五代時期已行用。見該文。

【金水罐】

即金水瓶。此稱明代已行用。見該文。

【水罐】

即金水瓶。此稱明代已行用。見該文。

金水盆

省稱"金盆""水盆"。古代帝王洗浴之器，後用爲儀仗。金製或銀製塗金。《元史·輿服志二》："〔崇天鹵簿〕拱衛控鶴第一隊……携金水瓶者一人，左；金水盆者一人，右。"明王圻等《三才圖會·儀制》："水盆，古之洗也。《三禮圖》曰：洗高三尺，口徑尺五寸，天子黃金飾，元以黃金塗銀爲之。今制純用黃金，寬緣、平底、列瓣，俗謂芙蓉樣者，緣、底俱鈒花爲飾。"《明史·儀衛志》："奉天門左右，拱衛司陳設：左行，圓蓋一，金脚踏一，金水盆一。"《清史稿·輿服志四》："原

水 盆
（清蔣廷錫等《古今圖書集成》）

定皇太子儀仗……金香鑪、金瓶、金香盒各二，金唾壺、金盆各一。"

【金盆】

"金水盆"之省稱。以金製或塗金，故稱。此稱元代已行用。見該文。

【水盆】

"金水盆"之省稱。元代已見行用。見該文。

金香鑪

亦稱"金香毬"。省稱"香爐"。鑪，亦作"爐"。金製或銀製塗金。本爲卧褥香鑪，後用爲帝王儀仗。五代已見之。《宋史·儀衛志二》："宮中導從之制，唐已前無聞焉。五代漢乾祐中，始置……女冠二人，執香爐、香盤，分左右以次奉引。"《元史·輿服志三》："〔宮內導從〕主服御者凡三十人……

博山香爐
（明王圻等《三才圖會》）

捧金香毬二人，捧金香合二人，皆分左右行。"明王圻等《三才圖會·儀志》："按《西京雜記》曰：長安巧工丁緩者作卧褥香爐。本出防風，其法後絕，至緩更爲之……元制，以銀爲座，上插蓮花爐，爐上罩以圓毬，鏤緪縕旋轉文於上，黃金塗之。今制以黃金爲圓爐，大口、細頸、巨腹、三足，飾以鈒花，有蓋。爲蹲龍形，二飛鳳爲耳，附兩旁。"《清史稿·輿服志四》："貴妃儀仗……拂二，金香鑪、香盒、盥盤、盂各一。"

【金香毬】

即金香鑪。元代於鑪上罩以圓毬，故稱。見該文。

【香爐】

"金香鑪"之省稱。此稱宋代已行用。見該文。

金唾盂

省稱"唾盂""金盂"。古代帝后所用痰盂。金製或塗金，宋以後用爲宫中儀仗。宋孟元老《東京夢華録·十四日車駕幸五嶽觀》："執御從物，如金交椅、唾盂、水罐、菓壘、掌扇、纓紼之類。"《元史·輿服志二》："〔儀仗〕唾盂，製以銀，形圓如缶，有蓋，黄金製之。"《三才圖會·儀制》："元

唾壺唾盂圖
（清蔣廷錫等《古今圖書集成》）

唾壺、唾盂皆以銀爲之，有蓋，塗以金。今制皆以黄金爲之。壺，小口巨腹。盂，圓形如缶。蓋僅掩口，下有盤，俱爲龍紋。"《清史稿·輿服志四》："太宗崇德元年，備大駕鹵簿……金唾盂一，金壺一，金瓶、金盆各一，香鑪、香盒各二。"又："皇后儀駕……金盂一，金椅一，金方几一。"

【唾盂】

"金唾盂"之省稱。此稱宋代已行用。見該文。

【金盂】

"金唾盂"之省稱。此稱明代已行用。見該文。

金唾壺

省稱"唾壺"。亦稱"御唾壺"。古代帝王所用痰盂，後用爲儀仗，五代已見。以金製或塗金，歷代形制不一。如元以銀爲之，寬緣，虚腹，有蓋，黄金塗之。明以黄金爲之，小口巨腹，蓋大如腹，爲龍紋。《宋史·儀衛志二》："宫中導從之制，唐已前無聞焉。五代漢乾祐中，始置……鷄冠二人，紫衣，分執金灌器，唾壺……分左右以次奉引。"明王圻等《三才圖會·儀制》："按，漢武之世孔安國爲侍中，以其儒者，特聽掌御唾壺，朝士榮之。"《清史稿·輿服志四》："太宗崇德元年，備大駕鹵簿……金椅、金杌、香盒、香鑪、金水盆、金唾壺、金瓶、樂器全設。"

皇后儀駕唾壺
（清允禄等《皇朝禮器圖式》）

【唾壺】

"金唾壺"之省稱。此稱宋代已行用。見該文。

【御唾壺】

即金唾壺。此稱漢代已行用。爲古代帝王所用，故稱。見該文。

金香盒

省稱"香合"。亦作"金香合"。本爲器皿，後用爲帝王儀仗。金製或塗以金，故稱。《元史·輿服志二》："殿中導從隊……金香毬二，金香合二，分左右。"明王圻等《三才圖會·儀志》："香合，按《韵會》曰'盛物器名'……元制以銀爲合，徑

皇太后儀駕香合
（清允禄等《皇朝禮器圖式》）

七寸，塗黃金，鈒雲龍於上。今制以黃金爲圓合，蓋鈒以龍紋，底周圍鈒花，爲蓮瓣。"《清史稿·輿服志四》："皇后儀駕……拂二，金香鑪、金香盒二，金盥盤一。"

【金香合】

同"金香盒"。此體元代已行用。見該文。

【香合】

"金香盒"之省稱。此稱元代已行用。見該文。

紅鐙

古儀仗。清皇帝鹵簿用之。其制，以銅盤承燭，鐵絲籠之，韜以紅紗。通高七尺二寸，鐙高九寸，圍一尺七寸。竿以攢竹爲之，塗以朱漆。長六尺二寸，圍三寸一分。上加龍首，曲項向前，衒鐶懸鐙。《清史稿·輿服志四》："〔皇帝大駕鹵簿〕……拍板四，仗鼓四，金四，龍鼓二十四，間以紅鐙六。"

圍子

亦稱"響節"。古代帝王巡幸時駐地的儀仗。削竹膠合爲竿，塗以金色，首貫銅錢諸物，觸動則響，借以示警。宋即有之。宋周密《武林舊事·四孟駕出》："親從方圍子，兩行各一百四十人。圍子兩邊各四重：第一重，內殿直已下兩邊各一百人；第二重，崇政殿圍子兩邊各一百人。"《宋史·儀衞志五》："玉輅奉

宸隊。分左右，充禁衞，圍子八重；崇政殿親從圍子二百人，爲第一重。"《元史·輿服志二》："圍子，制以金塗攢竹杖，首貫銅錢，而以紫絹冒之。"明王圻等《三才圖會·儀制》："響節，按《宋會要》曰：'天武一百五十人充圍子，入內院。'《金集禮》曰：'司圍四十人，皆不注其義。'今按，圍子即響節也……今制同，冒以黃銷金袋。"

響　節
（明王圻等《三才圖會》）

【響節】

即"圍子"。此稱明代已行用。見該文。

火城

古代朝會時簇擁高官之火炬儀仗。唐李肇《唐國史補》卷下："每元日、冬至立仗，大官皆備珂傘，列燭有至五六百炬者，謂之火城。宰相火城將至，則衆少皆撲滅以避之。"宋王禹偁《待漏院記》："相君啓行，煌煌火城；相君至止，噦噦鑾聲。"明高啓《早至闕下候朝》詩："驪吏忽傳丞相至，火城如晝曉寒銷。"清鈕琇《觚賸·燕京元夜詞》："會望蕊珠宮闕，星橋雲爛，火城日近，踏遍天街月。"

第二節　徽幟考

徽幟爲旌旗之源，或曰旌旗始之於徽幟。先民進入文明時代，建邦立國之後，在朝廷或軍中常設有標志物，用以識別身份、部屬。這標志物或大或小，或着於背上，或擎於手

中。隨同社會的發展，旌旗逐漸獨立成類，其形式豐富多彩，不同的圖案、顔色、式樣代表不同用途，其名稱亦各不同。古代之旌旗雖多用於儀仗，但亦用於祭祀或指揮等，故在本章中獨立成類，專予考釋。本考未包容者，又分置於本書《武備》等卷。

本考之重點爲旌旗。旌旗指具有長杆，杆頭繫有可飄揚之標志物的用具。古時所用長杆多爲竹木，杆頭之飄揚物則多爲絹帛或羽毛。今則廢羽毛，儀用絹帛。旌旗爲其總名。析而言之，古代之旌、旗并非一物。西周時，旌謂杆頭綴旄牛尾，或兼五彩羽毛，君主用以召唤大夫，或用以開路；旗則以絹帛製成，旗面及六旒上繪有熊虎圖案。此外尚有常、旗、旝（亦作“斾”）、物、旟、旐、旞七種，合上述之旌、旗，共九種，其時稱之爲“九旗”。九旗形狀各異，用途亦自不同（下設專文，此不贅述）。作爲總名之旌旗，爲旌、旗二名之合稱連用。同時亦可分別以旌、旗、幟、斾、旐等單稱作爲總名。

據傳早在西周之前，先民已發明了旌旗。最初之旌旗，約始於軍事，用爲兵旗。《格致鏡原·朝制·儀仗》引《黄帝内傳》：“帝製五彩旗，指顧向背。”又：“玄女清帝製旗幟，以象雲物。”《列子》《通典》諸書皆有黄帝與炎帝戰，與蚩尤戰，以旗幟辨方嚮，指揮軍旅之記載。而作爲中華信史或經典之《史記》《詩》也已出現了旌旗。前者之《五帝本紀》曰：“舜之踐帝位，載天子旗，往朝父瞽叟，夔夔唯謹，如子道。”後者之《商頌·長發》曰：“武王載斾，有虔秉鉞，如火烈烈，則莫我敢曷。”鄭玄箋：“武王，湯也。斾，旗也。”若黄帝、舜王之時已有旌旗之説均不足爲憑，那麽，武王伐紂之記載，却爲史家之共識，并不虚妄，可証至遲在夏商之際，旗幟已經出現，并被廣泛使用。其後有關旌旗的記載，縱貫了中華之全部典籍，經史子集，無所不在。而有關旌旗的權威辭書分類釋義，最早的則是漢代之《爾雅》與《釋名》。前者將旌旗歸之於“釋天”中，因旗面之上多繪有星象或雲氣，常持以祭天；後者將旌旗歸之於“釋兵”中，多用於指揮戰争。作爲史書，旌旗歸類於“禮儀志”或“禮志”，如“輿服志”或“車服志”中。《後漢書·禮儀志中》中首次出現了“帝臨冕，而執干戚，舞雲翹”“衛司馬執幡鉦護行”諸語，“雲翹”“幡”皆旗幟之類，而《晋書·禮志下》記載了“元帝太興四年，詔左右衛及諸營教習，依大習儀作雁羽仗”，這“雁羽仗”之中亦有旗幟之類。北齊文宣帝時，於正殿中排列有“兵、斧、鉞、弓、箭、刀、矟”，而其“旌旗皆囊首，五色節，文飾悉赭黄”（《隋書·禮儀志七》）。可見此時之旌旗已十分精美考究，因旗面在殿内，故全部加罩捲起，旗杆則以竹節爲界繪五彩，文飾及旗旒全部爲赭黄色。

　　至《新唐書》始，設有"儀衛志""車服志"二專志。前志云："唐制，天子居曰'衙'，行曰'駕'，皆有衛有嚴，羽葆、華蓋、旌旗、罕畢、車馬之衆盛矣。"其旌旗形狀、紋飾空前繁夥，生動多彩，各有所象，各具所用，或前或後，或左或右，井然肅然，勿敢違制。如王牛旗、正麟旗、赤熊旗、麟旗、鳳旗、鸞旗、兕旗、駃騠旗、驅牙旗、蒼鳥旗、角獸旗、白狼旗、龍馬旗、金牛旗、吉利旗、太平旗，等等。後志云："武德四年，始著車輿衣服之令，上得兼下，下不得僭上……旌旗、蓋、鑾纓皆從路質。"此謂車輿衣服之制，皇帝可以兼有臣下之所有，而臣下却不得仿上；旌旗、傘蓋及挽馬之帶飾，皆同天子的路車之質一致。其他官員之旌旗、傘蓋等亦同其車質。換言之，一切旌旗之類皆從其品級。如龍旗、五牛旗，又如一品之旛九旒，二品之旛八旒，等等。《新唐書》之後，歷代正史多設"儀衛志"或"車服志"（亦稱"輿服志"），相沿不改。其間《宋史》所載旌旗尤爲繁盛，可稱盛況空前。不過除辭書、史書之外，中國古代迄今尚未見研究旌旗之專著。唐代的《通典·禮二十六》、明代的《三才圖會·儀制》、清代的《格致鏡原·朝制》中各設有旌旗類。而以旌旗爲獨立研究課題的專著，唯見於華夫先生主編的《中國古代名物大典》（濟南出版社1993年版）中的《旌旗卷》。該卷主編王立華先生依據旌旗之用途，分爲儀仗旗、旌節旗、禮樂旗、兵旗、商旗、宗教旗、郡國旗、五方旗等近十種。這是迄今爲止收詞全面、分類明細的專書。

　　古代之邦國大事，通常取決於當權的統治者。在社會活動中，爲顯示統治者——帝王將相、達官顯宦的身份、地位，則設有儀仗旗、禮樂旗諸物。如前述《新唐書·儀衛志上》稱："唐制，天子居曰'衙'，行曰'駕'，皆有衛有嚴，羽葆、華蓋、旌旗、罕畢、車馬之衆盛矣。"隋唐天子臨朝後，左右衛大將軍、左右直閣將軍以次左右，衛將軍各領儀刀爲內四行、中四行、外四行，共十二行，翊衛以都督領行各二人，執金花獅子楯，猨刀，一百四十人分左右帶橫刀，後臨門值長十二人，左青龍旗，右白虎旗；出行則前有導旗，稍後即有日月旗、龍旗、指南車、記里車、鸞車縱貫而行，後有五牛車，車載五牛旗，從駕之將軍、翊衛、武士浩浩蕩蕩數以千計。凡天子出行，萬衆迴避，犯蹕者斬；祭祀、慶典、田獵亦各有儀衛，而御駕親征時，其儀衛尤爲盛大、森嚴。本考中將旌旗分爲三大類：一曰總稱。闡釋典籍常見旌旗之種種稱謂。如徽識、幡信、羽旄、幢麾、旄罕、表旗、綏章等，借此可以考見旌旗之源起及條目間相互關係。二曰帝王旗。專一闡釋帝王居衙、行駕，或靜或動，與之相應之儀仗旗。如始自西周，直至明清，歷朝沿用、名稱無異之旗。如西周時天子喜慶日所用之鼻旗；出巡時之旌門，即後世之牙門旗；始自西周專用於田獵，直至明清歷朝沿用，名稱有異之大綏；始自漢代，皇帝先導車上所建之赤色大旗鸞旗；始自北魏，皇帝出巡或征伐所建之黑色大旗皂纛；始自宋代，皇帝頒赦免令之巨旗蓋天旗；等等。三曰君臣諸旗。先釋西周帝王旗。依其旗面視覺特點，又分為圖文旗、五色旗與國域旗三類。第一類指旗面繪有威猛、吉祥諸物，或逕書以所欲昭示的文字。第二類指代表五方、五行的五種顏色，表示季節變遷或所謂天地間的生剋關係。第三類則用以標明邦國地域。當然三者之間并非絕然不同。如有圖文者亦可有五色，有五色者亦可有圖文，國域則常借文圖或五色以示意。接着是西周時表示不同等級、不同用途的九旗，隨之是自西周以來即廣泛使用的星雲旗，宋代始創的山河旗，再接以西周以來社會生活中常見的日用旗，最後是西周至明清歷代相承的禮樂旗。

我國古代儀仗旗、樂舞旗之旗質，大抵可分兩類，一為絹帛，二為毛羽。旗面多為長方形，分為有旒、無旒兩種。旗色多為五方色，即青、紅、白、黑、黃五色，分別代表東、南、西、北、中五方位，有時亦加蒼色，代表天空。其圖案除却星雲以外，常見者尚有神仙、禽獸、草木、文字、符號等。

其他兵旗、商旗之類，分別歸屬本書之《武備》《資產》諸卷中，此不複述。

總　稱

徽識

亦作"徽職""徽識""徽織""徽幟"。亦稱"屬""徽號"。單稱"徽"。為古代朝廷或軍中用以識別身份、部屬之標志。其中以旌旗的形式最為豐富多彩。其圖案、顏色、式樣各不相同，以為王朝或軍旅的象徵。《墨子·號令》："日暮出之，為微職。"孫詒讓閒詁："畢云：即徽織。微，當為徽。《說文》云：徽，幟也。以絳帛箸於背。從巾，微省聲。《春秋傳》曰：揚徽者公徒。《東京賦》云：戎士介而揚揮。薛綜注云：揮為肩上絳幟，如燕尾。即徽也。《說文》又無'幟'字，當借織為之。詒讓案：正

字當作徽識。"《周禮·春官·司常》："司常掌九旗之物名，各有屬以待國事。"鄭玄注："屬，謂徽識也。《大傳》謂之徽號。今城門僕射所被及亭長著絳衣，皆其舊象。"賈公彥疏："'屬謂徽識也'者，謂在朝在軍所用小旌，故以屬言之。"《左傳·昭公二十一年》："乃徇曰：'揚徽者，公徒也。'"杜預注："徽，識也。"孔穎達疏："徽識，制如旌旗，書其所任之官與姓名於其上，被之於背，以備其死，知是誰之尸也。"《禮記·大傳》："立權度量，考文章，改正朔，易服色，殊徽號，異器械，別衣服，此其所得與民變革者也。"孔穎達疏："徽號，旌

旗也。周大赤，殷大白，夏大麾，各有别也。”《漢書・王莽傳上》：“殊徽幟，異器制。”顔師古注：“徽幟，通謂旌旗之屬也。”《三國志・魏書・高堂隆傳》：“隆又以爲改正朔，易服色，殊徽號，異器械，自古帝王所以神明其政，變民耳目，故三春稱王，明三統也。”

【微職】

同“徽識”。此體先秦時期已行用。見該文。

【微識】

同“徽識”。或以爲正體。此體先秦時期已行用。見該文。

【徽織】

同“徽識”。此體先秦時期已行用。見該文。

【徽幟】

同“徽識”。此體漢代已行用。見該文。

【屬】

即徽識。此稱先秦時期已行用。見該文。

【徽號】

即徽識。此稱秦漢時期已行用。見該文。

【徽】

“徽識”之省稱。此稱先秦時期已行用。見該文。

幡信

亦稱“信旛”“信幡”。古代題表官號、用爲符信之旗幟、符節。《説文・叙》：“六曰鳥蟲書，所以書幡信也。”段玉裁注：“書幡，謂書旗幟；書信，謂書符節。”《東觀漢記・梁諷傳》：“匈奴畏感，奔馳來降，諷輒爲信旛遣還營，前後萬餘人，相屬於道。”晋崔豹《古今注・輿服》：“所以題表官號以爲符信，故謂信幡也。”五代馬縞《中華古今注・信幡》：“古之徽號也。所以題表官號，以爲符信，故謂之信幡。”

【信旛】[2]

即幡信。此稱漢代已行用。見該文。

【信幡】

即幡信。此稱晋代已行用。見該文。

羽旄

泛指旌旗。因古代常以雉羽、旄牛尾裝飾而成，故稱。《左傳・定公四年》：“晋人假羽旄於鄭，鄭人與之。”杜預注：“析羽爲旌，王者游車之所建，鄭私有之，因謂之羽旄，借觀之。”《孟子・梁惠王下》：“百姓聞王車馬之音，見羽旄之美。”《史記・樂書》：“比音而樂之，及干戚羽旄，謂之樂也。”裴駰集解引鄭玄曰：“羽，翟羽也；旄，旄牛尾，文舞所執也。”《文選・班固〈東都賦〉》：“羽旄掃霓，旌旗拂天。”吕延濟注：“羽旄，可以麾衆也。掃霓、拂天，言高也。”

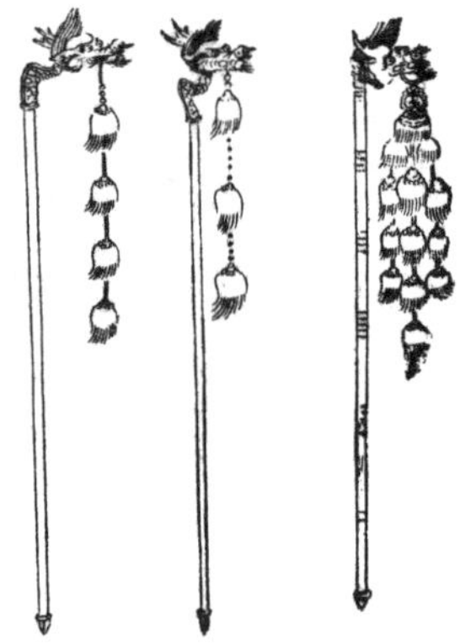

羽旄旌
（明王圻等《三才圖會》）

旄罕

亦稱“旄幢”。古代儀仗旗的泛稱。唐徐彦伯《南郊賦》：“瑞氣蜿蜒於藪甸，祥光熠爚於旄罕。”宋楊億《咸平六年二月十八日扈從宸游因成紀事二十二韻》詩：“閭閻空里巷，旄罕隘康莊。”宋梅堯臣《送歙潘州》詩：“下車談詩書，上世擁旄幢。”

【旄幢】

即旄罕。此稱宋代已行用。見該文。

旌旗

亦作“旌旍”“旍旗”“旍旍”。指具有長杆、杆頭繫有可飄揚之標志物的用具。古時所用長杆多爲竹木，杆頭之飄揚物則多爲絹帛或羽毛，今則廢羽毛，僅用絹帛。在我國古代，飄揚物用料或形狀不同，則其用途、名稱亦不同。本文之旌旗，爲古今此類用具之通名。《周禮·春官·司常》：“凡軍事，建旌旗……甸，亦如之。”賈公彦疏：“上云‘軍事’，謂出軍征戰；今此云‘甸’，謂四時田獵。言‘亦如之’者，亦如上建旌。”按，“軍事”與“甸”，因用途不同，所用飄揚物及名稱本不同，此處則通稱之爲旌旗。《戰國策·楚策一》：“於是楚王游於雲夢，結駟千乘，旌旗蔽日。”漢應瑒《弈勢》：“旌旍既列，權慮蜂起。”漢枚乘《七發》：“旍旗偃蹇，羽毛肅紛。”《宋書·謝晦傳》：“旍旍相照，蔽奪日光。”

【旌旍】

同“旌旗”。此體漢代已行用。見該文。

【旍旗】

同“旌旗”。此體漢代已行用。見該文。

【旍旍】

同“旌旗”。此體南北朝時期已行用。見該文。

旗幟

即旌旗。《墨子·雜守》：“候出置田表，斥坐郭内外立旗幟。”《史記·高祖本紀》：“於是沛公乃夜引兵從他道還，更旗幟。”又《留侯世家》：“益爲張旗幟諸山上，爲疑兵。”唐元稹《古社》詩：“飛聲鼓聲震，高歠旗幟飜。”飛，一作“壯”。

表旗

亦稱“表識”“表幟”。古代表示身份地位、等級貴賤之旗幟。《左傳·昭公元年》：“舉之表旗，而著之制令。”杜預注：“旌旗以表貴賤。”孔穎達疏：“爲立表貴賤之旌旗也，故杜云‘旌旗以表貴賤’。”《漢書·王莽傳下》：“初，京師聞青、徐賊衆數十萬人，訖無文號旌旗表識，咸怪異之。”《三國志·吳書·周魴傳》：“並乞請幢麾數十，以爲表幟，使山兵吏民，目瞻見之，知去就之分。”

【表識】

即表旗。此稱漢代已行用。見該文。

【表幟】

即表旗。此稱三國時已行用。見該文。

綏章

古時以旄牛尾或鳥羽飾於旗杆杆首，用作表章，爲表旗之一種，以別等級貴賤。綏，通“緌”。《詩·大雅·韓奕》：“王錫韓侯，淑旂綏章。”孔穎達疏：“然則綏者，即交龍旂竿所建，與旂共一竿，爲貴賤之表章，故云綏章。”唐柳宗元《獻平淮夷雅表》：“長戟酋矛，粲其綏章。右剪左屠，聿禽其良。”一說“綏章”爲引以登車之彩索。說見鄭玄箋。

旗旄

亦作“旍旄”。古代儀仗旗之泛稱。《後漢書·祭祀志》劉昭注引《皇覽》：“距冬至日四十六日，則天子迎春於東堂，距邦八里，堂高八尺，堂階八等，青稅八乘，旗旄尚青，田車載矛，號曰助天生。”唐韓愈《送李願歸盤谷序》：“其在外，則樹旗旄，羅弓矢，武夫前呵，從者塞途；供給之人，各執其物，夾道而疾馳。”《舊唐書・田弘正傳》：“天慈遽臨，免書罪戾，朝章薦及，仍委旟旄。錫封壤於全藩，列班榮於八座。”宋曾鞏《飲歸亭記》：“然而旗旄鐲鼓，五兵之器，便習之利，與夫行止、步趨、遲速之節，皆宜有法，則其所教亦非獨射也。”

【旟旄】

同“旗旄”。此體至遲唐代已行用。見該文。

旌幢

亦稱“旛幢”“旌麾”“幢旗”“旛旗”。古代儀仗旗之泛稱。《漢書・韓延壽傳》：“延壽衣黃紈，方領，駕四馬……建幢棨。”顏師古注引晋灼曰：“幢，旌幢也。”北魏楊衒之《洛陽伽藍記・景明寺》：“於時金花映日，寶蓋浮雲，旛幢若林，香煙似霧。”唐盧綸《送王尊師》詩：“旌幢大路晚，桃杏海山春。”唐柳宗元《起廢答》：“幢旗前羅，杠蓋隨後。”《舊唐書・封常清傳》：“常清所以不死者，不忍汙國家旌麾。”宋王安石《送李才元校理知邛州》詩：“關吏相呼迎印綬，里兒爭出望旌麾。”清劉青芝《寄李侍御》詩：“驄馬乘來四載餘，京華處處避旛旗。”

【旛幢】

即旌幢。此稱南北朝時期已行用。見該文。

【旌麾】

即旌幢。此稱唐代已行用。見該文。

【幢旗】

即旌幢。此稱唐代已行用。見該文。

【旛旗】

即旌幢。此稱清代已行用。見該文。

帝王旗

王旌

古代帝王用以表識官爵稱號或功績的旌旗。《周禮・夏官・司勳》：“凡有功者，銘書於王之大常。”鄭玄注：“銘之言名也。生則書於王旌，以識其人與其功也。”《左傳・昭公七年》：“楚子之為令尹也，為王旌以田。”杜預注：“析羽為旌。王旌游至於軫。”孔穎達疏引鄭玄曰：“王旌十二旒，兩兩以縷綴連。旁三人持之。”宋強至《代上李兵部狀》：“紀美王常，增光相閫。”

【王常】

即王旌。此稱宋代已行用。見該文。

千秋萬歲旗

隋朝所建之旗。皇帝之儀仗。《隋書・盧賁傳》：“奏改周代旗幟，更為嘉名。其青龍、騶虞、朱雀、玄武、千秋萬歲之旗，皆賁所製也。”唐宋稱“君王萬歲旗”。參閱《新唐書・儀衛志一》《宋史・儀衛志一》。

【君王萬歲旗】

即千秋萬歲旗。此稱唐代已行用。見該文。

翠華旗

省稱“翠華”。古代帝王儀仗之一種，以翠羽飾於旗杆頂端，故稱。始見於漢，後代沿用。清翠華旗藍緞為之，呈三角形，上繡孔雀及彩雲紋，有影帶。杆首爲鈒金垂雲頂，注綠緞，繡孔雀，用於皇帝大駕鹵簿。《漢書·司馬相如傳》："建翠華之旗，樹靈鼉之鼓。"顔師古注："翠華之旗，以翠羽爲旗上葆也。"《文選·司馬相如〈上林賦〉》："建翠華之

翠華旗
（清允禄等《皇朝禮器圖式》）

旗，樹靈鼉之鼓。"李善注："翠華，以翠羽爲葆也。"南朝梁沈約《九日侍宴樂游苑》詩："虹旌迢遞，翠華葳蕤。"唐白居易《長恨歌》："翠華摇摇行復止，西出都門百餘里。"《清史稿·輿服志四》："皇帝大駕鹵簿……次翠華旗二，金鼓旗二，門旗八。"參閲《皇朝禮器圖式·鹵簿二》。

【翠華】

"翠華旗"之省稱。此稱南北朝時期已行用。見該文。

【珠旗】

亦作"珠旐"。古代於旗杆飾有珠玉之旗。多爲皇帝、皇后所用。《文選·司馬相如〈子虚賦〉》："靡魚須之橈旃，曳明月之珠旗。"李善注："張揖曰：'以明月珠綴飾旗也。'善曰：《孝經援神契》：'蛟珠旗。'宋均曰：'蛟魚之珠有光耀，可以飾旗。'"南朝梁沈約《擬風賦》："拂九層九羽蓋，轉八鳳之珠旐。"清唐孫華《宋堅齋刑部齋中觀南巡圖恭紀》詩："珠旗雲罕夾鳳輦，恍惚疑有神靈隨。"

【珠旐】

同"珠旗"。此體南北朝時期已行用。見該文。

【珠幡】

即珠旗。南朝梁簡文帝《大愛敬寺刹下銘》："珠幡轉曜，寶鈴韵響，聞聲者入道，見形者除累。"北周庾信《五張字碑》："迴風香蓋，反露珠幡。"唐代段成式、鄭符、張希復、昇上人《平康坊菩薩寺書聯句》："步觸珠幡響，吟窺鉢水澄。"

【珠旒】

即珠旗。唐楊衡《他鄉七夕》詩："向雲迎翠輦，當月拜珠旒。"宋范成大《小澗》詩："石礙珠旒濺，灘平霧縠鋪。"

寶纛

古代御用儀仗旗之美稱。帝王出行所建。明梁潛《三月十七日送駕出德勝門》詩："玉氣浮天隨寶纛，虹光拂地護龍旌。"明葉盛《水東日記·議王琦事》："三千營總兵都督張軏、楊俊爲都指揮王琦奏龍旗寶纛事。"參見本卷《儀仗徽幟説·儀仗考》"纛"文。

龍旗

亦作"龍旌"。亦稱"龍旒""龍幡"。古代旗縿繪有交龍圖形，本爲諸侯儀仗旗，宋代之後，爲皇帝所專用。《詩·商頌·玄鳥》："龍旂十乘，大糦是承。"《三才圖會·儀制》："周官司常掌九旗，有交

龍旗
（清蔣廷錫等《古今圖書集成》）

龍爲旗。《覲禮》曰：'天子載大旗，升龍降龍。'《司馬法》又曰：'旗章，周以龍尚文也。'漢制龍旗九斿七仞。仞，尺也。古者以九尺爲仞。宋《天聖鹵簿圖》記龍旗十二。今制因之。"《周禮・考工記・輈人》："龍旂九斿，以象大火也。"《國語・齊語》："賞服大輅，龍旗九旒。"韋昭注："龍旗，畫交龍於縿也。"南朝宋謝靈運《緩歌行》："宛宛連螭彎，裔裔振龍旒。"唐崔融《嵩山石淙侍宴應制》詩："龍旗畫月中天下，鳳管披雲此地迎。"宋蘇軾《王晋卿煙江疊嶂圖》詩："屈居華屋啖棗脯，十年俯仰龍旗前。"宋孔平仲《紫雲將軍》詩："龍幡遮火遶赤壁，東南風急天絳色。"明袁袠《大駕視牲南郊》詩："日並龍旒出，山將彩仗迎。"

【龍斿】

同"龍旗"。此體先秦時期已行用。見該文。

【龍幡】

即龍旗。此稱宋代已行用。見該文。

【龍旒】

即龍旗。此稱南北朝時期已行用。見該文。

鷃旌

古代飾以鷃羽之旌旗，天子儀仗。多用於喜慶之日。《逸周書・王會》："其西天子車立馬乘六，青陰羽鷃旌。"孔晁注："鶴鷃羽爲旌旄也。"南朝梁蕭綱《金錞賦》："映似月之遥羽，飛如鷃之去旌。"

旌門

古代帝王主帥出巡或出征，在所居前樹立旗幟，以表其門，所樹旗幟稱旌門。《周禮・天官・掌舍》："爲帷宮，設旌門。"鄭玄注："謂王行晝止，有所展肆若食息，張帷爲宮，則樹

旌以表門。"南朝宋顔延之《三月三日曲水詩序》："旌門洞立，延帷接桓。"清昭槤《嘯亭續錄・御營制度》："行營，中建帳殿御幄，繚以黄漆木城，建旌門，覆以黄幕。"至漢朝又謂牙門旗，或者省稱"牙門"。唐朝鹵簿內大戟隊後置牙門一，次牙門左右廂各開五門；宋朝牙門旗赤質錯采，爲神人像；元制四旗，赤質火焰，脚繪神人，冠武士冠，鎧甲裲襠，束帶大口，袴執戈戟；明清制門旗四，皆赤質黄襴，赤火焰，門采脚，中塗金爲門字，揭以朱漆檜桿。《後漢書・袁紹傳》："麴義追至界橋……遂至瓚營，拔其牙門。"《三國志・魏書・典韋傳》："牙門旗長大，人莫能勝，韋一手建之。"《宋史・儀衛志六》："牙門旗，古者，天子出，建大牙。今制，赤質，錯采爲神人象，是道前後各一門，左右道五門，門二旗，蓋取周制'樹旗表門'及'天子五門'之制。"《清史稿・輿服志四》："〔皇帝大駕鹵簿〕其制，前列導象四……次翠華旗二，金鼓旗二，門旗八。"旗，或作"旂"。

門　旗

（清蔣廷錫等《古今圖書集成》）

【牙門旗】

即旌門。此稱漢代已行用。見該文。

【牙門】²

"牙門旗"之省稱。此稱漢代已行用。見該文。

【門旗】

即旌門。此稱唐代已行用。見該文。

牙旗

古時主將主帥所建之大旗。多置於軍門兩側及軍營五方。以旗杆有象牙爲飾，故名。一説寓爪牙之義，以壯軍威。亦用作儀仗。《文選·張衡〈東京賦〉》："戈矛若林，牙旗繽紛。"薛綜注："兵書曰，牙旗者，將軍之旌。謂古者天子出，建大牙旗，竿上以象牙飾之，故云牙旗。"宋陸游《將至金陵先寄獻劉留守》詩："別都王氣半空紫，大將牙旗三丈黄。"清龔自珍《己亥雜詩》之九十二："不容水部賦清愁，新擁牙旗拜列侯。"唐人或有另説。唐封演《封氏聞見記·公牙》："《詩》曰：'祈父，予王之爪牙。'祈父，司馬，掌武備，象猛獸，以爪牙爲衛，故軍前大旗，謂之牙旗……軍中聽號令必至牙旗之下。"參閲宋程大昌《演繁露·牙旗牙門旗鼓》。

牙幢

即牙旗。此處幢與旗無别。《三國志·吳書·陸遜傳》："遜乃益施牙幢，分佈鼓角。"宋程大昌《演繁露·牙旗牙門旗鼓》："《黄帝出軍》曰：'有所征伐，作五采牙幢。青牙旗引住東，赤牙旗引住南，白牙旗引住西，黑牙旗引住北，黄牙旗引住中。'"

纛[1]

亦稱"皂纛""大纛"。古代軍隊或儀仗隊之大旗。元明之時形制略異，置纓於竿頭而無旗。《新唐書·儀衛志上》："朔望受朝及藩客辭見，加纛、矟隊，儀仗減半。"又《叛臣傳上·僕固懷恩》："初，會軍汜水，朔方將張用濟後至，斬纛下。"宋歐陽修《相州晝錦堂記》："然則高牙大纛，不足爲公榮；桓圭衮冕，不足爲公貴。"《宋史·儀衛志六》："皂纛，本後魏

纛頭之制。唐衛尉器用，纛居其一，蓋旄頭之遺象。制同旗，無文采，去鎪首六脚。《後志》云：'今制，皂邊皂斿，斿爲火焰之形。'金吾仗主之，每纛一人持，一人拓之。乘輿行，則陳於鹵簿，左右各六。"《元史·輿服志二》："皂纛，建纓於素漆竿。凡行幸，則先驅建纛，夾以馬鼓。"明王圻等《三才圖會·儀制》："《唐六典》云：'後魏有纛頭，每天子行幸、大軍征伐，則建於旗上。'蓋即古旄頭之遺制也……宋《天聖鹵簿》云：'纛，即皂旗。其制黑質黑火焰脚，揭以朱槍竿，竿首垂纛。'元則建纓於桿首而不設旗。今制用旄牛尾如巨斗大，建朱槍竿上。"明徐復祚《投梭記·交戰》："佇看胡衣熨帖拜神京，彩纛高於百尺亭。"清陳康祺《郎潛紀聞》卷六："乾嘉以來，朝士宗尚漢學，承學之士，翕然從風，幾若百川之朝東瀛，三軍之隨大纛。"《清史稿·輿服志四》："法駕鹵簿……紫、赤方傘、扇、幢、旛、旌、節、氅、麾、纛、旗、鉞、星、瓜、仗，列丹墀東西。"

纛
（清蔣廷錫等《古今圖書集成》）

皂纛
（明王圻等《三才圖會》）

【皂纛】

即纛[1]。因多黑色，故稱。此稱唐宋時已行

用。見該文。

【大纛】

即纛[1]。此稱唐宋已行用。見該文。

左纛

纛之一種。古代帝王乘輿所設之大旗。以牦牛尾或雉尾裝飾而成，因設在車衡左邊或左騑上，故稱。右爲指揮處。《史記・項羽本紀》："紀信乘黃屋車，傅左纛。"裴駰集解引李斐曰："纛，毛羽幢也，在乘輿車衡左方上注之。蔡邕曰：'以犛牛尾爲之，如斗，或在騑頭，或在衡上也。'"漢揚雄《河東賦》："張燿日之玄旄，揚左纛，被雲梢。"清張玉書《大閱恭記》詩："襃鄂宗臣張左纛，薛岐帝冑領中權。"

黃龍大纛

亦稱"黃龍大牙"。纛之一種。繡有黃龍的大旗。蓋始於三國時期。宋代稱"大黃龍旗"。《三國志・吳書・胡綜傳》："黃武八年夏，黃龍見夏口，於是權稱尊號，因瑞改元。又作黃龍大牙，常在中軍，諸軍進退，視其所向。"《宋史・儀衛志一》："殿庭立仗……大黃龍旗二，分左右，大神旗六，分左右。"古以黃龍爲帝王之象徵，清代建黃龍大纛於鹵簿之中。其制黃緞爲之，中繡金龍，環以流雲，不加緣縿，首冠鈒花塗金頂。《清史稿・輿服志四》："騎駕鹵簿，巡方若大閱則陳之……次豹尾班侍衛執槍十人，佩儀刀十人，

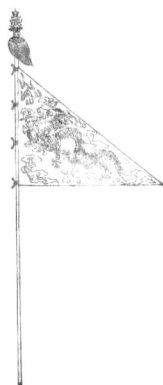

皇帝大駕鹵簿黃龍大纛

黃龍大纛

（清允祿等《皇朝禮器圖式》）

佩弓矢十人，殿以黃龍大纛。"

【黃龍大牙】

即黃龍大纛。此稱三國已行用。見該文。

【大黃龍旗】

即黃龍大纛。此稱宋代已行用。見該文。

大綏

亦稱"大麾"。天子春夏田獵時所建無旒之大旗，主殺。《禮記・王制》："天子殺則下大綏。"鄭玄注："綏，當爲'緌'。緌，有虞氏之旌旗也。"孔穎達疏："旌旗無旒者，周謂之大麾，於周則春夏田用綏。故鄭答趙商云：春夏用大綏，秋冬用大常。"《隋書・禮儀制三》："帝發，抗大綏。次王公發，則抗小麾。"

【大麾】

即大綏。此稱先秦已行用。見該文。

行圍纛

清代皇帝南苑圍獵時所用之大旗。共五種，鑲黃一，正黃、正白各二。俱以緞爲之，方形正幅，無繪繡，方五尺五寸，竿用竹，長一丈四尺五寸，圍六寸三分。《大清會典圖》卷六二："皇帝行圍纛，中鑲黃，兩脅正黃，兩末正白，俱用緞。鑲黃以紅緣，正黃、正白不加緣。皆正幅，不施繪繡，方五尺五寸。杆以竹，長一丈四尺五寸，圍六寸三分。"

獲旗

古帝王校獵時爲獲車所建之儀仗旗。見於南北朝。用於帝王春日田獵。《宋書・禮志一》："王公以下，以次射禽，各送詣獲旗下。"《隋書・禮儀志三》："後齊春蒐禮，有司規大防，建獲旗，以表獲車。"

鸞旗

亦作"鸞旂""鑾旗"。亦稱"鷄翹""鸞

旌""鸞斿""鸞纛"。古代帝王儀仗先導車上所建之赤色大旗。上飾羽毛，綉有鸞鳥圖形。《周禮·春官·冢人》："及葬，言鸞車象人。"鄭玄注："鸞車，巾車所飾，遣車也。亦設鸞旗。"《漢書·賈捐之傳》："鸞旗在前，屬車在後。"顏師古注："鸞旗，編以羽毛，列繫橦旁，載於車上。大駕出，則陳於道而先行。"《文選·張衡〈東京賦〉》："鸞旗皮軒，通帛繡斾。"張銑注："鸞旗，謂以象鸞鳥也。蔡邕《車服志》曰：'俗人名曰鷄翹。'"唐司空曙《迎神》詩："鸞旌圓蓋望欲來，山雨霏霏江浪起。"五代殷文圭《觀賀皇太子策命》詩："鸞斿再立星辰正，雉扇雙開日月明。"五代馮延巳《壽山曲》詞："鴛瓦數行曉日，鸞斿百尺春風。侍臣舞蹈重拜，聖壽南山永同。"明宋濂《秋夜與子充論文退而賦詩一首因簡子充並寄胡教授仲申》："艷如長楊校羽獵，蒙盾負羽驅鸞旌。"

【鸞斿】

同"鸞旗"。此體五代時期已行用。見該文。

【鸞旌】

即鸞旗。此稱唐代已行用。見該文。

【鷄翹】

即鸞旗。此稱漢代已行用。見該文。

【鸞斿】

即鸞旗。此稱五代時期已行用。見該文。

翔鸞旗
（清允禄等《皇朝禮器圖式》）

【鸞纛】

亦稱"鸞幢"。即鸞旗。《北史·張普惠傳》："故侍中司徒胡公懷道含靈，實誕聖后……功餘九錫，褒假鸞纛。"明顧瑛《天寶宮詞寓感》詩："龍斿翠蓋擁鸞幢，步輦追隨幸曲江。"

【鸞幢】

即鸞纛。此稱明代已行用。見該文。

【鑾旗】

亦稱"鑾斿""鑾斾"。同"鸞旗"。《後漢書·公孫述傳》："出入法駕，鑾旗旄騎，陳置陛戟。"又《楊秉傳》："王者至尊……自非郊廟之事，則鑾旗不駕。"李賢注引《漢官儀》曰："前驅有雲罕、皮軒、鑾旗車也。"《文選·謝瞻〈張子房〉詩》："鑾斿厲頽寢，飾像薦嘉嘗。"李周翰注："鑾斿，車駕旌旗也。"南朝齊王儉《皇太子妃哀策文》："澄金波而映鑾斾，命飛廉而拂瓊輈。"

【鑾斿】

即鑾旗。此稱南北朝時期已行用。見該文。

【鑾斾】

即鑾旗。此稱南北朝時已行用。見該文。

前斾

亦稱"前旌"。多泛指古代帝王儀仗中前導之旗幟。南朝梁簡文帝《上之回》詩："前斾拂回中，後車隔桂宮。"北周庾信《三月三日華林園馬射賦》："行漏抱刻，前斾載鳶。"唐孟浩然《送韓使君除洪州都曹》詩："衣冠列祖道，耆舊擁前旌。"旌，一作"程"。

【前旌】

即前斾。此稱南北朝時期已行用。見該文。

黃麾

古代儀仗。狀類旌旗，黃色。爲帝王儀仗

所用。相傳始建於黃帝,後歷代沿襲。漢鹵簿有前後黃麾唐太宗建大麾,以黃爲中方之正色,故色用黃。宋以絳帛爲之,狀如麾,錯彩成"黃麾"篆字,下繡交龍及雲日;朱漆竿,金龍首,上垂朱綠小蓋,四角垂佩,末有橫板,作碾玉文。元制同。明制,蓋用朱絲,"黃麾"字爲楷書,以金書之,下二龍塗金爲飾。《東觀漢記·班超傳》:"建初八年,稱超爲將兵長史,假鼓吹黃麾。"《新唐書·儀衛志上》:"元日、冬至大朝會,宴見蕃國王,則供奉仗、散手仗立於殿上;黃麾仗、樂縣、五路、副路……陳於庭。"明王圻等《三才圖會·儀制三·黃麾》:"《通典》曰:黃帝振兵,設五旗五麾,則黃麾制自有熊始也。漢鹵簿有前後黃麾。《開元禮義纂》:唐太宗法夏后之前制,取中方之正色,故制大麾色黃。宋制以絳帛爲之如麾,錯綵成黃麾篆字,下繡交龍及雲日,朱漆竿,金龍首,上垂朱絲,小蓋四角垂佩,末有橫板作碾玉文。元制同。今制亦同宋,但蓋用朱絲,黃麾字楷書用金,下二龍塗金爲之。"《清史稿·輿服志四》:"皇帝大駕鹵簿……次黃麾四,儀鍠氅四,金節四。"

黃 麾
(明王圻等《三才圖會》)

羽林旗

古代皇帝近衛羽林軍所建之旗。唐郭汭《同崔員外溫泉宮即事》詩:"天迴紫微座,日轉羽林旗。"

外域旗

古代皇帝行營外域所建之儀仗旗。《清會典圖·武備》:"皇帝行營外域旗,東南正白,西南正紅,西北正黃,東北鑲黃。俱用緞,鑲黃以紅緣,正黃、正白、正紅不加緣。皆正幅,銷金飛虎,環以火焰,縱徑二尺,斿徑三尺,鑲黃緣亦銷金焰,周闊四寸,桿如内域旗之制。"

豹尾旗

古代於杆頭懸飾豹尾之旗,皇帝出行儀仗所用。《後漢書·輿服志上》:"大駕屬車八十一乘……最後一車懸豹尾。"《清會典事例·鑾儀衛·鹵簿》:"龍頭方戟,右所掌之;旛二十六,内分信旛、傳教旛、告止旛、絳引旛、豹尾旛、龍頭桿旛各四。"唐韓愈《沂國公碑》言"豹尾神旗",即此。

蓋天旗

古代皇帝所用之特大儀仗旗。見於宋代。宋孟元老《東京夢華録·下赦》:"車駕登宣德樓,樓前立大旗數口。内一口大者,與宣德樓齊,謂之蓋天旗。旗立御路中心不動。次一口稍小,隨駕立,謂之次黃龍。青城太廟隨逐立之,俗亦呼爲蓋天旗。"

五牛旗

皇帝乘輿所設之旗。始見於晉代。車設五牛,豎青、赤、黃、白、黑五色旗於牛背,故稱。東晉後用馬,但以五色木牛象原牛形,旗常捲不展,唯御駕親征,始展其旆。隋唐因之。《晉書·輿服志》:"五牛旗,平吳後所造。以五牛建旗,車設五牛,青、赤在左,黃在中,白、黑在右。"《隋書·禮儀志五》:"五牛旗,左青赤,右白黑,黃居其中……〔東晉〕後但以五色木牛象車，豎旗於牛背，使人輿之。旗常纏不舒，唯天子親戎，及舒其斾。"《新唐書·儀衛志一》："第一五牛旗隊，黃旗居内，赤青居左，黑白居右，各八人執。"

天鹿旗

古代繪有天鹿圖形的旗幟。多用於皇帝儀仗。宋朝天鹿旗赤質黃襕，青火焰脚，中繪天鹿，白身緑尾獨角。後世形制相似。天鹿本爲傳説中吉祥靈獸。《宋書·符瑞志下》："天鹿者，純靈之獸也。五色，光耀洞明，王者道備則至。"《宋史·儀衛志一》亦稱"仙鹿"。明王圻等《三才圖會·儀制》附圖作"天禄"。參閲《三才圖會·儀制》"天鹿旗"文及《古今圖書集成·經濟彙編·禮儀典》《清史稿·輿服志四》。

天鹿旗
（清允禄等《皇朝禮器圖式》）

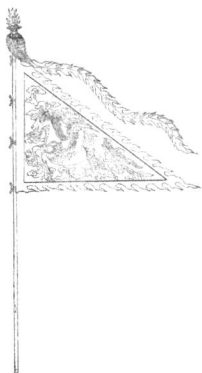

【仙鹿】

即天鹿旗。此稱宋代已行用。見該文。

【天禄】

即天鹿旗。此稱明代已行用。見該文。

天馬旗

古代繪有天馬圖形的旗幟。多用於皇帝儀仗。主車騎。見《晋書·天文志上》。宋朝天馬旗赤質黃襕，赤火焰脚，中繪馬形，兩肉翼。後代形制大致相同。參

天馬旗
（清允禄等《皇朝禮器圖式》）

閲《三才圖會·儀制》"天馬旗"文及《古今圖書集成·經濟彙編·禮儀典》《清史稿·輿服志四》。

白澤旗

省稱"白澤"。繪有白澤神獸之旗。唐開元時所製，爲皇帝出行儀仗。《唐六典·諸衛·左右金吾衛》："凡車駕出入，則率其屬，以清游隊建白澤旗，朱雀旗以先驅。"《三才圖會·儀制》："《唐六典·武庫令》有白澤旗。宋制旗二，赤質繪白澤形，龍首，緑髮，戴角，四足，爲飛走狀。元制，赤質黃襕，赤火焰脚，繪獸虎首，朱髮而有角，龍身。"《明史·儀衛志》："天馬、天禄、白澤、朱雀、玄武等旗。……每旗用甲士五人，一人執旗，四人執弓弩。"清制同明。參閲《古今圖書集成·經濟彙編·禮儀典》《清史稿·輿服志四》。

白澤旗
（清允禄等《皇朝禮器圖式》）

【白澤】

"白澤旗"之省稱。此稱明代已行用。見該文。

熊旗

古代繪有熊圖形之儀仗旗。有六斿。因熊凶猛，本爲大夫軍旅所用。其後亦爲皇帝儀仗。歷代承襲，唐爲赤熊，宋爲黃熊，自明代之後，改爲赤質黃襕，赤火焰間彩脚，繪熊圖。《周禮·冬官·輈人》："熊旗六斿，以象伐也。"鄭玄注："熊虎爲旗，師都之所建，伐屬白虎宿，與參連體而六星。"唐柳宗元《平淮夷雅二篇》：

"犀甲熊俟，威命是荷。"《三才圖會·儀制》："熊旗羆旗……漢因制熊旗。唐有赤熊旗，宋有黃熊旗，皆未制羆旗。今制熊羆各一，赤質，黃襴，赤火焰間彩脚。熊旗繪熊，羆旗繪羆。"清同明制。按，注"師都"，謂六鄉六遂大夫，所建之熊虎旗，爲九旗之一。參閱《古今圖書集成·經濟彙編·禮儀典》《清史稿·輿服志四》。

赤熊旗
（清允禄等《皇朝禮器圖式》）

羆旗

古代繪有羆圖形之儀仗旗。爲皇帝所用。始於明，清因其制。詳見本卷《儀仗徽幟説·徽幟考》"熊旗"文。

麟旗

原爲唐高宗時所建之年號旗，後宋、元、明、清代有襲用，形制略有差异。《新唐書·儀衛志》："餘佩弩、弓箭，第一麟旗隊，第二角端旗隊。"明王圻等《三才圖會·儀制》引《開元禮義纂》："高宗時麟見苑囿，改元麟德，制麟旗。"宋制麟旗二，赤質，青火焰脚，中畫麟

黃羆旗
（清允禄等《皇朝禮器圖式》）

游麟旗
（清允禄等《皇朝禮器圖式》）

形。元與宋制同。明清制，赤質黃襴，赤火焰間彩脚，繪麟於上。參閱《三才圖會·儀制》"麟旗"及《古今圖書集成·經濟彙編·禮儀典》《清史稿·輿服志四》。

金鸚鵡旗

宋代所建繪有鸚鵡圖形的旌旗。爲皇帝儀仗。詳見本卷《儀仗徽幟説·徽幟考》"金鸚鵡旗"文。

玉兔旗

宋代所建繪有兔形圖形的旌旗。爲皇帝儀仗。宋高承《事物紀原·旗旒采章·玉兔旗》引《宋朝會要》："乾德六年，太祖親郊，有司請以國初以來詳異著旗章。遂作金鸚鵡、玉兔、馴象三旗。注云：'建隆二年，隴州楊勛獻鸚鵡，鄆州姚光輔獻白兔及馴象，自來爲三旗也。'"《宋史·儀衛志一》："太祖增創錯綉諸旗並幡氅等，著於《通禮》。正至五月一日，御正殿則陳之……風伯、雨師旗各一，分左右；白澤、馴象、仙鹿、玉兔、馴犀、金鸚鵡、瑞麥、孔雀、野馬、犛牛旗各二，分左右。"

馴象旗

宋代所建繪有馴象圖形的旌旗。爲皇帝儀仗。詳見本卷《儀仗徽幟説·徽幟考》"金鸚鵡旗"文。

馴犀旗

宋朝所建繪有犀牛圖形的旌旗。爲皇帝儀仗。詳見本卷《儀仗徽幟説·徽幟考》"金鸚鵡旗"文。

瑞麥旗

宋代所建繪有雙穗麥的旌旗。爲皇帝所用。詳見本卷《儀仗徽幟説·徽幟考》"金鸚鵡旗"文。

孔雀旗

宋代所建繪有孔雀圖形的旌旗。爲皇帝儀仗。詳見本卷《儀仗徽幟説·徽幟考》"金鸚鵡旗"文。

野馬旗

宋代所建繪有野馬圖形的旌旗。爲皇帝儀仗。詳見本卷《儀仗徽幟説·徽幟考》"金鸚鵡旗"文。

牦牛旗

宋代所建繪有牦牛圖形的旌旗。爲皇帝儀仗。詳見本卷《儀仗徽幟説·徽幟考》"金鸚鵡旗"文。

五色旗

五色旗

亦稱"五旗"。古時帝王所建五種顔色的旌旗。用青、赤、白、黑、黄五色代表東、南、西、北、中五方嚮的旗幟。《漢書·揚雄傳》："鳴洪鐘，建五旗。"顔師古注："《漢舊儀》云：皇帝駕，建五旗。蓋謂五色之旗也。"《晋書·輿服志》："天子親戎，五旗舒斾，所謂武車綏旌者也。"按，青、赤、白、黑、黄，亦分别代表五行中的木、火、金、水、土。故五色旗亦可用作五行旗。我國古籍中有五行旗之實，而無五行旗之名。另，青代春，赤代夏，白代秋，玄代冬，亦爲我國典制之通例。

【五旗】

即五色旗。此稱漢代已行用。見該文。

青斾

古代帶有十二旒的青色儀仗旗。表示春季與東方。天子以此旗推行與春季相配的政令與庶務，亦以此旗祭東方。《禮記·月令》："〔孟春之月〕天子居青陽左个，乘鸞路，駕倉龍，載青斾，衣青衣，服倉玉，食麥與羊，其器疏以達。"鄭玄注："鸞路，有虞氏之車，有鸞和之節而飾之。以青取其名耳。春言鸞，冬夏言色，互文。馬八尺以上爲龍。"孔穎達疏："云

'春言鸞冬夏言色互文'者，春言鸞則夏秋冬並〔非〕鸞也。夏云朱，冬云玄，則春青秋白可知也。"

赤旗

亦作"赤斾"。古代帶有十二旒的赤色儀仗旗。表示夏季與南方。天子以此旗推行與夏季相配的政令與庶務，亦以此旗祭南方或親耕。《禮記·月令》："〔孟夏之月〕天子居明堂左个，乘朱路，駕赤騮，載赤斾，衣朱衣，服赤玉，食菽與雞，其器高以粗。"騮，一作"駵"。《晋書·輿服志》："耕根車，駕四馬，建赤旗，十有二旒，天子親耕所乘者也。"又："泰始二年，有司奏：'宜如有虞遵唐故事，皆用前代正朔服色，其金根、耕根車並以建赤旗。'帝從之。"

【赤斾】

同"赤旗"。此體先秦時期已行用。見該文。

白旗

亦作"白斾"。古代帶有十二旒的白色儀仗旗。表示秋季與西方。天子以此旗推行與秋季相配的政令與庶務，亦以此旗祭西方。《禮記·月令》："〔孟秋之月〕天子居總章左个，乘戎路，駕白輅，載白斾。"《淮南子·時則訓》："〔孟秋之月〕天子衣白衣，乘白輅，服白玉，

建白旗。"《晋書・禮志上》:"立秋一日,白路光於紫庭,白旂陳於玉階。"按,古代作戰時帝王或主帥亦用白旗。

【白旂】

同"白旗"。此體秦漢時期已行用。見該文。

玄旗

亦作"玄旂"。古代帶有十二旒的黑色儀仗旗。表示冬季或北方。天子以此旗推行與冬季相配的政令與庶務,亦以此旗祭北方或用以軍事指揮。《國語・吳語》:"右軍亦如之,皆玄裳、玄旗、黑甲、烏羽之矰,望之如墨。"《禮記・月令》:"〔孟冬之月〕天子居玄堂左个,乘玄路,駕鐵驪,載玄旂,衣黑衣,服玄玉,食黍與彘,其器閎以奄。"《淮南子・時則訓》:"〔孟冬之月〕天子衣黑衣,乘玄驪,服玄玉,建玄旗。"《六韜・必出》:"將士人持玄旗。"

【玄旂】

同"玄旗"。此體秦漢時期已行用。見該文。

太白

亦作"大白"。亦稱"大白旗""白旆"。殷代旌旗之一種。其色白。白,殷代之正色。《逸周書・克殷》:"武王乃手太白以麾諸侯。"孔晁注:"太白,旗名。"《詩・小雅・六月》:"織文鳥章,白旆央央。"《周禮・春官・巾車》:"建大白,以即戎,以封四衛。"鄭玄注:"大白,殷之旗。"《禮記・明堂位》:"殷之大白,周之大赤。"孔穎達疏:"殷之大白,謂白色旗。"《戰國策・趙策三》:"卒斬紂之頭而縣於太白者,是武王之功也。"《史記・周本紀》:"武王持大白旗以麾諸侯。"《釋名・釋旌旗》:"白旆,殷旌也。以帛繼旒末也。"按,此處之旆當爲旌旗之泛稱,非特指"以帛繼旒末"之旆。

【大白】

同"太白"。此體先秦時期已行用。見該文。

【白旆】

即太白。此稱先秦時期已行用。見該文。

【大白旗】

即太白。此稱漢代已行用。見該文。

小白

亦作"少帛"。殷代旌旗之一種。即九旗之物。其色赤白相雜。白,殷代之正色。《逸周書・克殷》:"適二女之所,乃既縊。王又射之,三發,乃擊之以輕呂,斬之以玄鉞,懸諸小白。"孔晁注:"小白,旗名也。

【少帛】

同"小白"。帛,通"白"。《左傳・定公四年》:"分康叔以大路、少帛、綪茷、旃旌。"賈逵注:"少帛,雜帛也。"杜預注同。孔穎達疏:"《周禮・司常》云:'通帛爲旝,雜帛爲物。'鄭玄云:'通帛謂大赤,從周正色,無飾;雜帛者以帛素飾其側。白,殷之正色。'"王引之《經義述聞・春秋左傳下》:"雜帛者謂其帛色赤白相雜也。雜與少不同義,不得以少帛爲雜帛,且雜帛爲物,物是旗名,而雜帛則非旗名。可謂之物,不可謂之雜帛。"又:"'少帛'蓋即'小白'……'少'與'小','帛'與'白'字並通。"《禮記・玉藻》:"大帛不緌。"鄭玄注:"帛,當爲'白',聲之誤也。大帛,謂白布冠也。"俞樾雜纂:"'白'與'帛',古字通。"此體先秦時期已行用。

大赤

周代所建旌旗之一種。即九旗之旝。其色赤。赤,周代之正色。《周禮・春官・巾車》:"象路,朱,樊纓七就,建大赤以朝。"又《春官·司常》："通帛爲旝。"鄭玄注："通帛謂大赤，從周正色，無飾。"《禮記·明堂位》："殷之大白，周之大赤。"孔穎達疏："周之大赤者，赤色旗。"

火旗

亦作"火旍"。亦稱"火斾""火旟"。紅旗，朱旗。紅，唐代之正色。又指南方。唐杜甫《奉送卿二翁統節度鎮軍還江陵》詩："火旗還錦纜，白馬出江城。"仇兆鰲注："火旗，紅旗也，諸侯所建。"按，火旗，仇氏誤爲"朱旗"，諸本并同。唐李賀《李將軍歌》詩："檻檻銀龜搖白馬，傅粉女郎火旗下。"王琦彙解："火旗，旗之紅者。"唐李紳《早發》詩："火旗似辨吳門戍，水驛遙迷楚塞城。"唐雍裕之《四色》詩："勞舫蓮渚内，汗馬火旍門。"唐李群玉《涼公從叔春祭廣利王廟》詩："海客斂威驚火斾，天吳收浪避樓船。"唐黃滔《秋色賦》："昨日金輿，天子自西郊而迎入；此時火旟，祝融指南極以遄征。"唐張説《破陣樂》詞："百里火旟焰焰，千行雲騎霏霏。"

【火旍】

同"火旗"。此體唐代已行用。見該文。

【火斾】

即火旗。此稱唐代已行用。見該文。

【火旟】

即火旗。此稱唐代已行用。見該文。

絳麾

深紅色儀仗旗，狀似幢。皇帝大臣并可用。《南齊書·江夏王傳》："乘八摑輿，手執絳麾幡，隨慧景至京師。"《新唐書·儀衛志》："次絳麾二，左右夾玄武幢……左右橫行，居絳麾後。"《宋史·儀衛志六》："絳麾四幢止三層，紫羅囊蒙之；王公麾以紫綾袋。"

絳旗

亦作"絳旍"。亦稱"丹幟"。深紅色旗幟。皇帝大臣皆可用。《宋書·武帝紀中》："今絳旗所指，唯讐兄弟父子而已。"唐王鑑《七夕觀織女》詩："絳旗若吐電，朱蓋如振霞。"《新唐書·常山王承乾傳》："襞氈爲鎧，列丹幟，勒部陣。"又《東夷傳·高麗》："我以絳袍丹幟數千賜而國。"宋陳師道《贈二蘇公》詩："前驅吳回後炎皇，絳旍丹轂朱冠裳。"

【絳旍】

同"絳旗"。此體至遲宋代已行用。見該文。

【丹幟】

即絳旗。此稱唐代已行用。見該文。

國域旗

柲姑

先秦吳國所建之麾旗。《文選·左思〈吳都賦〉》："坐組甲，建柲姑。"劉逵注："柲姑，幡名。麾旗之屬也。《國語》曰：'吳王夫差出軍，與晉爭長……官帥擁鐸，建柲姑。'此吳軍容舊制也。"今本《國語·吳語》作"肥胡"。韋昭注："肥胡，幡也。"

蝥弧

先秦鄭國所建旌旗之一種。《左傳·隱公十一年》："潁考叔取鄭伯之旗蝥弧以先登。"孔穎達疏："鄭有蝥弧，齊有靈姑銔，皆諸侯之旗也；趙簡子有蜂旗，卿之旗也。其名當時爲之，其義不可知也。"

靈姑銔

先秦齊國所建旌旗之一種。繪有交龍。《左傳・昭公十年》："公卜使王黑以靈姑銔率，吉。請斷三尺焉而用之。"孔穎達疏："靈姑銔者，齊侯旌旗之名……蓋是交龍之旂，當時爲之名，其義不可知也。知是旗者，以'請斷三尺而用之'，故知是旗。"一説爲矛戟類兵器。銔，即"鉟"。當誤。

狼頭纛

省稱"狼纛"。突厥國之旗。狼頭當爲突厥人之圖騰。《隋書・北狄傳・突厥》："或云，其先國于西海之上，爲鄰國所滅，男女無少長盡殺之，至一兒不忍殺，刖足斷臂，棄於大澤中，有一牝狼，每銜肉至其所，此兒因食之得以不死。其後遂與狼交……生十男，其一姓阿史那氏，最賢，遂爲君長，故牙門建狼頭纛，示不忘本也。"按，此説或雜鄙視突厥之意。《新唐書・回鶻傳上》："與子儀會呼延谷，可汗恃其彊，陳兵引子儀，拜狼纛而後見。"

【狼纛】

"狼頭纛"之省稱。此稱唐代已行用。見該文。

八旗

指正黄、正白、正紅、正藍、鑲黄、鑲白、鑲紅、鑲藍八種顔色的旗幟。明萬曆二十九年（1601），滿族首領努爾哈赤在牛録制的基礎上建黄、白、紅、藍四旗，萬曆四十三年（1615）增建鑲黄、鑲白、鑲紅、鑲藍四旗，共爲八旗。其中正黄、正白、鑲黄爲上三旗，其餘五旗爲下五旗。八旗官員平時司民政，戰時任將領。旗民軍籍爲世襲。清初又將歸附的蒙古人和漢人編爲蒙古八旗和漢軍八旗，共計二十四旗。八旗制度初建時兼有軍事、行政和生産三方面的職能，後演變成一種兵籍編制，進而成爲清代的一種社會組織形式。參閲《清文獻通考・兵一》、清昭槤《嘯亭雜録・八旗之制》。

【正黄旗】

爲八旗中上三旗之一。此稱明代已行用。見該文。

【正白旗】

爲八旗中上三旗之一。此稱明代已行用。見該文。

【正紅旗】

爲八旗中下三旗之一。此稱明代已行用。見該文。

【正藍旗】

爲八旗中下五旗之一。此稱明代已行用。見該文。

【鑲黄旗】

爲八旗中上三旗之一。此稱明代已行用。見該文。

【鑲白旗】

爲八旗中下五旗之一。此稱明代已行用。見該文。

【鑲紅旗】

爲八旗中下五旗之一。此稱明代已行用。見該文。

【鑲藍旗】

爲八旗中下五旗之一。此稱明代已行用。見該文。

君臣諸旗

九旗

亦作"九旂"。古代表示不同等級、不同用途的九種旗幟。即常、旂、旃、物、旗、旟、旐、旟、旌。《周禮·春官·司常》："司常掌九旗之物名，各有屬以待國事。日月爲常，交龍爲旂，通帛爲旃，雜帛爲物，熊虎爲旗，鳥隼爲旟、龜蛇爲旐，全羽爲旟，析羽爲旌。"南朝梁蕭繹《次建業詔》："六軍遺征，九旂揚斾。"唐張薦《唐享文太子廟樂章·送神》："三獻具舉，九旗將旋。"

【九旂】

同"九旗"。此體南北朝時期已行用。見該文。

常

古代九旗之一。縿首畫日月，下及旒交畫十二條升龍降龍。高九仞，上繫十二旒。用於天子儀仗。因日月常明，故稱。《釋名·釋兵》："日月爲常，畫日月於其端。天子所建，言常明也。"唐韓愈《元和聖德》詩："天兵四羅，旂常婀娜。"

【大常】

亦作"太常"。即常。太，永久之意。《書·君牙》："厥有成績，紀于太常。"孔傳："王之旌旗畫日月曰太常。"《周禮·春官·巾車》："王建大常，諸侯建旂。"鄭玄注："大常，九旗之畫日月者。"又《夏官·節服氏》："掌祭祀朝覲袞冕六

太　常
（明王圻等《三才圖會》）

人，維王之大常。"《儀禮·覲禮》"載大旂"鄭玄注："大旂，大常也；王建大常，縿首畫日月，其下及旒，交畫昇龍降龍。"《文選·張衡〈東京賦〉》："建辰旒之太常，紛焱悠以容裔。"薛綜注："辰，謂日月星也，畫之於旌旗，垂十二旒，名曰太常。"

【太常】

同"大常"。此體先秦時期已行用。見該文。

【辰旒】

亦稱"辰斾"。即常。畫有日月圖形，垂十二旒之旌旗。屬天子儀仗。《文選·張衡〈東京賦〉》："建辰旒之太常，紛焱悠以容裔。"李善注："辰，謂日月星也，畫之於旌旗，垂十二旒，名曰太常。上畫三辰，謂日月星也。"《南齊書·樂志》："神娛展，辰斾回。"

【辰斾】

即辰旒。此稱南北朝時期已行用。見該文。

朱竿

太常旗之旗竿。亦用以稱太常旗。《文選·揚雄〈羽獵賦〉》："靡日月之朱竿，曳彗星之飛旗。"李善注："朱竿，太常之竿也。又曰日月爲太常，王建太常。"劉良注："朱竿，朱旗也，謂畫日月彗星於旗上也。"

旂

古代九旗之一。旗上畫有交龍之形，竿頭繫有銅鈴。爲諸侯儀仗。《爾雅·釋天》："有鈴曰旂。"

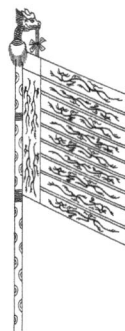

旂
（宋聶崇義《三禮圖集注》）

郭璞注：“縣鈴於竿頭，畫交龍於旒。”《周禮·考工記·輈人》：“龍旂九旒，以象大火也。”鄭玄注：“交龍爲旂，諸侯之所建也。”《詩·周頌·載見》：“龍旂陽陽，和鈴央央。”《楚辭·離騷》：“鳳凰翼其承旂兮，高翱翔之翼翼。”

旝

亦作“旗”。古代九旗之一。用整幅綢布製成的純赤色曲柄旗。爲卿大夫儀仗。《説文·㫃部》：“旝，旗曲柄也。所以旝表示衆。”《周禮·春官·司常》：“通帛爲旝。”鄭玄注：“通帛謂大赤，從周正色，無飾。”《左傳·昭公二十年》：“昔我先君之田也，旝以招大夫，弓以招士，皮冠以招虞人。”《文選·張衡〈東京賦〉》：“樹修旝。”薛綜注：“旝，謂旝也。”

旝
（宋聶崇義《三禮圖集注》）

【旗】

同“旝”。此體先秦時期已行用。見該文。

【干旄】

指杆頭秖有旄而無旒縿，即旝。干，即杆。《詩·鄘風·干旄》：“孑孑干旄，在浚之郊。”毛傳：“孑孑，干旄之貌。注旄於干首，大夫之旗也。”孔穎達疏：“《經》言干旄，唯言干首有旄，不言旒縿。明此，言干旄者，乃是大夫之旗也。《周禮》‘孤卿建旝’，衞侯無孤，當是卿也。大夫者摠名。”宋王安石《次韵酬宋玘》詩：“達迹荒郊謝儁豪，春風誰與駐干旄？”清孔尚任《桃花扇·入道》：“咶叮噹奏著鈞天樂，又擺些羽葆干旄。”

龍　旗
（宋聶崇義《三禮圖集注》）

【曲旝】

即旝。因其柄曲，故稱。用作大夫之旗。《史記·魏其武安侯列傳》：“前堂羅鐘鼓，立曲旝。”裴駰集解引如淳曰：“旌旗之名，通帛曰旝。曲旝，僂也。”又蘇林曰：“《禮》：‘大夫立曲旝。’曲，柄上曲也。”唐楊炯《李懷州墓誌銘》：“列長戟於門前，羅曲旝於堂下。”

【通帛】

亦稱“大帛”。以整幅一色綢帛製成的旗幟。周朝多以赤爲正色。即旝。《周禮·司常》：“通帛爲旝。”鄭玄注：“通帛謂大赤，從周正色，無飾。”賈公彥疏：“云‘通帛謂大赤’者，《巾車》及《明堂位》皆明大赤也。云‘從周正色無飾’者，以周建子物萌色赤。今旌旂通體盡用絳之赤帛，是用周之正色，無他物之飾也。”《文選·張衡〈東京賦〉》：“鸞旗皮軒，通帛精旆。”李善注：“通帛曰旗。”南朝陳徐陵《報尹義尚書》：“伊昔梁朝，共奉嘉聘，張茲大帛，處彼高閎。”

【大帛】

即通帛。此稱南北朝時期已行用。見該文。

【長旝】

高大的曲柄旗。旝之美稱。漢張衡《七辯》：“建采虹之長旝，繫雌霓而爲旗。”隋王胄《白馬篇》：“浮雲屯羽騎，蔽日引長旝。”

【龍旝】

旝之一種，即繪有龍形圖案之曲柄旗。《儀

禮·鄉射禮》："於竟，則虎中，龍旜。"鄭玄
注："畫龍於旜，尚文章也。通帛爲旜。"

【翠旜】

旜之一種。即飾以翠羽的曲柄旗。南朝齊
王融《講武》詩："白日映丹羽，賴霞文翠旜。"
南朝陳張正見《御幸樂游苑侍宴》詩："禁苑迴
雕輦，離宮建翠旜。"

【綵旜】

旜之一種。即五彩曲柄旗。多用於喜慶之
日。南朝梁蕭繹《和王僧辯從軍》詩："寶劍
飾龍淵，長虹畫綵旜。"唐殷堯藩《和趙相公登
鸛雀樓》詩："危樓高架沁廖天，上相閑登立綵
旜。"

【畫旜】

旜之一種。即繪有各種圖形的曲柄旗。宋
蘇軾《初發嘉州》詩："朝發鼓闐闐，西風獵畫
旜。"

物

古代九旗之一。以雜帛
製成。一般用作士大夫之
旗。因物本指雜色之牛，故
以名旗。《周禮·春官·司
常》："通帛爲旜，雜帛爲
物……大夫士建物。"鄭玄
注："通帛爲大赤，從周正
色，無飾；雜帛者，以帛素
飾其側。"孫詒讓正義："雜
帛者，縿斿異色，猶《士冠
禮》之雜裳，皆取不專屬
一色之義。"王國維《釋物》："古者謂雜帛爲
物，蓋由物本雜色牛之名，後推之以名雜帛。
《詩·小雅》：'三十維物，爾牲則貝。'……謂

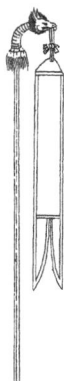

物
（宋聶崇義《三禮
圖集注》）

雜色牛三十也。由雜色牛之名因之以名雜帛。"

【勿】

亦作"旌"。同"物"。《説文·勿部》："勿，
州里所建旗，象其柄，有三游。雜帛，幅半異，
所以趣民，故遽，稱勿勿。旌，勿或从扩。"段
玉裁注："州里當作'大夫士'……經傳多作
'物'。"

【旌】

同"勿"。即物。此體漢代已行用。見該文。

旗

古代九旗之一。
繪有熊虎圖案、具有
六斿之禮儀標幟。用
作大夫軍旅儀仗。《周
禮·春官·司常》：
"熊虎爲旗。"又："師
都建旗，州里建旟。"
鄭玄注："師都，六鄉
六遂大夫也……畫熊

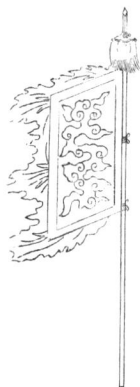

雲旗
（明王圻等《三才圖會》）

虎者，鄉遂出軍賦，象其守猛，莫敢犯也。"《説文·扩部》："旗，
熊旗五游，以象罰星，士卒以爲期。"王筠句
讀："五，當作'六'。"

【大旗】

即旗。大，修飾之辭。《周禮·地官·鄉
師》："以司徒之大旗，致衆庶而陳之。"《周
禮·地官·遂人》："以遂之大旗致之。"鄭玄
注："遂之大旗，熊虎。"

【雲旗】[1]

即旗。所繪熊虎如雲，故稱。《史記·司馬
相如列傳》："拖蜺旌，靡雲旗。"張守節正義：
"畫熊虎於旌，似雲氣也。"《文選·張衡〈東京

賦〉》："龍輅充庭，雲旗拂霓。"薛綜注："謂熊虎爲旗，爲高至雲，故曰雲旗也。"唐杜甫《元都壇歌》："子規夜啼山竹裂，王母晝下雲旗翻。"

【雲斾】

亦作"雲斾"。即雲旗[1]。南朝梁江淹《袁太尉淑從駕》詩："雲斾象漢徙，宸網擬星懸。"唐錢起《送屈突司馬充安西書記》詩："海月低雲斾，江霞入錦車。"

【雲斾】

同"雲斾"。此體唐代已行用。見該文。

旟

古代九旗之一。垂飾物上畫有鳥隼圖形。周代州里儀仗。或用於軍隊行進。《周禮·春官·司常》："鳥隼爲旟……州里建旟。"《詩·大雅·江漢》："既出我車，既設我旟。"孔穎達疏："我征伐之戎車，既有張設；我將帥之旗旟，以往對陣戰。"又《鄘風·干旄》："孑孑干旟，在浚之都。"毛傳："鳥隼曰旟。"鄭玄箋："《周禮》'州里建旟'，謂州長之屬。"《國語·吳語》："左軍亦如之，皆赤裳，赤旟，丹甲，朱羽之矰，望之如火。"《說文·㫃部》："旟，錯革鳥其上，所以進士衆。旟旟，衆也。"段玉裁注引孫炎曰："錯，置也。革，急也。言畫急疾之鳥於縿。"

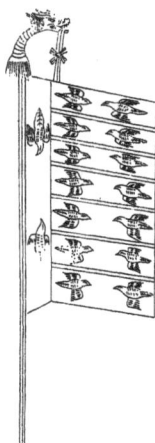

旟
（宋聶崇義《三禮圖集注》）

【鳥旟】

即旟。畫有鳥隼，故稱。《周禮·考工記·輈人》："鳥旟七斿，以象鶉火也。"《後漢書·輿服志》："鳥旟七斿，五仞齊較。"

【干旟】

指竿頭懸旟。即旟。干，即竿。《詩·鄘風·干旄》："孑孑干旟，在浚之都。"毛傳："鳥隼曰旟。"鄭玄箋："《周禮》'州里建旟'，謂州長之屬。"

旐

古代九旗之一。黑色，繪有龜蛇圖案，通長八尺。傳說始於夏，用爲儀仗。古人以龜蛇爲靈物，可扞難辟害，故用其形。《周禮·春官·司常》："鳥隼爲旟，龜蛇爲旐。"鄭玄注："鳥隼象其勇捷也，龜蛇象其扞難辟害也。"《漢書·雋不疑傳》："始元五年，有一男子乘黄犢車，建黄旐，衣黄襜褕，著黄冒，詣北闕，自謂衛太子。"顏師古注："旐，旌旗之屬，畫龜蛇曰旐。"《通典·禮二十六》："夏氏奚仲爲車正，建旗斿旐，以別尊卑等級。"《爾雅·釋天》："帛全幅長八尺。"郝懿行義疏："旐畫龜蛇，屬北方宿，是當以黑爲主……然則旐從夏制，知色尚黑也。"清朱駿聲《說文通訓定聲》："九旗之帛皆用絳，惟旐緇，長八尺。"

旐
（宋聶崇義《三禮圖集注》）

【龜蛇幢】

即旐。參見本卷《儀仗徽幟説·徽幟考》

"青龍幢"文。

【龜蛇】

旌旗上所繪圖形，借指旌旗。《周禮·考工記·輈人》："龜蛇四斿，以象營室也。"鄭玄注："龜蛇爲旐，縣鄙之所建。"《釋名·釋兵》："龜蛇爲旐。旐，兆也。龜蛇知氣兆之吉凶，建之於後，察度事宜之形兆也。"

【龜旐】

即旐。《後漢書·輿服志上》："龜旐四斿四仞，齊首，以象營室。"劉昭注引鄭玄曰："龜蛇爲旐，縣鄙之所建。"

【黃旐】

旐之一種。畫有龜蛇圖形之黃色儀仗旗。《漢書·雋不疑傳》："始元五年，有一男子乘黃犢車，建黃旐，衣黃襜褕，著黃冒，詣北闕，自謂衛太子。公車以聞，詔使公卿將軍中二千石雜識視。"顏師古注："旐，旌旗之屬。畫龜蛇曰旐。"

旞

亦作"旞"。古代九旗之一。上繫完整五彩鳥羽，載於出行導車之儀仗。《周禮·春官·司常》："全羽爲旞，析羽爲旌。"又："道車載旞，斿車載旌。"鄭玄注："全羽、析羽皆五采，繫之於旞、旌之上，所謂注旄於干首也。"《説文·㫃部》："旞，導車所以載，全羽以爲允。允，進也。从㫃从遂。"清朱駿聲《説文通訓定聲》："竿首飾有犛牛毛曰旄，

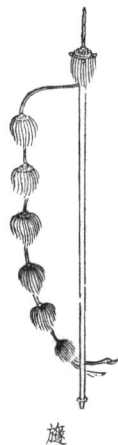
旞（明王圻等《三才圖會》）

復以五采全羽注於上者曰旞。"清王引之《經義述聞·周官上》："《經》本謂建旐，非謂建綏；旐與旞同。乘車建旞，亦如生時之導車載旞也。"

【旞】

同"旞"。此體先秦時期已行用。見該文。

旌

亦作"斿"。九旗之一。竿頭綴旄牛尾，或兼五彩羽毛。古禮，君主用以召喚大夫或指揮開道。《周禮·春官·司常》："全羽爲旞，析羽爲旌。"鄭玄注："全羽、析羽皆五采，繫之於旞、旌之上，所謂注旄於干首也。"《孟子·滕文公下》："昔齊景公田，招虞人以旌，不至，將殺之。"趙岐注："虞人，守苑囿之吏也。招之當以皮冠，而以旌，故招之而不至也。"《説文·㫃部》："旌，游車載旌，析羽注旄首也。"段玉裁注："夏后氏但用旄牛尾，周人加用析羽。夏時徒綏不旌，周人則注羽旄而仍有縿斿。先有旄首，而後有析羽注之，故許云'析羽注旄首'。孫炎云'析五采羽注旄上'也。"《吕氏春秋·明理》："〔雲〕有其狀若懸旍而赤，其名曰雲旍。"高誘注："雲氣之象旍旗者。"畢沅注："旌與旍同。"《爾雅·釋天》："注旄首曰旌。"清朱駿聲《説文通訓定聲》："旌字亦作'旍'。"

旌（明劉績《三禮圖》）

【旍】

同"旌"。此體先秦時期已行用。見該文。

干旌

亦作"干旍"。指竿頭懸析羽之旗，即旌。《詩·鄘風·干旄》："孑孑干旄，在浚之城。"朱熹集傳："析羽爲旌。干旌，蓋析翟羽於旗干之首也。"《三國志·魏書·袁紹傳》："太祖乃還救譚，十月至黎陽。"裴松之注引《魏氏春秋》："何寤青蠅飛於干旍，無極游於二壘，使股肱分爲二體，背膂絕爲異身。"清趙翼《新春宴集草堂》詩之二："奉盤正擬具壺觴，忽有干旌過草堂。"

【干旍】

同"干旌"。此體魏晋時期已行用。見該文。

星雲旗

星旟

古代繪有星象圖形的儀仗旗。旟，本爲九旗之一。縿上畫有鳥隼圖形。古代旌旗縿幅綴斿，用以表示身份等級。有天子十二斿、方伯九斿、侯伯七斿、子男五斿、大夫三斿之別。斿數亦可用星數表示。1935年河南汲縣山彪鎮出土的戰國水陸攻戰圖紋銅鑑旗上即繪五星。《周禮·考工記·輈人》："龍旂九斿，以象大火也；鳥旟七斿以象鶉火也；熊旗六斿，以象伐也；龜蛇四斿，以象營室也。"鄭玄注："大火，蒼龍宿之，心；其屬有尾，尾九星。"又："鶉火，朱雀宿之，柳；其屬有星，星七宿。"又："伐屬白虎宿，與參連體而六星。"又："營室，玄武宿，與東壁連體而四星。"賈公彥疏："大火，蒼龍宿之心也。云其屬有尾，尾九星者，是九斿所象也。言九斿若此，正謂天子龍旂，其上公亦九斿，若侯伯則七斿，子男則五斿。"

星旄

亦稱"星施"。古代以旄牛尾爲飾，上繪星象之旗。《逸周書·王會》："樓煩以星施。星施者，珥尾。"朱右曾校釋："《説文》云：'施，旗兒。''珥，瑱也。'蓋垂旄於旗若珥然。"《文選·揚雄〈甘泉賦〉》："流星施以電爛兮，咸翠蓋而鸞旗。"李善注："言星旄之流，如電之光也。"張銑注："旄以旄牛尾爲之，飾以星文，其光如電，懸於竿上以指麾也。"清王夫之《九昭》："左葳蕤之翠兮，右離褷之星施。"

【星施】

即星旄。此稱先秦已行用。見該文。

北斗旗

古代繪有北斗七星的旌旗。多用爲帝王出行之儀仗。北斗，以起勁軍之威怒，象天帝。先秦已見行用。宋代已正式建北斗旗。元代之北斗旗黑質，赤火焰脚，畫七星；明代黑質，黑火焰間彩脚，中塗金爲七星像。清代皇帝無此儀仗。《三才圖會·儀制》："《穆天子傳》：'建北斗七星旗。'蓋畫北斗七星也。宋有北斗旗一。元制北斗旗黑質，赤火焰脚，畫七星；今

北斗旗
（明王圻等《三才圖會》）

制黑質，黑火焰間綵脚，中塗金，爲七星像。"

玄戈

亦稱"玄弋"。古代繪有玄戈星的旌旗。多用爲皇帝出行之儀仗。象徵矛頭，主胡兵動嚮。《文選·張衡〈西京賦〉》："天子乃駕雕軫六駿駮……建玄弋，樹招摇。"薛綜注："玄弋，北斗第八星名，爲矛頭，主胡兵；招摇，第九星名，爲盾。今鹵簿中畫之於旌旗，建樹之以前驅。"《晋書·輿服志序》："黄帝皂衣纁裳……玄戈玉刃，作會相暉。"按，北斗七星，外加玄戈與招摇二星，稱北斗九星。一説外二星有輔星而無玄戈。

【玄弋】

即玄戈。此稱漢代已行用。見該文。

招摇

古代繪有招摇星的旌旗。多用爲皇帝出行之儀仗。象徵盾，主胡兵動嚮。《禮記·曲禮上》："招摇在上，急繕其怒。"鄭玄注："招摇星在北斗杓端主指者。"孔穎達疏："招摇，北斗七星也。"按，鄭注或指北斗九星之招摇，此招摇正在北斗杓端，孔疏則指北斗七星之杓端，并以其代指北斗七星，恐不確。

五星旗[1]

古代繪有牛郎、織女星的旌旗。南朝宋始用爲帝王儀仗。旗面五星兩側，又分別繪有祥雲兩朵夾之。其時以傳説中牛郎荷二子，牽一牛，計四星，處河東；織女獨一星，處河西。此五星於七夕時仰觀，相距最近，形如連珠。宋高承《事物紀原·旗旒采章·合璧旗》："《漢書·律曆志》曰：武帝選治曆者，造《太初曆》。復使淳于渠陵覆曆，晦望弦朔最密。太初元年十一月甲子朔旦冬至，七政周起，牽牛初

度，日月如合璧，五星如連珠。《大饗明堂記》曰：宋朝取此義，製二旗，並以禮物。謂日月合璧一，苣文二夾之；五星連珠一，祥雲二夾之。"

五星旗[2]

古代繪有木星、火星、土星、金星、水星圖形的五種旗幟。

五星旗
（明王圻等《三才圖會》）

多用作皇帝儀仗。主百穀豐饒。宋制五旗俱青質黄襴，赤火焰脚，各繪神人，服隨方色。元制金星旗素質赤火焰脚，畫神人，冠五梁冠，素衣皂襴，朱裳秉圭；水星旗黑質赤火焰脚，畫神人，冠五梁冠，皂衣皂襴，朱裳秉圭；木星旗青質赤火焰脚，畫神人，冠五梁冠，青衣皂襴，朱裳秉圭；火星旗赤質青火焰脚，畫種人，冠五梁冠，朱衣皂襴，緑裳秉圭；土星旗黄質赤火焰脚，畫神人，冠五梁冠，黄衣皂襴，緑裳秉圭。明後木星旗青質，火星旗青質，土

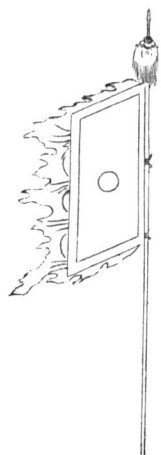

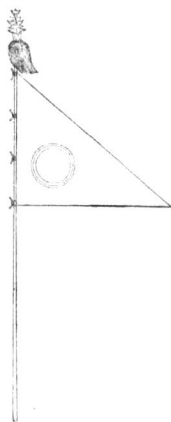

木星旗
（清允禄等《皇朝禮器圖式》）

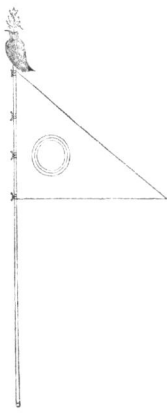

火星旗
（清允禄等《皇朝禮器圖式》）

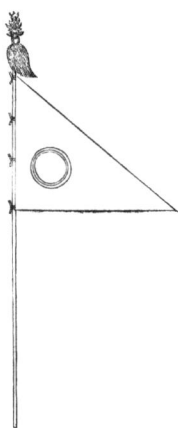

土星旗
（清允禄等《皇朝禮
器圖式》）

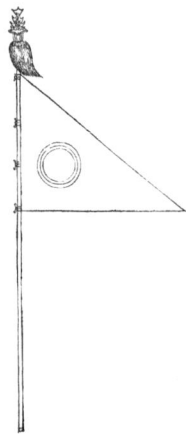

金星旗
（清允禄等《皇朝禮
器圖式》）

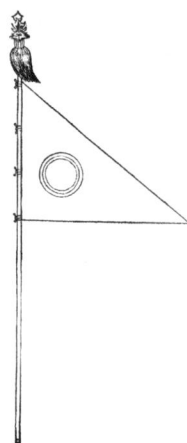

水星旗
（清允禄等《皇朝禮
器圖式》）

星旗黄質，金星旗白質，水星旗黑質。俱黄襴赤火焰間彩脚，中以金塗星形一。參閲《三才圖會・儀制》"五星旗" 文、《清史稿・輿服志四》。

木星旗

五星旗[2]之一種。此稱宋代已行用。詳見本卷《儀仗徽幟説・徽幟考》"五星旗" 文。

火星旗

五星旗[2]之一種。此稱宋代已行用。詳見本卷《儀仗徽幟説・徽幟考》"五星旗" 文。

土星旗

五星旗[2]之一種。此稱宋代已行用。詳見本卷《儀仗徽幟説・徽幟考》"五星旗" 文。

金星旗

五星旗[2]之一種。此稱宋代已行用。詳見本卷《儀仗徽幟説・徽幟考》"五星旗" 文。

水星旗

五星旗[2]之一種。此稱宋代已行用。詳見本卷《儀仗徽幟説・徽幟考》"五星旗" 文。

日月旗

日月旗

古代繪有日月圖形之旌旗。西周始用作天子儀仗，稱之爲 "常"，爲九旗之一。《穆天子傳》卷六："日月之旗，七星之文。" 郭璞注："言旗卜畫日月及北斗星也。" 唐戎昱《辰州聞大駕還宮》詩：

日月旗
（明王圻等《三才圖會》）

"自慚出守長州畔，不得親隨日月旗。" 至宋成爲定制，稱 "日月合璧"。日月兩側有一苣形圖案夾之。宋高承《事物紀原・旗旒采章・合璧旗》："《漢書・律曆志》曰：武帝選治曆者，造《太初曆》……太初元年十一月甲子朔旦冬至，七政周起，牽牛初度，日月如合璧，五星如連珠。《大饗明堂記》曰：宋朝取此義，製二旗，並以禮物。謂日月合璧一，苣文二夾之；五星連珠一，祥雲二夾之。"

【日月合璧旗】

日月旗之一種。宋代始製。見該文。

日月大綉旗

即日月旗。金朝帝王、皇后同乘所建之儀仗旗。其上綉有日月圖形。《大金國志·旗幟》："金國以水德王。凡用師行征，旗皆上黑。雖五色皆具，必以黑爲主。尋常車駕出入，止用一日旗；與后同乘則加月旗。二旗相間而陣，或數百隊，或千餘隊。日旗即以紅綃爲日，刺于黃旗上；月旗即以素帛爲月，刺于紅旗上。近御則又有日月大繡旗二，如大禮、祫享、册封，一循古制。旗無大小皆備焉。"

日旗

亦作"日旂"。古代繪有太陽圖形的旌旗。爲帝王儀仗。西周時帝王之常旗繪有并列之日月。後世又分日月各一，宋代日旗赤質，赤火焰脚，綜繪一圓日。《周禮·春官·司常》即載有"司常掌九旗之物名，各有屬以待國事。日月爲常，交龍爲旂"，本考"九旗"中已論及，此不贅述。明王圻等《三才圖會·儀制》："按揚子《太玄經》曰：'日以煜乎晝，月以煜乎夜。

日　旗
（清蔣廷錫等《古今圖書集成》）

登日月於旗，以象天也。'宋太祖始置日月旗各一。《天聖鹵簿圖》：'日旗赤質，赤火焰脚，繪日於上。'"按，唐代已見日月分列之旌旗。唐蘇頲《奉和聖製途次舊居應制》詩："約川星罕駐，扶道日旂舒。"唐杜牧《雲夢澤》詩："日旗龍旆想飄揚，一索功高縛楚王。"

【日旂】

同"日旗"。此體唐代已行用。見該文。

月旗

古代繪有月亮圖形的旌旗。爲皇帝儀仗。唐陸龜蒙《開元雜題·照夜白》詩："雪蚪輕駿步如飛，一練騰光透月旗。"《宋史·儀衞志三》："太祖又詔別造大黃龍負圖旗一，大神旗六，日旗一，月旗一。"《元史·輿服志

月　旗
（明王圻等《三才圖會》）

二》："月旗，青質，赤火焰脚，繪月於上，奉以雲氣。"《清文獻通考·王禮二十》："月旗，藍緞爲之，斜幅不加緣，中繡月，内爲顧兔，尺寸如青龍旗，杆如驍騎纛之制。"

二十八宿旗

東方七宿旗

角宿旗

古代繪有角宿星形圖案的旌旗。其左角主刑，右角主兵。始見於宋，沿襲於明清。清代

總稱列宿旗，即二十八宿旗。宋角宿旗青質，赤火焰脚，畫神人爲女子形，露髮，朱袍黑襴，立雲氣中。元制青質，青火焰脚，繪二星，下繪蛟。明清制青質黃襴，赤火焰間彩脚，中塗金，爲角宿二。參閱《三才圖會·儀制》"角宿

旗”文及《古今圖書集成·經濟彙編·禮儀典》《清史稿·輿服志四》。

亢宿旗

古代繪有亢宿四星圖案的儀仗旗。始見於宋，沿襲於明清。（明王圻等《三才圖會》）形色代有變易。亢宿象徵天子內朝，總攝天下奏事、聽訟、理獄、録功。《宋史·天文志三》："亢宿四星，爲天子內朝，總攝天下奏事。"《三才圖會·儀制》："宋亢宿旗，青質，赤火焰脚，畫神人，冠五梁冠，朱袍皂襴，皂帶，黃裳，持黑等子。元制青質，青火焰脚，繪四星，下繪龍。今制青質黃襴，赤火焰間彩脚，中塗金，爲亢宿四。"清制同明。按，等子，即戟子。參閱《古今圖書集成·經濟彙編·禮儀典》《清史稿·輿服志四》。

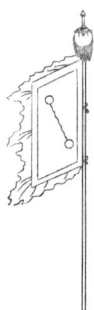

角宿旗

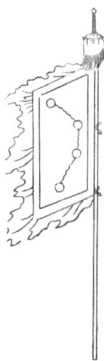

亢宿旗
（明王圻等《三才圖會》）

氐宿旗

古代繪有氐宿四星圖案的儀仗旗。氐宿象徵天子舍室、后妃之府、休解之房。前二星適也，後二星妾也。又爲天根主疫。始見於宋，沿襲於明清。形色代有變易。《三才圖會·儀制》："宋氐宿

氐宿旗
（明王圻等《三才圖會》）

旗，青質，赤火焰脚，畫神人，冠小冠，衣金甲，朱衣，包肚，朱擁項，白袴，右手仗劍，秉一鱉。元制青質，青火焰脚，上繪四星，下繪貉。今制青質黃襴，赤火焰間彩脚，中塗金，爲氐宿四。"清制同明。參閱《古今圖書集成·經濟彙編·禮儀典》《清史稿·輿服志四》。

房宿旗

繪有房宿星形圖案之旗幟。房宿象徵明堂天子布政之官，亦四輔也，主國家軍政大事。始見於宋，沿襲於明清，形色代有變易。明王圻等《三才圖會·儀制》："宋房宿旗，青質，赤火焰脚，繪神人，烏巾，白中單，碧袍，黑襴，朱蔽膝，白帶，黃裙，朱舄，右手仗劍。元制青質，青火焰脚，上繪四星，下繪兔。今制青質黃襴，赤火焰間彩脚，中塗金，爲房宿六。"清制同明。參閱《古今圖書集成·經濟彙編·禮儀典》《清史稿·輿服志四》。

房宿旗
（明王圻等《三才圖會》）

心宿旗

繪有心宿星形圖案的旌旗。心宿象徵天王正位，主天下之賞罰。明王圻等《三才圖會·儀制》："宋心宿旗，青質，赤火焰脚，畫神人，冠五梁冠，朱袍皂襴，左手持仗。元制青質，青火焰脚，繪

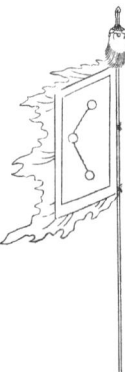

心宿旗
（明王圻等《三才圖會》）

三星，下繪狐。今制青質黄襴，赤火焰間彩脚，中塗金，爲心宿三。"清制同明。參閲《三才圖會·儀制》"心宿旗"文及《古今圖書集成·經濟彙編·禮儀典》《清史稿·輿服志四》。

尾宿旗

繪有尾宿星形圖案的旌旗。用作皇帝出行之儀仗。象徵天子后宫，主后妃之位。始見於宋，沿襲於明清。形色代有變易。明王圻等《三才圖會·儀制》："宋尾宿旗青質，赤火焰脚，畫神人，冠束髮冠，素中單，黄袍，朱裳，青帶，繡裳，赤舄，右手仗劍，左手持弓。元制青質，青火焰脚，上繪九星，下繪虎。今制青制黄襴，赤火焰間綵脚，中塗金，爲尾宿九。又神宮小星一在旁。"清制同明。參閲《古今圖書集成·經濟彙編·禮儀典》《清史稿·輿服志四》。

尾宿旗
（明王圻等《三才圖會》）

北方七宿旗

箕宿旗

古代繪有箕宿星形圖案之儀仗旗。象徵后宮妃后之府。主八風，又主口舌，主蠻夷。始見於宋，沿襲於明清。形色代有變易。明王圻等《三才圖會·儀制》："宋箕宿旗，青質，赤火焰脚，畫神人，冠金梁冠，衣淺朱袍，皂襴，仗劍，秉白虎於火中。元制青質，青火焰脚，上繪四星，下繪豹。今制青質黄襴，赤火焰間彩脚，中塗金，爲箕宿四。"參閲《古今圖書集成·經濟彙編·禮儀典》《清史稿·輿服志四》。

箕宿旗
（明王圻等《三才圖會》）

斗宿旗

古代繪有斗宿星形圖案的旌旗。多用作皇帝出行之儀仗。主天子壽算，又主兵。始見於宋，沿襲於明清。形色代有變易。明王圻等《三才圖會·儀制》："宋斗宿旗，青質，赤火焰脚，畫神人，被髮，黄腰裙朱帶，右手持仗。元制黑質，黑火焰脚，上繪六星，下繪獬。今制青質黄襴，赤火焰間彩脚，中塗金，爲斗宿六。"清制同明。參閲《古今圖書集成·經濟彙編·禮儀典》《清史稿·輿服志四》。

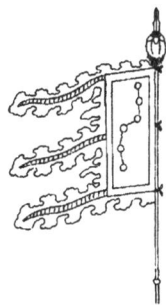

斗宿旗
（明徐一夔等《明集禮》）

牛宿旗

繪有牛宿星形圖案的旌旗。多用作皇帝出行之儀仗。主犧牲事。始見於宋，沿襲於明清。明王圻等《三才圖會·儀制》："宋牛宿旗青質，赤火焰脚，畫神人，牛首，皂襴，紅

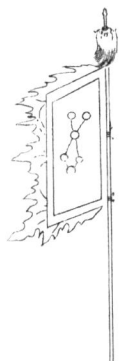

牛宿旗
（明王圻等《三才圖會》）

袍，黃裳，朱舄，立雲氣中。元制，黑質，黑火焰脚，上繪六星，下繪牛。"明清制，青質黃襴，赤火焰間彩脚，中塗金，繪牛宿星六。參閱"牛宿旗"文及《古今圖書集成·經濟彙編·禮儀典》《清史稿·輿服志四》。

女宿旗

古代繪有女宿星形圖案的旗幟。多用作皇帝出行之儀仗。主布帛裁製嫁娶。始見於宋，沿襲於明清。形色代有變易。明王圻等《三才圖會·儀制》："宋女宿旗，青質，赤火焰脚，畫神人，烏牛首，衣朱服，皂襴素帶烏韡，右手持蓮，立雲氣中。元制黑質，黑火焰脚，上繪四星，下繪鼅。今制青質黃襴，赤火焰間彩脚，中塗金，爲女宿四。"按，女宿星，又稱"須女""婺女"。清制同明。參閱《古今圖書集成·經濟彙編·禮儀典》《清史稿·輿服志四》。

女宿旗
（明王圻等《三才圖會》）

虛宿旗

繪有虛宿星形圖案的旌旗。多爲皇帝出行之儀仗。爲虛堂冢宰之官。主死喪哭泣，又主北方邑居、廟堂祭祀、祝禱事。始見於宋，沿襲於明清，形色代有變易。明王圻等《三才圖會·儀制》："宋虛宿旗青質，赤火焰脚，畫神人，被服裸形，坐於甕中，左手持一珠。"

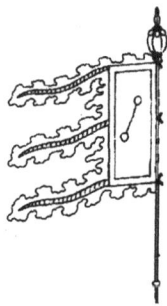

虛宿旗
（明徐一夔等《明集禮》）

元制黑質，黑火焰脚，上繪二星，下繪鼠。今制青質黃襴，赤火焰間彩脚，中塗金，爲虛宿二。"清制同明。參閱《古今圖書集成·經濟彙編·禮儀典》《清史稿·輿服志四》。

危宿旗

繪有危宿星形圖案的旌旗。多用作皇帝出行之儀仗。象徵天子宗廟祭祀，主天府、天市架屋受藏之事。始見於宋，沿襲於明清。形色代有變易。明王圻等《三才圖會·儀制》："宋危宿旗，青質，赤火焰脚，畫神人，虎首，金甲，衣朱服，貔皮汗胯，青帶藍包肚，烏韡，左手仗劍，立雲氣中。元制黑質，黑火焰脚，上繪三星，下繪燕。今制青質黃襴，赤火焰間彩脚，中塗金，爲危宿三。又墳墓四小星在旁。"清制同明。參閱《古今圖書集成·經濟彙編·禮儀典》《清史稿·輿服志四》。

危宿旗
（明王圻等《三才圖會》）

室宿旗

古代繪室宿星形圖案的旌旗。多用作皇帝出行之儀仗。象徵天子三宮，又爲軍糧之府，主土功事。始見於宋，沿襲於明清。形色代有變易。明王圻等《三才圖會·儀制》："宋室宿旗青質，赤火焰脚，畫神人，丫髮，朱服，乘

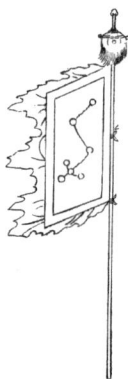

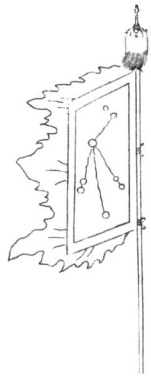

室宿旗
（明王圻等《三才圖會》）

舟水中。元制黑質，黑火焰脚，上繪二星，下繪豬。今制青質黃襴，赤火焰間彩脚，中塗金，爲室宿二。又離宮六星在旁。"清制同明。參閱《古今圖書集成·經濟彙編·禮儀典》《清史稿·輿服志四》。

壁宿旗

　　繪有壁宿星形圖案的旌旗。多用作皇帝出行之儀仗。主文章，天下圖書之秘府。始見於宋，沿襲於明清。形色代有變易。明王圻等《三才圖會·儀制》："宋壁宿旗，青質，赤火焰脚，繪神人，爲女子形，丫髮，朱服，皂襴，緑帶，黃裳，烏舄，左手指前，右手仗劍立雲中。元制青質，黑火焰脚，上繪二星，下繪貐。今制青質黃襴，赤火焰間彩脚，中塗金，爲壁宿二。"清制同明。參閱《古今圖書集成·經濟彙編·禮儀典》《清史稿·輿服志四》。

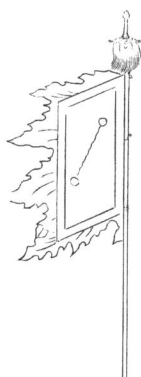

壁宿旗
（明王圻等《三才圖會》）

西方七宿旗

奎宿旗

　　古代繪有奎宿星形圖案的旌旗。多用作皇帝出行之儀仗。主以兵禁暴，又主溝瀆。始見於宋，沿襲於明清。形色代有變易。明王圻等《三才圖會·儀制》："宋奎宿旗，青質，赤火焰脚，繪神人，狼首，朱服，金甲，緑包肚，白汗胯，黑帶，烏鞾，右手仗劍。元制素質，素火焰脚，上繪十六星，下繪狼。今制青質黃襴，赤火焰間彩脚，中塗金，爲奎宿十六。"清制同明。參閱《古今圖書集成·經濟彙編·禮儀典》《清史稿·輿服志四》。

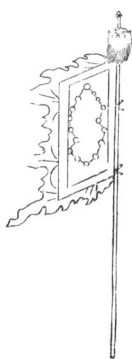

奎宿旗
（明王圻等《三才圖會》）

婁宿旗

　　繪有婁宿星形圖案的旌旗。多爲皇帝出行之儀仗。象徵天獄。主苑牧犧牲，供給，亦主興兵聚衆。始見於宋，沿襲於明清。形色代有變易。明王圻等《三才圖會·儀制》："宋婁宿旗，青質，赤火焰脚，繪神人，金梁冠，素中單，淺黑包，皂襴，朱蔽，膝青帶，黃裳，朱舄，左手持烏牛角，右手仗劍。元制素質，素火焰脚，上繪三星，下繪狗。今制青質黃襴，赤火焰間彩脚，中塗金，爲婁宿三。"清制同明。參閱《古今圖書集成·經濟彙編·禮儀典》《清史稿·輿服志四》。

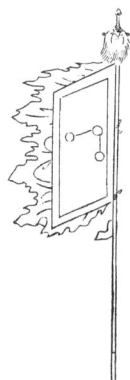

婁宿旗
（明王圻等《三才圖會》）

胃宿旗

　　繪有胃宿星形圖案的旌旗。多用作皇帝出行之儀仗。象徵天子厨藏，主倉廩五穀府也。

始見於宋，沿襲於明清。形色代有變易。明王圻等《三才圖會・儀制》："宋胃宿旗，青質，赤火焰脚，繪神人，丫髪，披豹皮淺紅裙，青帶，跣足，左手指前，右手仗劍，立雲氣中。元制素質，素火焰脚，上繪三星，下繪雉。今制青質黃襴，赤火焰間彩脚，中塗金，爲胃宿三。"清制同明。參閱《古今圖書集成・經濟彙編・禮儀典》《清史稿・輿服志四》。

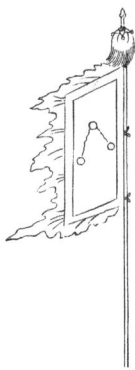

胃宿旗
（明王圻等《三才圖會》）

昴宿旗

繪有昴宿星形圖案的旌旗。多爲皇帝出行之儀仗。象徵天之耳。主西方及獄事，又主喪。始見於宋，沿襲於明清。形色代有變易。明王圻等《三才圖會・儀制》："宋昴宿旗，青質，赤火焰脚，繪神人，黃牛首，朱服，皂襴，黃裳，青帶，朱舄，左手掌，右手持青如意。元制素質，素火焰脚，上繪七星，下繪雞。今制青質黃襴，赤火焰間彩脚，中塗金，爲昴宿四。"清制同明。參閱《古今圖書集成・經濟彙編・禮儀典》《清史稿・輿服志四》。

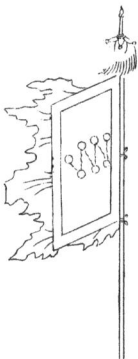

昴宿旗
（明王圻等《三才圖會》）

畢宿旗

古代繪有畢宿星形圖案的旌旗。多爲皇帝出行之儀仗。主邊兵、弋獵。始見於宋，沿襲

於明清。形色代有變易。明王圻等《三才圖會・儀制》："宋畢宿旗，青質，赤火焰脚，繪神人，作鬼形，著朱裙，持黑仗，乘馬立雲氣中。元制素質，素火焰脚，上繪八星，下繪鳥。今制青質黃襴，赤火焰間彩脚，中塗金，爲畢宿八，附耳一星在旁。"清制同明。參閱《古今圖書集成・經濟彙編・禮儀典》《清史稿・輿服志四》。

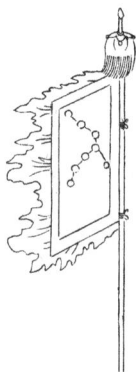

畢宿旗
（明王圻等《三才圖會》）

觜宿旗

繪有觜宿星形圖案的旌旗。多用作皇帝出行之儀仗。象徵三軍之候，行軍之藏府，主葆旅，收斂萬物。始見於宋，沿襲於明清，形色代有變易。明王圻等《三才圖會・儀制》："宋觜宿旗，青質，赤火焰脚，繪神人，冠緇布冠，朱服，皂黻，綠裳，拱手坐雲氣中。元制素質，素火焰脚，上繪三星，下繪猴。今制青質黃黻，赤火焰間彩脚，中塗金，爲觜宿三。"清制同明。參閱《古今圖書集成・經濟彙編・禮儀典》《清史稿・輿服志四》。

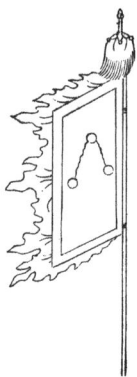

觜宿旗
（明王圻等《三才圖會》）

參宿旗

古代繪有參宿星形圖案的旌旗。多用作皇帝之儀仗。主斬刈萬物，以助陰氣；又爲天獄，

主殺，秉威行罰。始見於宋，沿襲於明清。形色代有變易。宋旗青質，赤火焰脚，繪神人，被髮，紫襦，衣黃袍，綠裳，青帶，朱舄，左手指空，右手持珠椎，立雲氣中。元旗素質，素火焰脚，上繪十星，下

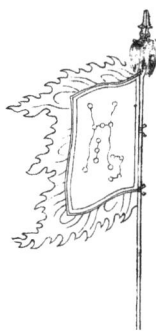

參宿旗
（清蔣廷錫等《古今圖
書集成》）

繪猿。明清旗青質，黃襦，赤火焰間彩脚，中塗金，爲參宿十，又玉井四小星在左足下。參閲《三才圖會·儀制》"參宿星"文及《古今圖書集成·經濟彙編·禮儀典》。按：參宿星，又稱"參伐""天市""大辰""鐵鉞"。

南方七宿旗

井宿旗

繪有井宿圖形之旗。主法令，取其平。始見於宋，沿襲於明清。形色代有變易。宋井宿旗青質，赤火焰脚，繪神人，丫髮，朱袍，皂襦，坐雲氣中，右手持紅蓮。元制赤質，赤火焰脚，上繪八星，下繪犴。明清制青質黃襦，赤火焰間彩脚，中塗金，爲井宿八，又鉞一星在旁。參閲《三才圖會·儀制》"井宿旗"文及《古今圖書集成·經濟彙編·禮儀典》《清史稿·輿服志四》。

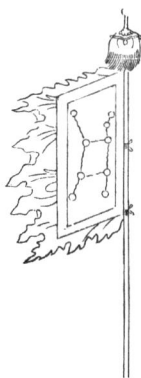

井宿旗
（明王圻等《三才圖會》）

鬼宿旗

古代繪有鬼宿星形圖案的旌旗。多用作皇王之儀仗。主觀察奸謀，天目也。始見於宋，沿襲於明清，形色代有變易。明王圻等《三才圖會·儀制》："宋鬼宿旗，青質，赤火焰脚，繪神人作女子形，首飾金釵，朱袍，皂襦，青帶，黃裳烏舄，左手持仗，立雲氣中。元制赤質，赤火焰脚，上繪五星，下繪羊。今制青質黃襦，赤火焰間彩脚，中塗金，爲鬼宿五。"清制同明。參閲《古今圖書集成·經濟彙編·禮儀典》《清史稿·輿服志四》。

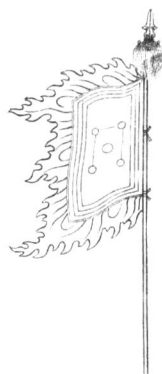

鬼宿旗
（清蔣廷錫等《古今圖
書集成》）

柳宿旗

繪有柳宿星形圖案的旌旗。多爲皇帝出行之儀仗。象徵天之厨宰。主尚食和滋味，又主雷雨、木工、草木。始見於宋，沿襲於明清，形色代有變易。明王圻等《三才圖會·儀制》："宋柳宿旗，青

柳宿旗
（明王圻等《三才圖會》）

質，赤火焰脚，繪神人作女子形，露髻，朱衣，黑襴，黃裳，皂舄，撫一青龍。元制赤質，赤火焰脚，上繪八星，下繪麞。今制青質黃襴，赤火焰間彩脚，中塗金，爲柳宿八。"清制同明。參閱《古今圖書集成·經濟彙編·禮儀典》《清史稿·輿服志四》。

星宿旗

繪有星宿圖形的旌旗。多用作皇帝出行之儀仗。主急兵革。始見於宋，沿襲於明清，形色代有變易。明王圻等《三才圖會·儀制》："宋星宿旗，青質，赤火焰脚，繪神人，冠五梁冠，淺朱袍，綠襴，青帶，黃裳，朱舄，立雲氣中，兩手各持金銅絲二條。元制赤質，赤火焰脚，上繪七星，下繪馬。今制青質黃襴，赤火焰間彩脚，中塗金，爲星宿七。"清制同明。參閱《古今圖書集成·經濟彙編·禮儀典》《清史稿·輿服志四》。

星宿旗
（明王圻等《三才圖會》）

張宿旗

古代繪有張宿星形圖案的旌旗。多用作皇帝出行之儀仗。主珍寶宗廟所用及衣服，又主天廚飲食賞賚之事。始見於宋，沿襲於明清，形色代有變易。明王圻等《三才圖會·儀制》："宋張宿旗，青質，赤火焰脚，繪神人，衣豹

張宿旗
（明王圻等《三才圖會》）

衣，朱帶，素韠，右手仗劍，坐雲氣中。元代赤質，赤火焰脚，上繪六星，下繪鹿。今制青質黃襴，赤火焰脚，中塗金，爲張宿六。"清制同明。參閱《古今圖書集成·經濟彙編·禮儀典》、《清史稿·輿服志四》。

翼宿旗

繪有翼宿星形圖案的旌旗。多用爲皇帝出行之儀仗。象徵天之樂府。主俳倡戲樂，又主外夷遠客，負海之賓。始見於宋，沿襲於明清，形色代有變易。明王圻等《三才圖會·儀制》："宋翼宿旗，青質，赤火焰脚，繪有神

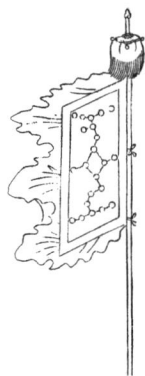

翼宿旗
（明王圻等《三才圖會》）

人作女子形，首飾金釵假髻，白中單，皂袍，碧襴，赤蔽膝，紫裳，赤舄，左手指前，右手仗劍，立於火中。元制赤質，赤火焰脚，上繪二十二星，下繪蛇。今制青質黃襴，赤火焰間彩脚，中塗金，爲翼宿二十二。"清制同明。參閱《古今圖書集成·經濟彙編·禮儀典》《清史稿·輿服志四》。

軫宿旗

繪有軫宿星形圖案的旌旗。多用作皇帝出行之儀仗。主冢宰輔，主車騎，主載任。始見於宋，沿襲於明清。形色代有變易。明王圻等《三才圖會·儀制》："宋軫宿旗，青質，赤

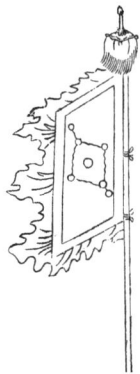

軫宿旗
（明王圻等《三才圖會》）

火焰腳，繪神人，作女子形，金釵假髻，朱
袍，皂襴，青帶，黃裳，赤舃，左手持書，立
雲氣中。今制青質黃襴，赤火焰間彩腳，中塗
金，爲軫宿四，長沙一星在中，左右轄二星在
旁。"清制同明。參閱《古今圖書集成·經濟彙
編·禮儀典》《清史稿·輿服志四》。

霓旌

亦作"蜺旌"。亦稱"蜺旍""霓旆"。因畫
虹霓於旗面，故稱。一說飾以五彩，形似霓虹
之旌旗。多用於皇帝出行之儀仗。《文選·宋玉
〈高唐賦〉》："簡輿玄服，建雲旆，蜺爲旌，翠
爲蓋。"呂延濟注："以雲蜺爲旌旆。"又《文
選·司馬相如〈上林賦〉》："拖蜺旌，靡雲旗。"
李善注引張揖曰："析羽毛，染以五采，綴以縷
爲旌，有似虹蜺之氣也。"又張衡《西京賦》：
"弧旌枉矢，虹旃蜺旍。"呂延濟注："旃、旍，
亦旗類，畫虹蜺於上，因名之。"唐岑參《題觀
樓》詩："羽蓋霓旌何處在，空留藥臼向人間。"
唐李山甫《送蘄州員外》詩："正作南宮第一
人，暫隨霓旆愴離群。"

【蜺旌】

同"霓旌"。此體漢代已行用。見該文。

【蜺旍】

即霓旌。此稱漢代已行用。見該文。

【霓旆】

即霓旌。此稱唐代已行用。見該文。

【虹旗】

即霓旌。《文選·顏延年〈三月三日曲水詩
序〉》："帝暉臨幄，百司定列，鳳蓋俄軫，虹旗
委旆。"李善注："《楚辭》曰：回聯車俾西引，
搴虹旗於玉門。"梁蕭統《黃鐘十一日啓》："揮
白刃而萬定死生，引虹旗而千決成敗。"

【虹采】

亦稱"采虹"。即虹旗。漢劉向《九嘆·遠
游》："徵九神於回極兮，建虹采以招指。"王逸
注："虹采，旗也。……使會北極之神，與虹采
以指麾四方也。一作'采虹'。"

【采虹】

即虹采。此稱漢代已行用。見該文。

【虹旆】

即虹旗。宋梅堯臣《餞彭城公赴隨州龍門
道上作》詩："伊水照虹旆，楚山懷玉麟。"

雲罕

亦稱"罕旗"。多爲古代諸侯大臣所用之旗
幟，上綴九旒。以其繪雲氣之形，故稱。《史
記·周本紀》："及期，百夫荷罕旗以先驅。"裴
駰集解引蔡邕《獨斷》曰："前驅有九旒雲罕。"
漢張衡《東京賦》："雲罕九斿，闟戟轇輵。"
《後漢書·輿服志上》："前驅有九斿雲罕，鳳皇
闟戟，皮軒鸞旗，皆大夫載。"《文選·司馬相
如〈上林賦〉》："載雲罕，揜群雅。"李善注：
"先用雲罕以獵獸，今載之於車，而捕群雅之士
也。"

【罕旗】

即雲罕。此稱漢代已行用。見該文。

【旌罕】

即雲罕。唐趙彥昭《奉和幸韋嗣立山莊侍
宴應制》詩："六龍駐旌罕，四牡耀旂常。"

氛旄

古時飾以犛牛尾、繪有雲氣圖形的儀仗旗。
多爲皇帝或大臣所用。《文選·張衡〈思玄賦〉》：
"僕夫儼其正策兮，八乘騰而超驤。氛旄溶以天
旋兮，蜺旌飄而飛揚。"李善注："氛旄，以氛
氣爲旄也。"劉良注："旌麾以氛氣爲之。"

風雲雷雨旗

宋代所製儀仗旗。爲皇帝所用。本爲風、雨、雷、電四種，各繪其神於旗面。元代因之。明代改爲風、雲、雷、雨四種，不設電旗。清代因之。明王圻等《三才圖會・儀制》："按《韓子》曰：黄帝合鬼神於泰山，風伯進掃，雨師灑路。至宋御殿儀仗，製風伯、雨師、雷公、雷〔電〕母旗各一，以錯繡爲之。元因之，製風、雨、雷、電四旗。旗皆青質，俱畫神人，狀各詭異。今製旗四，曰風、雲、雷、雨，去電不設旗，皆青質，黄穗，赤火焰間彩腳。風畫箕星，雨畫畢星，雲畫雲氣，雷畫雷文。"清同明制。參閱《古今圖書集成・經濟彙編・禮儀典》《清史稿・輿服志四》。

風旗

亦稱"風伯旗"。宋朝所製風雲雷雨儀仗旗之一。爲皇帝所用。青地，畫風伯狀。後世因之，至明始畫箕星於其上，清因之。詳見本卷《儀仗徽幟説・徽幟考》"風雲雷雨旗"文。

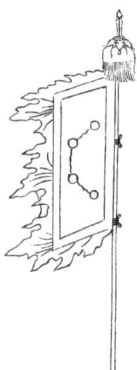

風 旗
（明王圻等《三才圖會》）

【風伯旗】

即風旗。此稱宋代已行用。見該文。

雲旗[2]

明代所製風雲雷雨儀仗旗之一。爲皇帝所用。上繪雲氣，清代因之。詳見本卷《儀仗徽幟説・徽幟

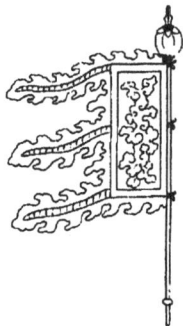

雲 旗
（明徐一夔等《明集禮》）

考》"風雲雷雨旗"文。

雷旗

亦稱"雷公旗"。宋朝所製風雲雷雨儀仗旗之一。爲皇帝所用。旗繪雷神之像，明代上繪雷紋圖案。《宋史・儀衛志五》："龍旗隊引旗一，風師、雨師、雷旗、電旗各一，五星旗、五攝提旗二，北斗旗一，護旗一。左右衞大將軍一人。"明王圻等《三才圖會・儀制》："今制旗四，曰風、雲、雷、雨，去電不設旗。皆青質，黄襴，赤火焰間彩腳……雲畫雲氣，雷畫雷文。"清同明制。詳見本卷《儀仗徽幟説・徽幟考》"風雲雷雨旗"文。

雷 旗
（明王圻等《三才圖會》）

【雷公旗】

即雷旗。此稱宋代已行用。見該文。

雨旗

亦稱"雨師旗"。宋朝所製之風雲雷雨儀仗旗之一。爲皇帝所用。旗繪雨師圖形，至明始繪畢星，清因之。詳見本卷《儀仗徽幟説・徽幟考》"風雲雷雨旗"文。

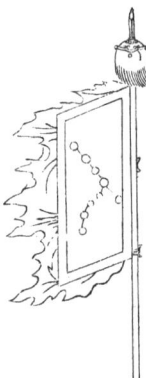

雨 旗
（明王圻等《三才圖會》）

【雨師旗】

即雨旗。此稱宋代已行用。見該文。

電旗

亦稱"電母旗"。宋朝所製風雲雷雨儀仗旗之一。爲皇帝所用。青地，繪電母神圖，元

因之。明代廢，清亦廢。詳見本卷《儀仗徽幟説・徽幟考》"風雲雷雨旗"文。

【電母旗】

即電旗。此稱宋代已行用。見該文。

山河旗

五嶽旗

宋朝所製儀仗旗。爲皇帝所用。旗面繪有五嶽神像。五嶽謂東嶽岱宗（今泰山）、南嶽衡山、中嶽嵩高山（今嵩山）、西嶽華山、北嶽恒山。東嶽旗青質，赤火焰脚，繪神人，冠七梁冠，皂襴，青袍，黄裳，白中單，素蔽膝，執圭；南嶽旗赤質，赤火焰脚，繪神人，冠七梁冠，黑襴，緋袍，黄裳，黄中單，朱蔽膝，執圭；中嶽旗黄質，赤火焰脚，繪神人，冠七梁冠，皂襴，黄袍，黄裳，白中單，朱蔽膝，執圭；西嶽旗白質，赤火焰脚，繪神人，冠七梁冠，青襴，白袍，黄裳，白中單，素蔽膝，執圭；北嶽旗黑質，赤火焰脚，繪神人，冠七梁冠，紅襴，皂袍，黄裳，白中單，素敝膝，執圭。元因宋制，惟神人裳色不同。明制，東嶽旗青質，南嶽旗赤質，中嶽旗黄質，西嶽旗白質，北嶽旗黑質，俱黄襴，赤火焰間彩脚，中繪山形。清制同明。參閲《三才圖會・儀制》《古今圖書集成・經濟彙編・禮儀典》《清史稿・輿服志四》。

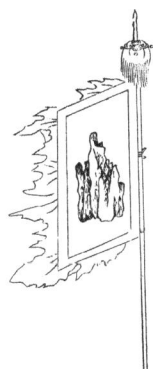

五嶽旗
（明王圻等《三才圖會》）

東嶽旗

五嶽旗之一。東嶽泰山旗。宋代已行用。詳見本卷《儀仗徽幟説・徽幟考》"五嶽旗"文。

南嶽旗

五嶽旗之一。南嶽衡山旗。宋代已行用。詳見本卷《儀仗徽幟説・徽幟考》"五嶽旗"文。

中嶽旗

五嶽旗之一。中嶽嵩高山旗。宋代已行用。詳見本卷《儀仗徽幟説・徽幟考》"五嶽旗"文。

西嶽旗

五嶽旗之一。西嶽華山旗。宋代已行用。詳見本卷《儀仗徽幟説・徽幟考》"五嶽旗"文。

北嶽旗

五嶽旗之一。北嶽恒山旗。宋代已行用。詳見本卷《儀仗徽幟説・徽幟考》"五嶽旗"文。

四瀆旗

宋朝所製儀仗旗。爲皇帝所用。旗面繪有四瀆神像。此處之瀆，釋爲大水。四瀆謂長江、黄河、淮河、濟水。江瀆旗赤質，青火焰脚，繪神人，冠七梁冠，青襴，朱袍，跨赤龍；河

四瀆旗
（清蔣廷錫等《古今圖書集成》）

瀆旗黑質，赤火焰脚，繪神人，冠七梁冠，皂襈，黃袍，跨青龍；淮瀆旗素質，赤火焰脚，繪神人，冠七梁冠，皂襈，素袍，乘赤鯉；濟瀆旗青質，赤火焰脚，繪神人，冠七梁冠，皂襈，青袍，乘一鼇。明制，江旗赤質，河旗白質，淮旗青質，濟旗黑質，俱黃襈，赤火焰間彩脚，中繪水形。清同明制。參閱《爾雅·釋水》《三才圖會·儀制》《古今圖書集成·經濟彙編·禮儀典》《清史稿·輿服志四》。

江瀆旗

省稱“江旗”。即長江旗。四瀆旗之一。宋代已行用。詳見本卷《儀仗徽幟説·徽幟考》“四瀆旗”文。

【江旗】

“江瀆旗”之省稱。此稱宋代已行用。詳見本卷《儀仗徽幟説·徽幟考》“四瀆旗”文。

河瀆旗

省稱“河旗”。即黃河旗。四瀆旗之一。宋代已行用。詳見本卷《儀仗徽幟説·徽幟考》

“四瀆旗”文。

【河旗】

“河瀆旗”之省稱。此稱宋代已行用。詳見本卷《儀仗徽幟説·徽幟考》“四瀆旗”文。

淮瀆旗

省稱“淮旗”。即淮河旗。四瀆旗之一。宋代已行用。詳見本卷《儀仗徽幟説·徽幟考》“四瀆旗”文。

【淮旗】

“淮瀆旗”之省稱。此稱宋代已行用。詳見本卷《儀仗徽幟説·徽幟考》“四瀆旗”文。

濟瀆旗

省稱“濟旗”。即濟水旗。四瀆旗之一。宋代已行用。詳見本卷《儀仗徽幟説·徽幟考》“四瀆旗”文。

【濟旗】

“濟瀆旗”之省稱。此稱宋代已行用。詳見本卷《儀仗徽幟説·徽幟考》“四瀆旗”文。

日用旗

旗常

亦作“旂常”。古代帝王、諸侯之旌旗，上繪日、月、星辰、交龍等圖案。王用常，諸侯用旂。《周禮·春官·司常》：“日月爲常，交龍爲旂。”《晋書·王承傳論》：“雖崇勛懋績，有闕於旂常；素德清規，足傳於汗簡矣。”唐陳子昂《奉和皇帝上禮撫事述懷》詩：“雲陛旗常滿，天廷玉帛陳。”明張居正《答應天巡撫孫小溪》：“先朝名臣，所以銘旂常、垂竹素者，不過奉公守法，潔己愛民而已。”清陳康祺《燕下鄉脞錄》卷一〇：“乾隆朝名將，以超勇公海蘭察爲冠，邊功戰略，炳喬旗常。”

【旂常】

同“旗常”。此體晋代已行用。見該文。

小綏

古代諸侯春夏田獵時所建之旗。無旒。《禮記·王制》：“天子殺，則下大綏；諸侯殺，則下小綏。”孫希旦集解：“小綏，諸侯田獵所建之旌，制如大綏而稍小者。”《隋書·禮儀志三》：“帝發，抗大綏；次王公發，則抗小綏。”

參見本卷《儀仗徽幟説·徽幟考》"大綏"文。

虞旗

亦作"虞旆"。先秦山虞所建，繪有熊虎圖形之旗。《周禮·地官·山虞》："植虞旗於中，致禽而珥焉。"鄭玄注："山虞有旗，以其主山，得畫熊虎，其仞數則短也。"北周庾信《伏聞游獵》詩："虞旆喜旦晴，獵馬向山横。"

【虞旆】

同"虞旗"。此體南北朝時期已行用。見該文。

緹麾

亦稱"緹幢"。以橘紅色帛製成的儀仗旗。多爲大臣所用。《晋書·賈充傳》："太康三年四月薨……大鴻臚護喪事，假節鉞，前後部羽葆、鼓吹、緹麾。"又："給羽葆、鼓吹、緹幢。"

【緹幢】

即緹麾。此稱晋代已行用。見該文。

【緹幟】

即緹麾。南朝梁王僧孺《初夜文》："袞服璵璜，與四時而永久；朱輪緹幟，貫千祀而常然。"

析羽

亦稱"羽旗"。原指用以裝飾旌旗節旄等的羽毛，狀若散開之穗。爲帝王、大臣所用。宋人李石《續博物志》卷九載，晋人顧愷之所繪蘇武出使匈奴時所摯之旌節，上圓如幢，下垂數重紅羽，狀如夜合花，此爲秦漢時重臣所用之析羽。今可知其形象者，莫早於此，莫詳如

此。《周禮·春官·司常》："全羽爲旞，析羽爲旌。"《後漢書·輿服志上》："垂五采，析羽流蘇前後。"唐王勃《春思賦》："復聞天子幸關東，馳道煙塵萬里紅，析羽搖初日，繁笳思曉風。"《文選·宋玉〈高唐賦〉》："忽兮改容，偈兮若駕駟馬，建羽旗。"李善注："《周禮》云：'析羽爲旗。'謂破五色鳥羽爲之也。"按，李引《周禮》"析羽爲旗"與今本异，旌、旗渾言無別。

【羽旗】

即析羽。此稱先秦時期已行用。見該文。

碧旆

染成碧綠色之旌旗。用爲太子儀仗。《宋書·禮志五》："驂駕四馬，乘象輅，降龍碧旆九葉。"《隋書·禮儀志五》："金玉二輅，並建碧旆。"又："今皇太子宜乘象輅，碧旆九葉，進不斥尊，退不逼下。"

隼旗

亦稱"隼旟"。繪有隼鳥的旌旗，古代官吏赴任時擁持。唐權德輿《送商州杜中丞赴任》詩："深山古驛分驪騎，芳草閒雲逐隼旟。"唐高適《奉酬北海李太守丈人夏日平陰亭》詩："誰謂整隼旟，翻然憶柴扃。"唐岑參《送羽林長孫將軍赴歙州》詩："隼旗新刺史，虎劍舊將軍。"

【隼旟】

即隼旗。此稱唐代已行用。見該文。

禮樂旗

纛 [2]

亦作"翿""翢"。亦稱"羽葆幢""羽葆"。古時用作樂舞、殯葬、儀仗或軍中指揮之大旗。以鳥羽連綴於竿頭，狀若小華蓋。葆，即蓋斗。

《爾雅・釋言》："翿，纛也。纛翳也。"郭璞注："今之羽葆幢，舞者所以自蔽翳也。"《詩・王風・君子于役》："君子陶陶，左執翿。"毛傳："翿，纛也。"鄭玄注："舞者所持，謂羽舞也。"《周禮・地官・鄉師》："及葬，執纛以與匠師御匶而治役。"漢鄭玄注引鄭司農曰："翿，羽葆幢也。"《禮記・喪服大記》："君葬用輴，四綍二碑，御棺用羽葆。"孔穎達疏："御棺用羽葆者，《雜記》云：諸侯用匠人執羽葆，以鳥羽注於柄末如蓋，而御者執之居前，以指麾爲節度也。"唐許渾《中秋夕寄大梁劉尚書》詩："柳營出號風生纛，連幕題詩月上樓。"明王圻等《三才圖會・儀制》："鄭康成注《周禮・夏采》職云：'綏，以旄牛尾爲之，綴於幢上。'所謂注旄於幢上，節、幢、麾制皆相類，唯以層數別之……宋制如節而五層，紫綏袋籠之。今制朱漆竿，金龍首，垂綠蓋，紅氂牛毛，五層，上戴白羽。"

【翿】

同"纛[2]"。此體先秦時期已行用。見該文。

【翢】

同"纛[2]"。此體漢代已行用。見該文。

【羽葆】[2]

即纛[2]。此稱先秦時期已行用。見該文。

【羽葆幢】[2]

即纛[2]。此稱漢代已行用。見該文。

幢[2]

古時一種飾有羽毛，用作儀仗、軍事指揮或舞蹈的直筒形旗幟。《韓非子・大體》："故車馬不疲弊於遠路，旌旗不亂於大澤，萬民不失命於寇戎，雄駿不創壽於旗幢。"郭璞注："儛者所以自蔽翳也。"《漢書・韓延壽傳》："千人持幢旁轂。"《宋史・儀衛志六》："幢，制如節而五層，韜以袋，繡四神，隨方色，朱漆柄。"另，佛家道具中亦有幢。參見本書《宗教卷・道具考》"幢幡[2]"文。

獲旌

古時行射禮時，唱獲者所持之旌旗。熊、虎、豹三侯皆有之。《周禮・春官・司常》："凡射，共獲旌，歲時共更旌。"鄭玄注："獲旌，獲者所持也。"陸德明釋文："歲時共更旌，謂受官旌旗用之者歲三四時來換易，則司常取彼之蕉，與此之新也。"賈公彥疏："謂若大射，服不氏唱獲所持之旌，三侯皆有獲旌也。"

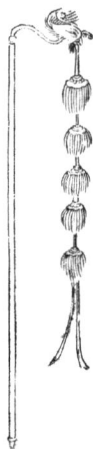

獲　旌
（明王圻等《三才圖會》）

翿旌

亦稱"韜"。古時行射禮時用以指揮進退的旌旗。以白羽與赤羽裝飾而成。《儀禮・鄉射禮》："君國中射，則皮樹中；以翿旌獲，白羽與朱羽糅。"胡培翬正義："敖氏云：翿旌即白羽與朱羽糅者也。"又《鄉射禮》："無物，則以白羽與朱羽糅，杠長三仞，以鴻脰，韜上二尋。"鄭玄注："不命者無物，此翿旌也。翿所以進退衆者……今文'糅'爲'縮'，'韜'爲'翿'。"

翿　旌
（宋聶崇義《三禮圖集注》）

【韜】

即翻旌。此稱先秦時期已行用。見該文。

旌夏

古代舞樂所執大旗。夏，大也。用其引舞隊以進退。《左傳·襄公十年》：“舞師題以旌夏。”杜預注：“旌夏，大旌也。題，識也。以大旌表識其行列。”孔穎達疏：“謂舞初入之時，舞師建旌夏，以引舞人而入，以題識其舞人之首……謂之旌夏，蓋形制大而別爲之名也。”

索　引

索引凡例

一、本索引爲詞條索引，凡正文詞條欄目出現的主詞條均用“*”標示，副詞條則無特殊標識。

二、本索引諸詞條收録順序以漢語拼音音序爲基礎，兼顧古音、方言等差异，然爲方便檢索，又與音序排列法則有异，原則如下：

首先，以詞條首字所對應的拼音字母爲序排列，詞條首字相同（讀音亦同）者爲同一單元；詞條首字不同但讀音相同的各個單元，一般按照各單元詞條首字的筆畫，由簡至繁依次排列。例如以huáng爲首字的詞條，則按首字筆畫依次分作“皇”“黄”等不同單元；又如以diāo爲首字的詞條，則按首字筆畫依次分作“刁”“蛁”“貂”等不同單元。此外，爲方便查閲和比較，在對幾個同音且各祇有一個詞條的單元排序時，一般將兩個或幾個含義相同或相近的單元鄰近排列。如“埋頭蛇”“貍蟲”“薶頭蛇”都屬於mái爲首字的單元，且“埋頭蛇”與“薶頭蛇”含義相同，因此這三個單元的排列順序是“貍蟲”“埋頭蛇”“薶頭蛇”。

其次，同一單元内按各詞條第二字讀音之音序排列，第二字讀音相同者則按第三字讀音之音序排列，以此類推。例如以“皇”爲首字的單元各詞條的排列依次爲“皇戚、皇帝鹵簿金節……皇貴妃儀仗金節……皇史宬……皇太后儀駕卧瓜……皇庭”。

三、本索引中詞條右側的數字爲該詞條在正文位置的起始頁碼。

四、本索引所收詞條僅限於正文、附録中明確按主、副詞條格式撰寫的詞條，而在其他行文中涉及的詞條不收録。

五、多音字、古音字或方言字詞條按其讀音分屬相應的序列或單元，如“大常”古音爲tàicháng，因此歸入音序T序列；又如“葛上亭長”，“葛”是多音字，此處讀gé，因此歸入音序G序列之ge的二聲單元；等等。

六、某些詞條多次出現，在正文中以詞條右上標記數字爲標志，如“朝[1]”“朝[2]”“百足[1]”“百足[2]”等，索引中亦按照其右上標記數字的順序排列。詞條相同但讀音不同的則按照其讀音分屬相應的音序序列和單元。如“蟒[1]”（měng）、“蟒[2]”（mǎng），“蟒[1]”歸入音序M序列之meng的三聲單元，“蟒[2]”則歸入音序M序列之mang的三聲單元。

七、某些特殊詞條，如數字詞條、外文字母詞條等，則收入《索引附録》。

A

B

C

D

G

H

M

N

P

Q

W

X

Y

Z